STEUERRECHT UND STEUERBERATUNG
Band 51

Übertragung von Immobilien im Steuerrecht

Vorteilhafte Gestaltungsvarianten
und risikobasierte Steuerplanung

Von

Dipl.-Finw. Bernd Meyer

Steuerberater

und

Dipl.-Kfm. Jochen Ball

Wirtschaftsprüfer und Steuerberater

ERICH SCHMIDT VERLAG

Bibliografische Information der Deutschen Nationalbibliothek

Die Deutsche Bibliothek verzeichnet diese Publikation
in der Deutschen Nationalbibliografie;
detaillierte bibliografische Daten sind im Internet über
dnb.d-nb.de abrufbar.

Weitere Informationen zu diesem Titel finden Sie unter
ESV.info/978 3 503 12967 6

ISSN 1860-0484

Gedrucktes Werk: ISBN 978 3 503 12967 6
ebook: ISBN 978 3 503 12973 7

Alle Rechte vorbehalten
© Erich Schmidt Verlag GmbH & Co. KG, Berlin 2011
www.ESV.info

Dieses Papier erfüllt die Frankfurter Forderungen der Deutschen Nationalbibliothek und der Gesellschaft für das Buch bezüglich der Alterungsbeständigkeit und entspricht sowohl den strengen Bestimmungen der US Norm Ansi/Niso Z 39.48-1992 als auch der ISO-Norm 9706.

Satz: Tozman Satz & Grafik, Berlin
Druck und Bindung: Danuvia Druckhaus, Neuburg a. d. Donau

Vorwort

Immobilien sind häufig Gegenstand von Vermögensübertragungen. Die Beteiligten haben dabei neben zivilrechtlichen vor allem steuerliche Fragestellungen zu bewältigen, die sich in ihrer Bedeutung nicht immer vollständig und insbesondere rechtzeitig offenbaren. Für eine Rückkehr zum früheren Rechtszustand ist es dann häufig zu spät. Das gilt vor allem, wenn das Finanzamt nach Jahren eine als richtig empfundene und tatsächlich gelebte Rechtsauffassung ganz oder teilweise verwirft.

Das vorliegende Werk will die Intensität solcher Enttäuschungen, verbunden mit evtl. erheblichen finanziellen Risiken, spürbar reduzieren. Daher bleibt es nicht aus, gelegentlich tief in materiell-rechtliche Detailfragen einzudringen und die erwogenen Gestaltungsmöglichkeiten gegeneinander abzuwägen. Hilfreich ist in diesem Zusammenhang die Orientierung an konkreten, in unserer Beratungspraxis tatsächlich erprobten Übertragungsvarianten, zahlreichen praxisbezogenen Beispielen sowie die Verwendung zusammenfassender Übersichten und Schaubilder.

Die Palette potentieller Übertragungsvarianten ist breit gefächert. Immobilien können zunächst als solche schlichtweg verschenkt, entgeltlich oder teilentgeltlich übertragen werden. Dabei ist die Versorgung des Übergebers im Bedarfsfall durch Nießbrauch bzw. Quotennießbrauch oder lebenslängliche wiederkehrende Leistungen gewährleistet. Dabei muss unterschieden werden, ob die Immobilie im Übertragungszeitpunkt zum Privat- oder Betriebsvermögen gehört und ob im letztgenannten Fall diese Eigenschaft bislang evtl. nicht erkannt wurde. Besondere Aufmerksamkeit verdient die unentdeckte Betriebsaufspaltung. Sie kann mit Vollzug der Immobilienübertragung neben einer ungewollten Entnahme der Immobilie auch eine Entnahme der ebenfalls zum notwendigen Betriebsvermögen des Besitzunternehmens gehörenden GmbH-Anteile bewirken. Die mit einer solchen Gewinnrealisierung verbundenen steuerlichen Folgen können zu gravierenden finanziellen Belastungen führen, falls sich über Jahrzehnte hinweg stille Reserven angesammelt haben, die zu allem Unglück nicht in eine § 6b-Rücklage eingestellt werden dürfen. Vermögensübertragungen müssen daher routinemäßig die Prüfung einschließen, ob die betreffende Immobilie in Form einer Betriebsaufspaltung steuerverstrickt ist.

Je nach Sachverhalt und Zielvorstellungen der Beteiligten bietet sich alternativ an, die Immobilie nicht „nackt" zu übertragen, sondern zunächst in eine gewerblich geprägte GmbH & Co. KG einzubringen mit erst anschließender Übertragung der gesamten KG-Beteiligung oder nur eines Teiles davon. Wiederum eröffnet

Vorwort

sich die breite Gestaltungspalette einer Übertragung gegen Nießbrauchsvorbehalt bzw. lebenslängliche wiederkehrende Veräußerungs- sowie Versorgungsleistungen. Besonders attraktiv ist hier, dass der Eigentümer bei entsprechender teil- oder vollentgeltlicher Einbringung die Immobilie praktisch an sich selbst veräußert. Dadurch kann neues AfA-Potential geschaffen oder private Verbindlichkeiten als Kaufpreisbestandteil in den einkunftsrelevanten Bereich verlagert werden. Allerdings tangieren derartige Dispositionen den Regelungsbereich privater Veräußerungsgeschäfte, so dass ggf. eine unentgeltliche Übertragung angeraten ist. Schließlich hat sich die GmbH & Co. KG bewährt, potentiell drohende Gewinnrealisierungen durch Wegfall der Betriebsaufspaltung zu vermeiden. Als solche überlagert sie die Betriebsaufspaltung und vermeidet überraschende Steuerbelastungen aufgrund sachlicher oder personeller Entflechtung von Besitzunternehmen und Betriebsgesellschaft.

Besonders diffizil ist die Übertragung von KG-Anteilen im Rahmen vorweggenommener Erbfolge. Der Weg erwünschter Steuerneutralität ist mitunter vermint, wenn vorhandenes Sonderbetriebsvermögen quotal, unter- oder überquotal mit übertragen wird bzw. gänzlich beim Schenker verbleibt oder von diesem zuvor in ein anderes Betriebsvermögen ausgelagert wurde (Gesamtplanrechtsprechung!). Hinzu kommen interessante schenkungsteuerliche Aspekte, die hinreichend bedacht werden müssen. Nur eine umfassende Betrachtung aller relevanten Steuerarten führt hier zu sinnvollen Übertragungsergebnissen.

Das vorliegende Werk richtet sich an denjenigen, der aus Beratungssicht Immobilienübertragungen begleitet. Möge es in dieser Eigenschaft nach Maßgabe der Zielvorstellungen der Vertragsparteien den Weg für eine steuerlich risikofreie Übertragung ebnen. Dazu haben wir die vorhandene Rechtsprechung, Verwaltungsanweisungen und das einschlägige Schrifttum intensiv ausgewertet, wie die nahezu 1.000 Fußnoten dokumentieren. Natürlich ist uns bewusst, dass die Rechtsentwicklung gerade im Immobilienbereich nicht stillsteht, wie die jüngst verhinderten Restriktionen zu § 6b EStG im Jahressteuergesetz 2010 augenfällig belegen. Der Berater bleibt daher gefordert, stets die aktuellen Entwicklungen zu verfolgen.

Die Idee zu unserem Werk geht auf Frau Rechtsanwältin Dipl.-Ök. Brigitte Batke-Spitzer M.A. zurück, der wir besonderen Dank schulden. Ihre unermüdlichen Anregungen im Rahmen einer gleichnamigen Seminarreihe haben es letztlich geprägt und die Zuversicht gestärkt, sich diesem anspruchsvollen Thema zu stellen. Ob es erfolgreich bewältigt wurde, muss der Leser entscheiden.

Anregungen und Kritik aus dem Leserkreis nehmen wir gerne entgegen.

Bad Homburg, im Januar 2011   Bernd Meyer
                                                                                    Jochen Ball

Inhaltsverzeichnis

Vorwort 5
Abkürzungsverzeichnis 23

A   Immobilien in der Rechtsform einer GmbH & Co. KG im Ertrag- und Schenkungssteuerrecht 27

I.   Übertragung privater Immobilien in das Betriebsvermögen einer GmbH & Co. KG 27

1. Gründung einer gewerblich geprägten GmbH & Co. KG 29
   1.1. Erfordernis gewerblicher Prägung im Zeitpunkt
        der Immobilieneinbringung 29
        1.1.1.   Kriterien gewerblicher Prägung 29
        1.1.2.   Bedeutung der Eintragung ins Handelsregister
                 für die gewerbliche Prägung 29
        1.1.3.   Rechtsfolgen der Immobilieneinbringung
                 vor oder nach Eintragung der KG ins Handelsregister 30
        1.1.3.1. Einbringung der Immobilie vor Eintragung
                 ins Handelsregister 30
        1.1.3.2. Einbringung der Immobilie nach Eintragung
                 ins Handelsregister 31
   1.2. Keine Beteiligung der Komplementär-GmbH am KG-Vermögen .. 31

2. Überführung von Privatimmobilien ins Betriebsvermögen 32
   2.1. Varianten der Immobilieneinbringung in die Personengesellschaft.. 32
   2.2. Übertragung als privates Veräußerungsgeschäft im Sinne
        des § 23 EStG 33
        2.2.1.   Zum sachlichen Anwendungsbereich des § 23 EStG 33
        2.2.2.   Behandlung eigengenutzter sowie gemisch-
                 genutzter Immobilien gem. § 23 EStG 34
        2.2.3.   Ermittlung des Veräußerungsgewinnes 36
   2.3. Einlage in das Gesamthandsvermögen der GmbH & Co. KG
        vor dem 1.7.2009 38
        2.3.1.   Übertragung in das Gesamthandsvermögen
                 als steuerneutrale Sacheinlage 38
        2.3.2.   Zur Höhe der AfA nach Einlage des Wirtschaftsguts
                 ins Betriebsvermögens 39

Inhaltsverzeichnis

2.3.3.	Spätere Veräußerung der eingelegten Immobilie aus dem Betriebsvermögen heraus	41
2.4.	Einlage ins Gesamthandsvermögen der GmbH & Co. KG nach dem 30.6.2009	43
2.4.1.	Entwicklung in der jüngeren BFH-Rechtsprechung	44
2.4.2.	Übernahme der BFH-Rechtsprechung durch die Finanzverwaltung	44
2.4.3.	Verbleibende Fälle potentieller Einlage (anstatt Veräußerung) in die KG	45
2.4.3.1.	Einlage nur gegen Gutschrift auf dem gesamthänderisch gebundenen Rücklagenkonto	45
2.4.3.2.	Einlage in sachlichem und zeitlichem Zusammenhang mit der KG-Gründung oder mit einer Kapitalerhöhung	46
2.4.3.3.	Immobilieneinbringung gegen Gutschrift auf dem Rücklagenkonto bei mehreren Gesellschaftern	48
2.5.	Veräußerung an die GmbH & Co. KG	49
2.5.1.	Schöpfung neuen AfA-Potentials als positiver Nebeneffekt der Veräußerung	49
2.5.2.	Begründet die Übertragung von Immobilien auf die GmbH & Co. KG einen gewerblichen Grundstückshandel?	50
2.6.	Betriebsaufspaltung und GmbH & Co. KG	53
2.6.1.	Latentes Besteuerungsrisiko der Betriebsaufspaltung	53
2.6.2.	Bedeutung der Betriebsaufspaltung für eine Umstrukturierung	55
2.6.3.	Übertragung der zum Besitzunternehmen gehörenden Immobilie auf die GmbH & Co. KG	56
2.6.3.1.	Buchwertfortführung gem. § 6 Abs. 5 EStG	56
2.6.3.2.	Risiko der Betriebsaufgabe des Besitzunternehmens?	57
2.6.3.3.	Einbringung des Besitzunternehmens in eine GmbH & Co. KG gem. § 24 UmwStG	59
2.6.3.4.	Übertragung der Betriebsgesellschaft in das Gesamthandsvermögen einer GmbH & Co. KG	63
2.6.3.4.1.	Zwingende Einbringung zum Buchwert	63
2.6.3.4.2.	Beginn einer dreijährigen Sperrfrist bei Buchwerteinbringung	64
2.6.3.4.3.	Rechtsfolgen der Anteilsübertragung auf die GmbH & Co. KG	64
2.6.4.	Behandlung von Verbindlichkeiten des Besitzunternehmens	65
2.6.5.	Zugehörigkeit von Grundstücken zum Besitzunternehmen	66
2.6.6.	Immobilien im Miteigentum des Besitzunternehmers	67

Inhaltsverzeichnis

3. Bildung und Übertragung von § 6b-Rücklagen
   durch die GmbH & Co. KG 69
   3.1. Grundzüge der Bildung von § 6b-Rücklagen 69
   3.2. Die bilanzielle Darstellung der § 6b-Rücklage 71
        3.2.1. Bisherige Verwaltungsauffassung (Bilanzerstellung
               bis zum 31.3.2008) 71
        3.2.2. Änderung der Verwaltungsauffassung (Bilanzerstellung
               nach dem 31.3.2008) 72
        3.2.3. Erneute Änderung durch das Bilanzrechtsmoderni-
               sierungsgesetz (BilMoG) 74
        3.2.4. Fortschreibung negativer Ergänzungsbilanzen
               in Folgejahren 75
        3.2.5. Rücklagenübertragung bei Identität von veräußertem
               und angeschafftem Wirtschaftsgut 75

4. Behandlung von Erhaltungsaufwendungen 76
   4.1. Entstehung des Erhaltungsaufwandes vor Immobilienübertragung
        auf die GmbH & Co. KG 76
   4.2. Entstehung des Erhaltungsaufwandes nach Immobilienübertragung
        auf die GmbH & Co. KG 76
   4.3. Bagatellgrenze von 4.000 € für jede einzelne Baumaßnahme .. 78

5. Übertragung von Immobilien ins Sonderbetriebsvermögen
   der Gesellschafter der GmbH & Co. KG 79

6. Behandlung von Verbindlichkeiten des Gesellschafters 80
   6.1. Verbindlichkeiten mit Finanzierungszusammenhang
        zur eingebrachten Immobilie 80
        6.1.1. Übernahme der Verbindlichkeiten ins Gesamthands-
               oder Sonderbetriebsvermögen 80
        6.1.2. Zinsabzug bei Einbringung gegen Gewährung
               von Gesellschaftsrechten 81
        6.1.3. Bedeutung teilentgeltlicher Veräußerung für § 6 Abs. 1
               Nr. 1a EStG 81
        6.1.4. Abzugsbegrenzung gem. § 15a EStG 82
   6.2. Verbindlichkeiten ohne Finanzierungszusammenhang
        zur eingebrachten Immobilie 83

7. Vorbehaltsnießbrauch als Sonderform der Immobilienübertragung
   auf die KG 84
   7.1. Ertragsteuerliche Behandlung des Vorbehaltsnießbrauchers .. 84
   7.2. Ertragsteuerliche Behandlung der aufnehmenden GmbH & Co. KG 86
   7.3. Empfehlungen zur Immobilienübertragung unter Nießbrauchs-
        vorbehalt 87

Inhaltsverzeichnis

8. Zusammenfassung der ertragsteuerlichen Ergebnisse................. 87
9. Umsatzsteuerliche Behandlung der Immobilieneinbringung
   in die GmbH & Co. KG 89
   9.1. Unterscheidung zwischen steuerpflichtig und steuerfrei
        vermieteten Immobilien.................................. 89
   9.2. Vorsteuerkorrektur gem. § 15 a UStG beim einbringenden
        Gesellschafter.. 90
   9.3. Behandlung der unentgeltlichen Immobilieneinbringung
        in die GmbH & Co. KG als umsatzsteuerbare Lieferung 90
        9.3.1. Rechtsfolgen für den einbringenden Gesellschafter........ 90
        9.3.2. Rechtsfolgen für die übernehmende GmbH & Co. KG 91
        9.3.3. Ertragsteuerliche Behandlung der Vorsteuer
               sowie der Vorsteuerkorrektur gem. § 15a UStG........... 92
   9.4. Gewährung von Gesellschaftsrechten als umsatzsteuerbarer
        Vorgang?... 94
   9.5. Behandlung der Leistungen des Gesellschafters
        als Geschäftsführer...................................... 95

10. Grunderwerbsteuerliche Behandlung der Einbringung von Immobilien
    in die GmbH & Co. KG 96

11. Gewerbesteuerliche Beurteilung der GmbH & Co. KG 97
    11.1. Voraussetzung erweiterter Kürzung von Grundstückserträgen 97
    11.2. Zum Merkmal „ausschließlicher" Verwaltung und Nutzung
          eigenen Grundbesitzes................................... 98
    11.3. Schädlichkeit der Beteiligung an einer gewerblich
          geprägten Personengesellschaft........................... 99

12. Schenkungsteuerliche Beurteilung der Immobilieneinbringung......... 100

II. Ertragsteuerliche Behandlung der Übertragung von Kommanditanteilen auf die nachfolgende Generation....................... 101

1. Einkommensteuerliche Behandlung unentgeltlicher Übertragung
   von KG-Anteilen... 101
   1.1. Varianten der Anteilsübertragung......................... 101
   1.2. Der Mitunternehmeranteil im Sinne des § 6 Abs. 3 EStG 102
        1.2.1. Sonderbetriebsvermögen als zwingender Bestandteil
               des Mitunternehmeranteiles........................ 103
        1.2.2. Sonderbetriebsvermögen als wesentliche Betriebsgrundlage 105
        1.2.3. Bedeutung der fünfjährigen Sperrfrist des § 6 Abs. 3
               Satz 2 EStG....................................... 106
        1.2.4. Überquotale Übertragung von Sonderbetriebsvermögen 108

Inhaltsverzeichnis

1.2.4.1.	Risiken überquotaler Übertragung von Sonderbetriebsvermögen bei Existenz von Verbindlichkeiten..........	109
1.2.4.2.	Ermittlung des Veräußerungsgewinnes nach der Trennungs- oder Einheitstheorie................	110
1.2.5.	Schädliche Verfügungen im Sinne der Gesamtplanrechtsprechung bei zurückbehaltenem Sonderbetriebsvermögen...............................	112
1.2.5.1.	Wegfall der Buchwertübertragung...................	112
1.2.5.2.	Überführung wesentlichen Sonderbetriebsvermögens in ein anderes Betriebsvermögen...................	113
1.2.5.3.	Entwicklung der Rechtsprechung zur schädlichen Auslagerung wesentlicher Betriebsgrundlagen.........	114
1.2.5.4.	Unschädliche Auslagerungen bei doppelstöckigen Personengesellschaften	115
1.2.5.5.	Exkurs - Behandlung des Sonderbetriebsvermögens bei qualifizierter Nachfolgeklausel	116
1.2.6.	Vermeidung der Sperrfrist des § 6 Abs. 3 Satz 2 EStG durch Vorbehaltsnießbrauch am Sonderbetriebsvermögen	116
1.2.6.1.	Die ertragsteuerlichen Rechtsfolgen des Vorbehaltsnießbrauchs	117
1.2.6.1.1.	Behandlung während der Dauer des Nießbrauchs.......	117
1.2.6.1.2.	Der ertragsteuerlich neutrale Tod des Vorbehaltsnießbrauchers.....................................	118
1.2.6.2.	Nießbrauch zugunsten Gesamtberechtigter gem. § 428 BGB................................	120
1.2.6.3.	Zur vertraglichen Ausgestaltung des Nießbrauchs.......	123
1.3.	Behandlung betrieblicher (Alt-)Verbindlichkeiten des Übergebers..	123
1.4.	Sonderbetriebsvermögen als Steuerrisiko im Erbfall.............	125
1.4.1.	Drohende Besteuerung eines Entnahmegewinnes beim Erblasser	125
1.4.2.	Maßnahmen zur Vermeidung eines Entnahmegewinnes ..	126
1.4.3.	Das sog. „Ausgliederungsmodell" als Gestaltungsalternative?.....................................	127
1.4.3.1.	Steuerrisiken aufgrund der sog. Gesamtplanrechtsprechung des BFH	127
1.4.3.2.	Die mitunternehmerische Betriebsaufspaltung (Doppelgesellschaft)	128
1.4.3.3.	Nachgelagerte Entstehung einer mitunternehmerischen Betriebsaufspaltung	129
1.4.3.4.	Verletzung der fünfjährigen Sperrfrist?	130
1.4.3.5.	Vor- und Nachteile einer Doppelgesellschaft..........	131
1.5.	Spätere Übertragung des verbliebenen Mitunternehmeranteiles	132

Inhaltsverzeichnis

1.6. Einkommensteuerliche Behandlung teilentgeltlicher Übertragung
von KG-Anteilen 135
    1.6.1. Übernahme eines negativen Kapitalkontos als Schenkung
oder teilentgeltlicher Erwerb 135
    1.6.2. Teilentgelt bis zur Höhe des Buchwerts des Kapitalkontos 137
    1.6.3. Bedeutung teilentgeltlichen Erwerbs für den Beschenkten 138
1.7. Einkommensteuerliche Behandlung der Übertragung
von KG-Anteilen unter Nießbrauchvorbehalt 139
    1.7.1. Nießbrauchsvorbehalt steht der Anwendung
des § 6 Abs. 3 EStG nicht entgegen 139
    1.7.2. Der nießbrauchbelastete Kommanditist als Mitunternehmer 140
    1.7.3. Die laufende Besteuerung von Kommanditist
und Nießbraucher 141
    1.7.3.1. Die Gewinnverteilung zwischen Nießbraucher (Schenker)
und Kommanditist (Beschenkter) 141
    1.7.3.2. Die Behandlung des Kommanditisten (Beschenkter) 142
    1.7.3.3. Ertragsteuerliche Folgen bei Wegfall des Nießbrauchs ... 143
    1.7.3.4. Der Vorbehaltsnießbraucher als Mitunternehmer im Sinne
des § 15 Abs. 1 Nr. 2 EStG 144
    1.7.3.4.1. Notwendigkeit der Bestellung eines Vollrechtsnießbrauchs 144
    1.7.3.4.2. Rechtsfolgen bei fehlender Mitunternehmereigenschaft .. 145
    1.7.4. Sukzessiver Hinzuerwerb nicht privilegierter Kommanditanteile aus schenkungsteuerlicher Sicht 145
    1.7.4.1. Die Auffassung des Hessischen Finanzgerichts im Urteil
vom 2. Juli 2008 146
    1.7.4.2. Getrennte Beurteilung geschenkter und vorhandener Gesellschaftsanteile im BFH-Urteil vom 23. Februar 2010 .. 146
1.8. Die Versorgung des Übergebers durch wiederkehrende Leistungen . 147
    1.8.1. Die wiederkehrenden Leistungen im Überblick 147
    1.8.2. Versorgung durch Veräußerungsrente 148
    1.8.2.1. Das Besteuerungswahlrecht des Veräußerers 148
    1.8.2.1.1. Wahlrecht zwischen Sofortbesteuerung und laufender
Besteuerung 149
    1.8.2.1.2. Wahlrechtsausübung zugunsten einer Sofortbesteuerung . 150
    1.8.2.1.3. Wahlrechtsausübung zugunsten laufender Besteuerung .. 152
    1.8.2.2. Risiken bei der Ausübung des Wahlrechtes 152
    1.8.2.3. Anwendungsbereich des Wahlrechtes 153
    1.8.3. Behandlung ausländischer Leistungsempfänger
bei Sofortbesteuerung der wiederkehrenden Leistungen.. 154

Inhaltsverzeichnis

1.8.3.1.	Besteuerung von Veräußerungsleibrenten ab 1. Januar 2005	155
1.8.3.2.	Besteuerung von dauernden Lasten	155
1.8.3.3.	Behandlung in Fällen laufender Besteuerung der wiederkehrenden Leistungen	156
1.8.4.	Versorgung durch wiederkehrende Bezüge	156
1.8.4.1.	Kriterien der Behandlung als Versorgungsleistung	156
1.8.4.2.	Versorgungsleistungen bei Übertragung von Anteilen an einer gewerblich geprägten GmbH & Co. KG	157
1.8.4.3.	Steuerliche Behandlung von Versorgungsleistungen	159
1.8.4.3.1.	Behandlung des Versorgungsberechtigten	159
1.8.4.3.2.	Behandlung beim Versorgungsverpflichteten	159
1.8.4.4.	Nachträgliche Umschichtung des übertragenen Vermögens	160
1.8.4.4.1.	Begünstigte Vermögensumschichtungen	160
1.8.4.4.2.	Übertragung von Teilen des übernommenen Vermögens	161
1.8.4.4.3.	Unterbrechung bzw. Ablösung der Zahlungsverpflichtung	161
1.8.5.	Behandlung bei fehlendem inländischen Wohnsitz oder gewöhnlichen Aufenthalt des Leistungsempfängers bzw. Leistungsverpflichteten	162
1.8.6.	Risiken der dauernden Last und ihre Abgrenzung zur Leibrente	164

2. Umsatzsteuerliche Folgen aus der Übertragung von KG-Anteilen 165

3. Grunderwerbsteuerliche Behandlung der Anteilsübertragung 166

III. Schenkungsteuerliche Behandlung der Übertragung von Anteilen an einer GmbH & Co. KG 166

1. Die schenkungsteuerliche Begünstigung von Betriebsvermögen 166

2. Grundzüge schenkungsteuerlicher Privilegierung von Betriebsvermögen . 168
   - 2.1. Privilegierung durch Verschonungsabschlag und Abzugsbetrag 168
   - 2.2. Keine Privilegierung bei Existenz schädlichen Verwaltungsvermögens 169
   - 2.3. Was gehört zum schädlichen Verwaltungsvermögen? 170
   - 2.4. Der Verwaltungsvermögenstest (50 %-Grenze) 170
     - 2.4.1. Zum Verwaltungsvermögenstest dem Grunde nach 171
     - 2.4.2. Verwaltungsvermögenstest mit Sonderbetriebsvermögen . 172
   - 2.5. Zum Phänomen sog. „nicht betriebsnotwendigen" Vermögens 174

3. Wegfall der Privilegien durch Verletzung der fünfjährigen Sperrfrist (Regelverschonung) 176

4. Die Bewertung des Betriebsvermögens 178
   - 4.1. Anwendung eines vereinfachten Ertragswertverfahrens 178

Inhaltsverzeichnis

4.2.	Eckpunkte des vereinfachten Ertragswertverfahrens	179
4.3.	Die Bewertung des betrieblichen Grundbesitzes	180
4.4.	Bewertung des Betriebes nach dem vereinfachten Ertragswertverfahren	182
4.5.	Bildung von Sonderbetriebsvermögen im Zuge der Anteilsübertragung	186
4.5.1.	Verbleib der Immobilie beim Schenker	186
4.5.2.	Nießbrauchsvorbehalt am Sonderbetriebsvermögen	186
4.5.3.	Keine Nachsteuer bei vorzeitigem Wegfall des Nießbrauchs	187
4.5.4.	Steuerbelastungen bei gesonderter Übertragung von Sonderbetriebsvermögen unter Nießbrauchsvorbehalt	187
4.5.5.	Ermittlung der Schenkungsteuerbelastung bei Anwendung des § 13a ErbStG	189

5. Übertragung des beim Schenker verbliebenen Mitunternehmeranteiles... 191
   5.1. Übertragung von Gesellschaftsanteil und Sonderbetriebsvermögen. 191
   5.2. Steuervorteile durch Vermeidung der Übertragung von Sonderbetriebsvermögen 193

B. Gesamtsteuerliche Konsequenzen von Grundstücksübertragungen unter Nießbrauchsvorbehalt 195

I. Behandlung des Vorbehaltsnießbrauchs an Privatimmobilien aus einkommensteuerlicher sowie schenkungsteuerlicher Sicht...... 195

1. Steigerung oder Vernichtung von AfA-Potential 197
   1.1. Steigerung der Gebäude-AfA beim unentgeltlichen Erwerber durch entgeltliche Nießbrauchsablösung 197
   1.2. Nießbrauchsvorbehalt zugunsten von Ehegatten als potentielles AfA-Problem 199
   1.3. Schenkungsteuerliche Behandlung des Ehegatten-Nießbrauchs 200
   1.4. Vernichtung von AfA-Potential durch teilentgeltliche Immobilienübertragungen unter Nießbrauchsvorbehalt................... 202

2. Bedeutung des Vorbehaltsnießbrauchs für die Besteuerung privater Veräußerungsgeschäfte gem. § 23 EStG 204
   2.1. Erhöhung steuerpflichtiger Veräußerungsgewinne durch Wegfall des Vorbehaltsnießbrauchs 204
       2.1.1. Nießbrauch als steuerpflichtige Wertschöfungskomponente 204
       2.1.2. Entgeltliche Ablösung des Vorbehaltsnießbrauchs......... 206
   2.2. Beseitigung des Privilegs steuerfreier Veräußerung eigengenutzter Immobilien durch Vorbehaltsnießbrauch.......... 210

Inhaltsverzeichnis

2.3.	Zur Ermittlung des Veräußerungsgewinnes	213
	2.3.1. Behandlung von Schuldzinsen als Werbungskosten dem Grunde nach	213
	2.3.2. Zum Abzugszeitpunkt von Werbungskosten	217
	2.3.3. Kürzung der Anschaffungs-/Herstellungskosten durch die Gebäude-AfA	217
3.	Vorbehaltsnießbrauch an Immobilien des Betriebsvermögens	218
	3.1. Vorbehaltsnießbrauch am Grundbesitz unentgeltlich übertragener Einzelunternehmen	218
	3.2. Nießbrauchsvorbehalt bei Übertragung von Mitunternehmeranteilen	219
	3.2.1. Nießbrauchsvorbehalt am Sonderbetriebsvermögen	220
	3.2.2. Rechtsfolgen des Vorbehaltsnießbrauchs am Sonderbetriebsvermögen	220
	3.2.2.1. Buchwertübertragung ohne Anwendung der Sperrfrist des § 6 Abs. 3 Satz 2 EStG	220
	3.2.2.2. Behandlung der Immobilie beim Beschenkten im Falle vollständiger Übertragung des Mitunternehmeranteiles	221
4.	Schenkungsteuerliche Behandlung des Vorbehaltsnießbrauchs	222
5.	Schuldzinsenabzug beim Vorbehaltsnießbrauch	225
	5.1. Behandlung des Eigentümers während der Dauer des Vorbehaltsnießbrauchs	225
	5.2. Behandlung des Vorbehaltsnießbrauchers	226
	5.2.1. Fortbestehender Zinsabzug bei unentgeltlicher Grundstücksübertragung	226
	5.2.2. Exkurs: Grundstücksfinanzierung beim Zuwendungsnießbrauch	227
	5.2.3. Zinsabzug bei entgeltlicher bzw. teilentgeltlicher Grundstücksübertragung	228
	5.3. Zinsabzug nach Wegfall des Vorbehaltsnießbrauchs durch Tod des Berechtigten	231
	5.3.1. Behandlung beim Nießbraucher verbliebener Verbindlichkeiten	231
	5.3.2. Späterer Schuldenübergang in Fällen des Mischnachlasses	232
	5.3.3. Schuldübernahme anlässlich früherer Immobilienübertragung	233
	5.3.4. Aufschiebend befristete Kaufpreiszahlungen	234
	5.4. Ablösung des Vorbehaltsnießbrauchs durch Abstandszahlung	235
	5.4.1. Bedeutung der Ablösung für die Gebäude-AfA	235
	5.4.2. Bedeutung der Ablösung für den weiteren Zinsabzug	239

Inhaltsverzeichnis

II.	Umsatzsteuerliche Behandlung des Nießbrauchsvorbehalts	240
1.	Keine Grundstückslieferung mangels Verschaffung der Verfügungsmacht	240
2.	Späterer Wegfall des Vorbehaltsnießbrauchs	241
III.	Vorbehaltsnießbrauch und Grunderwerbsteuer	243

C. Die Immobilie als Gegenstand privater Veräußerungsgeschäfte im Sinne des § 23 Abs. 1 Nr. 1 EStG 245

I.	Steuerliche Privilegierung ganz oder teilweise eigengenutzter Immobilien	245
1.	Nutzung zu „eigenen Wohnzwecken"...........................	245
2.	Bedeutung des Begriffs „Wirtschaftsgut" für die Steuerbefreiung des Grund u. Bodens...	246
3.	Behandlung gemischt-genutzter Grundstücke	248
	3.1. Quotale Begünstigung des eigenen Wohnzwecken dienenden Gebäudeteiles...	248
	3.2. Nachträgliche Erweiterung des eigenen Wohnzwecken dienenden Gebäudeteiles	249
	3.3. Nutzung von Gebäudeteilen durch Angehörige	250
4.	Behandlung im Miteigentum befindlicher Grundstücke	251
5.	Zur Intensität der gebotenen Eigennutzung	254
	5.1. „Ausschließliche" Eigennutzung zwischen Anschaffung/ Fertigstellung und Veräußerung...........................	254
	5.1.1. Durchgehende Eigennutzung bis zur Veräußerung (bzw. ab Anschaffung/Fertigstellung)?..................	254
	5.1.2. Zur Schädlichkeit des häuslichen Arbeitszimmers.........	256
	5.2. Eigennutzung im Jahr der Veräußerung sowie in den beiden vorangegangen Jahren	256
	5.2.1. Eigennutzung in den beiden vorangegangenen Jahren......	257
	5.2.2. Eigennutzung im Veräußerungsjahr	258
	5.2.3. Entbehrlichkeit „ausschließlicher" Eigennutzung	259
	5.3. Räumliche Verlagerung eigengenutzer Flächen innerhalb desselben Gebäudes	261
II.	Einbringung von Grundstücken in ein Betriebsvermögen mit späterer Veräußerung aus dem Betriebsvermögen heraus........	262
1.	Einlage eines Wirtschaftsgutes in das Betriebsvermögen..............	263
	1.1. Bedeutung des Einlagezeitpunktes...........................	263

Inhaltsverzeichnis

	1.2. Einlage ins Betriebsvermögen	264
	1.3. Einlage von „Wirtschaftsgütern"	266
2.	Ermittlung und Besteuerungszeitpunkt des Veräußerungsgewinnes	267
	2.1. Teilwert als Ersatzbemessungslage	267
	2.2. Besteuerungszeitpunkt	268
	2.3. Sonderfälle der Gewinnermittlung	270
	2.3.1. Abzug von Werbungskosten	271
	2.3.2. Behandlung von Veräußerungskosten	271
	2.3.3. Behandlung des Forderungsausfalls	272
3.	Verdeckte Einlage in eine Kapitalgesellschaft	272
4.	Entnahme zuvor eingelegter Wirtschaftsgüter – Gesetzeslücke?	273
5.	Zusammenfassung der Ergebnisse	274
III.	**Die Einbeziehung von Neubauten in die Besteuerung privater Veräußerungsgeschäfte gem. § 23 EStG**	275
1.	Gebäudefertigstellung „innerhalb" der 10-Jahresfrist	275
2.	Einbeziehung „fertig gestellter Gebäude" in die Besteuerung	276
	2.1. Zum Begriff des Gebäudes	276
	2.2. Veräußerung des fertig gestellten Gebäudes	277
	2.2.1. Teilfertigstellung gemischt-genutzter Gebäude	277
	2.2.2. Zum Begriff „Fertigstellung"	278
	2.2.3. Bedeutung der Gebäudeerrichtung in Bauabschnitten	279
	2.2.4. Nachträgliche Erweiterung fertig gestellter Bauabschnitte	280
3.	Behandlung im Miteigentum befindlicher Grundstücke	281
4.	Besonderheiten bei teilentgeltlich erworbenen Grundstücken	282
D.	**Schenkungsteuerliche Gestaltungen mit Immobilien**	285
I.	**Übertragung des selbstgenutzten Familienheims unter Ehegatten**	285
1.	Lebzeitige schenkweise Übertragung	285
2.	Übergang des Familienheimes durch Erbfall	286
3.	Soll das Familienheim verschenkt oder vererbt werden?	288
4.	Überkreuzschenkung als Gestaltungsalternative	288
II.	**Wertreduzierte Immobilienübertragung mit Hilfe eines KG-Nießbrauchs**	290

Inhaltsverzeichnis

1.	Errichtung einer „Nießbrauchs-KG" als Gestaltungsalternative.........	290
2.	Bewertung der Anteile an der Nießbrauchs-KG.....................	293
	2.1. Anwendung des vereinfachten Ertragswertverfahrens...........	293
	2.2. Bedeutung der Anwendung des vereinfachten Ertragswertverfahrens für die Nießbrauchs-KG........................	295
3.	Der „Verwaltungsvermögenstest" bei der Nießbrauchs-KG............	297
4.	Anwendung der Verschonungsregelung auf die Nießbrauchs-KG.......	299

E. Die Immobilie um Umsatz- und Grunderwerbsteuerrecht.......... 301

I. Umsatzsteuerliche Behandlung der Immobilie................... 301

1. Übertragung von Immobilien im Umsatzsteuerrecht................ 301
　1.1. Die Grundstückslieferung............................... 302
　1.2. Die Übertragung von Grundstücken als Geschäftsveräußerung
　　　(§ 1 Abs. 1a UStG)..................................... 305
　　1.2.1. Tatbestandsvoraussetzungen der Geschäftsveräußerung... 305
　　1.2.2. Fortführung des Unternehmens durch den Erwerber...... 306
　　1.2.3. Geschäftsveräußerung bei Immobilien................ 308
　　1.2.3.1. Veräußerung der einzigen Immobilie des Verkäufers..... 308
　　1.2.3.2. Veräußerung einer von mehreren Immobilien
　　　　　　des Verkäufers................................. 308
　　1.2.3.3. Veräußertes Grundstück hat den Charakter
　　　　　　von Vorratsvermögen............................ 308
　　1.2.3.4. Vollständige oder nur teilweise zu eigenen Wohnzwecken
　　　　　　genutzte Immobilie 309
　　1.2.4. Identität zwischen bisheriger und künftiger Immobiliennutzung.. 310
　　1.2.4.1. Schädlichkeit fehlender Übernahme bestehender
　　　　　　Pachtverträge.................................. 311
　　1.2.4.2. Übertragung von Rohbauten sowie (teilweise)
　　　　　　leerstehenden Immobilien...................... 312
　　1.2.5. Sonderfall Betriebsaufspaltung..................... 313
　　1.2.6. Geschäftsveräußerungen bei Immobilien im Überblick ... 314
　　1.2.7. Auskunftspflicht des Veräußerers und Überwachung
　　　　　durch die Finanzverwaltung........................ 317
2. Fehlerhafte Beurteilung von Veräußerungsvorgängen............... 317
　2.1. Irrtümliche Behandlung der Geschäftsveräußerung
　　　als Grundstückslieferung................................ 317
　　2.1.1. Umsatzsteuerpflichtige Nutzung durch den Veräußerer.... 317

Inhaltsverzeichnis

	2.1.1.1.	Umsatzsteuerpflichtige Weiterveräußerung durch den Käufer	318
	2.1.1.2.	Umsatzsteuerfreie Weiterveräußerung durch den Käufer	320
	2.1.2.	Umsatzsteuerfreie Nutzung durch den Verkäufer	320
	2.1.2.1.	Rechtsirrtümliche Behandlung als umsatzsteuerfreie Veräußerung	321
	2.1.2.2.	Rechtsirrtümliche Behandlung als umsatzsteuerpflichtige Veräußerung	321
	2.1.2.3.	Erst nach Verjährungseintritt entdeckter Rechtsirrtum	322
2.2.		Irrtümlich unterstellte Geschäftsveräußerung anstelle einer Grundstückslieferung	325
	2.2.1.	Umsatzsteuerpflichtige Nutzung durch den Verkäufer	325
	2.2.2.	Nachträgliche Option als Ausweichgestaltung	327
	2.2.3.	Verfahrensrechtliche Hinweise zur Option gem. § 9 Abs. 3 UStG	328
2.3.		Behandlung unentgeltlicher Geschäftsveräußerungen	329
2.4.		Bedeutung einer Verkäufergarantie	330
2.5.		Empfehlungen zu Grundstückslieferungen im Grenzbereich zur Geschäftsveräußerung	330
2.6.		Zusammenfassung der Rechtsfolgen und Risiken rechtsirrtümlicher Behandlung als Lieferung oder Geschäftsveräußerung	332
3. Vorsteuerabzug bei der Herstellung und Anschaffung von Immobilien			334
3.1.		Allgemeine Voraussetzungen des Vorsteuerabzugs	334
3.2.		Vorsteuerabzug bei gescheiterter Unternehmensgründung	335
3.3.		Die Zuordnungsentscheidung des Unternehmers bei gemischt-genutzten einheitlichen Gegenständen	336
	3.3.1.	Das Zuordnungswahlrecht des Unternehmers	336
	3.3.1.1.	Inhalt und Grenzen des Zuordnungswahlrechtes	336
	3.3.1.1.1.	Unzulässigkeit einer Zuordnungsentscheidung	337
	3.3.1.1.2.	Bedeutung der 10 %-Grenze für die Zuordnungsentscheidung	337
	3.3.1.1.3.	Eigenständige Zuordnung von Anbauten und Umbauten	338
	3.3.1.2.	Zuordnung bei fehlendem Vorsteuerabzug im Erwerbsjahr	340
	3.3.2.	Form der Zuordnungsentscheidung	341
	3.3.3.	Zeitpunkt der Zuordnungsentscheidung	343
	3.3.4.	Rechtsfolge der Zuordnungsentscheidung im Falle späterer Veräußerung bzw. Nutzungswechsels	344
	3.3.5.	Änderung der Zuordnungsentscheidung	349
3.4.		Bedeutung der Verwendungsabsicht für den Vorsteuerabzug	349
	3.4.1.	Maßgeblichkeit der geplanten Nutzung im Jahr erstmaliger Verwendung	349

Inhaltsverzeichnis

	3.4.2.	Sonderfall - Maßgeblichkeit tatsächlicher Verwendung für Leistungsbezüge im Jahr des Beginns der Verwendung	350
	3.4.3.	Verwendungsabsicht und Geschäftsveräußerung	352
	3.4.4.	Änderung der Verwendungsabsicht	353
	3.4.5.	Nachweis der Verwendungsabsicht	354
	3.4.6.	Zusammenfassende Übersicht zur Bedeutung der Verwendungsabsicht	356
4.	Vorsteuerabzug bei gemischt-genutzten Gebäuden		359
	4.1.	Grundzüge der Aufteilung von Vorsteuerbeträgen	359
	4.2.	Rechtsentwicklung zur Vorsteuersteueraufteilung bei gemischt-genutzten Immobilien	360
	4.2.1.	Die bisherige Rechtsauffassung der Finanzverwaltung	360
	4.2.2.	Die abweichende Rechtsprechung des Bundesfinanzhofes	362
	4.2.3.	Übernahme der BFH-Rechtsprechung durch die Finanzverwaltung	363
	4.2.4.	Bedeutung grundsätzlich flächenbezogenen Vorsteuerabzugs für die Praxis	367
	4.2.5.	Bedeutung getrennter Bauabschnitte für den Vorsteuerabzug	369
	4.2.5.1.	Behandlung des Vorsteuerabzugs für den betreffenden Bauabschnitt	369
	4.2.5.2.	Behandlung des Vorsteuerabzugs für die vorhandene „Alt"-Substanz	370
5.	Vorsteuerabzug für eigengenutzten Wohnraum		372
	5.1.	Zur Rechtsentwicklung	372
	5.2.	Hinweise zur Behandlung eigengenutzter Wohnungen	373
	5.2.1.	Die Bewertung der unentgeltlichen Wertabgabe bei laufender Nutzung	373
	5.2.2.	Sind Grundstücksentnahmen umsatzsteuerpflichtig?	375
	5.3.	Geplante Neuregelung der Besteuerung eigengenutzten Wohnraums durch das Jahressteuergesetz 2010	377
6.	Die Grundstücksschenkung unter Nießbrauchsvorbehalt		380
7.	Behandlung von Immobilien im Erbfall		380
8.	Die Berichtigung des Vorsteuerabzuges gem. § 15a UStG		382
	8.1.	Änderung der für den Vorsteuerabzug maßgebenden Verhältnisse	383
	8.2.	Beginn des Korrekturzeitraumes ab dem Zeitpunkt erstmaliger Verwendung	385
	8.3.	Das Berichtigungsverfahren des § 15a Abs. 1 UStG bei nicht nur einmalig zur Ausführung von Umsätzen verwendeten Wirtschaftsgütern	388

Inhaltsverzeichnis

    8.4. Die Technik des Berichtigungsverfahrens 389

II. Die Immobilie im Grunderwerbsteuerrecht 391

1. Immobilienübertragung auf eine Gesamthand
   mit späterem Gesellschafterwechsel 391
2. Behandlung der Anwachsung von Gesellschaftsanteilen
   beim verbleibenden Gesellschafter 394
3. Formwechsel als Instrument steuerneutralen Immobilientransfers 397
4. Übertragung von Gesellschaftsanteilen nach vorheriger Umschichtung
   von Immobilien 400

Literaturverzeichnis 405
Stichwortverzeichnis 409

Abkürzungsverzeichnis

aA	anderer Auffassung
aaO	am angegebenen Ort
Abs.	Absatz
Abschn.	Abschnitt
a.F.	Alte Fassung
AfA	Absetzungen für Abnutzung
Anm.	Anmerkung
AO	Abgabenordnung
Art.	Artikel
AV	Anlagevermögen
Az.	Aktenzeichen
BB	Betriebs-Berater (Zeitschrift)
BewG	Bewertungsgesetz
BFH	Bundesfinanzhof
BFHE	Entscheidungen des Bundesfinanzhofs, Stollfuß Verlag GmbH & Co. KG, Bonn
BFH/NV	Sammlung veröffentlichter und nicht veröffentlichter Entscheidungen des BFH
BGB	Bürgerliches Gesetzbuch
BGBl.	Bundesgesetzblatt
BGH	Bundesgerichtshof
BMF	Bundesministerium der Finanzen
BStBl.	Bundessteuerblatt
Buchst.	Buchstabe
BundesbergG	Bundesberggesetz
BV	Betriebsvermögen
bzw.	beziehungsweise
ca.	circa
d.h.	das heißt
DB	Der Betrieb (Zeitschrift)
DStR	Deutsches Steuerrecht (Zeitschrift)
DStRE	Deutsches Steuerrecht Entscheidungsdienst (Zeitschrift)

Abkürzungsverzeichnis

DStZ	Deutsche Steuerzeitung
EG	Europäische Gemeinschaft
EGBGB	Einführungsgesetz zum Bürgerlichen Gesetzbuch
EFG	Entscheidungen der Finanzgerichte
ErbStG	Erbschaftsteuergesetz
EStB	Einkommensteuerberater (Zeitschrift)
EStDV	Einkommensteuer-Durchführungsverordnung
EStG	Einkommensteuergesetz
EStH	Einkommensteuerhinweise
EStR	Einkommensteuerrichtlinien
EU	Europäische Union
EuGH	Europäischer Gerichtshof
evtl.	eventuell
EWG	Europäische Wirtschaftsgemeinschaft
f./ff.	folgende/fortfolgende
FA	Finanzamt
FG	Finanzgericht
FinMin	Finanzministerium
Fn.	Fußnote
FR	Finanz-Rundschau (Zeitschrift)
GbR	Gesellschaft bürgerlichen Rechts
GBO	Grundbuchordnung
gem.	gemäß
ggf.	gegebenenfalls
GmbH	Gesellschaft mit beschränkter Haftung
GmbHR	GmbH-Rundschau (Zeitschrift)
GmbH-Stpr.	GmbH-Steuerpraxis
GrEStG	Grunderwerbsteuergesetz
GrS	Großer Senat (des Bundesfinanzhofs)
GstB	Gestaltende Steuerberatung
H	Hinweis
HFR	Höchstrichterliche Finanzrechtsprechung (Entscheidungssammlung)
h.M.	herrschende Meinung
Halbs.	Halbsatz

Abkürzungsverzeichnis

Inf.	Die Information (Zeitschrift)
IStR	Internationales Steuerrecht (Zeitschrift)
iSv	im Sinne von
KG	Kommanditgesellschaft
Kj.	Kalenderjahr
KStG	Körperschaftsteuergesetz
LAN	Local area network
MdF	Ministerium der Finanzen
MDR	Monatsschrift für Deutsches Recht (Zeitschrift)
mwN	mit weiteren Nachweisen
MWStSystRL	Mehrwertsteuersystemrichtlinie
Mio.	Millionen
MietRRG	Mietrechtsreformgesetz
NATO-ZAbk	NATO-Zusatzabkommen
Nieders.	Niedersächsiches
NJW	Neue Juristische Wochenschrift (Zeitschrift)
Nr.	Nummer
n.v.	nicht veröffentlicht
NWB	Neue Wirtschaftsbriefe (Zeitschrift)
NZB	Nichtzulassungsbeschwerde
OFD	Oberfinanzdirektion
OHG	Offene Handelsgesellschaft
OLG	Oberlandesgericht
Rev.	Revision
rkr.	rechtskräftig
R	Richtlinie
RL	Richtlinie
Rz.	Randziffer
S.	Satz oder Seite
Slg.	Sammlung
sog.	so genannte, -, -en -es
Stbg.	Die Steuerberatung (Zeitschrift)
StEK	Steuerrecht in Karteiform (Entscheidungssammlung)

Abkürzungsverzeichnis

StBp	Die steuerliche Betriebsprüfung (Zeitschrift)
StuB	Steuer und Betrieb
Tz.	Textziffer
uE	unseres Erachtens
UmwStG	Umwandlungssteuergesetz
UR	Umsatzsteuer-Rundschau (Zeitschrift)
Urt.	Urteil
USt	Umsatzsteuer
UStAE	Umsatzsteuer-Anwendungserlass
UStB	Umsatzsteuer-Berater (Zeitschrift)
UStG	Umsatzsteuergesetz
UStR	Umsatzsteuerrichtlinie
UV	Umlaufvermögen
UVR	Umsatzsteuer- und Verkehrsteuer-Recht
v.	vom
VersR	Versicherungsrecht (Zeitschrift)
Vfg.	Verfügung
vgl.	vergleiche
VO	Verordnung
VOB	Verdingungsordnung für Bauleistungen
VZ	Veranlagungszeitraum
WEG	Wohnungseigentumsgesetz/Wohnungseigentümergemeinschaft
WG	Wirtschaftsgut
Wistra	Zeitschrift für Wirtschaft – Steuer – Strafrecht
Wj.	Wirtschaftsjahr
WK	Werbungskosten
z.B.	zum Beispiel
Zerb	Zeitschrift für die Steuer- und Erbrechtspraxis
ZEV	Zeitschrift für Erbrecht und Vermögensnachfolge
ZSteu	Zeitschrift für Steuern und Recht

A. Immobilien in der Rechtsform einer GmbH & Co. KG im Ertrag- und Schenkungsteuerrecht

I. Übertragung privater Immobilien in das Betriebsvermögen einer GmbH & Co. KG

Es gibt eine Reihe von Anlässen, zum Privatvermögen gehörende Immobilien in das steuerliche Betriebsvermögen einer – üblicherweise gewerblich geprägten – GmbH & Co. KG zu transferieren.[1] Motiv einer Übertragung kann sein
- Vorbereitung der Immobilienübertragung auf die nachfolgende Generation im Rahmen vorweggenommener **Erbfolge**,[2]
- steuerneutrale Aufdeckung „stiller Reserven" zwecks Erhöhung des vorhandenen **AfA-Potentials**,
- Umqualifizierung privat veranlasster Verbindlichkeiten (etwa aus der Finanzierung des eigengenutzten Familienwohnheimes) in die betriebliche Sphäre zwecks Erlangung des **Zinsabzugs**,
- Einbringung durch Betriebsaufspaltung steuerverstrickter Immobilien in eine GmbH & Co. KG zwecks **Vermeidung potentieller Gewinnrealisierung** mit Wegfall der (ggf. zunächst nicht erkannten) Betriebsaufspaltung,[3]
- Erwerb von Privatimmobilien durch die GmbH & Co. KG zum Zwecke der Übertragung vorhandener oder künftig zu bildender **§ 6b-Rücklagen**.

Es sprechen also eine Reihe von Gründen dafür, Immobilien in das steuerliche Betriebsvermögen zu transferieren und zwar in der Rechtsform einer GmbH & Co. KG. Diese Rechtsform ist besonders geeignet, die obigen Ziele zu verwirklichen. Die Einlage von Immobilien in ein Einzelunternehmen oder eine Kapitalgesell-

---

1 Davon zu trennen ist die Frage einer Überführung von Immobilien in das umsatzsteuerliche Unternehmensvermögen.
2 Die GmbH & Co. KG hat allerdings mit Inkrafttreten der Erbschaftsteuerreform zum 1.1.2009 an Bedeutung verloren, insbesondere deshalb, weil sie nicht mehr per se steuerlich privilegiert ist (§§ 13a, b ErbStG).
3 In diesem Fall wird die Immobilie freilich nicht vom Privat- in das Betriebsvermögen überführt. Vielmehr erfolgt der Vermögenstransfer hier nach Maßgabe des § 6 Abs. 5 EStG von einem Betriebsvermögen in ein anderes Betriebsvermögen.

Immobilien in der Rechtsform einer GmbH & Co. KG

schaft[4] wird dieser Zielsetzung nicht immer gerecht. Entscheidend ist freilich stets die Situation des konkreten Einzelfalles und die individuelle Gewichtung einzelner steuerlicher Aspekte.

Die Überführung von Privatimmobilien ins Betriebsvermögen einer GmbH & Co. KG bedarf freilich gründlicher Vorbereitung, zumal im Einzelfall gravierende **Nachteile** drohen können. Dazu gehören insbesondere die

- Entstehung eines einbringungsbedingten **privaten Veräußerungsgewinnes** im Sinne des § 23 Abs. 1 Nr. 1 EStG, falls zwischen Anschaffung und Einbringung der Immobilie noch keine zehn Jahre vergangen sind und die Einbringung als voll- oder teilentgeltlicher Erwerb ausgestaltet wurde,
- **Steuerverhaftung stiller Reserven**, die andernfalls im Privatvermögen nach Ablauf der 10-Jahresfrist des § 23 Abs. 1 Nr. 1 EStG steuerneutral realisiert werden können,[5]
- grundsätzliche Belastung von Immobilienerträgen mit **Gewerbesteuer**, falls die sog. erweiterte Kürzung von Grundstückserträgen gem. § 9 Nr. 1 Satz 2 GewStG keine Anwendung findet und die
- Bildung **schädlichen Verwaltungsvermögens** im Sinne des § 13a ErbStG mit der evtl. Folge einer „Vernichtung" von schenkung- und erbschaftsteuerlichen Privilegien, sollte die GmbH & Co. KG bereits existieren und die Förderkriterien der §§ 13a, 13b ErbStG grundsätzlich erfüllen (siehe Rz. 154 f.)

Letztendlich müssen Vor- und Nachteile sorgfältig gegeneinander abgewogen werden.

Einen entscheidenden Vorteil bietet allerdings die gewerblich geprägte GmbH & Co. KG: Sie gestattet dem Mandanten, ohne Fremdbeteiligung steuerliches Privatvermögen in Betriebsvermögen umzuqualifizieren. Er muss seine uneingeschränkte Verfügungsgewalt über das betreffende Vermögen weder ganz noch teilweise aufgeben. Auch ist die Rückkehr zur Ausgangssituation durch Umqualifizierung in Privatvermögen möglich, sollte sich die betreffende Maßnahme in späteren Jahren als Irrweg erweisen. Der Mandant bleibt hier weiterhin Herr des Geschehens. Das ist bei Vermögensübertragungen auf nahe Angehörige nicht immer der Fall, sollten sich diese später als voreilig vollzogen erweisen.

---

4 Freilich sind auch Situationen vorstellbar, in denen die Beteiligung von Kapitalgesellschaften an Immobilien durchaus Vorteile bringt. Dies ist beispielsweise dann der Fall, wenn die Kapitalgesellschaft aufgrund erweiterter gewerbesteuerlicher Kürzung der Grundstückserträge (siehe Rz. 79 f.) keine Gewerbesteuer zahlt.

5 Es ist freilich nicht für alle Zeit garantiert, dass Gewinne aus der Veräußerung privater Immobilien nach Fristablauf stets steuerneutral bleiben.

Übertragung privater Immobilien in das BV einer GmbH & Co. KG

1. Gründung einer gewerblich geprägten GmbH & Co. KG

1.1. Erfordernis gewerblicher Prägung im Zeitpunkt der Immobilieneinbringung

1.1.1. Kriterien gewerblicher Prägung

Die Umschichtung zum Privatvermögen gehörender Immobilien in steuerliches Betriebsvermögen im hier erwünschten Sinne erfordert die Existenz einer GmbH & Co. KG in der Erscheinungsform einer sog. gewerblich geprägten GmbH & Co. KG gem. § 15 Abs. 3 Nr. 2 EStG. Die Tätigkeit einer solchen KG gilt in vollem Umfang als Gewerbebetrieb, unabhängig davon, ob und in welchem Maße sie originär gewerblich tätig ist. Auch eine rein vermögensverwaltende Tätigkeit erlangt den Status gewerblicher Einkünfte.

2

Eine **gewerblich geprägte Personengesellschaft** liegt ungeachtet ihrer tatsächlichen Betätigung vor, wenn
a) die Gesellschaft keine originär gewerbliche Tätigkeit ausübt;
b) allein eine Kapitalgesellschaft persönlich haftender Gesellschafter ist;
c) nur die Kapitalgesellschaft zur Geschäftsführung befugt ist oder Personen, die nicht Gesellschafter sind und
d) die Tätigkeit der Gesellschaft mit Gewinnerzielungsabsicht ausgeübt wird.

Sollte die Gesellschaft bereits originär im Sinne des § 15 Abs. 2 EStG gewerblich tätig sein, gilt ihre **gesamte Betätigung** nach § 15 Abs. 3 Nr. 1 EStG als Gewerbebetrieb (Verfärbungstheorie). In diesem Fall ist die ausschließliche Beteiligung einer Kapitalgesellschaft als Komplementärin zwar zur Begründung von Betriebsvermögen entbehrlich. Gleichwohl sollte darauf nicht verzichtet werden, weil nur eine gewerblich geprägte GmbH & Co. KG die Existenz fortbestehenden Betriebsvermögens ungeachtet individueller Entwicklung ihrer tatsächlichen Betätigung garantiert.

1.1.2. Bedeutung der Eintragung ins Handelsregister für die gewerbliche Prägung

Die GmbH & Co. KG entsteht im Außenverhältnis erst mit ihrer **Eintragung ins Handelsregister.** Bis dahin ist sie schlichte vermögensverwaltende GbR[6] mit Einkünften aus Vermietung und Verpachtung (§ 21 EStG). Allein aufgrund der Eintragung erlangt sie die steuerrechtliche Qualität eines Gewerbebetriebs in der

3

---

6 Pauli, DB 2005, 1022.

Immobilien in der Rechtsform einer GmbH & Co. KG

Rechtsform einer GmbH & Co. KG.[7] So gesehen begründet die Eintragung ins Handelsregister den Tatbestand der Betriebseröffnung im Sinne des § 6 Abs. 1 Nr. 6 EStG.[8]

Klarstellung durch den BFH: Der BFH[9] hat diese Rechtsauffassung in Zusammenhang mit der Anwendung des § 13a ErbStG a.f. inzwischen bestätigt. Im Streitfall waren im Zeitpunkt des Erbfalles weder die Komplementär-GmbH noch die KG selbst im Handelsregister eingetragen gewesen. Damit haftete der Erblasser persönlich für die Verbindlichkeiten der in Gründung befindlichen GmbH und deshalb auch für diejenigen der KG. Die Wirksamkeit der KG tritt gem. §§ 123 Abs. 1 und 2, 161 Abs. 2 HGB im Verhältnis zu Dritten erst mit ihrer Eintragung ins Handelsregister ein. Einem früheren Beginn der Geschäftstätigkeit kommt insoweit keine Bedeutung zu. Die KG ist bis dahin schlichte GbR.[10] Für Schulden einer GbR aber haften die Gesellschafter grundsätzlich persönlich.[11] Damit können je nach Bearbeitungsdauer des Handelsregisters unterschiedliche Rechtsfolgen eintreten. Das muss angesichts der insoweit eindeutigen zivilrechtlichen Regelungen in Kauf genommen werden. Die Entscheidung des BFH hat auch für das zum 1.1.2009 in Kraft getretene neue Erbschaftsteuerrecht Bedeutung, weil gewerblich geprägte Personengesellschaften im Sinne des § 15 Abs. 3 EStG ausdrücklich als begünstigtes Betriebsvermögen in § 13b Abs. 1 Nr. 2 ErbStG genannt sind.[12] Diesen Status erlangen sie erst mit Eintragung ins Handelsregister.

1.1.3. Rechtsfolgen der Immobilieneinbringung vor oder nach Eintragung der KG ins Handelsregister

Der **Zeitpunkt der Eintragung** von GmbH und KG ins Handelsregister hat nach den obigen Ausführungen entscheidende Bedeutung für die steuerliche Behandlung der Immobilieneinbringung.

1.1.3.1. Einbringung der Immobilie vor Eintragung ins Handelsregister

4 Wird die Immobilie bereits vor Eintragung der KG ins Handelsregister eingebracht, liegt ertragsteuerlich gesehen eine schlichte Überführung aus dem Alleineigentum des Gesellschafters in das Gesamthandsvermögen einer GmbH & Co. GbR vor (falls nur die KG noch nicht eingetragen ist). Daraus folgt eine un-

---

7 Siehe aber R. 18 Abs. 1 Satz 5 GewStR: Gewerbesteuerpflicht beginnt erst mit Ingangsetzung des Gewerbebetriebs.
8 Schmidt/Wacker 29. Aufl., § 15 EStG Rz. 227.
9 Urt. vom 4.2.2009, BStBl. II 2009, 600.
10 BGH vom 13.7.1972 – II ZR 11/70, BGHZ 59, 179 und vom 6.13.1977 – II ZR 232/75, BGHZ 69, 95.
11 BGH vom 29.1.2001 – II ZR 331/00, BGHZ 146, 341.
12 Vgl. auch die Urteilsanmerkung von Schm., DStR 2009, 1312.

Übertragung privater Immobilien in das BV einer GmbH & Co. KG

veränderte steuerliche Zurechnung der übertragenen Wirtschaftsgüter gem. § 39 Abs. 2 Nr. 2 AO beim einbringenden Gesellschafter.[13] Damit scheitert eine im Einzelfall erwünschte Veräußerung an die GmbH & Co. KG. Im Zeitpunkt späterer Eintragung der KG ins Handelsregister wiederum werden die zunächst im Gesamthandsvermögen der GbR befindlichen Wirtschaftsgüter gem. § 6 Abs. 1 Nr. 6 EStG in das steuerliche Betriebsvermögen der KG eingelegt und zwar nach den Spielregeln des § 6 Abs. 1 Nr. 5 EStG (= grundsätzlich Teilwertansatz). Die KG ist folglich nicht Käufer der Immobilie. Damit scheitert beispielsweise die Möglichkeit einer Anwendung des § 6b EStG. § 6b-Rücklagen können nur auf angeschaffte, nicht hingegen auf eingelegte Immobilien übertragen werden.[14]

1.1.3.2. Einbringung der Immobilie nach Eintragung ins Handelsregister

Die Einbringung der Immobilie erst nach Eintragung der KG ins Handelsregister bewirkt, dass sich dem Einbringenden die gesamte Gestaltungspalette des BMF-Schreibens vom 26.11.2004[15] eröffnet (zur Einschränkung der Gestaltungsmöglichkeiten durch die BFH-Rechtsprechung siehe aber Rz. 19). Er kann folglich die Immobilie an die KG veräußern und zwar gegen Barzahlung, Darlehen oder im Tausch gegen Gewährung von Gesellschaftsrechten. Schließlich darf er den Immobilienwert auch vollständig in eine Kapitalrücklage einstellen. In diesem Fall unterliegt der Vorgang als Einlage der Regelung des § 6 Abs. 1 Nr. 5 EStG.[16] Die unterschiedlichen Einbringungsvarianten sind von erheblicher gestalterischer Bedeutung (siehe Rz. 68).

Die **nicht gewerblich geprägte** GmbH & Co. KG[17] ist ungeeignet, steuerliches Privat- in Betriebsvermögen umzuqualifizieren und die angestrebten Gestaltungsziele (siehe oben Rz. 4) zu verwirklichen. Mangels gewerblicher Prägung gehören die KG-Anteile weiterhin zum steuerlichen Privatvermögen des Gesellschafters.

5

1.2. Keine Beteiligung der Komplementär-GmbH am KG-Vermögen

Die Beteiligung der Komplementär-GmbH am KG-Vermögen ist regelmäßig nachteilig und daher grundsätzlich zu unterlassen. Solche Nachteile enthält etwa § 6 Abs. 5 Satz 5 EStG, der eine Gewinnrealisierung im Umfange der Vermögensübertragung auf die GmbH anordnet. Ebenso besteht Grunderwerbsteuerpflicht.

6

---

13 Siehe dazu OFD Berlin vom 23.4.2004 – St 122 - S 2241 - 3/03, DB 2004, 1235.
14 Siehe dazu im Einzelnen Rz. 48 f.
15 BMF-Schreiben vom 26.11.2004, BStBl. I 2004, 1190.
16 BMF-Schreiben vom 20.5.2009, BStBl. I 2009, 671.
17 Sie liegt z.B. vor, wenn einer der Kommanditisten zusätzlich zur Geschäftsführung berufen wird.

Schließlich gilt es, den Umfang potentieller verdeckter Gewinnausschüttungen auf möglichst niedrigem Niveau zu halten.

Ein Teilwertansatz der eingebrachten Immobilie kommt auch dann in Betracht, wenn die GmbH nicht im Zuge der KG-Gründung am Gesellschaftsvermögen beteiligt wird, sondern erst später innerhalb von sieben Jahren nach Einbringung des betreffenden Wirtschaftsguts (§ 6 Abs. 5 Satz 6 EStG).[18] Die Erfassung der stillen Reserven ist dabei rückwirkend im Einbringungsjahr gem. § 175 Abs. 1 Satz 1 Nr. 2 AO unter Ansatz des seinerzeit maßgebenden Teilwertes vorzunehmen. Auf die aktuelle Wertentwicklung kommt es dabei nicht an.[19] Eine Beteiligung der GmbH am KG-Vermögen ist daher auch unter diesem Gesichtspunkt wenig empfehlenswert.

2. Überführung von Privatimmobilien ins Betriebsvermögen

2.1. Varianten der Immobilieneinbringung in die Personengesellschaft

7   Die Übertragung privater Immobilien in das steuerliche Betriebsvermögen einer Personengesellschaft kann in der Weise erfolgen, dass die aufnehmende Gesellschaft
   a) dem Gesellschafter einen am Verkehrswert der eingebrachten Immobilien orientierten **Kaufpreis** zahlt;
   b) im Tauschwege **Gesellschaftsrechte** in Höhe des Verkehrswerts der eingebrachten Immobilien gewährt;
   c) die auf den Immobilien lastenden **Verbindlichkeiten** übernimmt, ggf. in Verbindung mit a) oder b);
   d) eine Einlage der Immobilien in das steuerliche Betriebsvermögen (Gesamthandsvermögen) der Gesellschaft gem. § 6 Abs. 1 Nr. 5 EStG vornimmt. Der Wert der eingebrachten Immobilien wird in die **Kapitalrücklage** eingestellt;
   e) die Immobilien gegen Gewährung von **Gesellschaftsrechten und Aufnahme in die Kapitalrücklage** übernimmt.

Die Fälle a) und b) stellen typische Veräußerungsgeschäfte dar, die mit Blick auf § 23 EStG Bedeutung haben.[20] Im Fall c) wiederum liegt ggf.[21] nur in Höhe der Schuldübernahme ein Entgelt vor, das bei unterstelltem höheren Verkehrswert der

---

18 Taggenaue Fristberechnung gem. §§ 187, 188 BGB erforderlich; vgl. Strahl in Korn, § 6 EStG Rz. 513.41.
19 Zu weiteren Aspekten siehe van Lishaut, DB 2001, 1719, 1722; Reiß, BB 2000, 1965, 1969.
20 Schmidt/Kulosa, 29. Aufl. § 6 EStG Rz. 569; Ettinger/Eberl, GmbHR 2004, 548, 551.
21 Falls nicht kumulativ ein Kaufpreis gezahlt oder Gesellschaftsrechte gewährt werden.

Übertragung privater Immobilien in das BV einer GmbH & Co. KG

Immobilien den Tatbestand teilentgeltlichen Erwerbs erfüllt. Damit unterliegt der Vorgang sowohl den Regeln der Schenkung als auch der Veräußerung und zwar nach Maßgabe der Entgeltsquote. Fall d) stellt einen schlichten steuerneutralen Transfer von der privaten in die betriebliche Vermögenssphäre und Fall e) schließlich einen teilentgeltlichen Vorgang (teilentgeltliche Veräußerung) dar. Wegen der zu d) und e) inzwischen eingetretenen Rechtsänderung siehe jedoch Rz. 19.

Verbindlichkeiten verbleiben beim einbringenden Gesellschafter: Werden in diesem Zusammenhang vorhandene Verbindlichkeiten nicht von der Gesellschaft übernommen, richtet sich deren weitere Behandlung danach, ob zwischen eingebrachter Immobilie und Verbindlichkeit ein Finanzierungszusammenhang besteht (ausführlich dazu Rz. 59 f.). 8

a) Bestehender Finanzierungszusammenhang: In diesem Fall erlangen die Verbindlichkeiten zwingend die Rechtsqualität negativen Sonderbetriebsvermögens des einbringenden Gesellschafters (Kommanditist). Der steuerliche Zinsabzug geht damit nicht verloren.[22] Die Zinsen stellen nunmehr (Sonder-)Betriebsausgaben anstatt wie bisher Werbungskosten dar.

b) Fehlender Finanzierungszusammenhang: Verbindlichkeiten ohne Finanzierungszusammenhang zur eingebrachten Immobilie können naturgemäß weder negatives Sonderbetriebsvermögen noch einen Betriebsausgabenabzug begründen. Sie werden vom Einbringungsvorgang nicht tangiert. Ist dieses Ergebnis unerwünscht, muss eine Schuldübernahme durch die KG erfolgen mit Passivierung als Gesamthandsschuld. Damit wechselt die unentgeltliche Einbringung zur voll- bzw. teilentgeltlichen Veräußerung. Vor- und Nachteile müssen hier gegeneinander abgewogen werden. Entscheidend dürfte sein, ob und in welcher Höhe evtl. ein privater Veräußerungsgewinn im Sinne des § 23 Abs. 1 Nr. 1 EStG entsteht.

2.2. Übertragung als privates Veräußerungsgeschäft im Sinne des § 23 EStG

2.2.1. Zum sachlichen Anwendungsbereich des § 23 EStG

Zum Privatvermögen gehörende Immobilien können bei entsprechender Gestaltung (siehe Rz. 14 f. u. 19 f.) grundsätzlich steuerneutral auf eine gewerblich geprägte GmbH & Co. KG übertragen werden. § 22 Nr. 2 EStG in Verbindung mit § 23 EStG fordert eine Besteuerung als privates Veräußerungsgeschäft nur, wenn 9

---

22 R 4.2 Abs. 15 EStR: Mit der Einlage eines fremdfinanzierten Wirtschaftsgutes wird die zur Finanzierung des Wirtschaftsgutes aufgenommene private Schuld zur betrieblichen Schuld.

a) der Zeitraum zwischen Anschaffung und Veräußerung der Immobilie an die KG nicht mehr als zehn Jahre beträgt, wobei hier maßgebend auf die obligatorischen (nicht dinglichen) Rechtsgeschäfte abzustellen ist (**Anschaffung und Veräußerung**);[23]
b) eine Immobilie bei unentgeltlichem Erwerb innerhalb von zehn Jahren nach Anschaffung durch den Rechtsvorgänger vom Rechtsnachfolger veräußert wird. Die Anschaffung ist dem Rechtsnachfolger zuzurechnen (**Schenkung und Veräußerung**);[24]
c) eine Immobilie innerhalb von zehn Jahren nach der Entnahme aus einem steuerlichen Betriebsvermögen veräußert wird. Die Entnahme gilt gem. § 23 Abs. 1 Satz 2 EStG als erneute Anschaffung (**Entnahme und Veräußerung**);
d) eine Immobilie innerhalb von zehn Jahren nach Anschaffung verdeckt in eine GmbH eingelegt wird. Die verdeckte Einlage gilt als Veräußerung (**Einlage in eine GmbH**);[25]
e) eine Immobilie in ein Betriebsvermögen (Betrieb, Sonderbetriebsvermögen, Gesamthandsvermögen einer Personengesellschaft; nicht: GmbH, siehe d) eingelegt und innerhalb von zehn Jahren nach ihrer Anschaffung (im Privatvermögen) aus dem Betriebsvermögen heraus veräußert wird (**Einlage und Verkauf aus dem Betriebsvermögen heraus**).[26]

Aufstehende Gebäude und Außenanlagen werden in die Ermittlung eines Veräußerungsgewinnes gem. § 23 Abs. 1 Nr. 1 Satz 2 EStG einbezogen. Dabei setzt allerdings die Fertigstellung des Gebäudes keine neue Zehn-Jahresfrist in Gang.

2.2.2. Behandlung eigengenutzter sowie gemischt-genutzter Immobilien gem. § 23 EStG

10   Eine Besteuerung innerhalb der 10-Jahresfrist entfällt gem. § 23 Abs. 1 Nr. 1 Satz 3 EStG, wenn der Mandant ein Wirtschaftsgut veräußert, welches er
a) entweder im Zeitraum zwischen Anschaffung oder Fertigstellung und Veräußerung
b) oder im Jahr der Veräußerung und in den beiden vorangegangenen Jahren

ausschließlich zu **eigenen Wohnzwecken** genutzt hat.

---

[23] § 23 Abs. 1 Nr. 1 Satz 1 EStG.
[24] § 23 Abs. 1 Satz 3 EStG.
[25] § 23 Abs. 1 Satz 5 Nr. 2 EStG.
[26] § 23 Abs. 1 Satz 5 Nr. 1 EStG. Zu besonderen Problemen in diesem Zusammenhang siehe Hartmann/Meyer, Korrektur des § 23 EStG durch das Steuerbereinigungsgesetz 1999, StBp. 2000, 214. Siehe im Einzelnen auch Rz. 18.

Übertragung privater Immobilien in das BV einer GmbH & Co. KG

Gemischt genutzte Immobilien: Bei Immobilien, die sowohl zu eigenen Wohnzwecken genutzt als auch vermietet werden, kommt nur eine partielle Steuerbefreiung in Betracht. Hier bietet sich in Zusammenhang mit Verbindlichkeiten die nachstehende beispielhafte Gestaltung an.

Beispiel 1

A überträgt eine gemischt-genutzte Immobilie zum 1.1.05 auf die A-GmbH & Co. KG. Die Immobilie diente bis zum 31.12.04 zu 50 % eigenen und zu 50 % fremden Wohnzwecken. Sie wurde von A zum 1.1.01 für 600.000 € erworben. Der Anschaffungskredit von 500.000 € valutiert am 31.12.04 noch in Höhe von 300.000 €. Der Verkehrswert beträgt zum Einbringungszeitpunkt 700.000 €. Die Immobilie wird durch die KG fortan an fremde Dritte vermietet.

A hat zwei Möglichkeiten, die Immobilienübertragung zu gestalten.
– *Variante 1:* Übergang von Immobilie und Verbindlichkeiten ohne weitere vertragliche Regelungen auf die KG.
– *Variante 2:* Ausdrückliche Festlegung im Notarvertrag, dass die KG die vorhandenen Verbindlichkeiten nur in Bezug auf die eigengenutzte Wohnung des A übernimmt, während die vermietete Wohnung unentgeltlich und insbesondere ohne Gewährung von Gesellschaftsrechten in die KG eingebracht wird (Einbringung in die Kapitalrücklage).

Variante 1 ist nachteilig. Die KG erwirbt hier die beiden ertragsteuerlich eigenständigen Wirtschaftsgüter[27] „*eigenen Wohnzwecken dienender Gebäudeteil*" und „*fremden Wohnzwecken dienender Gebäudeteil*" **teilentgeltlich** gegen Zahlung eines Kaufpreises von 300.000 € (Schuldübernahme). Dieser Vorgang ist hinsichtlich der bislang eigengenutzten Wohnung gem. § 23 Abs. 1 Nr. 1 Satz 3 EStG steuerneutral. In Bezug auf die fremdvermietete Wohnung entsteht allerdings ein Veräußerungsgewinn in Höhe von 50.000 € (700.000 € – 600.000 € x 50 % Anteil vermietete Wohnung) zuzüglich bislang als Werbungskosten abgezogener Gebäude-AfA (siehe dazu nachfolgende Rz. 12). Eine Reduzierung des Veräußerungsgewinnes auf die Höhe der Entgeltsquote[28] unterbleibt, weil nach der Rechtsprechung des BFH[29] die Übertragung eines Wirtschaftsguts auf eine KG auch insoweit als Veräußerungsgeschäft anzusehen ist, als ein Teil des Einbringungswerts in die Kapitalrücklage eingestellt wird.

11

---

27 Siehe R 4.2 Abs. 4 EStR.
28 Diese beträgt hier 300.000 €/700.000 € = 43 %.
29 Urt. vom 17.7.2008, BStBl. II 2009, 464.

Immobilien in der Rechtsform einer GmbH & Co. KG

Variante 2 vermeidet diese Nachteile, da hier nicht beide Wirtschaftsgüter (Gebäudeteile) gegen Schuldübernahme in das Vermögen der KG gelangen, sondern ausdrücklich nur die eigengenutzte Wohnung. Die Gestaltungsmöglichkeit individueller Schuldzuordnung bei **gemischt finanzierten** Anschaffungsvorgängen ist in der Rechtsprechung[30] ausdrücklich anerkannt und findet auch hier Anwendung. Dem Steuerpflichtiger steht es also grundsätzlich frei, einen Gebäudeteil zu verschenken (bzw. einzulegen) und den anderen, nämlich die eigengenutzte Wohnung, zu veräußern (hier zu 86%[31]).

2.2.3. Ermittlung des Veräußerungsgewinnes

12   Veräußerungsgewinn ist gem. § 23 Abs. 3 Satz 1 EStG der Unterschiedsbetrag zwischen dem Veräußerungspreis einerseits sowie den Anschaffungs- oder Herstellungskosten der Immobilie und den Werbungskosten andererseits. Dazu bestimmt § 23 Abs. 3 Satz 4 EStG:

„Die Anschaffungs- oder Herstellungskosten mindern sich um Absetzungen für Abnutzung, erhöhte Absetzungen und Sonderabschreibungen, soweit sie bei der Ermittlung der Einkünfte iS des § 2 Abs. 1 Satz 1 Nr. 4 bis 6 abgezogen worden sind."

Damit erhöht sich im Ergebnis ein Veräußerungsgewinn um die früher als Werbungskosten im Rahmen der Einkünfte aus Vermietung und Verpachtung geltend gemachte **Gebäude-AfA**. Entscheidend ist, dass die AfA tatsächlich als Werbungskosten abgezogen wurde. Das ist nicht der Fall, wenn sie versehentlich nicht geltend gemacht oder nicht anerkannt wurde. Nach Auffassung von Musil[32] gilt dies sogar in Fällen fehlender Auswirkung auf die Höhe der Steuerschuld.[33] Rechtsprechung dazu liegt bislang nicht vor. Keine Hinzurechnung erfolgt auch bei Inanspruchnahme von Abzugsbeträgen im Sinne des § 10e EStG sowie des § 10f EStG. Insoweit mangelt es bereits am Werbungskostenabzug dem Grunde nach.

Wohnungsausstattung: Private Veräußerungsgeschäfte liegen bei Anschaffung und Veräußerung innerhalb eines 10-Jahreszeitraums grundsätzlich nur vor, wenn Gegenstand der Veräußerung ein Grundstück oder ein grundstücksgleiches Recht ist (§ 23 Abs. 1 Nr. 1 Satz 1 EStG). Bei anderen Wirtschaftsgütern beträgt der

---

30   Zuletzt BFH vom 1.4.2009, BFH/NV 2009, 1193. Siehe dazu auch die Urteilsanmerkung von AR, DStZ 2009, 500.
31   300.000 €/350.000 €.
32   Musil in Herrmann/Heuer/Raupach, § 23 EStG Anm. 306.
33   Dieser Auffassung ist, auch wenn sie für den Mandanten vorteilhaft ist, nicht zu folgen. Entscheidend ist, dass die Gebäude-AfA im Rahmen der Einkunftsermittlung berücksichtigt wurde. Auf eine (zufällige) Auswirkung auf die Höhe der Steuerschuld kann es nicht ankommen.

Übertragung privater Immobilien in das BV einer GmbH & Co. KG

relevante Zeitraum lediglich ein Jahr. § 23 Abs. 1 Nr. 2 Satz 2 EStG enthält dazu jedoch eine interessante Ergänzung:

„*Bei Wirtschaftsgütern im Sinne von Nummer 2 Satz 1, aus deren Nutzung als Einkunftsquelle zumindest in einem Kalenderjahr Einkünfte erzielt werden, erhöht sich der Zeitraum auf zehn Jahre.*"

Die gesetzliche Neuregelung[34] könnte in nachstehendem Fall relevant werden.

Beispiel 2

A vermietet ein zum 1.1.01 erworbenes möbliertes Einfamilienhaus. Die Anschaffungskosten des Mobiliars betrugen 100.000 € (AfA jährlich 10.000 €). Die Immobilie wird zum 1.1.09 veräußert. Der Kaufpreis entfällt in Höhe von 40.000 € auf das Mobiliar (Grunderwerbsteuerersparnis 3,5 % v. 40.000 €).

Abwandlung: *Das Einfamilienhaus wurde bis zum 31.12.05 zu eigenen Wohnzwecken genutzt und erst ab 1.1.06 vermietet.*

Im Grundfall entsteht ein Veräußerungsgewinn gem. § 23 Abs. 1 Nr. 2 Satz 2 EStG in Höhe von

Veräußerungserlös	40.000 €
- Anschaffungskosten	100.000 €
+ AfA 01 bis 08	80.000 €
Veräußerungsgewinn	20.000 €.

Im Fall der **Abwandlung** wiederum entsteht ein Veräußerungsverlust:

Veräußerungserlös	40.000 €
- Anschaffungskosten	100.000 €
+ AfA 06 bis 08	30.000 €
Veräußerungsverlust	30.000 €.

Die Entstehung eines Veräußerungsverlustes ist hier dem Umstand geschuldet, dass abweichend vom Grundfall AfA lediglich für den Zeitraum der Vermietung (= Jahre 06 – 08) als Werbungskosten abgesetzt wurden. Darauf aber nimmt das Gesetz keine Rücksicht. Es zwingt zur Einbeziehung in die Besteuerung, wenn mindestens in einem Kalenderjahr aus dem betreffenden Wirtschaftsgut Einkünfte erzielt wurden. Welche Bedeutung in diesem Zusammenhang dem Tatbestands-

---

34 Die Neuregelung findet erst Anwendung, wenn das betreffende Wirtschaftsgut nach dem 31.12.2008 angeschafft wurde; vgl. § 52a Abs. 11 Satz 3 EStG.

Immobilien in der Rechtsform einer GmbH & Co. KG

merkmal „Einkunftsquelle" zukommt, ist unklar.[35] Vermietetes Mobiliar jedenfalls dürfte diese Qualifikation erfüllen.

13 **Ausnahmen vom Hinzurechnungsgebot der Gebäude-AfA:** Von der obigen Berechnung gibt es zwei bedeutsame Ausnahmen. Gem. § 52 Abs. 39 EStG entfällt eine Hinzurechnung der AfA, wenn der Steuerpflichtige das Wirtschaftsgut entweder vor dem 1.8.1995 angeschafft oder vor dem 1.1.1999 fertig gestellt hat.

Diese wichtige Ausnahmeregelung greift unabhängig davon, wann der Steuerpflichtige nach den genannten Stichtagen die betreffende Immobilie veräußert. Seit 2009 kommt ihr wegen der genannten Termine keine praktische Bedeutung mehr zu.

2.3. Einlage in das Gesamthandsvermögen der GmbH & Co. KG vor dem 1.7.2009

14 Die Behandlung der Einlage von Wirtschaftsgütern – auch von Immobilien – in das Gesamthandsvermögen einer mitunternehmerischen Personengesellschaft hat aufgrund der jüngeren Rechtsprechung des BFH[36] einschneidende Änderungen erfahren. Die Finanzverwaltung[37] wendet die neue Rechtsprechung auf Übertragungen an, die nach dem 30.6.2009 vorgenommen wurden. Bis dahin verbleibt es bei der im BMF-Schreiben vom 26.11.2004[38] dargestellten Rechtslage.

2.3.1. Übertragung in das Gesamthandsvermögen als steuerneutrale Sacheinlage

Wird eine Immobilie **ohne Gegenleistung** in das Gesamthandsvermögen einer Personengesellschaft überführt, liegt darin eine Einlage im Sinne des § 6 Abs. 1 Nr. 5 EStG. Sie tritt bilanziell als schlichte Kapitalrücklage in Erscheinung und erfüllt nicht den Tatbestand der Veräußerung gem. § 23 Abs. 1 Nr. 1 EStG (siehe unten).

Die **Finanzverwaltung** hat sich mit dieser Problematik im BMF-Schreiben vom 26.11.2004[39] befasst. Danach ist eine **Einlage** im Sinne des § 6 Abs. 1 Nr. 5 EStG gegeben, wenn der Einbringende weder Gesellschaftsrechte noch sonstige

---

35 Siehe Musil in Herrmann/Heuer/Raupach, § 23 EStG Anm. J 07-6
36 Vor allem BFH vom 17.7.2008, BStBl. II 2009, 464.
37 BMF-Schreiben vom 20.5.2009, BStBl. II 2009, 671.
38 BStBl. I 2004, 1190.
39 BMF-Schreiben vom 26.11.2004, BStBl. I 2004, 1190. Siehe dazu auch Neu/Stamm, DStR 2005, 141 (147 f.); kritisch jedoch Reiss, DB 2005, 358: Übertragung von Privatvermögen ist steuerlich auch dann eine schlichte Einlage, wenn sie „gegen Gewährung von Gesellschaftsrechten" erfolgt; Bedenken äußert auch Doege, Inf. 2005, 306, der es als kritisch ansieht, dem Steuerpflichtigen die Option zwischen Einlage und Veräußerung einzuräumen.

Übertragung privater Immobilien in das BV einer GmbH & Co. KG

Gegenleistungen (etwa durch Begründung einer Darlehensforderung) erhält.[40] Entscheidend für die rechtliche Behandlung als verdeckte Einlage ist die Buchung auf einem gesamthänderisch gebundenen **Kapitalrücklagenkonto**[41]. Mangels Gegenleistung ist der Einbringungsvorgang als unentgeltlich zu qualifizieren.[42]

Die Behandlung als Einlage greift nach Verwaltungsauffassung auch bei fehlenden Interessengegensätzen auf Gesellschafterebene, wie z.b. im Falle einer Einmann-GmbH & Co. KG.[43] Zwecks Anerkennung einer **steuerneutralen Einlage** ist deshalb darauf zu achten, dass später keine Umbuchung vom Kapitalrücklagenkonto auf das Kapitalkonto der Gesellschaft erfolgt. Darin könnte nach Auffassung der Finanzverwaltung ein **Gestaltungsmissbrauch** gem. § 42 AO zu sehen sein mit der Folge steuerpflichtiger Veräußerung (Einbringung gegen Gewährung von Gesellschaftsrechten).

Gem. § 6 Abs. 1 Nr. 5 Satz 1 EStG erfolgt die **Bewertung der Einlagen** mit dem Teilwert im Zeitpunkt der Zuführung zum Betriebsvermögen. Maximal dürfen jedoch die Anschaffungs- oder Herstellungskosten angesetzt werden, wenn das zugeführte Wirtschaftsgut innerhalb der letzten drei Jahre vor dem Einlagezeitpunkt angeschafft oder hergestellt wurde. Eine Einlage von Immobilien in ein steuerliches Betriebsvermögen innerhalb dieser **Dreijahresfrist** wäre daher bei zwischenzeitlichen Wertsteigerungen kontraproduktiv, weil dann im Privatvermögen entstandene stille Reserven ins Betriebsvermögen transferiert und in die Besteuerung einbezogen würden. Außerhalb dieser Dreijahresfrist besteht mit Blick auf die künftige Besteuerung der stillen Reserven gegenüber der Veräußerungsvariante (siehe Rz. 28 f.) kein qualitativer Unterschied. 15

2.3.2. Zur Höhe der AfA nach Einlage des Wirtschaftsguts ins Betriebsvermögens

Für die Höhe der Gebäude-AfA ist entscheidend, ob die Immobilie
- innerhalb von drei Jahren
- oder außerhalb von drei Jahren nach seiner Anschaffung bzw. Herstellung in das Betriebsvermögen eingelegt wurde.

Einlage innerhalb der Dreijahresfrist: Das Wirtschaftsgut ist in diesem Fall mit seinem Teilwert im Zeitpunkt der Einlage, höchstens jedoch mit den fortgeführten (d.h. um die AfA geminderten) Anschaffungs- bzw. Herstellungskosten 16

---
40 BMF-Schreiben vom 26.11.2004, BStBl. I 2004, 1190.
41 Siehe dazu auch Prinz, Stbg. 2006, 49, 50: Übertragung kommt hier allen Mitunternehmern zugute.
42 BMF-Schreiben vom 26.11.2004, BStBl. I 2004, 1190 Rz. 2 b.
43 BMF-Schreiben vom 26.11.2004, BStBl. I 2004, 1190 Rz. 2 c.

Immobilien in der Rechtsform einer GmbH & Co. KG

anzusetzen (§ 6 Abs. 5 Satz 1 Buchst. a EStG). Außerdem erfolgt bei abnutzbaren Wirtschaftsgütern eine Minderung der Anschaffungs-/Herstellungskosten um die auf den Zeitraum bis zur Einlage entfallende AfA. Damit werden zwischenzeitlich eingetretene Wertsteigerungen in den betrieblichen Bereich verlagert und dort bei Realisation (etwa durch Veräußerung oder Entnahme) versteuert. Die restriktive Regelung soll Missbräuche vermeiden.

Einlage außerhalb der Dreijahresfrist: Die Einlage abnutzbarer und nicht abnutzbarer Wirtschaftsgüter außerhalb der Dreijahresfrist hat stets mit dem Teilwert zu erfolgen (§ 6 Abs. 5 Satz 1 erster Halbs. EStG).[44] Bislang war hier nicht abschließend geklärt, wie anschließend die Höhe der Gebäude-AfA bemessen wird.

Beispiel 3

Eine zum 1.1.11 für 1 Mio. € (nur Gebäude) angeschaffte Immobilie wird in das Gesamthandsvermögen einer KG zum Teilwert von 1,3 Mio. € (nur Gebäude) eingelegt. Die bisher in Anspruch genommene Gebäude-AfA im Rahmen der Einkünfte aus Vermietung u. Verpachtung beträgt 200 000 €.

Nach dem Wortlaut des § 7 Abs. 1 Satz 5 EStG mindern sich hier die Anschaffungskosten des eingelegten Gebäudes um die Gebäude-AfA, die bis zum Zeitpunkt der Einlage vorgenommen wurden. Hintergrund der Regelung ist, die mehrfache Inanspruchnahme von AfA einerseits im Rahmen privater Einkünfte und andererseits anschließend im Betriebsvermögen zu vermeiden. Folglich hätte die KG das Gebäude zwar zunächst im Zeitpunkt seiner Einlage zwingend mit dem Teilwert in Höhe von 1,3 Mio. € zu bilanzieren. Die Gebäude-AfA jedoch wäre fortan nicht mehr von 1 Mio. €, sondern nur noch von 0,8 Mio. € vorzunehmen.

17 **Realisierte stille Reserven als Bemessungsgrundlage der Gebäude-AfA?:** Fraglich erscheint, wie mit Blick auf das obige Beispiel hinsichtlich der aufgedeckten stillen Reserven von 0,3 Mio. € zu verfahren ist?

Die **Finanzverwaltung**[45] unterscheidet hier nicht zwischen der Einlage zu Anschaffungs-/Herstellungskosten (innerhalb der Dreijahresfrist) sowie der Teilwerteinlage (außerhalb der Dreijahresfrist) und ordnet stets eine AfA von den gekürzten Anschaffungs- oder Herstellungskosten an. Folgerichtig würden sich die aufgedeckten stillen Reserven (hier von 0,3 Mio. €) erst im Zeitpunkt späterer

---

44 Anderes gilt gem. § 6 Abs. 5 Satz 1 Buchst. b) und c) EStG nur für Anteile an einer Kapitalgesellschaft bzw. Wirtschaftsgüter im Sinne des § 20 Abs. 2 EStG.
45 R 7.3 Abs. 6 EStR; inzwischen jedoch aufgegeben durch BMF-Schreiben v. 27.10.2010 – IV C 3 - S 21 90/09/10007.

Übertragung privater Immobilien in das BV einer GmbH & Co. KG

Entnahme oder Veräußerung der Immobilie steuerlich auswirken. Bis dahin bleibt ein Betrag von 0,5 Mio. €[46] als nicht abschreibbarer Restwert stehen.

Die Verwaltungsauffassung schießt über den Gesetzeszweck hinaus, lediglich den Doppelabzug von AfA im privaten und betrieblichen Bereich zu verhindern. Es lässt sich daher die Auffassung vertreten, die künftige AfA wie folgt zu bemessen:

Einlagewert	1.300.000 €
- AfA vor Einlage	200.000 €
AfA-Basis neu	1.100.000 €

Damit werden im Privatbereich eingetretene Wertsteigerungen in die Gebäude-AfA einbezogen.[47]

Klarstellung durch den BFH: Die Rechtsfrage ist inzwischen vom BFH eindeutig beantwortet worden und zwar wie folgt:
Die AfA nach Einlage berechnet sich nach der Differenz zwischen dem Einlagewert und der vor der Einlage bei den Überschusseinkünften bereits in Anspruch genommenen AfA.[48]

2.3.3. Spätere Veräußerung der eingelegten Immobilie aus dem Betriebsvermögen heraus

Die Einlage ins steuerliche Betriebsvermögen ist – wie oben erwähnt – zwar keine Veräußerung im Sinne des § 23 Abs. 1 Nr. 1 EStG und damit steuerneutral. Allerdings verwirklicht die spätere Veräußerung aus dem Betriebsvermögen heraus jedenfalls dann ein dem Grunde nach steuerpflichtiges Veräußerungsgeschäft, wenn die Veräußerung innerhalb eines Zeitraumes von zehn Jahren nach Anschaffung im Privatvermögen (durch den Rechtsvorgänger) stattfindet (§ 23 Abs. 1 Satz 5 Nr. 1 EStG). Dieser Tatbestand kann in Beispiel 3 nur verwirklicht werden, wenn Immobilie 1 bis einschließlich 31.12.20 von der GmbH & Co. KG veräußert wird.

18

---

46 0,3 Mio. € stille Reserven und 0,2 Mio. € AfA vor Einlage.
47 GlA Schmidt/Kulosa, 29. Aufl. § 7 EStG Rz. 68; Gröpl, DStR 2000, 1285; aA Nolde in Herrmann/Heuer/Raupach, § 7 EStG Anm. 225: Der Gesetzgeber wollte sicherstellen, dass nur 100 % der AK/HK abgeschrieben werden. Dieser Zweck wird verfehlt, wenn man die AfA vom höheren Teilwert zulässt. UE trifft dies nicht zu, weil die Gegenmeinung die Vermeidung eines Doppelabzuges der AfA auf AK/HK ebenfalls respektiert.
48 Bestätigung der BFH-Urteile vom 18.8.2009, BFH/NV 2010, 283 und vom 28.10.2009, BFH/NV 2010, 977 durch das BFH-Urteil vom 17.3.2010, BFH/NV 2010, 1625: Die AfA nach Einlage berechnet sich nach der Differenz zwischen dem Einlagewert und der vor der Einlage bei den Überschusseinkünften bereits in Anspruch genommenen AfA. Die Finanzverwaltung wird sich dem nicht entziehen können.

Immobilien in der Rechtsform einer GmbH & Co. KG

Beispiel 4

A überträgt eine zum 1.1.12 für 1,5 Mio. € angeschaffte Immobilie zum 1.1.16 auf seine GmbH & Co. KG. Sie wird mit dem Teilwert in Höhe von 1,6 Mio. € in die Kapitalrücklage der KG eingestellt. Die KG veräußert die Immobilie zum 1.1.17 für 1,7 Mio. €.

Nach § 23 Abs. 1 Satz 5 Nr. 1 EStG gilt auch die Einlage eines Wirtschaftsguts in ein Betriebsvermögen als Veräußerung, wenn die Veräußerung aus dem Betriebsvermögen heraus innerhalb eines Zeitraums von zehn Jahren seit Anschaffung des Wirtschaftsguts erfolgt. Diese Voraussetzungen sind im obigen Beispiel gegeben. Zwar hat nicht A selbst die Immobilie veräußert, sondern die KG. Jedoch gilt aufgrund der Veräußerung aus dem Betriebsvermögen heraus die frühere Einlage in das Betriebsvermögen gem. § 23 Abs. 1 Satz 5 Nr. 1 EStG nachträglich als Veräußerung. Der frühere Einlagewert wird dann als Veräußerungspreis herangezogen (§ 23 Abs. 3 Satz 2 EStG). Die Besteuerung erfolgt allerdings nicht im Sinne des § 175 Abs. 1 Nr. 2 AO rückwirkend für das Jahr der Einlage, sondern erst im Jahr des Zuflusses des Veräußerungserlöses (Maßgeblichkeit des Zuflussprinzips gem. § 11 EStG).[49]

In Beispiel 4 entsteht mithin im Jahr 17 folgender Veräußerungsgewinn:

	Besteuerung gem. § 23 EStG
Einlagewert – Anschaffungskosten Gewinn	1 600 000 € 1 500 000 € 100 000 €

	Besteuerung gem. § 15 EStG
Veräußerungserlös – Einlagewert Gewinn	1 700 000 € 1 600 000 € 100 000 €

Ausführlich zu dieser Problematik siehe Rz. 242 f.

---

49 BMF-Schreiben vom 5.10.2000, BStBl. I 2000, 1383 Rz. 36. Ausführlich dazu auch Hartmann/Meyer, Korrektur des § 23 EStG durch das Steuerbereinigungsgesetz 1999, StBp. 2000, 214.

Übertragung privater Immobilien in das BV einer GmbH & Co. KG

2.4. Einlage ins Gesamthandsvermögen der GmbH & Co. KG nach dem 30.6.2009

Die jüngere Rechtsprechung des BFH[50] wirft die Frage auf, ob und in welchen Fällen Wirtschaftsgüter überhaupt noch in das Gesamthandsvermögen einer Personengesellschaft steuerneutral eingelegt werden können. Die Frage hat naturgemäß erhebliche praktische Bedeutung, wenn Gegenstand der Einlage eine nach § 23 Abs. 1 Nr. 1 EStG steuerverhaftete Immobilie ist.

19

2.4.1. Entwicklung in der jüngeren BFH-Rechtsprechung

Im Urteil vom 24.1.2008[51] hatte der BFH über nachstehenden (vereinfachten) Sachverhalt zu entscheiden.

Beispiel 5

Die gewerblich geprägte Y-KG wurde am 5.9.2000 gegründet. Am Gesellschaftskapital von 100.000 € waren die Gesellschafter A und B zu jeweils 50.000 € beteiligt. A und B hatten zur Erfüllung der Kommanditeinlage drei bis dahin im Privatvermögen gehaltene Immobilien einzubringen (Verkehrswert 1 Mio. €). Den überschießenden Verkehrswert der Immobilien wies die KG als gesamthänderisch gebundene Kapitalrücklage aus (im Streitfall als Kapitalkonto II bezeichnet).

Die Kläger sahen diesen Vorgang als Veräußerung an die KG an und begehrten abweichend von § 7 Abs. 1 Satz 5 EStG (früher § 7 Abs. 1 Satz 4 EStG) die volle AfA auf den Verkehrswert von über 1 Mio. € (abzüglich Grund u. Boden). Sie drangen damit im Revisionsverfahren durch. Nach Auffassung des BFH aaO liegt eine Veräußerung nicht nur dann vor, wenn ein Einzelwirtschaftsgut des Betriebs- oder Privatvermögens vom Gesellschafter gegen Barentgelt oder Übernahme von Verbindlichkeiten in das Gesamthandsvermögen einer gewerblichen Personengesellschaft überführt wird.[52] Vielmehr gilt Entsprechendes, wenn dem Gesellschafter ein **Darlehensanspruch** eingeräumt und deshalb der Nennbetrag des Darlehens dem Privatkonto des Gesellschafters gutgeschrieben wird.

Ebenso ist zu verfahren, wenn ein Einzelwirtschaftsgut gegen **Gewährung von Gesellschaftsrechten** in eine gewerbliche Personengesellschaft eingebracht wird.

20

---

50 BFH vom 17.7.2008, BStBl. II 2009, 464; vom 24.1.2008, BFH/NV 2008, 854 sowie vom 4.4.2007, BStBl. II 2008, 253.
51 BFH/NV 2008, 854.
52 So BFH vom 11.12.2001, BStBl. II 2002, 420.

Immobilien in der Rechtsform einer GmbH & Co. KG

Schon in früheren Entscheidungen hat der BFH[53] dargelegt, dass die Einbringung eines zum Betriebsvermögen gehörenden Wirtschaftsguts bei Gründung einer Personengesellschaft gegen Einräumung eines Gesellschaftsanteils grundsätzlich als Veräußerungsvorgang (tauschähnliches Rechtsgeschäft) anzusehen ist. Dies gilt bei der Einbringung von Privatvermögen gegen Gewährung von Gesellschaftsrechten entsprechend.[54] Ebenso ist zu verfahren, sollte der Wert des eingebrachten Wirtschaftsgutes nicht nur dem Kapitalkonto I, sondern weiteren Kapitalkonten gutgebracht werden (Rücklagekonten).[55] Der einheitliche Vorgang ist entsprechend dem Kapitalkontenausweis **nicht aufzuspalten**. Dafür spricht vor allem die gebotene Parallelwertung zu § 24 UmwStG. Diese Regelung nimmt einen tauschähnlichen Vorgang ebenso für den Fall an, dass die eingebrachten Werte auch einer gesamthänderisch gebundenen Rücklage zugute kommen.[56] Die obige Rechtsprechung findet im BFH-Urteil vom 17.7.2008[57] ihre konsequente Fortsetzung. Nach dieser Entscheidung ist die Einbringung eines Wirtschaftsguts als Sacheinlage in eine KG ertragsteuerrechtlich selbst dann ein Veräußerungsgeschäft, wenn ein Teil des Einbringungswertes in eine Kapitalrücklage eingestellt wird.

2.4.2. Übernahme der BFH-Rechtsprechung durch die Finanzverwaltung

21 Die Auffassung der Finanzverwaltung, wie sie im BMF-Schreiben vom 26.11.2004[58] zum Ausdruck kommt, steht mit der obigen Rechtsprechung nicht in Einklang. Danach erlangt der übertragende Gesellschafter bei der Buchung auf einem gesamthänderisch gebundenen Kapitalrücklagenkonto anders als bei Buchung auf einem Kapitalkonto keine individuelle Rechtsposition, die ausschließlich ihn bereichert. Die Buchung auf einem gesamthänderisch gebundenen Rücklagenkonto erhöht vielmehr den Auseinandersetzungsanspruch aller Gesellschafter entsprechend ihrer Beteiligung dem Grunde nach gleichmäßig. Der Mehrwert fließt also – ähnlich wie bei einer Buchung auf einem Ertragskonto – in das gesamthänderisch gebundene Vermögen der Personengesellschaft und kommt dem übertragenden Gesellschafter ebenso wie allen anderen Mitgesellschaftern nur als reflexartige Wertsteigerung seiner Beteiligung zugute. Mangels Gegenleistung an den übertragenden Gesellschafter ist deshalb ein unentgeltlicher Vorgang im Sinne einer verdeckten Einlage gegeben.

---

53 BStBl. II 1976, 748.
54 BFH vom 19.10.1998, BStBl. II 2000, 230.
55 Siehe dazu bereits BFH vom 19.10.1998, BStBl. II 2000, 230.
56 BFH vom 25.4.2006. BStBl. II 2006, 847.
57 BStBl. II 2009, 464.
58 BStBl. I 2004, 1190 Rz. 2b.

Übertragung privater Immobilien in das BV einer GmbH & Co. KG

Änderung der Verwaltungsauffassung: Die Finanzverwaltung hat angesichts der obigen Rechtsprechung des BFH ihre bisherige Rechtsauffassung inzwischen aufgegeben.[59] Sie nimmt nunmehr ebenfalls einen vollentgeltlichen Erwerb an, wenn die Sacheinlage zum Teil auf dem Kapitalkonto und zum Teil auf einem gesamthänderisch gebundenen Rücklagenkonto erfasst wird. Das gilt in allen offenen Fällen[60].

Übergangsregelung: Falls die Rechtsauffassung des BFH zu einer Verschärfung gegenüber der bisher geltenden Verwaltungsauffassung führt, kann auf Antrag die bisherige Verwaltungsauffassung in Rz. 2b des BMF-Schreibens vom 26.11.2004[61] für Übertragungsvorgänge bis zum 30.6.2009 weiterhin angewendet werden. Voraussetzung ist, dass der das Wirtschaftsgut Übertragende und der Übernehmer des Wirtschaftsguts einheitlich verfahren. Ebenso muss der Antragssteller damit einverstanden sein, dass die Anwendung der Übergangsregelung z.B. die Rechtsfolge des § 23 Abs. 1 Satz 5 Nr. 1 EStG auslöst. Bei Anwendung der Übergangsregelung liegt, soweit eine Gegenbuchung teilweise auch auf einem gesamthänderisch gebundenen Rücklagenkonto stattfindet, ein unentgeltlicher Vorgang (verdeckte Einlage) vor, ein entgeltlicher Vorgang wiederum im Falle der Gegenbuchung auf dem Kapitalkonto.

22

2.4.3. Verbleibende Fälle potentieller Einlage (anstatt Veräußerung) in die KG

Vor dem Hintergrund obiger Rechtsprechung ist fraglich, in welchen Fällen künftig noch von der steuerneutralen Einlage einer Immobilie in das Gesamthandsvermögen einer KG ausgegangen werden kann.

23

2.4.3.1. Einlage nur gegen Gutschrift auf dem gesamthänderisch gebundenen Rücklagenkonto

Unstreitig sollte eine steuerneutrale Einlage jedenfalls dann möglich sein, wenn die Immobilie ausschließlich gegen Gutschrift auf dem gesamthänderisch gebun-

---

59 BMF-Schreiben vom 20.5.2009, BStBl. I 2009, 464.
60 Davon ist auszugehen, wenn noch kein formell- und materiell-rechtlich bestandskräftiger Steuerbescheid für das Einbringungsjahr vorliegt. Formelle Bestandskraft tritt mit Ablauf der Rechtsbehelfsfrist, materielle Bestandskraft hingegen erst mit Eintritt der Festsetzungsverjährung ein, sollte der Steuerbescheid gem. § 164 Abs. 1 AO unter dem Vorbehalt der Nachprüfung stehen.
61 BStBl. I 2004, 1190.

Immobilien in der Rechtsform einer GmbH & Co. KG

denen Rücklagenkonto stattfindet.[62] Wollte man dem nicht folgen, wäre die steuerneutrale Einlage von Wirtschaftsgütern in das Gesamthandsvermögen generell ausgeschlossen. Eine derartige Verallgemeinerung[63] aber widerspräche einerseits der jüngeren BFH-Rechtsprechung.[64] Diese bejaht eine verdeckte Einlage und damit einen unentgeltlichen Vorgang, wenn ein Wirtschaftsgut unabhängig von der Gewährung von Gesellschaftsrechten eingebracht wird. Ein Einlageverbot wäre andererseits mit dem Gesetz selbst unvereinbar, das in § 6 Abs. 5 Satz 3 Nr. 1 EStG ausdrücklich die Möglichkeit steuerneutraler Übertragung gestattet.[65] Nach aA von Wendt[66] spricht vieles dafür, jegliche Übertragung in das Gesamthandsvermögen als entgeltlichen Vorgang anzusehen und zwar unabhängig davon, welcher Art die Konten des Gesellschafters sind, auf denen der Verkehrswert des Wirtschaftsgut gebucht wird. Entgeltlichkeit kann seiner Ansicht nach nur durch Einbringung in das Sonderbetriebsvermögen vermieden werden.

24 **Einmann-GmbH & Co. KG:** Im Falle der sog. Einmann-GmbH & Co. KG hat es der alleinige Kommanditist grundsätzlich in der Hand, die Buchung auf dem gesamthänderisch gebundenen Rücklagenkonto später wieder rückgängig zu machen. Geschieht dies, wird die Finanzverwaltung den Einbringungsvorgang nachträglich als Veräußerung behandeln.[67] Der BFH selbst hat über einen solchen Sachverhalt noch nicht entschieden.[68]

2.4.3.2. Einlage in sachlichem und zeitlichem Zusammenhang
        mit der KG-Gründung oder einer Kapitalerhöhung

25 Im Schrifttum wird von *Mutscher*[69] die Auffassung vertreten, dass die Einlage von Wirtschaftsgütern in das Gesamthandsvermögen einer KG in zeitlichem und sachlichem Zusammenhang mit der Gründung einer KG bzw. einer Kapital-

---

62 Ebenso Strahl, KÖSDI 2009, 16531, 16540: Das gesamthänderisch gebundene Rücklagenkonto darf allerdings nicht dergestalt personifiziert werden, dass der Gegenwert lediglich dem einlegenden Gesellschafter gutgebracht wird. Siehe dazu auch BFH vom 24.1.2008, BFH/NV 2008, 1302. Grundsätzlich zur Abgrenzung der Gesellschafterkonten siehe auch Kahle, DStZ 2010, 720.
63 So Wendt, FR 2008, 915, 916. Gegen Wendt hingegen Strahl, KÖSDI 2009, 16531, 16538.
64 Vgl. BFH vom 24.4.2007, BStBl. II 2008, 253.
65 So Mutscher, DStR 2009, 1625, 1628.
66 FR 2008, 916.
67 BMF-Schreiben vom 26.11.2004, BStBl. I 2004, 1190 Rz. 2c.
68 Vgl. auch Strahl, KÖSDI 2009, 16531, 16540 unter Hinweis auf die einschlägige BFH-Rechtsprechung, der eine Neutralität im Falle der Buchung auf einem gesamthänderisch gebundenen Rücklagenkonto entnommen werden kann (z.B. BFH vom 17.7.2008, DStR 2008 2001, 2002 Rz. B. I. 3. der Urteilsgründe).
69 DStR 2009, 1625, 1626.

erhöhung mit Blick auf die **Gesamtplanrechtsprechung**[70] zu einem insgesamt entgeltlichen Übertragungsvorgang führt. Bei der Gründung sowohl einer Einpersonen- als auch Mehrpersonen-Gesellschaft bewirkt die Rücklagenzuführung ungeachtet der nominalen Trennung in Kapitalkonto I (Gewährung von Gesellschaftsrechten) und Rücklagenkonto stets eine unmittelbare Wertsteigerung der gewährten neuen Gesellschaftsrechte. Damit entspricht der Wert der Gegenleistung immer dem Wert des übertragenen Wirtschaftsguts. *Siegmund/Ungemach*[71] halten dagegen und weisen darauf hin, dass die Gesamtplanrechtsprechung nur für klar umrissene Fallgruppen greift. Sie ist ungeeignet, die bei der Einlage von Wirtschaftsgütern in das Gesamthandsvermögen einer Personengesellschaft bestehende Gestaltungsfreiheit zu beseitigen.[72] Die **Dispositionsfreiheit** des Steuerpflichtigen ergibt sich auch aus dem BFH-Urteil vom 19.10.1998.[73]

Ausweichgestaltung?: Diese Rechtsfolge kann nach *Mutscher* aaO nicht dadurch verhindert werden, dass die Sacheinlage mit Gutschrift auf dem Rücklagenkonto dem eigentlichen Gründungsakt „formal" nachgelagert wird. Mit Blick auf die Gesamtplanrechtsprechung des BFH besteht hier das Risiko einer einheitlichen Betrachtung bei nicht wirtschaftlich begründeter, rein formal zivilrechtlicher Trennung eines im Grunde einheitlichen Sachgründungsvorganges. Aus seiner Sicht ist daher zu empfehlen, einen zeitlichen und sachlichen Zusammenhang zur KG-Gründung sowie Kapitalerhöhung zu vermeiden und ggf. eine **Vorratsgesellschaft** zu erwerben.

Stellungnahme: Wir teilen die enge Auffassung von *Mutscher* aaO nicht.[74] Es muss dem Steuerpflichtigen überlassen bleiben, unter welchen Voraussetzungen und in welcher Weise er seiner Personengesellschaft Kapital zuführt. Dafür spricht auch die Auffassung des BFH selbst, der im Urteil vom 24.1.2008[75] die Vollentgeltlichkeit der Einbringung von Wirtschaftsgütern insbesondere aus der Parallelwertung zu § 24 UmwStG abgeleitet hat. Gleichwohl sollte einschlägigen Sachverhalten in Zukunft besondere Aufmerksamkeit gewidmet werden, da sich die Einlage in der Tat insbesondere dann „sorgenfrei" als unentgeltlicher Vorgang realisieren lässt, wenn diese in eine bereits bestehende KG ohne Kapitalerhöhung

26

---

70 Vgl. zB BFH vom 17.8.2005, BFH/NV 2006, 489. Kritisch zur Gesamtplanrechtsprechung Jebens, Müssen die Gesamtplan-Tatbestandsmerkmale wegen divergierender Auffassungen im BFH gesetzlich fixiert werden?, BB 2010, 2025.
71 DStR 2008, 762, 766.
72 Vgl. auch Carlè, ErbStB 2006, 46, 48, der jedoch empfiehlt, den zeitlichen Abstand zwischen Gründung/Kapitalerhöhung und Einlage möglichst weit zu fassen.
73 BStBl. II 2000, 230.
74 So auch Siegmund/Ungemach, DStZ 2008, 762, 765f.; gegen Anwendung der Gesamtplanrechtsprechung Carlè, ErbStB 2006, 46, 48. Siehe auch Röhrig, EStB 2008, 216, 218.
75 BFH/NV 2008, 854.

erfolgt. Bedauerlicherweise hat sich die Finanzverwaltung zu einschlägigen Sachverhalten im BMF-Schreiben vom 20.5.2009 aaO nicht geäußert, sondern nur geregelt wie künftig zu verfahren ist, falls ein Wirtschaftsgut gegen Gewährung von **Gesellschaftsrechten und Kapitalrücklage** eingebracht wird. Daraus könnte man auch schließen, dass die steuerliche Behandlung der Einbringung allein gegen Gutschrift auf dem Rücklagenkonto wie bisher als schlichte neutrale Einlage behandelt wird.

Die obige Entwicklung der BFH-Rechtsprechung bringt eine gewisse Unsicherheit in der Behandlung eingelegter Wirtschaftsgüter, deren Einlagewert allein dem Rücklagenkonto gutgeschrieben wird. Damit droht sowohl bei Anteilen an Kapitalgesellschaften im Sinne des § 17 EStG als auch bei den unter § 23 EStG bzw. § 20 Abs. 2 EStG (idF ab 2009) fallenden Wirtschaftsgütern die steuerwirksame Aufdeckung stiller Reserven. In einschlägigen Fällen ist es daher unverzichtbar, eine **verbindliche Auskunft** beim Finanzamt einzuholen. Man darf gespannt sein, wie sich die Rechtslage weiter entwickeln wird.

2.4.3.3. Immobilieneinbringung gegen Gutschrift auf dem Rücklagenkonto bei mehreren Gesellschaftern

27 Sind am Kommanditkapital neben dem einbringenden Gesellschafter weitere Gesellschafter (Ehegatte, Kinder) beteiligt, ist in besonderem Maße auf die bilanzielle Darstellung des eingebrachten Wertes zu achten. Entscheidend ist, wo die Sacheinlage verbucht wird:

a) Gutschrift auf dem gesamthänderisch gebundenen Rücklagenkonto: Die Erfassung des Werts der eingebrachten Immobilie auf dem gesamthänderisch gebundenen Rücklagenkonto verhindert einerseits unter Berücksichtigung der obigen Ausführungen (siehe Rz. 23) die evtl. unerwünschte Veräußerung an die KG (z.B. in Fällen noch laufender 10-jähriger Veräußerungsfrist gem. § 23 Abs. 1 Nr. 1 EStG). Andererseits bewirkt sie jedoch eine schenkungsteuerliche Zuwendung gem. § 7 Abs. 1 Nr. 1 ErbStG zugunsten des anderen (entsprechend quotal bereicherten) Gesellschafters.[76] Diese unterschiedlichen Wirkungen müssen gegeneinander abgewogen werden.

b) Gutschrift auf einem dem einbringenden Gesellschafter zuzurechnenden Rücklagenkonto: Bei dieser Variante wird eine schenkungsteuerpflichtige Zuwendung vermieden. Sie ist daher vorzugswürdig, wenn die 10-jährige

---

76 Tolksdorf, DStR 2010, 423, 424 Rz. 3.1. unter Bezugnahme auf BFH vom 14.9.1994, BStBl. II 1995, 81; vgl. auch Hartmann, DB 1996, 2250, der kritisch auf die unterschiedliche Behandlung von Einlagen in Personengesellschaften einerseits und Kapitalgesellschaften andererseits hinweist.

Übertragung privater Immobilien in das BV einer GmbH & Co. KG

Veräußerungsfrist des § 23 Abs. 1 Nr. 1 EStG im Zeitpunkt der Einbringung bereits abgelaufen ist.

2.5. Veräußerung an die GmbH & Co. KG

Alternativ zur Einlage kann eine Veräußerung der Immobilien an die Gesellschaft gewollt sein. Sie ist im Gegensatz zur bloßen Einlage (siehe oben Rz. 23 f.) problemlos darstellbar.   *28*

Die gewerblich geprägte GmbH & Co. KG kann hier ertragsteuerlich ohne weiteres als Käufer auftreten, denn sie ist mit partieller Rechtsfähigkeit ausgestattet. Lediglich die Veräußerung an eine vermögensverwaltende – nicht gewerblich geprägte – Gesellschaft oder Gemeinschaft entfällt, weil im Umfange gesellschaftsrechtlicher Beteiligung des Verkäufers der Veräußerungstatbestand aufgrund steuerlichen Insichgeschäfts nicht verwirklicht werden kann.[77]

Ob sich die Übertragung der Immobilie in das Gesamthandsvermögen der GmbH & Co. KG als Veräußerung oder bloße Einlage darstellt, richtet sich danach, ob die aufnehmende Gesellschaft eine **Gegenleistung** erbringt (vgl. Rz. 19 f.).[78] Die Gegenleistung kann neben der Zahlung eines Kaufpreises oder Übernahme von Verbindlichkeiten auch darin bestehen, dass die KG Gesellschaftsrechte gewährt.[79] Zur aktuellen Rechtsentwicklung, wenn ein Wirtschaftsgut nur gegen Gutschrift seines Werts auf einem Rücklagenkonto eingebracht wird, siehe Rz. 23.

2.5.1. *Schöpfung neuen AfA-Potentials als positiver Nebeneffekt der Veräußerung*

Die Veräußerung von Privatimmobilien an eine GmbH & Co. KG ist geeignet, neues Abschreibungspotential zu schaffen. Der Gesetzgeber hat zwar in § 7 Abs. 1 Satz 5 EStG diese Gestaltungsmöglichkeit grundsätzlich insoweit beseitigt als dort angeordnet wird, die Anschaffungs- oder Herstellungskosten des ins Betriebsvermögen eingelegten Wirtschaftsguts in Höhe der bis zur Einlage kumulierten Abschreibungen zu mindern. Die Regelung verhindert, dass im Privatvermögen abgeschriebene Wirtschaftsgüter nach ihrer Einlage ins Betriebsvermögen ein zweites Mal steuermindernd geltend gemacht werden können.[80] Jedoch greift die

---

[77] Siehe BMF-Schreiben vom 5.10.2000, BStBl. I 2000, 1383 Rz. 8 mit Beispielen sowie BFH vom 6.10.2004, BStBl. II 2005, 324.
[78] Siehe dazu auch ergänzend BMF vom 29.3.2000, BStBl. I 2000, 462 Rz. II.1.
[79] FG Münster vom 9.3.2005, EFG 2005, 1198 – Rev. IX B 82/05 (Rev. nicht zugelassen, siehe BFH vom 28.7.2006, BFH/NV 2250).
[80] Wegen der Rechtsentwicklung zur Frage, ob ein über die AK/HK hinausgehender Einlagewert abgeschrieben werden darf, siehe Rz. 17.

Immobilien in der Rechtsform einer GmbH & Co. KG

restriktive Vorschrift nach Auffassung des Schrifttums[81] nicht bei Veräußerungstatbeständen. Inzwischen ist dies durch die BFH-Rechtsprechung (Rz. 19) bestätigt worden. Ein Veräußerungstatbestand ist bei Einbringung von Wirtschaftsgütern in eine Personengesellschaft gegen Gewährung von Gesellschaftsrechten gegeben.[82] Damit ist es möglich, in Höhe der (steuerfrei!) aufgedeckten stillen Reserven neues AfA-Potential zu begründen, soweit diese auf das Gebäude entfallen.

29 **Wechsel der AfA-Methode:** Die Einlage von Immobilien in ein Betriebsvermögen ist nach **Verwaltungsauffassung**[83] grundsätzlich mit einem Wechsel der AfA-Methode verbunden[84] mit anschließend zwingend linearer AfA nach § 7 Abs. 4 Satz 2 EStG. Infolgedessen gehen degressive sowie erhöhte Absetzungen (z.B. §§ 7 h, i EStG) verloren. Der AfA-Satz für lineare AfA beträgt für Gebäude mit Bauantrag nach dem 31.3.1985 jährlich 3% andernfalls 2% bzw. 2,5%.[85]

Nach **abweichender Auffassung des BFH** im Urteil vom 15.2.2005[86] kann auch bei einem Nutzungswechsel mit anschließender betrieblicher Nutzung der Immobilie die degressive AfA gem. § 7 Abs. 5 EStG beibehalten werden, allerdings nur mit dem für betrieblichen Grundbesitz maßgebenden AfA-Satz.

2.5.2. Begründet die Übertragung von Immobilien auf die GmbH & Co. KG einen gewerblichen Grundstückshandel?

30 Nach der Rechtsprechung des BFH[87] ist regelmäßig von einem gewerblichen Grundstückshandel auszugehen, wenn **mehr als drei Objekte** mit bedingter Veräußerungsabsicht erworben und innerhalb eines Zeitraumes von fünf Jahren verkauft werden. Die Finanzverwaltung[88] folgt dem. Allerdings ist die Drei-

---

81 Vgl. Tiedtke/Wälzholz, DStR 2001, 1501 f.
82 Siehe BMF-Schreiben vom 29.3.2000, BStBl. I 2000, 462 (467); BFH vom 19.10.1998, BStBl. II 2000, 230: Tauschähnlicher Vorgang.
83 R 7.4. Abs. 7 EStR.
84 R 7.4 Abs. 10 Satz 1 Nr. 1 EStR in Verbindung mit R 7.3. Abs. 6 Sätze 1 – 4 EStR.
85 Eine 2,5%-ige AfA kommt gem. § 7 Abs. 4 Nr. 2b EStG bei Gebäuden in Betracht, die vor dem 1.1.1925 fertig gestellt wurden.
86 BStBl. II 2006, 15. Die Frage ist inzwischen erneut beim BFH zur Entscheidung anhängig (vgl. FG München vom 13.12.2007, EFG 2008, 674, Rev.: X R 7/08). Inzwischen entschieden durch BFH vom 18.5.2010, DB 2010, 1913: Nach einer Einlage kann degressive AfA nur in Anspruch genommen werden, wenn deren (Ursprungs-) Voraussetzungen auch im Einlagejahr vorliegen.
87 Siehe BFH vom 9.12.1986, BStBl. II 1988, 244.
88 Vgl. BMF-Schreiben vom 20.12.1990, BStBl. I 1990, 884; aktualisiert durch BMF-Schreiben vom 26.3.2004, BStBl. I 2004, 434.

Übertragung privater Immobilien in das BV einer GmbH & Co. KG

Objekt-Grenze kein starrer Grenzwert,[89] sondern lediglich Indiz für die Annahme gewerblichen Grundstückshandels.[90]

Beispiel 6

A ist Alleineigentümer von zwei Immobilien, die zu seinem steuerlichen Privatvermögen gehören und zum 1.1.10 angeschafft wurden. Die auf beiden Immobilien ruhenden Bankschulden betragen 600.000 € (davon entfallen 200.000 € auf Immobilie 2). A bringt nun die beiden Immobilien zum 1.1.18 in eine ihm gehörende gewerblich geprägte GmbH & Co. KG ein.

Bezogen auf die Einbringung der beiden Immobilien in die GmbH & Co. KG entstehen zwei Fragen:
1. Stellt die Übertragung von Immobilien aus dem Alleineigentum des A eine Veräußerung (= Behandlung als sog. „Zählobjekt") im Sinne der obigen Rechtsprechung dar oder
2. erfüllt die Übertragung in das Gesamthandsvermögen der KG als solche bereits den Tatbestand gewerblichen Grundstückshandels?

Als Veräußerung im Sinne der „Drei-Objekt-Grenze" gilt grundsätzlich auch die Einbringung eines Grundstücks in das Gesamthandsvermögen einer Personengesellschaft, wenn diese eine Veräußerung darstellt (siehe Rz. 20).[91] Daraus ist vorliegend jedoch kein gewerblicher Grundstückshandel abzuleiten, weil zwischen Anschaffung und Veräußerung der betreffenden Immobilien ein Zeitraum von mehr als fünf Jahren liegt.[92] Vielmehr befinden sich die beiden Immobilien bereits **längere Zeit im Alleineigentum** des A. Außerdem ist hier von Bedeutung, dass im Ergebnis auf Verkäufer- und Käuferseite dieselbe Person, nämlich A, tätig wird.

Damit dürfte mehr als fraglich sein, ob sich das Problem gewerblichen Grundstückshandels überhaupt stellt. Zwar hat der BFH mit Urteil vom 19.9.2002[93] entschieden, dass die Einbringung eines Grundstücks in eine Kapitalgesellschaft durch den Alleingesellschafter gegen Gewährung von Gesellschaftsrechten und Übernahme grundstücksbezogener Verbindlichkeiten als Veräußerung im Sinne der zum gewerblichen Grundstückshandel entwickelten Rechtsgrundsätze an-

---

89 Vgl. auch Kempermann, Gewerblicher Grundstückshandel: Indizien für von Anfang an bestehende Veräußerungsabsicht, DStR 2009, 1725.
90 Vgl. Beschluss des GrS des BFH vom 10.12.2001 – GrS 1/98, BStBl. II 2002, 291. Siehe auch BFH vom 28.4.2005, BStBl. II 2005, 606: Verkauf eines Grundstücks nur ausnahmsweise nachhaltig im Sinne gewerblichen Grundstückshandels.
91 BMF-Schreiben vom 26.3.2004, BStBl. I 2004, 434 Rz. 7.
92 Vgl. BMF-Schreiben vom 20.12.1990, BStBl. I 1990, 884 Rz. 18; vom 26.3.2004, BStBl. I 2004, 434 Rz. 5.
93 BStBl. II 2003, 394. Siehe auch BFH vom 16.9.2009, BFH/NV 2010, 212.

gesehen werden kann. Vorliegend aber geht es um die Übertragung auf eine Personengesellschaft. Diese ist – im Gegensatz zur Kapitalgesellschaft – nicht mit einer umfassenden ertragsteuerlichen Abschirmwirkung ausgestattet. Die Personengesellschaft steht mithin dem Gesellschafter nicht in jeder Beziehung wie ein fremder Dritter gegenüber.

Aufgrund der langen Besitzdauer des A besteht daher kein potentielles Risiko gewerblichen Grundstückshandels. Jedoch sollte bei evtl. weiteren Grundstücksveräußerungen im Privatvermögen der obige Vorgang vorsorglich als **Zählobjekt** berücksichtigt werden. Im Übrigen werden die Anteile an der KG (= Käufer) ausschließlich vom Verkäufer gehalten. Ergänzend kann daher argumentiert werden, es fehle das zur Begründung der Gewerblichkeit entscheidende Merkmal einer Beteiligung am allgemeinen wirtschaftlichen Verkehr.[94]

31 Schließlich wäre selbst bei **unterstelltem gewerblichen Grundstückshandel** der Tatbestand des § 6 Abs. 5 EStG verwirklicht. A würde in einem solchen Fall die beiden Immobilien aus dem gewerblichen Unternehmen „*Grundstückshandel,,* in das Gesamthandsvermögen seiner GmbH & Co. KG überführen. Dieser Vorgang findet gem. § 6 Abs. 5 Satz 3 Nr. 1 EStG zwingend steuerneutral zum Buchwert statt. Das gilt auch und gerade im Falle der Gewährung von Gesellschaftsrechten (= Tausch). Lediglich die Übernahme von Verbindlichkeiten durch die KG könnte dann störend sein und teilweise eine Gewinnrealisierung bewirken, sollte dem Grunde nach ein gewerblicher Grundstückshandel vorliegen.

Nach allem kann die Übertragung der Immobilien in das Gesamthandsvermögen der GmbH & Co. KG steuerneutral verwirklicht werden, unabhängig davon, ob diese gegen Gewährung von Gesellschaftsrechten oder Übernahme von Verbindlichkeiten erfolgt.

Abweichende finanzgerichtliche Rechtsprechung: Nach Auffassung des Finanzgerichts Hamburg[95] kann auch die Einbringung eines Grundstücks in eine Personengesellschaft gegen Gewährung von Gesellschaftsrechten eine Grundstücksveräußerung im Sinne der Rechtsgrundsätze zum gewerblichen Grundstückshandel sein, obwohl der einbringende Gesellschafter weiterhin maßgeblich an dem Grundstück beteiligt bleibt. Durch die Einbringung wird Privatvermögen auf das Gesamthandsvermögen einer eigenständigen Rechtspersönlichkeit übertragen. Dies stellt eine Beteiligung am allgemeinen wirtschaftlichen Verkehr dar. Es kommt nach der Rechtsprechung ausdrücklich nicht darauf an, dass die Tätigkeit gegenüber Dritten äußerlich in dem Sinne erkennbar ist, dass eine Veräußerungsabsicht öffentlich kundgetan wird.

---

94 Siehe dazu Olbrich, DB 1996, 2049.
95 FG Hamburg vom 27.5.2009, EFG 2009, 1934 rkr.

Übertragung privater Immobilien in das BV einer GmbH & Co. KG

Dem Bild einer unternehmerischen Marktteilnahme entspricht es auch, dass der Anbieter gezielt ein Geschäft nur mit einem einzigen Abnehmer schließen will, sei es aufgrund vertraglicher Bindungen oder sonstiger Interessen. Die Marktteilnahme ist auch auf einen Güter- und Leistungsaustausch gerichtet, denn zivilrechtlich werden die Grundstücke auf die Gesamthand der KG übertragen. Eine Beteiligung am allgemeinen wirtschaftlichen Verkehr liegt schließlich auch dann vor, wenn die betreffenden Grundstücke gegen Gewährung von Gesellschaftsrechten übertragen werden.

Hinweis: Wie man sieht, ist die Rechtsentwicklung zu dieser Frage noch nicht abgeschlossen, so dass mit Bedacht gestaltet werden sollte. Freilich betrifft die obige Entscheidung nur den Fall entgeltlicher Immobilieneinbringung.

2.6. Betriebsaufspaltung und GmbH & Co. KG

2.6.1. Latentes Besteuerungsrisiko der Betriebsaufspaltung

Die Motivation, Immobilien in das Gesamthandsvermögen einer gewerblich geprägten GmbH & Co. KG zu übertragen, kann im potentiellen Wegfall einer bestehenden (und von den Beteiligten erkannten!) Betriebsaufspaltung durch sachliche oder personelle Entflechtung begründet sein.[96]

32

Beispiel 7

A ist Alleineigentümer einer Immobilie, die er schon seit Jahren als wesentliche Betriebsgrundlage an die ihm gehörende A-GmbH vermietet. Es liegt unstreitig eine Betriebsaufspaltung aufgrund personeller und sachlicher Verflechtung vor. Der Wert der mit 1 Mio. € fremdfinanzierten Immobilie beträgt zum 31.12.10 2 Mio. € (Buchwert 0,5 Mio. €), der Wert der GmbH-Anteile 5 Mio. € (Anschaffungskosten 100.000 €).

Abwandlung: *Die Immobilie wird erst zum 1.1.11 der A-GmbH zur Nutzung überlassen.*

---

[96] Nicht näher diskutiert werden soll in diesem Zusammenhang, ob die Beendigung der Betriebsaufspaltung nicht zu einer gewinnrealisierenden Betriebsaufgabe führt, wenn fortan die Voraussetzungen einer Betriebsverpachtung vorliegen. Siehe dazu Kaligin, Die Betriebsaufspaltung, 6. Aufl. S. 242 unter Hinweis auf BFH vom 23.4.1996, BStBl. II 1998, 325 sowie BMF-Schreiben vom 28.4.1998, BStBl. I 1998, 583, 585 f.

Immobilien in der Rechtsform einer GmbH & Co. KG

Rechtsfolge der Entstehung einer Betriebsaufspaltung

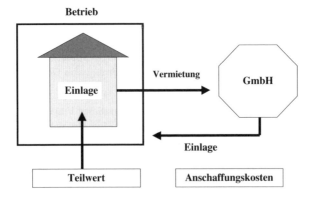

Zwischen A und der A-GmbH besteht aufgrund der Verpachtung seiner Immobilie unstreitig eine Betriebsaufspaltung, weil
- einerseits die verpachtete Immobilie aus Sicht der A-GmbH eine wesentliche Betriebsgrundlage darstellt (= sachliche Verflechtung)[97] und
- andererseits A sowohl Alleineigentümer der vermieteten Immobilie als auch alleiniger Anteilseigner der A-GmbH ist (= personelle Verflechtung).[98]

Folge der Betriebsaufspaltung ist, dass sowohl die Immobilie als auch die GmbH-Anteile zum notwendigen Betriebsvermögen[99] des Besitzunternehmens gehören mit folgendem Bilanzbild:

Besitzunternehmen 31.12.10 (Grundfall)			
Aktiva			**Passiva**
Grundstück	500.000 €	Verbindlichkeiten	1.000.000 €
Beteiligung	100.000 €		
Kapital	400.000 €		
	1.000.000 €		1.000.000 €

---

[97] Siehe H 15.7. Abs. 5 „Büro-/Verwaltungsgebäude" EStH 2008. Zur Frage sachlicher Verflechtung bei Vermietung eines Büroraumes im privaten Einfamilienhaus vgl. FG Köln vom 13.10.2003, DStRE 2006 S. 482, Rev.: IV R 25/05: Verflechtung verneint. Der BFH hingegen hat die sachliche Verflechtung im Urt. vom 13.7.2006, BStBl. II 2006, 804 bejaht. Damit sind kaum noch Fälle vorstellbar, in denen die Nutzungsüberlassung von Immobilien keine Betriebsaufspaltung begründet.
[98] Siehe H 15.7. Abs. 6 „Beherrschungsidentität" EStH 2008.
[99] Vgl. BFH vom 2.3.2000, BFH/NV 2000, 1084.

Übertragung privater Immobilien in das BV einer GmbH & Co. KG

Besitzunternehmen 1.1.11 (Abwandlung)			
Aktiva			Passiva
Grundstück	2.000.000 €	Verbindlichkeiten	1.000.000 €
Beteiligung	100.000 €	Kapital	1.100.000 €
	2.100.000 €		2.100.000 €

Die Abwandlung ist insofern bemerkenswert, als die Immobilie mit dem Verkehrswert (Teilwert) in das Besitzunternehmen eingelegt wird, die GmbH-Anteile hingegen nur mit den historischen Anschaffungskosten von 100.000 €. Dies liegt an § 6 Abs. 1 Nr. 5a und Nr. 5b EStG. Nr. 5b EStG verhindert bei Anteilen an Kapitalgesellschaften im Sinne des § 17 EStG die Aufdeckung stiller Reserven. Im Falle einer Beendigung der Betriebsaufspaltung hingegen wird mit anderen Maßstäben gemessen. Gem. § 16 Abs. 3 Satz 7 EStG sind die zum Besitzunternehmen gehörenden Wirtschaftsgüter (Immobilie und GmbH-Anteile) mit dem gemeinen Wert im Zeitpunkt der Betriebsaufgabe anzusetzen. Dies bedeutet im obigen Beispiel die Aufdeckung stiller Reserven in Höhe von 6,4 Mio. €. Ein derartiges Besteuerungsrisiko ist unbedingt zu vermeiden, zumal es unerwartet dadurch eintreten kann, dass die Immobilie nicht mehr an die GmbH, sondern an Dritte vermietet wird.

2.6.2. Bedeutung der Betriebsaufspaltung für eine Umstrukturierung

Sind Immobilien in einer Betriebsaufspaltung steuerverstrickt, ist anlässlich einer geplanten Umstrukturierung des Immobilienvermögens darauf zu achten, dass eine ungewollte Aufdeckung stiller Reserven unterbleibt. Dies bedeutet, dass
  a) entweder die gegenwärtige Konstruktion der Betriebsaufspaltung beibehalten
  b) oder das Vermögen des Besitzunternehmens steuerneutral in ein anderes (vorhandenes oder noch zu schaffendes) Betriebsvermögen des Besitzunternehmers transferiert wird.

Variante a) ist, wie bereits oben erwähnt, weniger erstrebenswert. Denn jeder Betriebsaufspaltung haftet das latente Risiko spontaner und evtl. sogar unentdeckter Beendigung durch sachliche oder personelle Entflechtung an. Zur Vermeidung künftigen Risikos überraschender Gewinnrealisierung ist daher Variante b) vorzuziehen.

Zum Betriebsvermögen gehörende Wirtschaftsgüter (hier zum Betriebsvermögen des Besitzunternehmens) können grundsätzlich gem. § 6 Abs. 5 Satz 1 EStG steuerneutral in ein anderes Betriebsvermögen desselben Steuerpflichtigen übertragen werden. Das benötigte „andere" Betriebsvermögen kann entweder

Immobilien in der Rechtsform einer GmbH & Co. KG

schon vorhanden sein oder allein für Zwecke steuerneutraler Übertragung erstmals begründet werden. Im vorliegenden Sachverhalt (siehe Rz. 32) bietet sich die Gründung einer gewerblich geprägten GmbH & Co. KG an. Zu Einzelheiten sowie zum Erfordernis der Eintragung der KG im Handelsregister siehe Rz. 3 f.

2.6.3. Übertragung der zum Besitzunternehmen gehörenden Immobilie auf die GmbH & Co. KG

2.6.3.1. Buchwertfortführung gem. § 6 Abs. 5 EStG

34 Die Übertragung der Immobilie vom Besitzunternehmen in das Gesamthandsvermögen einer GmbH & Co. KG (nachfolgend A-KG) geschieht gem. § 6 Abs. 5 Satz 3 Nr. 1 EStG grundsätzlich steuerneutral zum Buchwert (Wechsel zwischen verschiedenen Betriebsvermögen desselben Steuerpflichtigen), also ohne Aufdeckung stiller Reserven. Sie gehen in das Gesamthandsvermögen der A-KG über und sind erst bei späterem Ausscheiden der Immobilie durch Entnahme, Veräußerung oder Liquidation aufzudecken.

Eine sofortige (auch teilweise) Gewinnrealisierung nach § 6 Abs. 5 Satz 5 EStG entfällt, wenn die Komplementär-GmbH, was regelmäßig empfehlenswert erscheint, am KG-Vermögen nicht beteiligt ist. Wegen § 6 Abs. 5 Satz 6 EStG muss im Übrigen darauf geachtet werden, dass auch *innerhalb der anschließenden 7-jährigen Sperrfrist* keine Beteiligung der GmbH am Gesamthandsvermögen der KG erfolgt.

Varianten steuerneutraler Übertragung: Die Überführung kann gem. § 6 Abs. 5 Satz 3 Nr. 1 EStG
- unentgeltlich durch Buchung gegen Kapitalrücklage (Variante 1),
- gegen Gewährung von Gesellschaftsrechten (Variante 2) und
- schließlich gegen Zahlung eines Kaufpreises oder gegen Übernahme von Verbindlichkeiten erfolgen (Variante 3).

Die Übertragung gegen Gewährung von Gesellschaftsrechten (Variante 2) stellt zwar einen Tausch und folglich ein entgeltliches Rechtsgeschäft dar[100]. Die damit an sich verbundene Gewinnrealisierung aber wird durch § 6 Abs. 5 Satz 3 Nr. 1 EStG ausdrücklich verhindert. Lediglich eine Übertragung nach Variante 3 ist gem. § 6 Abs. 5 Satz 3 EStG nicht im Sinne steuerneutraler Übertragung privilegiert und damit tunlichst zu unterlassen.

Hinweis: Es ist sinnvoll, die Immobilie nach Variante 1 in der Weise auf die A-KG zu übertragen, dass der steuerliche Buchwert in die Kapitalrücklage eingestellt

---

100 BMF-Schreiben vom 29.3.2000, BStBl. I 2000, 462 Rz. II 1.a.

Übertragung privater Immobilien in das BV einer GmbH & Co. KG

wird. Damit ist der Tatbestand zwingender Buchwertübertragung gem. § 6 Abs. 5 Satz 3 Nr. 1 EStG verwirklicht.

2.6.3.2. Risiko der Betriebsaufgabe des Besitzunternehmens?

Die Übertragung des Gebäudes in das Gesamthandsvermögen der A-KG als 35 wesentliche Betriebsgrundlage des Besitzunternehmens beendet grundsätzlich die Betriebsaufspaltung, weil es fortan an einer sachlichen Verflechtung zur A-GmbH mangelt (fehlende Verpachtung durch A als alleiniger GmbH-Gesellschafter). Damit wäre an sich für das Besitzunternehmen der Tatbestand der Betriebsaufgabe gem. § 16 Abs. 3 EStG erfüllt mit zwingender Überführung der noch vorhandenen Wirtschaftsgüter des Besitzunternehmens zum gemeinen Wert ins Privatvermögen (§ 16 Abs. 3 Satz 7 EStG).

Betriebsaufspaltung durch mittelbare sachliche Verflechtung

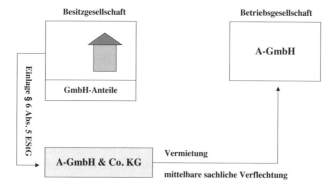

Allerdings ist vorliegend zu beachten, dass die Immobilie unverändert – künftig durch die A-KG – an die A-GmbH vermietet wird. Es findet also eine Fortsetzung der sachlichen Verflechtung mittelbar über die A-KG statt. Folge davon wäre
- entweder der **Fortbestand des Besitzunternehmens** mit einem Betriebsvermögen, das nunmehr allein die Anteile an der A-GmbH umfasst. Die Immobilie gehört zwingend zum notwendigen Betriebsvermögen der A-KG. Diese Konstruktion ist steuerlich möglich, weil die Existenz einer Betriebsaufspaltung nicht notwendig Eigentum an der wesentlichen Betriebsgrundlage voraussetzt[101]
- oder eine neue steuerliche Zuordnung auch der **Anteile an der A-GmbH zum Sonderbetriebsvermögen** des A bei der A-KG. Die A-KG hätte damit

---

101 Vgl. H 15.7 Abs. 5 „Eigentum des Besitzunternehmens" EStH 2008.

Immobilien in der Rechtsform einer GmbH & Co. KG

praktisch das gesamte Besitzunternehmen ohne ausdrücklichen Übertragungsakt in sich aufgenommen.

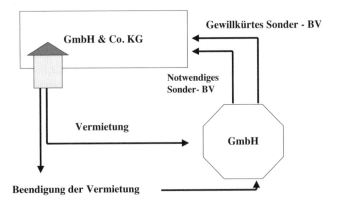

Beide Varianten werden steuerneutral vollzogen, also ohne Aufdeckung stiller Reserven. Der steuerneutrale Fortbestand der Beteiligung an der A-GmbH als notwendiges Betriebsvermögen entweder eines Besitzunternehmens (Variante a) oder als Sonderbetriebsvermögen bei der A-KG (Variante b) ist jedoch mit Blick auf den vorliegenden Sachverhalt durch Rechtsprechung, Verwaltungsanweisungen oder Schrifttum nicht ausreichend nachweisbar. Insbesondere das Institut der mittelbaren sachlichen Verflechtung kann – im Gegensatz zur mittelbaren personellen Verflechtung – nicht als völlig gesichert angesehen werden. Dazu hatte der BFH noch mit Urteil vom 28.11.2001[102] sinngemäß entschieden:

„Die für die Annahme einer Betriebsaufspaltung erforderliche personelle Verflechtung wird nicht dadurch ausgeschlossen, dass der Mehrheitsgesellschafter einer Betriebsgesellschaft mbH und Alleineigentümer des Betriebsgrundstücks dieses einer zwischengeschalteten GmbH zur Weitervermietung an die Betriebsgesellschaft überlässt."

Im Streitfall konnte der Kläger die dauerhafte Nutzungsüberlassung an „seine" Betriebsgesellschaft trotz Einschaltung einer weiteren GmbH, die seiner Schwester gehörte, als Zwischenmieterin sicherstellen. Eine solche dauerhafte Nutzungsüberlassung in Beispiel 7 zugunsten der A-GmbH kann hier ebenfalls gewährleistet werden, so dass mit Blick auf die obige Rechtsprechung die Betriebsaufspaltung im Sinne von Variante a) fortbestehen könnte. Betriebsaufspaltungen sind jedoch keine stabilen Rechtsgebilde, sondern permanent von einer

---

[102] BStBl. II 2002, 363. Siehe dazu auch die Anmerkung von Söffing, FR 2002, 334.

Übertragung privater Immobilien in das BV einer GmbH & Co. KG

sachlichen oder personellen Entflechtung bedroht, verbunden mit zwingender Gewinnrealisation. Gerade weitere Vermögensdispositionen, wie etwa die künftige Übertragung von KG-Anteilen auf die nachfolgende Generation, könnten zu Komplikationen führen.

Hinweis: Das Restrisiko möglicher Aufdeckung stiller Reserven durch ungewollte Überführung von Anteilen an der A-GmbH in das steuerliche Privatvermögen ist im Falle isolierter Übertragung des Gebäudes gem. § 6 Abs. 5 EStG auf die A-KG nicht völlig auszuschließen. Nachteilig wirkt außerdem die Tatsache des Fortbestands der Betriebsaufspaltung als solche, weil damit künftige Dispositionen über das Vermögen eingeschränkt werden. Es ist daher ergänzend zu prüfen, ob die Einbringung des Besitzunternehmens in die A-KG gem. § 24 UmwStG derartige negativen Wirkungen beseitigt.

2.6.3.3. Einbringung des gesamten Besitzunternehmens in eine GmbH & Co. KG gem. § 24 UmwStG

Wird ein Betrieb gem. § 24 Abs. 1 UmwStG in eine Personengesellschaft eingebracht, ist steuerlich folgendes zu beachten:
- Das eingebrachte Betriebsvermögen kann bei der aufnehmenden Personengesellschaft mit dem **Buchwert, Zwischenwert oder Teilwert** (§ 24 Abs. 2 UmwStG) angesetzt werden (Wahlrecht);
- eine Einbringung im obigen Sinne liegt auch vor, wenn das Betriebsvermögen ganz oder teilweise nur in das **Sonderbetriebsvermögen** bei der aufnehmenden Personengesellschaft übertragen wird;[103]
- im Falle eines Buchwertansatzes in der Gesellschaftsbilanz tritt **keine Gewinnrealisierung** ein (Nettomethode; siehe Rz. 38),
- ein Buchwertansatz liegt auch vor, wenn das eingebrachte Betriebsvermögen in der Gesamthandsbilanz der A-KG mit dem Teilwert und der Differenzbetrag zum Buchwert in einer sog. **negativen Ergänzungsbilanz** ausgewiesen wird (Bruttomethode; siehe Rz. 38);[104]
- die aufnehmende Personengesellschaft (A-KG) tritt in die Rechtsstellung des Besitzunternehmens ein. Das gilt auch und insbesondere für die Anwendung des § 6b EStG.[105] Mit anderen Worten, sollte die eingebrachte Immobilie innerhalb von sechs Jahren nach ihrer Einbringung veräußert werden, kann der Veräußerungsgewinn in eine steuerfreie § 6b-Rücklage

---

103 Ettinger/Schmitz, DStR 2009, 1248 zum Sonderbetriebsvermögen bei § 24 UmwStG; vgl. auch BMF-Schreiben vom 25.3.1998, BStBl. I 1998, 268 Rz. 24.06.
104 § 24 Abs. 2 UmwStG; BMF-Schreiben vom 25.3.1998, BStBl. I 1998, 268 Rz. 24.13. f.
105 Vgl. §§ 24 Abs. 4, 22 Abs. 1 in Verb. mit § 4 Abs. 2 Satz 3 UmwStG.

Immobilien in der Rechtsform einer GmbH & Co. KG

eingestellt werden, so wie dies vorher beim Besitzunternehmen möglich gewesen wäre.

Gegenstand der Einbringung: Einbringungsfähig im Sinne des § 24 UmwStG ist auch ein Besitzunternehmen als vollwertiger Gewerbebetrieb des Einkommensteuerrechts.[106] A kann also sein Besitzunternehmen in der Weise in die A-KG einbringen, dass die Immobilie in das Gesamthandsvermögen der A-KG gelangt und die GmbH-Anteile wiederum in das steuerliche Sonderbetriebsvermögen. Dies ist einerseits zur Vermeidung der Gewinnrealisierung unverzichtbar. Andererseits ergibt sich diese Rechtsfolge zwangsläufig schon daraus, dass die Qualifizierung der Beteiligung als notwendiges Sonderbetriebsvermögen II der Besitzgesellschaft nach vollzogener Einbringung gem. § 24 UmwStG unverändert fortbesteht. Dennoch ist es ratsam, die Erstellung einer Sonderbilanz nicht zu versäumen (zur Einbringung der Betriebsgesellschaft in eine GmbH & Co.KG siehe Rz. 40 f.).

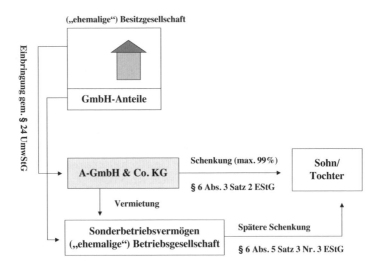

37 **Erwerb von Gesellschaftsrechten:** Die Einbringung des obigen Betriebes fällt unabhängig davon unter § 24 UmwStG, ob eine Mitunternehmerstellung zugunsten des A erstmalig gewährt oder ein bereits vorhandener Gesellschaftsanteil er-

---

106 OFD Frankfurt vom 2.11.2001, StEK § 15 EStG Nr. 320 Rz. 4.2.

Übertragung privater Immobilien in das BV einer GmbH & Co. KG

höht wird.[107] Die aufnehmende Personengesellschaft darf auch Teile der Gegenleistung als Kaufpreiszahlung erbringen.[108]

Bilanzielle Darstellung der Einbringung: Die bilanzielle Darstellung der eingebrachten Wirtschaftgüter (hier nur des Gebäudes sowie der Verbindlichkeiten) in der Bilanz der A-KG hat zwar für die erwünschte Buchwertfortführung keine entscheidende Bedeutung. Sowohl die Verbuchung auf dem Kapitalkonto I (maßgebendes Kapitalkonto für die Beteiligung am Gesellschaftsvermögen) als auch eine Buchung auf dem Rücklagenkonto ist als Einbringung gegen Gewährung von Gesellschaftsrechten anzusehen und damit steuerneutral darstellbar.[109] § 24 UmwStG weicht insoweit von § 20 UmwStG (Einbringung in eine Kapitalgesellschaft) ab. Dort ist die Einbringung in die Kapitalrücklage nicht begünstigt. Allerdings hat die bilanzielle Darstellungsvariante (siehe nachfolgend) eine nicht unerhebliche materielle Außenwirkung.

Buchwerteinbringung nach der sog. Brutto- oder Nettomethode: Die aufnehmende Personengesellschaft darf gem. § 24 Abs. 2 UmwStG den Wertansatz des eingebrachten Betriebsvermögens unter Einbeziehung von sog. Ergänzungsbilanzen wählen.[110] Damit lässt sich die Bilanz des Besitzunternehmens beispielhaft wie folgt entwickeln (bei unterstellten stillen Reserven nur im Grundstück von 500.000 €):[111]

38

Ausgangsbilanz			
Aktiva			**Passiva**
Grundstück	100.000 €	Kapital	150.000 €
sonstige Aktiva	200.000 €	sonstige Passiva	150.000 €
	300.000 €		300.000 €

Nettomethode (Handelsbilanz)			
Aktiva			**Passiva**
Grundstück	100.000 €	Kapital	150.000 €
sonstige Aktiva	200.000 €	sonstige Passiva	150.000 €
	300.000 €		300.000 €

---

107 BMF-Schreiben vom 25.3.1998, BStBl. I S. 268 Rz. 24.02; Haritz/Benkert, Umwandlungssteuergesetz 2. Aufl. 2000 § 24 UmwStG S. 820.
108 Siehe dazu BMF-Schreiben vom 25.3.1998 aaO Rz. 24.08 f.
109 Geissler in Herrmann/Heuer/Raupach § 16 EStG Anm. 105 u. 106.
110 BMF-Schreiben vom 25.3.1998 aaO Rz. 24.13. f. Siehe auch Zimmermann u.a., Die Personengesellschaft im Steuerrecht, 10. Aufl. 2010, 545 f.
111 Das Sonderbetriebsvermögen bleibt hier aus Vereinfachungsgründen außer Betracht.

Immobilien in der Rechtsform einer GmbH & Co. KG

Bruttomethode (Handelsbilanz)			
Aktiva		Passiva	
Grundstück	600.000 €	Kapital	650.000 €
sonstige Aktiva	200.000 €	sonstige Passiva	150.000 €
	800.000 €		800.000 €

negative Ergänzungsbilanz (Kommanditist)			
Aktiva		Passiva	
Kapital	500.000 €	Grundstück	500.000 €

Die sog. **Bruttomethode** bewirkt – ohne Verlust der steuerlichen Privilegien der Buchwertfortführung – eine vollständige Aufdeckung der im Grundstück ruhenden stillen Reserven in Höhe von 500.000 €. Die Aufdeckung erfolgt ausschließlich in der Handelsbilanz der GmbH & Co. KG. Die KG hat die alleinige Entscheidungskompetenz über die Wahlrechtsausübung.

Ergebnis und Empfehlung: Die Einbringung des Besitzunternehmens des A in die A-KG gem. § 24 UmwStG ist gegenüber der isolierten Überführung der Immobilie in das Gesamthandsvermögen der A-KG (siehe Rz. 36) vorzuziehen, weil hier zur steuerlichen Behandlung des Vorganges eindeutige gesetzliche Regelungen sowie einschlägige Verwaltungsanweisungen vorliegen. Außerdem bietet § 24 UmwStG die Möglichkeit, die im Gebäude ruhenden stillen Reserven in der Handelsbilanz der A-KG aufzudecken und in einer steuerlichen Nebenbilanz (sog. negative Ergänzungsbilanz; siehe oben) zwecks Buchwertfortführung wieder zu neutralisieren. In gleicher Weise kann grundsätzlich auch mit den Anteilen an der A-GmbH verfahren werden. Dazu aber müssten die Anteile ebenfalls in das Gesamthandsvermögen der A-KG übertragen und ggf. eine Unternehmensbewertung durchgeführt werden. Dies ist jedoch weniger zweckmäßig, weil ein besonderer Vorteil der obigen Vorgehensweise gerade darin besteht, künftig über die KG-Anteile gegenüber den GmbH-Anteilen eigenständig disponieren zu können, ohne die Konstruktion der Betriebsaufspaltung mit der Folge einer Gewinnrealisierung zu zerstören (siehe dazu nachfolgend Rz. 40 f.).

39 **Hinweis:** Vorsorglich ist zu beachten, dass die spätere Umwandlung der A-KG in eine GmbH innerhalb einer *Siebenjahresfrist* (ab Einbringung der Immobilie) die Rechtsfolgen des § 6 Abs. 5 Satz 5 EStG auslösen könnte mit der Folge einer Realisierung der im Gebäude enthaltenen stillen Reserven rückwirkend zum Zeitpunkt der Einbringung in die A-KG. Zwar erfolgt nach obiger Empfehlung keine Einbringung von Einzel-Wirtschaftsgütern in die A-KG im Sinne des § 6 Abs. 5 Satz 3 EStG, sondern es wird ein ganzer Betrieb nach § 24 UmwStG eingebracht. § 24

Übertragung privater Immobilien in das BV einer GmbH & Co. KG

UmwStG aber enthält keine dem § 6 Abs. 5 Satz 3 EStG vergleichbare Regelung. Das Verhältnis beider Regelungen zueinander ist noch nicht völlig geklärt (siehe Rz. 36). Die Beachtung der obigen Frist bewahrt daher vor Überraschungen. Im vorliegenden Beispiel 7 ist eine spätere Umwandlung der A-KG in eine GmbH weder geplant noch sinnvoll.

2.6.3.4. Übertragung der Betriebsgesellschaft in das Gesamthandsvermögen einer GmbH & Co. KG

Die Anteile an der Betriebsgesellschaft können zur Vermeidung ungewollter Beendigung der Betriebsaufspaltung ebenfalls (anstelle der Übertragung von Immobilien der Besitzgesellschaft) in das Gesamthandsvermögen einer gewerblich geprägten GmbH & Co. KG übertragen werden.

2.6.3.4.1. Zwingende Einbringung zum Buchwert

Die Übertragung der Beteiligung des Besitzunternehmers (Einzelunternehmer) an der Betriebsgesellschaft in das Gesamthandsvermögen einer gewerblich geprägten GmbH & Co. KG erfolgt gem. § 6 Abs. 5 Satz 3 Nr. 1 EStG zwingend zum Buchwert (Wechsel zwischen verschiedenen Betriebsvermögen desselben Steuerpflichtigen). Stille Reserven werden folglich nicht realisiert. Sie gehen in das Gesamthandsvermögen der KG über und sind erst bei späterem Ausscheiden der Beteiligung durch Entnahme oder Veräußerung bzw. Liquidation gewinnerhöhend aufzulösen.

40

Die Überführung in das Gesamthandsvermögen kann
- entweder **unentgeltlich** (Buchung gegen Kapitalrücklage) bzw. gegen Gewährung von Gesellschaftsrechten erfolgen (Variante 1). Die Übertragung gegen Gewährung von Gesellschaftsrechten stellt zwar einen Tausch und folglich ein entgeltliches Rechtsgeschäft dar. Die damit an sich verbundene Gewinnrealisierung wird aber durch § 6 Abs. 5 Satz 3 Nr. 1 EStG ausdrücklich verhindert,
- oder es erfolgt eine **entgeltliche** Übertragung der Beteiligung gegen Zahlung eines Kaufpreises bzw. gegen Übernahme von Verbindlichkeiten (Variante 2).

Zur Vermeidung einer Gewinnrealisierung kommt nur Variante 1 in Betracht und zwar in der Weise, dass der Buchwert der Beteiligung in die Kapitalrücklage der KG eingestellt wird. Damit ist der Tatbestand zwingender Buchwertübertragung gem. § 6 Abs. 5 Satz 3 Nr. 1 EStG verwirklicht.

2.6.3.4.2. Beginn einer dreijährigen Sperrfrist bei Buchwertfortführung

41 Werden die steuerneutral zum Buchwert gem. § 6 Abs. 5 Satz 3 Nr. 1 EStG in das Gesamthandsvermögen der KG eingebrachten Anteile innerhalb einer dreijährigen Sperrfrist veräußert oder entnommen, ist gem. § 6 Abs. 5 Satz 4 EStG rückwirkend auf den Zeitpunkt der Übertragung in die KG der Teilwert anzusetzen. Das gilt nicht, wenn die bis zur Übertragung entstandenen stillen Reserven durch Erstellung einer Ergänzungsbilanz dem übertragenden Gesellschafter zugeordnet werden. Die Sperrfrist endet drei Jahre nach Abgabe der Steuererklärung des einbringenden Gesellschafters für den Veranlagungszeitraum der betreffenden Übertragung.

Die eingebrachte Beteiligung sollte daher zur Vermeidung der obigen Rechtsfolgen innerhalb der genannten Sperrfrist im Gesamthandsvermögen der KG verbleiben. Insoweit kann auch auf die Erstellung einer sog. Ergänzungsbilanz verzichtet werden, deren Wirkungsweise ohnehin nicht völlig geklärt ist.[112]

2.6.3.4.3. Rechtsfolgen der Anteilsübertragung auf die GmbH & Co. KG

42 **Keine Betriebsaufgabe des Besitzunternehmens:** Die Übertragung von Anteilen an der Betriebsgesellschaft führt regelmäßig zum Wegfall einer die Betriebsaufspaltung rechtfertigenden personellen Verflechtung. Damit wäre der Tatbestand der Betriebsaufgabe gem. § 16 Abs. 3 EStG erfüllt mit zwingender Überführung der noch vorhandenen Wirtschaftsgüter des Besitzunternehmens zum gemeinen Wert ins Privatvermögen (§ 16 Abs. 3 Satz 5 EStG). Davon betroffen ist der zum Betriebsvermögen der Besitzgesellschaft des Besitzunternehmens gehörende Grundbesitz. Zu allem Übel verhindert dessen Teilwertentnahme auch die Bildung einer steuerfreien § 6b-Rücklage. Solche Rücklagen können nur im Falle der Veräußerung von Immobilien gebildet werden.[113]

Vorliegend ist jedoch trotz Anteilsübertragung auf die KG keine Betriebsaufgabe gegeben, weil die personelle Verflechtung zwischen dem Besitzunternehmen und der Betriebsgesellschaft aufgrund einer nunmehr gegebenen mittelbaren Beteiligung an der Betriebsgesellschaft fortbesteht (siehe unten).

Fortbestand der Betriebsaufspaltung durch mittelbare Beteiligung: Die Übertragung der Beteiligung des Besitzunternehmers auf eine ihm gehörende GmbH & Co. KG bewirkt keine personelle Entflechtung zwischen Besitz- und Betriebsgesellschaft. Nach ständiger Rechtsprechung des BFH[114] muss der Inhaber des Besitzunternehmens *nicht unmittelbar* am Betriebsunternehmen beteiligt sein. Den

---

112 Schmidt/Kulosa 29. Aufl. § 6 EStG Rz. 712.
113 Vgl. § 6b Abs. 1 Satz 1 EStG: Steuerpflichtige, die ... Grund und Boden ... oder Gebäude veräußern....
114 Zuletzt Urteil vom 28.11.2001, BFH/NV 2002, 631.

Übertragung privater Immobilien in das BV einer GmbH & Co. KG

für die Betriebsaufspaltung maßgeblichen Einfluss auf das Betriebsunternehmen kann auch die mittelbare Beteiligung gewährleisten.[115] Ein maßgeblicher Einfluss im obigen Sinne kann insbesondere angenommen worden, wenn die Personen, die die Geschicke des verpachtenden Besitzunternehmens bestimmen, in der Lage sind, über eine zwischengeschaltete rechtsfähige Körperschaft im Betriebsunternehmen ihren Willen hinsichtlich aller wesentlichen unternehmerischen Entscheidungen durchzusetzen.[116] Für die Zwischenschaltung einer Personengesellschaft gilt das erst recht, weil diese noch stärker mit dem Gesellschafter zu identifizieren ist (keine bzw. schwächere Abschirmwirkung) als eine Kapitalgesellschaft. Einer Vertiefung dazu bedarf es nicht.

Gewerbesteuerliche Kürzung der Gewinnausschüttung: Gewinne aus Anteilen an einer nicht steuerbefreiten inländischen Kapitalgesellschaft im Sinne des § 2 Abs. 2 GewStG werden im Rahmen der Ermittlung des Gewerbeertrages vom Gewerbegewinn gekürzt, wenn die Beteiligung zu Beginn des Erhebungszeitraums mindestens 15 % des Grund- oder Stammkapitals beträgt und die Gewinnanteile bei Ermittlung des Gewinns (§ 7 GewStG) angesetzt wurden (§ 9 Nr. 2a GewStG). Danach unterliegen Gewinnausschüttungen der Betriebsgesellschaft auf Ebene der KG grundsätzlich keiner (zusätzlichen) Gewerbesteuerbelastung.

43

Keine Kürzung bei unterjährigem Erwerb: Eine Kürzung kommt nach dem insoweit klaren Gesetzeswortlaut nicht in Betracht, sollte die Beteiligung erst im Laufe eines Wirtschaftsjahres erworben werden. Hier greift die Vergünstigung erst im darauffolgenden Wirtschaftsjahr. Zur Vermeidung unnötiger Gewerbesteuerbelastungen sollte daher im Einbringungsjahr auf eine Gewinnausschüttung der Betriebsgesellschaft an die KG verzichtet werden.

2.6.4. Behandlung von Verbindlichkeiten des Besitzunternehmens

Zum steuerlichen Betriebsvermögen des Besitzunternehmens im obigen Beispiel gehören Verbindlichkeiten in Höhe von 1 Mio. € (Rz. 32). Der damit verbundene Abzug der betreffenden Schuldzinsen als Betriebsausgaben muss auch künftig gewahrt bleiben. Dies wird vorliegend dadurch sichergestellt, dass die A-KG als aufnehmende Personengesellschaft im Rahmen der Einbringung nach § 24 UmwStG alle bilanzierten Verbindlichkeiten übernimmt. Die Übernahme betrieblicher Verbindlichkeiten ist hier, im Gegensatz zur Schuldübernahme bei Übertragung von Einzelwirtschaftsgütern gem. § 6 Abs. 5 EStG,[117] weder Entgelt

---

115 Vgl. dazu insbesondere die BFH-Urteile vom 22.1.1988, BStBl II 1988, 537 sowie vom 26.8.1993, BFH/NV 1994, 265.
116 BFH vom 16.6.1982, BStBl II 1982, 662 sowie H 13.7 Abs. 6 „Mittelbare Beteiligung" EStH 2008.
117 Siehe dazu Hartmann/Meyer, Die Information 2003, 870 f.

noch Teilentgelt für die übertragene Immobilie. Folglich bleibt die steuerneutrale Buchwertfortführung ungeachtet der übernommenen Verbindlichkeiten unberührt.

44 **Übernahme ins Gesamthands- oder Sonderbetriebsvermögen:** Die Frage, ob die betreffenden Verbindlichkeiten ins Gesamthandsvermögen der A-KG (Alternative 1) oder in das Sonderbetriebsvermögen von A (Alternative 2) einzubringen sind, sollte zugunsten Alternative 1 beantwortet werden. Denn es entspricht den persönlichen Planungen des A (siehe Rz. 32), die vorhandenen Verbindlichkeiten vom eigenen Vermögensbereich zu trennen. Steuerlich gesehen hat diese Unterscheidung zunächst keine Bedeutung. Insbesondere entsteht durch die Schuldübernahme seitens der A-KG kein teilentgeltlicher Anschaffungsvorgang. Vielmehr tritt die A-KG als steuerliche Gesamtrechtsnachfolgerin in vollem Umfang in die Rechtsstellung des Besitzunternehmens ein.

Zwar spricht für eine Behandlung als Sonderbetriebsvermögen (Variante 2) zunächst die einfachere Handhabung, weil die vorhandenen Darlehensverträge nicht unter Mitwirkung der finanzierenden Bank auf die A-KG umzuschreiben sind. Vielmehr werden die Verbindlichkeiten „automatisch" im Zeitpunkt der Überführung des Gebäudes in das Gesamthandsvermögen A-KG negatives Sonderbetriebsvermögen des A. Eines ausdrücklichen Rechtsaktes bedarf es dazu nicht. Folgerichtig erlangen auch die Zinsen die rechtliche Qualität von Sonderbetriebsausgaben (§§ 4 Abs. 4, 15 Abs. 1 Nr. 2 EStG). Probleme entstehen aber, wenn A seine Kommanditbeteiligung oder Teile davon unentgeltlich auf Angehörige überträgt (siehe dazu Rz. 93) und in diesem Zusammenhang die Verbindlichkeiten zurückbehält. Dann entsteht im Umfang der Anteilsübertragung das Risiko, insoweit den Abzug weiterlaufender Zinsen als Sonderbetriebsausgaben zu verlieren.[118]

2.6.5. Zugehörigkeit von Grundstücken zum Besitzunternehmen

45 Von nicht unerheblichem Interesse ist im Falle der Umstrukturierung betriebsaufspaltungsverhafteter Immobilien die Frage, welche Immobilien überhaupt zum Betriebsvermögen des Besitzunternehmens gehören und damit ein Besteuerungsrisiko darstellen.

Grundsätzlich gehören Immobilien zum Betriebsvermögen des Besitzunternehmens, wenn sie
- zu mehr als 50% dem Besitzunternehmer gehören und der Betriebsgesellschaft zur Nutzung überlassen werden (Begründung der sachlichen Verflechtung – notwendiges Betriebsvermögen);

---

118 Hartmann/Meyer aaO.

Übertragung privater Immobilien in das BV einer GmbH & Co. KG

- einer Personengesellschaft (z.B. GbR) als Besitzunternehmer gehören und Dritten zur Nutzung überlassen werden (hier greift die sog. Abfärbung im Sinne des § 15 Abs. 3 Nr. 1 EStG)[119] und
- schließlich solche Immobilien, die sich im Miteigentum des Besitzunternehmers befinden und die Voraussetzungen des BFH-Urteils vom 2.12.2004[120] erfüllen (siehe nachfolgend).

2.6.6. Immobilien im Miteigentum des Besitzunternehmers

Vermietet eine Eigentümergemeinschaft, an der ein Besitzeinzelunternehmer beteiligt ist, ein Grundstück an die ihm gehörende Betriebs-GmbH, ist nach dem BFH-Urteil vom 2.12.2004 aaO die anteilige Zuordnung des Grundstücks zum Betriebsvermögen des Besitzeinzelunternehmens davon abhängig, ob die Vermietung an die Betriebs-GmbH durch die betrieblichen Interessen des Besitzunternehmens veranlasst ist oder die Erzielung möglichst hoher Einkünfte aus Vermietung und Verpachtung bezweckt wird. Ob die Überlassung des Grundstücks dem betrieblichen oder privaten Bereich zuzuordnen ist, ist unter Heranziehung aller Umstände des einzelnen Falles zu beurteilen.

Sachverhalt des BFH-Urteils vom 2.12.2004: Der verheiratete Kläger betrieb eine Werkzeugmaschinenfabrik in Rechtsform der GmbH, an der er bis zum 31.12.1999 zu 100 v.H. und seit dem 01.01.2000 zu 80 v.H. beteiligt war. Seit dem 01.01.1982 vermietete er der GmbH Maschinen, die wesentliche Betriebsgrundlagen bei der GmbH waren. Die Einkünfte aus der Vermietung der Maschinen erklärte er im Rahmen einer Betriebsaufspaltung als gewerbliche Einkünfte. Seit 1987 vermieteten die Kläger das im gemeinschaftlichen Eigentum zu je 50 v.H. stehende Grundstück B zunächst als Freifläche an die GmbH. In den Jahren 1990 bis 1992 errichteten sie auf dem Grundstück eine Halle, die sie seit dem 01.08.1991 zum Teil und nach Fertigstellung seit dem 01.10.1992 vollständig an die GmbH vermietet hatten. Die Klägerin war keine Gesellschafterin der GmbH.

Kriterien zur Behandlung des Miteigentumsanteils als Betriebsvermögen: Im Einzelnen ergeben sich aus der obigen Entscheidung die nachstehenden Grundsätze zur Behandlung des Immobilienmiteigentums als Betriebsvermögen:

Keine neue Betriebsaufspaltung: Die Vermietung des Grundstücks durch die Kläger an die GmbH begründet keine weitere Betriebsaufspaltung. Denn es mangelt insoweit an einer personellen Verflechtung. Der Kläger beherrscht die Grundstücksgemeinschaft nicht, weil er an ihr nur zu 50 v.H. beteiligt ist. Bei der

---

119 BMF-Schreiben vom 28.04.1998, BStBl. I 1998, 583 Rz. 2b.
120 BStBl. II 2005, 340.

Immobilien in der Rechtsform einer GmbH & Co. KG

Bruchteilsgemeinschaft entscheidet, sofern keine abweichenden Vereinbarungen getroffen werden, die Stimmenmehrheit. Diese ist nach der Größe der Anteile zu berechnen (§ 745 Abs. 1 Satz 2 BGB). Da der Kläger lediglich hälftiger Miteigentümer des der GmbH überlassenen Grundstücks ist, verfügt er nicht über die Stimmenmehrheit.

Weitervermietung durch Besitzunternehmen: Zum notwendigen Betriebsvermögen des Besitzunternehmens gehören alle Wirtschaftsgüter, die das Besitzunternehmen der Betriebsgesellschaft überlässt, denn die Vermietung von Wirtschaftsgütern an die Betriebsgesellschaft prägt die Tätigkeit des Besitzunternehmens. Werden daher dem Besitzunternehmen von einer Eigentümergemeinschaft, an der der Besitzeinzelunternehmer beteiligt ist, Wirtschaftsgüter zur Weitervermietung an die Betriebsgesellschaft überlassen, sind diese in Höhe des Miteigentumsanteils des Besitzunternehmers als Betriebsvermögen auszuweisen. Dieser Sachverhalt war im obigen Streitfall nicht gegeben.

Verbesserung der Vermögens- und Ertragslage der Betriebsgesellschaft: Notwendiges Betriebsvermögen der Besitzgesellschaft sind aber nicht nur Wirtschaftsgüter, die dem Besitzunternehmen unmittelbar dienen, sondern auch solche, die dazu bestimmt sind, die Vermögens- und Ertragslage der Betriebsgesellschaft zu verbessern und damit den Wert der Beteiligung daran zu erhalten oder zu erhöhen.[121]

47 **Kein Betriebsvermögen bei Verfolgung privater Interessen**: Der Besitzeinzelunternehmer kann mit der Vermietung jedoch auch einen anderen Zweck verfolgen, etwa möglichst hohe Einkünfte aus Vermietung und Verpachtung zu erzielen. In diesem Fall ist das anteilige Eigentum des Besitzunternehmers am Wirtschaftsgut nicht dem Betriebsvermögen seines Einzelunternehmens, sondern seinem privaten Bereich zuzuordnen (siehe dazu auch die abschließende Übersicht).

---

121 BFH-Urteile vom 7.3.1978, BStBl II 1978, 378 sowie vom 19.10.2000, BStBl II 2001, 335.

Übertragung privater Immobilien in das BV einer GmbH & Co. KG

Für Betriebsvermögen spricht	Gegen Betriebsvermögen spricht
Nutzungsverhältnis ist eindeutig durch Interessen der Betriebsgesellschaft bestimmt, z.b. Gewährung von Konditionen, die unter fremden Dritten unüblich sind	Beginn des Mietverhältnisses erst längere Zeit nach Entstehung der Betriebsaufspaltung
Immobilie kann nach ihrer Zweckbestimmung nur an die Betriebsgesellschaft vermietet werden	Besitzunternehmer hat nur geringen Einfluss auf die Beschlüsse der Grundstücksgemeinschaft (Beteiligung weniger als 50 %)
Begründung des Nutzungsverhältnisses in engem zeitlichen Zusammenhang mit der Entstehung der Betriebsaufspaltung	Erzielung hoher Einkünfte aus Vermietung und Verpachtung

3. Bildung und Übertragung von § 6b-Rücklagen durch die GmbH & Co. KG

3.1. Grundzüge der Bildung von § 6b-Rücklagen

Die GmbH & Co. KG hat sowohl im Falle der Anschaffung als auch Einlage die Möglichkeit, den bei einer späteren Veräußerung der eingebrachten Immobilie realisierten Gewinn in eine steuerfreie § 6b-Rücklage einzustellen und innerhalb von vier Jahren auf ein Reinvestitionsgut zu übertragen (§ 6 b Abs. 3 Satz 1 EStG).

48

Voraussetzung künftiger Rücklagenbildung ist
- eine spätere Gewinnrealisierung durch **Veräußerung** (also z.B. nicht durch Entnahme aus dem Betriebsvermögen);
- die ununterbrochene Zugehörigkeit der Immobilie zum steuerlichen **Anlagevermögen**[122] einer inländischen Betriebsstätte (§ 6 b Abs. 4 Nr. 2 EStG) der GmbH & Co. KG
- für **mindestens sechs Jahre** (rückwirkend vom Veräußerungszeitpunkt aus gesehen; § 6 b Abs. 4 Nr. 2 EStG).

Bedeutung hat die Rücklagenbildung nur für solche stillen Reserven, die ab dem Zeitpunkt der Einlage in das Betriebsvermögen der KG entstehen. Anderes gilt ausnahmsweise nur bei solchen Immobilien, die innerhalb von drei Jahren vor dem Einlagezeitpunkt angeschafft oder hergestellt wurden. Hier erfolgt gem. § 6

---

122 Infolgedessen scheitert eine Anwendung des § 6b EStG, wenn die betreffende Immobilie bis zur Veräußerung in Umlaufvermögen umqualifiziert wurde; vgl. BFH vom 25.10.2001, BStBl. II 2002, 289.

Immobilien in der Rechtsform einer GmbH & Co. KG

Abs. 1 Nr. 5a EStG ein Ansatz mit den sog. fortgeschriebenen AK/HK (siehe auch Rz. 16).

49 Besonders attraktiv ist, mit Hilfe einer gewerblich geprägten GmbH & Co. KG die Voraussetzungen zur **Übertragung bereits vorhandener § 6b-Rücklagen** zu schaffen. Die damit verbundenen Liquiditätsvorteile sind im Einzelfall beträchtlich, insbesondere dann, wenn die Rücklage anlässlich einer **Betriebsveräußerung**[123] gebildet wurde. Denn die Rücklagenbildung nach § 6b EStG setzt keine fortbestehende Existenz eines Betriebes voraus. Daher können auch Gewinne anlässlich einer Betriebsveräußerung in eine Rücklage eingestellt werden.[124]

Beispiel 8

A (50 Jahre) erklärt zum 31.12.14 die Betriebsaufgabe. Stille Reserven sind lediglich im Betriebsgrundstück (Anschaffung 01) in Höhe von 1 Mio. € enthalten. Die Immobilie wird anlässlich der Betriebsaufgabe an X veräußert.[125] *A plant keine weiteren betrieblichen Aktivitäten. Er ist Eigentümer eines privaten Mietwohngrundstücks im Wert von 2 Mio. €.*

Abwandlung: *A ist im Zeitpunkt der Betriebsaufgabe bereits 60 Jahre alt.*

A hat im Grundfall die Möglichkeit, in Höhe der realisierten stillen Reserven von 1 Mio. € eine § 6b-Rücklage zu bilden.[126] Sie existiert fortan nur als statistischer Merkposten mit der Folge einer Zwangsauflösung nach Ablauf der vierjährigen Reinvestitionsfrist (= 31.12.18). Zu diesem Zeitpunkt entsteht unter Berücksichtigung der Verzinsung gem. § 6 b Abs. 7 EStG ein gewerblicher Gewinn in Höhe von 1,24 Mio. € (1 Mio. € Rücklage + 24 % Zinszuschlag), der als nachträgliche Einkünfte gem. § 24 Nr. 2 EStG normaltariflich besteuert wird. Die Steuerbelastung beträgt rund 0,55 Mio. €. A hat damit eine vierjährige verzinsliche Stundung seiner Steuerschuld erreicht bei gleichzeitigem Verzicht auf eine Anwendung der Tarifbegünstigung des § 34 Abs. 1 EStG (sog. 1/5-Regelung). Im Fall der **Abwandlung** hingegen hat A im Zeitpunkt der Betriebsaufgabe bereits das 55. Lebensjahr vollendet, so dass die deutlich günstigere Privilegierung gem. §§ 16 Abs. 4, 34 Abs. 3 EStG greift. Mit Bildung der § 6b-Rücklage verzichtet A daher auf eine Steuerminderung von überschlägig 250.000 €. Das gilt auch,

---

123 Die Betriebsaufgabe berechtigt nur dann zur Rücklagenbildung, wenn die betreffende Immobilie an Dritte veräußert und nicht lediglich ins Privatvermögen überführt wurde.
124 R 6 b. 2 Abs. 10 EStR.
125 Falls kein fremder Käufer in Sicht ist, kommt auch die eigene GmbH & Co. KG als potentieller Erwerber in Betracht.
126 Siehe auch BFH vom 4.2.1982, BStBl. II 1982, 348.

Übertragung privater Immobilien in das BV einer GmbH & Co. KG

wenn lediglich ein Teil des Veräußerungsgewinnes in eine § 6b-Rücklage eingestellt wird (§ 34 Abs. 1 Satz 4 EStG in Verbindung mit § 34 Abs. 3 Satz 1 EStG). Einer Besteuerung des Veräußerungsgewinnes kann A in Beispiel 8 dadurch entgehen, dass er eine gewerblich geprägte GmbH & Co. KG gründet und anschließend das bislang zum steuerlichen Privatvermögen gehörende Mietwohngrundstück für 2 Mio. € gegen Gewährung von Gesellschaftsrechten in das Gesamthandsvermögen der KG überträgt. Damit wird
- einerseits der Tatbestand steuerbegünstigter Reinvestition im Sinne des § 6b Abs. 1 Satz 2 EStG (durch die KG) erfüllt und
- andererseits diese Reinvestition dem Kommanditisten A aufgrund personenbezogener Anwendung des § 6 b EStG nach Maßgabe seiner gesellschaftsrechtlichen Beteiligung am Gesamthandsvermögen quotal (hier 100 %) zugerechnet.

Daraus folgt die Berechtigung zur Übertragung der gesamten § 6b-Rücklage (1 Mio. €) in das steuerliche Betriebsvermögen der Gesellschaft.

3.2. Die bilanzielle Darstellung der § 6b-Rücklage

3.2.1. Bisherige Verwaltungsauffassung (Bilanzerstellung bis zum 31.3.2008)

In den Bilanzen der Personengesellschaft stellt sich der Übertragungsvorgang mit Blick auf das obige Beispiel 8 wie folgt dar:

Bilanz A GmbH & Co. KG (vor § 6b-Übertragung)			
Aktiva			**Passiva**
Grundstück	2 Mio. €	Kapital	2 Mio. €

Bilanz A GmbH & Co. KG (nach § 6b-Übertragung)			
Aktiva			**Passiva**
Grundstück	2 Mio. €	Kapital	2 Mio. €

Ergänzungsbilanz A			
Aktiva			**Passiva**
Minderkapital	1 Mio. €	Grundstück	1 Mio. €

Handels- und Steuerbilanz der KG bleiben hier unberührt, weil die § 6b-Rücklage nicht durch einen Geschäftsvorfall der KG, sondern den eines Gesellschafters ausgelöst wurde. Damit ist die Übertragung der Rücklage ebenfalls nur gesell-

Immobilien in der Rechtsform einer GmbH & Co. KG

schafterbezogen mit Hilfe einer lediglich steuerlich relevanten Ergänzungsbilanz darzustellen. Der Grundsatz sog. **umgekehrter Maßgeblichkeit** der Steuer- für die Handelsbilanz (§ 5 Abs. 1 Satz 2 EStG) tritt insoweit zurück. Das handelsbilanzielle Eigenkapital wird also durch die Übertragung der Rücklage nicht geschmälert, was insbesondere bei Finanzierungsgesprächen mit Banken vorteilhaft ist (siehe aber nachfolgend).

3.2.2. Änderung der Verwaltungsauffassung (Bilanzerstellung nach dem 31.3.2008)

51 Die Finanzverwaltung hat sich mit BMF-Schreiben vom 29.2.2008[127] inzwischen für eine abweichende bilanzielle Darstellung ausgesprochen. Es behandelt zwar nur die Übertragung von § 6b-Rücklagen einer Kapitalgesellschaft auf eine Tochter-Personengesellschaft, dürfte aber gleichwohl Anwendung finden, wenn Übertragender eine Personengesellschaft oder ein Einzelunternehmer ist.[128] Soweit daher nachfolgend von Kapitalgesellschaft die Rede ist, gilt das ebenso für andere Rechtsträger wie etwa eine GmbH & Co. KG.

Übertragung der § 6b-Rücklage von der Kapitalgesellschaft auf ein Wirtschaftsgut einer Tochter-Personengesellschaft: Der Steuerpflichtige kann den in die Rücklage eingestellten begünstigten Gewinn, der in einem als Einzelunternehmen geführten Betrieb entstanden ist, auf Wirtschaftsgüter übertragen, die zum Betriebsvermögen einer Personengesellschaft gehören, an der er als Mitunternehmer beteiligt ist.[129] Das gilt auch für Kapitalgesellschaften.

Auflösung der Rücklage bei der Kapitalgesellschaft: Wird die in der Bilanz der Kapitalgesellschaft gebildete Rücklage bei den AK oder HK eines Wirtschaftsguts der Personengesellschaft berücksichtigt, an der die Kapitalgesellschaft beteiligt ist, ist bilanzsteuerrechtlich entsprechend den Grundsätzen in R 6b.2 Abs. 8 EStR 2008 zu verfahren. In der Handelsbilanz der Kapitalgesellschaft muss der Sonderposten mit Rücklagenanteil aufgelöst werden, weil die Ausübung dieses steuerlichen Wahlrechtes nicht mehr dargestellt werden kann. Da die Beteiligung an einer Personengesellschaft abweichend vom Handelsrecht in der Steuerbilanz der Kapitalgesellschaft kein selbständiges Wirtschaftsgut darstellt, sondern die anteilige Zurechnung der Personengesellschaft dienenden Wirtschaftsgüter beim Gesellschafter begründet, mindert sich der entsprechende Ansatz in der Steuerbilanz der Kapitalgesellschaft.

---

127 BStBl. I 2008, 495.
128 Vgl. Zimmermann u.a., Die Personengesellschaft im Steuerrecht, 10. Aufl. S. 258.
129 R 6b.2 Abs. 6 Satz 1 Nr. 2 EStR.

Minderung der Anschaffungs-/Herstellungskosten des Wirtschaftsgutes bei der Personengesellschaft: Wird der begünstigte Gewinn auf ein Wirtschaftsgut einer Personengesellschaft übertragen, sind die AK oder HK dieses Wirtschaftsgutes zu mindern. Die Übertragung wird durch erfolgsneutrale Absetzung vom Kapitalkonto in der Steuerbilanz der Personengesellschaft abgebildet. Da § 6b EStG eine gesellschafterbezogene Begünstigung darstellt, ist allein das Kapitalkonto in der Steuerbilanz des Mitunternehmers zu mindern, der den begünstigten Gewinn überträgt.

Rücklagenbildung auch in der Handelsbilanz: Die Übertragung der Rücklage stellt die Ausübung eines steuerlichen Wahlrechtes dar. Nach dem Grundsatz der umgekehrten Maßgeblichkeit müssen daher die AK oder HK des Wirtschaftsgutes in der Handelsbilanz der Personengesellschaft entsprechend gemindert werden. Soweit der Abzug in einem der folgenden Wirtschaftjahre in der handelsrechtlichen Jahresbilanz durch eine Zuschreibung rückgängig gemacht wird, erhöht der Betrag der Zuschreibung den Buchwert des Wirtschaftsgutes in der Steuerbilanz.[130]

Zeitliche Anwendung: Hinsichtlich der geforderten Darstellung des Übertragungsvorgangs in der Handelsbilanz der Personengesellschaft ist es nach Verwaltungsauffassung nicht zu beanstanden, wenn bei bis zum 1.4.2008 aufgestellten Bilanzen die Minderung der Anschaffungs- oder Herstellungskosten des Wirtschaftsgutes in der Handelsbilanz nicht vorgenommen wurde und die Personengesellschaft für den Gesellschafter, der begünstigte Veräußerungsgewinne überträgt, eine negative Ergänzungsbilanz aufgestellt hat. Diese Darstellungsweise kann in den nachfolgend aufzustellenden Bilanzen beibehalten werden.

Abweichende Auffassung des Schrifttums: Die obige Verwaltungsauffassung findet im Schrifttum unterschiedliche Resonanz. Schulz[131] teilt als Verwaltungsangehörige die Meinung dem BMF im Schreiben vom 29.2.2008 aaO. Sie sieht darin einen Beitrag zu mehr Rechtssicherheit. Zwar bedeute die nunmehr geforderte Darstellung der Rücklage in der Handelsbilanz der Personengesellschaft für die anderen (von der § 6b-Rücklage nicht betroffenen) Gesellschafter die Erstellung positiver Ergänzungsbilanzen. Dies aber werde durch die großzügige Übergangsregelung der Finanzverwaltung wieder kompensiert. Diese positive Einschätzung wird von Freikamp,[132] ebenfalls ein Verwaltungsangehöriger, nicht geteilt. Er sieht den Grundsatz der umgekehrten Maßgeblichkeit beim hier diskutierten Sach-

---

130 § 5 Abs. 1 Satz 2 EStG, R 6b.2 Abs. 1 Satz 2 EStR.
131 Übertragung einer Rücklage nach § 6b EStG, NWB Fach 17 S. 2227.
132 DB, 2008, 781.

verhalt nicht tangiert, weil sich die Übertragung von § 6b-Rücklagen aus dem Betriebsvermögen eines Gesellschafters in das Betriebsvermögen der Personengesellschaft nur in steuerlichen Ergänzungsbilanzen abspiele, für die es eben kein handelsrechtliches Pendant gebe. So aber müssten wegen einer auch handelsrechtlichen Abbildung der Rücklage feinsinnige Vorabgewinnvereinbarungen getroffen werden, um die anderen Gesellschafter nicht zu benachteiligen.

Stellungnahme: Der Auffassung von Freikamp aaO ist uneingeschränkt zuzustimmen. Die Verwaltungsauffassung ist auch unter Beachtung der sog. umgekehrten Maßgeblichkeit (§ 5 Abs. 1 Satz 2 EStG) nicht haltbar und bedeutet einen gravierenden Eingriff in die Gestaltung der gesellschaftsrechtlichen Verhältnisse untereinander.

3.2.3. Erneute Änderung durch das Bilanzrechtsmodernisierungsgesetz (BilMoG)

53   Durch das BilMoG wurde § 247 Abs. 3 HGB ersatzlos gestrichen. Damit entfällt die Anknüpfung des handelsrechtlichen Jahresabschlusses an den Grundsatz der umgekehrten Maßgeblichkeit. Dies vereinfacht die handelsrechtliche Rechnungsregelung. Somit hat die Finanzverwaltung mit ihrem Schreiben vom 29.2.2008 aaO eine Problematik losgetreten, die sich kurzfristig wieder erledigen wird. Nunmehr kehrt durch das BilMoG eine Rechtsauffassung zurück, wonach die Übertragung von § 6b-Rücklagen vom Gesellschafter auf die Personengesellschaft allein in steuerlichen Ergänzungsbilanzen darzustellen ist.[133] Dort gehört sie auch hin.

Die Finanzverwaltung führt daher in Rz. 14 des BMF-Schreibens vom 12.2.2010[134] aus:

„Eine Minderung der Anschaffungs- oder Herstellungskosten oder die Bildung einer entsprechenden Rücklage in der Handelsbilanz ist nach den Vorschriften des HGB nicht zulässig. Die Abweichung vom Handelsbilanzansatz in der Steuerbilanz wird durch § 5 Absatz 1 Satz 1 Halbsatz 2 EStG zugelassen."

Nunmehr ist, jedenfalls mit Blick auf die obige Problematik, wieder alles beim alten. Die kumulative Rücklagenbildung in der Handelsbilanz entfällt, schon deshalb, weil sie handelsrechtlich unzulässig geworden ist.[135]

---

133   Zimmermann u.a., Die Personengesellschaft im Steuerrecht, 10. Aufl. 2010, 258.
134   BStBl. I 2010, 239.
135   Vgl. Frank/Wittmann, Stbg 2010, 362, 365.

Übertragung privater Immobilien in das BV einer GmbH & Co. KG

3.2.4. Fortschreibung negativer Ergänzungsbilanzen in Folgejahren

Die negative Ergänzungsbilanz ist in den Folgejahren 54
- gewinnerhöhend aufzulösen, wenn sich der Bestand des nicht abnutzbaren Anlagevermögens durch Entnahmen oder Veräußerung reduziert
- bzw. es ist eine laufende Auflösung vorzunehmen, soweit die Rücklage auf das abnutzbare Gebäude entfällt (in der obigen Bilanz – siehe Rz. 50 – aus Vereinfachungsgründen nicht dargestellt).

Die stillen Reserven gehen damit einer Besteuerung nicht verloren. Es erfolgt lediglich eine regelmäßig langfristige (zinslose) Stundung. Dabei sind auch gewerbesteuerliche Belastungen möglich.

3.2.5. Rücklagenübertragung bei Identität von veräußertem und angeschafftem Wirtschaftsgut

Kommt im Zuge der Betriebsaufgabe eine Veräußerung der vorhandenen Immobilie an Dritte nicht in Betracht, kann auch die eigene GmbH & Co. KG als Käufer auftreten.

Beispiel 9

A erklärt zum 31.12.14 die Betriebsaufgabe. Im Betriebsgrundstück (Anschaffung 01) sind stille Reserven in Höhe von 1 Mio. € enthalten. Eine Veräußerung an fremde Dritte ist nicht möglich. A gründet daher die A-GmbH & Co. KG. Sie erwirbt die Immobilie gegen Gewährung von Gesellschaftsrechten (2 Mio. €).

Fraglich ist, ob im Rahmen des § 6b EStG bei gesellschafterbezogener Betrachtungsweise Veräußerungsgewinne nur auf bestimmte Wirtschaftsgüter übertragbar sind oder veräußertes und angeschafftes/hergestelltes Wirtschaftsgut (Reinvestitionsgut) identisch sein dürfen. Die **OFD Koblenz**[136] hat diese Übertragungsvariante in Abstimmung mit den Einkommensteuer-Referenten des Bundes und der Länder bejaht. Damit findet § 6 b EStG auch bei solchen Vorgängen Anwendung, die wirtschaftlich betrachtet eine „**Veräußerung an sich selbst**" darstellen. Veräußertes und angeschafftes Wirtschaftsgut können mithin identisch sein.[137] Im obigen Beispiel hat A demnach die Möglichkeit, sich über das KG-Modell einer Besteuerung der stillen Reserven durch Entnahme des Betriebsgrundstücks ins

---
136 OFD Koblenz, Vfg. vom 23.12.2003, StEK § 6 b EStG Nr. 77; Saarland Ministerium der Finanzen vom 17.11.2004 – B/2 - 2-133/2004-S 2139.
137 Siehe auch Brandenberg, NWB 2010, 2699. 2709 unter Hinweis auf R 6b.2 Abs. 7 Nr. 4 EStR.

Privatvermögen zu entziehen. Dazu muss er die betreffende Immobilie lediglich an die A-GmbH & Co. KG – hier gegen Gewährung von Gesellschaftsrechten – veräußern. Anschließend kann er die im Einzelunternehmen realisierten stillen Reserven neutralisieren, indem er dort eine § 6b-Rücklage bildet und auf die Reinvestition der A-GmbH & Co. KG überträgt.

4. Behandlung von Erhaltungsaufwendungen

55 Die Frage der Veräußerung oder Einlage einer Immobilie kann im Einzelfall auch auf den Abzugsumfang potentieller Erhaltungsaufwendungen reflektieren.

4.1. Entstehung des Erhaltungsaufwandes vor Immobilienübertragung auf die GmbH & Co. KG

Die Veräußerung von Immobilien an die eigene GmbH & Co. KG wirft die Frage auf, ob der Abzug solcher Erhaltungsaufwendungen gefährdet ist, die in **zeitlicher Nähe zur Eigentumsübertragung** entstehen. Die Finanzverwaltung könnte hier eine Anerkennung beim einbringenden Gesellschafter an der Aufgabe der Einkunftserzielungsabsicht scheitern lassen. Denn immerhin beendet der Gesellschafter durch den Veräußerungsvorgang die Erzielung weiterer Einkünfte aus Vermietung und Verpachtung.

Das Merkmal der **Einkunftserzielungsabsicht** hat nach dem BFH-Urteil vom 9.7.2002[138] erhebliches Gewicht. Neuerdings ist abweichend zur früheren Rechtsprechung und insbesondere Verwaltungsübung der Abzug von Erhaltungsaufwendungen als Werbungskosten nicht nur beim Leerstand mit anschließender Veräußerung gefährdet, sondern auch bei Instandsetzungsmaßnahmen vor einer tatsächlichen Beendigung der Vermietungstätigkeit. Diesem Risiko ist nur durch eine **(verdeckte) Einlage** der Immobilien in die Gesellschaft zu begegnen,[139] weil damit die Einkunftserzielung lediglich in anderem Rechtskleid fortgesetzt wird.

4.2. Entstehung des Erhaltungsaufwandes nach Immobilienübertragung auf die GmbH & Co. KG

56 Gem. § 6 Abs. 1 Nr. 1a EStG in der ab 1.1.2004 geltenden Fassung gehören zu den Herstellungskosten eines Gebäudes auch Aufwendungen für Instandsetzungs- und Modernisierungsmaßnahmen, die innerhalb von drei Jahren nach der Anschaffung

---

138 BFH vom 9.7.2002, BStBl. II 2003, 695.
139 Zur Einkunftserzielung bei den Einkünften aus Vermietung und Verpachtung siehe auch das umfangreiche BMF-Schreiben vom 8.10.2004, BStBl. I 2004, 933.

Übertragung privater Immobilien in das BV einer GmbH & Co. KG

des Gebäudes durchgeführt werden, wenn die Aufwendungen **ohne Umsatzsteuer** 15v.H. der Anschaffungskosten des Gebäudes übersteigen (sog. anschaffungsnahe Herstellungskosten). Diese für die steuerliche Beurteilung von Erhaltungsaufwendungen nachteilige Regelung gilt nicht ausnahmslos, sondern nur innerhalb einer mit Anschaffung des Grundstücks (Merkmal 1) beginnenden **Dreijahresfrist** (Merkmal 2). Sollten daher Immobilien an die Gesellschaft veräußert werden, ist auf eine Einhaltung der in § 6 Abs. 1 Nr. 1a EStG genannten Grenzen zu achten bzw. bei erwünschtem Vollabzug des Erhaltungsaufwands seitens der Gesellschaft die Einlage einer Veräußerung vorzuziehen. Freilich müssen auch in diesem Fall die vom BFH entwickelten Kriterien zur Abgrenzung des Herstellungs- vom Erhaltungsaufwand beachtet werden.[140]

Jährlich üblicherweise anfallende Erhaltungsaufwendungen: Eine Behandlung der Aufwendungen als anschaffungsnahe Herstellungskosten kommt nach dem ausdrücklichen Gesetzeswortlaut nicht in Betracht, wenn es sich um Erhaltungsaufwendungen handelt, die üblicherweise jährlich anfallen.

Restriktive BFH-Rechtsprechung: Ein Sofortabzug greift nach der insoweit engen BFH-Rechtsprechung[141] jedoch nicht, wenn die betreffenden Aufwendungen in engem räumlichen, zeitlichen und sachlichen Zusammenhang mit anderen Arbeiten stehen und in ihrer Gesamtheit eine einheitliche Baumaßnahme darstellen, wie dies bei einer Modernisierung des Hauses im Ganzen und von Grund auf der Fall ist. Aus einheitlichen Baumaßnahmen können also nicht solche Aufwendungen herausgerechnet werden, die für sich betrachtet das Kriterium des üblicherweise jährlich anfallenden Erhaltungsaufwandes erfüllen (z.B. Tapezier- und Streicharbeiten).

Hinweis: Die Durchführung geplanter Erhaltungsmaßnahmen innerhalb von drei Jahren nach Immobilienkauf durch eine GmbH & Co. KG kann sich wegen § 6 Abs. 1 Nr. 1a EStG als Hemmschuh entgeltlicher Übertragung erweisen und mit erheblichen steuerlichen Nachteilen verbunden sein.

---

140 Zur Abgrenzung Erhaltungs-/Herstellungsaufwand siehe BMF-Schreiben vom 18.7.2003, BStBl. I 2003, 386. Nach der dortigen Rz. 38 ist eine 15%-ige Nichtaufgriffsgrenze zu beachten. Diese besteht bis heute unverändert fort; vgl. OFD Frankfurt vom 31.1.2006, DStR 2006, 567. Folglich geht die Finanzverwaltung bei Einhaltung der Grenze stets von Erhaltungsaufwendungen aus.
141 Urt. vom 25.8.2009, BStBl. II 2010, 125.

4.3. Bagatellgrenze von 4.000 € für jede einzelne Baumaßnahme

57 Die Abzugsbegrenzung nach § 6 Abs. 1 Nr. 1a EStG findet keine Anwendung, wenn die Aufwendungen für die einzelne Baumaßnahme 4.000 € im Kalenderjahr nicht übersteigen.

4.000 €-Grenze als Nettobetrag: Beim Grenzwert von 4.000 € handelt es sich um einen Nettobetrag,[142] so dass letztlich Aufwendungen von max. 4.760 € abzugsfähig sind. Darauf, ob der Steuerpflichtige zum Vorsteuerabzug gem. § 15 UStG berechtigt ist, kommt es nicht an. Allerdings muss eine ordnungsgemäße Rechnung im Sinne der §§ 14, 14a UStG vorliegen, so dass bei unterstellten umsatzsteuerpflichtigen Ausgangsleistungen ein Vorsteuerabzug potentiell möglich wäre. Daher gestattet etwa die Rechnung eines Kleinunternehmers (§ 19 UStG) keinen Sofortabzug, wenn der Rechnungsbetrag 4.000 € übersteigt.

Einzelne Baumaßnahme: Die Bagatellgrenze greift nicht, wenn die Aufwendungen der endgültigen Fertigstellung eines neu errichteten Gebäudes dienen.[143] Nicht ausdrücklich geregelt ist, wie „*einzelne Baumaßnahmen*" im Sinne der Nichtaufgriffsgrenze voneinander abzugrenzen sind. Starkes Indiz dafür ist u.E. die zeitliche und räumliche Trennung von Instandsetzungsmaßnahmen innerhalb des Gebäudes.

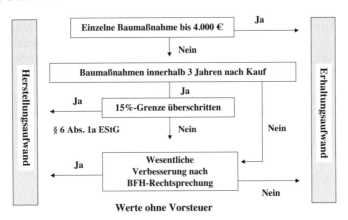

---

142 R 21.1. Abs. 2 EStR.
143 R 21.1. Abs. 2 Satz 3 EStR.

5. Übertragung von Immobilien ins Sonderbetriebsvermögen der Gesellschafter der GmbH & Co. KG

Die „Einbringung" von Immobilien in die GmbH & Co. KG ist grundsätzlich auch in der Weise möglich, dass diese an die KG vermietet werden mit anschließender **Weitervermietung durch die KG** an Dritte. Die Immobilien sind dann aufgrund der Nutzungsüberlassung gem. § 15 Abs. 1 Nr. 2 EStG notwendiges Sonderbetriebsvermögen des Gesellschafters der KG. Grundsätzlich ist auch dieses Vorgehen geeignet, Betriebsvermögen zu bilden, verbunden mit der Ersparnis von Notar- und Grundbuchkosten. Sonderbetriebsvermögen kann selbst dann vorliegen, wenn die Nutzungsüberlassung an die Personengesellschaft noch nicht begonnen hat, sondern die betreffenden Immobilien lediglich zur späteren Nutzungsüberlassung endgültig bestimmt sind.[144]

58

Jedoch beruht bei dieser Gestaltungsvariante die steuerliche Behandlung als Betriebsvermögen allein auf einer steuerlichen **Anerkennung der beiden Mietverträge** zwischen Gesellschafter und KG (Vertrag 1) sowie KG und fremdem Dritten (Vertrag 2). Den Gestaltungserfolg aber von einer positiven steuerrechtlichen Würdigung der Finanzbehörden abhängig zu machen, erscheint riskant. Denn auch in anderem Zusammenhang lässt die Finanzverwaltung die Einbringung von Wirtschaftsgütern allein in das Sonderbetriebsvermögen der Personengesellschaft nicht genügen.[145]

Wer hingegen die Vermögenssubstanz als solche in das Gesamthandsvermögen der GmbH & Co. KG transferiert, schafft Fakten, die sich bloßer rechtlicher Würdigung entziehen. Die Überführung von Immobilien lediglich in das steuerliche Sonderbetriebsvermögen der GmbH & Co. KG hingegen ist mit Unwägbarkeiten verbunden und daher regelmäßig zugunsten einer Übertragung in das Gesamthandsvermögen der Gesellschaft abzulehnen. Eine Ersparnis von Notar- und Gerichtskosten muss hier zurücktreten. Die Überführung von Immobilien in das Sonderbetriebsvermögen der Personengesellschaft wird daher nicht weiter vertieft.

---

144 BFH vom 7.12.2000, BStBl. II 2001, 316; FG Münster vom 9.3.2005, EFG 2005, 1198 – Revision nicht zugelassen (BFH vom 28.7.2006, BFH/NV 2006, 2250).
145 Vgl. zur Betriebseinbringung gem. § 24 UmwStG das BMF-Schreiben vom 25.3.1998, BStBl. I 1998, 268 Rz. 24.04 in Verbindung mit Rz. 20.08; siehe dazu auch Geuenich in Hesselmann u.a., Handbuch der GmbH & Co. KG, 2004, S. 251.

6. Behandlung von Verbindlichkeiten des Gesellschafters

6.1. Verbindlichkeiten mit Finanzierungszusammenhang zur eingebrachten Immobilie

6.1.1. Übernahme der Verbindlichkeiten ins Gesamthands- oder Sonderbetriebsvermögen

59 Werden die mit grundstücksbezogenen Verbindlichkeiten belasteten Immobilien in das steuerliche Betriebsvermögen der Gesellschaft eingebracht, folgt daraus zwingend die kumulative „Einlage" (oder besser Übernahme) auch dieser Verbindlichkeiten in das Betriebsvermögen. Die bislang private wird zur betrieblichen Schuld.[146] Damit ist künftig ein weiterer Abzug der Zinsen als Betriebsausgaben im Rahmen der steuerlichen Gewinnermittlung der Personengesellschaft unstreitig gesichert.

Gestaltungswahlrecht: Die Einbringung der Verbindlichkeiten kann
– entweder in das *Gesamthandvermögen* der Gesellschaft (Variante 1) oder
– in das *Sonderbetriebsvermögen* des einbringenden Gesellschafters A (Variante 2) erfolgen.[147]

Variante 1 ist mit der Behandlung des Einbringungsvorganges als **teilentgeltliche Anschaffung** durch die Gesellschaft verbunden.[148] Damit würde das Risiko[149] unerwünschter Beendigung der Einkunftserzielung im Umfange der Entgeltsquote aufleben (Verkehrswert X €: Verbindlichkeiten Y € = Entgeltsquote Z%). Bedeutung hat dies in Beispiel 6 (Rz. 30) insbesondere für Immobilie 1. Deren teilentgeltliche Übertragung auf die Gesellschaft hätte im Umfange entgeltlicher Übertragung die Realisierung eines Veräußerungsgewinnes gem. § 23 Abs. 1 EStG zur Folge. Im Übrigen läge eine steuerneutrale Einlage vor.

Die teilentgeltliche Veräußerung (Variante 1) kann dadurch vermieden werden, dass die betreffenden Verbindlichkeiten in das Sonderbetriebsvermögen des A übernommen werden (Variante 2). Ein Abzug der Zinsen als Betriebsausgaben bleibt davon unberührt. Allerdings erfolgt der Abzug nicht auf KG-Ebene, sondern als Sonderbetriebsausgabe beim Gesellschafter.

---

146 So ausdrücklich R 4.2 Abs. 15 EStR; ebenso Pauli, DB 2005, 1023.
147 BFH vom 11.9.1991, BStBl. II 1992, 404.
148 So auch Pauli, DB 2005, 1023.
149 Im Falle einer Veräußerung ist fraglich, ob zurückliegende Verluste aus Vermietung und Verpachtung unter dem Aspekt der Liebhaberei vom Abzug ausgeschlossen werden; vgl. BFH vom 9.7.2002, BStBl. II 2003, 580: Ein gegen die Einkunftserzielungsabsicht sprechendes Indiz liegt vor, wenn der Steuerpflichtige ein bebautes Grundstück innerhalb eines engen zeitlichen Zusammenhangs – von in der Regel bis zu fünf Jahren – seit der Anschaffung oder Herstellung wieder veräußert.

Übertragung privater Immobilien in das BV einer GmbH & Co. KG

6.1.2. Zinsabzug bei Einbringung gegen Gewährung von Gesellschaftsrechten

Bleibt nach den obigen Ausführungen ein Zinsabzug unzweifelhaft erhalten, wenn Wirtschaftsgut und Verbindlichkeit entweder in das Gesellschafts- oder Sonderbetriebsvermögen überführt werden, stellt sich die Frage wie zu verfahren ist, falls eine Übertragung des Wirtschaftsguts nur gegen Gewährung von Gesellschaftsrechten erfolgt und die Verbindlichkeiten beim Gesellschafter verbleiben.

Beispiel 10

A überträgt zum 1.1.16 Immobilie 1 (siehe Beispiel 6 Rz. 30) in das Gesamthandsvermögen der GmbH & Co. KG (Verkehrswert/Teilwert 1,6 Mio. €; davon Gebäude 1 Mio. €). Der eingebrachte Wert wird auf dem Kapitalkonto I gutgeschrieben. Es liegt eine Einbringung gegen Gewährung von Gesellschaftsrechten vor. Die auf der Immobilie lastenden Verbindlichkeiten (400.000 €) behält A zurück.

A hat hier seine Immobilie an die KG veräußert. Damit ist der Finanzierungszusammenhang zwischen Immobilie und Verbindlichkeit zerstört. Es entsteht jedoch ein neuer Finanzierungszusammenhang und zwar zu den im Tauschwege entgeltlich erworbenen Gesellschaftsanteilen. Folgerichtig gehören die Verbindlichkeiten nunmehr zum notwendigen Sonderbetriebsvermögen des A im Rahmen seiner mitunternehmerischen Beteiligung. Der Zinsabzug bleibt damit auf Ebene des Gesellschafters A als Betriebsausgabe erhalten.

6.1.3. Bedeutung teilentgeltlicher Veräußerung für § 6 Abs. 1 Nr. 1a EStG

Wie bereits oben erwähnt (Rz. 56) gehören gem. § 6 Abs. 1 Nr. 1a EStG in der ab 1.1.2004 geltenden Fassung auch sog. anschaffungsnahe Aufwendungen zu den Herstellungskosten eines Gebäudes. Werden daher Immobilien mit den dazugehörigen Verbindlichkeiten in die Gesellschaft teilentgeltlich eingebracht, unterliegt die aufnehmende Gesellschaft im Umfange teilentgeltlichen Erwerbs der Regelung des § 6 Abs. 1 Nr. 1a EStG. Infolgedessen muss innerhalb der obigen Dreijahresfrist darauf geachtet werden, dass evtl. entstehende Erhaltungsaufwendungen unterhalb des prozentualen Grenzwerts bleiben. Andernfalls droht ihre quotale Behandlung als Herstellungsaufwand.

Beispiel 11

A überträgt zum 1.1.16 Immobilie 1 (siehe Beispiel 6 Rz. 30) einschließlich der darauf lastenden Verbindlichkeiten in Höhe von 400.000 € auf die GmbH & Co. KG (Verkehrswert/Teilwert 1,6 Mio. €; davon Gebäude

Immobilien in der Rechtsform einer GmbH & Co. KG

1 Mio. €). Der eingebrachte Wert wird in die Kapitalrücklage der KG eingestellt. Im Jahr 17 werden Erhaltungsmaßnahmen in Höhe von netto 200.000 € durchgeführt.

Die Immobilie wurde von der GmbH & Co. KG aufgrund Schuldübernahme zum 1.1.16 teilentgeltlich erworben. Die Entgeltsquote richtet sich dabei nach dem Verhältnis der Schuld (0,4 Mio. €) zum Verkehrswert der Immobilie (1,6 Mio. €). Folglich wurde die Immobilie zu 25 % entgeltlich und zu 75 % unentgeltlich durch Einlage erworben. Der Erhaltungsaufwand ist wie folgt zu behandeln:[150]

Erhaltungsaufwendungen		200.000 €
Gebäudeanschaffungskosten	1.000.000 €	
25 % davon	250.000 €	
15 % davon	37.500 €	
anschaffungsnahe Herstellungskosten 25 %		50.000 €
sofort abzugsfähige Erhaltungsaufwendungen 75 %		150.000 €

Die auf den entgeltlichen Erwerb (25 %) entfallenden tatsächlichen Aufwendungen von 50.000 € übersteigen den Grenzwert von 37.500 €[151] und sind daher als Herstellungskosten zu behandeln.

Es darf im Rahmen der obigen Modellrechnung allerdings nicht übersehen werden, dass ggf. **zwei parallel verlaufende Dreijahresfristen** vorliegen. Dies wäre z.B. der Fall, wenn A in Beispiel 11 die Immobilie seinerseits zum 1.1.14 angeschafft und zum 1.1.16 in die KG teilentgeltlich eingebracht hätte. Dann liefe hinsichtlich des unentgeltlichen Erwerbs (75 %) eine Dreijahresfrist vom 1.1.14 bis 1.1.17 und hinsichtlich des entgeltlichen Erwerbs eine Frist vom 1.1.16 bis 1.1.19. Folglich unterlägen Erhaltungsmaßnahmen der KG im Jahr 16 in vollem Umfang der Begrenzung des § 6 Abs. 1 Nr. 1 a EStG.

6.1.4. Abzugsbegrenzung gem. § 15a EStG

Gem. § 15 a Abs. 1 EStG darf der einem Kommanditisten zuzurechnende Anteil am KG-Verlust weder mit anderen Einkünften aus Gewerbebetrieb noch mit Einkünften aus anderen Einkunftsarten ausgeglichen werden, soweit ein negatives Kapitalkonto des Kommanditisten entsteht oder sich erhöht. Auch ein Abzug gem. § 10 d EStG entfällt. Im obigen Beispiel 11 ist eine tatsächliche Begrenzung der

---

150 Siehe auch R 6.4. EStR; aA wohl noch BFH vom 9.5.1995, BStBl. II 1996, 588: Es liegen bei teilentgeltlichem Erwerb insgesamt nachträgliche Herstellungskosten vor.
151 Hinzuzurechnen wäre noch die potentiell abzugsfähige 19 %-ige Vorsteuer.

Übertragung privater Immobilien in das BV einer GmbH & Co. KG

Verlustverrechnung nach § 15 a EStG nicht zu befürchten, da aufgrund der Immobilieneinbringung ausreichend hohes Eigenkapital existiert. Außerdem können in Grenzfällen Abzugsprobleme dadurch vermieden werden, dass vorhandene Verbindlichkeiten in das Sonderbetriebsvermögen des Kommanditisten gelangen. In dieser Eigenschaft fallen sie bereits dem Grunde nach nicht unter § 15 a EStG.[152]

6.2. Verbindlichkeiten ohne Finanzierungszusammenhang zur eingebrachten Immobilie

Die Veräußerung privater Immobilien an die „eigene" GmbH & Co. KG ist in idealer Weise geeignet, privat veranlasste Verbindlichkeiten in einen neuen, nunmehr steuerlich relevanten Veranlassungszusammenhang zu stellen.

63

Beispiel 12

A hat ein schuldenfreies privates Mietwohngrundstück mit einem Verkehrswert von 2 Mio. €. Daneben existiert aus der Finanzierung seines eigengenutzten Einfamilienhauses noch ein Kredit über 1 Mio. €. A überträgt das Mietwohngrundstück auf die neu gegründete A-GmbH & Co. KG gegen Übernahme der privaten Verbindlichkeiten von 1 Mio. €.

Hier entsteht durch den Immobilienerwerb der GmbH & Co. KG hinsichtlich des Privatkredits von 1 Mio. € ein neuer Finanzierungszusammenhang. Denn aus Sicht der KG erlangen die übernommenen Verbindlichkeiten ungeachtet ihres historischen Entstehungsmotivs die Rechtsqualität eines Anschaffungskredits. Damit sind auch die künftigen Zinsen im Sinne des § 4 Abs. 4 EStG betrieblich veranlasst und als Betriebsausgaben absetzbar.[153]

Ein auf diese Weise herbeigeführter Schuldzinsenabzug setzt freilich voraus, dass die betreffenden Verbindlichkeiten in das Gesamthandsvermögen der KG gelangen. Nur dadurch werden sie zu einem der Einkunftserzielung dienenden Anschaffungskredit. Eine Überführung ins Sonderbetriebsvermögen der Gesellschafter ist mangels Finanzierungszusammenhangs ausgeschlossen.

---

152 R 15 a Abs. 2 EStR.
153 Vgl. BMF-Schreiben vom 13.1.1993, BStBl. I 1993, 80 Rz. 9 und 22; BFH vom 8.11.1990, BStBl. II 1991, 450. Siehe dazu auch Pfalzgraf/Meyer, Schuldzinsenabzug im Einkommensteuerrecht, 1995, S. 98.

7. Vorbehaltsnießbrauch als Sonderform der Immobilienübertragung auf die KG

64 Die Einbringung von Immobilien in das Gesamthandsvermögen einer GmbH & Co. KG kann auch in der Weise erfolgen, dass sich der einbringende Gesellschafter einen Nießbrauch an der Immobilie zurückbehält (Vorbehaltsnießbrauch).

7.1. Ertragsteuerliche Behandlung des Vorbehaltsnießbrauchers

Die Übertragung einer Immobilie in das Gesamthandsvermögen einer GmbH & Co. KG unter Nießbrauchsvorbehalt des einbringenden Gesellschafters bewirkt, dass dieser unverändert Einkünfte aus Vermietung und Verpachtung gem. des § 21 Abs. 1 Nr. 1 EStG erzielt, sollte er die Immobilie an Dritte (also nicht an die KG; siehe dazu unten) vermieten. Als Vorbehaltsnießbraucher ist er unverändert wie bisher als Eigentümer zur Inanspruchnahme der Gebäude-AfA berechtigt.[154] Entsprechendes gilt für den Zinsabzug sowie vereinbarungsgemäß getragene Erhaltungsaufwendungen.[155]

Nutzung durch die KG: Sollte die Immobilie der KG vom Nießbraucher überlassen werden und der Nießbraucher zugleich, wenn auch ggf. nur geringfügig, Gesellschafter bleiben, ist zu unterscheiden:
- *Entgeltliche Überlassung:* Die Miete gehört zu den Sonderbetriebseinnahmen des Gesellschafters im Sinne des § 15 Abs. 1 Nr. 2 EStG. Die grundstücksbezogenen Aufwendungen wiederum gehören (einschließlich Gebäude-AfA) zu den Sonderbetriebsausgaben.
- *Unentgeltliche Überlassung:* Auch bei dieser Variante stellen die vom Vorbehaltsnießbraucher getragenen Aufwendungen (einschl. Gebäude-AfA) Sonderbetriebsausgaben dar.

Auf den Umfang der zurückbehaltenen KG-Beteiligung kommt es nicht an. Zur Behandlung der KG siehe nachfolgend.

---

[154] BMF-Schreiben vom 24.7.1998, BStBl. I 1998, 914 Rz. 42 unter Hinweis auf die einschlägige BFH-Rechtsprechung.
[155] BMF-Schreiben vom 24.7.1998, BStBl. I 1998, 914 Rz. 43 in Verbindung mit Rz. 21 u. 22.

Übertragung privater Immobilien in das BV einer GmbH & Co. KG

Umsatzsteuerlicher Exkurs: Aus ertragsteuerlicher Sicht spielt es im Grunde 65 keine Rolle, ob die Nutzungsüberlassung durch den Vorbehaltsnießbraucher entgeltlich oder unentgeltlich erfolgt. In beiden Fällen gehört die Immobilie zum Betriebsvermögen der KG und in beiden Fällen stellen die Grundstücksaufwendungen Betriebsausgaben dar. Der Gesellschafter wiederum profitiert von den Mieterträgen entweder in Form von Sonderbetriebseinnahmen (entgeltliche Überlassung) oder über seinen Gewinnanteil (unentgeltliche Überlassung).

Umsatzsteuerlich gesehen verliert der Gesellschafter jedoch im Falle unentgeltlicher Nutzungsüberlassung seine Unternehmereigenschaft. Das kann ggf. mit fatalen Rechtsfolgen einhergehen.

Beispiel 13

A errichtet im Jahr 05 ein Gebäude für 1 Mio. € (netto), das er umsatzsteuerpflichtig an den Dritten D vermietet (Vorsteuerabzug in 05: 190.000 €). Im Jahr 08 überträgt er es unentgeltlich (gegen Kapitalrücklage)[156] unter Nießbrauchsvorbehalt auf die von ihm kurz zuvor gegründete A-GmbH & Co. KG. Die Immobilie wird für 40.000 € (netto) an die KG und von dieser wiederum für 50.000 € (netto) an D vermietet.

Abwandlung: *Die Überlassung an die KG erfolgt unentgeltlich.*

Die Übertragung der Immobilie auf die KG ist weder Grundstückslieferung (§ 3 Abs. 1 UStG) noch Geschäftsveräußerung (§ 1 Abs. 1a UStG). Der Vorbehaltsnießbrauch verhindert, dass die KG die Verfügungsmacht an der Immobilie erlangt.[157] Im Grundfall ist dies unproblematisch. A ist und bleibt Unternehmer im Sinne des § 2 UStG. Eine Korrektur seiner in 05 in Höhe von 190.000 € geltend gemachten Vorsteuerbeträge gem. § 15a Abs. 1 UStG entfällt. Denn die für den Vorsteuerabzug maßgebenden Verhältnisse haben sich durch die Immobilienübertragung unter Nießbrauchsvorbehalt nicht geändert.

Im Fall der **Abwandlung** ist die Rechtslage anders. A überlässt die Immobilie hier unentgeltlich an die KG. Infolgedessen verliert er seinen Status als Unternehmer. Daraus folgt zwingend die Überführung der Immobilie in das umsatzsteuerliche Nichtunternehmensvermögen. Dieser Vorgang ist zwar gem. § 3 Abs. 1b Nr. 1 UStG als fiktive Lieferung steuerbar, jedoch zwingend nach § 4 Nr. 9a UStG ohne Optionsmöglichkeit steuerfrei (siehe Rz. 344f.). Folge davon ist eine Vorsteuerkorrektur gem. § 15a Abs. 8 UStG in Höhe von 7/10 von 190.000 € = 133.000 €.

---

156 Rz. 23.
157 Rz. 221f.

Immobilien in der Rechtsform einer GmbH & Co. KG

Dieser Betrag ist unwiederbringlich verloren und kann nicht über einen entsprechend hohen Vorsteuerabzug seitens der KG kompensiert werden.[158] Fraglich ist wie verfahren wird, sollte A später innerhalb des 10-jährigen Korrekturzeitraums des § 15a Abs. 1 UStG zur entgeltlichen Nutzungsüberlassung wechseln. Nach derzeitiger Rechtslage liegt bei dieser Variante wohl keine Änderung der für den Vorsteuerabzug maßgebenden Verhältnisse im Sinne des § 15a Abs. 2 UStG vor.

7.2. Ertragsteuerliche Behandlung der aufnehmenden GmbH & Co. KG

66 Die KG als neue Eigentümerin der nießbrauchbelasteten Immobilie ist weder zur Inanspruchnahme der Gebäude-AfA als Betriebsausgaben, noch zum Abzug anderer Grundstücksaufwendungen berechtigt. Der Abzug scheitert an der – aus Sicht der KG – privat veranlassten Nießbrauchsbestellung.

Gebäude-AfA: Die permanent als Entnahme zu buchende Gebäude-AfA führt bei gleich bleibenden Wertverhältnissen der Immobilie zur Bildung stiller Reserven, die im Zeitpunkt späterer Realisation als gewerblicher Gewinn zu versteuern sind. Ggf. findet auf einen Veräußerungsgewinn § 6b EStG Anwendung (siehe dazu Rz. 48 f.).

Immobiliennutzung durch die KG: Wird die Immobilie der KG vom Nießbraucher zur weiteren Verwendung entgeltlich zur Weitervermietung überlassen, stellt der Mietaufwand Betriebsausgabe der KG dar (zur Behandlung des Gesellschafters siehe Rz. 64). Erfolgt die Nutzungsüberlassung unentgeltlich, kommen die Mieterträge der KG mangels Mietaufwand ungeschmälert zugute und erhöhen ihren Jahresüberschuss.

---

158 Dies wäre nur möglich, wenn A der KG eine Rechnung über die Grundstückslieferung stellen könnte.

7.3. Empfehlungen zur Immobilienübertragung unter Nießbrauchsvorbehalt

Die Übertragung von Immobilien in das KG-Vermögen unter Nießbrauchsvorbehalt ist ggf. dann zielführend, wenn die KG-Anteile anschließend auf die nachfolgende Generation übertragen werden sollen. In diesem Fall mindert der Kapitalwert des Nießbrauchs die schenkungsteuerliche Belastung und evtl. kommt für die übertragenen KG-Anteile eine Verschonung nach §§ 13a, b ErbStG in Betracht. Vor allem aber ist der Schenker über das Nießbrauchsrecht lebenslänglich versorgt und zwar ohne Risiko einer Gewerbesteuerbelastung seiner Mieterträge. Die Versorgung kann freilich alternativ durch einen Nießbrauch an den übertragenen KG-Anteilen sichergestellt werden (Rz. 124 f.).

8. Zusammenfassung der ertragsteuerlichen Ergebnisse

Werden Immobilien aus dem Privatvermögen in das steuerliche Betriebsvermögen einer gewerblich geprägten GmbH & Co. KG eingebracht, konzentrieren sich die ertragsteuerlichen Vorteile einer Veräußerung (gegenüber der Einlage) insbesondere auf die
- Schöpfung neuen AfA-Potentials (Rz. 28);
- Möglichkeit der Umqualifizierung privater Verbindlichkeiten in Betriebsschulden (Rz. 63) sowie
- Anschaffung eines Reinvestitionsgutes im Sinne des § 6b Abs. 1 EStG (Rz. 48).

Immobilien in der Rechtsform einer GmbH & Co. KG

Übersicht zur Vorteilhaftigkeit unentgeltlicher bzw. entgeltlicher Immobilieneinbringung in die GmbH & Co. KG

	Problem	Unentgeltliche Einbringung	Entgeltliche Einbringung
1.	Liegt ein privates Veräußerungsgeschäft gem. des § 23 Abs. 1 Nr. 1 EStG vor?	Nein	Ggf. ja
2.	Bilanzierung der Immobilie bei der GmbH & Co. KG	Teilwert	Anschaffungskosten
3.	Entsteht neues AfA-Potential?	Nein	Ja
4.	AfA-Methode bei der aufnehmenden GmbH & Co. KG?	Lineare AfA gem. § 7 Abs. 4 EStG	Lineare AfA gem. § 7 Abs. 4 EStG
5.	Entsteht ein gewerblicher Grundstückshandel?	Nein	Nein
6.	Ist die Immobilie als Reinvestitionsobjekt im Sinne des § 6b Abs. 1 EStG geeignet?	Nein	Ja
7.	Bildung einer § 6b-Rücklage bei späterer Veräußerung?	Ja	Ja
8.	Übertragung bereits vorhandener § 6b-Rücklagen des Gesellschafters?	Nein	Ja
9.	Ist eine Übertragung in das Sonderbetriebsvermögen möglich?	Ja	Nein
10.	Werden grundstücksbezogene Verbindlichkeiten Sonderbetriebsvermögen?	Ja	Nein (siehe aber Nr. 11)
11.	Können private Verbindlichkeiten des Gesellschafters ins Sonderbetriebsvermögen übernommen werden?	Nein	Ja
12.	Findet auf Erhaltungsaufwendungen § 6 Abs. 1 Nr. 1a EStG Anwendung?	Nein	Ja
13.	Droht ein Abzugsverbot bei Erhaltungsaufwendungen, die vom Gesellschafter vor Einbringung durchgeführt werden?	Nein	Nein

Übertragung privater Immobilien in das BV einer GmbH & Co. KG

	Sachverhalt bzw. Zielvorstellungen	Einbringung eher vorteilhaft	Einbringung eher nachteilig
1.	Gebäude weitgehend abgeschrieben	X	
2.	Langfristiger Verbleib der Immobilie im Eigentum des einbringenden Gesellschafters	X	
3.	Schaffung neuen AfA-Potentials	X	
4.	Mittelfristige Veräußerung geplant		X
5.	Vermeidung gewerblichen Grundstückshandels		X
6.	Übertragungsfähige § 6b-Rücklage vorhanden	X	
7.	Umqualifizierung privater in betriebliche Verbindlichkeiten zur Erlangung des Schuldzinsenabzugs	X	
8.	Immobilienübertragung auf nachfolgende Generation geplant mit eingeschränkter Dispositionsfreiheit des Beschenkten	X	

9. Umsatzsteuerliche Behandlung der Immobilieneinbringung in die GmbH & Co. KG

9.1. Unterscheidung zwischen steuerpflichtig und steuerfrei vermieteten Immobilien

Im Rahmen der Immobilieneinbringung ist aus umsatzsteuerlicher Sicht von Bedeutung, ob die betreffenden Immobilien bislang vom einbringenden Gesellschafter steuerfrei oder steuerpflichtig vermietet wurden.

69

Beispiel 14

A ist Alleineigentümer zweier zum Privatvermögen gehörender Immobilien.

Immobilie 1 *wird für jährlich 100 000 € an einen anderen Unternehmer für dessen Unternehmen zulässigerweise umsatzsteuerpflichtig vermietet (Vorsteuerabzug aus AK/HK wurde in Anspruch genommen).*

Immobilie 2 *hingegen wird umsatzsteuerfrei vermietet.*

A bringt beide Immobilien in eine ihm gehörende gewerblich geprägte GmbH & Co. KG ein.

Immobilien in der Rechtsform einer GmbH & Co. KG

Behandlung der bislang steuerpflichtig vermieteten Immobilie (Immobilie 1):
A ist in Beispiel 14 aufgrund der Vermietung seiner beiden Immobilien Unternehmer gem. § 2 UStG. Die Vermietung ist zwar grundsätzlich gem. § 4 Nr. 12 a UStG umsatzsteuerfrei. Jedoch kann gem. § 9 Abs. 2 Satz 1 UStG hinsichtlich solcher Umsätze zur Steuerpflicht optiert werden, die an andere Unternehmer für deren Unternehmen ausgeführt werden, wenn der Leistungsempfänger zum Vorsteuerabzug berechtigt ist. Eine solche Option ist von A hinsichtlich Immobilie 1 zulässigerweise ausgeübt worden. Damit ist er insbesondere zum Vorsteuerabzug aus Anschaffungs-, Herstellungskosten sowie Erhaltungsaufwendungen berechtigt. Problematisch dürfte jedoch sein, dass bei evtl. späterer umsatzsteuerfreier Veräußerung nach § 4 Nr. 9a UStG eine Vorsteuerkorrektur gem. § 15a UStG droht.

Behandlung der bislang steuerfrei vermieteten Immobilie (Immobilie 2): Die Übertragung von Immobilie 2 in Beispiel 14 in das Gesamthandsvermögen der KG ist in umsatzsteuerlicher Hinsicht grundsätzlich unproblematisch. Denn für diese Immobilie wurde weder ein Vorsteuerabzug in Anspruch genommen noch erfolgte eine umsatzsteuerpflichtige Vermietung. Sie kann daher auf die GmbH & Co. KG ohne weiteres steuerneutral übertragen werden (wegen möglicher Option zur Steuerpflicht der Grundstückslieferung gem. § 4 Nr. 9a UStG siehe Rz. 278).

9.2. Vorsteuerkorrektur gem. § 15 a UStG beim einbringenden Gesellschafter

70 A hat als Unternehmer in Beispiel 14 einen Vorsteuerabzug aus den Anschaffungs- oder Herstellungskosten von Immobilie 1 in Anspruch genommen. Folglich ist bei ihrer Überführung in das Gesamthandsvermögen der GmbH & Co. KG die Korrekturvorschrift des § 15 a UStG zu beachten. Ändern sich danach innerhalb von zehn Jahren ab dem Zeitpunkt erstmaliger Verwendung (hier Beginn der Vermietung nach Anschaffung oder Herstellung) die für den ursprünglichen Vorsteuerabzug maßgebenden Verhältnisse, ist gem. § 15 a Abs. 1 UStG für jedes Kalenderjahr der Änderung eine Korrektur der auf Anschaffungs-/Herstellungskosten entfallenden Vorsteuerbeträge vorzunehmen.

9.3. Behandlung der unentgeltlichen Immobilieneinbringung in die GmbH & Co. KG als umsatzsteuerbare Lieferung

9.3.1. Rechtsfolgen für den einbringenden Gesellschafter

71 Die unentgeltliche Übertragung von Immobilien auf eine GmbH & Co. KG im Rahmen eines Gesellschafterbeitrages zur Erreichung des Gesellschaftszwecks (hier Stärkung des Kapitals durch Buchung in die Kapitalrücklage) ist umsatz-

Übertragung privater Immobilien in das BV einer GmbH & Co. KG

steuerlich betrachtet aus Sicht des Vermieters A (vorbehaltlich der Annahme einer Geschäftsveräußerung gem. § 1 Abs. 1a UStG; siehe Rz. 278 f.) eine Lieferung im Sinne des § 3 Abs. 1 b Nr. 1 UStG. Danach wird einer Lieferung gegen Entgelt die Entnahme eines Gegenstandes durch einen Unternehmer aus seinem Unternehmen gleichgestellt, die für außerhalb des Unternehmens liegende Zwecke erfolgt. Das ist hier der Fall. Die unentgeltliche Wertabgabe hat umsatzsteuerlich gesehen nichts mit dem Unternehmen des A in Beispiel 14 (siehe Rz. 69) zu tun.

Die Wertabgabe ist allerdings zwingend gem. § 4 Nr. 9a UStG umsatzsteuerfrei (zur Rechtsentwicklung siehe Rz. 344 f.).

Behandlung als steuerfreie fiktive Lieferung: Sollte im obigen Beispiel 14 aufgrund unentgeltlicher Immobilienübertragung in das Gesamthandsvermögen der KG von einer steuerfreien fiktiven Lieferung auszugehen sein, führt dies für beide Immobilien zwingend zur Vorsteuerkorrektur gem. § 15a Abs. 1 UStG. Das kann evtl. mit erheblichen finanziellen Nachteilen des A verbunden sein.[159]

Behandlung als Geschäftsveräußerung: Die Immobilieneinbringung kann freilich auch als nicht steuerbare Geschäftsveräußerung im Sinne des § 1 Abs. 1a UStG anzusehen sein. Wegen der Abgrenzung von steuerfreien Grundstückslieferungen siehe Rz. 278 f.

Unter Berücksichtigung der dort genannten Kriterien ist Beispiel 14 (Rz. 69) ohne weiteres in der Weise zu lösen, dass sowohl hinsichtlich der Immobilie 1 als auch Immobilie 2 der Tatbestand der Geschäftsveräußerung gem. § 1 Abs. 1a UStG erfüllt wird. Beide Immobilien sind vermietet und die Mietverhältnisse werden von der KG fortgeführt. Die Tatsache der Unentgeltlichkeit steht einer Anwendung des § 1 Abs. 1a UStG nicht entgegen. Damit entfällt eine andernfalls nach § 4 Nr. 9a UStG steuerfreie Grundstücksübertragung und folgerichtig auch eine Vorsteuerkorrektur gem. § 15a Abs. 1 UStG. Der Vorgang ist für den einbringenden Gesellschafter nicht steuerbar, so dass keine für ihn nachteiligen umsatzsteuerlichen Folgen zu ziehen sind.

9.3.2. Rechtsfolgen für die übernehmende GmbH & Co. KG

Für die aufnehmende GmbH & Co. KG folgt aus der Annahme einer Geschäftsveräußerung, dass sie gem. § 1 Abs. 1a Satz 3 UStG als Erwerber an die Stelle des Veräußerers, hier des Gesellschafters A tritt. Infolgedessen wird ein noch laufender zehnjähriger **Korrekturzeitraum** gem. § 15 a Abs. 10 UStG nicht unterbrochen, sondern er geht auf die KG über. Sie muss mithin einen laufenden Korrekturzeitraum gegen sich gelten lassen und die steuerliche Belastung

72

---

159 Zur ertragsteuerlichen Behandlung zurückgezahlter Vorsteuerbeträge gem. § 9b Ab. 2 EStG siehe Rz. 73.

möglicher Vorsteuerminderungen durch Nutzungsänderungen als Steuerschuldner tragen. Sollte mithin die KG in Beispiel 14 (Rz. 69) Immobilie 1 künftig ganz oder teilweise zur Ausführung gem. § 4 Nr. 12a UStG steuerfreier Umsätze verwenden, hat sie eine Vorsteuerkorrektur gem. § 15a Abs. 1 UStG hinzunehmen. Umgekehrt erlangt sie einen Vorsteuerabzug gem. § 15a Abs. 1 UStG, falls Immobilie 2 fortan ganz oder teilweise umsatzsteuerpflichtig verwendet wird. Für Zwecke der Vorsteuerkorrektur hat der Veräußerer dem Erwerber die zur Durchführung der Berichtigung erforderlichen Angaben zu machen.

9.3.3. Ertragsteuerliche Behandlung der Vorsteuer sowie der Vorsteuerkorrektur gem. § 15a UStG

Es lohnt, einen Blick auf die ertragsteuerliche Behandlung umsatzsteuerrechtlicher Sachverhalte zu werfen. Dadurch lassen sich Erkenntnisse gewinnen, die mitunter überraschend erscheinen.

73 **Werbungskosten- bzw. Betriebsausgabenabzug der gezahlten Vorsteuer:** Gem. § 9b Abs.1 Satz 1 EStG gehört die nach § 15 UStG abzugsfähige Vorsteuer nicht zu den Anschaffungs- bzw. Herstellungskosten des Wirtschaftsguts, auf dessen Anschaffung oder Herstellung sie entfällt. Infolgedessen ist die bei der Errichtung eines Gebäudes in Rechnung gestellte Umsatzsteuer als Werbungskosten bzw. Betriebsausgaben abzugsfähig. Voraussetzung dafür ist ein wirksamer Verzicht des Unternehmers gem. § 9 UStG auf die Steuerbefreiung seiner Vermietungsumsätze nach § 4 Nr. 12a UStG.[160]

Einnahme/Betriebseinnahme: Wird die Vorsteuer später vom Finanzamt erstattet, liegen wiederum Einnahmen aus Vermietung und Verpachtung bzw. Betriebseinnahmen vor. Der Vorgang bleibt also im Ergebnis steuerneutral. Er kann sich allerdings im Falle einer Gewinnermittlung durch Überschussrechnung gem. § 2 Abs. 2 EStG bzw. § 4 Abs. 3 EStG auf zwei oder gar mehrere Veranlagungszeiträume verteilen. Gelegentlich scheitert jedoch die Neutralität (siehe nachfolgend).

Keine Nachholung des unterlassenen Abzugs: Die Erfassung erstatteter Vorsteuer als Einnahme/Betriebseinnahme erfolgt unabhängig davon, ob tatsächlich ein Abzug der gezahlten Vorsteuerbeträge als Werbungskosten/Betriebsausgaben erfolgte oder nicht bzw. ob im Abzugsjahr tatsächlich eine Steuerminderung eintrat. Denn weder verhindert ein unterlassener Abzug der Vorsteuer ihre Besteuerung im Zuflussjahr (Erstattung durch das Finanzamt) noch darf ein Abzug nachgeholt werden.[161] Dies kann im Einzelfall zu unangenehmen Verwerfungen

---

160 BFH vom 17.3.1992, BStBl. II 1993, 17 m.w.N.
161 BFH vom 21.6.2006, BStBl. II 2006, 712.

führen. Schließlich ist auch eine Besteuerung erstatteter Vorsteuern beim Rechtsnachfolger vorstellbar, sollte inzwischen ein Erbfall eingetreten sein (§ 24 Nr. 2 EStG).

Irrtümlich unterlassener Vorsteuerabzug: Unangenehm ist schließlich, wenn ein Vorsteuerabzug verkannt und die betreffenden Beträge irrtümlich als Anschaffungs-/Herstellungskosten behandelt wurden. Bei Fehlerentdeckung gilt folgendes: 74
- Evtl. Nachholung des Vorsteuerabzuges, soweit ein Umsatzsteuerbescheid aus verfahrensrechtlichen Gründen noch ergehen bzw. (z.B. nach § 164 Abs. 2 AO) geändert werden kann;
- Erfassung der erstatteten Vorsteuer als Einnahme/Betriebseinnahme;
- Minderung der AK/HK in Höhe der abzugsfähigen Vorsteuer, unabhängig davon, ob ein Vergütungsanspruch tatsächlich noch realisiert werden kann;
- keine Nachholung des Werbungskostenabzugs; im Falle einer Gewinnermittlung durch Bestandsvergleich findet u.E. jedoch eine gewinnwirksame Minderung der AK/HK statt.[162]

Ausnahmsweise Fehlerkorrektur gem. § 129 AO: Der BFH hat in diesem Zusammenhang mit Urteil vom 14.6.2007[163] eine bemerkenswerte Entscheidung getroffen, die im Einzelfall Steuernachteile vermeidet:

„*Eine offenbare Unrichtigkeit ist gegeben, wenn durch eine ausführliche Zusammenstellung der Einnahmen und Ausgaben wie auch der netto ausgewiesenen Herstellungskosten deutlich wird, dass die auf die Herstellung des Gebäudes entfallende, umsatzsteuerlich abziehbare Vorsteuer bei der Ermittlung der Einkünfte nicht berücksichtigt wurde.*"

Eine fehlerhafte Behandlung abzugsfähiger Vorsteuer in der Einkommensteuererklärung kann also unter bestimmten Voraussetzungen über § 129 AO verfahrensrechtlich geheilt werden. Im Zweifel sollte man darauf jedoch nicht vertrauen.

Vorsteuerkorrektur nach § 15a UStG: Wird der Vorsteuerabzug nach § 15a UStG berichtigt, sind gem. § 9b Abs. 2 EStG die Mehrbeträge als Betriebseinnahmen oder Einnahmen, die Minderbeträge als Betriebsausgaben oder Werbungskosten zu behandeln. Dafür bleiben die Anschaffungs- oder Herstellungs- 75

---
162 Siehe dazu BFH vom 21.6.2006, BStBl. II 2006, 712: Der Grundsatz der Gesamtgewinngleichheit verlangt nicht, dass Fehler, die nach der Lehre vom formellen Bilanzzusammenhang in späteren Veranlagungszeiträumen noch berichtigt werden können, in vergleichbarer Weise auch bei der Einnahmeüberschussrechnung zu korrigieren sind; die Möglichkeiten der bilanziellen Fehlerkorrektur sind nicht auf die Einnahmeüberschussrechnung zu übertragen, bei der im Hinblick auf die Erfassung von Einnahmen und Ausgaben auf § 11 EStG abzustellen ist.
163 BFH/NV 2007, 2056.

kosten unberührt. Die Vorschrift dient der Vereinfachung und verhindert eine Neuberechnung der Gebäude-AfA.

Veräußerungsbedingte Vorsteuerkorrektur: Die zurückgezahlte Vorsteuer ist auch dann als Werbungskosten abzugsfähig, wenn ihre Korrektur auf einer im Rahmen privater Einkünfte ansich neutralen Immobilienveräußerung beruht. Es liegt nach Auffassung des BFH[164] im Rahmen möglichen Wortsinns von § 9b Abs. 2 EStG, dass berichtigte Vorsteuerbeträge selbst dann Werbungskosten darstellen, wenn diese Aufwendungen wegen Veräußerung der Immobilie der Vermögenssphäre zuzuordnen sind.[165] Der BFH aaO nimmt bewusst in Kauf, dass der Steuerpflichtige auch dann in den Genuss zusätzlichen Werbungskostenabzugs gelangt, wenn er seine Immobilie veräußert und sich damit bewusst der Vermietungstätigkeit entledigt.

Bedeutung für die aufnehmende Personengesellschaft: Sollte ausgehend vom obigen Beispiel 14 (Rz. 69) die KG Immobilie 1 fortan innerhalb des auf sie übergehenden 10-jährigen Korrekturzeitraums des § 15a Abs. 1 UStG umsatzsteuerfrei und Immobilie 2 wiederum umgekehrt umsatzsteuerpflichtig vermieten, wären die zurückgezahlten Vorsteuerbeträge (Immobilie 1) als Betriebsausgaben sofort abzugsfähig und die vom Finanzamt erstatteten Vorsteuerbeträge wiederum als Betriebseinnahmen zu versteuern. Dieser Behandlung steht nicht entgegen, dass die betreffenden Vorsteuerbeträge seinerzeit im steuerlichen Privatvermögen des einbringenden Gesellschafters entstanden sind. Die AK/HK beider Immobilien bleiben gem. § 9b Abs. 2 EStG unberührt.

9.4. Gewährung von Gesellschaftsrechten als umsatzsteuerbarer Vorgang?

76 Abgesehen von der umsatzsteuerlichen Behandlung der Immobilieneinbringung ist noch zu klären, welche Bedeutung der Gewährung von Gesellschaftsrechten zukommt. Nach Auffassung des EuGH[166] liegt hier **keine steuerbare Leistung** vor. Dies wurde zwar nur für den Fall der Aufnahme eines Gesellschafters gegen Bareinlage entschieden. Bei Sacheinlagen kann jedoch nichts anderes gelten. Infolgedessen sind hier aus Sicht der aufnehmenden Personengesellschaft keine nachteiligen umsatzsteuerlichen Folgen zu ziehen. Im Gegenteil. Mangels steuerfreier Gewährung von Gesellschaftsrechten gem. § 4 Nr. 8 f UStG steht ihr

---

164 BFH vom 17.3.1992, BStBl. II 1993, 17.
165 Ebenso Mellinghoff in Kirchhof 9. Aufl., § 9b EStG Rz. 19.
166 EuGH vom 26.6.2003 – Rs. C-442/01, UR 2003, 443. Ihm folgend BFH vom 1.7.2004, BStBl. II 2004, 1022.

Übertragung privater Immobilien in das BV einer GmbH & Co. KG

sogar ein Vorsteuerabzug aus solchen Beratungsleistungen zu, die sie anlässlich der Aufnahme des Gesellschafters in Anspruch genommen hat.[167]

9.5. Behandlung der Leistungen des Gesellschafters als Geschäftsführer

Ein weiteres Feld umsatzsteuerlicher Relevanz der GmbH & Co. KG ist die Behandlung von Gesellschafter-Geschäftsführerleistungen. Hier ist in der jüngeren BFH-Rechtsprechung[168] eine Trendwende eingetreten, die von der Finanzverwaltung[169] nachvollzogen wurde. Danach können Geschäftsführerleistungen unter bestimmten Voraussetzungen Bestandteil eines steuerbaren und steuerpflichtigen Leistungsaustausches sein. Entscheidend ist in diesem Zusammenhang, ob die betreffenden Leistungen gegen ein **Sonderentgelt** erbracht werden. Davon ist beispielsweise auszugehen, wenn

– die Geschäftsführervergütung unabhängig vom Betriebsergebnis der KG gewährt wird[170] bzw.
– die Vergütung bei der Gewinnermittlung der KG als Aufwand behandelt wurde.

77

Kein zum Leistungsaustausch führendes Sonderentgelt liegt hingegen vor, wenn die Zahlungen nur im Falle eines Gewinnes der KG erfolgen oder Entnahmen darstellen. Bei entsprechender Gestaltung ist also eine umsatzsteuerliche Erfassung der Geschäftsführerleistungen vermeidbar.

Haftungsvergütung: Die bloße Haftungsvergütung der Komplementär-GmbH stellt kein umsatzsteuerbares und -pflichtiges Sonderentgelt dar. Anderes gilt nur, wenn diese neben einem Sonderentgelt im obigen Sinne geleistet wird. Sie ist dann nicht gem. § 4 Nr. 8g UStG steuerfrei.[171]

Vorsteuerabzug: Die KG kann nach Maßgabe der allgemeinen Voraussetzungen des § 15 Abs. 1 UStG aus den Geschäftsführerleistungen einen Vorsteuerabzug geltend machen.

Spätere Entdeckung steuerpflichtiger Geschäftsführerleistungen: Bleibt die Umsatzsteuerpflicht von Geschäftsführerleistungen unentdeckt, ändert dies naturgemäß nichts daran, dass diese in den jeweiligen Jahren der Leistungserbringung der Umsatzsteuer zu unterwerfen sind. Daher hat eine Verzinsung gem. § 233a AO zu erfolgen. Die leistungsempfangende KG hingegen kann den Vorsteuerabzug

---

167 BFH vom 1.7.2004, BStBl. II 2004, 1022. Ausführlich dazu auch Ulrich/Teiche, DStR 2005, 92, 95.
168 Vgl. BFH vom 6.6.2002, BStBl. II 2003, 6; vom 10.3.2005, BStBl. II 2005, 730.
169 Abschn. 18 UStR 2008 (= UStAE Abschn. 2.3).
170 Auch als sog. Mischentgelt; vgl. Abschn. 6 Abs. 5 UStR 2008 (= UStAE Abschn. 1.6. Abs. 5).
171 Siehe dazu Nieders. FG vom 25.2.2010, EFG 2010, 1258 rkr.

erst in Anspruch nehmen, wenn ihr ordnungsgemäße Rechnungen im Sinne der §§ 14, 14a UStG vorliegen. Es verbleibt ein definitiver Zinsschaden. Einschlägigen Sachverhalten ist daher besondere Aufmerksamkeit zu schenken.

Zu weitergehenden Fragen in diesem Zusammenhang wird auf die Verfügung der OFD Frankfurt am Main vom 12.12.2008[172] verwiesen sowie auf die kritischen Ausführungen dazu von Hiller.[173]

10. Grunderwerbsteuerliche Behandlung der Einbringung von Immobilien in die GmbH & Co. KG

78 Zur grunderwerbsteuerlichen Beurteilung der Einbringung von Immobilien in eine GmbH & Co. KG ist § 5 Abs. 2 GrEStG einschlägig. Danach gilt Folgendes.

„Geht ein Grundstück von einem Alleineigentümer auf eine Gesamthand über, so wird die Steuer in Höhe des Anteils nicht erhoben, zu dem der Veräußerer am Vermögen der Gesamthand beteiligt ist."

A ist einerseits Alleineigentümer der in das Gesamthandsvermögen der GmbH & Co. KG einzubringenden Immobilien. Andererseits umfasst seine Beteiligung an der Gesellschaft das gesamte Kommanditkapital und mangels Beteiligung der Komplementär-GmbH am Vermögen der KG zugleich das gesamte Gesellschaftsvermögen. Grunderwerbsteuerpflicht tritt folglich gem. § 5 Abs. 2 GrEStG nicht ein.

Soweit A künftig seine Söhne mittelbar an den Immobilien durch Übertragung der KG-Anteile beteiligt, folgt auch daraus keine Steuerpflicht. Denn insoweit greift ergänzend die Regelung des § 3 Nr. 6 GrEStG.[174]

Gem. § 5 Abs. 3 GrEStG ist § 5 Abs. 2 GrEStG insoweit nicht anzuwenden, als sich der Anteil des Veräußerers am Vermögen der Gesamthand **innerhalb von fünf Jahren** nach dem Übergang des Grundstücks auf die Gesamthand vermindert. Dies bedeutet mit anderen Worten: Wird die Kommanditbeteiligung innerhalb der in § 5 Abs. 3 GrEStG genannten Fünfjahresfrist veräußert, ist die im Zeitpunkt früherer Einbringung unterlassene Besteuerung nachzuholen.[175] Das gilt nicht im Falle einer Übertragung von Gesellschaftsanteilen auf Abkömmlinge (§ 3 Nr. 6 GrEStG).[176]

---

172 UR 2009, 500.
173 Kritisch zur Verwaltungsauffassung Hiller, Umsatzsteuerliche Problembereiche bei Gesellschafter-Geschäftsführungsleistungen, UR 2009, 477.
174 FinMin. NW vom 26.2.2003 – S 4501 - 10 V A 2, GmbHR 2003, 783.
175 Hofmann, BB 2000, 2605 f.
176 FinMin. BW vom 27.1.1999 – 3 - S 4514/10, DB 1999, 357.

Übertragung privater Immobilien in das BV einer GmbH & Co. KG

11. Gewerbesteuerliche Beurteilung der GmbH & Co. KG

Die GmbH & Co. KG erzielt aufgrund ihrer gewerblichen Prägung Einkünfte aus Gewerbebetrieb (§ 15 Abs. 3 Nr. 2 EStG). Sie unterliegt nach geltendem Recht gleichwohl im Ergebnis keiner Gewerbesteuerpflicht, weil sie nur eigenen Grundbesitz verwaltet und verpachtet. Hier findet die sog. erweiterte Kürzung gem. § 9 Nr. 1 Satz 2 GewStG Anwendung. Damit wird im Ergebnis der gesamte Gewerbeertrag steuerlich neutralisiert.

11.1. Voraussetzung erweiterter Kürzung von Grundstückserträgen

Die erweiterte Kürzung von Grundstückserträgen kommt nach § 9 Nr. 1 Satz 2 GewStG in Betracht, wenn
a) weder die Voraussetzungen der Betriebsaufspaltung vorliegen
b) noch der Grundbesitz ganz oder teilweise an einen Gesellschafter der GmbH & Co. KG vermietet wird (§ 9 Nr. 1 Satz 5 GwStG).[177]

Fall a) kann nur verwirklicht werden, wenn
– entweder eine **mitunternehmerische Betriebsaufspaltung** in der Weise begründet wird, dass die aufgenommenen Immobilien von der neuen GmbH & Co. KG an eine Schwester-Personengesellschaft vermietet werden
– oder eine **klassische Betriebsaufspaltung** in der Weise entsteht, dass die GmbH & Co. KG die Immobilien an eine dem Gesellschafter (mehrheitlich) gehörende GmbH zur Nutzung überlässt.[178]

Davon ist im Falle der Einbringung von Immobilien aus dem Privatvermögen in das Gesamthandsvermögen einer GmbH & Co. KG nicht auszugehen, so dass fortan eine erweiterte Kürzung gem. § 9 Nr. 1 Satz 2 GewStG Anwendung findet.

Vorsicht ist allerdings geboten, wenn die GmbH & Co. KG eine Immobilie an ihren Gesellschafter vermietet. Insoweit entfällt gem. § 9 Nr. 1 Satz 5 GewStG die erweiterte Kürzung des Gewerbeertrages. Das gilt selbst bei nur geringer Beteiligung des Mieters an der vermietenden KG.[179]

---

177 Pauli, DB 2005, 1023.
178 BFH vom 22.2.2005, BFH/NV 2005, 1624.
179 BFH vom 7.4.2005, BStBl. II 2005, 576: Vermietung an einen Gesellschafter mit einer 5 %-Beteiligung an der verpachtenden Gesellschaft ist schädlich. Die Entscheidung lässt vermuten, dass jegliche Beteiligung steuerschädlich ist.

Immobilien in der Rechtsform einer GmbH & Co. KG

11.2. Zum Merkmal „ausschließlicher" Verwaltung und Nutzung eigenen Grundbesitzes

81 Die erweiterte Kürzung greift nur, wenn die KG ausschließlich eigenen Grundbesitz oder neben eigenem Grundbesitz eigenes Kapitalvermögen verwaltet und nutzt. Nur unter diesen Voraussetzungen kommt es zur Anwendung des Kürzungsprivilegs, wobei es sich nicht auf die Kapitalerträge erstreckt, sondern nur auf die Erträge aus der Verwaltung und Nutzung eigenen Grundbesitzes (§ 9 Nr. 1 Satz 5 GewStG). Die Erzielung anderer Erträge ist schädlich und führt zum vollständigen Wegfall der Kürzung. Nach Auffassung des BFH[180] lässt die Vorschrift keine Auslegungsspielräume und Ausnahmen wegen Geringfügigkeit zu. Das gilt auch mit Blick auf den verfassungsrechtlich gewährleisteten Verhältnismäßigkeitsgrundsatz.

Nebentätigkeiten: Ausgenommen von schädlichen Aktivitäten ist nach der Rechtsprechung[181] nur die Ausübung von Nebentätigkeiten, die der Grundstücksnutzung und Grundstücksverwaltung im eigenen Sinn dienen und als zwingend notwendiger Teil einer wirtschaftlich sinnvoll gestalteten eigenen Grundstücksverwaltung bzw. -nutzung angesehen werden können.

Betriebsvorrichtungen: Weitere Probleme gehen von Betriebsvorrichtungen aus.[182] Sie gehören nicht zum begünstigten Grundbesitz. Ihre Vermietung hat daher den Ausschluss der erweiterten Kürzung zur Folge.[183]

Diese restriktive Haltung hat der BFH im Urteil vom 04.10.2006[184] eingeschränkt. Darin macht er eine Ausnahme vom Ausschließlichkeitsgrundsatz für den Fall, dass die Betriebsvorrichtungen in einem derart engen funktionalen Zusammenhang mit dem vermieteten Grundbesitz stehen, dass das Gebäude ohne die Betriebsvorrichtungen nicht sinnvoll nutzbar gewesen wäre (qualitatives Merkmal). In quantitativer Hinsicht hat er die Mitvermietung der Betriebsvorrichtungen angesichts anteiliger Mieteinnahmen von 1,22 % und eines Anteils an den Gesamtinvestitionskosten von 2,88 % als für die erweiterte Kürzung unschädliches Hilfsgeschäft angesehen

Hinweis: Es ist empfehlenswert, dem Thema Betriebsvorrichtung ungeachtet der obigen Aufweichung des Ausschließlichkeitsgebotes besondere Aufmerksamkeit

---

180 BFH vom 17.10.2002, BStBl. II 2003, 355.
181 BFH vom 27.4.1977, BStBl. II 1977, 776 und vom 26.8.1993, BFH/NV 1994, 338.
182 Vgl. die Abgrenzungsrichtlinien zur Abgrenzung des Grundvermögens von den Betriebsvorrichtungen, Ländererlasse vom 15.03.2006, BStBl. I 2006, 314.
183 BFH vom 14.06.2005, BStBl II 2005, 778; vom 17.05.2006, BStBl II 2006, 659 mit Anm. Hierl in BB 2006, 1723.
184 VIII R 48/05, juris mit Anm. Mies/Behrends/Schumacher, BB 2007, 810.

zu schenken und im Zweifel Betriebsvorrichtungen nicht zu vermieten, sondern auf den Mieter zu übertragen.

11.3. Schädlichkeit der Beteiligung an einer gewerblich geprägten Personengesellschaft

Im Falle der Beteiligung einer vermögensverwaltenden gewerblich geprägten Personengesellschaft an einer anderen, ebenfalls gewerblich geprägten Personengesellschaft (sog. doppelstöckige Personengesellschaft) könnte man geneigt sein, eine Schädlichkeit mit Blick auf das Kürzungsprivileg zu verneinen. Der BFH hat das Privileg im Urteil vom 17.10.2002[185] gleichwohl für den Fall der Beteiligung einer GmbH als Komplementärin einer grundstücksverwaltenden KG abgelehnt, weil das Halten einer Beteiligung nicht zum Katalog prinzipiell unschädlicher Tätigkeiten im Sinne des § 9 Nr. 1 Satz 2 GewStG gehört. Für die doppelstöckige Personengesellschaft dürfte das ebenso gelten.[186]

Es sind mithin auch Beteiligungen an solchen Unternehmen steuerschädlich, die ihrerseits die Kriterien erweiterter Grundstückskürzung gem. § 9 Nr. 1 Satz 2 GewStG erfüllen. Das Gewerbesteuerprivileg der Personengesellschaft schlägt nicht auf die an ihr beteiligten Kapital- oder Personengesellschaft durch, selbst dann nicht, wenn diese ebenfalls ausschließlich begünstigte Grundstücksverwaltung betreibt. Das ist zwar unverständlich, aber gegenwärtige Rechtsprechungspraxis.

Ausnahme – Beteiligung an Zebra-Gesellschaft: Unschädlich ist die Beteiligung an einer sog. Zebra-Gesellschaft. Sie liegt vor, wenn sich die betreffende Immobilie sowohl im Miteigentum einer natürlichen Person als auch einer Kapitalgesellschaft oder gewerblichen (auch gewerblich geprägten) Personengesellschaft befindet. Die Beteiligung an einer Zebra-Gesellschaft bewirkt auf Ebene des Beteiligten keine Umqualifizierung seiner privilegierten Grundstückserträge im Sinne einer Verfärbung, weil kein gewerbliches Gesamthandsvermögen vorliegt wie bei einer gewerblich geprägten Personengesellschaft mit steuerlichem Betriebsvermögen. Die Beteiligung der GmbH & Co. KG an einer Immobilien-GbR führt lediglich dazu, dass – im Umfange der Beteiligung – eigener Grundbesitz in Form von Miteigentum entsteht, der auch als Betriebsvermögen der KG zu bilanzieren ist. Die erweiterte Grundstückskürzung nach § 9 Nr. 1 Satz 2 GewStG bleibt hier anwendbar.[187] Allerdings darf die Immobilienverwaltung

---
185 BStBl. II 2003, 355.
186 BFH vom 22.01.1992, BStBl II 1992, 628; vom 17.10.2002, BStBl II 2003, 355; vom 30.11.2005, BFH/NV 2006, 1148 mit ablehnender Anm. Dieterlen/Käshammer, BB 2006, 1935.
187 Vgl. Schlagheck, Steuerliche Betriebsprüfung 2000, 115, 119.

Immobilien in der Rechtsform einer GmbH & Co. KG

nicht allein von der GmbH & Co. KG ausgehen. Denn sie stellt, bezogen auf die Anteile der anderen Gesellschafter, eine Verwaltung fremden Grundbesitzes dar.

12. Schenkungsteuerliche Beurteilung der Immobilieneinbringung

84 Die Einbringung von Immobilien in das Gesamthandsvermögen einer GmbH & Co. KG wirft schließlich die Frage auf, ob der Vorgang aus schenkungsteuerlicher Sicht relevant ist. Der Schenkungsteuer unterliegt nach § 7 Abs. 1 Nr. 1 ErbStG
„*jede freigebige Zuwendung unter Lebenden, soweit der Bedachte durch sie auf Kosten des Zuwendungen bereichert wird . . .;*"

Die Bedeutung der Beteiligung einer Personengesellschaft an einer Schenkung ist höchstrichterlich geklärt. Fällt danach einer Gesamthandsgemeinschaft durch Erbanfall oder Schenkung Vermögen zu, sind unabhängig davon, ob zivilrechtlich ggf. die Gesamthand Erbin oder Beschenkte ist, für die Erbschaft- und Schenkungsteuer die Gesamthänder als vermögensmäßig bereichert anzusehen. Erwerber und folglich Steuerschuldner gem. § 20 ErbStG ist mithin nicht die Gesamthand, sondern die dahinterstehenden Gesamthänder.[188] Dem folgt auch die jüngere Rechtsprechung des BFH.[189] Überträgt nun Gesellschafter A Immobilienvermögen auf eine ihm gehörende GmbH & Co. KG, sind sowohl der vermeintliche „Schenker" als auch der vermeintliche „Beschenkte" identisch, so dass eine Schenkungsteuerpflicht entfällt.

Sollte die **Komplementär-GmbH am Vermögen der KG beteiligt** sein, ergeben sich daraus keine schenkungsteuerlichen Nachteile. Nach Verwaltungsauffassung[190] mangelt es bei Einmann-Kapitalgesellschaften an einer freigebigen Zuwendung gem. § 7 Abs. 1 Nr. 1 ErbStG. Beabsichtigt folglich der Gesellschafter einer Kapitalgesellschaft (wie hier A) deren Vermögen durch eine Zuwendung zu erhöhen, dient diese Leistung dem Gesellschaftszweck und hat ihren Rechtsgrund in der allgemeinen mitgliedschaftlichen Zweckförderungspflicht.[191]

Die Übertragung der Immobilien des A auf eine GmbH & Co. KG, deren alleiniger Kommanditist und Anteilseigner des Gesellschaftskapitals wiederum A ist, stellt mithin einen schenkungsteuerlich neutralen Vermögenstransfer dar.

---

[188] Vgl. BFH, Urt. vom 14.9.1994, BStBl. II 1995, 81 unter Aufgabe der früheren Rechtsprechung des BFH vom 7.12.1988, BStBl II 1989, 237; vgl. dazu auch Moench, Kommentar zur Erbschaft- und Schenkungsteuer, § 7 ErbStG Rz. 10.
[189] Siehe BFH vom 30.5.2001, BFH/NV 2002, 26.
[190] Vgl. R 18 Abs. 2 ErbStR.
[191] Siehe BFH-Urteile vom 1.7.1992, BStBl. II 1992, 923; vom 1.7.1992, BStBl. II 1992, 921, 923 und 925; vgl. auch Kapp/Ebeling, Kommentar zum ErbStG, § 7 ErbStG Rz. 211.

Ertragsteuerliche Behandlung der Übertragung von Kommanditanteilen

II. Ertragsteuerliche Behandlung der Übertragung von Kommanditanteilen auf die nachfolgende Generation

Kurz- oder mittelfristiges Ziel der Immobilieneinbringung in eine gewerblich geprägte GmbH & Co. KG kann sein, die Immobilien nunmehr in Form von KG-Anteilen möglichst steuerschonend auf die nachfolgende Generation zu übertragen.

85

Beispiel 15 (Grundfall)

> *A bringt zum 1.1.15 zwei vermietete Immobilien im Wert von insgesamt 5 Mio. € in die von ihm gegründete A-GmbH & Co. KG ein (Stammkapital der Komplementär-GmbH 25 000 €). Den Wert der eingebrachten Immobilien stellt er in die Kapitalrücklage der KG ein. Die Immobilen wurden zum 1.1.02 von A für 3 Mio. € angeschafft. A beabsichtigt, die KG-Anteile zum 1.1.17 ganz oder teilweise auf seine beiden Söhne zu übertragen.*

Die mit der vollständigen bzw. teilweisen Anteilsübertragung verbundenen steuerlichen Folgen werden nachfolgend untersucht, insbesondere die damit evtl. verbundenen steuerlichen Risiken.

1. Einkommensteuerliche Behandlung unentgeltlicher Übertragung von KG-Anteilen

1.1. Varianten der Anteilsübertragung

Die Übertragung von Kommanditanteilen im obigen Beispiel auf die beiden Söhne des A ist einkommensteuerlich grundsätzlich unproblematisch. Der Vorgang bleibt gem. § 6 Abs. 3 Satz 1 EStG grundsätzlich steuerneutral, d.h. die Anteilsübertragung erfolgt zum Buchwert. Das gilt auch, wenn die GmbH & Co. KG erst kurze Zeit zuvor als mitunternehmerische Personengesellschaft im Sinne des § 15 Abs. 1 Nr. 2 EStG entstanden ist. § 6 Abs. 3 Satz 1 EStG nimmt darauf keine Rücksicht und fordert in zeitlicher Hinsicht nicht, dass der Schenker vor der Anteilsübertragung bestimmte Behaltefristen wahrt.

Im obigen Beispiel sind verschiedene Übertragungsvarianten vorstellbar, mit nicht stets übereinstimmener steuerlicher Beurteilung:

Immobilien in der Rechtsform einer GmbH & Co. KG

1. A gibt seine Mitunternehmerstellung vollständig auf und überträgt sowohl die Anteile an der Komplementär-GmbH als auch seinen KG-Anteil jeweils zur Hälfte auf Sohn 1 und 2;[192]
2. A bleibt Mitunternehmer und überträgt lediglich Teile seiner GmbH- sowie KG-Beteiligung quotal, über- oder unterquotal auf Sohn 1 und 2;
3. A gibt seine Mitunternehmerstellung auf und überträgt nur seine KG-Beteiligung jeweils zur Hälfte auf Sohn 1 und Sohn 2. Den GmbH-Anteil behält er zurück;
4. A überträgt seine Beteiligung nach Maßgabe von 1. bis 3. zunächst auf Sohn 1 und erst in zeitlichem Abstand auf Sohn 2.

Zunächst ist auf Inhalt und Reichweite der Regelung des § 6 Abs. 3 EStG näher einzugehen.

1.2. Der Mitunternehmeranteil im Sinne des § 6 Abs. 3 EStG

86 Die steuerneutrale Übertragung eines Mitunternehmeranteiles oder lediglich von Teilen eines Mitunternehmeranteiles ist gem. § 6 Abs. 3 Satz 1 Halbs. 2 EStG ohne weiteres zulässig. Nach Satz 2 der Vorschrift steht einer neutralen Buchwertfortführung außerdem nicht entgegen,

„wenn der bisherige Betriebsinhaber (Mitunternehmer) Wirtschaftsgüter, die weiterhin zum Betriebsvermögen derselben Mitunternehmerschaft gehören, nicht überträgt, sofern der Rechtsnachfolger den übernommenen Mitunternehmeranteil über einen Zeitraum von mindestens fünf Jahren nicht veräußert oder aufgibt.„

Erhebliche Bedeutung hat hier zunächst die Frage nach dem Umfang des Mitunternehmeranteiles im Sinne des § 6 Abs. 3 EStG. Nachfolgende Übersicht soll den Einstieg in die Problematik erleichtern.

---

[192] Problematisch wäre, die GmbH-Anteile ausschließlich auf Sohn 1 oder Sohn 2 zu übertragen. Der jeweils andere Sohn würde dann keinen vollständigen Mitunternehmeranteil im Sinne des § 6 Abs. 3 EStG erhalten mit der Folge einer Gewinnrealisierung. Geklärt ist das aber nicht, denn es darf hier nicht übersehen werden, dass letztendlich sämtliche Wirtschaftsgüter im Betriebsvermögen derselben Mitunternehmerschaft verbleiben.

Ertragsteuerliche Behandlung der Übertragung von Kommanditanteilen

Gegenstand unentgeltlicher Übertragung	Buchwertfortführung zulässig nach
1. Gesamter Betrieb	§ 6 Abs. 3 Satz 1 erster Halbsatz EStG
2. Teilbetrieb	§ 6 Abs. 3 Satz 1 erster Halbsatz EStG
3. Gesamter Anteil des Mitunternehmers	§ 6 Abs. 3 Satz 1 erster Halbsatz EStG
4. Teil eines Mitunternehmer-Anteiles	§ 6 Abs. 3 Satz 1 zweiter Halbsatz EStG
5. Aufnahme einer natürlichen Person in ein bestehendes Einzelunternehmen	§ 6 Abs. 3 Satz 1 zweiter Halbsatz EStG
6. Übertragung wie 4. und 5, jedoch behält der Schenker Wirtschaftsgüter in derselben Mitunternehmerschaft in seinem Sonderbetriebsvermögen **quotal bzw. überquotal** zurück	§ 6 Abs. 3 Satz 2 EStG. Der Beschenkte darf jedoch den übernommenen Mitunternehmeranteil innerhalb einer 5-jährigen **Sperrfrist** weder aufgeben noch veräußern, wenn der Schenker Betriebsvermögen überquotal zurückbehält.
7. Übertragung wie 4. und 5, jedoch behält der Schenker Wirtschaftsgüter in derselben Mitunternehmerschaft in seinem Sonderbetriebsvermögen **unterquotal** zurück	§ 6 Abs. 3 Satz 2 EStG. Soweit beim Beschenkten überquotales Sonderbetriebsvermögen entsteht, beruht die Buchwertübertragung auf § 6 Abs. 5 Satz 3 EStG.

1.2.1. Sonderbetriebsvermögen als zwingender Bestandteil des Mitunternehmeranteiles

Zum Mitunternehmeranteil gehören nach Verwaltungsauffassung[193] und Rechtsprechung[194] sowohl der Anteil am Gesamthandsvermögen als auch das dem einzelnen Mitunternehmer zuzurechnende Sonderbetriebsvermögen, wenn es sich um **wesentliche Betriebsgrundlagen** handelt. Das gilt gem. § 6 Abs. 3 Satz 1 Halbs. 2 EStG ebenso für die Übertragung eines Teils eines Mitunternehmeranteiles. Damit entsteht mit Blick auf das Sonderbetriebsvermögen die nachstehende steuerliche Situation:

---

193 BMF-Schreiben vom 3.3.2005, BStBl. I 2005, 458 mit Anm. Wendt – Rz. 3.
194 BFH, Urt. vom 3.3.1998, BStBl. II 1998, 383; vom 23.1.2001, BStBl. II 2001, 825; vom 12.4.2000, BStBl. II 2001, 26; ebenso Schmidt/Kulosa, 29. Aufl. § 6 EStG Rz. 651; Kai, DB 2005, 794, 796; aA Strahl, FR 2004, 929.

Immobilien in der Rechtsform einer GmbH & Co. KG

Verfügung über die gesellschaftsrechtliche Beteiligung	Verfügung über das Sonderbetriebsvermögen	Schädliche Verfügung
1. Übertragung der gesamten Beteiligung	Übertragung des gesamten Sonderbetriebsvermögens	Nein
2. Übertragung der gesamten Beteiligung	Keine Übertragung von Sonderbetriebsvermögen	Ja
3. Übertragung der gesamten Beteiligung	Übertragung nur eines Teils des wesentlichen Sonderbetriebsvermögens	Ja
4. Übertragung nur eines Teils der Beteiligung	Keine Übertragung von Sonderbetriebsvermögen	nein*
5. Übertragung nur eines Teils der Beteiligung	**Quotale** Übertragung des Sonderbetriebsvermögens	nein
6. Übertragung nur eines Teils der Beteiligung	**Überquotale** Übertragung des Sonderbetriebsvermöges	nein*
7. Übertragung nur eines Teils der Beteiligung	**Unterquotale** Übertragung des Sonderbetriebsvermögens	nein*

* In diesen Fällen beginnt eine fünfjährige bzw. dreijährige Sperrfrist (siehe nachfolgend).

Bei vollständiger Übertragung der gesellschaftsrechtlichen Beteiligung gelingt die steuerneutrale Buchwertübertragung nach § 6 Abs. 3 EStG nur im Fall 1. Die Fälle 2 und 3 bewirken eine Vollaufdeckung der auf den Beschenkten übertragenen stillen Reserven mit normaltariflicher Besteuerung, jedenfalls dann, wenn wesentliches Sonderbetriebsvermögen (ggf. nur teilweise) zurückbehalten wurde. Es mangelt hier an der gebotenen Übertragung eines vollständigen Mitunternehmeranteiles. Die neutrale Buchwertübertragung gestattet § 6 Abs. 3 EStG nur, wenn der Schenker selbst Mitunternehmer derselben Mitunternehmerschaft bleibt (Fälle 4 bis 7).[195] Wird nur ein Teil der Beteiligung übertragen und bleibt der Schenker Mitunternehmer derselben Mitunternehmerschaft, ist zu unterscheiden:

88   Auch bei **vollständig zurückbehaltenem oder unterquotal übertragenem Sonderbetriebsvermögen** (Fälle 4 und 7) ist die Übertragung gem. § 6 Abs. 3 Satz 2 Halbs. 1 EStG zum Buchwert zulässig. Jedoch darf der Übernehmer den erworbenen Mitunternehmeranteil gem. § 6 Abs. 3 Satz 2 zweiter Halbsatz EStG nicht innerhalb einer fünfjährigen Sperrfrist veräußern oder aufgeben (siehe Rz. 91). Außerdem muss das zurückbehaltene Sonderbetriebsvermögen nach dem insoweit

---

195 Kai, DB 2005, 794, 796.

eindeutigen Gesetzeswortlaut im Betriebsvermögen derselben Mitunternehmerschaft verbleiben. Diese Voraussetzungen liegen auch vor, wenn das Sonderbetriebsvermögen nicht beim Schenker verbleibt, sondern von diesem auf einen anderen Mitunternehmer derselben Mitunternehmerschaft übertragen wird.[196]

Unproblematisch ist die **quotale oder überquotale Übertragung** von Sonderbetriebsvermögen (Fälle 5 und 6). Sie wird gem. § 6 Abs. 3 Satz 1 EStG steuerneutral vollzogen. Das beim Schenker quotal verbleibende Sonderbetriebsvermögen fällt nicht unter § 6 Abs. 3 Satz 2 EStG. Folglich wird keine fünfjährige Sperrfrist ausgelöst. Entsprechendes gilt bei überquotaler Übertragung von Sonderbetriebsvermögen. Hier folgt jedoch die Buchwertübertragung des überquotalen Anteils am Sonderbetriebsvermögen aus § 6 Abs. 5 Satz 3 Nr. 3 EStG. Damit greift die Sperrfrist des § 6 Abs. 5 Satz 4 EStG. Sie endet drei Jahre nach Abgabe der Steuererklärung des Übertragenden für den Veranlagungszeitraum der Übertragung und kommt in die Nähe der 5-Jahresfrist des § 6 Abs. 3 Satz 2 EStG.

89

Dies zwingt dazu, sich eingehend mit der Frage zu beschäftigen, wann **wesentliches Sonderbetriebsvermögen** vorliegt. Denn nach der Konzeption des § 6 Abs. 3 EStG soll das Privileg steuerneutraler Buchwertübertragung nur greifen, wenn ein lebensfähiges Unternehmen auf den Beschenkten übergeht. Dies aber erfordert den Übergang sämtlicher Wirtschaftsgüter, die ihrer Funktion nach wesentliche Betriebsgrundlagen sind.

1.2.2. Sonderbetriebsvermögen als wesentliche Betriebsgrundlage

Auf der Grundlage **funktionaler Betrachtung**[197] stellen solche Wirtschaftsgüter des Sonderbetriebsvermögens wesentliche Betriebsgrundlagen dar, die für die Funktion des Betriebes von Bedeutung sind. Auf das Vorhandensein erheblicher stiller Reserven kommt es nicht an. Wird funktional unwesentliches Vermögen als Sonderbetriebsvermögen vom Übergeber entnommen oder in ein anderes Betriebsvermögen überführt, steht dies weder einer Buchwertübertragung des Mitunternehmeranteiles entgegen noch beginnt die Sperrfrist des § 6 Abs. 3 Satz 2 EStG. Zwar ist § 6 Abs. 3 EStG eine solche Differenzierung nicht zu entnehmen. Sie entspricht allerdings der früheren Auslegung der Vorgängerregelung des § 7 Abs. 1 EStDV[198] und findet daher wohl ebenso Eingang in § 6 Abs. 3 EStG.[199]

90

---

196 Vgl. Kai, DB 2005, 794, 799.
197 BMF-Schreiben vom 3.3.2005, BStBl. I 2005, 458 Rz. 3 Satz 3.
198 Vgl. z.B. BFH vom 24.8.2000, BStBl. II 2005, 173.
199 Siehe ebenso Wendt, FR 2005, 468, 470.

Immobilien in der Rechtsform einer GmbH & Co. KG

Welche Wirtschaftsgüter sind nun im Einzelfall als funktional wesentlich anzusehen[200] und wer trägt das Risiko steuerlicher Fehleinschätzung?

Beispiel 16

Kommanditist K überträgt die Hälfte seines 100%-igen Kommanditanteiles auf Sohn S. Zu seinem Sonderbetriebsvermögen gehört eine 100%-ige Beteiligung an der Komplementär-GmbH. K möchte wissen, ob er zur Vermeidung der fünfjährigen Sperrfrist des § 6 Abs. 3 Satz 2 EStG neben dem 50%-igen Kommanditanteil auch das Sonderbetriebsvermögen (quotal) übertragen muss.

Die Qualität der Beteiligung an einer **Komplementär-GmbH** als funktional wesentliches Sonderbetriebsvermögen erscheint noch nicht endgültig für alle denkbaren Varianten geklärt.[201] Sie ist wohl zu bejahen, wenn der Kommanditist erst über diese Beteiligung Einfluss auf die Geschäftsführung der KG nehmen, also über Fragen der laufenden Geschäftsführung der KG mitbestimmen kann.[202] Der Schenker befindet sich hier in einem Dilemma. Ihm ist daher zur Vermeidung jeglicher Risiken zu empfehlen, den Rahmen funktional wesentlichen Sonderbetriebsvermögens möglichst weit zu ziehen. Bei geringsten Zweifeln an der Qualität der betreffenden Wirtschaftsgüter sollten diese (ganz oder ggf. quotal) auf den neuen Gesellschafter übertragen werden.

Jederzeitige Wiederbeschaffbarkeit unbeachtlich: Der Eigenschaft eines Wirtschaftsguts als wesentliche Betriebsgrundlage steht nicht entgegen, dass es jederzeit am Markt angemietet oder erworben werden kann. Infolgedessen stellen von einer GmbH & Co. KG genutzte Immobilien regelmäßig wesentliche Betriebsgrundlagen dar,[203] auch dann, wenn sie jederzeit durch andere Immobilien ersetzt werden können.

1.2.3. Bedeutung der fünfjährigen Sperrfrist des § 6 Abs. 3 Satz 2 EStG

91 Werden im Zuge der Vermögensübertragung funktional wesentliche Wirtschaftsgüter als Sonderbetriebsvermögen vom übergebenden Mitunternehmer zurückbe-

---

200 Siehe ergänzend den Katalog typischer wesentlicher Betriebsgrundlagen bei Gratz in Herrmann/Heuer/Raupach, EStG/KStG, § 6 EStG Anm. 1345.
201 Vgl. Schmidt/Wacker 29. Aufl. § 15 EStG Rz. 714.
202 OFD Münster vom 6.11.2008, GmbHR 2009, 108; ausführlich dazu auch Schulze zur Wiesche, DB 2010, 638; siehe auch BFH-Urteil vom 25.11.2009, DStR 2010, 269: wesentliche Betriebsgrundlage liegt nur vor, wenn der Kommanditist in der GmbH seinen geschäftlichen Willen durchsetzen kann; offen lassend BMF-Schreiben vom 3.3.2005, BStBl. I 2005, 458 Rz. 4.
203 Vgl. BFH vom 6.5.2010, BFH/NV 2010, 1544 Rz. 22 unter Hinweis auf BFH vom 19.3.2009, BStBl. II 2009, 803 und vom 17.3.2010, DB 2010, 986, ergangen jeweils zur Betriebsaufspaltung.

halten (siehe Rz. 88) und damit die Sperrfrist des § 6 Abs. 3 Satz 2 EStG ausgelöst, steht die Buchwertübertragung gem. § 6 Abs. 3 Satz 1 EStG unter der auflösenden Bedingung, dass der
„*Rechtsnachfolger den übernommenen Mitunternehmeranteil über einen Zeitraum von mindestens fünf Jahren nicht veräußert oder aufgibt.*"

Beispiel 17

In Weiterentwicklung von Beispiel 16 (siehe Rz. 90) veräußern die Söhne 1 und 2 die von A schenkweise erhaltenen Kommanditanteile zum 1.1.17. Im Zeitpunkt der Schenkung (= 1.1.15) ergaben sich anteilig auf die übertragenen Gesellschaftsanteile entfallende stille Reserven in Höhe von 100.000 € (Buchwert 500.000 €). Die Söhne 1 und 2 erzielen einen Veräußerungserlös von 650.000 €.

Die Rechtsfolgen im obigen Beispiel sind bemerkenswert und dürften von den Beteiligten als überraschend empfunden werden. Denn die Söhne haben vorliegend im Jahr 17 aufgrund der Anteilsveräußerung die fünfjährige Sperrfrist verletzt. Damit findet auf die ursprüngliche Anteilsübertragung zum 1.1.15 § 6 Abs. 3 Satz 1 EStG keine Anwendung mehr mit der Folge, dass rückwirkend zum damaligen Übertragungsstichtag hinsichtlich der übertragenen Kommanditbeteiligung der Teilwert anzusetzen ist.[204] Verfahrensrechtlich ist das gem. § 175 Abs. 1 Satz 1 Nr. 2 AO gesichert.[205] Damit verteilt sich der von Sohn 1 und 2 erzielte Veräußerungsgewinn steuerlich wie folgt:

	Gewinn Vater A	Gewinn Sohn 1 und 2
Teilwert/Erlös	600 000 €	650 000 €
– Buchwert	500 000 €	600 000 €
Gewinn	100 000 €	50 000 €
Besteuerungsjahr	15	17

Vater A hat hier rückwirkend im Jahr 15 einen Entnahmegewinn in Höhe von 100 000 € zu versteuern,[206] während seine Söhne lediglich einen Gewinn von 50 000 € realisieren. Das ist für die Söhne angenehm, für Vater A hingegen nicht. A muss sich also im Zuge schenkweiser Übertragung der Kommanditan-

---

204 BMF-Schreiben vom 3.3.2005, BStBl. I 2005, 458 – Rz. 11.
205 Vgl. BMF-Schreiben vom 3.3.2005, BStBl. I 2005, 458 Rz. 11; glA Brinkmann, StBp. 2005, 200, 205; Kai, DB 2005, 794, 799.
206 BMF-Schreiben vom 3.3.2005, BStBl. I 2005, 458 Rz. 12. Zur Anwendung des § 6 b EStG siehe Stegemann, Inf. 2005, 348: Anwendung des § 6 b EStG möglich, wenn Erwerber auch Schulden übernimmt.

teile vertraglich absichern, um die steuerlichen Folgen einer Fristverletzung auf die Söhne abwälzen zu können. Ebenso hat er die Möglichkeit, für diesen Fall einen Schenkungswiderruf vorzusehen. Dieser wirkt freilich ertragsteuerlich nicht zurück, so dass die laufenden Gewinne weiterhin von den Söhnen zu versteuern sind. Allerdings stellt der Widerruf u.E. ein Fall des § 6 Abs. 3 EStG dar, so dass die Sperrfrist letztlich hier leerläuft (siehe auch nachfolgend).

92 **Unschädliche Verfügungen:** Unschädlich ist jedoch nach *Verwaltungsauffassung*, wenn die Söhne über ihre Kommanditanteile wie folgt verfügen:
   a) Erneute vollständige oder teilweise **unentgeltliche Übertragung** des KG-Anteils auf Dritte gem. § 6 Abs. 3 Satz 1 EStG.[207] Damit kann innerhalb der fünfjährigen Sperrfrist eine weitere Vermögensnachfolge vorgenommen werden, sodass auch der Todesfall von Sohn 1 und 2 steuerlich abgesichert ist. Das gilt u.E. auch für den Fall, dass Vater A nunmehr von einem vertraglich vereinbarten Widerrufsrecht Gebrauch macht und die KG-Anteile an ihn zurückfallen.
   b) **Buchwerteinbringung** des übertragenen Mitunternehmeranteiles gem. § 20 UmwStG in eine Kapitalgesellschaft bzw. gem. § 24 UmwStG in eine Personengesellschaft.[208] Es handelt sich wohl um eine Billigkeitsregelung.[209]

Die fünfjährige Sperrfrist geht in diesen Fällen auf den (zweiten) Erwerber über,[210] bzw. entfällt, wenn Vater A von seinem Widerrufsrecht Gebrauch macht.

1.2.4. Überquotale Übertragung von Sonderbetriebsvermögen

93 Wird im Rahmen der Übertragung eines Teils eines Mitunternehmeranteiles Sonderbetriebsvermögen in größerem Umfang auf den Erwerber übertragen, als es dem übertragenen Teilanteil entspricht, liegt ein sog. überquotaler Übergang von Sonderbetriebsvermögen vor. Der Vorgang ist dann zu trennen in
   – eine nach **§ 6 Abs. 3 Satz 1 EStG** begünstigte Buchwertübertragung hinsichtlich des Gesellschaftsanteiles sowie dem quotal übertragenen Teil des Sonderbetriebsvermögens und
   – eine nach **§ 6 Abs. 5 EStG** zulässige Buchwertübertragung hinsichtlich des überquotal übertragenen Teils des Sonderbetriebsvermögens.[211]

---

207 BMF-Schreiben vom 3.3.2005, BStBl. I 2005, 458 Rz. 14.
208 BMF-Schreiben vom 3.3.2005, BStBl. I 2005, 458 Rz. 13; Kai, DB 2005, 794, 800.
209 Vgl. Wendt, FR 2005, 468, 476; Neumann, EStB 2005, 140.
210 BMF-Schreiben vom 3.3.2005, BStBl. I 2005, 458 Rz. 14.
211 BMF-Schreiben vom 3.3.2005, BStBl. I 2005, 458 Rz. 16. AA Prinz, Stbg. 2006, 49 (51): Wortlaut des § 6 Abs. 3 EStG verdrängt auch bei überquotaler Übertragung von Sonderbetriebsvermögen § 6 Abs. 5 EStG.

Ertragsteuerliche Behandlung der Übertragung von Kommanditanteilen

Die **Finanzverwaltung** akzeptiert hier also die zeitgleiche Anwendung von § 6 Abs. 3 EStG und § 6 Abs. 5 EStG. Das ist vernünftig, obwohl der Wortlaut des § 6 Abs. 5 EStG nicht zwingend auch solche Fälle trifft, in denen der empfangende Gesellschafter den Status als Mitunternehmer erst im Augenblick der Übertragung erlangt.[212]

1.2.4.1. Risiken überquotaler Übertragung von Sonderbetriebsvermögen bei Existenz von Verbindlichkeiten

Die überquotale Übertragung von Sonderbetriebsvermögen bedarf besonders kritischer Betrachtung, wenn dies zusammen mit Verbindlichkeiten geschieht. Das BMF-Schreiben vom 3. März 2005[213] meint dazu in Rz. 17:

„*Werden im Zusammenhang mit dem überquotal übertragenen Sonderbetriebsvermögen Verbindlichkeiten übernommen, liegt insoweit eine entgeltliche Übertragung vor, auf die § 6 Abs. 5 EStG keine Anwendung findet.*"

Dazu folgender Sachverhalt.

Beispiel 18

A ist zu 50 % an der A-GmbH & Co. KG beteiligt, welcher er eine Immobilie zur Nutzung überlässt. A überträgt die Hälfte seiner Beteiligung auf Sohn S und außerdem die gesamte Immobilie (Verkehrswert 1 Mio. €, Buchwert 600.000 €). S übernimmt ebenso die noch in Höhe von 500.000 € valutierenden Grundstücksverbindlichkeiten.

Die Schenkung des Mitunternehmeranteiles (KG-Anteil + Sonderbetriebsvermögen) fällt unter § 6 Abs. 3 Satz 1 EStG und ist damit steuerneutral. Das gilt allerdings nicht für den überquotal verschenkten Grundstücksteil, also für die Hälfte der Immobilie. Insoweit greifen die allgemeinen Spielregeln gemischter Schenkung.[214] Danach wird der Vorgang in eine unentgeltliche sowie entgeltliche Übertragung zerlegt mit nachstehenden Konsequenzen:

a) Quotenidentischer Anteil: Der quotal zum KG-Anteil übertragene Grundstücksanteil von 50 % geht gem. § 6 Abs. 3 EStG steuerneutral auf Sohn S über, ohne die Fünfjahresfrist des § 6 Abs. 3 Satz 2 EStG auszulösen (siehe Rz. 89).

94

---

212 Siehe dazu BMF-Schreiben vom 3.3.2005, BStBl. I 2005, 458 Rz. 18: Diese Grundsätze gelten auch, wenn die Mitunternehmerstellung des Empfängers mit der Teilanteilsübertragung erstmals begründet wird (Hinweis auf BFH vom 6.12.2000, BStBl. II 2003, 194).
213 BStBl. I 2005, 458.
214 BMF-Schreiben vom 3.3.2005 aaO Rz. 17.

Immobilien in der Rechtsform einer GmbH & Co. KG

Hinweis: Sollte A nicht das gesamte Grundstück auf S übertragen und z.B. einen 20%-igen Bruchteil zurückbehalten, ist neben der 3-jährigen Sperrfrist des § 6 Abs. 5 Satz 4 EStG für den überquotal geschenkten Grundstücksanteil kumulativ die **5-jährige Sperrfrist** des § 6 Abs. 3 Satz 2 EStG hinsichtlich der stillen Reserven im übertragenen Mitunternehmeranteil (siehe Rz. 91) zu beachten. Sie betrifft den Gesellschaftsanteil sowie die quotal dazu gehörende Immobilie.

b) Überquotal unentgeltlich übertragener Anteil: Hinsichtlich des überquotal übertragenen Grundstücksanteils von ebenfalls 50% liegt wiederum zur Hälfte (= 25% des gesamten Grundstückswerts) eine unentgeltliche Grundstücksübertragung vor, die gem. § 6 Abs. 5 EStG zum Buchwert erfolgt. Insoweit beginnt gem. § 6 Abs. 5 Satz 4 EStG eine (allerdings erst mit Abgabe der Steuererklärung des A laufende!) **3-jährige Sperrfrist** mit der Folge einer rückwirkenden Entnahmebesteuerung bei A, sollte S das Grundstück innerhalb dieses Zeitraumes veräußern oder entnehmen. Auf die gem. § 6 Abs. 3 EStG steuerneutrale Übertragung des Mitunternehmeranteiles selbst hat diese Fristverletzung keinen Einfluss.

c) Überquotal entgeltlich übertragener Anteil: Hinsichtlich des entgeltlichen Teils der Grundstücksübertragung von ebenfalls 25% entsteht bei A ein Veräußerungsgewinn (siehe unten). § 6 Abs. 5 findet hier keine Anwendung.[215]

1.2.4.2. Ermittlung des Veräußerungsgewinnes nach der Trennungs- oder Einheitstheorie

95 Im Einzelnen errechnet sich damit folgender Veräußerungsgewinn:

Berechnungsmethode 1 (einfache Trennungstheorie)		
Veräußerungserlös (Schuldübernahme)		500.000 €
davon Übertragung gem. § 6 Abs. 3 EStG		<u>250.000 €</u>
für Übertragung gem. § 6 Abs. 5 EStG verbleiben		250.000 €
Buchwert Betriebsgrundstück	600.000 €	
davon Übertragung gem. § 6 Abs. 3 EStG	<u>300.000 €</u>	
für § 6 Abs. 5 EStG verbleiben	300.000 €	
auf Veräußerung entfallen 50%	150.000 €	<u>150.000 €</u>
Veräußerungsgewinn		100.000 €

---

[215] BMF-Schreiben vom 3.3.2005 aaO Rz. 17; wohl ebenso Schmidt/Kulosa 29. Aufl. § 6 EStG Rz. 705; siehe auch Gratz in Herrmann/Heuer/Raupach § 6 EStG Anm. 1366a.

Ertragsteuerliche Behandlung der Übertragung von Kommanditanteilen

Diese Berechnung ist gewöhnungsbedürftig und nicht unbestritten. Wendt[216] meint dazu, dass man nach Verwaltungsauffassung[217] die übernommene Verbindlichkeit wohl nur auf den überquotal übertragenen Grundstücksteil beziehen dürfe. Die Verbindlichkeit wäre dann im obigen Beispiel der Hälfte des Verkehrswertes der Immobilie gegenüberzustellen mit folgendem Ergebnis:

Berechnungsmethode 2 („verschärfte" Trennungstheorie)		
Veräußerungserlös (Schuldübernahme)		500.000 €
Buchwert Betriebsgrundstück	600.000 €	
davon Übertragung gem. § 6 Abs. 3 EStG	300.000 €	
für § 6 Abs. 5 EStG verbleiben	300.000 €	
auf Veräußerung entfallen 100 %	300.000 €	300.000 €
Veräußerungsgewinn		200.000 €

Der Veräußerungsgewinn verdoppelt sich hier, weil bei dieser Betrachtungsweise die Hälfte der Immobilie nicht teilentgeltlich sondern vollentgeltlich übertragen wird. Das aber kann nicht richtig sein, da nunmehr Fälle mit überquotaler Schuldübernahme kaum noch sinnvoll lösbar sind. Eine solche Situation wäre gegeben, wenn in Beispiel 18 die übernommenen Verbindlichkeiten 500.000 € überstiegen (z.B. 600.000 €). Denn es kann nicht sein, der halben Immobilie mit einem Verkehrswert von 500.000 € eine Verbindlichkeit von 600.000 € zuzuordnen.

Im Schrifttum wird zur teilentgeltlichen Übertragung von Einzelwirtschaftsgütern schließlich die Meinung vertreten, dass nach Maßgabe der sog. Einheitstheorie ein Veräußerungsgewinn erst und nur entsteht, wenn die übernommenen Verbindlichkeiten den (hier anteilig auf die Übertragung gem. § 6 Abs. 5 EStG entfallenden) Buchwert des Wirtschaftsguts übersteigen.[218] Unter dieser Prämisse entfiele in Beispiel 18 ein Gewinn.

---

216 FR 2005, 474.
217 BMF-Schreiben vom 3.3.2005 aaO Rz. 17.
218 Siehe Wendt, FR 2005, 474; ders., FR 2002, 53, 62 mit weiteren Nachweisen; vgl. auch Emmerich/Kloster, GmbHR 2005, 448; siehe dazu auch BFH-Urteile vom 6.9.2000, BStBl. II 2001, 229 und vom 11.12.2001, BStBl. II 2002, 420.

Berechnungsmethode 3 (Einheitstheorie)		
Veräußerungserlös (Schuldübernahme)		500.000 €
davon Übertragung gem. § 6 Abs. 3 EStG		<u>250.000 €</u>
für Übertragung gem. § 6 Abs. 5 EStG verbleiben		250.000 €
Buchwert Betriebsgrundstück	600.000 €	
davon Übertragung gem. § 6 Abs. 3 EStG	<u>300.000 €</u>	
für § 6 Abs. 5 EStG verbleiben	300.000 €	
auf Veräußerung entfallen 100 %	300.000 €	<u>300.000 €</u>
Veräußerungsgewinn		0 €

Hinweis: Der Schenker sollte alle drei Gewinnermittlungsmethoden im Auge behalten. Ist er nicht bereit oder in der Lage, auf eine Übertragung von Verbindlichkeiten ins Sonderbetriebsvermögen des Übernehmers zu verzichten, ist die Einholung einer verbindlichen Auskunft empfehlenswert.

1.2.5. Schädliche Verfügungen im Sinne der Gesamtplanrechtsprechung bei zurückbehaltenem Sonderbetriebsvermögen

1.2.5.1. Wegfall der Buchwertübertragung

96 Die Buchwertübertragung scheitert nach Ansicht der Finanzverwaltung[219] auch dann, wenn zurückbehaltenes Sonderbetriebsvermögen
„im Zusammenhang mit der unentgeltlichen Aufnahme einer natürlichen Person in ein bestehendes Einzelunternehmen oder der unentgeltlichen Übertragung eines Teils eines Mitunternehmeranteiles entnommen oder veräußert wird."

Die Finanzverwaltung folgert dies aus dem Umstand, dass zurückbehaltene Wirtschaftsgüter weiterhin zum Betriebsvermögen derselben Mitunternehmerschaft gehören müssen.[220]

Rückwirkende Gewinnrealisierung: Rechtsfolge einer solchen nachträglichen Veräußerung oder Entnahme ist die Aufdeckung und Versteuerung der im übertragenen Betriebsvermögen enthaltenen stillen Reserven rückwirkend beim Schenker.

---

219 BMF-Schreiben vom 3.3.2005 aaO Rz. 15.
220 BMF-Schreiben vom 3.3.2005 aaO Rz. 14.

1.2.5.2. Überführung wesentlichen Sonderbetriebsvermögens in ein anderes Betriebsvermögen

Eine Gewinnrealisierung greift nach Verwaltungsauffassung[221] ebenfalls, wenn die betreffenden Wirtschaftsgüter des Sonderbetriebsvermögens ganz oder teilweise vor einer Anteilsübertragung steuerneutral auf eine andere Mitunternehmerschaft gem. § 6 Abs. 5 Satz 3 Nr. 2 EStG „ausgelagert" wurden. Es muss sich allerdings um wesentliche Betriebsgrundlagen handeln.[222] § 6 Abs. 3 EStG findet in diesem Zusammenhang keine Anwendung, wenn die betreffenden Wirtschaftsgüter in das Gesamthandsvermögen einer beteiligungsidentischen Personengesellschaft überführt werden.[223] Zur Behandlung von Fällen, in denen dadurch eine mitunternehmerische Betriebsaufspaltung begründet wurde (siehe Rz. 113).

Beispiel 19

A überträgt abweichend von Beispiel 18 die Hälfte seines KG-Anteiles auf Sohn S. Zuvor legt er jedoch die in seinem Alleineigentum befindliche Immobilie (stille Reserven 200.000 €) in das Gesamthandsvermögen der ihm gehörenden B-GmbH & Co. KG ein (Fall des § 6 Abs. 5 Satz 3 Nr. 2 EStG). Die stillen Reserven des übertragenen KG-Anteiles betragen 100.000 €.

A wird hier nach Verwaltungsauffassung[224] eine Aufdeckung der auf Sohn S übertragenen stillen Reserven in Höhe von 100.000 € in Kauf nehmen und als laufenden (gewerbesteuerpflichtigen) Gewinn versteuern müssen. Denn er hat weder einen aus Gesellschaftsanteil und Sonderbetriebsvermögen bestehenden Mitunternehmeranteil auf seinen Sohn übertragen noch verbleibt die Immobilie als funktional wesentliches Wirtschaftsgut im Sonderbetriebsvermögen derselben Mitunternehmerschaft.[225]

Das Ergebnis erscheint absurd: Sowohl die Überführung von Einzelwirtschaftsgütern in ein anderes Betriebsvermögen ist gem. § 6 Abs. 5 EStG (hier § 6 Abs. 5 Satz 3 Nr. 1 EStG) zum Buchwert steuerneutral zulässig als auch die Übertragung von Teilen eines Mitunternehmeranteiles (hier durch unentgeltliche Aufnahme eines weiteren Kommanditisten gem. § 6 Abs. 3 Satz 1 zweiter Halbsatz EStG). Folglich wird allein aufgrund kumulierter Erfüllung zweier eigenständiger Tatbestände die Buchwertfortführung nach § 6 Abs. 3 EStG ausgeschlossen,

---

221 Vgl. BMF-Schreiben vom 3.3.2005 aaO Rz. 7.
222 Vgl. BFH vom 25.11.2009, DStR 2010, 269.
223 BFH vom 25.11.2009 aaO.
224 BMF-Schreiben vom 3.3.2005 aaO Rz. 7; aA Winkeljohann/Stegemann, BB 2005, 1416, 1418: Vorhergehende Aussonderung unschädlich, da BMF aaO Rz. 7 nicht ausdrücklich auf Rz. 15 verweist.
225 GlA Brinkmann, StBp 2005, 200, 201; vgl. auch Schoor, StSem 2009, 187: Übertragung außerhalb Zweijahresfrist unschädlich.

Immobilien in der Rechtsform einer GmbH & Co. KG

obwohl beide für sich betrachtet jeweils die Kriterien steuerneutraler Übertragung erfüllen. Das ist im Grunde kaum nachvollziehbar,[226] in der Beratungspraxis allerdings zur Vermeidung von steuerlichen Nachteilen des Mandanten zwingend zu respektieren.

1.2.5.3. Entwicklung der Rechtsprechung zur schädlichen Auslagerung wesentlicher Betriebsgrundlagen

97 Die Finanzverwaltung (siehe oben) hat Schützenhilfe durch das Urteil des Schleswig-Holsteinischen Finanzgericht enthalten.[227] Nach seiner Auffassung steht die zeitgleiche Übertragung wesentlicher Betriebsgrundlagen in ein anderes Betriebsvermögen der Anwendung des § 6 Abs. 3 EStG entgegen. Der BFH hat diese Rechtsauffassung inzwischen mit Urteil vom 5.11.2008[228] bestätigt. Danach scheitert die Buchwertfortführung bei der Übertragung von Mitunternehmeranteilen, wenn funktional wesentliches Sonderbetriebsvermögen (im Streitfall lediglich ein Verwaltungsgebäude) zum Buchwert in eine andere Personengesellschaft überführt wird. Die Entscheidung ist zwar zu § 7 Abs. 1 EStDV ergangen. Sie dürfte aber gleichermaßen für § 6 Abs. 3 EStG Bedeutung haben.

Maßgebender Zeitraum schädlicher „Auslagerung": Ungeklärt bleibt in diesem Zusammenhang, welcher Zeitraum unter „weiterhin" zu verstehen ist. Eine unbefristete Zugehörigkeit zum Betriebsvermögen lehnt das Schrifttum ab.[229] Vielmehr wird es als sachberecht empfunden, hier die auch den Übernehmer treffende Fünfjahresfrist anzuwenden.[230] Letztendlich aber ist unklar, wie lange das zurückbehaltene Betriebsvermögen gehalten werden muss.[231] Nach Ablauf von fünf Jahren jedenfalls dürfte eine Schädlichkeit auch mit Blick auf die Gesamtplanrechtsprechung nicht mehr eintreten.[232]

Hinweis: Vor dem Hintergrund der obigen Unsicherheiten kann in Beispiel 19 freilich auch eine andere Gestaltung des Sachverhalts zur Entspannung beitragen. So etwa könnte der Mitunternehmeranteil von Sohn S gesenkt und damit eine potentielle Steuerbelastung sichtbar reduziert werden. Vater A kann ebenso den

---

226 Kritisch auch Crezelius, FR 2003, 537, 541; weitere Nachweise siehe Brandenburg, NWB 2010, 2699, 2701.
227 Urteil vom 5.11.2008, EFG 2009, 233; vgl. dazu die Anmerkung von Bönning, BB 2009, 268: Ausweichgestaltung durch rechtzeitige Betriebsaufspaltung oder Übertragung unter Nießbrauchsvorbehalt.
228 BFH/NV 2010, 1544.
229 Siehe Funk, BB 2002, 1240; Brinkmann, StBp 2005, 200, 203 mit weiteren Nachweisen.
230 Schmidt/Kulosa 29. Aufl. § 6 EStG Rz. 662: 5-Jahreszeitraum auch beim Schenker beachten; Brinkmann, StBp 2005, 200, 203.
231 Ausführlich Gratz in Herrmann/Heuer/Raupach § 6 EStG Anm. 1369b.
232 Zu Einwendungsmöglichkeiten gegen die Gesamtplan-Besteuerung siehe Jebens, BB 2009, 2172.

Ertragsteuerliche Behandlung der Übertragung von Kommanditanteilen

gesamten KG-Anteil einschließlich Immobilie (unter Nießbrauchsvorbehalt am Grundstück; siehe dazu Rz. 100 f.) übertragen und sich fortan als privater Vermieter betätigen. Denn die negativen Rechtsfolgen des § 6 Abs. 3 Satz 2 EStG greifen nicht bei vollständiger Betriebsübertragung bzw. Übertragung des gesamten Mitunternehmeranteiles.[233]

1.2.5.4. Unschädliche Auslagerungen bei doppelstöckigen Personengesellschaften

Ungeachtet der bestehenden obigen Unsicherheiten im Falle der Auslagerung von Betriebsgrundlagen ist immerhin seit dem BFH-Urteil vom 25.2.2010[234] geklärt, dass jedenfalls die Auslagerung einer mitunternehmerischen Unterbeteiligung keine für die Anwendung der §§ 16, 34 EStG schädliche Verfügung ist.[235]

Im Streitfall wurden anlässlich der Veräußerung der KG I Mitunternehmeranteile an der KG II auf eine KG III ausgelagert. Der Steuerpflichtige hatte damit die Möglichkeit,
- einerseits seine Anteile an KG I zu veräußern und
- andererseits die mittelbar über KG I gehaltenen Anteile an KG II zum Buchwert auf seine KG III zu übertragen.

98

Voraussetzung einer Anwendung der §§ 16, 34 EStG ist, dass die stillen Reserven aller wesentlichen Wirtschaftsgüter aufgedeckt werden, die der eigenen Geschäftstätigkeit der Ober-Personengesellschaft (hier: KG I) dienen. Dazu aber gehört nicht die Beteiligung an einer Personengesellschaft (Untergesellschaft) im Sinne des § 15 Abs. 1 Nr. 2 EStG. Die Untergesellschaft ist aus Sicht der §§ 16, 34 EStG eigenständig zu beurteilen.[236]

Hinweis: Die Verteilung von Immobilien des Mandanten auf eine Ober- und Unter-Personengesellschaft kann vorteilhaft sein, wenn er im Zuge späterer Anteilsübertragung einige Immobilien in seinem Eigentum zurückbehalten möchte. Diese Absicht kann er durch Übertragung entweder der Anteile an der Ober-KG (Fall a) oder an der Unter-KG (Fall b) verwirklichen. Freilich muss im Fall a) zuvor die Beteiligung an der Unter-KG (zum Buchwert) durch Übertragung in das Alleineigentum bzw. eine Schwester-KG des Mandanten ausgelagert werden.

---

233 So Wendt, FR 2005, 468, 475.
234 FR 2010, 701 mit Anm. Wendt, FR 2010, 704.
235 Siehe auch Strahl, FR 2010, 756, 757.
236 Vgl. auch BFH vom 16.10.2008, BFH/NV 2009, 725 unter Rz. II.3.d.cc. der Gründe zu dem Fall, dass Teilbetrieb 1 veräußert und Teilbetrieb 2 zu Buchwerten in das Vermögen der Gesellschafter übergeht.

1.2.5.5. Exkurs – Behandlung des Sonderbetriebsvermögens bei qualifizierter Nachfolgeklausel

99 Der Übergang von Gesamthands- und Sonderbetriebsvermögen kann auch im Erbfall auseinanderfallen, so dass die Anwendung des § 6 Abs. 3 EStG fraglich erscheint.

Beispiel 20

> *Vater V ist alleiniger Kommanditist der A-GmbH & Co. KG. In seinem Sonderbetriebsvermögen befindet sich eine der KG überlassene Immobilie. Mit dem Tode des V geht sein Kommanditanteil aufgrund qualifizierter Nachfolgeklausel auf Sohn S über. Die Immobilie hingegen wird Gesamthandsvermögen der aus Ehefrau (E) und S bestehenden Erbengemeinschaft. An der Erbengemeinschaft ist E mit 75 % und S mit 25 % beteiligt.*

Aufgrund der qualifizierten Nachfolgeklausel wird die Immobilie zu 75 % steuerliches Privatvermögen der nicht qualifizierten E.[237] Der damit einhergehende Entnahmegewinn ist dem Erblasser V als laufender Gewinn zuzurechnen,[238] weil E aufgrund der gesellschaftsvertraglichen Regelungen keine Mitunternehmerin wurde.[239] Soweit der Kommanditanteil sowie ein Teil des Sonderbetriebsvermögens auf S übergehen, kommt es nicht zur Aufdeckung stiller Reserven.[240] Das gilt selbst dann, wenn der qualifizierte Nachfolger Ausgleichs- bzw. Abfindungszahlungen an die Erben (Miterben) leisten muss. Diese Auffassung ist großzügig und hat den Charakter einer Billigkeitsregelung.

1.2.6. Vermeidung der Sperrfrist des § 6 Abs. 3 Satz 2 EStG durch Vorbehaltsnießbrauch am Sonderbetriebsvermögen

100 Soll einerseits der Angehörige steuerneutral gem. § 6 Abs. 3 EStG als Mitunternehmer in die Personengesellschaft aufgenommen werden und ist andererseits das mit der Fünfjahresfrist des § 6 Abs. 3 Satz 2 EStG verbundene Besteuerungsrisiko (siehe Rz. 91) unerwünscht, kann die Eigentumsübertragung des Sonderbetriebsvermögens unter Vorbehaltsnießbrauch eine sinnvolle Alternative sein. Dann entfällt mangels zurückbehaltenem Sonderbetriebsvermögen (siehe unten Rz. 101) eine Anwendung des § 6 Abs. 3 Satz 2 EStG und damit das Risiko rückwirkender

---

237 BMF-Schreiben vom 14.3.2006, BStBl. I 2006, 253 Rz. 73.
238 Dieser Gewinn unterliegt nicht der Gewerbesteuer; siehe BFH vom 15.3.2000, BStBl. II 2000, 316; vgl. Brandenberg NWB, 2010, 2699, 2704.
239 BMF-Schreiben vom 14.3.2006, BStBl. I 2006, 253 Rz. 74.
240 BMF-Schreiben vom 14.3.2006, BStBl. I 2006, 253 Rz. 72; Brandenberg, NWB 2010, 2699, 2703; Schmidt/Wacker 29. Aufl. § 16 EStG Rz. 672.

Ertragsteuerliche Behandlung der Übertragung von Kommanditanteilen

Besteuerung eines Entnahmegewinnes beim Schenker. Der Vorbehaltsnießbrauch ist folglich eine sinnvolle Gestaltungsvariante, Vermögensübertragungen im Rahmen vorweggenommener Erbfolge steuerneutral durchzuführen.

1.2.6.1. Die ertragsteuerlichen Rechtsfolgen des Vorbehaltsnießbrauchs

1.2.6.1.1. Behandlung während der Dauer des Nießbrauchs

Der Vorbehaltsnießbrauch ist mit unterschiedlichen Rechtsfolgen verbunden, was anhand des nachstehenden Beispiels veranschaulicht werden soll.

Beispiel 21

Vater V ist einziger Kommanditist der A-GmbH & Co. KG. Er überlässt der KG eine in seinem Eigentum befindliche Immobilie. V überträgt zum 1.1.10 seinem Sohn S unentgeltlich 50 % seines Kommanditanteiles und zugleich das Eigentum an seiner Immobile, jedoch unter Vorbehalt des lebenslänglichen Nießbrauches. Der Buchwert der Immobilie beträgt zum 31.12.09 500.000 €, wovon 300.000 € auf das Gebäude entfallen.

Im obigen Beispiel treten insbesondere die nachstehenden Rechtsfolgen ein:
a) Ausscheiden der nießbrauchbelasteten Immobilie aus dem Sonderbetriebsvermögen des Schenkers;[241]
b) Übergang der weiterhin der Gesellschaft überlassenen Immobilie in das (gewillkürte) Sonderbetriebsvermögen des Sohnes.[242] Es liegt eine – zu 50 % – überquotale Übertragung von Sonderbetriebsvermögen vor (siehe Rz. 93). Der Vorgang ist gem. § 6 Abs. 3 EStG steuerneutral. Soweit Sonderbetriebsvermögen überquotal übertragen wurde folgt die Steuerneutralität aus § 6 Abs. 5 EStG. Der Nießbrauch steht daher weder einer Buchwertübertragung noch einer Behandlung als Sonderbetriebsvermögen beim Erwerber entgegen;[243]
c) die Bestellung des Nießbrauchs stellt keine Gegenleistung des neuen Eigentümers dar[244] und ist nicht als Wertminderung der belasteten Immobilie in der Sonderbilanz des Eigentümers auszuweisen;

101

---

241 BFH-Urteil vom 5.2.2002, BFH/NV 2002, 781; Schneider in Herrmann/Heuer/Raupach § 15 EStG Anm. 721.
242 Siehe BFH vom 1.3.1994, BStBl. II 1995, 241.
243 Siehe dazu Schmidt/Kulosa 29. Aufl. § 6 EStG Rz. 654 unter Bezugnahme auf Strahl, FR 2004, 929; ebenso Gratz in Herrmann/Heuer/Raupach § 6 EStG Anm. 1362.
244 BMF-Schreiben vom 13.1.1993, BStBl. I, 80, Rz. 10; BFH vom 24.4.1991, BStBl. II 1991, 793.

Immobilien in der Rechtsform einer GmbH & Co. KG

d) folgerichtig unterbleibt eine Aktivierung des Nießbrauchs in der Sonderbilanz des Nießbrauchers.[245] Er verwirklicht damit nicht den Tatbestand zurückbehaltenen Sonderbetriebsvermögens gem. § 6 Abs. 3 Satz 2 EStG. Alternativ ist vorstellbar, dass der Nießbrauch in der Sonderbilanz des Nießbrauchers mit den kumulierten AfA-Beträgen ausgewiesen wird (siehe auch unten);[246]
e) der Wegfall des Nießbrauchs durch Tod des Berechtigten ist sowohl bei diesem als auch beim Eigentümer steuerlich neutral. Ein späteres Besteuerungsrisiko besteht also nicht;
f) die Gebäude-AfA kann für die Dauer des Nießbrauchs nur vom Vorbehaltsnießbraucher als Sonderbetriebsausgabe geltend gemacht werden. Beim Eigentümer ist die AfA wegen der aus seiner Sicht gegebenen Ertraglosigkeit in der Sonderbilanz spiegelbildlich über das Kapitalkonto zu neutralisieren.[247] Erst mit dem Tode des Berechtigten geht die AfA-Berechtigung auf ihn über.[248]

Die Bestellung eines lebenslänglichen Nießbrauches am Betriebsgrundstück kommt auch dem Versorgungsbedürfnis des bisherigen Betriebsinhabers und seines Ehegatten (siehe dazu auch nachfolgend) entgegen. Ihm werden hier steuerliche Erträge zugerechnet, die er zur Bestreitung seines Lebensunterhaltes verwenden kann.

1.2.6.1.2. Der ertragsteuerlich neutrale Tod des Vorbehaltsnießbrauchers

102 Von großem Interesse ist die Antwort auf die Frage, welche Bedeutung dem Tod des Nießbrauchers zukommt. Die Palette möglicher Antworten ist breit gefächert und teilweise konträr:
– *Gewinnmindernde* Ausbuchung des in Höhe kumulierter Gebäude-AfA in der Sonderbilanz des Nießbrauchers aktivierten Nießbrauchsrechts (Variante a);
– *gewinnerhöhende* Auflösung der im Nießbrauchsrecht enthaltenen stillen Reserven (Variante b);
– *gewinnneutrale* Ausbuchung des aktivierten Restbuchwerts des Nießbrauchsrechts (Variante c).

---

245 Zum Einlageverbot von Nutzungsrechten siehe Beschluss des GrS des BFH vom 26.10.1987, BStBl. II 1988, 348.
246 Vgl. FG Münster vom 24.9.2002, EFG 2003, 460 rkr.
247 Siehe dazu aber Zimmermann u.a., Die Personengesellschaft im Steuerrecht, 10. Aufl. 2009 S. 1409: Neutralisierung der AfA durch außerbilanzielle Hinzurechnung.
248 Vgl. BMF-Schreiben vom 29.5.2006, BStBl. I, 392, Rz. 46 zu den Einkünften aus Vermietung u. Verpachtung; im betrieblichen Bereich kann nichts anderes gelten.

Ertragsteuerliche Behandlung der Übertragung von Kommanditanteilen

Die Entscheidung des Finanzgericht Münster: Soweit ersichtlich hatte sich bislang nur das Finanzgericht Münster im Urteil vom 24.9.2002[249] mit einem einschlägigen Sachverhalt zu beschäftigen. Es kam zu folgenden Erkenntnissen:
„Überträgt ein Gesellschafter einer Personengesellschaft ein ihm gehörendes, teilweise zu gewerblichen Zwecken an die Gesellschaft vermietetes Grundstück im Wege der vorweggenommenen Erfolge in der Weise, dass er sich den Nießbrauch an diesem Grundstück vorbehält, so hat sein Ausscheiden aus der Gesellschaft die Zwangsentnahme des Nießbrauchsrechts zur Folge"

Dies lässt auf eine Realisierung der im Nießbrauchsrecht ruhenden stillen Reserven nach obiger Variante b) schließen. Dem ist allerdings nicht so. Vielmehr ist nach Auffassung des Finanzgericht Münster aaO wie folgt zu verfahren:

– **Einlage des Nießbrauchs:** Das Nießbrauchsrecht ist wegen der weiteren betrieblichen Nutzung des Grundbesitzes in das Betriebsvermögen einzulegen,[250] denn es entsteht im privaten Vermögensbereich des Schenkers.[251]
– **Bewertung in Höhe kumulierter Gebäude-AfA:** Die Einlage erfolgt nicht gem. § 6 Abs. 1 Nr. 5 EStG mit dem Teilwert. Nach Auffassung des BFH[252] ist der Einlagewert des Nutzungsrechts von den eigenen betrieblich veranlassten Aufwendungen des Nutzungsberechtigten abhängig. Dazu rechnen neben den bei der Nutzung anfallenden laufenden Kosten insbesondere auch die abschreibbaren Anschaffungs- oder Herstellungskosten, die der Nutzungsberechtigte für den Gegenstand ursprünglich als Eigentümer selbst getragen hat und die er auch während der Dauer des Nutzungsrechts im Wege der AfA unmittelbar gewinnmindernd geltend machen könnte, wenn die betrieblich genutzte Immobilie selbst zu seinem Betriebsvermögen gehören würde. Durch die fortdauernde betriebliche Nutzung des Gegenstandes bleibt die betriebliche Veranlassung der auf die Nutzungsdauer zu verteilenden Aufwendungen des Steuerpflichtigen für dessen Anschaffung oder Herstellung auch nach dem Verlust der Eigentümerstellung gewahrt;
– **Entnahme in Höhe der verbleibenden kumulierten Gebäude-AfA:** Die obigen Grundsätze zur Einlagenbewertung müssen auch für die Bewertung

---

249 EFG 2003, 460 rkr.
250 BFH vom 2.8.1983, BStBl. II 1983, 735.
251 BFH vom 16.12.1988, BStBl. II 1989, 763.
252 Urt. vom 16.12.1998, BStBl. II 1989, 763.

desselben Wirtschaftsguts (Nießbrauch) im Zeitpunkt seiner Entnahme[253] gelten. Dies ergibt sich bereits aus den von der Rechtsprechung aufgestellten Teilwertvermutungen. Danach decken sich im Zeitpunkt des Erwerbs oder der Fertigstellung eines Wirtschaftsguts die Anschaffungs- oder Herstellungskosten mit dem Teilwert. Zu den auf die Anschaffung oder Herstellung folgenden Bilanzstichtagen entspricht der Teilwert bei Wirtschaftsgütern des Anlagevermögens den um die AfA geminderten Anschaffungs- oder Herstellungskosten.[254] Aus dieser Teilwertvermutung ergibt sich nicht nur, dass die Anschaffungs- oder Herstellungskosten im Zeitpunkt der Leistung die objektiven Wertverhältnisse wiedergeben, sondern auch, dass der Teilwert zum Zeitpunkt der Einlage Ausgangswert für die Ermittlung des Teilwertes im Zeitpunkt der Entnahme ist. Nach Auffassung des Finanzgericht Münster aaO gilt dies ebenso für Fälle, in denen wie hier von den Bewertungsregeln des § 6 Abs. 1 EStG abgewichen wird.

– **Vermeidung einer Mehrfachbesteuerung:** Die gewinnrealisierende Entnahme des Nießbrauchs würde vorliegend zu einer Mehrfachbesteuerung der stillen Reserven führen. Denn im Streitfall wurden bereits sämtliche stillen Reserven im Zeitpunkt schenkweiser Übertragung des Grundbesitzes auf die Tochter versteuert. Zwar sind Grundbesitz und Nießbrauch verschiedene Wirtschaftsgüter. Jedoch wurzeln alle stillen Reserven letztlich im Grundbesitz.

Folgerungen für das obige Beispiel 21: Der Streitfall des Finanzgerichts Münster aaO unterscheidet sich insoweit vom obigen Bespiel 21, als hier im Gegensatz zum Streitfall die Immobilienschenkung keine Gewinnrealisierung bewirkte. Denn sie war nach § 6 Abs. 5 Satz 3 Nr. 3 EStG zwingend steuerneutral vorzunehmen. Daraus aber sind keine für die Beendigung des Nießbrauchs nachteiligen Schlussfolgerungen zu ziehen. Denn es kann zur Vermeidung einer Mehrfachbesteuerung stiller Reserven keine Rolle spielen, ob diese bereits (wie im Streitfall des Finanzgerichts Münster aaO) versteuert sind oder eine Realisierung beim Beschenkten (wie hier in Beispiel 21) noch bevorsteht.

1.2.6.2. Nießbrauch zugunsten Gesamtberechtigter gem. § 428 BGB

Häufig wird der Nießbrauch im Interesse künftiger Versorgung des Ehegatten des Schenkers zu Gunsten beider Ehegatten als Gesamtberechtigte i. S. des § 428 BGB

---

253 Eine Entnahme im eigentlichen Sinne liegt hier freilich nicht vor. Denn das Nießbrauchsrecht besteht nicht im privaten Vermögensbereich fort. Zuzugeben ist allerdings, dass es aus höchstpersönlichen Gründen, nämlich durch Tod des Berechtigten, erlischt. Diesem Vorgang kann man nur durch Simulation einer Entnahme gerecht werden.
254 BFH vom 4.3.1998, BFH/NV 1998, 1086.

bestellt. Dies berührt die ungekürzte AfA-Befugnis des Vorbehaltsnießbrauchers nicht,[255] obwohl der mitberechtigte Ehegatte nur einen Zuwendungsnießbrauch hat. Entscheidend für die fortbestehende AfA-Berechtigung des Schenkers ist, dass er den zurückbehaltenen Nießbrauch allein ausübt. Dadurch leitet er seine Nutzungsberechtigung nicht zum Teil aus dem Recht des Ehegatten als Zuwendungsnießbraucher ab.[256] Gleichwohl ist diese Nießbrauchsvariante langfristig gesehen aus den nachstehenden Gründen nicht unproblematisch, falls der Schenker vor seinem Ehegatten verstirbt.

Wegfall der Gebäude-AfA: Mit dem Vorversterben des Schenkers endet der bisherige Vorbehaltsnießbrauch und es lebt der bislang überlagerte Nießbrauch des Ehegatten auf. Dessen Nießbrauch ist jedoch als Zuwendungsnießbrauch zu qualifizieren.[257] Damit geht die AfA des nießbrauchbelasteten Wirtschaftsguts – jedenfalls nach Verwaltungsauffassung[258] zum Privatvermögen – steuerlich verloren.[259] Ob sie nunmehr vom Eigentümer als Betriebsausgabe geltend gemacht werden kann, weil er künftige Wertsteigerungen (auch durch AfA entstandene stille Reserven) zu versteuern hat, ist höchstrichterlich nicht entschieden. Ebenso ist unklar, ob bei fehlender AfA-Berechtigung des Betriebsinhabers die Gebäude-AfA – wie bisher beim Vorbehaltsnießbrauch – eine Entnahme (siehe oben) darstellt oder der Buchwert des betreffenden Wirtschaftsguts festgeschrieben wird. Letzteres könnte ein die Interessen der Beteiligten ausgewogen respektierender Mittelweg sein.

Schenkungsteuer: Die Bestellung eines Nießbrauchs auch zugunsten des Ehegatten des Schenkers als Gesamtberechtigte stellt zugleich eine schenkungsteuerpflichtige Zuwendung gem. § 7 Abs. 1 Nr. 1 ErbStG an den Nichteigentümer-Ehegatten dar.[260] Mit Blick auf den ohnehin eintretenden AfA-Wegfall bietet sich zur Vermeidung dieser regelmäßig unerwünschten Schenkungsteuerfolgen an, zugunsten des Ehegatten lediglich einen **aufschiebend bedingten Nießbrauch** zu bestellen. Der Ehegatte wird in diesem Fall nur und erst Nießbraucher, wenn er den Schenker tatsächlich überlebt.

Keine Entnahme der nießbrauchbelasteten Immobilie ins Privatvermögen: 105
Mit dem Tod des Vorbehaltsnießbrauchers und Mitunternehmers stellen seine

---
255 Vgl. BFH vom 24.9.1985, BStBl. II 1986, 12 unter Aufgabe der bislang abweichenden Rechtsprechung.
256 BFH vom 18.3.1986, BStBl. II 1986, 713.
257 Siehe BFH-Urteile vom 18.3.1986, BStBl. II, 713 sowie vom 16.11.1993, BFH/NV 1992, 593.
258 Zum AfA-Verbot des Zuwendungsnießbrauchers siehe BMF-Schreiben vom 29.5. 2006 aaO Rz. 19.
259 Gegen Wegfall der Gebäude-AfA Schmidt/Kulosa 29. Aufl. § 7 EStG Rz. 40: Wirtschaftlicher Übergang des Vorbehaltsnießbrauchs auf den überlebenden Ehegatten.
260 Vgl. FG München vom 20.1.2002, EFG 2003, 551 rkr.

Immobilien in der Rechtsform einer GmbH & Co. KG

Mieteinnahmen keine Sonderbetriebseinnahmen mehr dar. Es sind fortan Einkünfte aus Vermietung und Verpachtung des überlebenden Ehegatten. Darin könnte die Finanzverwaltung eine Entnahme der Immobilie sehen, zumal diese schon zu Lebzeiten des Schenkers (Mitunternehmer) lediglich gewillkürtes Betriebsvermögen darstellte. Die Rechtsprechung[261] hat solchen Überlegungen bislang Einhalt geboten. Sie verzichtet auf eine Besteuerung, weil das Wirtschaftsgut unverändert im selben Funktionszusammenhang zum Betrieb steht und außerdem eine Besteuerung der stillen Reserven sichergestellt bleibt.[262]

Bedeutung anschließender Nutzungsänderung durch den Zuwendungsnießbraucher: Die obige Problematik lässt sich verfeinern, wenn ein vom Nießbraucher initiierter Nutzungswechsel unterstellt wird. Denn es könnte sein, dass der überlebende Ehegatte des Schenkers (Zuwendungsnießbraucher) die Vermietung an die Gesellschaft beendet und evtl. sogar eine Nutzung zu eigenen Wohnzwecken in Betracht zieht. Muss unter diesen Umständen der neue Betriebsinhaber befürchten, durch „Fremdeinwirkung" des Nießbrauchers einen Entnahmegewinn versteuern zu müssen? Das Schleswig-Holsteinische Finanzgericht[263] hat dies verneint und schlüssig dargelegt, dass eine solche Nutzungsänderung zwar die Beziehung des Wirtschaftsguts zum Betrieb ändert und fortan kein notwendiges Betriebsvermögen mehr vorliegt. Es erlangt dadurch aber nicht die Qualität notwendigen Privatvermögens. Ohne eindeutige Entnahmehandlung des Betriebsinhabers entfällt eine Entnahme. Die Nutzungsänderung in der Person des Nießbrauchers ist nicht dem Eigentümer zuzurechnen.[264]

Vermächtnisnießbrauch als Ausweichgestaltung?: Anstelle der Nießbrauchbestellung zugunsten von Gesamtberechtigten gem. § 428 BGB könnten die Beteiligten erwägen, dem überlebenden Ehegatten das Nießbrauchsrecht vermächtnisweise zuzuwenden, um einen Wegfall der Gebäude-AfA zu verhindern. Dem stehen jedoch Rechtsprechung[265] und Verwaltungsauffassung entgegen.[266] Danach ist der Vermächtnisnehmer nicht berechtigt, die Gebäude-AfA des Erblassers zu übernehmen.

---

261 Siehe BFH vom 26.11.1998, BStBl. II 1999, 263.
262 BFH vom 24.3.1992, BStBl. II 1993, 93.
263 Urteil vom 23.7.2001, EFG 2001, 1419 rkr.
264 BFH vom 12.3.1992, BFH/NV 1993, 405.
265 BFH vom 28.9.1993, BStBl. II 1994, 319.
266 BMF-Schreiben vom 29.5.2006, BStBl. I, 392 Rz. 32.

Ertragsteuerliche Behandlung der Übertragung von Kommanditanteilen

1.2.6.3. Zur vertraglichen Ausgestaltung des Nießbrauchs

Der Vorbehaltsnießbraucher kann Aufwendungen auf das Grundstück als Betriebsausgaben absetzen, soweit er sie vertraglich übernommen und getragen hat.[267]

106

Laufende Aufwendungen: Der Nießbraucher ist grundsätzlich verpflichtet, alle mit der Immobilie zusammenhängenden laufenden Aufwendungen zu tragen. Infolgedessen kann er sie als Betriebsausgaben abziehen. Das gilt auch für größere Erhaltungsaufwendungen, die gem. § 1041 BGB grundsätzlich vom Eigentümer getragen werden müssen. Voraussetzung des Abzugs ist die vertragliche Übernahme der betreffenden Aufwendungen im Rahmen der Nießbrauchbestellung,[268] wobei nach Ansicht des BFH mündliche Vereinbarungen genügen.[269] Die früher engere Rechtsprechung[270] ist damit überholt.

Empfehlung: Ungeachtet der inzwischen gelockerten BFH-Rechtsprechung sollte im Zuge der Nießbrauchbestellung bereits im Notarvertrag eine Vereinbarung des Inhalts getroffen werden, dass der Nießbraucher abweichend von § 1041 BGB auch zur Tragung größerer und außergewöhnlicher Erhaltungsaufwendungen verpflichtet ist. Den Vertragsparteien muss allerdings klar sein, dass diese steuerlich motivierte Vereinbarung den Nießbraucher bei hohem Erhaltungsaufwand finanziell stark belasten kann. Daher ist im Einzelfall eine Kostendeckelung zu erwägen. Ein Abzug überschießender Aufwendungen beim Eigentümer könnte mit dem Argument begründet werden, dass eine Besteuerung der damit verbundenen Werterhaltung der Immobilie im Betriebsvermögen sichergestellt ist.

1.3. Behandlung betrieblicher (Alt-)Verbindlichkeiten des Übergebers

Bei schenkweise Übertragung von KG-Anteilen auf Angehörige stellt sich naturgemäß die Frage, wie mit im Sonderbetriebsvermögen vorhandenen Verbindlichkeiten des Übergebers zu verfahren ist. Waren diese bisher als notwendiges Sonderbetriebsvermögen im Rahmen der mitunternehmerischen Beteiligung anzusehen, geht diese Eigenschaft im Zeitpunkt der Anteilsübertragung grundsätzlich nicht verloren. Die Verbindlichkeiten bleiben auch künftig negatives (Sonder-) Betriebsvermögen der nunmehr personell erweiterten Mitunternehmerschaft.

107

Risiken bei Übertragung von Aktivvermögen in das Sonderbetriebsvermögen des Beschenkten: Die bislang im Sonderbetriebsvermögen des Übergebers be-

---

267 So BMF-Schreiben vom 29.5.2006, BStBl. I, 392 Rz. 43 zu den Einkünften aus Vermietung u. Verpachtung; m.E. ohne weiteres auch auf gewerbliche Einkünfte übertragbar.
268 BMF-Schreiben vom 29.5.2006 aaO Rz. 43 in Verbindung mit 21.
269 Siehe BFH-Urteile vom 14.11.1989, BStBl. II 1990, 462; vom 10.7.1990, BFH/NV 1991, 197.
270 BFH vom 8.12.1982, BStBl. II 1983, 710.

Immobilien in der Rechtsform einer GmbH & Co. KG

findlichen Verbindlichkeiten können ihren betrieblichen Bezug u.E. jedoch insoweit verlieren, als Wirtschaftsgüter des Sonderbetriebsvermögens (wie etwa Immobilien) in das Sonderbetriebsvermögen des aufgenommenen neuen Gesellschafters (Beschenkter) gelangen.

Beispiel 22

A (siehe Beispiele 20 + 21) überträgt die Hälfte seines KG-Anteiles auf Sohn S und überträgt ihm außerdem seine im Sonderbetriebsvermögen befindliche Immobilie. Die auf der Immobilie (Verkehrswert 400.000 €; Buchwert 160.000 €) lastenden Verbindlichkeiten valutieren noch in Höhe von 100.000 € (Finanzierungszusammenhang wegen früherer Finanzierung der AK/HK). Im Einzelnen werden alternativ folgende Vereinbarungen getroffen:
a) die Verbindlichkeiten werden von Sohn S übernommen;
b) die Verbindlichkeiten werden von Sohn S übernommen, jedoch behält sich A an der Immobilie einen Nießbrauch zurück.

In jedem Fall erfolgt eine entgeltliche Nutzungsüberlassung der Immobilie an die Personengesellschaft.

Im Fall a) wird ein vollständiger Zinsabzug bei S erreicht, zumal er auch fortan die Mieterträge in seinem Sonderbetriebsvermögen realisiert. Allerdings dürfte die Finanzamt die vorliegende überquotale Übertragung der Immobilie in das Sonderbetriebsvermögen von S teilweise als Veräußerung werten, sodass in der Person des A ein Veräußerungsgewinn entsteht (siehe Rz. 95). Dieser errechnet sich im Einzelnen wie folgt (zu weiteren Berechnungsvarianten siehe Rz. 95):

Veräußerungserlös (Schuldübernahme)		100.000 €
davon Übertragung gem. § 6 Abs. 3 EStG		<u>50.000 €</u>
für Übertragung gem. § 6 Abs. 5 EStG verbleiben		50.000 €
Buchwert Betriebsgrundstück	160.000 €	
davon Übertragung gem. § 6 Abs. 3 EStG	<u>80.000 €</u>	
für § 6 Abs. 5 EStG verbleiben	80.000 €	
auf Veräußerung entfallen 25 %	20.000 €	<u>20.000 €</u>
Veräußerungsgewinn		30.000 €

A kann diesen Gewinn unter den Voraussetzungen des § 6b EStG in eine steuerfreie Rücklage einstellen. Damit ist eine aktuelle Steuerbelastung zunächst abgewendet.

Ertragsteuerliche Behandlung der Übertragung von Kommanditanteilen

Im Fall b) werden die Nutzungen der Immobilie weiterhin von A als Vorbehaltsnießbraucher gezogen. Es entstehen Zweifel, ob Sohn S als ertragloser Eigentümer zum Zinsabzug berechtigt ist. Die Finanzverwaltung verweigert grundsätzlich für die Dauer des Nießbrauchs den steuerlichen Abzug grundstücksbezogener Aufwendungen. Jedenfalls vertritt sie diese Auffassung auf der Grundlage höchstrichterlicher Rechtsprechung bei nießbrauchbelasteten Immobilien des Privatvermögens.[271] Dem wird man zwar für den privaten Vermögensbereich folgen müssen, nicht aber zwingend für den betrieblichen Bereich. Denn im Betriebsvermögen unterliegen Wertsteigerungen ausnahmslos einer Besteuerung. Die (hier teilentgeltliche) Anschaffung der nießbrauchbelasteten Immobilie ist damit kein hinreichender Grund, den Zinsabzug als Betriebsausgabe zu verweigern. Es ist gleichwohl anzuraten, den Vater als Nießbraucher für die Dauer des Nießbrauchs zur Zinszahlung zu verpflichten. Solche Vereinbarungen sind zulässig.[272] Dass die betreffenden Verbindlichkeiten zum (negativen) Sonderbetriebsvermögen der Tochter gehören, ist dabei unbeachtlich.

108

1.4. Sonderbetriebsvermögen als Steuerrisiko im Erbfall

1.4.1. Drohende Besteuerung eines Entnahmegewinnes beim Erblasser

Behält A die zum notwendigen Sonderbetriebsvermögen seiner mitunternehmerischen Beteiligung gehörende Immobilie im Alleineigentum und damit als Sonderbetriebsvermögen seiner KG-Beteiligung zurück, entstehen im Erbfall (Tod des A) steuerliche Komplikationen.

109

Zwangsentnahme: Die Bildung von Sonderbetriebsvermögen ist im Falle erwünschter qualifizierter Nachfolge (Übergang des KG-Anteils von A auf Sohn S) steuerlich nachteilig. Zwar geht hier der Gesellschaftsanteil des Erblassers (A) unmittelbar auf den qualifizierten Erben S durch Sonderrechtsnachfolge gem. § 6 Abs. 3 EStG zum Buchwert über.[273] Der Anteil gehört daher nicht – auch nicht für eine sog. juristische Sekunde – zum Gesamthandsvermögen der Erbengemeinschaft. Jedoch wird das bisherige Sonderbetriebsvermögen zwingend steuerliches Privatvermögen, soweit es auf nicht qualifizierte Miterben entfällt.[274] Den (quotalen) Entnahmegewinn hat der Erblasser zu versteuern.[275] Es handelt sich dabei um

---

271 BMF-Schreiben vom 29.5.2006, BStBl. I, 392 Rz. 45.
272 BMF-Schreiben vom 29.5.2006 aaO Rz. 43 in Verbindung mit Rz. 21 und 22.
273 Siehe Rz. 110; BMF-Schreiben vom 14.3.2006, BStBl. I, 253 Rz. 72.
274 Vgl. BMF-Schreiben vom 14.3.2006 aaO Rz. 73; siehe auch BFH-Urteile vom 29.10.1991, BStBl. II 1992, 512 und vom 5.2.2002, BStBl. II 2003, 237; Schmidt/Wacker 29. Aufl. § 16 Rz. 674.
275 BMF vom 14.3.2006 aaO Rz. 74; ebenso BFH vom 29.10.1991 aaO; Schmidt/Wacker aaO.

laufenden, nicht gem. §§ 16 Abs. 4, § 34 Abs. 3 EStG tarifbegünstigten Gewinn. Er unterliegt jedoch nicht der Gewerbesteuer.[276]

1.4.2. Maßnahmen zur Vermeidung eines Entnahmegewinnes

In Anbetracht der obigen negativen Auswirkungen der Existenz von Sonderbetriebsvermögen beim potentiellen Erblasser stellt sich die Frage, durch welche Maßnahmen drohende Steuerbelastungen durch Zwangsentnahme vermieden werden können.

110 **Vorausvermächtnis am Sonderbetriebsvermögen?**: Die Beteiligten könnten zur Vermeidung steuerlicher Komplikationen erwägen, die zum Sonderbetriebsvermögen gehörende Immobilie Sohn S als Vorausvermächtnis zuzuwenden. Eine solche Lösung wäre tragbar, wenn S als qualifizierter Erbe bereits im Zeitpunkt des Erbfalles zumindest (wirtschaftlicher) Eigentümer der Immobilie werden würde. Diese Rechtsfolge tritt allerdings regelmäßig nicht ein. Ein Vorausvermächtnis verschafft dem Begünstigten lediglich einen schuldrechtlichen Anspruch gegen die Miterben, ihm das Eigentum am belasteten Gegenstand zu verschaffen. Dadurch erlangt S noch keine derart umfassende Verfügungsmacht, dass er gem. § 39 Abs. 2 Satz 1 AO als wirtschaftlicher Eigentümer angesehen werden kann. Ein Vorausvermächtnis ist folglich ungeeignet, bei qualifizierter Nachfolge die (hier anteilige) Entnahme von Sonderbetriebsvermögen ins Privatvermögen des Erblassers(!)[277] zu verhindern.[278] Die steuerneutrale Buchwertübertragung der Immobilie auf Sohn S kann auch nicht erfolgreich mit Rz. 65 des BMF-Schreibens vom 14. März 2006[279] begründet werden. Die Regelung greift nur, wenn in Erfüllung eines Vorausvermächtnisses ein Einzelwirtschaftsgut aus dem Betriebsvermögen der Erbengemeinschaft in ein anderes Betriebsvermögen eines der Miterben überführt wird (§ 6 Abs. 5 EStG). Sie gilt nicht für Übertragungen aus dem Privatvermögen einer Erbengemeinschaft heraus.

Vorausvermächtnis für weichende Erben: Das Vermächtnis kann vorliegend auch so ausgestaltet werden, dass Sohn S als Alleinerbe eingesetzt wird und die anderen – nicht in den Betrieb eintretenden – Erben zur Sicherstellung ihrer Versorgung Geldvermächtnisse erhalten. Die Erfüllung von Geldvermächtnissen

---

276 Siehe BFH vom 15.3.2000, BStBl. II 2000, 316.
277 Siehe Rz. 109.
278 Ausführlich dazu Märkle, FR 1997, 135, 139; Gratz in Herrmann/Heuer/Raupach § 6 EStG Anm. 1396.
279 BStBl. I 2006, 253.

durch den Erben begründet keine Anschaffungskosten und führt mithin nicht zur Aufdeckung stiller Reserven.[280]

Einbringung in das Gesamthandsvermögen der Personengesellschaft: Die Zwangsentnahme des Betriebsgrundstücks entfällt bei qualifizierter Nachfolge von Sohn S in den Gesellschaftsanteil des Vaters auch dann, wenn die zum Sonderbetriebsvermögen des Vaters gehörende Immobilie vor Eintritt des Erbfalles in das Gesamthandsvermögen der Personengesellschaft überführt wird.[281] Dies kann für Zwecke der Versorgung des Vaters unter Nießbrauchsvorbehalt geschehen (siehe oben Rz. 100 f.).

Ausgliederung des Sonderbetriebsvermögens: Zur steuerneutralen Ausgliederung der Immobilie auf eine Schwester-Personengesellschaft siehe nachfolgend.

1.4.3. Das sog. „Ausgliederungsmodell" als Gestaltungsalternative?

Die Immobilie (siehe obiges Beispiel 22) kann ihre Eigenschaft als Sonderbetriebsvermögen auch dadurch verlieren, dass sie von A in das steuerliche Betriebsvermögen einer **Schwester-Personengesellschaft** überführt wird. Es stehen verschiedene Varianten zur Verfügung:

a) Aufnahme der Immobilie in das Gesamthandsvermögen einer eigens dafür gegründeten (gewerblich geprägten) GmbH & Co. KG des A (B-GmbH & Co. KG), verbunden mit anschließender Beteiligung des Sohnes S in Höhe von weniger als 50 % an der A-GmbH & Co. KG und Verpachtung der Immobilie durch die B-GmbH & Co. KG an die A-GmbH & Co. KG;

b) Vorgehensweise wie a), jedoch Beteiligung des S zu mindestens 50 % an der A-GmbH & Co. KG und

c) Beteiligung von S an der A-GmbH & Co. KG in beliebiger Höhe, verbunden mit der gleichzeitigen Übertragung eines Miteigentumsanteiles an der Immobilie auf S und anschließender Vermietung an die A-GmbH & Co. KG.

111

1.4.3.1. Steuerrisiken aufgrund der sog. Gesamtplanrechtsprechung des BFH

Die obigen Fälle a) und b) sind nach der Gesamtplanrechtsprechung des BFH sowie Verwaltungsauffassung (siehe dazu bereits Rz. 96) in besonderem Maße problematisch und nur zu empfehlen, wenn zwischen beiden Maßnahmen (Ausgliederung einerseits und Anteilsübertragung andererseits) ein ausreichend langer

112

---

280 BMF aaO Rz. 60.
281 Vgl. Zimmermann u.a., Die Personengesellschaft im Steuerrecht, 10. Aufl. S. 1307.

Immobilien in der Rechtsform einer GmbH & Co. KG

Zeitraum liegt.[282] Andernfalls droht normaltarifliche Gewinnrealisierung hinsichtlich der im KG-Anteil von Sohn S ruhenden stillen Reserven. Dem steht nicht entgegen, dass im Fall a) aufgrund der unter 50% liegenden Beteiligung des S eine sog. **mitunternehmerische Betriebsaufspaltung** entsteht mit der B-GmbH & Co. KG als Besitzunternehmen und der A-GmbH & Co. KG Betriebsgesellschaft. Kriterien der mitunternehmerischen Betriebsaufspaltung sind:[283]
- Betriebsgesellschaft und Besitzunternehmen sind Personengesellschaften,
- Personelle und sachliche Verflechtung zwischen beiden Unternehmen wie im Falle klassischer Betriebsaufspaltung
- das zwischen Besitz- und Betriebsgesellschaft bestehende Miet- bzw. Pachtverhältnis ist auf Gewinnerzielung der Besitzgesellschaft ausgelegt.

1.4.3.2. Die mitunternehmerische Betriebsaufspaltung (Doppelgesellschaft)

Im obigen Fall c) (Rz. 111) entsteht ebenso wie im Fall a) eine mitunternehmerische Betriebsaufspaltung. Besitzunternehmen ist hier die aus Vater und Sohn bestehende Verpachtungs-GbR. Die Finanzverwaltung[284] zerlegt diesen Vorgang jedoch im Gegensatz zu Fall a) in zwei Schritte:

Schritt 1: Aufnahme von Sohn S zum Buchwert gem. § 6 Abs. 3 Satz 1 EStG.

Schritt 2: Unmittelbar anschließende Übertragung der Miteigentumsanteile an der Immobilie in das Sonderbetriebsvermögen der Verpachtungs-GbR als neue Besitzpersonengesellschaft. Die Übertragung erfolgt gem. § 6 Abs. 5 Satz 2 EStG zum Buchwert.

Im Falle unterquotaler Übertragung von Sonderbetriebsvermögen (= A behält mehr als 50% der Immobilie zurück) liegt darin keine schädliche Veräußerung oder Aufgabe gem. § 6 Abs. 3 Satz 2 EStG.[285] Allerdings ist für nachfolgende Übertragungen die fünfjährige Behaltensfrist zu beachten.

Beispiel 23

A überträgt zum 1. Januar 05 die Hälfte seiner KG-Beteiligung auf Sohn S (anteilige stille Reserven 200.000 €). Seine zum Sonderbetriebsvermögen gehörende Immobilie überträgt er zu 30% auf S. Die Immobilie wird anschließend an die KG vermietet.

Abwandlung: *Die Immobilie wird zum 1. Januar 07 veräußert.*

---

282 Ebenso Brinkmann, StBp 2005, 200.
283 Vgl. BMF-Schreiben vom 28.4.1998, BStBl. I 1998, 583.
284 Vgl. BMF-Schreiben vom 3.3.2005, BStBl. I 2005, 458 Rz. 22.
285 BMF-Schreiben vom 3.3.2005 aaO Rz. 22. Siehe dazu auch Levedag, GmbHR 2010, 855, 857.

Ertragsteuerliche Behandlung der Übertragung von Kommanditanteilen

Grundfall: Die Übertragung der KG-Beteiligung auf S ist gem. § 6 Abs. 3 Satz 2 EStG steuerneutral. Die unterquotale Übertragung der Immobilie auf S steht dem nach dem ausdrücklichen Gesetzeswortlaut nicht entgegen, ebenso wenig die steuerneutrale Überführung der Immobilie auf die neue Besitzpersonengesellschaft (Besitz-GbR) gem. § 6 Abs. 5 Satz 2 EStG, an der A und S zu 70 % bzw. 30 % beteiligt sind. Die Überführung in die Besitz-GbR ist keine schädliche Verfügung im Sinne des § 6 Abs. 3 Satz 2 EStG.[286] *Levedag*[287] erklärt das damit, dass die mitunternehmerische Betriebsaufspaltung automatisch im Zuge der Teilanteilsübertragung entsteht und diese rein steuerrechtliche Zuordnung von den Beteiligten nicht verhindert werden kann.

Abwandlung: Mit Veräußerung der Immobilie durch die Besitz-GbR wird die fünfjährige Sperrfrist des § 6 Abs. 3 Satz 2 EStG verletzt. Zwar verbietet Satz 2 vordergründig nur die Veräußerung oder Aufgabe des übernommenen Mitunternehmeranteiles. Jedoch müssen auch die vom Schenker zurückbehaltenen (wesentlichen) Wirtschaftsgüter „weiterhin zum Betriebsvermögen derselben Mitunternehmerschaft gehören". Der Schenker muss daher vorsorglich das (überquotal) zurückbehaltene Sonderbetriebsvermögen mit Blick auf die Gesamtplanrechtsprechung des BFH (siehe Rz. 96) für eine „gewisse" Zeit behalten.[288] Folge davon ist eine – hier allerdings von A selbst verschuldete – rückwirkende Besteuerung der auf Sohn S übertragenen stillen Reserven in Höhe von 100.000 € zum 1. Januar 05 bei Vater A. Dieser Betrag ist dann bei A in eine positive Ergänzungsbilanz im Rahmen seiner mitunternehmerischen Beteiligung an der KG einzustellen.

1.4.3.3. Nachgelagerte Entstehung einer mitunternehmerischen Betriebsaufspaltung

Fraglich ist die steuerliche Behandlung für den Fall, dass die mitunternehmerische Betriebsaufspaltung erst zu einem späteren Zeitpunkt entsteht.

Beispiel 24

A überträgt zum 1. Januar 05 die Hälfte seiner KG-Beteiligung auf Sohn S (anteilige stille Reserven 200.000 €). Die zum Sonderbetriebsvermögen gehörende Immobilie hingegen überträgt er lediglich zu 20 % auf S. Diese wird anschließend von der aus A und S bestehenden Miteigentümergemeinschaft

---

[286] BMF-Schreiben vom 3.3.2005 aaO Rz. 22 sowie Levedag, GmbHR 2010, 855, 857.
[287] GmbHR 2010, 855, 857.
[288] Vgl. BMF-Schreiben vom 3.3.2005, BStBl. I 2005, 458 Rz. 15; Schmidt/Kulosa 29. Aufl. § 6 EStG Rz. 662.

Immobilien in der Rechtsform einer GmbH & Co. KG

der KG zur **unentgeltlichen** *Nutzung überlassen. Im Jahr 07 sind größere Instandsetzungen an der Immobilie geplant. A und S vermieten daher die Immobilie ab 1. Januar 07 in Höhe der ortsüblichen Miete an die KG, um den Vorsteuerabzug aus den geplanten Maßnahmen in Anspruch nehmen zu können.*

Zunächst keine Betriebsaufspaltung: Die unentgeltliche Aufnahme von Sohn S in die GmbH & Co. KG erfolgt gem. § 6 Abs. 3 EStG zwingend zum Buchwert. Wegen der unterquotalen Übertragung der Immobilie beginnt die fünfjährige Sperrfrist des § 6 Abs. 3 Satz 2 EStG. Die Annahme einer mitunternehmerischen Betriebsaufspaltung entfällt allerdings, weil die Immobilie von der aus A und S bestehenden Miteigentümergemeinschaft der KG unentgeltlich überlassen wird. Damit fehlt ein zur Entstehung mitunternehmerischer Betriebsaufspaltung zwingend notwendiges Merkmal, nämlich das der Gewinnerzielungsabsicht.[289] Folge davon ist die Behandlung der unentgeltlich überlassenen Immobilie als notwendiges Sonderbetriebsvermögen von A und S im Rahmen ihrer Beteiligung an der KG.

Spätere Entstehung der Betriebsaufspaltung: Mit Beginn entgeltlicher Nutzungsüberlassung kommt es zur Bildung einer Schwesterpersonengesellschaft[290] (Besitzgesellschaft), verbunden mit einer Überführung der Immobilie aus dem notwendigen Sonderbetriebsvermögen der KG-Gesellschafter in das Betriebsvermögen der neuen Besitzgesellschaft. Die Überführung erfolgt zwingend zum Buchwert

a) entweder gem. § 6 Abs. 5 Satz 2 EStG als Überführung zwischen verschiedenen Sonderbetriebsvermögen desselben Steuerpflichtigen
b) oder gem. § 6 Abs. 5 Satz 3 Nr. 2 EStG als Überführung aus dem Sonderbetriebsvermögen in das Gesamthandsvermögen einer anderen Mitunternehmerschaft.

1.4.3.4. Verletzung der fünfjährigen Sperrfrist?

115 Fraglich ist, ob die obige Übertragung der Immobilie in das Betriebsvermögen (Gesamthandsvermögen oder Sonderbetriebsvermögen) einer Besitzpersonengesellschaft die fünfjährige Sperrfrist des § 6 Abs. 3 Satz 2 EStG mit der Folge verletzt, dass nunmehr Schenker A die auf Sohn S übertragenen stillen Reserven

---

289 Siehe BMF-Schreiben vom 28.4.1998, BStBl. I 1998, 583.
290 Derzeit ist im Übrigen zwischen dem IV. und I. Senat des BFH streitig, ob Wirtschaftsgüter aus dem Gesamthandsvermögen einer Personengesellschaft in das Gesamthandsvermögen einer anderen Personengesellschaft steuerneutral übertragen werden dürfen (zustimmend BFH vom 15.4.2010, GmbH-StB 2010, 188; ablehnend BFH vom 25.11.2009, GmbH-StB 2010, 60). Siehe dazu auch Altendorf, GmbH-StB 2010, 233.

rückwirkend zu versteuern hat. Die Antwort hängt von der Tragweite der Regelung in Rz. 22 des BMF-Schreibens vom 3. März 2005[291] ab. Vom Wortlaut her gesehen dürfte das zu verneinen sein. Denn die Betriebsaufspaltung entsteht vorliegend nicht *„infolge einer unentgeltlichen Übertragung nach § 6 Abs. 3 EStG"*, sondern aufgrund einer späteren, hier umsatzsteuerlich motivierten Entscheidung der Beteiligten. Sie ist zudem Folge einer rein steuerrechtlichen Zuordnung der Immobilie, die von den Beteiligten nicht verhindert werden kann.[292]

Hinweis: Die obigen Unsicherheiten zwingen dazu, einen Antrag auf Erteilung einer verbindlichen Auskunft i. S. der §§ 204 f. AO zu stellen.

1.4.3.5. Vor- und Nachteile einer Doppelgesellschaft

Die Einschaltung einer zweiten Personengesellschaft ist mit dem **Vorteil** verbunden, dass

- mit Blick auf die Gewerbesteuer eine erneute Anwendung des Freibetrages von 24.500 € (§ 11 Abs. 1 Nr. 1 GewStG) in Betracht kommt. Der damit verbundene Vorteil wird nach derzeitiger Rechtslage allerdings durch eine Anrechnung der Gewerbesteuer gem. § 35 EStG auf die Einkommensteuer der Gesellschafter weitgehend reduziert;
- der Anteil an der Besitzpersonengesellschaft ebenso wie die Beteiligung an der Betriebspersonengesellschaft einer qualifizierten Nachfolge zugänglich ist und damit die ansonsten beim Sonderbetriebsvermögen zu befürchtende Zwangsentnahme (siehe Rz. 109) entfällt. Voraussetzung ist allerdings, dass die Besitzpersonengesellschaft in der Rechtsform einer gewerblich geprägten GmbH & Co. KG im Sinne des § 15 Abs. 3 Nr. 3 EStG geführt wird.

116

Nachteilig wiederum ist, dass

- zusätzliche laufende Beratungskosten für die zweite Gesellschaft entstehen;
- bei erst späterer Entstehung der Betriebsaufspaltung erhebliche Rechtsunsicherheit in der Behandlung der fünfjährigen Sperrfrist des § 6 Abs. 3 Satz 2 EStG besteht (siehe oben);
- im Falle einer Veräußerung von Besitz- und Betriebspersonengesellschaft die Privilegien der §§ 16 Abs. 4, 34 Abs. 3 EStG nur auf eine der beiden Beteiligungen Anwendung finden;
- bei einer nicht gewerblich geprägten Besitzpersonengesellschaft im Sinne des § 15 Abs. 3 Nr. 2 EStG mit Wegfall der mitunternehmerischen Betriebsaufspaltung Gewinnrealisierung droht (siehe dazu nachfolgend).

---

291 AaO.
292 Levedag, GmbHR 2010, 855, 857.

Immobilien in der Rechtsform einer GmbH & Co. KG

Behandlung im Erbfall: Im Erbfall ist zu beachten, dass die mitunternehmerische Betriebsaufspaltung nicht zwingend fortbesteht. Sollte etwa neben Sohn S noch Mutter M zu 50 % Miterbin sein, endet die Betriebsaufspaltung mangels personeller Verflechtung zwischen Besitzunternehmen und Betriebsgesellschaft. Zudem endet die Betriebspersonengesellschaft, wenn aufgrund qualifizierter Nachfolge des S in den KG-Anteil des Vaters A die Gesellschaft durch Anwachsung (§ 738 BGB) untergeht. Damit gehört die Immobilie mit Eintritt des Erbfalles zu 50 % zum steuerlichen Privatvermögen der Mutter. Die anteiligen stillen Reserven muss Erblasser A versteuern.

Gewerblich geprägte Besitzpersonengesellschaft: Eine Gewinnrealisierung kann im Erbfall nur vermieden werden, wenn sich die Besitzpersonengesellschaft in der Rechtsform einer gewerblich geprägten GmbH & Co. KG (§ 15 Abs. 3 Nr. 2 EStG) befindet. Der Fortbestand von Betriebsvermögen ist dann nicht von der Existenz einer Betriebsaufspaltung abhängig.

Alles in allem stellen Schwesterpersonengesellschaften komplexe Gebilde dar, die permanenter steuerlicher Beobachtung bedürfen und nicht überraschungsneutral sind.

1.5. Spätere Übertragung des verbliebenen Mitunternehmeranteiles

117 Nimmt Vater A Sohn S in die ihm gehörende GmbH & Co. KG als Mitunternehmer (Kommanditist) auf, stellt sich die Frage, wie später hinsichtlich der Übertragung des bei A verbliebenen Mitunternehmeranteiles zu verfahren ist. Dabei ist zu unterscheiden, ob A anlässlich der Erstschenkung
   a) seine Immobilie quotal bzw.
   b) insgesamt und damit überquotal auf S übertragen hat;
   c) die Immobilie wie im Fall b) vollständig auf S übertrug, jedoch unter Vorbehalt eines Nießbrauches;
   d) die Immobilie entweder unterquotal auf S übertragen hat oder vollständig zurückbehielt.

Auch ist zu klären, ob A den verbliebenen Mitunternehmeranteil entgeltlich oder wenigstens teilentgeltlich auf S übertragen soll.

Fall a (Übertragung des Mitunternehmeranteiles bei früherer quotaler Übertragung des Sonderbetriebsvermögens) bereitet keine besonderen Schwierigkeiten. Die Übertragung des verbliebenen Mitunternehmeranteiles auf S erfüllt den Tatbestand des § 6 Abs. 3 EStG. A überträgt nun seinen gesamten (wenn auch durch Vorschenkung reduzierten) verbliebenen Mitunternehmeranteil auf S und zwar einschließlich des quotal zurückbehaltenen Sonderbetriebsvermögens. Die

Ertragsteuerliche Behandlung der Übertragung von Kommanditanteilen

Übertragung erfolgt zwingend zum Buchwert. Sperrfristen werden dadurch nicht ausgelöst. S kann also künftig mit seinem KG-Anteil beliebig verfahren, diesen mithin ungeachtet jeglicher Frist aufgeben oder veräußern.

Wie zu verfahren ist, wenn A den verbliebenen Miteigentumsanteil an der Immobilie nicht auf S übertragen sondern behalten will, siehe unten Fall d).

Fall b (Übertragung des Mitunternehmeranteiles bei früherer überquotaler Übertragung des Sonderbetriebsvermögens) unterscheidet sich von Fall a) dadurch, dass aufgrund der früheren überquotalen Übertragung der Immobilie hinsichtlich des überquotalen Anteils die dreijährige Sperrfrist des § 6 Abs. 5 Satz 4 EStG ausgelöst wurde. Diese Frist trifft aber nur S als Begünstigten, nicht hingegen Schenker A. Der Mitunternehmeranteil wird daher gem. § 6 Abs. 3 EStG zum Buchwert übertragen. Fraglich bleibt allein, ob die obige Dreijahresfrist von S auch künftig noch zu beachten ist, obwohl ihm inzwischen der gesamte Mitunternehmeranteil des A gehört. Bedeutung hat dies im Falle kurzfristiger Aufgabe oder Veräußerung der KG-Beteiligung. Sinn und Zweck des § 6 Abs. 5 Satz 4 EStG zwingen hier u.e. zu einer teleologischen Reduktion des Gesetzeswortlauts, da sich nunmehr alle stillen Reserven in der Person von S vereinigen. Dann aber kann es nicht richtig sein, bei einer Aufgabe oder Veräußerung der Apotheke Teile der realisierten stillen Reserven (anteilig) rückwirkend A zuzurechnen. Die Erfassung stiller Reserven beim Schenker A funktioniert gem. § 6 Abs. 5 Satz 4 EStG in der Weise, dass rückwirkend auf den Zeitpunkt der früheren Zuwendung bei A der Teilwert dieses Wirtschaftsguts anzusetzen ist. Mit anderen Worten, es wird rückwirkend eine Entnahme bei A fingiert mit anschließender Einlage bei S als Beschenktem. Das erscheint überaus kurios und soll hier nicht näher vertieft werden.

Fall c (Behandlung des über die Anteilsübertragung hinaus fortbestehenden Nießbrauchs): Wiederum fällt die Anteilsübertragung selbst unter § 6 Abs. 3 EStG und bleibt steuerneutral. Allerdings stellen die Mieterträge des Nießbrauchers fortan keine gewerblichen Einkünfte (Sonderbetriebseinnahmen) im Sinne des § 15 Abs. 1 Nr. 2 EStG mehr dar, sondern Einkünfte aus Vermietung und Verpachtung (§ 21 Abs. 1 Nr. 1 EStG). Liegt darin eine gewinnrealisierende Entnahme des Nießbrauchsrechtes?

Die Frage ist zu verneinen. Im Nießbrauchsrecht können keine stillen Reserven enthalten sein, denn es berechtigt nur zur laufenden Fruchtziehung (künftig im privaten Bereich) und verkörpert keinen Substanzwert. Es kann daher nicht gewinnrealisierend entnommen werden. Auch die Finanzverwaltung sieht unter Hinweis auf den insoweit grundlegenden Beschluss des Großen Senats des

118

BFH vom 26. Oktober 1987[293] das unentgeltlich erlangte Nutzungsrecht nicht als selbständiges Wirtschaftsgut an.[294] Ist danach ein Nutzungsvorteil nicht einlagefähig, muss spiegelbildlich im Falle der Aufgabe des Mitunternehmeranteiles Entsprechendes gelten und die (gewinnrealisierende) Entnahme unterbleiben.

Die Entnahme des Nießbrauchs wird auch vom BFH selbst verneint. Nach dem Urteil vom 16. Dezember 1988[295] gilt:

„Das Erlöschen des Nießbrauchsrechts durch den Tod des Nießbrauchers führt zu keiner erfolgswirksamen Ausbuchung eines etwaigen Restbuchwerts."

Die vom Kläger begehrte gewinnmindernde Ausbuchung des Nießbrauchsrechts scheiterte im Streitfall daran, dass unentgeltlich erworbene Nutzungsrechte bei der Gewinnermittlung nur insoweit berücksichtigt werden können, als dem Nutzungsberechtigten eigene betrieblich veranlasste Aufwendungen entstehen. Ein durch Tod des Rechtsinhabers bedingtes Erlöschen des Nießbrauchs steht jedoch ersichtlich in keinem Zusammenhang mit Aufwendungen des Nießbrauchers, die dieser als Betriebsausgaben geltend machen kann.

Damit ist einer Gewinnkorrektur der Boden entzogen. Sie ist zur Vermeidung von Besteuerungslücken auch nicht geboten, weil die stillen Reserven im Grundstück verbleiben und künftig von Sohn S im Zeitpunkt ihrer Realisierung als Einkünfte aus Gewerbebetrieb zu versteuern sind.

Ergänzend wird hierzu auf die Ausführungen unter Rz. 102 (Finanzgericht Münster) verwiesen.

119 **Fall d (Anteilsübertragung bei früherer unterquotaler Übertragung von Sonderbetriebsvermögen)** hingegen ist problematisch, sollte A die in seinem Eigentum verbliebene Immobilie bzw. den überquotal zurückbehaltenen Miteigentumsanteil behalten und künftig an S vermieten. Wie bereits unter Rz. 87 ausgeführt, setzt sich der Mitunternehmeranteil im Sinne des § 6 Abs. 3 EStG aus dem Anteil am Gesamthandsvermögen und dem Sonderbetriebsvermögen zusammen. A muss mithin die Immobilie ebenfalls auf S übertragen. Andernfalls liegt eine Aufgabe des Mitunternehmeranteiles vor und es entsteht ein gem. §§ 16 Abs. 4, 34 Abs. 3 EStG begünstigter Aufgabegewinn.

Veräußerung des Mitunternehmeranteiles: A kann schließlich seinen Mitunternehmeranteil auch an S teilentgeltlich oder vollentgeltlich veräußern. Dies lässt einerseits die frühere unentgeltliche Aufnahme von S als Kommanditist gem. § 6

---

293 BStBl. II 1988, 348.
294 Vgl. H 13 Abs. 1 „Nutzungsrechte/Nutzungsvorteile" EStH.
295 BStBl. II 1989, 673.

Ertragsteuerliche Behandlung der Übertragung von Kommanditanteilen

Abs. 3 EStG unberührt. Andererseits kann A auf diesem Wege einen tarifbegünstigten Veräußerungsgewinn realisieren. Wiederum ist allein die Gesamtplanrechtsprechung geeignet, diese gestalterische Maßnahme zu vereiteln.

Hinweis: A ist im Rahmen der Nachfolgeberatung unbedingt darüber zu informieren, wie sein mit Aufnahme von Sohn S verbliebener Mitunternehmeranteil künftig möglichst steuerschonend übertragen werden kann. Folglich sollten die Modalitäten der Erstschenkung zugleich der späteren Zweitschenkung oder einer Übertragung durch Erbfolge den obigen Gegebenheiten möglichst Rechnung tragen. Außerdem ist die künftige Rechtsentwicklung zu beobachten und in die Nachfolgeplanung einzubeziehen.

1.6. Einkommensteuerliche Behandlung teilentgeltlicher Übertragung von KG-Anteilen

Im Rahmen der geplanten Anteilsübertragung auf die nachfolgende Generation kann anstelle einer vollunentgeltlichen Übertragung auch ein teilentgeltlicher Erwerb in Betracht kommen. Teilentgeltliche Übertragungen können insbesondere dadurch entstehen, dass   *120*
- der Schenker zum Zwecke seiner Versorgung die Zahlung eines Einmalbetrages erhält, der unter dem Verkehrswert der übertragenen KG-Anteile liegt,
- der Schenker anstelle einer Kaufpreiszahlung von privaten Verbindlichkeiten befreit wird (Schuldübernahme durch den Beschenkten),
- der Beschenkte Ausgleichszahlungen an nicht begünstigte Dritte (z.B. Geschwister) erbringt.[296]

1.6.1. *Übernahme eines negativen Kapitalkontos als Schenkung oder teilentgeltlicher Erwerb*

Die Übernahme eines negativen Kapitalkontos durch den Beschenkten allein führt noch nicht zum teilentgeltlichen Erwerb.[297] Allerdings ist auf einige Besonderheiten zu achten.

a) Zuzahlungen: Werden neben der Übernahme des negativen Kapitalkontos kumulativ Zahlungen an den Schenker oder an einen Dritten (etwa Gleich-

---

296 Ein bloßer Vorbehaltsnießbrauch bewirkt keinen teilentgeltlichen Erwerb.
297 BMF-Schreiben vom 13.1.1993, BStBl. I 1993, 80 Rz. 30: Das Vorhandensein eines negativen Kapitalkontos steht einer unentgeltlichen Betriebsübertragung nicht entgegen. Die Frage, ob das negative Kapitalkonto durch stille Reserven gedeckt ist, wird in diesem Zusammenhang nicht aufgeworfen.

Immobilien in der Rechtsform einer GmbH & Co. KG

stellungsgelder) erbracht, entsteht nach Verwaltungsauffassung[298] stets ein Veräußerungsgewinn, der sich aus dem negativen Kapitalkonto sowie den weiteren Zahlungen zusammensetzt.[299] Diese Rechtsfolge ist dadurch vermeidbar, dass zuvor entsprechende Geldbeträge ins Betriebsvermögen eingelegt werden.[300]

b) Überschuldeter Betrieb: Sollte das negative Kapitalkonto nicht durch stille Reserven gedeckt und der Betrieb damit real überschuldet sein, kommt eine steuerneutrale Anteilsübertragung nicht in Betracht.[301] Von solchen „Schenkungen" ist daher dringend abzuraten.

Beispiel 25

A überträgt seine Kommanditanteile auf den Sohn S. Sein Kapitalkonto ist negativ und beträgt – 1.000.000 €. Die stillen Reserven betragen 500.000 €, so dass eine reale Überschuldung des Betriebes von 500.000 € vorliegt.

Die vermeintlich gem. § 6 Abs. 3 EStG unentgeltliche Übertragung der KG-Beteiligung auf den Sohn erweist sich hier
- einerseits als vollentgeltliche Veräußerung des KG-Anteiles an Sohn S mit der Folge der Entstehung eines Veräußerungsgewinnes in Höhe von 500.000 € und
- andererseits als Schenkung von 500.000 € vom Sohn an Vater A (Schuldübernahme) mit der Folge einer Schenkungsteuerbelastung in Höhe von 105.600 €.[302]

Damit nicht genug. Die übernommenen Schulden sind in Höhe von 500.000 € gem. § 12 EStG privat veranlasst, so dass die darauf entfallenden Schuldzinsen fortan keine Betriebsausgaben mehr darstellen.

Hinweis: Bei der Übernahme negativer Kapitalkonten ist besondere Sorgfalt bei der Gestaltung des Übertragungsvorganges geboten. Mit Blick auf das obige Beispiel bietet sich an, die Schulden in Höhe von 500.000 € beim Vater zu belassen. Dadurch wird sowohl die Schenkung Sohn – Vater vermieden als auch ein Abzugsverbot der Zinsen verhindert. Diese stellen bei entsprechender betrieblicher

---

298 BMF-Schreiben vom 13.1.1993, BStBl. I 1993, 80 Rz. 31
299 Zustimmend Gratz in Herrmann/Heuer/Raupach § 6 EStG Anm. 1374 sowie Schmidt/Glanneger 29. Aufl., § 6 EStG Rz. 157 sowie § 16 Rz. 69 mit Beispiel, Dagegen wiederum Halbig, Die Information 1991 S. 530; Lademann/Söffing § 16 EStG Rz. 218c. Kritisch auch Zimmermann u.a., Die Personengesellschaft im Steuerrecht, 10. Aufl. S. 1372.
300 So zutreffend Zimmermann u.a., Die Personengesellschaft im Steuerrecht, 10. Aufl. S. 1374.
301 Vgl. Meyer/Ball, Die Information 1998, 557, Gratz in Herrmann/Heuer/Raupach § 6 EStG Anm. 1374.
302 500.000 € – Freibetrag Steuerklasse II 20.000 € = 480.000 € x 22 %.

Ertragsteuerliche Behandlung der Übertragung von Kommanditanteilen

Veranlassung nachträgliche Betriebsausgaben des Vaters gem. § 24 Nr. 2 EStG dar.

Steuerbegünstigung des Veräußerungsgewinnes: Ein beim Schenker in Fällen teilentgeltlicher Anteilsübertragung entstehender Veräußerungsgewinn unterliegt gem. §§ 16, 34 EStG einer ermäßigten Besteuerung. § 16 Abs. 4 EStG stellt den Veräußerungsgewinn in Höhe von 45.000 € steuerfrei (mit Abschmelzung ab einem Gewinn von mehr als 136.000 €), § 34 Abs. 3 EStG wiederum gestattet die Anwendung eines ermäßigten Steuertarifes. Er beträgt bezogen auf einen Gewinn von max. 5 Mio. € 56% des durchschnittlichen Steuersatzes. Voraussetzung der Vergünstigung ist, dass der Schenker im Veräußerungszeitpunkt bereits das 55. Lebensjahr vollendet hat. Auch ist zu bedenken, dass die genannten Vergünstigungen der §§ 16, 34 EStG seit 1996 nur einmal im Leben des Steuerpflichtigen in Betracht kommen. Früher für einschlägige Sachverhalte in Anspruch genommene Vergünstigungen bleiben dabei jedoch außer acht. *121*

Teilrealisierung stiller Reserven: Die beschriebenen steuerlichen Wirkungen des Veräußerungsgewinnes treten auch dann ein, wenn anstelle vollentgeltlicher Veräußerung lediglich eine teilentgeltliche Veräußerung vorliegt. Werden daher nicht alle im übertragenen KG-Anteil enthaltenen stillen Reserven aufgedeckt, bleiben gleichwohl die genannten Vorteile erhalten. Deren Inanspruchnahme ist nicht davon abhängig, dass sämtliche stillen Reserven aufgedeckt werden.[303] Das gilt auch für die Gewährung des Freibetrags gem. § 16 Abs. 4 EStG.[304]

Keine Sperrfrist: Die gem. §§ 16, 34 EStG begünstigte Anteilsveräußerung ist für den Erwerber nicht mit einer Sperrfrist verbunden. Sollte daher innerhalb eines Zeitraumes von beispielsweise fünf Jahren (= übliche steuerliche Sperrfrist) eine weitere Veräußerung (oder Aufgabe) der erworbenen KG-Anteile durch den Beschenkten erfolgen, findet keine rückwirkende Beseitigung der Steuerprivilegien statt. Darin unterscheiden sich diese von § 6 Abs. 3 Satz 2 EStG, wonach unter bestimmten Voraussetzungen ein vom Beschenkten realisierter Veräußerungsgewinn rückwirkend zum Übertragungszeitpunkt vom Schenker zu versteuern ist.

1.6.2. Teilentgelt bis zur Höhe des Buchwerts des Kapitalkontos

Erbringt der Beschenkte ein Teilentgelt nur bis zur Höhe des Buchwerts des Kapitalkontos, entsteht kein (anteiliger) Veräußerungsgewinn. Im Gegensatz zur Behandlung vergleichbarer Sachverhalte im Rahmen der Ermittlung von Ver- *122*

---
303 BMF-Schreiben vom 13.1.1993, BStBl. I 1993, 80 Rz. 35.
304 BMF-Schreiben vom 20.12.2005, BStBl. I 2006, 7 unter Aufhebung von BMF-Schreiben vom 13.1.1993, BStBl. I 1993, 80 Rz. 36.

Immobilien in der Rechtsform einer GmbH & Co. KG

äußerungsgewinnen gem. § 23 EStG oder § 17 EStG gilt hier anstatt der sog. Trennungs- die Einheitstheorie. Sie besagt, dass vom tatsächlich gezahlten Entgelt stets der volle Buchwert des Kapitalkontos abgezogen wird und nicht lediglich ein der Entgeltsquote entsprechender Teilbetrag.

1.6.3. Bedeutung teilentgeltlichen Erwerbs für den Beschenkten

123 Auf den Erwerber findet nach Verwaltungsauffassung[305] anders als beim Schenker die sog. Einheitstheorie keine Anwendung. Vielmehr ist nach der Trennungstheorie zu verfahren, d.h. der Vorgang ist in einen entgeltlichen sowie unentgeltlichen Anteil zu zerlegen. Dies hat insbesondere Bedeutung für die künftige Gebäude-AfA sowie zur Anwendung des § 6b EStG.

Beispiel 26

A überträgt zum 1.1.11 seine Kommanditanteile auf Sohn S. Sein Kapitalkonto beträgt 500.000 €. Zum Vermögen der gewerblich geprägten GmbH & Co. KG gehört eine vor 10 Jahren eingelegte Immobilie mit AK in Höhe von 2 Mio. € (Gebäude-Anteil 1,5 Mio. €). S zahlt an seine Schwester B ein Gleichstellungsgeld von 1,5 Mio. €. Der Verkehrswert des übertragenen KG-Anteiles beträgt 3 Mio. € (Gebäudeanteil unverändert 75%), der Buchwert des Gebäudes zum Zeitpunkt der Schenkung 900.000 €.

Aufgrund der über den Buchwert von 500.000 € hinausgehenden Zahlung eines Gleichstellungsgeldes von 1,5 Mio. € an seine Schwester hat S im obigen Beispiel den KG-Anteil des Vaters zu 50% entgeltlich und zu 50% unentgeltlich erworben. Infolgedessen beginnt zu 50% für das Gebäude eine neue AfA-Reihe, so dass fortan wie folgt abzuschreiben ist:

Unentgeltlicher Anteil: 750.000 €[306] x 4 % = 30.000 €
Entgeltlicher Anteil: 1.125.000 €[307] x 3 % = 33.750 €
AfA künftig total 63.750 €.

Sollte S im obigen Beispiel entweder seinen KG-Anteil oder die KG ihre Immobilie veräußern, kommt eine Anwendung des § 6b EStG nur zu 50% in Betracht, weil aufgrund des teilentgeltlichen Anschaffungsvorganges die sechsjährige Behaltensfrist gem. § 6b Abs. 4 Nr. 2 EStG neu beginnt.[308]

---

305 BMF-Schreiben vom 13.1.1993, BStBl. I 1993, 80 Rz. 35.
306 50% der historischen Gebäude-AK von 1,5 Mio. €.
307 3 Mio. € x 75% Gebäudeanteil x 50% entgeltlicher Anteil.
308 BMF-Schreiben vom 13.1.1993, BStBl. I 1993, 80 Rz. 41.

Wahlrecht: Die Finanzverwaltung[309] gestattet aus Vereinfachungsgründen dem teilentgeltlichen Erwerber, anstelle einer Anwendung der Trennungstheorie das Teilentgelt als nachträgliche Anschaffungskosten zu behandeln, soweit dieses den Buchwert des Kapitalkontos übersteigt. Bezogen auf das obige Beispiel wäre die Immobilie dann wie folgt abzuschreiben:

Historische Anschaffungskosten		1.500.000 €
+ Teilentgelt (über Buchwert)	1.000.000 €	
davon Anteil Gebäude 75 %		750.000 €
AfA-Basis Gebäude neu		2.250.000 €
AfA 4 %		
		90.000 €

S kann damit durch Inanspruchnahme dieses verwaltungsseitig eingeräumten Wahlrechtes eine deutliche Steigerung der Gebäude-AfA herbeiführen.

1.7. Einkommensteuerliche Behandlung der Übertragung von KG-Anteilen unter Nießbrauchvorbehalt

1.7.1. Nießbrauchsvorbehalt steht der Anwendung des § 6 Abs. 3 EStG nicht entgegen

Die Übertragung von KG-Anteilen kann auch mit der Maßgabe erfolgen, dass sich der Schenker einen Nießbrauch an den übertragenen Anteilen zurückbehält.[310] Dies steht einer Anwendung des § 6 Abs. 3 EStG und damit einer steuerneutralen Anteilsübertragung nicht entgegen. § 6 Abs. 3 EStG findet Anwendung, wenn (zumindest) das wirtschaftliche Eigentum an allen wesentlichen Betriebsgrundlagen in einem einheitlichen Vorgang mit der Möglichkeit der Betriebsfortführung durch den Erwerber übertragen wird und der Übertragende die mit dem übertragenen Betriebsvermögen ausgeübte Tätigkeit aufgibt.[311] In der Rechtsprechung des BFH[312] wurden die Voraussetzungen steuerneutraler Übertragung trotz Nießbrauchsvorbehalts für den Bereich der Land- und Forstwirtschaft mit Blick auf die Vorgängerregelung des § 7 Abs. 1 EStDV bejaht. Konkret führt der BFH im Urteil vom 15.10.1987 aaO aus:

---

309 BMF-Schreiben vom 13.1.1993, BStBl. I 1993, 80 Rz. 37 Abs. 2.
310 Wegen der zivilrechtlichen Zulässigkeit der Nießbrauchbestellung siehe die Nachweise bei Wälzholz, DStR 2010, 1786, 1787, dort auch zur Frage der Eintragung des Nießbrauchs ins Handelsregister.
311 So z. B. BFH-Urteil vom 14.7.1993, BStBl. II 1994, 15 mwN.
312 Vgl. Urteile vom 26.2.1987, 1987 II BStBl., 772 und vom 15.10.1987, BStBl. II 1988, 260.

Immobilien in der Rechtsform einer GmbH & Co. KG

„Unentgeltlich ist der Erwerb auch dann, wenn sich der Übertragende den Nießbrauch an dem landwirtschaftlichen und forstwirtschaftlichen Betrieb vorbehält. Die Bestellung des Nießbrauchs hat bei landwirtschaftlichen und forstwirtschaftlichen Betrieben grundsätzlich zur Folge, dass zwei Betriebe entstehen, und zwar ein nicht aufgegebener in der Hand des nunmehrigen Eigentümers und ein wirtschaftender in der Hand des Nießbrauchsberechtigten und Hofübergebers."

Die gedankliche Entstehung von zwei Betrieben bewirkt, dass einerseits der bisherige Betriebsinhaber weiterhin einen Betrieb unterhält, also nicht den Tatbestand gewinnrealisierender Betriebsaufgabe verwirklicht. Andererseits erhält der Erwerber einen ruhenden Betrieb, dessen Übertragung die Voraussetzungen des § 6 Abs. 3 EStG erfüllt.[313]

1.7.2. Der nießbrauchbelastete Kommanditist als Mitunternehmer

125 Von weiterer Bedeutung ist in diesem Zusammenhang, dass der Übernehmer des KG-Anteiles als Beschenkter (hier neben dem Nießbraucher) ebenfalls Mitunternehmer gem. § 15 Abs. 1 Nr. 2 EStG wird. Sollte dies nicht der Fall sein, würden mit der Anteilsübertragung alle im KG-Anteil gesamthänderisch vereinigten Wirtschaftsgüter, insbesondere die Immobilie, unter Aufdeckung stiller Reserven ins steuerliche Privatvermögen entnommen.

Die Eigenschaft als Mitunternehmer erlangt der Beschenkte dadurch, dass er
 – Mitunternehmerrisiko trägt und
 – Mitunternehmerinitiative entfalten kann.

Mitunternehmerinitiative erfordert wenigstens die Möglichkeit zur Ausübung von Rechten, die den Stimm-, Kontroll- und Widerspruchsrechten eines Kommanditisten nach den Vorschriften des Handelsgesetzbuches (HGB) wenigstens angenähert sind.[314] Dieses Einwirkungsrecht verbleibt beim Gesellschafter auch dann, wenn ein Nießbrauch an seinem Gesellschaftsanteil bestellt wird. Davon ist allerdings nicht auszugehen, wenn der Nießbraucher die Gesellschafterrechte (in Verbindung mit Stimmrechtsvollmacht) wahrnimmt.[315]

Mitunternehmerrisiko bedeutet die Teilnahme am Erfolg oder Misserfolg eines Unternehmens. Dieses Risiko wird regelmäßig durch Beteiligung am Gewinn oder

---

313 Siehe dazu Gratz in Herrmann/Heuer/Raupach § 6 EStG Anm. 1351 S. 720/8; Reiss in Kirchhof/Söhn/Meincke, § 16 EStG Rn. B 138; siehe auch Mitsch, Die Information 2003 S. 388 f, 391: Vorgang entspricht der unentgeltlichen Übertragung eines Teils eines Mitunternehmeranteiles.
314 BFH vom 29.4.1992, BFH/NV 1992, 803; siehe auch Schmidt/Wacker 29. Aufl. § 15 Rz. 309.
315 BFH vom 10.12.2008, BStBl. II 2009, 312; Götz, ZEV 2009, 151.

Ertragsteuerliche Behandlung der Übertragung von Kommanditanteilen

Verlust sowie an den stillen Reserven des Anlagevermögens und am Geschäftswert vermittelt.[316] Es besteht fort, wenn der Gesellschafter einen Nießbrauch an seinem Gesellschaftsanteil bestellt. Damit sowie aufgrund fortbestehender Beteiligung des Kommanditisten am Geschäftswert des Unternehmens und am Auseinandersetzungsguthaben trägt er ein hinreichendes Mitunternehmerrisiko. Dies entspricht der herrschenden Meinung.[317] Das Nießbrauchsrecht muss des Weiteren so ausgestaltet sein, dass auch der Schenker als (Vorbehalts-) Nießbraucher die einkommensteuerlichen Merkmale eines Mitunternehmers im Sinne des § 15 Abs. 1 Nr. 2 EStG erfüllt.[318] Der Nießbrauch darf in diesem Zusammenhang nicht als bloßer Ertragsnießbrauch (siehe unten, Rz. 130) ausgestaltet sein.[319]

Hinweis: In der Praxis ist in diesem Zusammenhang empfehlenswert, dass der Schenker vorsorglich einen, wenn auch geringen, KG-Anteil zurückbehält.

Ergebnis: Mit Hilfe entsprechender vertraglicher Vereinbarungen sowie ihrer tatsächlichen Durchführung lassen sich die Rechtsbeziehungen zwischen Schenker und Beschenktem so gestalten, dass beide als Mitunternehmer der KG anzusehen sind.

1.7.3. Die laufende Besteuerung von Kommanditist und Nießbraucher

Der Vorbehalt des Nießbrauchs zugunsten des Schenkers stellt keine Gegenleistung des Beschenkten dar. Vielmehr verbleibt es bei einer unentgeltlichen Übertragung eines Mitunternehmeranteiles im Sinne des § 6 Abs. 3 Satz 1 EStG. Sind sowohl Nießbraucher als auch Kommanditist Mitunternehmer (siehe oben), werden die laufenden Einkünfte aus der KG-Beteiligung wie nachstehend ausgeführt zugeordnet.

126

1.7.3.1. Die Gewinnverteilung zwischen Nießbraucher (Schenker) und Kommanditist (Beschenkter)

Der Nießbraucher erhält den zivilrechtlichen Gewinnanteil, d. h. regelmäßig den entnahmefähigen anteiligen Handelsbilanzgewinn.[320] Denn das den Nießbrauch kennzeichnende Fruchtziehungsrecht beschränkt sich auf den gesellschaftsrechtlich entnahmefähigen Ertrag. Weitere Gewinnansprüche stehen dem Nießbraucher

---

316 Siehe dazu etwa BFH vom 11.12.1990, DB 1991, 1054.
317 BFH vom 1.3.1994, BStBl. II 1995, 241 mwN.
318 Näher dazu BFH vom 23.5.1996, BStBl. II 1996, 523.
319 Mitsch, Unentgeltliche Übertragung eines Kommanditanteiles unter Vorbehaltsnießbrauch, Die Information 2003, 388 f.; Schulze zur Wiesche, Die Ertragsteuerliche Behandlung von Nießbrauch und Treuhand an einem KG-Anteil, DB 2004, 355 f.
320 BGH-Urteil II R 143/69 vom 20.4.1972, NJW 1972, 1755; vgl. auch Schulze zur Wiesche aaO S. 357; Zimmermann u.a., Die Personengesellschaft im Steuerrecht, 10. Aufl. S. 1402.

nicht zu. Dies entspricht der insoweit herrschenden Meinung.[321] Aber auch innerhalb des entnahmefähigen Gewinnanteiles lässt sich dem Nießbraucher nur derjenige Teil den Nutzungen des Gesellschaftsanteils zurechnen, der nicht auf die realisierten stillen Reserven im Anlagevermögen entfällt.[322] Die Ausschüttung stiller Reserven stellt eine Anteilsminderung dar und gebührt deshalb dem Anteilsinhaber. Dies gilt auch für den Inhaber eines nießbrauchbelasteten Anteils an einer Personengesellschaft.[323]

Beginn des Nießbrauchs: Die Teilhabe des Nießbrauchers am Gewinn ist zeitlich auf die laufenden Gewinne beschränkt, die handelsbilanziell während der Dauer des Nießbrauchs entstanden sind. An offenen Rücklagen aus der Zeit vor der Bestellung des Nießbrauchs hingegen nimmt er auch dann nicht teil, wenn sie handelsbilanziell ausgeschüttet werden können. Eine abweichende zivilrechtliche Vereinbarung ist zulässig[324] und regelmäßig wohl auch erwünscht, weil die betreffenden (stehengebliebenen) Gewinne in der Person des Schenkers (Nießbrauchers) auch in der Vergangenheit versteuert wurden. Bleiben solche Gewinne stehen, liegen schenkungsteuerpflichtige Zuwendungen im Sinne des § 7 Abs. 1 Nr. 1 ErbStG vor. Sie sind ggf. gem. §§ 13a, b ErbStG begünstigt (siehe dazu ausführlich Rz. 153 f.).

127 **Beendigung des Nießbrauchs:** Dem Nießbrauchbesteller gebühren bei Beendigung des Nießbrauchs vorhandene Gewinnrücklagen und nicht entnahmefähige Mehrgewinnanteile in der Steuerbilanz gegenüber der Handelsbilanz.[325] Dies ist mit Blick auf vorhandene Gewinnrücklagen nicht unstrittig. Sie sollen nach teilweise im Schrifttum[326] vertretener Auffassung dem Nießbraucher zustehen. Die bestehenden Unsicherheiten können durch klare Vereinbarungen der Beteiligten ausgeräumt werden.[327]

1.7.3.2. Die Behandlung des Kommanditisten (Beschenkter)

128 Der Kommanditist versteuert den verbleibenden Gewinnanteil, also den anteilig auf ihn entfallenden nicht entnahmefähigen Handelsbilanzgewinn. Dazu gehören außerdem die während der Dauer des Nießbrauchs entstehenden stillen Reserven

---

321 BGH in BHGZ 58, 316; Petzoldt in Münchner Kommentar zum BGB, 2. Aufl., § 1068 Rz. 16.
322 BFH vom 28.1.1991, BStBl. II 1992, 605 und vom 1.3.1994, BStBl. II 1995, 1.
323 Bitz, DB 1987, 1506; Petzoldt, DStR 1992, 1175; vgl. auch zur Verfügungsbeschränkung des Nießbrauchers bei Thesaurierung außerordentlicher Erträge aus der Veräußerung von Anlagevermögen BGH vom 12.12.1974 II ZR 166/72, BB 1975, 295.
324 Siehe dazu den Formulierungsvorschlag von Wälzholz, DStR 2010, 1786, 1789.
325 Schulze zur Wiesche, DStR 1995, 318; Schmidt/Wacker 29. Aufl. § 15 EStG Rz. 310.
326 Vgl. die Nachweise bei Wälzholz, DStR 2010, 1786, 1789.
327 Siehe dazu den Formulierungsvorschlag von Wälzholz, DStR 2010, 1786, 1789.

des Anlagevermögens, die während oder nach Beendigung des Nießbrauchs realisiert werden, hier durch Veräußerung von Immobilien.

Gebäude-AfA: In Höhe der (mittelbar anteilig auf den übertragenen KG-Anteil entfallenden) Gebäude-AfA entsteht kein handelsrechtlicher und daher auch kein entnahmefähiger Gewinn des Vorbehaltsnießbrauchers. Damit verwandelt sich aus Sicht der Kommanditistin die Bilanzposition „Gebäude" sukzessive in Liquidität („Bank/Kasse"). Sollte gleichwohl eine Entnahme durch den Vorbehaltsnießbraucher erfolgen, läge insoweit umgekehrt eine Schenkung des Kommanditisten an den Nießbraucher vor.

Gewerbesteueranrechnung gem. § 35 EStG: Die Gewerbesteueranrechnung kommt bei einer immobilienverwaltenden GmbH & Co. KG nur in Betracht, wenn das Gewerbesteuerprivileg des § 9 Nr. 1 Satz 2 GewStG ausnahmsweise scheitert (siehe Rz. 80 f.). Dann stellt sich die Frage, ob neben den Gesellschaftern auch der Nießbraucher anrechnungsberechtigt ist. Dies ist u.E. zu bejahen. Denn bei Personengesellschaften (Mitunternehmerschaften im Sinne des § 15 Abs. 1 Nr. 2 EStG) richtet sich die Zuordnung des Gewerbesteuermessbetrags bei den einzelnen Mitunternehmern gem. § 35 Abs. 2 Satz 2 EStG

„nach ihrem Anteil am Gewinn der Mitunternehmerschaft nach Maßgabe des allgemeinen Gewinnverteilungsschlüssels."

An diesem allgemeinen Gewinnverteilungsschlüssel ist u.E. auch der Vorbehaltsnießbraucher beteiligt.[328] Entscheidend ist der Gewinnanspruch aufgrund seiner Position als Mitunternehmer, nicht als Gesellschafter. Lediglich Vorabgewinnteile bleiben gem. § 35 Abs. 2 Satz 2 zweiter Halbs. EStG ausdrücklich unberücksichtigt. Natürlich sollte die Rechtsentwicklung zu dieser Frage sorgfältig beobachtet werden.

1.7.3.3. Ertragsteuerliche Folgen bei Wegfall des Nießbrauchs

Fällt der Nießbrauch durch den Tod der Berechtigten (Schenker) weg, ergeben sich daraus weder für den Nießbraucher (bzw. dessen Erben) noch für den Kommanditisten ertragsteuerliche Konsequenzen.[329] Das Erlöschen des Nießbrauchsrechts löst keine erfolgswirksame Ausbuchung eines etwaigen Restbuchwerts aus. Im Einzelnen wird dazu auf Rz. 102 f. verwiesen.

---

328 Ebenso Wälzholz, DStR 2010, 1930, 1933 mit Hinweis auf einen gesellschaftsvertraglichen Formulierungsvorschlag, um die Anrechnung der Gewerbesteuer beim Nießbraucher sicherzustellen.
329 BFH vom 16.12.1988, BStBl. II 1989, 763.

1.7.3.4. Der Vorbehaltsnießbraucher als Mitunternehmer im Sinne des § 15 Abs. 1 Nr. 2 EStG

1.7.3.4.1. Notwendigkeit der Bestellung eines Vollrechtsnießbrauchs

130 Die Bestellung eines Nießbrauchs am schenkweise übertragenen Kommanditanteil führt nicht zwangsläufig dazu, dass der Vorbehaltsnießbraucher auch Mitunternehmer im Sinne des § 15 Abs. 1 Nr. 2 EStG wird. Das Steuerrecht unterscheidet hier zwischen einem Vollrechtsnießbrauch und einem bloßen Ertragsnießbrauch (zur Bedeutung siehe nachfolgend). Es ist also von nicht unerheblicher Bedeutung, dass nach den vertraglichen Vereinbarungen die Qualität eines Vollrechtsnießbrauchs erreicht wird. Von diesem abzugrenzen ist der Ertragsnießbrauch.

Vollrechtsnießbrauch: Wird der Nießbrauch so ausgestaltet, dass der Schenker Mitunternehmer der KG gem. § 15 Abs. 1 Nr. 2 EStG bleibt, werden ihm die handelsrechtlichen Gewinnanteile ertragsteuerlich als Einkünfte aus Gewerbebetrieb zugerechnet. Der Eintritt in die Position eines Nießbrauchers vollzieht sich steuerneutral, weil die stillen Reserven beim Kommanditisten verbleiben und später im Falle einer Immobilienveräußerung von diesem versteuert werden. Einer Anwendung des § 6 Abs. 3 EStG auf diesen Sachverhalt bedarf es daher nicht. Er wäre beim Nießbrauch (Vorbehalts- sowie Zuwendungsnießbrauch) mangels Substanzübertragung ohnehin nicht erfüllt.

Ertragsnießbrauch: Sollte der Nießbrauch zugunsten des Schenkers nur als sog. Ertragsnießbrauch ausgestaltet, d. h. insbesondere nicht mit Stimmrechten versehen sein, tritt er nicht in die Stellung eines Mitunternehmers ein.[330] Vielmehr werden hier die Gewinnanteile in vollem Umfang dem Kommanditisten (Beschenkter) zugerechnet. Die tatsächlich aufgrund des Ertragsnießbrauchs geleisteten Zahlungen stellen dann beim Schenker gem. § 22 EStG steuerpflichtige wiederkehrende Leistungen dar. Der Beschenkte wiederum könnte die Zahlungen unter den Voraussetzungen des § 10 Abs. 1 Nr. 1a EStG in vollem Umfang als Sonderausgabe (dauernde Last) abziehen. Diese Rechtsfolge wird zwar nicht ausdrücklich im BMF-Schreiben vom 16.9.2004[331] erwähnt, jedoch besteht im Schrifttum Einvernehmen über die Behandlung als Versorgungsbezug[332] (siehe aber nachfolgend).

---

330 Schmidt/Wacker 29. Aufl. § 15 EStG Rz. 308.
331 FR 2004, 1182.
332 Siehe Zimmermann u. a., Die Personengesellschaft im Steuerrecht, 10. Aufl. S. 1417; Haas in Festschrift für Ludwig Schmidt, S. 326; Schmidt/Wacker 29. Aufl. § 15 Rz. 308 unter Hinweis darauf, dass die Zahlungen ggf. je nach Motiv nicht einkommensteuerbar oder Betriebseinnahmen sind.

1.7.3.4.2. Rechtsfolgen bei fehlender Mitunternehmereigenschaft

Bemerkenswert sind die Rechtsfolgen, wenn der Vorbehaltsnießbrauch am übertragenen KG-Anteil keine Mitunternehmerstellung des Nießbrauchers begründet. Nach Auffassung des BFH im Urteil vom 6. Mai 2010[333] treten die nachstehenden Rechtsfolgen ein:

- Die tatsächlich an den Nießbraucher vorzunehmenden Gewinnausschüttungen sind keine Gewinnanteile im Sinne des § 15 Abs. 1 Nr. 2 EStG;
- es liegt keine Vermögensübergabe gegen Versorgungsleistungen im Sinne des § 10 Abs. 1 Nr. 1a EStG vor;
- die zwischen den Beteiligten getroffene Vereinbarung unterliegt vielmehr den allgemeinen Grundsätzen über die Behandlung vollentgeltlicher oder teilentgeltlicher Übertragung des Kommanditanteiles gegen ein gewinnabhängiges Entgelt (Kaufpreis);
- ein dadurch entstehender Gewinn wird nicht sofort mit Übertragung des KG-Anteiles realisiert, sondern in Form nachträglicher Betriebseinnahmen erst dann, wenn und soweit die Summe der gewinnabhängigen Entgelte den Buchwert des Kapitalkontos übersteigen.[334] Ein Wahlrecht zur Sofortbesteuerung besteht nicht;
- der Erwerber (Kommanditist) wiederum hat die gewinnabhängige Kaufpreisverpflichtung in Höhe der Buchwerte der übernommenen Wirtschaftsgüter zu passivieren.[335]

Empfehlung: Im Interesse einer unveränderten Zurechnung der entsprechenden Kommanditerträge als gewerbliche Einkünfte im Sinne des § 15 Abs. 1 Nr. 2 EStG ist zugunsten des Schenkers regelmäßig ein Vollrechtsnießbrauch im obigen Sinne zu bestellen. Die Rechtsposition des Schenkers kann wiederum dadurch gestärkt werden, dass er einen geringen KG-Anteil zurückbehält.

1.7.4. Sukzessiver Hinzuerwerb nicht privilegierter Kommanditanteile aus schenkungsteuerlicher Sicht

Es stellt sich nach allem die Frage, ob der Hinzuerwerb von Kommanditanteilen schenkungsteuerlich begünstigt ist, wenn der Beschenkte bereits zum Personenkreis der Mitunternehmer der betreffenden Personengesellschaft gehört.

---

333 BFH/NV 2010, 1544 Rz. 26 f.
334 Siehe auch BFH vom 14.5.2002, BStBl. II 2002, 532.
335 BFH vom 14.5.2002, BStBl. II 2002, 532; Schmidt/Wacker, 29. Aufl. § 16 EStG Rz. 235.

Immobilien in der Rechtsform einer GmbH & Co. KG

1.7.4.1. Die Auffassung des Hessischen Finanzgerichts im Urteil vom 2. Juli 2008

Nach Auffassung des Hessischen Finanzgerichts[336] reicht es für die Inanspruchnahme der Begünstigung nach § 13a ErbStG evtl. aus, dass der Beschenkte nach ertragsteuerlichen Kriterien überhaupt Mitunternehmer ist oder wird, sei es, dass er bereits vor der Schenkung Gesellschafter und Mitunternehmer war, sei es, dass er (wie im Streitfall) einen Gesellschaftsanteil teilweise unbelastet übertragen erhält und dadurch Mitunternehmer wird. Denn personengesellschaftsrechtlich gibt es nur *eine einheitliche „Beteiligung" eines Gesellschafters* mit der Folge, dass z.b. ein Kommanditist nicht zugleich zwei oder mehr kommanditistische Beteiligungen an derselben KG halten kann.[337] Daraus wird die **Unteilbarkeit der Mitunternehmerstellung** abgeleitet, wonach ein Gesellschafter nicht zugleich isoliert Mitunternehmer hinsichtlich eines Anteils und kein Mitunternehmer hinsichtlich eines anderen Anteils sein kann, weil die Mitunternehmerschaft insoweit nur einheitlich an der Gesellschaft, nicht aber hinsichtlich verschiedener Teile seiner Beteiligung festgestellt werden kann.[338] Es wird deshalb die Auffassung vertreten, dass, wenn der Beschenkte aus anderen Gründen, etwa wegen einer zurückliegenden Schenkung, z.b. eines Anteils an derselben Kommanditgesellschaft, bereits Mitunternehmer wurde, auch eine isoliert betrachtet nicht begünstigungsfähige Schenkung zur Begünstigung des § 13a ErbStG führt.[339] Folgerichtig wird alsdann auch bei Schenkung eines Gesellschaftsanteils unter Vorbehalt eines nur quotalen, nach seiner besonderen Ausgestaltung der Annahme des Übergangs der Mitunternehmerstellung an sich entgegenstehenden Nießbrauchs und damit einer Gestaltung wie im Streitfall die Auffassung vertreten, dass die Begünstigung des § 13a ErbStG insgesamt beansprucht werden kann, weil der Beschenkte jedenfalls eine Mitunternehmerstellung erlangt.[340]

1.7.4.2. Getrennte Beurteilung geschenkter und vorhandener Gesellschaftsanteile im BFH-Urteil vom 23. Februar 2010

133 Der BFH bestätigt mit Urteil vom 23. Februar 2010[341] den schon bisher vertretenen Grundsatz, wonach die Steuervergünstigungen nach § 13a ErbStG a.F. nur dann zu gewähren sind, wenn das erworbene Vermögen durchgehend sowohl

---

336 Beschluss vom 2.7.2008 (Az.: 1 V 1357/08).
337 Crezelius, DB 1997, 1584, 1586.
338 Jülicher, DStR 1998, 1977 f.
339 Ebeling in Kapp/Ebeling, Kommentar zum ErbStG, § 13a Rz. 85.1, Jülicher in Troll/Gebel/Jülicher, ErbStG, § 13a Rz. 134, vgl. das hierauf Bezug nehmende Urteil des FG Münster in EFG 2006, 422.
340 So Jülicher in Troll/Gebel/Jülicher, ErbStG, § 13a Rz. 150, sowie sinngemäß auch Halaczinsky, aaO, S. 1353, bei einem Quotennießbrauch von z.B. 97 vom Hundert.
341 BStBl. II 2010, 555.

Ertragsteuerliche Behandlung der Übertragung von Kommanditanteilen

beim bisherigen als auch beim neuen Eigentümer den Tatbestand des § 13a Abs. 4 Nr. 1 ErbStG a.f. erfüllt. Beim Erwerb eines Mitunternehmeranteils muss auch ein schon bisher an der Gesellschaft beteiligter Mitunternehmer die Mitunternehmerstellung gerade durch den erworbenen Gesellschaftsanteil vermittelt bekommen. Behält sich indes der Schenker an dem übertragenen Gesellschaftsanteil den Nießbrauch und damit zusammenhängend die Stimm- und Verwaltungsrechte umfassend vor, so fehlt dem Erwerber als Nießbrauchsbesteller insoweit die notwendige Mitunternehmerinitiative. Es reicht also nicht, wenn der Erwerber bereits Mitunternehmer ist. Auch der schenkweise erworbene Anteil muss ihm diese Rechtsstellung vermitteln.

Die obige Entscheidung ist zwar zum alten Erbschaftsteuergesetz ergangen. Sie hat aber gleichermaßen für das neue Erbschaftsteuerrecht und für die ertragsteuerliche Behandlung einschlägiger Übertragungen Bedeutung.[342]

Hinweis: Um die Privilegien der §§ 13a, b ErbStG in Anspruch nehmen zu können, muss die übertragene Beteiligung selbst die Mitunternehmerstellung des Beschenkten begründen. Vorsorglich sollte nur die Einräumung eines Quoten(vorbehalts-)nießbrauchs erwogen werden[343]

1.8. Die Versorgung des Übergebers durch wiederkehrende Leistungen

Anstelle eines vorbehaltenen Nießbrauchs an der Immobilie bzw. dem übertragenen KG-Anteil hat der Übergeber (Schenker) auch die Möglichkeit, seine Versorgung durch Vereinbarung wiederkehrender Leistungen sicherzustellen. Die damit verbundenen Fragestellungen sind gegenüber einem Vorbehaltsnießbrauch nicht minder komplex.[344]

134

1.8.1. Die wiederkehrenden Leistungen im Überblick

Zur Versorgung des Betriebsübergebers stehen drei Wege zur Verfügung. Sie werden nach Verwaltungsauffassung und Rechtsprechung[345] eingeteilt in
a) Unterhaltsleistungen,
b) Versorgungsleistungen oder
c) wiederkehrende Leistungen im Austausch mit einer Gegenleistung (= Veräußerungsrente oder -rate).

---

342 Ebenso Hochheim/Wagenmann, DStR 2010, 1707, 1708.
343 Ebenso Hochheim/Wagenmann, DStR 2010, 1707, 1709 unter Hinweis darauf, dass endgültige Gewissheit wohl nur durch eine verbindliche Auskunft erlangt werden kann. Zum Quotennießbrauch siehe im Übrigen bereits Hochheim/Wagenmann, ZEV 2010, 109, 113.
344 Dies veranschaulicht in besonderem Maße das inzwischen auf über 700 Seiten angeschwollene Werk von Jansen/Myßen/Killat-Risthaus, Renten, Raten, Dauernde Lasten, 14. Aufl.
345 BMF-Schreiben vom 11.3.2010, BStBl. I 2010, 227 Rz. 1.

Im System der Versorgung des Vermögensübergebers erfahren diese Leistungsvarianten eine differenzierte steuerliche Behandlung, die im Rahmen der Gestaltungsberatung zu beachten ist.

135 **Unterhaltsleistungen** sind gem. § 22 Nr. 1 Satz 2 EStG weder vom Leistungsempfänger zu versteuern, wenn die Bezüge freiwillig, aufgrund freiwillig begründeter Rechtspflicht oder einer gesetzlich unterhaltsberechtigten Person gewährt werden und der Verpflichtete unbeschränkt einkommensteuerpflichtig ist. Folgerichtig kann sie auch der Zahlungsverpflichtete steuerlich nicht geltend machen. Die Zahlungen unterliegen dem Abzugsverbot des § 12 Nr. 2 EStG.[346] Insoweit korrespondieren beide Vorschriften.

Versorgungsleistungen hingegen unterliegen beim Empfänger gem. § 22 Nr. 1b EStG in vollem Umfang der Besteuerung. Spiegelbildlich dazu erfolgt ein Abzug beim Verpflichteten als Sonderausgabe gem. § 10 Abs. 1 Nr. 1a EStG (siehe unten Rz. 146). Die potentielle Abzugsfähigkeit der Leistungen als Sonderausgaben ist zwingendes Tatbestandsmerkmal des § 22 Nr. 1b EStG. Auf einen tatsächlichen Abzug beim Verpflichteten kommt es hingegen nicht an.

Wiederkehrende Leistungen im Austausch mit einer Gegenleistung stellen Kaufpreiszahlungen dar. Die Zahlungen sind in einen Zins- und Tilgungsanteil aufzuteilen. Der in den einzelnen Zahlungen enthaltene Zinsanteil ist beim Empfänger (Veräußerer) entweder als Kapitalertrag (§ 20 Abs. 1 Nr. 7 EStG) oder mit dem Ertragsanteil des § 22 Nr. 1 Satz 3 Buchst. a) bb) EStG steuerpflichtig. In Höhe des Tilgungsanteils hingegen realisiert der Veräußerer einen Veräußerungsgewinn gem. §§ 16 Abs. 4, 34 EStG. Der Verpflichtete (Erwerber) hat in Höhe des Kapitalwerts seiner Zahlungsverpflichtung Anschaffungskosten des Betriebes und kann den Zinsanteil als laufende Betriebsausgabe abziehen (siehe unten Rz. 137).

1.8.2. Versorgung durch Veräußerungsrente

1.8.2.1. Das Besteuerungswahlrecht des Veräußerers

136 Die Übertragung eines Betriebes gegen eine betriebliche Veräußerungsrente auf nahe Angehörige kommt in der Praxis wohl nur ausnahmsweise vor. Denn entweder soll der Erwerber als naher Angehöriger und Betriebsnachfolger gerade keinen am Unternehmenswert orientierten Kaufpreis entrichten oder der Unternehmenswert gestattet keine adäquate Versorgung des Übergebers.

Wird jedoch der Wert des Betriebes verrentet, stellen die Zahlungsverpflichtungen Veräußerungsrenten (oder ggf. -raten) dar. Teilentgeltliche Übertragungen sind

---

346 BMF-Schreiben vom 11.3.2010, BStBl. I 2010, 227 Rz. 1.

Ertragsteuerliche Behandlung der Übertragung von Kommanditanteilen

hier regelmäßig ausgeschlossen.[347] Andernfalls wäre jegliche Betriebsübertragung gegen eine Versorgungsrente als teilentgeltliche Übertragung zu qualifizieren, die Vereinbarung einer Versorgungsrente mithin ausgeschlossen. Tatsächlich aber spricht bei einer Vermögensübertragung auf Angehörige eine (widerlegbare) Vermutung für die Vereinbarung von Versorgungsleistungen.[348] Betriebliche Veräußerungsrenten können also nicht versehentlich vereinbart werden.

1.8.2.1.1. Wahlrecht zwischen Sofortbesteuerung und laufender Besteuerung

Die Finanzverwaltung räumt dem Rentenberechtigten folgendes Besteuerungswahlrecht ein:[349]

    a) Sofortige Besteuerung des Veräußerungsgewinns im Zeitpunkt der Betriebsveräußerung nach §§ 16 Abs. 4, 34 EStG (Regelfall). Bei fehlender oder unzureichender Wahlrechtsausübung ist der Veräußerungsgewinn zwingend im Veräußerungsjahr zu versteuern;[350]

    b) Besteuerung der laufenden Rentenzahlungen als nachträgliche Betriebseinnahmen gem. § 24 Nr. 2 EStG, sobald diese den Buchwert des Betriebsvermögens zuzüglich evtl. Veräußerungskosten übersteigen (Ausnahmefall). Das Wahlrecht ist nach enger Auffassung von *Wacker*[351] spätestens mit Abgabe der Einkommensteuererklärung des Veräußerungsjahres auszuüben.[352]

Die Sofortbesteuerung des Veräußerungsgewinnes macht kumulativ die laufende Besteuerung des in den Leibrentenzahlungen enthaltenen Ertragsanteiles gem. § 22 Nr. 1 Satz 3 Buchst. a) bb) EStG erforderlich.[353]

Beispiel 27

Vater A (62 Jahre) überträgt seinen KG-Anteil (Buchwert 100.000 €; Verkehrswert 600.000 €) zum 1. Januar 05 in der Weise, dass Sohn S an seinen Vater eine am Verkehrswert orientierte lebenslängliche Veräußerungsleibrente in Höhe von jährlich 50.000 € zahlt.

    Abwandlung: *S zahlt anstelle einer Leibrente wiederkehrende Leistungen in Form einer dauernden Last.*

---

347 Vgl. dazu BMF-Schreiben vom 13.1.1993, BStBl. I 1993, 80 Rz. 4.
348 BMF-Schreiben vom 13.1.1993, BStBl. I 1993, 80 Rz. 4.
349 Vgl. R 16 Abs. 11 EStR.
350 Vgl. BFH vom 12.5.1999, BFH/NV 1999, 1330; BFH vom 29.3.2007, BFH/NV 2007, 1306.
351 Schmidt/Wacker 29. Aufl. § 16 EStG Rz. 226.
352 Großzügiger Kobor in Herrmann/Heuer/Raupach § 16 EStG Anm. 306: Abgabe der Erklärung bis zur Bestandskraft der Veranlagung zulässig; u.E. zutreffend.
353 R 16 Abs. 11 Satz 5 EStR.

Immobilien in der Rechtsform einer GmbH & Co. KG

Je nach Ausübung des obigen Besteuerungswahlrechtes ergeben sich die nachstehenden Rechtsfolgen.

1.8.2.1.2. Wahlrechtsausübung zugunsten einer Sofortbesteuerung

137 Macht A im obigen Beispiel von einer Sofortbesteuerung Gebrauch, entsteht ein steuerpflichtiger Veräußerungsgewinn von 500.000 €. Dieser unterliegt wegen Vollendung des 55. Lebensjahres der ermäßigten Besteuerung nach § 34 Abs. 3 EStG. Ein Freibetrag gem. § 16 Abs. 4 EStG kommt aufgrund der Höhe des Veräußerungsgewinnes nicht in Betracht. Die laufenden Rentenbezüge von jährlich 50.000 € wiederum unterliegen der Ertragsanteilsbesteuerung nach § 22 Nr. 1 Satz 3 Buchst. a) bb) EStG. Der Ertragsanteil beträgt 21 %. Sohn S hingegen hat Anschaffungskosten für den KG-Anteil in Höhe von 600.000 €, die sich über eine Abschreibung der angeschafften Wirtschaftsgüter steuermindernd auswirken. Dabei sind die erworbenen stillen Reserven regelmäßig in einer positiven Ergänzungsbilanz darzustellen.

Der in den Rentenzahlungen enthaltene **Zinsanteil** ist sofort als Betriebsausgabe abzugsfähig. Dieser errechnet sich ebenso wie bei Vater A als Rentenberechtigter nach der Ertragsanteilstabelle des § 22 Nr. 1 Satz 3 Buchst. a)bb) EStG und beträgt ebenfalls 21 %. S kann mithin Zinsen in Höhe von 10.500 € jährlich steuermindernd als Sonderbetriebsausgaben geltend machen.[354]

Im Fall der Abwandlung ändert sich die Situation für Sohn S erheblich. Der Zinsanteil kann nun
- entweder wie oben nach der Ertragsanteilstabelle des § 22 Nr. 1 Satz 3 Buchst. a)bb) EStG
- oder jedoch nach finanzmathematischen Grundsätzen unter Verwendung eines Zinsfußes von 5,5 % ermittelt werden.

Danach errechnet sich ein gravierend vom Ertragsanteil abweichender folgender Zinsanteil (unter Berücksichtigung des Vervielfältigers aus der Anlage zu § 14 Abs. 1 BewG):

Rentenbarwert 1. Januar 05	600.000 €
Rentenbarwert 31. Dezember 05	585.900 €
Tilgungsanteil	14.100 €
Rentenzahlungen	50.000 €
Zinsanteil	35.900 €

---

[354] BMF-Schreiben vom 11.3.2010, BStBl. I 2010, 227 Rz. 71.

Ertragsteuerliche Behandlung der Übertragung von Kommanditanteilen

Sohn S kann mithin bei Vereinbarung einer dauernden Last Zinsen beginnend mit jährlich 35.900 € anstelle eines gleichbleibenden Betrages von lediglich 10.500 € als Betriebsausgaben abziehen. Der so ermittelte Zinsabzug reduziert sich in den Folgejahren nur geringfügig. Die Höhe der Anschaffungskosten bleibt von der Ausübung dieses Wahlrechtes unberührt und beträgt unverändert 600.000 €.

Schenker A wiederum ist nicht an eine korrespondierende Ausübung des obigen Wahlrechts gebunden. Er kann daher den nach § 20 Abs. 1 Nr. 7 EStG steuerpflichtigen Zinsanteil
- entweder nach finanzmathematischen Grundsätzen (siehe oben) ermitteln (Jahr 05 = 35.900 €)
- oder aus der Ertragsanteilstabelle des § 22 Nr. 1 Satz 3 Buchst. a)bb) EStG ableiten.[355]

Schenker A dürfte sich selbstredend für die günstigere Variante b) entscheiden.

Divergenz zwischen steuerpflichtigem Ertragsanteil und als Werbungskosten abzugsfähiger Zinsanteil

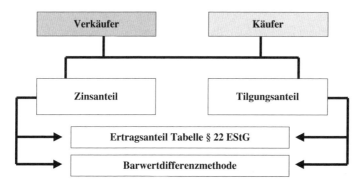

Gewerbesteuer: Sohn S muss als Erwerber des KG-Anteiles die gewerbesteuerliche Hinzurechnung der wiederkehrenden Leistungen gem. § 8 Nr. 1b GewStG in Kauf nehmen. Hinzugerechnet werden 25 % der Zahlungen. Außerdem wird von der Summe aller Hinzurechnungen gem. § 8 Nr. 1 GewStG ein Freibetrag von 100.000 € abgezogen (§ 8 Nr. 1 GewStG). Die damit verbundene Gewerbesteuerbelastung wird jedoch weitgehend durch Anrechnung auf die Einkommensteuer gem. § 35 EStG kompensiert.

---

355 Vgl. BMF-Schreiben vom 11.3.2010, BStBl. I 2010, 227 Rz. 75 in Verbindung mit Rz. 71.

Immobilien in der Rechtsform einer GmbH & Co. KG

1.8.2.1.3. Wahlrechtsausübung zugunsten laufender Besteuerung

138 Macht Vater A im obigen Beispiel (Rz. 136) von einer laufenden Besteuerung des Veräußerungserlöses Gebrauch, ist wie folgt zu verfahren:[356]

- **Tilgungsanteil:** Der in den wiederkehrenden Leistungen (Rente oder dauernde Last) enthaltene Tilgungsanteil wird mit dem Buchwert des Kapitalkontos verrechnet (= 100.000 €). Eine Besteuerung als nachträgliche Einkünfte aus Gewerbebetrieb i. S. des § 24 Nr. 2 EStG findet erst statt, wenn die zugeflossenen Tilgungsanteile den Buchwert übersteigen (Besteuerungspause). Gewerbesteuerpflicht besteht nicht.

- **Zinsanteil:** Der Zinsanteil (regelmäßig Ertragsanteil aus der Ertragsanteilstabelle) wiederum unterliegt bereits im Erstjahr des Zuflusses der wiederkehrenden Leistungen als nachträgliche gewerbliche Einkünfte der Besteuerung gem. § 24 Nr. 2 EStG.[357] Sie fallen daher nicht unter die zum 1. Januar 2009 eingeführte Zinsabschlagsteuer (§§ 20 Abs. 8, 32d Abs. 1 EStG).

1.8.2.2. Risiken bei der Ausübung des Wahlrechtes

139 Die Ausübung des Besteuerungswahlrechtes muss sich in erster Linie an den konkreten Verhältnissen des Einzelfalles orientieren. Ist der Veräußerungsgewinn gering und kann der Veräußerer folglich den Freibetrag des § 16 Abs. 4 EStG und für den übersteigenden Betrag außerdem die Steuerermäßigung des § 34 Abs. 3 EStG in Anspruch nehmen, wird die Sofortbesteuerung regelmäßig sinnvoll sein. Im obigen Beispiel 27 hingegen ist Vorsicht geboten. Denn die Rentenverpflichtung ist mit ihrem Barwert von 600.000 € bei Sohn S zu passivieren.

Fällt nun die Verpflichtung durch den **Tod des Rentenberechtigten** weg, ist der Passivposten gewinnerhöhend aufzulösen mit der Folge der Entstehung eines entsprechenden laufenden Gewinnes,[358] der zudem der Gewerbesteuer unterliegt. Die Anschaffungskosten von Sohn S bleiben davon unberührt.[359] Besonders unangenehm ist dabei die Tatsache, dass die steuerliche Belastung des Veräußerers bei vorzeitigem Tod nicht rückwirkend gem. § 175 Abs. 1 Satz 1 Nr. 2 AO korrigiert wird.[360] Etwas anderes gilt freilich dann, wenn die Rentenbezüge ganz oder teilweise uneinbringlich werden. In diesem Fall ist der Veräußerungsgewinn rückwirkend zu ändern.[361] Der Tod ist hier kein rückwirkendes Ereignis, sondern

---

356 Vgl. R 16 Abs. 11 EStR.
357 Vgl. R 16 Abs. 11 Satz 7 zweiter Halbsatz EStR.
358 Siehe BFH vom 30.7.2003, BStBl. II 2004, 211.
359 Vgl. BFH vom 9.2.1994, BStBl. II 1995, 47, 51 zur Behandlung vergleichbarer Sachverhalte im Privatvermögen.
360 Siehe BFH vom 19.8.1999, BStBl. II 2000, 179 und vom 17.12.2008, BFH/NV 2009, 1409; H 16 Abs. 10 „Tod des Rentenberechtigten" EStH; glA Schmidt/Wacker 29. Aufl. § 16 EStG Rz. 225.
361 Vgl. BFH vom 19.7.1993 GrS 2/92, BStBl. II 1993, 897; H 16 Abs. 10 EStH.

Ertragsteuerliche Behandlung der Übertragung von Kommanditanteilen

ein vertragsimmanentes Risiko. Sollte also Vater A bereits im ersten Jahr der Betriebsübergabe versterben, muss Sohn S den aufzulösenden Passivposten in Höhe von 585.900 € versteuern, während Vater A keine adäquate steuerliche Entlastung erhält. Es findet schlichtweg eine Doppelbesteuerung statt.

Hinweis: Dieses Risiko ist im Rahmen der Gestaltung einschlägiger Sachverhalt nicht hinnehmbar, weil der Rentenbarwert nur allmählich abnimmt und sich selbst im hohem Alter des Übergebers nicht auf 0 € reduziert. Jedenfalls sind die Beteiligten eindringlich auf diese Steuerfolgen hinzuweisen. Damit dürfte regelmäßig nur eine laufende Besteuerung in Betracht kommen. In diesem Fall bleibt der Tod des Rentenberechtigten bei ihm ohne steuerliche Auswirkung. Er versteuert lediglich die tatsächlich bis zu seinem Ableben zugeflossenen Rentenbeträge.

Aus Käufersicht wiederum ist zu beachten, dass mit dem Tod des Rentenberechtigten stets der passivierte Rentenbarwert gewinnerhöhend aufzulösen ist, gleichgültig, wie der Veräußerer sein Besteuerungswahlrecht ausgeübt hat. Beim Erwerber droht also stets das unerwartete Risiko einer Besteuerung des Rentenbarwertes. Das Gegengewicht dazu bilden die unverändert vom ursprünglichen Rentenbarwert (= Anschaffungskosten) zu bemessenden Abschreibungen. Gerade bei langlebigen Wirtschaftsgütern, wie etwa Immobilien, ist dies kein adäquater finanzieller Ausgleich. Das gilt umso mehr, soweit der Rentenbarwert auf den Erwerb nicht abnutzbaren Grund und Bodens entfällt.

1.8.2.3. Anwendungsbereich des Wahlrechtes

Das Besteuerungswahlrecht gilt nach Verwaltungsauffassung[362] namentlich nur für Betriebsveräußerungen gegen Leibrenten, also lebenslängliche Zahlungsverpflichtungen. Es gilt außerdem[363] in Fällen der Betriebsveräußerung gegen **Ratenzahlung**. Die Raten müssen allerdings
- für einen mehr als 10 Jahre dauernden Zeitraum zu zahlen sein und
- die Ratenvereinbarung sowie die sonstige Ausgestaltung des Vertrags muss die eindeutige Absicht des Veräußerers zum Ausdruck bringen, sich eine Versorgung zu verschaffen.[364]

Die unterschiedliche Platzierung von Leibrenten und langfristigen Ratenvereinbarungen in den hierfür einschlägigen Verwaltungsanweisungen veranlasste das Schrifttum[365] zu der Vermutung, dass es die Finanzverwaltung letztendlich der

---
[362] R 16 Abs. 11 EStR.
[363] Siehe H 16 Abs. 11 „Ratenzahlungen" EStH.
[364] BFH vom 23.1.1964, BStBl. III 1964, 239 und vom 12.6.1968, BStBl. II, 653; ausführlich dazu BFH vom 29.3.2007, BFH/NV 2007, 1306.
[365] Vgl. Schmidt/Wacker 29. Aufl. § 16 EStG Rz. 224.

Immobilien in der Rechtsform einer GmbH & Co. KG

Rechtsprechung überlassen will, das Besteuerungswahlrecht nur auf lebenslängliche Zahlungsverpflichtungen anzuwenden. Wie aber soll es dem BFH möglich sein, trotz fortbestehender Verwaltungsauffassung über einschlägige Sachverhalte überhaupt entscheiden zu können? Im Rahmen der Steuergestaltung wird man gleichwohl die Behandlung langfristiger Ratenzahlungen nicht als völlig gesichert ansehen können. Wer also seinen Betrieb gegen eine z.b. 11-jährige Ratenzahlung veräußert, muss das Restrisiko der Sofortbesteuerung in Kauf nehmen.[366]

Zeitpunkt der Wahlrechtsausübung: Das Wahlrecht ist im Rahmen der Einkommensteuererklärung des Veräußerungsjahres auszuüben. Es kann mit Bestandskraft der Steuerfestsetzung nicht mehr korrigiert werden.[367] Der Veräußerer ist an das einmal ausgeübte Wahlrecht für die Zukunft gebunden.[368]

Spätere Abfindung der Rente: Hat sich der Veräußerer für eine Besteuerung als laufende nachträgliche Betriebseinnahmen gem. § 24 Nr. 2 EStG entschieden und wird die Rentenverpflichtung später vom Erwerber durch Einmalbetrag abgelöst, treten die nachstehenden Rechtsfolgen ein:
  a) Für die bereits abgelaufenen Zeiträume laufender Rentenzahlung verbleibt es bei der Zuflussbesteuerung gem. § 24 Nr. 2 EStG;[369]
  b) der Ablösebetrag ist gem. §§ 16, 34 EStG steuerbegünstigt;[370]
  c) Voraussetzung der Rechtsfolge zu b) ist, dass im Veräußerungsjahr selbst kein Veräußerungsgewinn erzielt wurde (wie z.B. im Falle der Veräußerung gegen Einmalbetrag und wiederkehrende Bezüge). Auch dazu gibt es wieder eine Ausnahme im BFH-Urteil von 14. Januar 2004:[371] Bei geringfügigen Veräußerungsgewinnen im Veräußerungsjahr erfolgt eine Kürzung der Begünstigung des Ablösebetrages.[372]

1.8.3. Behandlung ausländischer Leistungsempfänger bei Sofortbesteuerung der wiederkehrenden Leistungen

141   Ausländische Leistungsempfänger unterliegen mit ihren inländischen Einkünften der deutschen Besteuerung im Rahmen der beschränkten Einkommensteuerpflicht des § 49 EStG.

Bisherige Rechtslage: Veräußerte ein beschränkt Steuerpflichtiger seinen Betrieb gegen laufende Bezüge bzw. trat die beschränkte Steuerpflicht nach der

---
366 Wahlrecht ablehnend Schmidt/Wacker 29. Aufl. § 16 EStG Rz. 225.
367 Kobor in Herrmann/Heuer/Raupach § 16 EStG Anm. 308.
368 BFH vom 16.8.1991, BFH/NV 1991, 819.
369 Keine rückwirkende Änderung gem. § 175 Abs. 1 Satz 1 Nr. 2 AO.
370 Vgl. BFH vom 10.7.1991, HFR 1992, 8 und vom 21.9.1993, HFR 1994, 209.
371 BStBl. II 2004, 493.
372 Kritisch dazu Schmidt/Wacker 29. Aufl. § 16 EStG Anm. 246.

Veräußerung ein, kam eine inländische Besteuerung bis zum 31. Dezember 2004 nur in Betracht:
- bei Leibrentenzahlungen (hinsichtlich des Ertragsanteils), soweit diese dem inländischen Steuerabzug unterlagen (§ 49 Abs. 1 Nr. 7 EStG) und
- bei Ratenzahlungen (hinsichtlich des darin enthaltenen Zinsanteils), soweit die Voraussetzungen des § 49 Abs. 1 Nr. 5c EStG (Sicherung des Kapitalvermögens durch inländischen Grundbesitz) vorlagen.

Infolge dieser Regelung war eine Besteuerung der Rentenbezüge des Veräußerers jedenfalls dann ausgeschlossen, wenn er vom Wahlrecht der Sofortbesteuerung Gebrauch machte.

1.8.3.1. Besteuerung von Veräußerungsleibrenten ab 1. Januar 2005

Zum 1. Januar 2005 wurde der Anwendungsbereich der inländischen Besteuerung sonstiger Einkünfte gem. § 49 Abs. 1 Nr. 7 EStG durch das **Alterseinkünftegesetz** erweitert. Sonstige Einkünfte i. S. des § 22 Nr. 1 Satz 3 Buchst. a EStG sind nunmehr auch dann im Inland steuerpflichtig, wenn sie keinem Steuerabzug unterliegen. Diese Änderung betrifft Leistungen aus der sog. Basisversorgung, also Zahlungen der inländischen gesetzlichen Rentenversicherungsträger, inländischen landwirtschaftlichen Alterskassen, inländischen berufsständischen Versorgungsein-richtungen, inländischen Versicherungsunternehmen oder sonstigen inländischen Zahlstellen.

142

Eine **inländische Zahlstelle** im obigen Sinne liegt vor, wenn sie ihren Sitz oder ihre Geschäftsleitung bzw. ihren Wohnsitz/gewöhnlichen Aufenthalt im Inland hat. Inländische Zahlstelle ist auch der unbeschränkt steuerpflichtige Erwerber eines Betriebes. Die Betriebsveräußerung gegen eine Veräußerungsleibrente mit anschließender Wohnsitzverlegung des Rentenberechtigten ins Ausland dürfte folglich ungeeignet sein, sich einer inländischen Besteuerung zu entziehen. Der Rentenertragsanteil gehört zu den Einkünften i. S. des § 22 Nr. 1 Satz 3 Buchst. a) bb) EStG[373] und wird folglich von § 49 Abs. 1 Nr. 7 EStG erfasst.

1.8.3.2. Besteuerung von dauernden Lasten

Der in einer dauernden Last (Veräußerungspreis) enthaltene Zinsanteil (Ermittlung siehe oben Rz. 137) fällt unter § 20 Abs. 1 Nr. 7 EStG.[374] Eine inländische Besteuerung des im Ausland ansässigen Empfängers kommt mithin nur unter den in § 49 Abs. 1 Nr. 5 Buchst. c)aa) EStG genannten Voraussetzungen in Betracht.

143

---

373 Vgl. BMF-Schreiben vom 11.3.2010, BStBl. I 2010, 227 Rz. 75.
374 BMF-Schreiben vom 11.3.2010, BStBl. I 2010, 227 Rz. 75.

Sie liegen im obigen Beispiel 27 nicht vor. Der Leistungsempfänger kann sich daher – anders als im Falle der Vereinbarung einer Veräußerungsleibrente – (siehe oben) durch Wohnsitzverlegung einer inländischen Besteuerung entziehen.

1.8.3.3. Behandlung in Fällen laufender Besteuerung der wiederkehrenden Leistungen

Macht der Veräußerer vom Wahlrecht laufender Besteuerung seiner Bezüge Gebrauch, stellen die gesamten Leistungen nachträgliche Einkünfte gem. § 24 Nr. 2 EStG dar (Tilgungsanteil erst mit Buchwertüberschreitung; siehe oben Rz. 138). Die Bezüge unterliegen demzufolge bei Wohnsitzverlegung ins Ausland der laufenden inländischen Besteuerung gem. § 49 Abs. 1 Nr. 2 EStG. Insoweit ist zum 1. Januar 2005 keine Änderung eingetreten.

1.8.4. Versorgung durch wiederkehrende Bezüge

1.8.4.1. Kriterien der Behandlung als Versorgungsleistung

144 Die Übertragung von Vermögen wird unter nahen Angehörigen regelmäßig in der Weise erfolgen, dass an den Übergeber wiederkehrende Bezüge in Form privater Versorgungsleistungen erbracht werden. Versorgungsleistungen in diesem Sinne liegen nach Rechtsprechung und Verwaltungsauffassung[375] vor, wenn
- Vermögen unentgeltlich[376] übertragen wird,
- dieses Vermögen ausdrücklich in § 10 Abs. 1 Nr. 1a EStG genannt und ausreichend ertragbringend ist,[377] um daraus die Versorgungsleistungen bestreiten zu können,
- die Zahlungen an den Vermögensübergeber zu dessen Versorgung auf Lebenszeit erfolgen,[378]
- die Zahlungen nicht im Austausch mit einer Gegenleistung erfolgen[379] (Abgrenzung zur Veräußerung) und schließlich
- die Zahlungen an den Vermögensübergeber oder dessen Ehegatten erfolgen.[380]

---

375 Vgl. das die Rechtsprechung zusammenfassende BMF-Schreiben vom 11.3.2010, BStBl. I 2010, 227 Rz. 2 ff.
376 BMF-Schreiben vom 11.3.2010, BStBl. I 2010, 227 Rz. 5.
377 BMF-Schreiben vom 11.3.2010, BStBl. I 2010, 227 Rz. 26 f.
378 BMF-Schreiben vom 11.3.2010, BStBl. I 2010, 227 Rz. 56.
379 BMF-Schreiben vom 11.3.2010, BStBl. I 2010, 227 Rz. 63.
380 Zu weiteren Empfangsberechtigten siehe BMF-Schreiben vom 11.3.2010, BStBl. I 2010, 227 Rz. 4, 50.

Ertragsteuerliche Behandlung der Übertragung von Kommanditanteilen

Aufgrund dieser Kriterien ist im Falle von Vermögensübertragungen unter Fremden die Vereinbarung von Versorgungsleistungen nur ausnahmsweise möglich.[381] Bei Vermögensübertragungen unter nahen Angehörigen wiederum ist unbedingt darauf zu achten, dass Versorgungsleistungen nur bei ausreichend **ertragbringenden Wirtschaftseinheiten** vereinbart werden können. Folglich dürfen die Versorgungsleistungen bei überschlägiger Berechnung nicht höher sein als der langfristig erzielbare Ertrag des übergebenen Vermögens.[382] Dieses Kriterium ist nach Verwaltungsauffassung[383] regelmäßig dann erfüllt, wenn ein Betrieb im Wege vorweggenommener Erbfolge gegen wiederkehrende Leistungen übertragen wird. Voraussetzung ist lediglich die tatsächliche Fortführung des Unternehmens durch den Übernehmer. Die wiederkehrenden Leistungen müssen grundsätzlich **lebenslänglich** erbracht werden.[384] Zeitlich begrenzte Zahlungsverpflichtungen stehen der Behandlung als Versorgungsleistung entgegen und werden als Kaufpreis behandelt.[385]

Hinweis: Versorgungsleistungen befinden sich auch bei nahen Angehörigen je nach Vertragsinhalt gelegentlich im Grenzbereich gewinnrealisierender Veräußerung. Dies zwingt zu besonders sorgfältiger Prüfung des Sachverhaltes.

1.8.4.2. Versorgungsleistungen bei Übertragung von Anteilen an einer gewerblich geprägten GmbH & Co. KG

Als Sonderausgabe abzugsfähige und vom Leistungsempfänger gem. § 22 EStG zu versteuernde Versorgungsleistungen kommen gem. § 10 Abs. 1 Nr. 1a Unterbuchst. aa) EStG nur in Betracht für

„Versorgungsleistungen im Zusammenhang mit der Übertragung eines Mitunternehmeranteiles an einer Personengesellschaft, die eine Tätigkeit im Sinne der §§ 13, 15 Abs. 1 Satz 1 Nummer 1 oder des § 18 Abs. 1 ausübt, .."

Von der Regelung nicht erfasst sind die reinen **gewerblich geprägten** Personengesellschaften im Sinne des § 15 Abs. 3 Nr. 2 EStG. Sie üben gerade keine (originär) gewerbliche Tätigkeit gem. § 15 Abs. 1 Nr. 1 EStG aus.[386]

---

381 BMF-Schreiben vom 11.3.2010, BStBl. I 2010, 227 Rz. 4.
382 BMF-Schreiben vom 11.3.2010, BStBl. I 2010, 227 Rz. 27; zur Ertragsermittlung vgl. BMF-Schreiben vom 11.3.2010, BStBl. I 2010, 227 Rz. 32 – 35.
383 BMF-Schreiben vom 11.3.2010, BStBl. I 2010, 227 Rz. 29.
384 BMF-Schreiben vom 11.3.2010, BStBl. I 2010, 227 Rz. 56; Wälzholz, DStR 2010, 850, 853.
385 BMF-Schreiben vom 11.3.2010, BStBl. I 2010, 227 Rz. 57.
386 BMF-Schreiben vom 11.3.2010, BStBl. I 2010, 227 Tz. 10; Jansen/Myßen/Killat-Risthaus, Renten, Raten, Dauernde Lasten 14. Aufl. S. 129; kritisch dazu Spiegelberger, DStR 2010, 1822, 1826: Die Streichung des Sonderausgabenabzugs entbehrt jeden sachlichen Grundes.

Umqualifizierung in Kaufpreisrenten: Werden Anteile an lediglich gewerblich geprägten Personengesellschaften gegen wiederkehrende Leistungen übertragen, gelten nach Verwaltungsauffassung[387] anstelle der Behandlung als Versorgungsleistungen die allgemeinen Grundsätze der Veräußerung betrieblicher Einzelwirtschaftsgüter gegen wiederkehrende Leistungen[388] (siehe Rz. 136 f.). Infolgedessen scheitert eine Buchwertfortführung gem. § 6 Abs. 3 EStG.[389]

Gewerbliche Prägung: Übt die Personengesellschaft auch eine Tätigkeit im Sinne des § 15 Abs. 1 Nr. 1 EStG aus, liegt eine gewerblich infizierte Personengesellschaft im Sinne des § 15 Abs. 3 Nr. 1 EStG vor. Sie kann begünstigt gem. § 10 Abs. 1 Nr. 1a Unterbuchst. aa) EStG übertragen werden. Das Gesetz fordert nicht, dass die Tätigkeit der Personengesellschaft insgesamt eine solche im Sinne des § 15 Abs. 1 Nr. 1 EStG ist.[390]

Beteiligung an einer originär gewerblich tätigen Personengesellschaft: Die erforderliche gewerbliche Tätigkeit einer (nur) gewerblich geprägten Personengesellschaft wird nicht dadurch erreicht, dass sie sich ihrerseits an einer originär gewerblich tätigen Personengesellschaft beteiligt.[391]

Betriebsaufspaltung: Vermietet eine gewerblich geprägte Personengesellschaft Grundbesitz an eine Kapitalgesellschaft oder eine originär gewerblich tätige andere Personengesellschaft, liegen die Voraussetzungen der Betriebsaufspaltung vor. Die Vermietungstätigkeit mutiert dann ebenfalls zur originär gewerblichen Tätigkeit in Form einer Betriebsaufspaltung bzw. mitunternehmerischen Betriebsaufspaltung, so dass eine begünstigte Übertragung der Gesellschaftsanteile möglich ist.[392]

Übertragung nur eines Teils des Mitunternehmeranteiles: Fraglich ist wie verfahren werden soll, wenn nicht der gesamte Mitunternehmeranteil übertragen wird, sondern lediglich ein Teil davon. Die Finanzverwaltung[393] lässt die Übertragung nur eines Teils der Beteiligung genügen.

---

387 BMF-Schreiben vom 11.3.2010, BStBl. I 2010, 227 Rz. 21, 65 ff.
388 Wohl ebenso Strahl, KÖSDI 2009, 16514, 16515.
389 Nach Levedag (GmbHR 2010, 855, 862) soll hier eine Buchwertübertragung gem. § 6 Abs. 3 EStG zulässig sein. Die wiederkehrenden Leistungen stellen sich dann nicht abzugsfähige Unterhaltszahlungen iSd. § 12 Nr. 2 EStG dar. § 10 Abs. 1 Nr. 1a EStG verhindert lediglich einen Sonderausgabenabzug.
390 So Jansen/Myßen/Killat-Risthaus aaO S. 129.
391 Siehe Jansen/Myßen/Killat-Risthaus aaO S. 130.
392 BMF-Schreiben vom 11.3.2010, BStBl. I 2010, 227 Rz. 9.
393 BMF-Schreiben vom 11.3.2010, BStBl. I 2010, 227 Rz. 8; ebenso Wälzholz, DStR 2008, 273; kritisch Jansen/Myßen/Killat-Risthaus aaO S. 131.

Ertragsteuerliche Behandlung der Übertragung von Kommanditanteilen

1.8.4.3. Steuerliche Behandlung von Versorgungsleistungen

Versorgungsleistungen erfahren eine gegenüber Kaufpreisrenten oder -raten (siehe Rz. 136 f.) völlig abweichende steuerliche Behandlung.

1.8.4.3.1. Behandlung des Versorgungsberechtigten

Im Einzelnen ergeben sich für den Schenker eines KG-Anteiles die nachstehenden ertragsteuerlichen Folgen, wenn die Schenkung gegen lebenslängliche Versorgungsleistungen erfolgt: *146*

a) Die wiederkehrenden Zahlungen stellen beim Berechtigten Einkünfte aus Versorgungsleistungen i. S. des § 22 Nr. 1b EStG dar. Sie sind in vollem Umfang steuerpflichtig, also nicht nur in Höhe eines Rentenertragsanteiles. Keine Rolle spielt, ob die Leistungen Leibrenten oder wiederkehrende Bezüge in Form dauernder Lasten darstellen.[394] Die bisherige Unterscheidung zwischen Renten und dauernden Lasten entfällt für nach dem 31. Dezember 2007 vereinbarte Vermögensübertragungen.[395]

b) Der Kapitalwert der wiederkehrenden Leistungen ist keine Gegenleistung für die Übertragung des Betriebes. Er führt demzufolge nicht zur Entstehung eines Veräußerungsgewinnes wie in Fällen der Vereinbarung von Veräußerungsrenten oder -raten.

c) Die Vereinbarung von Versorgungsleistungen steht mangels Kaufpreischarakter einer Anwendung der steuerneutralen Buchwertübertragung gem. § 6 Abs. 3 EStG nicht entgegen.

d) Die Versorgungsleistungen unter a) sind auch neben einem Teilentgelt zulässig. Damit können die Vorteile teilentgeltlichen Erwerbs mit denen der Versorgungsleistungen kumulieren.

1.8.4.3.2. Behandlung beim Versorgungsverpflichteten

Aus Sicht des Beschenkten gilt folgendes:

a) Die Zahlungen an den Schenker sind in voller Höhe als Sonderausgaben absetzbar (§ 10 Abs. 1 Nr. 1a EStG). Gleichgültig ist, ob die Versorgungsleistungen als dauernde Last oder Leibrente ausgestaltet sind. Eine Begrenzung des Abzugs sieht das Gesetz anders als beim sog. Realsplitting (§ 10 Abs. 1 EStG) nicht vor.

b) Die Zahlungen (siehe a) gehören wegen des privaten Versorgungscharakters nicht zu den Betriebsausgaben. Folgerichtig unterbleibt eine gewerbesteuerliche Hinzurechnung nach § 8 Nr. 1b GewStG.

---

394 BMF-Schreiben vom 11.3.2010, BStBl. I 2010, 227 Rz. 52.
395 § 52 Abs. 23f EStG; Wälzholz, DStR 2010, 850, 852.

c) Der KG-Anteil wird gem. § 6 Abs. 3 EStG steuerneutral zum Buchwert übertragen. Damit geht die Besitzzeit für begünstigte Wirtschaftsgüter gem. § 6b Abs. 4 Nr. 2 EStG auf den Erwerber über. Dies kommt dem Beschenkten zugute, sollte er etwa kurzfristig zur Grundstücksveräußerung gezwungen sein.

d) Der Kapitalwert der Versorgungsverpflichtung stellt beim Beschenkten keine zum Betriebsvermögen gehörende Verbindlichkeit dar. Infolgedessen ist ein späterer Wegfall durch Tod des Berechtigten kein außerordentlicher betrieblicher Ertrag. Darin liegt ein ganz entscheidender Vorteil gegenüber der Vereinbarung betrieblicher Veräußerungsrenten (siehe Rz. 139).

1.8.4.4. Nachträgliche Umschichtung des übertragenen Vermögens

Gelegentlich besteht nach vollzogener Vermögensübertragung die Notwendigkeit, das erworbene Vermögen zu veräußern. In diesem Fall endet der sachliche Zusammenhang zwischen Vermögensübergabe und Versorgungsleistung. Die fortbestehenden Leistungen erlangen dann mit Wirkung für die Zukunft den Charakter schlichter, gem. § 12 Nr. 2 EStG nicht abzugsfähiger Unterhaltsleistungen.[396]

1.8.4.4.1. Begünstigte Vermögensumschichtungen

147 Es gibt zwei wichtige Ausnahmen von der grundsätzlich schädlichen Vermögensumschichtung (= Umqualifizierung in Unterhaltsleistungen), die eine fortbestehende Behandlung der Zahlungen als Versorgungsleistung (= Abzug als Sonderausgabe) gestatten:

- Das übernommene Vermögen wird entweder im Rahmen vorweggenommener Erbfolge übertragen (also im obigen Grundfall z.B. vom Beschenkten Sohn auf das Enkelkind)[397] oder
- der Erlös wird im Falle einer Veräußerung zeitnah in anderes begünstigtes Vermögen im Sinne des § 10 Abs. 1 Nr. 1a Satz 2 EStG investiert.[398]

Beispiel 28

Sohn S übernimmt in 01 den KG-Anteil seines Vaters A gegen Zahlung einer lebenslänglichen Rente von 50.000 €. Im Jahr 05 veräußert S den Anteil und beteiligt sich mitunternehmerisch an einer anderen gewerblich tätigen Personengesellschaft im Sinne des § 15 Abs. 1 Nr. 1 EStG.

---

396 BMF-Schreiben vom 11.3.2010, BStBl. I 2010, 227 Rz. 37.
397 BMF-Schreiben vom 11.3.2010, BStBl. I 2010, 227 Rz. 38.
398 BMF-Schreiben vom 11.3.2010, BStBl. I 2010, 227 Rz. 41.

Ertragsteuerliche Behandlung der Übertragung von Kommanditanteilen

Die weiterhin an Vater A zu zahlende Rente ist unverändert in vollem Umfang als Versorgungsleistung abzugsfähig. Die mitunternehmerische Beteiligung an der anderen Personengesellschaft gehört zum begünstigten Vermögen gem. § 10 Abs. 1 Nr. 1a EStG (siehe Unterbuchstabe a).[399]

Unschädliche Umwandlungen: Der Vermögensübernehmer ist nicht gehindert, den gegen Versorgungsleistungen übertragenen Betrieb nach den Regelungen des UmwStG in eine Kapitalgesellschaft (§ 20 UmwStG) oder eine Personengesellschaft (§ 24 UmwStG) einzubringen. Auf den Wertansatz des Betriebes in der übernehmenden Gesellschaft kommt es dabei nicht an. Auch eine Vollrealisierung der stillen Reserven ist unschädlich.[400].

1.8.4.4.2. Übertragung von Teilen des übernommenen Vermögens

Versorgungsleistungen sind auch dann weiterhin anzuerkennen, wenn der Übernehmer Teile seines Vermögens auf Dritte überträgt und der zurückbehaltene Teil des ursprünglich übernommenen Vermögens weiterhin ausreicht, um die Versorgungsleistungen zu finanzieren.[401] Einer Reinvestition des (Teil-)Veräußerungserlöses in begünstigtes Vermögens i. S. des § 10 Abs. 1 Nr. 1a EStG bedarf es nicht.

148

Hinweis: Der Mandant ist auf die ggf. eintretende Schädlichkeit späterer Vermögensumschichtungen unbedingt hinzuweisen. Denn es besteht für den Vermögensübernehmer regelmäßig ein starkes finanzielles Interesse, Versorgungsleistungen bis zum Tode des Berechtigten steuermindernd geltend machen zu können. Im Übergabevertrag wiederum sollte ungeachtet dessen vereinbart werden, dass bei späterem Wegfall der Steuerpflicht von Versorgungsleistungen gem. § 22 Nr. 1b EStG eine an der Steuerersparnis orientierte Reduzierung der Versorgungsleistungen vorzunehmen ist.

1.8.4.4.3. Unterbrechung bzw. Ablösung der Zahlungsverpflichtung

Willkürliche **Unterbrechungen** der Versorgungsleistungen werden von der Finanzverwaltung nicht anerkannt. Ein Wechsel zwischen Erfüllung und Nichterfüllung wesentlicher Vertragspflichten ist schädlich[402] und zwar auch dann, wenn die Zahlungsverpflichtungen später wieder vertragsgemäß aufgenommen

149

---

399 Wegen der Zulässigkeit nachträglicher Umschichtung siehe auch BFH vom 17.3.2010, ZEV 2010, 427.
400 BMF-Schreiben vom 11.3.2010, BStBl. I 2010, 227 Rz. 42.
401 BMF-Schreiben vom 11.3.2010, BStBl. I 2010, 227 Rz. 40.
402 BFH vom 19.1.2005, BStBl. II, 434; BFH vom 16.1.2007, BFH/NV 2007, 720.

werden.⁴⁰³ Darauf ist zu achten und im Rahmen der Gestaltungsberatung deutlich hinzuweisen.

Werden Versorgungsleistungen später, etwa angesichts notwendiger Veräußerung des übernommenen Vermögens, **durch Einmalbetrag abgelöst**, führt die Ablösezahlung wegen ihrer privaten Veranlassung weder zu Veräußerungskosten noch zu nachträglichen Anschaffungskosten des übernommenen Vermögens.⁴⁰⁴ Es liegen dann steuerlich unbeachtliche Unterhaltszahlungen vor, die vom Empfänger naturgemäß auch nicht zu versteuern sind. Es entsteht damit eine einseitige Steuerbelastung des Vermögensübernehmers, die im Versorgungsvertrag abfindungsmindernd respektiert werden sollte.

1.8.5. Behandlung bei fehlendem inländischen Wohnsitz oder gewöhnlichen Aufenthalt des Leistungsempfängers bzw. Leistungsverpflichteten

Aufgrund des zwischen § 10 Abs. 1a EStG und § 22 Nr. 1b EStG bestehenden Korrespondenzprinzips kommt einerseits ein Abzug der Versorgungsleistungen beim Verpflichteten nur in Betracht, wenn der Empfänger unbeschränkt einkommensteuerpflichtig ist. Andererseits findet beim Empfänger eine Besteuerung gem. § 22 Nr. 1b EStG nur statt, soweit diese beim Zahlungsverpflichteten als Sonderausgaben i. S. des § 10 Abs. 1a EStG abgezogen werden können. Unbeachtlich ist gem. § 1a Abs. 1 Nr. 1a EStG der Wohnsitz oder gewöhnliche Aufenthalt des Leistungsempfängers in einem Mitgliedsstaat der EU oder des EWR, wenn dieser die Besteuerung der Bezüge im jeweiligen Staat durch eine Bescheinigung der ausländischen Steuerbehörde nachweist.⁴⁰⁵ Damit gilt bei nachgewiesener Besteuerung im ausländischen EU- bzw. EWR-Staat:

---

403 BMF-Schreiben vom 11.3.2010, BStBl. I 2010, 227 Rz. 63.
404 BFH vom 31.3.2004, BStBl. II 2004, 830.
405 § 1a Abs. 1 Nr. 1a Satz 2 EStG; vgl. auch Risthaus, DB 2010, 553.

Ertragsteuerliche Behandlung der Übertragung von Kommanditanteilen

Wohnsitz	Verpflichteter	Berechtigter
Beide im Inland	Abzug der Versorgungsleistungen als Sonderausgabe gem. § 10 Abs. 1a EStG	Besteuerung gem. § 22 Nr.1b EStG
Beide im Ausland	Kein Sonderausgabenabzug gem. § 10 Abs. 1a EStG	Keine Besteuerung gem. § 22 Nr. 1b EStG
Beide im Mitgliedsstaat der EU bzw. des EWR	Sonderausgabenabzug gem. § 10 Abs. 1a iVm. § 1a Abs. 1 Nr. 1a EStG bei unbeschränkter Steuerpflicht gem. § 1 Abs. 1 oder Abs. 3 EStG	Besteuerung nach dem jeweiligen Recht des EU- bzw. EWR-Staates, falls Verpflichteter unbeschränkt steuerpflichtig
Verpflichteter: Inland **Berechtigter:** Ausland	Kein Sonderausgabenabzug gem. § 10 Abs. 1a EStG, da Berechtigter nicht unbeschränkt einkommensteuerpflichtig	Keine Besteuerung gem. § 49 Abs. 1 Nr. 7 EStG, Bezüge fallen nicht unter § 22 Nr. 1 Satz 3 Buchst. a EStG
Verpflichteter: Ausland **Berechtigter:** Inland	Kein Sonderausgabenabzug, da § 10 EStG im Rahmen beschränkter Steuerpflicht nicht anwendbar (§ 50 Abs. 1 EStG)	Keine Besteuerung gem. § 22 Nr. 1b EStG
Verpflichteter: Inland **Empfänger:** Mitgliedsstaat der EU bzw. des EWR	Sonderausgabenabzug gem. § 10 Abs. 1a EStG wegen § 1a Abs. 1 Nr. 1a EStG zulässig	Besteuerung nach dem jeweiligen Recht des EU- bzw. EWR-Staates
Verpflichteter: Mitgliedsstaat der EU bzw. des EWR **Empfänger:** Inland	Sonderausgabenabzug gem. § 10 Abs. 1a EStG bei unbeschränkter Steuerpflicht gem. § 1 Abs. 1 oder Abs. 3 EStG	Keine Besteuerung gem. § 22 Nr. 1b EStG

Wegfall der unbeschränkten Einkommensteuerpflicht: Fallen beim Empfänger der Versorgungsleistungen die Voraussetzungen einer Besteuerung durch Umzug ins Ausland weg und erfolgt keine Besteuerung im EU-Staat bzw. EWR-Staat, stellen die Zahlungen beim Verpflichteten fortan nicht abzugsfähige Unterhaltsleistungen i. S. des § 12 Nr. 2 EStG dar.[406] Entfällt wiederum mangels unbeschränkter Einkommensteuerpflicht des Vermögensübernehmers ein Son-

---

406 BMF-Schreiben vom 11.3.2010, BStBl. I 2010, 227 Rz. 54.

derausgabenabzug gem. § 10 Abs. 1a EStG, unterbleibt eine Besteuerung beim Empfänger nach § 22 Nr. 1b EStG.[407] Tatbestandsmerkmal der Besteuerung ist ein Sonderausgabenabzug gem. § 10 Abs. 1a EStG dem Grunde nach. Auf die Höhe der konkreten Steuerentlastung hingegen kommt es nicht an.

1.8.6. Risiken der dauernden Last und ihre Abgrenzung zur Leibrente

Auch wenn es für die Höhe des Sonderausgabenabzuges beim Verpflichteten nach § 10 Abs. 1a EStG keine Rolle mehr spielt (siehe oben Rz. 146), so ist es dennoch erforderlich, die Zahlungsverpflichtungen nach Rente und dauernde Last zu unterscheiden.

151 **Zivilrechtliche Risiken der dauernden Last**: Die Verpflichtung des Erwerbers, den Vermögensübergeber lebenslänglich in Form einer dauernden Last zu versorgen, birgt beträchtliche finanzielle Risiken. Sie bestehen insbesondere in einer später evtl. gebotenen Anpassung der Versorgungsleistungen aufgrund geänderter Versorgungsbedürfnisse des Vermögensübergebers und/oder der Leistungsfähigkeit des Übernehmers.[408] Daraus können in beide Richtungen beträchtliche Zahlungsschwankungen eintreten, die von den Vertragsparteien evtl. als unerwünscht angesehen werden. Insbesondere ist zu bedenken, dass der Vermögensübergeber zum Pflegefall werden kann oder beim Vermögensübernehmer durch Misswirtschaft eine Minderung seiner Leistungsfähigkeit eintritt. Einer Leibrente haftet dieses Risiko nicht an. Steht Sicherheit im Vordergrund, müssen mögliche Steuervorteile der dauernden Last zurückstehen.

Abgrenzung Rente – dauernde Last: Die Finanzverwaltung hat sich im BMF-Schreiben vom 16. September 2004[409] umfassend mit der Frage der Abgrenzung Rente/dauernde Last beschäftigt. Dauernde Lasten liegen danach vor, wenn
 a) Gegenstand der Übertragung eine existenzsichernde[410] und ausreichend ertragbringende[411] Wirtschaftseinheit ist. In diesem Fall sind die Versorgungsleistungen bereits durch die Rechtsnatur des Versorgungsvertrages abänderbar. Einer ausdrücklichen vertraglichen Bezugnahme auf die Klausel des § 323 ZPO bedarf es hier nicht;[412]
 b) der Übergabevertrag ausdrücklich auf die Regelung des § 323 ZPO Bezug nimmt;

---

407 BMF-Schreiben vom 11.3.2010, BStBl. I 2010, 227 Rz. 55.
408 Siehe dazu BFH vom 11.3.1992, BStBl. II 1992, 499.
409 BStBl. I, 922, Rz. 46 f.; insoweit durch BMF-Schreiben vom 11.2.2010, DStR 2010, 545 nicht überholt.
410 Zum Begriff siehe BMF-Schreiben vom 16.9.2004, BStBl. I 2004, 922 Rz. 9.
411 zum Begriff siehe BMF-Schreiben vom 16.9.2004 aaO Rz. 19.
412 BMF-Schreiben vom 16.9.2004 aaO Rz. 47.

Ertragsteuerliche Behandlung der Übertragung von Kommanditanteilen

c) die als Geldleistung vereinbarte Versorgung sich auf den Umsatz oder Gewinn der übertragenen Wirtschaftseinheit bezieht (siehe unten).[413]

Von Leibrenten wiederum ist auszugehen, wenn die Vertragsparteien im Übergabevertrag eine Abänderbarkeit der Versorgungsleistungen ausdrücklich ausgeschlossen haben.[414] Das gilt auch und gerade im Falle der Übertragung existenzsichernder und ausreichend ertragbringender Wirtschaftseinheiten (siehe oben unter a).

Wechsel zwischen Leibrente und dauernder Last: Eine zunächst getroffene Leibrentenvereinbarung kann durch einen zivilrechtlich wirksamen Änderungsvertrag mit Wirkung für die Zukunft in eine dauernde Last umgewandelt werden.[415] Dies geschieht schlichtweg dadurch, dass die Rentenzahlungen fortan unter den Vorbehalt des § 323 ZPO gestellt werden.[416] Für die Höhe des Sonderausgabenabzuges nach § 10 Abs. 1a EStG spielt dies allerdings keine Rolle mehr.

2. Umsatzsteuerliche Folgen aus der Übertragung von KG-Anteilen

Umsatzsteuerliche Folgen treten bei Übertragung von KG-Anteilen nicht ein. Zwar bewirkt fortan die GmbH & Co. KG aufgrund der nach § 9 Abs. 2 UStG zulässigen Option umsatzsteuerpflichtige Vermietungsumsätze. Jedoch vollzieht sich der Anteilswechsel nur auf Gesellschafterebene. Die KG als umsatzsteuerlicher Unternehmer im Sinne des § 2 UStG bleibt davon unberührt, weil sich lediglich die Zahl der Kommanditisten ändert.[417] Das gilt ebenso im Falle vollständigen Gesellschafterwechsels[418].

152

Auch der Schenker in Beispiel 28 (siehe Rz. 147) hat aufgrund der unentgeltlichen Übertragung von KG-Anteilen keine umsatzsteuerlichen Nachteile zu befürchten, weil

– er als Kommanditist kein Unternehmer im Sinne des § 2 UStG ist bzw. eine Steuerbarkeit des Vorganges mangels Entgeltlichkeit an § 1 Abs. 1 Nr. 1 UStG scheitert und
– die Übertragung des KG-Anteils selbst bei unterstellter Steuerbarkeit unter die Befreiungsvorschrift des § 4 Nr. 8 f UStG fiele.[419]

Eine Berichtigung von Vorsteuerbeträgen nach § 15 a UStG ist wegen fortbestehender Unternehmeridentität der KG ebenfalls nicht vorzunehmen.

---

413 BMF-Schreiben vom 16.9.2004 aaO Rz. 48.
414 BMF-Schreiben vom 16.9. 2004 aaO Rz. 48.
415 BFH vom 3.3.2004, BStBl. II 2004, 824; BMF-Schreiben vom 16.9.2004 aaO Rz. 48.
416 BFH vom 3.3.2004 aaO.
417 BFH vom 30.4.1997, BFH/NV 1997, 815.
418 BFH vom 29.10.1987, BStBl. II 1988, 92; FG München vom 6.10.1988, EFG 1989, 374 – rkr.
419 Abschn. 66 Abs. 1 UStR (= UStAE Abschn. 4.8.10. Abs. 1).

3. Grunderwerbsteuerliche Behandlung der Anteilsübertragung

Die Übertragung von KG-Anteilen auf die beiden Söhne (Beispiel 28; siehe Rz. 147) ist kein grunderwerbsteuerpflichtiger Vorgang. Der Erwerb bleibt gem. § 3 Nr. 6 GrEStG unbesteuert. Dies gilt auch dann, wenn Gegenstand der Übertragung nicht der Grundbesitz selbst ist, sondern eine Kommanditbeteiligung, zu deren Gesamthandsvermögen die betreffende Immobilie gehört.

III. Schenkungsteuerliche Behandlung der Übertragung von Anteilen an einer GmbH & Co. KG

153 Mit der zum 1.1.2009 in Kraft getretenen Erbschaft- und Schenkungsteuerreform hat sich die schenkungsteuerliche Behandlung von Immobilienübertragungen in erheblichem Maße geändert. Dies gilt neben der völlig neu gestalteten Bewertung von Immobilien insbesondere für die Immobilienübertragung unter Nießbrauchsvorbehalt sowie der Immobilienübertragung in der Rechtsform einer vermögensverwaltenden, gewerblich geprägten GmbH & Co. KG im Sinne des § 15 Abs. 3 Nr. 2 EStG. Von besonderer Bedeutung ist im Falle der Übertragung von KG-Anteilen, ob die Vergünstigungen des § 13a ErbStG zur Anwendung kommen. Die Vorschrift enthält gegenüber der bisherigen Rechtslage einerseits deutliche Verbesserungen in Form eines 85%-igen – ggf. sogar 100%-igen – Verschonungsabschlages. Andererseits jedoch ist die gewerblich geprägte GmbH & Co. KG nicht mehr per se allein durch die Begründung von Betriebsvermögen begünstigt. Ihre Privilegierung scheitert häufig am sog. schädlichen Verwaltungsvermögen. Nachfolgend werden die schenkungsteuerlichen Besonderheiten der Anteilsübertragung mit Blick auf unterschiedliche Übertragungsvarianten näher untersucht.

1. Die schenkungsteuerliche Begünstigung von Betriebsvermögen

Nach § 13a Abs. 1 ErbStG ist die Übertragung von
- Betriebsvermögen,
- land- und forstwirtschaftlichem Vermögen sowie
- Anteilen an Kapitalgesellschaften im Sinne des § 13b Abs. 1 Nr. 3 ErbStG[420]

---

420 Dies erfordert eine unmittelbare Beteiligung des Schenkers am Nennkapital der Gesellschaft von mehr als 25%.

Schenkungsteuerliche Behandlung der Übertragung von Anteilen

begünstigt. Zum begünstigten gewerblichen Betriebsvermögen gehört gem. § 13b ErbStG inländisches Betriebsvermögen im Sinne der §§ 95 – 97 BewG, wenn es sich insbesondere handelt um
- einen (ganzen) Gewerbebetrieb (§ 95 BewG),
- einen Teilbetrieb sowie
- einen Anteil an einer Gesellschaft im Sinne des § 15 Abs. 1 Satz 1 Nr. 2 und
- Abs. 3 EStG (§ 97 Abs. 1 Nr. 5 BewG).

Die **Übertragung von Gesellschaftsanteilen** ist unabhängig davon begünstigt, ob zugleich die einkommensteuerlichen Vergünstigungen der §§ 16 Abs. 4, 34 Abs. 3 EStG Anwendung finden. Es ist also nicht erforderlich, dass der gesamte Gesellschaftsanteil des Schenkers auf den Beschenkten übertragen wird. Vielmehr genügt die Übertragung nur eines **Teils eines Mitunternehmeranteiles**, gleichgültig, ob das zum Mitunternehmeranteil gehörende Sonderbetriebsvermögen quotal, über- oder unterquotal auf den Beschenkten übergeht.[421] Nicht begünstigt ist freilich die isolierte Übertragung von Immobilien, auch dann nicht, wenn sie als Einzelwirtschaftsgüter aus einem bestehenden Betriebsvermögen heraus verschenkt werden.

Übertragung der Mitunternehmerstellung: Die Übertragung von Gesellschaftsanteilen ist nur begünstigt, wenn der Beschenkte nicht lediglich eine gesellschaftsrechtliche Beteiligung erwirbt. Er muss vielmehr zugleich steuerlicher Mitunternehmer im Sinne des § 15 Abs. 1 Nr. 2 EStG werden (siehe dazu auch Rz. 132).

Soll die Vergünstigung auf zum **Privatvermögen gehörende Immobilien** Anwendung finden, müssen diese zuvor entweder in das Gesamthandsvermögen der Personengesellschaft überführt werden oder zumindest die Qualität von Sonderbetriebsvermögen des Mitunternehmeranteiles erlangen. Die Begünstigung umfasst in diesem Fall auch die Übertragung der Immobilie als Teil der schenkungsteuerlich privilegierten mitunternehmerischen Beteiligung im Sinne des § 97 Abs. 1 Nr. 5 BewG.

Vorherige Immobilieneinbringung: Vor diesem Hintergrund bietet sich an, im Falle geplanter Übertragung von Immobilien diese vorab in eine GmbH & Co. KG einzubringen. Jedoch muss es eine sog. gewerblich geprägte GmbH & Co. KG im Sinne des § 15 Abs. 3 Nr. 2 EStG sein. Ihre Tätigkeit gilt – ungeachtet der tatsächlichen Aktivitäten – in vollem Umfang als Gewerbebetrieb, wenn
- allein eine Kapitalgesellschaft persönlich haftender Gesellschafter ist;
- nur die Kapitalgesellschaft zur Geschäftsführung befugt ist oder Personen, die

---

[421] Vgl. Ländererlasse vom 25.6.2009, BStBl. I 2009, 713 Abschn. 20 Abs. 3.

Immobilien in der Rechtsform einer GmbH & Co. KG

– nicht Gesellschafter sind und
– die Tätigkeit der Gesellschaft mit Gewinnerzielungsabsicht ausgeübt wird.

Wegen Einzelheiten der Entstehung einer gewerblich geprägten GmbH & Co. KG wird auf Rz. 3 verwiesen. Freilich ist zu bedenken, dass sich die Voraussetzungen schenkungsteuerlicher Begünstigung der auf diese Weise übertragenen Immobilien zum 1.1.2009 deutlich verschärft haben und eine Privilegierung insbesondere an der Existenz schädlichen Verwaltungsvermögens scheitern kann (siehe Rz. 155 f.).

Nachfolgend werden die schenkungsteuerlichen Besonderheiten der privilegierten Übertragung von Kommanditanteilen näher untersucht.

2. Grundzüge schenkungsteuerlicher Privilegierung von Betriebsvermögen

2.1. Privilegierung durch Verschonungsabschlag und Abzugsbetrag

154 Die schenkungsteuerlichen Vorteile der Übertragung von Betriebsvermögen liegen in der potentiellen Anwendung des § 13a ErbStG. Diese bestehen konkret darin, dass
– ein 85%-iger Bewertungsabschlag (§ 13a Abs. 4 ErbStG) erfolgt
– und außerdem der verbleibende Wert des begünstigten Vermögens (15%) bis zur Höhe von 150.000 € außer Ansatz bleibt (Abzugsbetrag; § 13a Abs. 2 ErbStG). Übersteigt der verbleibende Wert des begünstigten Vermögens 150.000 €, reduziert sich der Abzugsbetrag um 50% des übersteigenden Werts. Demzufolge entfällt er vollständig ab einem verbleibenden Wert des Betriebsvermögens von 450.000 €.[422]

Voraussetzung des 85%-igen Verschonungsabschlages ist die Einhaltung einer **5-jährigen Sperrfrist** (siehe Rz. 162) sowie einer **Lohnsummengrenze von 400%**[423] innerhalb dieses Zeitraumes (§ 13a Abs. 1 ErbStG).[424] Ebenso darf das schädliche Verwaltungsvermögen den Grenzwert von 50% nicht überschreiten (siehe Rz. 157).

---

422 Näheres zur Berechnung siehe Gemeinsame Ländererlasse vom 25.6.2009 betreffend die Anwendung der geänderten Vorschriften des Erbschaftsteuer- und Bewertungsgesetzes – im Folgenden „Ländererlasse" – , BStBl. I 2009, 713 Abschn. 6.
423 Die Lohnsummengrenze findet keine Anwendung bei Betrieben mit nicht mehr als 20 Beschäftigten; § 13a Abs. 1 Satz 4 ErbStG.
424 Geändert durch Gesetz vom 22.12.2009, BGBl. I, 3950. Die Änderung gilt für Schenkungen, für welche die Steuer nach dem 31.12.2008 entsteht, vgl. § 37 Abs. 3 ErbSt. Bislang galt eine 7-jährige Sperrfrist und ein Lohnsummengrenzwert von 700% bezogen auf die Ausgangslohnsumme.

Schenkungsteuerliche Behandlung der Übertragung von Anteilen

Der Abzugsbetrag wird **nur einmal innerhalb von 10 Jahren** gewährt (§ 13a Abs. 2 Satz 3 ErbStG). Nicht in Anspruch genommene Beträge gehen steuerlich verloren. Hingegen kommt der 85 %-ige Verschonungsabschlag bei jeder Schenkung erneut zur Anwendung.

Vollverschonung: Anstelle der obigen 85 %-igen Verschonung kommt gem. § 13a Abs. 8 ErbStG alternativ eine 100 %-ige Verschonung in Betracht. Voraussetzung ist die Einhaltung einer 7-jährigen Sperrfrist sowie einer Lohnsummengrenze von 700 % innerhalb dieses Zeitraumes.[425] Außerdem sinkt der Grenzwert schädlichen Verwaltungsvermögens von 50 % auf 10 %. Hat sich der Steuerpflichtige für die Vollverschonung entschieden, kann er gem. § 13a Abs. 8 Satz 1 ErbStG die Erklärung nicht widerrufen, auch dann nicht, wenn er die Kriterien 85 %-iger Verschonung erfüllt. Die Anwendung der Vollverschonung ist daher mit Risiken verbunden und dürfte aufgrund der schärferen Kriterien nur ausnahmsweise in Betracht kommen.

2.2. Keine Privilegierung bei Existenz schädlichen Verwaltungsvermögens

Die steuerliche Privilegierung des § 13a ErbStG kommt nur in Betracht, wenn das Vermögen des schenkweise übertragenen Betriebes zu nicht mehr als 50 % aus Verwaltungsvermögen besteht.[426] Maßgebend sind die Verhältnisse im Besteuerungszeitpunkt.[427] Der Anteil des Verwaltungsvermögens orientiert sich dabei nach dem Verhältnis der Summe der gemeinen Werte der Einzelwirtschaftsgüter des Verwaltungsvermögens zum gemeinen Wert des gesamten Betriebes.[428] Es werden also Bruttowerte (= aktive Wirtschaftsgüter des Verwaltungsvermögens) mit Nettowerten (= gemeiner Wert des Betriebes) verglichen. Insbesondere Schulden mindern bei dieser Rechnung allein den gemeinen Wert des Betriebes, nicht hingegen den Wert des Verwaltungsvermögens, auch dann nicht, wenn die Schulden ausschließlich mit Verwaltungsvermögen in einem Finanzierungszusammenhang stehen. Die Überführung fremdfinanzierten Verwaltungsvermögens in das Betriebsvermögen kann daher mit gravierenden schenkungsteuerlichen Nachteilen verbunden sein. Der Grenzwert von 50 % ist schnell erreicht bzw. überschritten (zum sog. Verwaltungsvermögenstest siehe Rz. 157).

155

---

425 Geändert durch Gesetz vom 22.12.2009 aaO. Bislang galt eine 10-jährige Sperrfrist und ein Lohnsummengrenzwert von 1000 %. Zum zeitlichen Anwendungsbereich siehe § 37 Abs. 3 ErbStG.
426 Sog. Verwaltungsvermögenstest; vgl. § 13b Abs. 2 ErbStG sowie Ländererlasse aaO Abschn. 23 bis 35.
427 Ländererlasse aaO Abschn. 23 Abs. 2.
428 Ländererlasse aaO Abschn. 35 Abs. 1.

2.3. Was gehört zum schädlichen Verwaltungsvermögen?

156 Zum Verwaltungsvermögen gehören nach der abschließenden Aufzählung in § 13b Abs. 2 ErbStG:[429]

a) Dritten zur Nutzung überlassene Grundstücke, Grundstücksteile, grundstücksgleiche Rechte und Bauten,[430]
b) Anteile an Kapitalgesellschaften im Falle einer Beteiligung von max. 25 %,[431]
c) Anteile an Personen- und Kapitalgesellschaften mit einem Verwaltungsvermögen von mehr als 50 %,[432]
d) Wertpapiere sowie vergleichbare Forderungen[433] und
e) Kunstgegenstände, Kunstsammlungen usw.[434]

Vermietete Immobilien sind also nicht per se schenkungsteuerlich allein aufgrund ihrer Eigenschaft als Betriebsvermögen begünstigt. Ihr Wert darf vielmehr im Verhältnis zum Wert des gesamten Betriebes den Grenzwert von 50 % nicht übersteigen. Im Einzelnen wird dazu auf die nachfolgenden Ausführungen verwiesen.

2.4. Der Verwaltungsvermögenstest (50 %-Grenze)

157 Das Betriebsvermögen darf gem. § 13b Abs. 2 Satz 1 ErbStG zu nicht mehr als 50 % aus Verwaltungsvermögen bestehen. Dabei werden die Summe der gemeinen Werte der Einzelwirtschaftsgüter des Verwaltungsvermögens mit dem gemeinen Wert des Betriebes verglichen (§ 13b Abs. 2 Satz 4 ErbStG). Der Blick in die Handels- oder Steuerbilanz[435] kann dabei nur erste Anhaltspunkte vermitteln, ob die Verwaltungsvermögensgrenze eingehalten wird oder nicht. Denn es kommt nicht auf die einzelnen Bilanzpositionen oder gar auf das ausgewiesene Kapitalkonto an, sondern auf die jeweiligen bewertungsrechtlichen Regelungen, insbesondere den nach dem Ertragswertverfahren ermittelten gemeinen Wert des Betriebes (siehe Rz. 165).

---

429 Vgl. Piltz, DStR 2009, 229, 231: Zusammenhang und Zweckrichtung der Regelung sprechen gegen eine nur beispielhafte, nicht abschließende Aufzählung.
430 Nicht betroffen sind Immobilien, die im Rahmen einer Betriebsaufspaltung der Betriebsgesellschaft vom Besitzunternehmen überlassen werden; vgl. Ländererlasse aaO Abschn. 26.
431 Ländererlasse aaO Abschn. 30.
432 Ländererlasse aaO Abschn. 31.
433 Ländererlasse aaO Abschn. 32.
434 Ländererlasse aaO Abschn. 33.
435 § 60 Abs. 2 EStDV.

Schenkungsteuerliche Behandlung der Übertragung von Anteilen

Besteuerungszeitpunkt: Entscheidend für den Verwaltungsvermögenstest sind die Verhältnisse im Zeitpunkt der Besteuerung (Schenkung bzw. Erbfall). Spätere Änderungen der Verwaltungsvermögensquote sind unbeachtlich.[436]

2.4.1. Zum Verwaltungsvermögenstest dem Grunde nach

Verwaltungsvermögen ist nur begünstigt, wenn der Grenzwert von 50 % eingehalten wird. Daher kann bei nicht ausgeschöpftem Grenzwert Verwaltungsvermögen in das begünstigte Betriebsvermögen eingelegt werden. Eine spontane „Auffüllung" des Betriebsvermögens mit Verwaltungsvermögen ist allerdings nicht privilegiert, wenn es dem Betrieb bis zum Besteuerungszeitpunkt nicht mindestens zwei Jahre zuzurechnen war (§ 13b Abs. 2 Satz 3 ErbStG; sog. junges Verwaltungsvermögen). Offenbar wollte hier der Gesetzgeber missbräuchlichen Gestaltungen vorbeugen. Die Mathematik der Grenzwertprüfung verdeutlichen die beiden nachstehenden Beispiele, wobei aus Vereinfachungsgründen der nach der Ertragswertmethode (siehe dazu Rz. 167) ermittelte Wert des Betriebes mit dem ausgewiesenen Kapital identisch sein soll.

158

Beispiel a)

Aktiva			Passiva
Maschinen	2.000.000 €	Kapital	3.500.000 €
Immobilie (vermietet)	1.500.000 €		
	3.500.000 €		3.500.000 €

Beispiel b)

Aktiva			Passiva
Maschinen	1.000.000 €	Kapital	1.000.000 €
Immobilie (vermietet)	2.000.000 €	Verbindlichkeiten	2.000.000 €
	3.000.000 €		3.000.000 €

Vermietete Immobilien gehören gem. § 13b Abs. 2 Nr. 1 ErbStG zum schädlichen Verwaltungsvermögen (Ausnahmetatbestände in Nr. 1 Buchst. a) bis e) nicht erfüllt). Im obigen **Beispiel a)** ist der Grenzwert schädlichen Verwaltungsvermögens von 50 % nicht überschritten (1,5 Mio. € : 3,5 Mio. € = 43 %), so dass die Privilegien des § 13a ErbStG greifen. Die Begünstigung auch des Verwaltungsvermögens (hier: vermietete Immobilie) entfällt jedoch, sollte es innerhalb der letzten zwei Jahre dem Betrieb zugeführt worden sein (junges Verwaltungsvermögen).

---

436 Ländererlasse aaO Abschn. 23 Abs. 2.

Immobilien in der Rechtsform einer GmbH & Co. KG

Die Privilegierung des restlichen Betriebsvermögens bleibt davon jedoch unberührt. So gesehen gibt es einen qualitativen Unterschied, ob das Verwaltungsvermögen den Grenzwert von 50 % überschreitet (Variante a) oder als junges Verwaltungsvermögen unterhalb des Grenzwertes von 50 % (Variante b) bzw. grenzwertüberschreitend zugeführt wurde (Variante c). Die Varianten a) und c) beseitigen die Privilegierung durch Grenzwertüberschreitung vollständig, Variante b) hingegen nur partiell in Bezug auf das junge Verwaltungsvermögen.

In **Beispiel b)** entfällt eine Privilegierung. Der Anteil schädlichen Verwaltungsvermögens beträgt 200 % (2 Mio. € : 1 Mio. €). Das gilt auch, wenn die Verbindlichkeiten ausschließlich mit dem Verwaltungsvermögen (vermietete Immobilie) in Zusammenhang stehen. Eine vorrangige Saldierung von Verwaltungsvermögen und Schulden ist ausgeschlossen. Bedeutung hat dieser Aspekt allerdings nur, wenn nicht der Ertragswert, sondern der Substanzwert als Mindestwert zum Tragen kommt. Beim Ansatz des Ertragswertes entfällt eine direkte Kürzung des Unternehmenswertes. Es findet nur eine mittelbare Wertminderung dadurch statt, dass die betreffenden Zinsen den Gewinn schmälern.

Hinweis: Der Schenker ist hier gut beraten, wenn er die fremdfinanzierte Immobilie (+ Schuld) rechtzeitig vor der Schenkung aus dem Betriebsvermögen entnimmt und als Privatvermögen überträgt. Das Gesetz enthält für eine derartige „Entsorgung" keine Sperrfrist, so dass auch zeitlich unmittelbar vorangehende Entnahmen die Steuerschädlichkeit beseitigen. Damit beseitigt er einerseits schädliches Verwaltungsvermögen. Andererseits reduziert die nunmehr private Schuldübernahme die schenkungsteuerliche Bemessungsgrundlage. Als betriebliche Schuld bleibt sie im Falle des Ertragswertansatzes weitgehend unberücksichtigt.

2.4.2. Verwaltungsvermögenstest mit Sonderbetriebsvermögen

159 Gehören zum Sonderbetriebsvermögen eines Gesellschafter Verbindlichkeiten, können diese seine persönliche Verwaltungsvermögensquote ungünstig beeinflussen.[437]

A + B GmbH & Co. KG				
Aktiva			**Passiva**
Maschinen	600.000 €	Kapital A	500.000 €
Verwaltungsvermögen	400.000 €	Kapital B	500.000 €
	1.000.000 €		1.000.000 €

---

437 Ländererlasse aaO Hinweis 35.

Schenkungsteuerliche Behandlung der Übertragung von Anteilen

Sonderbilanz A			
Aktiva			**Passiva**
Kapital	200.000 €	Verbindlichkeiten	200.000 €
	200.000 €		1.000.000 €

Für die Gesellschafter A und B errechnet sich folgende Verwaltungsvermögensquote:

	A	B
Anteil am Gesamthandsvermögen	500.000 €	500.000 €
- Verbindlichkeiten	200.000 €	-
Anteil am Betriebsvermögen	300.000 €	500.000 €
Davon schädliches Verwaltungsvermögen	200.000 €	200.000 €
Quote des Verwaltungsvermögens	67 %	40 %

Gesellschafter A überschreitet durch die Existenz negativen Sonderbetriebsvermögens die schädliche Verwaltungsvermögensquote von 50 %. Er kann daher die Privilegien der §§ 13a, b ErbStG nicht in Anspruch nehmen. Das gilt selbst dann, wenn die Verbindlichkeiten ausschließlich mit dem schädlichen Verwaltungsvermögen der Personengesellschaft in wirtschaftlichem Zusammenhang stehen. Die vorrangige Saldierung von Verbindlichkeiten mit Verwaltungsvermögen ist ausgeschlossen.[438]

Gehört umgekehrt zum Sonderbetriebsvermögen des Gesellschafters schädliches Verwaltungsvermögen, etwa eine unmittelbar oder mittelbar über die Personengesellschaft an Dritte vermietete Immobilie, gilt Entsprechendes. Wiederum ist der Anteil am Gesellschaftsvermögen sowie das Sonderbetriebsvermögen für Zwecke der Ermittlung der schädlichen Verwaltungsvermögensquote zusammenzurechnen. Keine Rolle spielt, ob die Immobilie der Personengesellschaft entgeltlich oder unentgeltlich zur Nutzung überlassen wird.[439] Der Anteil am Gesamthandsvermögen ist nach dem allgemeinen Gewinnverteilungsschlüssel aufzuteilen.[440]

---

[438] Ländererlasse aaO Abschn. 35 Abs. 2 Satz 4.
[439] Ländererlasse aaO Abschn. 25 Abs. 2.
[440] Siehe Zipfel/Lahme, DStZ 2009, 559, 570 unter Hinweis auf Ländererlasse aaO Hinweis 35.

Immobilien in der Rechtsform einer GmbH & Co. KG

A + B GmbH & Co. KG		
Aktiva	**Passiva**	
Maschinen 1.000.000 €	Kapital A	500.000 €
	Kapital B	500.000 €
1.000.000 €		1.000.000 €

Sonderbilanz A	
Aktiva	**Passiva**
Verwaltungsvermögen 600.000 €	Kapital 600.000 €
600.000 €	600.000 €

Für die Gesellschafter A und B errechnet sich folgende Verwaltungsvermögensquote:

	A	B
Anteil am Gesamthandsvermögen	500.000 €	500.000 €
+ Sonderbetriebsvermögen	600.000 €	-
Anteil am Betriebsvermögen	1.100.000 €	500.000 €
Davon schädliches Verwaltungsvermögen	600.000 €	-
Verwaltungsvermögensquote	55 %	0 %

A überschreitet aufgrund der zu seinem Sonderbetriebsvermögen gehörenden Immobilie die schädliche Verwaltungsvermögensquote. Eine begünstigte Übertragung kommt somit nicht in Betracht.

Hinweis: Fraglich ist, ob die Begünstigung dadurch herbeigeführt werden kann, dass A im Rahmen der Übertragung von Teilen seines KG-Anteiles das Sonderbetriebsvermögen entweder ganz oder teilweise (überquotal) zurückbehält.[441]

2.5. Zum Phänomen sog. „nicht betriebsnotwendigen" Vermögens

160 § 200 Abs. 2 BewG enthält folgende bemerkenswerte Regelung, deren Bedeutung sich nicht spontan erschließt.

„Können Wirtschaftsgüter und mit diesen in wirtschaftlichem Zusammenhang stehende Schulden aus dem zu bewertenden Unternehmen im Sinne des § 199 Abs. 1 oder 2 herausgelöst werden, ohne die eigentliche Unternehmenstätigkeit zu beeinträchtigen (nicht betriebsnotwendiges Vermögen),

---

[441] In diesem Sinne wohl Zipfel/Lahme, DStZ 2009, 559, 570.

Schenkungsteuerliche Behandlung der Übertragung von Anteilen

so werden diese Wirtschaftsgüter und Schulden neben dem Ertragswert mit dem eigenständig zu ermittelnden gemeinen Wert oder Anteil am gemeinen Wert angesetzt."

Was ist nun unter nicht betriebsnotwendigem Vermögen zu verstehen und mit welchen Rechtsfolgen ist seine Existenz verbunden?

Umfang nicht betriebsnotwendigen Vermögens: Zum nicht betriebsnotwendigen Vermögen gehören nach Verwaltungsauffassung[442] diejenigen Wirtschaftsgüter, die sich ohne Beeinträchtigung der eigentlichen Unternehmenstätigkeit aus dem Unternehmen herauslösen lassen, ohne dass die operative Geschäftstätigkeit eingeschränkt wird. Dies können je nach Unternehmenszweck z.B. Grundstücke, Gebäude, Kunstgegenstände, Beteiligungen, Wertpapiere oder auch Geldbestände sein. Es liegt durch die Betriebsbezogenheit keine zwingende Deckungsgleichheit mit dem ertragsteuerlich gewillkürten Betriebsvermögen[443] bzw. mit Verwaltungsvermögen im Sinne des § 13b Abs. 2 ErbStG vor. Grundbesitz, Betriebsvermögen und Anteile an Kapitalgesellschaften, für die ein Wert nach § 151 Abs. 1 Satz 1 Nr. 1 bis 3 BewG festzustellen ist, sind mit dem auf den Bewertungsstichtag festgestellten Wert anzusetzen. § 151 Abs. 3 BewG ist hierbei zu beachten.

Bewertung: Das nicht betriebsnotwendige Vermögen wird gem. § 200 Abs. 2 BewG mit dem gemeinem Wert angesetzt. Dies ist nach Auffassung von Schiffers[444] sachlich falsch. Ein Erwerber des Betriebes würde den Liquidationswert ansetzen, was auch den Abzug von Kosten der Verwertung dieser Wirtschaftsgüter und bei der Verwertung anfallender Ertragsteuern beinhaltet.

Einzelfälle nicht betriebsnotwendigen Vermögens: Nach Auffassung von Schiffers[445] liegt die Abgrenzung des nicht betriebsnotwendigen Vermögens weitgehend im Ermessen des Bewertenden. Problematisch kann die Abgrenzung bei folgenden Wirtschaftsgütern sein:
– *Geldbestände* bzw. kurzfristig fällige Wertpapiere. Hier muss im Zweifel anhand einer Liquiditätsplanung nachgewiesen werden, welcher Bestand an liquiden Mitteln für die eigentliche Unternehmenstätigkeit erforderlich ist. Hat das Unternehmen allerdings bspw. in einer Unternehmensgruppe die Aufgabe der Anlage freier Mittel, können auch größere Bestände an Geld oder Wertpapieren zum betriebsnotwendigen Vermögen zählen;

161

---
442 Ländererlasse aaO Abschn. 20 Abs. 2.
443 Zustimmend Schiffers, DStZ 2009, 548.
444 DStZ 2009, 548.
445 DStZ 2009, 548.

Immobilien in der Rechtsform einer GmbH & Co. KG

- *Grundstücke*, welche nicht unmittelbar betrieblichen Zwecken dienen. Nicht betriebsnotwendig wären z.b. Betriebswohnungen;
- *Beteiligungen*, welche ausschließlich der Kapitalanlage dienen. Insoweit ist die Absicht der Beteiligung sorgfältig zu dokumentieren;
- *Vorratsvermögen*, das über den Normalbestand hinausgeht.

Die Finanzgerichte erhalten hier ein interessantes Betätigungsfeld.

Kumulativer Ansatz zum Ertragswert: Wirtschaftsgüter des nicht betriebsnotwendigen Vermögens und die mit diesen **in wirtschaftlichem Zusammenhang stehenden Schulden** sind neben dem Ertragswert des Betriebes mit ihrem gemeinen Wert anzusetzen (§ 200 Abs. 2 BewG). Sie erhöhen also den ohnehin schon als zu hoch empfundenen, nach dem Ertragswertverfahren ermittelten gemeinen Wert des Betriebes. Allerdings sind die mit diesem Vermögen zusammenhängenden Erträge und Aufwendungen bei Ermittlung des im Ertragswertverfahren anzusetzenden Jahresertrags auszuscheiden (§ 202 Abs. 1 Satz 2 Nr. 1 Buchst. f und Abs. Nr. 2 Buchst. f BewG).

Verhältnis zum sog. jungen Verwaltungsvermögen: Junges Verwaltungsvermögen kann mit nicht betriebsnotwendigem Vermögen deckungsgleich sein, muss es aber nicht. Beiden Vermögensarten ist gleich, dass sie dem nach § 200 Abs. 1 BewG ermittelten Ertragswert hinzuzurechnen sind. Im Gegensatz zum jungen Verwaltungsvermögen findet jedoch das Privileg des § 13a ErbStG auf das nicht betriebsnotwendige Vermögen weiterhin Anwendung. Angesichts eines 85 %-igen Bewertungsabschlages sind die damit verbundenen Rechtsfolgen noch verkraftbar, solange kein Nachversteuerungstatbestand verwirklicht wird (siehe Rz. 163).

3. Wegfall der Privilegien durch Verletzung der fünfjährigen Sperrfrist (Regelverschonung)

162 Die obigen Vergünstigungen kommen nur in Betracht, soweit innerhalb von fünf Jahren nach dem Erwerb des Betriebes
 a) die maßgebende Lohnsumme (§ 13a Abs. 4 ErbStG) insgesamt 400 % der Ausgangslohnsumme[446] nicht unterschreitet;[447]
 b) der Betrieb veräußert oder aufgegeben wird (§ 13a Abs. 5 Nr. 1 ErbStG). Entsprechendes gilt, wenn wesentliche Betriebsgrundlagen veräußert oder ins Privatvermögen überführt werden;

---

446 Durchschnittslohnsumme der letzten fünf Jahre vor dem Erwerb; § 13a Abs. 1 Satz 3 ErbStG.
447 Entfällt bei nicht mehr als 20 Beschäftigten; § 13a Abs. 1 Satz 4 ErbStG; Ländererlasse aaO Abschn. 8.

Schenkungsteuerliche Behandlung der Übertragung von Anteilen

c) die Summe der (die Einlagen und Gewinne übersteigenden) Entnahmen innerhalb von 5 Jahren 150.000 € übersteigen (§ 13a Abs. 5 Nr. 3 ErbStG).[448]

Anzeigepflicht: Die Verletzung der Sperrfrist ist innerhalb eines Monats nach Verwirklichung des entsprechenden Tatbestands dem zuständigen Finanzamt gem. § 153 Abs. 2 AO anzuzeigen.[449]

Keine Verletzung der Behaltensregeln liegt vor, wenn der Betrieb[450]
a) vom Beschenkten von Todes wegen auf Dritte übergeht,
b) durch Schenkung weiter übertragen wird. Bei teilentgeltlicher Übertragung gilt dies nur hinsichtlich des unentgeltlichen Teils der Zuwendung;
c) im Rahmen der Erbauseinandersetzung auf einen oder mehrere Miterben übergeht,
d) gegen Gewährung von Gesellschaftsrechten in eine Kapital- oder Personengesellschaft gem. §§ 20, 24 UmwStG eingebracht[451] oder
e) mit einem Nutzungsrecht belastet wird.[452]

Reinvestition: Das Steuerprivileg bleibt gem. § 13a Abs. 5 Satz 3 ErbStG auch dann erhalten, wenn im Veräußerungsfall der Veräußerungserlös innerhalb einer Frist von sechs Monaten in begünstigtes Vermögen (§ 13b ErbStG) reinvestiert wird.

Nachsteuer bei Verletzung der Sperrfrist: Im Falle einer Verletzung der fünfjährigen Sperrfrist entfallen Verschonungsabschlag (§ 13a Abs. 1 ErbStG) sowie Abzugsbetrag (§ 13a Abs. 2 ErbStG). Während der Abzugsbetrag insgesamt rückwirkend wegfällt, wird der Verschonungsabschlag nur quotal zurückgeführt. Der Wegfall des Verschonungsabschlags beschränkt sich in Fällen der Veräußerung oder Aufgabe des Betriebes auf den Teil, der dem Verhältnis der im Zeitpunkt der schädlichen Verfügung verbleibenden Behaltensfrist zur gesamten 5-jährigen Behaltensfrist ergibt. Die Kürzung schließt auch das Jahr der schädlichen Verfügung ein (§ 13a Abs. 5 Satz 2 ErbStG).[453] Stirbt der Beschenkte, bleiben die steuerlichen Privilegien erhalten.[454]

163

---

448 Ländererlasse aaO Abschn. 12.
449 Ländererlasse aaO Abschn. 9 Abs. 1 Satz 5.
450 Ländererlasse aaO Abschn. 9 Abs. 2.
451 Ländererlasse aaO Abschn. 10 Abs. 3.
452 Ländererlasse aaO Hinweis 9.
453 Näheres zur Durchführung der einzelnen Nachversteuerungstatbestände sind den Ländererlassen aaO Abschn. 16 zu entnehmen.
454 Ländererlasse aaO Abschn. 16 Abs. 6.

4. Die Bewertung des Betriebsvermögens

Für das Betriebsvermögen ist gem. § 151 Abs. 1 Satz 1 Nr. 2 BewG ein Bedarfswert gesondert festzustellen (Betriebsvermögenswert) und zwar unter Berücksichtigung der tatsächlichen Verhältnisse sowie Wertverhältnisse zum Bewertungsstichtag (§ 157 Abs. 5 BewG). Zum Betriebsvermögen gehören gem. §§ 95 – 97 BewG insbesondere Einzelunternehmen und Anteile an Gesellschaften i. S. des § 15 Abs. 1 Nr. 2 und Abs. 3 EStG (§ 97 Abs. 1 Nr. 5 BewG),

4.1. Anwendung eines vereinfachten Ertragswertverfahrens

164 Die Behandlung der mitunternehmerischen Beteiligung an einer Personengesellschaft als Vermögen i. S. des § 97 Abs. 1 Nr. 5 BewG ebnet den Weg für eine Bewertung nach § 109 BewG in Verbindung mit § 11 Abs. 2 BewG. § 11 Abs. 2 BewG orientiert die Wertermittlung an den Ertragsaussichten der Gesellschaft, sollte ihr Wert nicht ausnahmsweise aus aktuellen Verkäufen abgeleitet werden können (§ 11 Abs. 2 Satz 2 BewG).

Substanzwert als Wertuntergrenze: Die Untergrenze des gemeinen Werts bildet die Summe der gemeinen Werte der zum Betriebsvermögen gehörenden Wirtschaftsgüter und sonstigen aktiven Ansätze mit dem Liquidationswert als niedrigsten vorstellbaren Wert (Substanzwert; § 11 Abs. 2 Satz 3 BewG).

Bei ertragsstarken Unternehmen kommt dem Substanzwert regelmäßig keine Bedeutung zu. Er wird vom höheren Ertragswert überlagert. Dessen Ermittlung erfolgt nach der Gesetzesbegründung zu § 11 Abs. 2 BewG[455] entsprechend den bisherigen Regelungen in §§ 98a (aufgehoben zum 1. Januar 2009) und 103 BewG. Zur Auslegung kann daher auf die hierzu vorliegenden früheren Kommentierungen zurückgegriffen werden.

Vereinfachtes Ertragswertverfahren: Im Rahmen der Wertfindung nach § 11 Abs. 2 BewG gestattet § 199 BewG die Anwendung eines vereinfachten Ertragswertverfahrens. Ziel dieses Verfahrens ist es, ohne hohen zeitlichen und finanziellen Ermittlungsaufwand einen objektivierten Unternehmenswert zu finden. Seine Anwendung entfällt, wenn es zu offensichtlich unzutreffenden Ergebnissen führt und zwar in beide Richtungen. Alternativ greifen andere Bewertungsmethoden, falls diese eine auch im gewöhnlichen Geschäftsverkehr für nichtsteuerliche Zwecke übliche Methode darstellen (§ 11 Abs. 2 Satz 2 BewG).

---

455 Vgl. Hübner, Erbschaftsteuerreform 2009, S. 245.

Schenkungsteuerliche Behandlung der Übertragung von Anteilen

4.2. Eckpunkte des vereinfachten Ertragswertverfahrens

Im Rahmen des vereinfachten Ertragswertverfahrens gilt es, den Jahresertrag des Betriebes zu ermitteln und zwar als Durchschnittswert der ertragsteuerlichen Gewinne der letzten drei Jahre (§ 201 Abs. 2 BewG).[456] Dabei sind folgende Modifikationen zu beachten: 165

a) Abzug eines **marktgerechten Unternehmerlohnes** (§ 202 Abs. 1 Satz 2 Nr. 2d BewG), um die Rechtsformneutralität des Bewertungsverfahrens zu gewährleisten.[457] Der Unternehmerlohn ist nach der Vergütung zu bestimmen, die eine nicht beteiligte Geschäftsführung erhalten würde.[458]

b) Ausklammerung **nicht betriebsnotwendigen Vermögens** und gesonderte Addition zum Ertragswert (§ 200 Abs. 2 BewG; Behandlung der Aufwendungen und Erträge siehe unten). Die damit **zusammenhängenden Schulden** sind außerhalb des Ertragswertes abzuziehen. Die steuerliche Verschonung bleibt davon unberührt. Zum nicht betriebsnotwendigen Vermögen gehören diejenigen Wirtschaftsgüter, die sich ohne Beeinträchtigung der eigentlichen Unternehmenstätigkeit aus dem Unternehmen herauslösen lassen, ohne dass die operative Geschäftstätigkeit eingeschränkt wird. Das können je nach Unternehmenszweck z.B. Grundstücke, Beteiligungen, Wertpapiere oder auch Geldbestände (z.B. stehengebliebene Gewinne) sein (siehe dazu auch Rz. 168).[459] Der Begriff ist nicht deckungsgleich mit dem des schädlichen Verwaltungsvermögens[460] und er stimmt auch nicht mit dem ertragsteuerlichen Begriff des gewillkürten Betriebsvermögen überein.[461] Die mit diesem Vermögen zusammenhängenden Aufwendungen und Erträge sind zur Vermeidung eines Doppelansatzes bei der Ermittlung des Betriebsergebnisses zu neutralisieren (§ 200 Abs. 1 Satz 2 Nr. 1 Buchst. f bzw. § 202 Abs. 1 Satz Nr. 2 buchst. f BewG),

c) gesonderter Ansatz von Vermögen, das innerhalb einer Zweijahresfrist vor dem Bewertungsstichtag in das Betriebsvermögen eingelegt wurde (§ 200 Abs. 3 BewG); für dieses Vermögen entfällt eine steuerliche Verschonung (sog. **junges Betriebsvermögen**). Unter das sog. junge – nicht privilegierte – Verwaltungsvermögen fallen alle in § 13b Abs. 2 Satz 2 Nr. 1

---

456 Ländererlasse aaO, BStBl. I 2009, 698 Abschn. 21 Abs. 2; kritisch zur vergangenheitsorientierten Betrachtung der Ertragskraft Hecht/von Cölln, DB 2010, 1084.
457 So gesehen spielt es keine Rolle, ob GmbH-Anteile oder Anteile an einer Personengesellschaft übertragen werden.
458 Zur Einbeziehung auch von Einmalzahlungen wie Boni, Tantiemen und Gratifikationen siehe Hecht/von Cölln, DB 2010, 1084, 1086.
459 Vgl. auch Ländererlasse vom 25.6.2009, BStBl. I 2009, 698 Abschn. 20 Abs. 2.
460 Vgl. Hecht/von Cölln, DB 2010, 1084, 1087.
461 Ramb, NWB 34/2009, 2672, 2676.

bis 5 ErbStG genannten Gegenstände (z.b. Grundstücke, Wertpapiere und vergleichbare Forderungen), die dem Betrieb im Besteuerungszeitpunkt weniger als zwei Jahre zuzurechnen waren. Im Falle einer Schenkung zum 31.12.2010 wäre daher zu untersuchen, welche schädlichen Gegenstände in der Zeit vom 1.1.2009 bis zum 31.12.2010 zugeführt wurden. Betroffen sind jedoch möglicherweise nicht nur solche Gegenstände, die der Gesellschaft von außen zugeführt, also offen oder verdeckt eingelegt wurden. Vielmehr gilt Entsprechendes, wenn sie aus betrieblichen Mitteln angeschafft oder hergestellt worden sind. Ob darunter auch die bloße Umschichtung eines Aktiendepots fällt, ist derzeit unklar.[462]

d) kein Abzug von **Sonderbetriebsausgaben** im Rahmen des vereinfachten Ertragswertverfahrens.[463] Davon zu trennen ist die Frage, ob z.B. Pacht-, Miet oder Zinszahlungen der Gesellschaft an den Gesellschafter den Jahresertrag der Gesellschaft mindern dürfen. Die Frage ist wegen des gesonderten Ansatzes von Sonderbetriebsvermögen zu bejahen (siehe e), da es andernfalls zur Doppelerfassung kommen würde,[464]

e) damit einhergehender gesonderter Ansatz der zum **Sonderbetriebsvermögen** gehörenden Wirtschaftsgüter,

f) Anwendung eines **Kapitalisierungsfaktors** auf den durchschnittlichen Jahresertrag, der sich aus einem Basiszins (2009: 3,61 %; 2010: 3,98 %) und einem Zuschlag von 4,5 % zusammensetzt (§ 203 BewG).

Darüber hinaus ist der Jahresertrag durch bestimmte **Hinzurechnungen sowie Kürzungen** zu bereinigen, um eine rechtsformneutrale Wertermittlung zu erreichen (Einzelheiten dazu siehe Rz. 168).

4.3. Die Bewertung des betrieblichen Grundbesitzes

166 Betrieblicher Grundbesitz wird gem. § 182 BewG je nach Grundstücksart (vgl. § 181 BewG)

a) im **Vergleichswertverfahren** (Wohnungseigentum, Teileigentum sowie Ein- und Zweifamilienhäuser),

---

[462] Vgl. dazu Riedel in Daragan/Halaczinsky/Riedel, Kommentar zum ErbStG und BewG, § 13b ErbStG Rz. 221; siehe auch Schwind/Schmidt, NWB 2009, 1654, 2161: Schädlichkeit interner Umschichtung überzeugt nicht.
[463] Vgl. Moench/Albrecht, Erbschaftsteuer 2. Aufl. S. 186.
[464] Vgl. Ramb in StSem-Spezial 2010, 41; Neufang, BB 2009, 2004, 2012; evtl. aA – kein Betriebsausgabenabzug – Daragan/Halaczinsky/Riedel, Kommentar zum ErbStG und BewG, 1. Aufl. 2010 S. 1066 unter Hinweis auf Ländererlasse aaO, BStBl. I 2009, 698 Abschn. 11 Satz 6; m.E. unzutreffend.

Schenkungsteuerliche Behandlung der Übertragung von Anteilen

b) im **Ertragswertverfahren** (Mietwohngrundstücke sowie Geschäftsgrundstücke, für die sich auf dem örtlichen Grundstücksmarkt eine übliche Miete ermitteln lässt) sowie
c) im **Sachwertverfahren** ermittelt.

Das Sachwertverfahren findet in den Fällen a) sowie b) Anwendung, falls entweder keine Vergleichswerte vorliegen oder keine übliche Miete ermittelt werden kann (betrifft Geschäftsgrundstücke).

Beispiel 29

Zum Gesamthandsvermögen einer GmbH & Co. KG gehört eine für 12 €/qm vermietete Immobilie (Baujahr 1952). Sie stellt bewertungsrechtlich ein Geschäftsgrundstück im Sinne des § 181 Abs. 6 BewG dar. Die Grundstücksfläche beträgt 500 qm (Bodenrichtwert 600 €), die Nutzfläche 300 qm.

In Anwendung des Ertragswertverfahrens errechnet sich folgender Grundbesitzwert (Beträge jeweils in Euro):

Wert des Grund und Bodens (Bodenwert)
Bodenrichtwert pro m² 600
x Grundstücksfläche in m² 500
Wert des Grund und Bodens (= Bodenwert) **300.000**

Gebäudeertragswert nach § 185 BewG
Jahresmiete (Rohertrag nach § 186 BewG) 43.200
- Bewirtschaftungskosten (aus Anl. 23 zum BewG) 22 % von 36.000 9.504
Grundstücksreinertrag 33.696
- Verzinsungsbetrag des Bodenwerts 6,5 % von 300.000 19.500
Gebäudereinertrag 14.196
x Vervielfältiger (aus Anlage 21 zum BewG) 11,28
Gebäudeertragswert **160.130**
+ Bodenwert 300.000
Grundbesitzwert (Ertragswert) **460.130**

Dieser Grundbesitzwert geht in die Ermittlung des Substanzwertes des Betriebes ein, der als Mindestwert anzusetzen ist. Er ist ebenso von Bedeutung, falls die Immobilie als Einzelwirtschaftsgut auf den Beschenkten übergeht, also nicht im Rahmen der Übertragung privilegierten Betriebsvermögens (Einzelunternehmen, Mitunternehmeranteil)

Immobilien in der Rechtsform einer GmbH & Co. KG

Nachweis eines niedrigeren Grundstückswerts: Dem Steuerpflichtigen ist es gem. § 198 BewG gestattet nachzuweisen, dass der gemeine Wert des Grundstücks niedriger ist als der nach §§ 179, 182 bis 196 BewG ermittelte Wert.[465]

4.4. Bewertung des Betriebes nach dem vereinfachten Ertragswertverfahren

167 Im Rahmen der Ermittlung des gemeinen Werts eines Betriebes nach dem vereinfachten Ertragswertverfahren sind eine Reihe von Rechenschritten zu beachten.

Beispiel 30

> *Vater A beteiligt Sohn S zu 50% an einer GmbH & Co. KG. Gegenstand des Betriebes der KG ist neben der Tätigkeit als Immobilienmakler auch die Verwaltung eigenen Grundbesitzes. Aus Vereinfachungsgründen wird unterstellt, dass die KG jährlich gleichbleibende (handelsrechtliche) Gewinne von jeweils 200.000 € (vor Abzug des üblichen Unternehmerlohns, hier 50.000 €) erwirtschaftet. Die Gewerbesteuer[466] beträgt 35.294 € (15% von 235.294 €) und hat den genannten Gewinn entsprechend gemindert. Der Substanzwert des Betriebes (einschließlich Immobilie) beträgt 1 Mio. €. Es ist kein sog. nicht betriebsnotwendiges Betriebsvermögen vorhanden.*

Im obigen Beispiel errechnet sich folgender gemeiner Wert des Betriebes nach dem vereinfachten Ertragswertverfahren:

Ermittlung des Ertragswerts (§ 200 Abs. 1 BewG)

Wirtschaftsjahr	01	02	03
Gewinn i. S. des § 4 Abs. 1 EStG	200.000	200.000	200.000
Hinzurechnungen (§ 202 Abs. 1 Nr. 1 BewG)			
+ Ertragsteueraufwand (GewSt)	35.294	35.294	35.294
Zwischensumme	235.294	235.294	235.294

---

465 Siehe dazu auch Eisele, Erbschaftsteuerliche Immobilienbewertung: Verkehrswertnachweis nach dem ErbStRG, ZEV 2009, 451.
466 Die erweiterte Kürzung des Gewerbeertrages gem. § 9 Abs. 1 Satz 2 GewStG entfällt, weil die KG nicht ausschließlich eigenen Grundbesitz verwaltet und nutzt, sondern daneben eine originär gewerbliche Tätigkeit ausübt.

Schenkungsteuerliche Behandlung der Übertragung von Anteilen

Abzüge
(§ 202 Abs. 1 Nr. 2 BewG)

- Angemessener Unternehmerlohn	50.000	50.000	50.000
Betriebsergebnis vor Ertragsteueraufwand	185.294	185.294	185.294
- Ertragsteueraufwand i. S. des § 202 Abs. 3 BewG (30 % des positiven Betriebsergebnisses)	55.588	55.588	55.588
Betriebsergebnis	129.706	129.706	129.706

Ermittlung des Jahresertrags (§ 201 BewG)

Summe der Betriebsergebnisse	389.118
Durchschnittsertrag (= Summe Betriebsergebnisse geteilt durch 3)	129.706
Anzusetzender in Zukunft nachhaltig erzielbarer Jahresertrag	**129.706**

Kapitalisierungsfaktor (§ 203 BewG)

Basiszins (2010) [467]	3,98 %	
+ Zuschlag	4,50 %	
Kapitalisierungszinssatz	8,48 %	
Kapitalisierungsfaktor	1 / 8,48 %	11,7924

Ertragswert (= Jahresertrag x Kapitalisierungsfaktor)

	129.706 x 11,7924	**1.529.545**
Gemeiner Wert des Betriebes (GmbH & Co. KG)		**1.529.545**

Werden nun 50 % des Kommanditkapitals auf Sohn S übertragen, liegt eine steuerpflichtige Zuwendung i. S. des § 7 Abs. 1 Nr. 1 ErbStG in Höhe von 764.772 € vor (50 % von 1.529.545 €). Die Immobilie mit ihrem Grundbesitzwert von 460.130 €[468] spielt dabei keine Rolle. Ihr Wert hat nur für die Ermittlung des Substanzwerts Bedeutung, der als Mindestwert anzusetzen ist. Liegt der Substanzwert unter dem Ertragswert (hier: 1.529.545 €), kommt ihm mangels Mindestwertansatz keine schenkungsteuerliche Bedeutung zu. Etwas anderes gilt lediglich dann, wenn die Immobilie sog. nicht betriebsnotwendiges Vermögen darstellt (siehe Rz. 168).

---

467 Der Basiszins ist aus der langfristig erzielbaren Rendite öffentlicher Anleihen abzuleiten. Er wird vom BMF veröffentlicht; für 2010 siehe BMF-Schreiben vom 5.1.2010, DB 2010, 85.
468 Siehe Beispiel 29 Rz. 166.

Immobilien in der Rechtsform einer GmbH & Co. KG

168 **Immobilie ist kein betriebsnotwendiges Vermögen:** Gehört die Immobilie nicht zum betriebsnotwendigen Vermögen, ist einerseits der Gewinn um die immobilienbezogenen Erträge und Aufwendungen zu kürzen. Andererseits ist ihr Grundbesitzwert dem im Ertragswertverfahren gefundenen gemeinen Wert des Betriebes hinzuzurechnen (hier: 460.130 €). Dies würde im Rahmen der obigen Berechnung zu einer deutlichen Erhöhung der schenkungsteuerlichen Bemessungsgrundlage führen.

Beispiel 31

In Weiterentwicklung von Beispiel 30 gehört die Immobilie aufgrund ihrer Vermietung an Dritte nicht zum betriebsnotwendigen Vermögen. Die jährlichen Mieterträge betragen 40.000 €, die damit zusammenhängenden Aufwendungen (einschließlich Gebäude-AfA und anteilige Gewerbesteuer[469]) 15.000 €.

Der gemeine Wert des Betriebes entwickelt sich nunmehr nach dem vereinfachten Ertragswertverfahren wie folgt:

Ermittlung des Ertragswerts (§ 200 Abs. 1 BewG)
Ermittlung des Jahresertrags (§ 201 und § 202 BewG)

Wirtschaftsjahr	01	02	03
Gewinn / Verlust i. S. des § 4 Abs. 1 EStG bzw. i. S. des § 4 Abs. 3 EStG (Ausgangswert)	200.000	200.000	200.000
Hinzurechnungen (§ 202 Abs. 1 Nr. 1 BewG)			
+ Ertragsteueraufwand (GewSt)	35.294	35.294	35.294
Zwischensumme	235.294	235.294	235.294
Abzüge (§ 202 Abs. 1 Nr. 2 BewG)			
- Angemessener Unternehmerlohn	50.000	50.000	50.000

---

469 Unter Berücksichtigung der nach § 9 Nr. 1 GewStG vorzunehmenden Kürzung.

Schenkungsteuerliche Behandlung der Übertragung von Anteilen

Erträge im Zusammenhang mit
Vermögen i. S. des § 200 Abs. 2 bis 4 BewG
- Erträge im Zusammenhang mit nicht   25.000   25.000   25.000
betriebsnotwendigem Vermögen
(§ 200 Abs. 2 BewG)

Betriebsergebnis (vor Ertragsteueraufwand)	160.294	160.294	160.294
- Ertragsteueraufwand (§ 202 Abs. 3 BewG; 30 % des positiven Betriebsergebnisses)	48.089	48.089	48.089
Betriebsergebnis	**112.205**	**112.205**	**112.205**

Anzusetzender Jahresertrag (§ 201 BewG)

Summe der Betriebsergebnisse	336.615
Durchschnittsertrag (= Summe Betriebsergebnisse geteilt durch 3)	112.205
Anzusetzender Jahresertrag	**112.205**

Kapitalisierungsfaktor (§ 203 Abs. 3 BewG)

Basiszins	3,98 %	
+ Zuschlag	4,50 %	
Kapitalisierungszinssatz	8,48 %	
Kapitalisierungsfaktor *)	1 / 8,48 %	**11,79**

Ertragswert (§ 200 Abs. 1 BewG)

Jahresertrag	112.205	
x Kapitalisierungsfaktor	11,79	
Ertragswert		**1.322.896**

Gesonderter Ansatz mit dem gemeinen Wert (§ 200 Abs. 2 bis 4 BewG)
Nicht betriebsnotwendiges Vermögen (§ 200 Abs. 2 BewG)

+ Gemeiner Wert	460.130
Gesondert anzusetzendes Vermögen	460.130

Gemeiner Wert nach dem vereinfachten Ertragswertverfahren (§ 200 BewG)

Ertragswert	1.322.896
+ gesondert anzusetzendes Vermögen	460.130
Gemeiner Wert des Betriebsvermögens der Gesellschaft	**1.783.026**

Immobilien in der Rechtsform einer GmbH & Co. KG

Der Ertragswert des Betriebes ist damit zwar gegenüber Beispiel 30 um 206.649 € niedriger. Insgesamt aber beträgt der gemeine Wert nunmehr 1.783.026 € allein wegen Qualifizierung der Immobilie als nicht betriebsnotwendiges Vermögen. Dieser Steigerung von rund 250.000 € steht dabei sogar ein gegenläufiger Effekt gegenüber, nämlich die Minderung des Betriebsergebnisses um jene Erträge, die mit der Immobilie in Zusammenhang stehen (hier: 25.000 €). Die damit einhergehende Minderung des Ertragswerts beträgt immerhin 294.750 € (25.000 € x 11,79). Damit wird eine doppelte Berücksichtigung der Immobilie im gemeinen Wert des Betriebes vermieden. Wäre das nicht betriebsnotwendige Vermögen ertraglos, betrüge der gemeine Wert im Übrigen 1.989.675 € (= Ertragswert aus Beispiel 30 1.529.545 € + Verkehrswert Immobilie 460.130 €).

4.5. Bildung von Sonderbetriebsvermögen im Zuge der Anteilsübertragung

169 Die Anteilsübertragung auf Sohn S kann in der Weise erfolgen, dass Vater A entweder die Immobilie oder lediglich einen Nießbrauch daran zurückbehält.

4.5.1. Verbleib der Immobilie beim Schenker

Ein Verbleib der Immobilie bei Vater A hat für den Fall Auswirkungen auf den Ertragswert des Betriebes, dass die GmbH & Co. KG fortan Miete an ihn als Eigentümer und Vermieter entrichtet. Denn der zur Ertragswertermittlung maßgebende Jahresertrag des Betriebes orientiert sich gem. § 201 Abs. 1 Satz 1 BewG am künftig nachhaltig zu erzielenden Jahresertrag.[470] Sollten daher jährliche Mietzahlungen an A in Höhe von 24.000 € erfolgen, sinkt der gemeine Wert des Betriebes um 198.100 € (24.000 € x 11,7924 x 70 %[471]) und dementsprechend auch der schenkungsteuerliche Wert des zugewendeten 50 %-igen KG-Anteiles um rund 100.000 €.

4.5.2. Nießbrauchsvorbehalt am Sonderbetriebsvermögen

Dieselben steuerlichen Wirkungen treten ein, wenn Vater A nicht die Immobilie zurückbehält, sondern lediglich ein Nießbrauchsrecht daran. Insoweit entsteht ein in zweifacher Hinsicht positiver Effekt:

---

470 Zu beachten ist aber § 201 Abs. 2 BewG, der auf die letzten drei Jahre abstellt.
471 Die Berechnung berücksichtigt, dass eine ersparte Miete von 24.000 € wegen der 30 %-igen Ertragsteuerbelastung nur in Höhe von 70 % den Ertrag erhöhen würde.

Schenkungsteuerliche Behandlung der Übertragung von Anteilen

- Zum einen mindert der Vorbehaltsnießbrauch bei entgeltlicher Nutzungsüberlassung in Höhe der Mietzahlungen den künftigen durchschnittlichen Jahresertrag der GmbH & Co. KG,[472]
- zum anderen geht die Substanz der Immobilie ohne zusätzliche Schenkungsteuerbelastung auf Sohn S über.

Weniger empfehlenswert wäre aus schenkungsteuerlicher Sicht, die Immobilie der GmbH & Co. KG **unentgeltlich** zur Verfügung zu stellen.[473] Dadurch entfiele eine Minderung des Gewinnes im Sinne des § 4 Abs. 1 EStG als Grundlage der Ertragswertermittlung. Ob sich in diesem Zusammenhang die Auffassung von *Neufang*[474] durchsetzen wird, zur Vermeidung einer Doppelerfassung (Erhöhung Ertragswert der Gesellschaft + gesonderter Ansatz des Sonderbetriebsvermögens) bei unentgeltlicher oder verbilligter Nutzungsüberlassung die übliche Miete abzuziehen, bleibt abzuwarten.

4.5.3. Keine Nachsteuer bei vorzeitigem Wegfall des Nießbrauchs

Beim vorzeitigen Tod des Vaters als Nießbraucher entfallen hier die mit § 14 Abs. 2 BewG verbundenen Steuerbelastungen (näher dazu siehe Rz. 171). § 14 Abs. 2 BewG sieht eine Neuberechnung der Nießbrauchslast vor, wenn das Nießbrauchsrecht durch vorzeitigen Tod des Berechtigten wegfällt. Die Regelung reflektiert nicht auf das Ertragswertverfahren und lässt den künftigen maßgebenden Jahresertrag unberührt. Sie greift nur, wenn die Nießbrauchslast die Bemessungsgrundlage der Schenkungsteuer unmittelbar gemindert hat. Das ist hier nicht der Fall.

170

4.5.4. Steuerbelastungen bei gesonderter Übertragung von Sonderbetriebsvermögen unter Nießbrauchsvorbehalt

Die Rechtslage stellt sich anders dar, wenn zum Sonderbetriebsvermögen gehörende Immobilien eigenständig als Einzelwirtschaftsgut und damit außerhalb der Privilegierung des § 13a ErbStG auf den Beschenkten unter Nießbrauchsvorbehalt übergehen.

Wegfall des § 25 ErbStG: Immobilienübertragungen unter Vorbehalt des Nießbrauchs zugunsten des Schenkers bzw. seines Ehegatten wurden bis zum 31.12.2008 gem. § 25 ErbStG in der Weise schenkungsteuerlich behandelt, dass

---

472 Zu berücksichtigen ist allerdings, dass der Vorbehaltsnießbraucher AfA-berechtigt ist und demzufolge die Gebäude-AfA den Jahresertrag der KG nicht mindert. Sie stellt vielmehr eine schenkungsteuerlich unbeachtliche Sonderbetriebsausgabe des Schenkers dar. Je nach Höhe der Gebäude-AfA wird damit der Vorteil von Mietzahlungen ganz oder teilweise aufgezehrt.
473 Siehe dazu jedoch die vorangegangene Fußnote.
474 BB 2009, 2004, 2012.

Immobilien in der Rechtsform einer GmbH & Co. KG

ein Abzug der Nießbrauchslast vom Steuerwert des übertragenen Vermögens ausgeschlossen war. Allerdings erfolgte eine zinslose Stundung der auf den Kapitalwert des Nießbrauchs entfallenden Schenkungsteuer bis zum Erlöschen des Nießbrauchs.[475] Alternativ dazu konnte die Steuerschuld mit ihrem Barwert (§ 12 Abs. 3 BewG) abgelöst werden. Die schenkungsteuerliche Behandlung des Nießbrauchs hat sich mit Streichung des § 25 ErbStG durch das Erbschaftsteuerreformgesetzes vom 24.12.2008[476] zum 1.1.2009 grundlegend geändert. Sie mindert nunmehr den Wert der schenkungsteuerpflichtigen Bereicherung unter Beachtung der Abzugsbeschränkungen des § 10 Abs. 6 ErbStG.

Beispiel 32

Vater A (64 Jahre) überträgt seinem Sohn S zum 1.1.2010 die zum Sonderbetriebsvermögen seiner Kommanditbeteiligung gehörende und an die KG vermietete Immobilie. Nach einem Sachverständigengutachten beträgt der Verkehrswert der Immobilie 1 Mio. €. A behält sich im Zuge der Übertragung den lebenslangen Nießbrauch an der Immobilie zurück (Jahreswert der Nutzungen 40.000 €[477]).

Wegen Streichung des § 25 ErbStG errechnet sich im obigen Beispiel die nachstehende Schenkungsteuer. Dabei wird ein Verbrauch des persönlichen Freibetrags (§ 16 ErbStG)[478] durch anderweitige Zuwendungen innerhalb des maßgebenden 10-Jahreszeitraumes (§ 14 Abs. 1 ErbStG) unterstellt.

	Steuerschuld mit Nießbrauch	Steuerschuld ohne Nießbrauch
Steuerwert der Immobilie[487]	1.000.000 €	1.000.000 €
Kapitalwert Nießbrauch 40.000 € x 11,502[488]	460.080 €	
Steuerpflichtige Zuwendung	539.920 €	1.000.000 €
Schenkungsteuer 15 %	80.988 €	190.000 €
Steuerentlastung		109.012 €

---

475 Üblicherweise fällt der Nießbrauch durch Tod des Berechtigten weg. Weitere Gründe können die entgeltliche Ablösung oder der unentgeltliche Verzicht des Berechtigten sein.
476 BGBl. I 2008, 3018.
477 Der Jahreswert liegt unter dem Grenzwert des § 16 BewG (1 Mio. € : 18,6 = 53.763 €).
478 Bis einschließlich 31.12.2008 beträgt der Freibetrag gem. § 16 Abs. 1 Nr. 2 ErbStG 205.000 €, ab 1.1.2009 400.000 €.
479 Der gem. § 13c ErbStG zu gewährende 10%-ige Abschlag entfällt, weil die Immobilie nicht iSd. § 13c Abs. 3 Nr. 1 ErbStG zu Wohnzwecken vermietet wird.
480 Vervielfältiger ab 1.1.2010 siehe BMF-Schreiben vom 1.10.2009, BStBl. I 2009, 1168.

Schenkungsteuerliche Behandlung der Übertragung von Anteilen

Die Steuerentlastung von rund 109.000 € im Falle einer Immobilienübertragung unter Nießbrauchsvorbehalt kann sich sehen lassen.

Nachversteuerungsrisiko bei vorzeitigem Tod des Nießbrauchsberechtigten: 171
Der Wegfall des Nießbrauchs durch Tod des Berechtigten bewirkt eine Wertsteigerung der nießbrauchbelasteten Immobilie. Sie stellt zwar einerseits keine steuerpflichtige Zuwendung gem. § 7 Abs. 1 Nr. 1 ErbStG dar (bloßer Rechtsreflex). Dennoch bleibt andererseits der Vorgang schenkungsteuerlich nicht völlig irrelevant, weil nach § 14 Abs. 2 BewG der Kapitalwert einer Nutzung zwingend neu zu berechnen ist nach Maßgabe der tatsächlichen Laufzeit des Nutzungsrechtes.[481] Die Nachversteuerung erfolgt jedoch nur, wenn der Nießbrauch in Abhängigkeit vom Alter des Berechtigten innerhalb bestimmter Fristen entfällt. Bei einem 64-jährigen Schenker etwa beträgt diese Frist 7 Jahre. Wegen Einzelheiten zur Berechnung der Nachsteuer wird auf Rz. 204 verwiesen. Freilich ist in diesem Zusammenhang zu beachten, dass eine gem. § 14 Abs. 2 BewG potentiell drohende Nachsteuer keine dem Vorbehaltsnießbrauch immanente Steuerbelastung darstellt. Durch den Tod des A würde ohnehin ein erbschaftsteuerlicher Tatbestand mit entsprechender Steuerbelastung eintreten. Entscheidend ist aus Beratungssicht, dass die Beteiligten schlichtweg wissen, dass der Vorbehaltsnießbrauch für einen gewissen Zeitraum keine definitive Schenkungsteuerentlastung bewirkt. Die sich aus § 14 Abs. 2 BewG ergebenden Steuernachbelastungen müssen vielmehr respektiert und finanziell einkalkuliert werden.

4.5.5. Ermittlung der Schenkungsteuerbelastung bei Anwendung des § 13a ErbStG

Ausgehend vom obigen Beispiel 32 (siehe Rz. 170) entsteht im Falle der Übertragung eines 50%-igen KG-Anteiles vom Vater auf den Sohn folgende Schenkungsteuerbelastung (bei unterstelltem Verbrauch des persönlichen Freibetrages von 400.000 € durch Vorschenkungen): 172

Ermittlung des Steuerwerts der Bereicherung (in Euro)

	Steuerwert
Betriebsvermögen (Inland oder EU-/ EWR-Staat)	764.772
Steuerwert der freigebigen Zuwendung	764.772

---

481 Siehe dazu auch Götz, Die Bedeutung des § 14 Abs. 2 BewG bei Zuwendungen unter Nießbrauchsvorbehalt, DStR 2009, 2233.

Immobilien in der Rechtsform einer GmbH & Co. KG

Steuerwert der Bereicherung

	Steuerwert
Steuerwert der freigebigen Zuwendung vor Anwendung § 13a / § 13c ErbStG	764.772
- Verschonungsabschlag § 13a Abs. 1 ErbStG (85 %)	650.056
- Abzugsbetrag § 13a Abs. 2 ErbStG (max. 150.000 €)	114.716
Steuerwert der freigebigen Zuwendung nach Anwendung § 13a / § 13c ErbStG	0
Steuerwert der Bereicherung	0

Berechnung der Schenkungsteuer

Ermittlung des steuerpflichtigen Erwerbs

Steuerwert der Bereicherung	0
+ Gesamtwert der Vorerwerbe (innerhalb 10-Jahresfrist)	400.000
Erwerb vor Freibetrag	400.000
- Freibetrag nach § 16 Abs. 1 Nr. 2 ErbStG	400.000
Steuerpflichtiger Erwerb (abgerundet)	0

Ermittlung der Schenkungsteuer

Bemessungsgrundlage	0
Steuersatz lt. Tabelle § 19 Abs. 1 ErbStG (Steuerklasse I)	7 %
Schenkungsteuer 7 % von 0	**0**

Es spielt für die Höhe der Schenkungsteuer keine Rolle, ob Vater A die Immobilie (unter Nießbrauchsvorbehalt) auf Sohn S ganz bzw. teilweise überträgt oder in seinem Sonderbetriebsvermögen und damit in seinem persönlichen Eigentum zurückbehält.

Hinweis: Unter schenkungsteuerlichen Aspekten ist daher empfehlenswert, die Immobilie auf S zu übertragen und das Versorgungsbedürfnis des A durch einen Vorbehaltsnießbrauch zu befriedigen. Wird nämlich die Immobilie zurückbehalten und geht sie erst in Verbindung mit dem späteren Ausscheiden des Vaters aus der GmbH & Co. KG auf Sohn S über, ist sie mit dem Grundbesitzwert kumulativ zum Ertragswert des nunmehr übergehenden KG-Anteiles anzusetzen (siehe Rz. 168). Abzuwägen ist freilich, ob die Aufgabe des Eigentums an der Immobilie wirklich den Interessen des Schenkers (Vater A) entspricht. Denn die vorzeitige Immobilienschenkung sollte keinesfalls allein um der Erlangung eines Schenkungsteuervorteiles willen erfolgen.

Schenkungsteuerliche Behandlung der Übertragung von Anteilen

5. Übertragung des beim Schenker verbliebenen Mitunternehmeranteiles

5.1. Übertragung von Gesellschaftsanteil und Sonderbetriebsvermögen

Die spätere Übertragung des zunächst beim Schenker (Vater A) verbliebenen Mitunternehmeranteiles erhöht die schenkungsteuerliche Belastung, falls die Übertragung innerhalb von 10 Jahren seit Aufnahme des Beschenkten in die GmbH & Co. KG stattfindet. Der Abzugsbetrag des § 13a Abs. 2 ErbStG von max. 150.000 € findet hier keine erneute Anwendung. Hinzu kommen die nachstehenden bewertungsrechtlichen Besonderheiten zur Wertbestimmung von Anteilen an mitunternehmerischen Personengesellschaften (§ 97 Abs. 1a BewG):

– Vorabzurechnung des gemeines Werts der Gesellschaft (Gesamthandsvermögen) in Höhe der Kapitalkonten beim jeweiligen Gesellschafter,
– Verteilung des verbleibenden Werts nach Maßgabe des Gewinnverteilungsschlüssels auf die Gesellschafter,
– Hinzurechnung des gemeines Werts des Sonderbetriebsvermögens beim jeweiligen Gesellschafter.

173

Beispiel 33

In Weiterentwicklung von Beispiel 32 (siehe Rz. 170) geht der bei Vater A verbliebene 50 %-ige KG-Anteil durch Schenkung zum 1. Januar 2015 auf Sohn S über. Vater A hatte seinerzeit die Immobilie zurückbehalten (Grundbesitzwert: 460.130 €)[482] und unentgeltlich der GmbH & Co. KG zur Nutzung überlassen. Die Kapitalkonten von A und S weisen zum 1. Januar 2015 jeweils 300.000 € aus. Es ist kein nicht betriebsnotwendiges Betriebsvermögen vorhanden.

Zum 1. Januar 2015 errechnet sich für Zwecke der Schenkungsteuer folgender gemeine Wert des übertragenen KG-Anteiles (persönlicher Freibetrag von 400.000 € verbraucht):

Ermittlung des gemeinen Werts des KG-Anteils von Schenker A (in EURO)

Anzusetzender gemeiner Wert des Betriebsvermögens	
(Gesamthandsvermögen)	1.529.545
- Summe der Kapitalkonten aller Gesellschafter	
lt. Gesamthandsbilanz	600.000
Verbleibender gemeiner Wert des Betriebsvermögens	929.545

---
[482] Zur Grundbesitzbewertung siehe Rz. 166.

Immobilien in der Rechtsform einer GmbH & Co. KG

Gemeiner Wert d. Wirtschaftsgüter/Schulden des Sonderbetriebsvermögens des Schenkers		460.130
+ Kapitalkonto des Gesellschafters lt. Gesamthandsbilanz		300.000
+ anteiliger verbleibender gemeiner Wert des Betriebsvermögens Verbleibender gemeiner Wert des Betriebsvermögens x Gewinnverteilungsschlüssel	929.545 x 1/2	464.772
Gemeiner Wert des Anteils des Gesellschafters (Schenker)		1.224.902
- disquotal übertragenes Sonderbetriebsvermögen (Sonderbetriebsvermögen, das in einem anderen Umfang übertragen wird als der Anteil an der Personengesellschaft selbst)		460.130
Gemeiner Wert des übrigen Anteils des Gesellschafters (Schenker)		764.772

Auf Sohn übertragener KG-Anteil

Übertragener Anteil am übrigen Anteil des Gesellschafters (Bruchteil)	1/1
Übertragener Anteil am übrigen Anteil des Gesellschafters (Betrag)	764.772
+ Anteil am disquotal übertragenen Sonderbetriebsvermögen (Betrag)	460.130
Übertragener Anteil (Betrag)	1.224.902

Daraus wiederum errechnet sich folgende Schenkungsteuer:

Ermittlung des Steuerwerts der Bereicherung

Betriebsvermögen (Inland oder EU-/ EWR-Staat)	1.224.902
Steuerwert der freigebigen Zuwendung	1.224.902
Steuerwert der Bereicherung	
Steuerwert der freigebigen Zuwendung vor Anwendung § 13a ErbStG	1.224.902
- Verschonungsabschlag § 13a Abs. 1 ErbStG (85%)	1.041.166
Steuerwert der freigebigen Zuwendung nach Anwendung § 13a ErbStG	183.736
Steuerwert der Bereicherung	**183.736**
Ermittlung des steuerpflichtigen Erwerbs	
Steuerwert der Bereicherung	183.736
+ Gesamtwert der Vorerwerbe	400.000
Erwerb vor Freibetrag	583.736
- Freibetrag nach § 16 Abs. 1 Nr. 2 ErbStG	400.000
Steuerpflichtiger Erwerb	183.736

Schenkungsteuerliche Behandlung der Übertragung von Anteilen

Steuerpflichtiger Erwerb, abgerundet auf volle Hundert	183.700
Ermittlung der Schenkungsteuer	
Bemessungsgrundlage	183.700
Steuersatz lt. Tabelle § 19 Abs. 1 ErbStG (Steuerklasse I)	11 %
Schenkungsteuer 11 % von 180.400	**20.207**

Der Freibetrag von 150.000 € (§ 13a Abs. 2 ErbStG) steht vorliegend nicht mehr zur Verfügung, weil er im Rahmen der vorangegangenen Schenkung verbraucht wurde und seit der Erstschenkung keine 10 Jahre vergangen sind.

5.2. Steuervorteile durch Vermeidung der Übertragung von Sonderbetriebsvermögen

Die Schenkungsteuerbelastung wäre im obigen Beispiel (siehe Rz. 173) niedriger, hätte Vater A die Immobilie bereits im Rahmen der vorangegangenen Schenkung übertragen:[483]

174

Steuerwert der freigebigen Zuwendung vor Anwendung § 13a ErbStG (alt)	1.224.902
- Grundstückswert der Immobilie	460.130
Steuerwert der freigebigen Zuwendung vor Anwendung § 13a ErbStG (neu)	764.772
- Verschonungsabschlag § 13a Abs. 1 ErbStG (85 %)	650.056
Steuerwert der freigebigen Zuwendung nach Anwendung § 13a ErbStG	114.716
Steuerwert der Bereicherung (gerundet)	**114.700**
Ermittlung der Schenkungsteuer	
Bemessungsgrundlage (siehe oben)	114.700
Steuersatz lt. Tabelle § 19 Abs. 1 ErbStG (Steuerklasse I)	11 %
Schenkungsteuer 11 % von 114.700	**12.617**

Die hier eintretende Schenkungsteuerentlastung beträgt zwar nur 7.590 €.[484] Jedoch ist das Risiko einer Nachversteuerung bei vorzeitiger Veräußerung bzw. Aufgabe der KG-Beteiligung bei dieser Variante deutlich niedriger. Denn sollte die

---

483 Im Rahmen der Erstschenkung bleibt die Zuwendung der Immobilie als Bestandteil des Mitunternehmeranteiles (460.130 €) ohne schenkungsteuerliche Auswirkung, weil hier allein der höhere Ertragswert von 764.772 € (siehe Rz. 167) zum Tragen kommt, also ein Ansatz des Substanzwertes als Mindestwert entfällt.
484 20.207 € (siehe Rz. 173) abzüglich 12.617 €.

Immobilien in der Rechtsform einer GmbH & Co. KG

Sperrfristverletzung beispielsweise schon im zweiten Jahr nach Vollübernahme der mitunternehmerischen Beteiligung eintreten, entstünde folgende Nachsteuer:

Steuerwert der freigebigen Zuwendung vor Anwendung § 13a ErbStG	1.224.902
- Verschonungsabschlag § 13a Abs. 1 ErbStG (85 %)	1.041.166
+ zeitanteiliger Wegfall des Verschonungsabschlages (4/5 von 1041.166 €)	832.932
Steuerwert der freigebigen Zuwendung nach Anwendung § 13a ErbStG	1.016.668
Steuerwert der Bereicherung (gerundet)	1.016.600

Ermittlung der Schenkungsteuer

Bemessungsgrundlage		1.016.600
Steuersatz lt. Tabelle § 19 Abs. 1 ErbStG (Steuerklasse I) 19 %		
Schenkungsteuer	19 % von 1.016.600	**193.154**

Hätte Vater A hingegen die Immobilie bereits im Rahmen der Erstschenkung unter Nießbrauchsvorbehalt übertragen, ergäbe sich eine Nachsteuer in Höhe von lediglich:

Steuerwert der freigebigen Zuwendung vor Anwendung § 13a ErbStG	764.772
- Verschonungsabschlag § 13a Abs. 1 ErbStG (85 %)	650.056
+ zeitanteiliger Wegfall des Verschonungsabschlages (4/5 von 631.482 €))	520.044
Steuerwert der freigebigen Zuwendung nach Anwendung § 13a ErbStG	634.760
Steuerwert der Bereicherung (gerundet)	634.700

Ermittlung der Schenkungsteuer

Bemessungsgrundlage		634.700
Steuersatz lt. Tabelle § 19 Abs. 1 ErbStG (Steuerklasse I)		19 %
Schenkungsteuer	19 % von 634.700	**120.593**

Die nunmehr eintretende Steuerersparnis von 72.561 € kann sich sehen lassen. Das Nachversteuerungsrisiko sollte daher Anlass sein darüber nachzudenken, ob die Immobilie ggf. rechtzeitig auf Sohn S übertragen und damit die Bildung von Sonderbetriebsvermögen vermieden werden kann.

B. Grundstücksübertragungen unter Nießbrauchsvorbehalt

Werden Immobilien unter Vorbehalt des Nießbrauchs übertragen, sei es unentgeltlich, teilentgeltlich oder vollentgeltlich, ergeben sich für den bisherigen und neuen Eigentümer eine Reihe von steuerlichen Fragen, die eingehender Untersuchung bedürfen, damit für die Beteiligten keine Überraschungen eintreten. Sie würden das Mandatsverhältnis nachhaltig belasten. Dabei konzentrieren sich die steuerlichen Fragestellungen keinesfalls nur auf die Einkommensteuer. Betroffen ist auch die Schenkungsteuer, Umsatzsteuer und nicht zuletzt die Grunderwerbsteuer. Neue Impulse hat der Nießbrauchsvorbehalt zum 1.1.2009 mit Streichung des § 25 ErbStG durch das Erbschaftsteuerreformgesetz vom 24.12.2008[485] erhalten. Nunmehr kann der Kapitalwert des Nießbrauchs als Last schenkungsteuermindernd abgezogen werden.[486] Damit erscheinen Grundstücksschenkungen unter Nießbrauchsvorbehalt in einem völlig neuen Licht. Verstärkt wird diese Einschätzung durch die Tatsache eines Abzugsverbots von Versorgungsleistungen, die anlässlich einer Immobilienübertragung vereinbart werden. Der Leistungsverpflichtete muss solche Zahlungen aus versteuertem Einkommen aufbringen. Ein Abzug als Sonderausgabe ist gem. § 10 Abs. 1 Nr. 1a Satz 2 EStG seit dem 1.1.2008 ausgeschlossen.[487]

175

I. Behandlung des Vorbehaltsnießbrauchs an Privatimmobilien aus einkommensteuerlicher sowie schenkungsteuerlicher Sicht

Die einkommensteuerlichen Spielregeln des Vorbehaltsnießbrauchs an Privatimmobilien sind im Grunde genommen überschaubar und im Normalfall problemlos zu handhaben. Danach gilt[488]

---

485 BGBl. 2008 S. 3018.
486 Etwas anderes gilt nur, wenn die Nießbrauchslast mit gem. §§ 13a, 13c ErbStG begünstigtem Vermögen in wirtschaftlichem Zusammenhang steht; vgl. § 10 Abs. 6 ErbStG.
487 Die bisherige, auch Immobilienübertragungen einschließende Fassung des § 10 Abs. 1 Nr. 1a EStG gilt über den 31.12.007 hinaus nur noch für solche Versorgungsleistungen, die auf vor dem 1.1.2008 vereinbarten Vermögensübertragungen beruhen; vgl. § 52 Abs. 23g EStG.
488 BMF-Schreiben vom 24.7.1998, BStBl. I 1998, 914 Rz. 39 ff.

- die laufenden Einkünfte aus Vermietung und Verpachtung im Sinne des § 21 Abs. 1 Nr. 1 EStG werden dem Nießbraucher wie bisher als Eigentümer zugerechnet;[489]
- der Nießbraucher kann – ebenfalls wie bisher – die Gebäude-AfA als Werbungskosten geltend machen.[490] Er ist zwar weder zivilrechtlicher oder wirtschaftlicher Eigentümer der Immobilie. Jedoch hat er die historischen AK/HK getragen. Der damit verbundene Veranlassungszusammenhang von Aufwand und Einkunftserzielung wird durch bloße Eigentumsübertragung nicht beseitigt;
- die übrigen Grundstücksaufwendungen, insbesondere Zinsen und Instandhaltungskosten, sind ebenfalls als Werbungskosten beim Nießbraucher abziehbar. Voraussetzung ist, dass er sie vertraglich übernommen und tatsächlich getragen hat oder mangels vertraglicher Vereinbarungen nach der gesetzlichen Lastenverteilung (§§ 1041, 1045, 1047 BGB) zu tragen hat;[491]
- der Eigentümer wiederum ist für die Dauer des Nießbrauchs von der Einkünfteerzielung und damit auch vom Werbungskostenabzug ausgeschlossen. Ein Abzug entfällt grundsätzlich auch unter dem Aspekt vorweggenommener Werbungskosten.[492] In den Genuss eines Werbungskostenabzuges (einschließlich Gebäude-AfA) gelangt er erst mit dem Erlöschen des Nießbrauchs.[493]

Diese einfache Grundstruktur des Vorbehaltsnießbrauch an Privatimmobilien macht seine praktische Handhabung im Normalfall überschaubar. Im Einzelfällen können jedoch Rechtsfolgen eintreten, die vom betroffenen Personenkreis als überraschend empfunden werden. Sie stehen im Mittelpunkt der nachfolgenden Betrachtungen.

---

489 BMF-Schreiben vom 24.7.1998 aaO Rz. 41.
490 BMF-Schreiben vom 24.7.1998 aaO Rz. 42.
491 BMF-Schreiben vom 24.7.1998 aaO Rz. 42 iVm. Rz. 21.
492 Vom Eigentümer eines mit einem Vorbehaltsnießbrauch belasteten Grundstücks getragene Aufwendungen können ausnahmsweise vorab entstandene Werbungskosten bei den Einkünften aus Vermietung und Verpachtung sein, wenn er sie im eigenen Interesse als zukünftiger Nutzer des Hauses gemacht hat und der Nießbrauch nach den zugrunde liegenden Vereinbarungen zeitnah aufgehoben werden soll; vgl. BFH vom 25.2.2009, BFH/NV 2009, 1251. Der Eigentümer eines mit einem lebenslänglichen Nießbrauchsrecht eines Dritten belasteten Geschäftshauses kann allerdings von ihm getragene Umbau- und Renovierungskosten nicht als vorab entstandene Werbungskosten für die im Anschluss an den Wegfall des eingeräumten Nießbrauchs beabsichtigte Vermietertätigkeit abziehen, wenn das Ende der Nießbrauchsausübung im Zeitpunkt der Aufwendungen nicht absehbar war; vgl. BFH vom 14.11.2007 IX R 51/06 juris.
493 BMF-Schreiben vom 24.7.1998 aaO Rz. 46.

Vorbehaltsnießbrauch aus einkommensteuerlicher/schenkungsteuerlicher Sicht

1. Steigerung oder Vernichtung von AfA-Potential

Werden Immobilien unter Nießbrauchsvorbehalt unentgeltlich übertragen, bleibt das AfA-Potential grundsätzlich unberührt. Für die Dauer des Nießbrauchs kommt der Schenker weiterhin wie bisher als Eigentümer in den Genuß der Gebäude-AfA.[494] AfA-Bemessungsgrundlage und AfA-Methode bleiben unverändert bestehen, weil er als Einkunftserzieler die historischen Herstellungs- bzw. Anschaffungskosten getragen hat.[495] Der Beschenkte wiederum tritt erst mit Beendigung des Nießbrauchs in die Rechtsposition des Schenkers und setzt die Gebäude-AfA unverändert bis zum endgültigen Verbrauch des AfA-Volumens fort.[496] Rechtsgrundlage ist § 11d EStDV, der eine persönliche Abzugsberechtigung des Beschenkten als Rechtsnachfolger etabliert. Jedoch gibt es Ausnahmen. In der Praxis sind insbesondere drei Varianten des Vorbehaltsnießbrauchs anzutreffen, die mit seinem Wegfall eine Neuberechnung der Gebäude-AfA beim Beschenkten bewirken:

a) Unentgeltliche Immobilienübertragung mit späterer Ablösung des Nießbrauchs;

b) Teilentgeltliche Immobilienübertragung mit späterer Beendigung des Nießbrauchs durch Tod des Berechtigten;

c) unentgeltliche Immobilienübertragung mit Nießbrauchsbestellung entweder zugunsten des Schenkers und dessen Ehegatten als Gesamtberechtigte oder zugunsten des Ehegatten unter der aufschiebenden Bedingung des Vorversterbens des Schenkers.

1.1. Steigerung der Gebäude-AfA beim unentgeltlichen Erwerber durch entgeltliche Nießbrauchsablösung

Es entspricht gefestigter Rechtsprechung des BFH[497] zur entgeltlichen Ablösung eines Nutzungsrechts, dass die Abfindung des Nießbrauchers zu nachträglichen Anschaffungskosten des Beschenkten (Eigentümer) führt.[498] Der das Nutzungsrecht ablösende Eigentümer beseitigt die Beschränkung seiner Eigentümerbefugnisse und verschafft sich dadurch die vollständige rechtliche und wirtschaftliche Verfügungsmacht am Grundstück.

---

494 BMF-Schreiben vom 24.7.1998 aaO Rz. 42, geändert durch BMF-Schreiben vom 9.2.2001, BStBl. I 2001 S. 171 und vom 29.5.2006, BStBl. I 2006 S. 392.
495 Vgl. BMF-Schreiben vom 24.7.1998 aaO Rz. 42 unter Hinweis auf die einschlägige BFH-Rechtsprechung; Schmidt/Kulosa 29. Aufl. § 7 EStG Rz. 40.
496 BMF-Schreiben vom 24.7.1998 aaO Rz. 46.
497 BFH vom 21.7.1992, BStBl. II 1993 S. 484; vom 5.12.1992, BStBl. II 1993 S. 488 sowie vom 13.10.1993, BFH/NV 1994 S. 620.
498 Siehe Schick/Franz in Herrmann/Heuer/Raupach § 15 EStG Anm. 1067.

Grundstücksübertragungen unter Nießbrauchsvorbehalt

Beispiel 34

Vater V überträgt ein schuldenfreies Mietwohngrundstück zum 1.1.10 unentgeltlich auf seinen Sohn S. Die Herstellungskosten des in 01 fertig gestellten Gebäudes betrugen 1 Mio. €. Aus gesundheitlichen Gründen zieht sich V von der Immobilienverwaltung und -bewirtschaftung zurück. Der Nießbrauch wird daraufhin zum 1.1.16 gegen Zahlung eines Einmalbetrages von 400.000 € durch S abgelöst.

Für die Dauer des Nießbrauchs beträgt die Gebäude-AfA des V wie bisher als Eigentümer unverändert jährlich 20.000 €.[499] Mit Ablösung des Nießbrauchs zum 1.1.16 tritt Sohn S einerseits in die Position des Vermieters ein und erzielt fortan in eigener Person Einkünfte aus Vermietung und Verpachtung im Sinne des § 21 Abs. 1 Nr. 1 EStG. Andererseits erhöht sich die AfA-Basis wegen entgeltlicher Ablösung des Nießbrauchs (= nachträgliche Anschaffungskosten) wie folgt:

Übernahme der AfA-Basis des V	1.000.000 €[500]
+ Ablösung des Nießbrauchs	400.000 €
AfA-Basis neu	1.400.000 €
künftige AfA 2 % davon	28.000 €.

Die Gebäude-AfA des S ist mithin um 8.000 € höher als beim Rechtsvorgänger V. Grund dafür ist einerseits die Behandlung der Ablösezahlung als nachträgliche Anschaffungskosten der unentgeltlich zugewendeten Immobilie. Andererseits bleibt die – durch Schenkung auf S übergehende – historische AfA-Basis von der Entstehung nachträglicher Anschaffungskosten wegen § 11d EStDV unberührt.[501] Beide Komponenten bewirken eine Steigerung der Gebäude-AfA.

Diese vorteilhafte Rechtsfolge tritt freilich nicht ausnahmslos bei allen oben genannten Fällen (Rz. 176) ein. Denn Ablösezahlungen stellen nur nachträgliche Anschaffungskosten dar, wenn die betreffenden Vereinbarungen (Einräumung und Ablösung des Nutzungsrechts) steuerrechtlich anzuerkennen sind. Insbesondere ist zu prüfen, ob eine Steuerumgehung gem. § 42 AO vorliegt. Allerdings liegt in der Ablösung des Nutzungsrechts vor Ablauf der ursprünglich vereinbarten Laufzeit auch bei nahen Angehörigen nicht bereits per se ein Gestaltungsmissbrauch. Es müssen weitere, gegen eine Anerkennung sprechende Gründe hinzutreten.

---

499 2 % von 1 Mio. € gem. § 7 Abs. 4 Nr. 2a EStG.
500 § 11d EStDV.
501 Vgl. Schmidt/Kulosa 29. Aufl. § 7 EStG Rz. 40.

Vorbehaltsnießbrauch aus einkommensteuerlicher/schenkungsteuerlicher Sicht

Davon ist auszugehen, wenn sich die vorzeitige Aufhebung des Nutzungsrechts wirtschaftlich oder sonst sachlich nicht rechtfertigen lässt.[502]

Scheitert die steuerliche Anerkennung von Ablösezahlungen als nachträgliche Anschaffungskosten an § 42 AO, liegen steuerlich nicht abzugsfähige Zuwendungen an den Nießbraucher im Sinne des § 12 Nr. 2 EStG vor. Damit entfällt eine Erhöhung der Gebäude-AfA sowie ein Abzug evtl. Finanzierungskosten des Ablösebetrages.

1.2. Nießbrauchsvorbehalt zugunsten von Ehegatten als potentielles AfA-Problem

Bei verheirateten Schenkern werden Immobilien regelmäßig in der Weise übertragen, dass sich der Schenker ein lebenslängliches Nießbrauchsrecht sowohl zu seinen als auch zu Gunsten des Ehegatten vorbehält. Zwei Varianten sind geläufig:

a) Die Ehegatten werden Gesamtberechtige im Sinne des § 428 BGB an den durch Nießbrauch zurückbehaltenen Erträge bzw.
b) die Nießbrauchbestellung erfolgt zugunsten des Nichteigentümer-Ehegatten aufschiebend bedingt auf den Tod des Eigentümer-Ehegatten (Schenker).

Nießbraucher als Gesamtberechtigte: Wird der Nießbrauch zwecks Versorgung des Schenkers sowie seines Ehegatten zu Gunsten beider Ehegatten als Gesamtberechtigte im Sinne des § 428 BGB bestellt, können später einkommensteuerliche Nachteile eintreten. Solange der Schenker lebt, berührt zwar die Gesamtberechtigung der Eheleute als Nießbraucher die ungekürzte AfA-Befugnis des Vorbehaltsnießbrauchers nicht,[503] obwohl der mitberechtigte Ehegatte nur einen Zuwendungsnießbrauch erlangt und in dieser Eigenschaft keine Gebäude-AfA erhält.[504] Voraussetzung für die fortbestehende ungekürzte AfA-Berechtigung des Schenkers ist, dass er den zurückbehaltenen Nießbrauch allein ausübt.[505] Der Schenker leitet seine Nutzungsberechtigung nicht zum Teil aus dem Recht

178

---

502 BFH vom 6.7.1993, BStBl. II 1998, 429.
503 So BFH vom 24.9.1985, BStBl. II 1986, 12 unter Aufgabe der bisherigen Rechtsprechung.
504 Allgemein zum AfA-Verbot beim Zuwendungsnießbraucher vgl. BMF-Schreiben vom 24.7.1998 aaO Rz. 19 u. 20; Jansen/Jansen, Der Nießbrauch im Zivil- und Steuerrecht, 8. Aufl. 2009 S. 112 m.w.N. Nach aA von Schmidt/Kulosa 29. Aufl. § 7 EStG Rz. 40 soll das Abzugsverbot beim Ehegatten-Nießbrauch nicht greifen. Begründung: Analoge Anwendung des § 11d EStDV sachlich gerechtfertigt wegen wirtschaftlicher Übergangs des Vorbehaltsnießbrauchs auf den Ehegatten. U.E. ist eine derartige Sonderbehandlung des Ehegatten gegenüber anderen Zuwendungsnießbrauchern bedenklich.
505 Allerdings bewirkt die Gesamtberechtigung des Ehegatten ungeachtet der einkommensteuerlichen Folgen eine Zuwendung an diesen Ehegatten im Sinne des § 7 Abs. 1 Nr. 1 ErbStG; vgl. FG München vom 20.1.2002, EFG 2003, 551 rkr.

des Ehegatten als Zuwendungsnießbraucher ab.⁵⁰⁶ Gleichwohl entstehen hier Probleme, sollte der Schenker vor seinem Ehegatten versterben. Denn mit dem Vorversterben des Schenkers endet sein Vorbehaltsnießbrauch und es lebt der bislang überlagerte – einkommensteuerlich nicht ausgeübte – Nießbrauch des Ehegatten auf. Dessen Nießbrauch aber ist, wie bereits oben erwähnt, als Zuwendungsnießbrauch zu qualifizieren.⁵⁰⁷ Damit geht die Gebäude-AfA der weiterhin nießbrauchbelasteten Immobilie für die Dauer des Zuwendungsnießbrauchs einkommensteuerlich definitiv und vollständig verloren.⁵⁰⁸ Ein Abzug kommt alternativ auch nicht beim neuen Eigentümer (Beschenkter) in Betracht, da er wegen des bestehenden Nießbrauchs keine Einkünfte erzielt.⁵⁰⁹ Die Gebäude-AfA lebt erst mit dem Tode des Zuwendungsnießbrauchers zugunsten des Eigentümers auf.⁵¹⁰

Aufschiebend bedingter Nießbrauch: Dieselben Rechtsfolgen entstehen, wenn der Nichteigentümer-Ehegatte kein Gesamtberechtigter gem. § 428 BGB wird, sondern das Nießbrauchsrecht aufschiebend bedingt erst nach dem Vorversterben des Eigentümer-Ehegatten erhält. Ertragsteuerlich werden beide Varianten gleichbehandelt. Bei erwünschter Versorgung des überlebenden Ehegatten muss dieser Steuernachteil hingenommen werden.

1.3. Exkurs – Schenkungsteuerliche Behandlung des Ehegatten-Nießbrauchs

179 Die Nießbrauchbestellung zugunsten von Ehegatten macht einen Blick auf die schenkungssteuerlichen Folgen unverzichtbar. Denn abweichend zur obigen ertragsteuerlichen Behandlung des Ehegattennießbrauchs (siehe Rz. 178) treten hier je nach Fallvariante die nachstehenden Rechtsfolgen ein.

Beispiel 35

Eine im Alleineigentum von Vater V befindliche Immobilie (Verkehrswert 2 Mio. €) wird unter Nießbrauchsvorbehalt auf Sohn S übertragen. Nießbrauchsberechtigt sind alternativ Vater V und Mutter M als Gesamtberechtigte gem. § 428 BGB (Fall a) bzw. zunächst allein V und M aufschiebend bedingt für den Fall des Vorversterbens von V (Fall b). Nach Maßgabe der höheren Lebenserwartung der M errechnet sich ein Kapitalwert des Nieß-

---

506 BFH vom 18.3.1986, BStBl. II 1986, 713.
507 BFH vom 18.3.1986, BStBl. II 1986, 713 sowie vom 16.11.1993, BFH/NV 1994, 539.
508 BMF-Schreiben vom 24.7.1998 aaO Rz. 19. Ebenso Strahl, KÖSDI 2009, 16514, 16522.
509 BMF-Schreiben vom 24.7.1998 aaO Rz. 24.
510 BMF-Schreiben vom 24.7.1998 aaO Rz. 46.

Vorbehaltsnießbrauch aus einkommensteuerlicher/schenkungsteuerlicher Sicht

brauchs von 1 Mio. €, aufgrund der Lebenserwartung des V ergäbe sich ein Kapitalwert von lediglich 0,8 Mio. €.

Der Kapitalwert des Nießbrauchs verteilt sich nach Maßgabe der unterschiedlichen Vereinbarungen wie folgt:

Fall a)	Kapitalwert Nießbrauch	Anteil
Vater V	400.000 €	4/9
Mutter M	500.000 €	5/9

Fall b)	Kapitalwert Nießbrauch	Anteil
Vater V	800.000 €	1/1
Mutter M	0 €	0

Ehegatten als Gesamtberechtigte: Im Fall a) liegt im Zeitpunkt der Immobilienübertragung unter Nießbrauchsvorbehalt zugunsten der Ehegatten V und M als Gesamtberechtigte eine Schenkung des V an M vor, soweit der Kapitalwert auf M entfällt, also in Höhe von 500.000 €. Damit ist der zwischen Ehegatten bestehende persönliche Freibetrag von 500.000 € gem. § 16 Abs. 1 Nr. 1 ErbStG für die nächsten 10 Jahre verbraucht.[511] Sollte der Freibetrag bereits ganz oder teilweise anderweitig ausgeschöpft sein, kann die auf den steuerpflichtigen Teil des Kapitalwerts entfallende Schenkungsteuer gem. § 23 ErbStG entweder als (abgezinster) Einmalbetrag oder jährlich im voraus vom Jahreswert der Zahlungen entrichtet werden.

Aufschiebend bedingter Nießbrauch: Im Fall b) kommt es erst und nur dann zur Entstehung (sofort fälliger) Erbschaftsteuer, wenn V vor M verstirbt. Maßgebend ist in diesem Fall der auf den Todeszeitpunkt ermittelte Kapitalwert des Nießbrauchs unter Anwendung der zu diesem späteren Besteuerungszeitpunkt für die überlebende M gültigen Sterbetafel. Derartige künftige Lasten bleiben wegen ihrer aufschiebenden Bedingung bis zum Eintritt des betreffenden Ereignisses (Vorversterben des Schenkers) schenkungsteuerlich außer acht. Das gilt sowohl für den Erwerb des Nutzungsrechtes durch M (§ 4 BewG) als auch den Abzug als Last beim Sohn S (§ 6 BewG). Entsprechend ist im Fall a) zu verfahren, weil mit Vorversterben des V in der Person der M ein Vollnießbrauch anstatt der bisherigen Gesamtberechtigung beider Ehegatten entsteht.

180

Unter schenkungs- und erbschaftsteuerlichen Gesichtspunkten dürfte regelmäßig die Vereinbarung einer aufschiebend bedingten Nießbrauchbestellung sinn-

---
511 Ggf. kommt noch der besondere Versorgungsfreibetrag von 256.000 € gem. § 17 ErbStG in Betracht.

Grundstücksübertragungen unter Nießbrauchsvorbehalt

voll sein (obige Variante b). Sie vermeidet unnötige Steuerbelastungen insbesondere dann, wenn zwischen beiden Ehegatten kein erheblicher Altersunterschied besteht. Einkommensteuerlich spielt es keine Rolle, welche Variante bewählt wird (siehe Rz. 178).

Zur Behandlung der Nießbrauchslast beim neuen Eigentümer siehe Rz. 175.

1.4. Vernichtung von AfA-Potential durch teilentgeltliche Immobilienübertragungen unter Nießbrauchsvorbehalt

181 Die teilentgeltliche Immobilienübertragung unter Nießbrauchsvorbehalt kann beim Beschenkten mit erheblichen negativen steuerlichen Folgen verbunden sein.

Beispiel 36

Vater V überträgt sein im Jahr 10 für 1 Mio. € angeschafftes Mietwohngrundstück (AfA-Basis 800.000 €; jährliche AfA 2 % = 16.000 €) zum 1.1.15 auf Sohn S unter Vorbehalt des lebenslänglichen Nießbrauchs (Kapitalwert 600.000 €). S übernimmt außerdem die auf dem Grundstück lastenden Verbindlichkeiten in Höhe von 400.000 € (Anteil des Grund u. Bodens 20%). Zins- und Tilgungsleistungen werden weiterhin von V erbracht. Der Verkehrswert der Immobilie beträgt (ohne Nießbrauchsbelastung) unverändert 1 Mio. €. V stirbt Ende des Jahres 15.

Abwandlung 1: *Die übernommenen Verbindlichkeiten betragen lediglich 200.000 €.*

Abwandlung 2: *V behält die Verbindlichkeiten zurück und trägt weiterhin Zins und Tilgung. S übernimmt später die Restverbindlichkeiten durch Erbfolge (Fall a) bzw. er löst nach 5 Jahren das Nießbrauchsrecht gegen Zahlung einer Abfindung an V ab (Fall b). Aus Vereinfachungsgründen wird unterstellt, dass S im Fall a) Verbindlichkeiten in Höhe von 300.000 € übernimmt bzw. im Fall b) 300.000 € zahlt.*

Im Ausgangsfall erwirbt Sohn S das Mietwohngrundstück seines Vaters einkommensteuerlich in vollem Umfang entgeltlich und zwar zum Kaufpreis von 400.000 € (= Schuldübernahme). Entscheidend für den Umfang entgeltlichen Erwerbs ist das Verhältnis von Kaufpreis und Verkehrswert der Immobilie. Der Verkehrswert reduziert sich hier durch den Kapitalwert des Nießbrauchs von 1 Mio. € auf 400.000 €. Die Schuldübernahme (400.000 €) repräsentiert mithin den gesamten Verkehrswert der Immobilie. Infolgedessen ist die AfA-Basis mit Beendigung des Nießbrauchs von bislang 800.000 € auf 320.000 € zu senken

Vorbehaltsnießbrauch aus einkommensteuerlicher/schenkungsteuerlicher Sicht

(80 % von 400.000 €). Ein Übergang der AfA-Bemessungsgrundlage des Rechtsvorgängers (Vater V) auf S entfällt. Der insoweit einschlägige § 11d EStDV greift nur bei unentgeltlicher Rechtsnachfolge, nicht hingegen bei vollentgeltlichem Erwerb. Nach allem beträgt die Gebäude-AfA fortan 6.400 € (2 % von 320.000 €) anstatt 16.000 €. Mithin wird jährlich Gebäude-AfA in Höhe von rund 10.000 € vernichtet.

Die AfA kann vorliegend nicht mit dem Argument gerettet werden, Sohn S habe im Ausgangsfall letztendlich den Verkehrswert von 1 Mio. € aufgewendet, um die Immobilie zu erwerben. Denn der Kapitalwert des Nießbrauchs begründet keinen Anschaffungsaufwand.[512] Die Immobilie geht beim Vorbehaltsnießbrauch bereits entsprechend belastet auf den Erwerber über. Allerdings tritt mit Beendigung des Nießbrauchs durch Tod des Berechtigten eine Wertsteigerung ein. Diese beruht jedoch nur auf einem steuerrechtlich irrelevanten Rechtsreflex, nicht auf eigenen Aufwendungen des Eigentümers.

Abwandlung 1: Betragen die Verbindlichkeiten abweichend vom Grundfall lediglich 200.000 €, liegt anstelle eines vollentgeltlichen nur ein teilentgeltlicher Erwerb durch Sohn S vor. Die Entgeltsquote beträgt 50 % und entspricht dem Verhältnis der Verbindlichkeiten zum nießbrauchsgeminderten Verkehrswert der Immobilie (1 Mio. € – 0,6 Mio. € = 0,4 Mio. €). Daraus resultiert mit Wegfall des Nießbrauchs eine AfA von (Werte jeweils ohne Grund u. Boden):

Entgeltlicher Anteil 50 %	
2 % von 160.000 €	3.200 €
Unentgeltlicher Anteil 50 %	
2 % von 400.000 € (50 % AK des V)	8.000 €
Gesamt-AfA	**11.200 €**

Die AfA-Reduzierung von jährlich 4.800 € (16.000 € – 11.200 €) hält sich also bei teilentgeltlicher Übertragung – im Gegensatz zur obigen vollentgeltlichen Übertragung – in Grenzen. Dennoch sind Immobilienübertragungen kumulativ unter Nießbrauchsvorbehalt sowie Übernahme von Verbindlichkeiten sorgfältig zu prüfen. Eine solche Kombination kann im Grunde nur bei älteren, weitgehend abgeschriebenen Immobilien bedenkenfrei empfohlen werden.

Abwandlung 2: Eine AfA-Vernichtung entfällt, sollte Vater V als Schenker die Immobilie lastenfrei übertragen, d.h. die immobilienbezogenen Verbindlichkeiten

---

512 BFH vom 7.6.1994, BStBl. II 1994, 927.

zurückbehalten. Sohn S übernimmt hier die Restverbindlichkeiten erst mit dem Tode des Nießbrauchsberechtigten V durch Erbfolge. Bei dieser Variante erlangt S die Immobilie in vollem Umfang unentgeltlich, so dass er mit Wegfall des Nießbrauchs in die AfA-Stellung des Schenkers V eintritt (§ 11d EStDV). Vater V wiederum hat für die Dauer des Nießbrauchs wie bisher als Eigentümer die volle AfA-Berechtigung und kann die von ihm getragenen Schuldzinsen unverändert als Werbungskosten abziehen. Zur Behandlung der späteren Übernahme der Restverbindlichkeiten siehe noch Rz. 212.

Falls Sohn S das Nießbrauchsrecht des Vaters gegen Zahlung von 300.000 € ablöst, kommt es sogar zur Steigerung der Gebäude-AfA (siehe dazu bereits Rz. 177). Denn die Bemessungsgrundlage beträgt nun insgesamt 1,04 Mio. € (800.000 € AfA-Basis des Vater + 240.000 € Abfindung[513]).

2. Bedeutung des Vorbehaltsnießbrauchs für die Besteuerung privater Veräußerungsgeschäfte gem. § 23 EStG

2.1. Erhöhung steuerpflichtiger Veräußerungsgewinne durch Wegfall des Vorbehaltsnießbrauchs

2.1.1. Nießbrauch als steuerpflichtige Wertschöpfungskomponente

183 Während sich die mit der Vernichtung von AfA-Potential in Fällen voll- oder teilentgeltlicher Immobilienübertragung eintretenden Steuernachteile noch in finanziellen Grenzen halten (siehe Rz. 181), können mit Blick auf § 23 EStG gravierende Steuerbelastungen eintreten.

Beispiel 37

Vater V überträgt sein 01 für 1 Mio. € angeschafftes Mietwohngrundstück zum 1.1.09 unter Vorbehalt lebenslänglichen Nießbrauchs (Kapitalwert 600.000 €) auf Sohn S. S übernimmt die auf der Immobilie lastenden Verbindlichkeiten von 400.000 €. V stirbt Ende des Jahres 11. S veräußert daraufhin die Immobilie zum 1.1.12 für 1 Mio. €. Eine Wertsteigerung der Immobilie ist zwischenzeitlich nicht eingetreten. V nahm in den Jahren 09 bis 11 eine Gebäude-AfA in Höhe von jährlich 16.000 € in Anspruch.

Abwandlung: *Die von S übernommenen Verbindlichkeiten betragen nur 200.000 €.*

---

513 Die Abfindung des Nießbrauchs entfällt in Beispiel 36 zu 80 % auf das Gebäude.

Vorbehaltsnießbrauch aus einkommensteuerlicher/schenkungsteuerlicher Sicht

Sohn S erwirbt im obigen Grundfall die Immobilie vollentgeltlich, weil die übernommenen Verbindlichkeiten (400.000 €) dem Verkehrswert der nießbrauchbelasteten Immobilie entsprechen. Damit beginnt für S die 10-jährige Veräußerungsfrist des § 23 Abs. 1 Nr. 1 Satz 1 EStG neu zu laufen. Da er innerhalb dieser Frist die zum 1.1.09 erworbene Immobilie am 1.1.12 veräußert, entsteht folgender steuerpflichtiger Veräußerungsgewinn:

Veräußerungserlös	1.000.000 €
- Anschaffungskosten	400.000 €
Veräußerungsgewinn	600.000 €.

Die sukzessive Minderung des Kapitalwerts des Nießbrauchs in den Jahren 09 bis 11 sowie sein vollständiger Wegfall durch Tod des Berechtigten schlägt voll auf die Höhe des Veräußerungsgewinnes durch. Dieser wird mangels Wertsteigerung allein durch das Nießbrauchsrecht repräsentiert.

Gestaltungshinweis: Zwei Maßnahmen sind geeignet, diese Rechtsfolge zu vermeiden:

a) Verbleib der Verbindlichkeiten bei Vater V und Gestaltung des Vorganges als vollunentgeltlicher Erwerb. Sohn S veräußert die Immobilie in diesem Fall außerhalb der 10-Jahresfrist[514] und folglich steuerneutral;

b) Verzicht auf eine lebzeitige Schenkung an Sohn S und Inkaufnahme späteren Erwerbs von Immobilie und Verbindlichkeiten durch Erbfall. Hinsichtlich der durch Gesamtrechtsnachfolge übernommenen Verbindlichkeiten wird nicht der Tatbestand teilentgeltlichen Erwerbs verwirklicht.

184

Im Fall der **Abwandlung** sinkt die Steuerbelastung. Sohn S erwirbt die Immobilie nicht vollentgeltlich, sondern wegen einer auf 200.000 € begrenzten Schuldübernahme nur teilentgeltlich (50 %). Gleichwohl verbleibt auch bei dieser Variante noch ein respektabler Veräußerungsgewinn:

Veräußerungserlös	1.000.000 €
davon steuerpflichtig 50 %[515]	500.000 €
Anschaffungskosten	200.000 €
Veräußerungsgewinn	300.000 €.

---

514 Im Falle unentgeltlicher Übertragung der Immobilie geht die beim Schenker begonnene 10-Jahresfrist auf den Beschenkten über (§ 23 Abs. 1 Satz 3 EStG).
515 Hinsichtlich des unentgeltlich erworbenen Immobilienteils beginnt die 10-Jahresfrist nicht neu. Maßgebend ist hier der Fristbeginn beim Schenker; vgl. § 23 Abs. 1 Satz 3 EStG.

Grundstücksübertragungen unter Nießbrauchsvorbehalt

Der steuerpflichtige Veräußerungsgewinn hat sich aufgrund teilentgeltlichen Erwerbs halbiert. Die damit einhergehende Steuerbelastung dürfte gleichwohl noch als unangenehm empfunden werden.

185 **Keine Hinzurechnung der Gebäude-AfA:** Interessant ist in diesem Zusammenhang ergänzend die Frage, ob sich der Veräußerungsgewinn um die von V in Anspruch genommene Gebäude-AfA von jährlich 16.000 € erhöht, also insgesamt um 48.000 €.[516] § 23 Abs. 3 Satz 4 EStG sieht eine derartige Hinzurechnung der Gebäude-AfA vor,

„soweit sie bei der Ermittlung der Einkünfte im Sinne des § 2 Abs. 1 Satz 1 Nr. 4 – 7 EStG abgezogen worden sind."

Die Hinzurechnung ist u.E. zu verneinen, weil sich die betreffende Gebäude-AfA nicht bei Sohn S als Zurechnungsadressat des Veräußerungsgewinnes einkünftemindernd ausgewirkt hat, sondern bei Vater V als Nießbraucher.[517]

2.1.2. Entgeltliche Ablösung des Vorbehaltsnießbrauchs

186 Die negativen Wirkungen unentgeltlicher Beendigung des Vorbehaltsnießbrauchs können durch Abfindungszahlungen an den Nießbraucher wirksam zurückgedrängt werden.

Beispiel 38

Sachverhalt wie in Beispiel 37. Der zugunsten von Vater V im Zuge der Immobilienübertragung auf Sohn S vorbehaltene Nießbrauch (Kapitalwert 600.000 €) endet jedoch nicht durch Tod des V, sondern aufgrund entgeltlichen Verzichts anlässlich der Immobilienveräußerung. Käufer K zahlt an V eine Abfindung von 500.000 € und im Übrigen an S einen Kaufpreis von ebenfalls 500.0000 €, insgesamt also 1 Mio. €.

Abwandlung: *Vater V verzichtet vor der Immobilienveräußerung unentgeltlich auf sein Nießbrauchsrecht.*

Die entgeltliche Ablösung des Nießbrauchs anlässlich der Immobilienveräußerung verbessert die einkommensteuerliche Situation für den Veräußerer S erheblich:

---

516 Gebäude-AfA für die Dauer des Vorbehaltsnießbrauchs (Jahre 9 – 11; siehe Beispiel 37).
517 Vgl. Musil in Herrmann/Heuer/Raupach § 23 EStG Anm. 306; Hartmann/Meyer, FR 2001, 757, 761.

Vorbehaltsnießbrauch aus einkommensteuerlicher/schenkungsteuerlicher Sicht

Veräußerungserlös	500.000 €
- Anschaffungskosten	400.000 €
Veräußerungsgewinn	100.000 €.

Steuerneutrale Abfindung: Die an Vater V geleistete Abfindung des Nießbrauchs in Höhe von 500.000 € fließt in diese Gewinnermittlung nicht ein. Die Zahlung betrifft die private Vermögensebene des Nießbrauchers V. Es handelt sich nicht um den Ersatz künftig entgehender Mieteinnahmen im Sinne des § 24 EStG. Dies entspricht sowohl der Verwaltungsauffassung als auch der höchstrichterlichen Rechtsprechung.[518] Im Streitfall des BFH-Urteils vom 9.8.1990[519] verzichtete der Kläger auf ein testamentarisch vermachtes obligatorisches Wohnrecht. Der BFH sah darin ein „vermögenswertes Recht auf Nutzung der Wohnung", das Gegenstand eines veräußerungsähnlichen Vertrages sein kann.[520] Damit entfällt auch die Möglichkeit einer Besteuerung gem. § 22 Nr. 3 EStG.[521]

Entwicklung der Rechtsprechung: Unter Fortführung dieser Rechtsprechung behandelte der BFH im Urteil vom 25.11.1992[522] auch die Gegenleistung für den Verzicht auf einen Vorbehaltsnießbrauch an einem Grundstück nicht als Entschädigung für entgehende Einnahmen im Sinne des §§ 24 Nr. 1a, § 21 Abs. 1 Nr. 1 EStG. Der Erlös aus einer Veräußerung oder einem veräußerungsähnlichen Vorgang als Rechtsgeschäft der privaten Vermögensebene kann zwar grundsätzlich einer Besteuerung gem. § 23 EStG unterliegen. Davon ist vorliegend allerdings nicht auszugehen, weil durch die Nießbrauchsablösung kein Wirtschaftsgut im Sinne des § 23 Abs. 1 Nr. 1 EStG veräußert, d.h. auf einen Erwerber übertragen wird.[523] Gegenstand des Rechtsgeschäftes ist lediglich die Beseitigung einer Wertminderung des bereits in früheren Jahren veräußerten Grundstücks. Das Nießbrauchsrecht geht also zivilrechtlich unter. Selbst wenn man eine Veräußerung unterstellen wollte, käme eine Besteuerung des für den Verzicht gezahlten Entgelts allenfalls gem. § 23 Abs. 1 Satz 1 Nr. 2 EStG innerhalb der für andere Wirtschaftsgüter geltenden Einjahresfrist in Betracht. Das Nießbrauchsrecht aber ist kein Recht, das den Vorschriften des bürgerlichen Rechts über Grundstücke

187

---

518 BMF-Schreiben vom 24.7.1998 aaO Rz. 58 unter Hinweis auf BFH-Urt. vom 9.8.1990, BStBl. II 1990, 1026.
519 BStBl. II 1990, 1026.
520 Ebenso FG München vom 27.6.2007, EFG 2007, 1603 rkr.
521 Siehe H 22.8 „Keine Einnahmen aus Leistungen i.S.d. § 22 Nr. 3 EStG sind" EStH.
522 BStBl. II 1996, 663.
523 Ebenso Spiegelberger/Spindler/Wälzholz, Die Immobilie im Zivil- und Steuerrecht, 2008 S. 494, jedoch unter Hinweis darauf, dass Rechtsprechung und Verwaltungsanweisungen zu dieser Problematik bislang fehlen.

Grundstücksübertragungen unter Nießbrauchsvorbehalt

(wie z.B. Erbbaurecht, Mineralgewinnungsrecht) unterliegt. § 23 Abs. 1 Satz 1 Nr. 1 EStG ist also nicht anwendbar.[524] Der BFH[525] hat die Neutralität der Abfindung eines Nießbrauchers auch in anderem Zusammenhang u.e. im Ergebnis bestätigt.[526] Danach ist die Übertragung einer wesentlichen Beteiligung an einer Kapitalgesellschaft unter Vorbehalt eines Nießbrauchsrechts im Wege vorweggenommener Erbfolge als unentgeltliche Vermögensübertragung keine Veräußerung im Sinne des § 17 Abs. 1 EStG. Eine Anteilsveräußerung liegt auch dann nicht vor, wenn das Nießbrauchsrecht später abgelöst wird und der Nießbraucher für seinen Verzicht eine Abstandszahlung erhält, sofern der Verzicht auf einer neuen Entwicklung der Verhältnisse beruht (Ablehnung des sog. Surrogationsprinzips).

188 **Nachträgliche Anschaffungskosten:** Die Richtigkeit der obigen Auffassung zum Nießbraucher folgt auch aus der Behandlung der Abfindung des (neuen) Eigentümers. Erwirbt er ein mit dinglichem Nutzungsrecht belastetes Grundstück, erhält er zunächst um das Nutzungsrecht gemindertes Eigentum.[527] Seine Befugnisse als Eigentümer im Sinne von § 903 BGB, zu denen u.a. das Recht auf Nutzung des Vermögensgegenstandes zählt, sind beschränkt[528]. Löst nun der Eigentümer dieses zurückbehaltene Nutzungsrecht ab, beseitigt er die Beschränkung seiner Eigentümerbefugnisse und verschafft sich die vollständige rechtliche und wirtschaftliche Verfügungsmacht am Grundstück. Die Abfindung des Nießbrauchs dient nicht der Anschaffung des Wirtschaftsgutes „Nießbrauch". Sie stellen begrifflich vielmehr **(nachträgliche) Anschaffungskosten** des Vermögensgegenstandes „Grundstück" im Sinne von § 255 Abs.1 HGB dar.[529] Dementsprechend sind Aufwendungen zur Befreiung eines Grundstücks von dinglichen Belastungen in der Rechtsprechung des BFH regelmäßig als – nachträgliche – Anschaffungskosten des Grundstücks angesehen worden.[530] Die steuerliche Erfassung der Nießbrauchsablösung erfolgt also nur in Form *nachträglicher* Anschaffungskosten,[531]

---

524 Auch die Neuregelung in § 23 Abs. 1 Nr. 2 Satz 2 EStG findet hier keine Anwendung. Danach greift zwar auch bei solchen Wirtschaftsgütern die 10-Jahresfrist, aus deren Nutzung als Einkunftsquelle zumindest in einem Kj. Einkünfte erzielt wurden. Das Nießbrauchsrecht wird vorliegend jedoch nicht veräußert. Es geht vielmehr zivilrechtlich unter. Soll auch dieser Untergang als „Veräußerung" behandelt werden, muss der Gesetzgeber ausdrücklich regeln, so wie er es in § 20 Abs. 2 Satz 2 EStG in der ab 1.1.2009 geltenden Fassung für unter § 20 Abs. 2 Satz 1 EStG fallende Veräußerungstatbestände getan hat. Außerdem findet die 10-Jahresfrist nur auf solche (anderen) Wirtschaftsgüter Anwendung, die nach dem 31.12.2008 erworben wurden; vgl. § 52a Abs. 11 Satz 4 EStG.
525 Urt. vom 14.6.2005, BStBl. II 2006, 15.
526 Siehe dazu auch die Urteilsanmerkung von Paus, DStZ 2006, 112.
527 BFH vom 10.4.1991, BStBl. II 1991, 791.
528 Urt. vom 15.12.1992, BStBl. II 1993, 488.
529 Siehe Schmidt/Kulosa 29. Aufl. § 6 EStG Rz. 86.
530 BFH vom 21.12.1982, BStBl. II 1983, 410.
531 Urt. vom 15.12.1992, BStBl. II 1993, 488.

Vorbehaltsnießbrauch aus einkommensteuerlicher/schenkungsteuerlicher Sicht

weil der eigentliche Anschaffungsvorgang des § 23 Abs. 1 Satz 1 Nr. 1 EStG schon abgeschlossen ist. Im Ergebnis spielt es für den Eigentümer keine Rolle, ob er den Kaufpreis ausschließlich an den Veräußerer Sohn S (im Falle vorheriger Beendigung des Nießbrauchs) oder getrennt an Sohn S und Vater V zahlt.

Hinweis: Wenig sinnvoll wäre im obigen Beispiel 38, wenn Vater V zugunsten seines Sohnes S vor einer Immobilienveräußerung unentgeltlich auf sein Nießbrauchsrecht verzichtet (**Abwandlung**). Darin läge einerseits eine schenkungsteuerpflichtige Zuwendung an Sohn S (§ 7 Abs. 1 Nr. 1 ErbStG). Andererseits würde S nunmehr einen Veräußerungsgewinn von 600.000 € erzielen (Erlös 1 Mio. € minus Anschaffungskosten 400.000 €). Der unentgeltliche Verzicht auf das Nießbrauchsrecht ist kein Ereignis, das die frühere vollentgeltliche Immobilienübertragung rückwirkend in eine teilentgeltliche umqualifiziert. Davon kann also nur abgeraten werden.

189

Gestaltungsmissbrauch: Es darf bei allem nicht übersehen werden, dass man sich bei allzu kurzer Zeitfolge von Eigentumsübergang und Nießbrauchsablösung im Spannungsfeld von Gestaltungsmissbrauch und Gesamtplanrechtsprechung befindet. Durch bloße Aufspaltung eines einheitlich geplanten Übertragungsvorganges lässt sich die oben beschriebene positive steuerliche Wirkung kaum erreichen. Mit anderen Worten, der Vorbehaltsnießbrauch darf nicht bloße Formalie sein, sondern muss mit wirtschaftlichem Sinngehalt tatsächlich gelebt werden. Wo natürlich die Trennlinie zur steuerlichen Anerkennung verläuft, kann nicht schematisch beantwortet werden und bleibt der individuellen Beurteilung im Einzelfall vorbehalten.[532]

Keine Anrechnung von Schenkungsteuer: Die Schenkungsteuer kann nicht gem. § 35b EStG auf die Einkommensteuer angerechnet werden. Die Vorschrift greift nur im Erbfall. V ist also gut beraten, möchte er Sohn S in Höhe des Kapitalwerts seines Nießbrauchs bereichern, ihm erst die von Käufer K gezahlte Abfindung zuzuwenden. Damit verwirklicht er zwar ebenso wie beim Nießbrauchsverzicht den Tatbestand schenkungsteuerpflichtiger Zuwendung, jedoch beträgt der Veräußerungsgewinn in diesem Fall lediglich 100.000 € (siehe oben).

---

532 BFH vom 13.10.1993, BFH/NV 1994, 620: Eine Steuerumgehung gem. § 42 AO kommt auch in Betracht, wenn Bestellung und Ablösung des Wohnungsrechts Teilakte eines im vorhinein gefassten Gesamtplanes sind; dies gilt auch dann, wenn zwischen diesen Teilakten ein größerer Zeitraum liegt.

Grundstücksübertragungen unter Nießbrauchsvorbehalt

2.2. Beseitigung des Privilegs steuerfreier Veräußerung eigengenutzter Immobilien durch Vorbehaltsnießbrauch

190 Die Veräußerung zu eigenen Wohnwecken genutzter Wirtschaftsgüter wird gem. § 23 Abs. 1 Nr. 1 Satz 3 EStG nicht besteuert, wenn die dort geforderte Dauer der Eigennutzung eingehalten wird. Konkret fordert Satz 3 zur Inanspruchnahme dieses Privilegs die ausschließliche Eigennutzung der Wohnung
a) entweder im Zeitraum zwischen Anschaffung bzw. Fertigstellung und Veräußerung
b) oder im Jahr der Veräußerung und in den beiden vorangegangenen Jahren.

Die Immobilienübertragung unter Nießbrauchsvorbehalt kann diesen Steuervorteil vernichten.Bezogen auf die hier erörterten Nießbrauchfälle sind die folgenden Sachverhaltsvarianten zu untersuchen:

Beispiel 39

Vater V überträgt zum 1.1.11 sein in 05 für 400.000 € angeschafftes und seitdem eigengenutztes Einfamilienhaus unter Vorbehalt des lebenslänglichen Nießbrauchs auf Sohn S. Der Verkehrswert der Immobilie beträgt 500.000 €, der Kapitalwert des Nießbrauchs am 1.1.11 150.000 €.

a) S erwirbt das Einfamilienhaus unentgeltlich und veräußert es noch zu Lebzeiten des V zum 1.1.13 für 380.000 € (500.000 € abzüglich Kapitalwert Nießbrauch 120.000 €).

b) S erwirbt das Einfamilienhaus unentgeltlich. Nach dem Tode des V Anfang 12 veräußert S das Haus sofort ohne vorherige Eigennutzung zum 1.3.12 für 500.000 €.

c) S erwirbt das Einfamilienhaus unentgeltlich. V stirbt Anfang 12. Bis zur Veräußerung des Einfamilienhauses zum 1.1.13 (Kaufpreis 500.000 €) wird es von S eigengenutzt.

d) S erwirbt das Einfamilienhaus zum Kaufpreis von 350.000 € (= Verkehrswert der nießbrauchbelasteten Immobilie). Nach dem Tode des V am 1.7.12 bewohnt S das Einfamilienhaus zu eigenen Wohnzwecken. Er veräußert es zum 1.1.15 für 500.000 €.

Eine Steuerbefreiung greift in den obigen Fällen nur unter der Voraussetzung, dass
– entweder eine Nutzung des Einfamilienhauses (= Wirtschaftsgut im Sinne des § 23 Abs. 1 Satz 1 Nr. 1 Satz 3 EStG) zu eigenen Wohnzwecken durch den Eigentümer S persönlich erfolgt
– oder eine Nutzung zu Wohnzwecken durch andere Personen dem Eigentümer S als eigene zuzurechnen ist.

Vorbehaltsnießbrauch aus einkommensteuerlicher/schenkungsteuerlicher Sicht

Eine Eigennutzung des S als Eigentümer ist erfüllt, wenn er das Haus allein, mit seinen Familienangehörigen oder gemeinsam mit einem Dritten bewohnt. Die unentgeltliche Nutzungsüberlassung zu Wohnzwecken von Teilen des Hauses ist dabei ebenso unschädlich wie das nur zeitweise Bewohnen einer im übrigen für die jederzeitige Eigennutzung zur Verfügung stehenden Wohnung.[533] Keine Eigennutzung liegt allerdings im Falle der unentgeltlichen Nutzungsüberlassung an unterhaltsberechtigte Angehörige vor.[534] Die insoweit großzügigere Regelung in § 4 Satz 2 EigZulG ist auf § 23 EStG nicht übertragbar. Soweit danach eine Nutzung zu eigenen Wohnzwecken auch vorliegt, wenn eine Wohnung unentgeltlich an einen Angehörigen im Sinne des § 15 AO zu Wohnzwecken überlassen wird, handelt es sich um einen allein für das EigZulG geschaffenen Ausnahmetatbestand.

Ausnahmsweise ist jedoch bei unentgeltlichem Erwerb einer Immobilie (Gesamtrechtsnachfolge oder unentgeltliche Einzelrechtsnachfolge) die Nutzung des Wirtschaftsguts zu eigenen Wohnzwecken durch den Rechtsvorgänger dem Rechtsnachfolger zuzurechnen.[535]

Legt man den obigen Maßstab an, sind die einzelnen Varianten des Beispiels 39 wie folgt zu beurteilen:

Wohnungsnutzung durch den Vorbehaltsnießbraucher (Fall a): S veräußert als unentgeltlicher Rechtsnachfolger eine Immobilie, die vom Rechtsvorgänger innerhalb des Zehnjahreszeitraumes gem. § 23 Abs. 1 Satz 1 Nr. 1 Satz 1 EStG angeschafft wurde. Die Anschaffung des V ist damit S für Zwecke des § 23 EStG zuzurechnen (§ 23 Abs. 1 Satz 3 EStG), so dass die Veräußerung durch S den Tatbestand des § 23 Abs. 1 Satz 1 Nr. 1 Satz 1 EStG erfüllt. Allerdings wurde das veräußerte Wirtschaftsgut nicht von S zu eigenen Wohnzwecken genutzt, sondern bis zur Veräußerung durch V als dinglich Nutzungsberechtigtem. Damit entfällt die Steuerbefreiung nach § 23 Abs. 1 Satz 1 Satz 3 EStG. Dem steht nicht entgegen, dass eine Veräußerung der Immobilie unmittelbar durch V selbst steuerfrei geblieben wäre. Darüber wird S freilich nicht traurig sein, wenn eine Veräußerung gerade im Hinblick auf den fortbestehenden Nießbrauch wie bei dieser Variante mit einem Verlust in Höhe von 20.000 € erfolgt (Erlös 380.000 € abzüglich Anschaffungskosten des Rechtsvorgängers 400.000 €).

191

---

533 Vgl. BMF-Schreiben vom 5.10.2000, I BStBl. 1990, 1383 Rz. 22.
534 Eine Ausnahme gilt für die Nutzungsüberlassung an Kinder, für die Anspruch auf Kindergeld oder einen Kinderfreibetrag gem. § 32 Abs. 6 EStG besteht; vgl. BMF-Schreiben vom 5.10.2000, BStBl. I 2000, 1383 Rz. 23.
535 BMF-Schreiben vom 5.10.2000, BStBl. I 2000, 1383 Rz. 26.

Wertschöpfung durch Wegfall des Nießbrauchs (Fall b): Auch in diesem Fall entfällt eine Steuerbefreiung nach § 23 Abs. 1 Satz 1 Nr. 1 Satz 3 EStG mangels Eigennutzung durch den Veräußerer S. Anders als im Fall a) entsteht hier jedoch nach Wegfall des Nießbrauchs eine erhebliche Wertschöpfung und damit ein steuerpflichtiger Veräußerungsgewinn von 100.000 € (Erlös 500.000 € abzüglich Anschaffungskosten Rechtsvorgänger 400.000 €). S sollte daher die bei V begonnene Zehnjahresfrist abwarten und erst im Jahr 16 verkaufen.

Fehlende Eigennutzung im Dreijahreszeitraum (Fall c): Hier erfolgt die Eigennutzung durch S bereits während des Jahres 12 und damit vor der Grundstücksveräußerung. Reicht jedoch die Dauer der Eigennutzung zur Inanspruchnahme der Steuerbefreiung? Die Frage ist zu verneinen. S hat zwar die Wohnung aus seiner Sicht zum frühest möglichen Zeitpunkt nach dem Tod des Nießbrauchers bezogen. Darauf aber stellt das Gesetz nicht ab. Entscheidend ist die mit dem unentgeltlichem Erwerb beginnende Nutzung, hier ab 1.1.11. Damit hat S die Immobilie nicht im gesamten Dreijahreszeitraum des § 23 Abs. 1 Satz 1 Nr. 1 Satz 3 zweite Alternative EStG (Veräußerungsjahr + zwei vorangegangene Kalenderjahre) zu eigenen Wohnzwecken genutzt. S kann auch nicht auf Rz. 26 des BMF-Schreibens vom 5.10.2000[536] verweisen und sich die Nutzung durch V als eigene zurechnen lassen. Die Übertragung der Nutzung des Rechtsvorgängers auf den Rechtsnachfolger bewirkt nur dann eine Steuerbefreiung, wenn auch die Nutzung durch den Rechtsvorgänger im Sinne des § 23 Abs. 1 Satz 1 Nr. 1 Satz 3 EStG begünstigt war. V bewohnt hier jedoch das Einfamilienhaus mit der Eigentumsübertragung auf S nicht mehr als Eigentümer, sondern nur noch als Nutzungsberechtigter[537]. Bei dieser Konstellation greift die Steuerbefreiung erst, wenn S im Jahr der Veräußerung und in den beiden vorangegangenen Kalenderjahren die Wohnung zu eigenen Wohnzwecken nutzt. Diese Voraussetzung ist nur erfüllt, falls S seine Eigennutzung bis ins Jahr 14 fortsetzt und erst im Laufe des Jahres 14 veräußert. So aber entsteht auch bei dieser Variante ein steuerpflichtiger Veräußerungsgewinn in Höhe von 100.000 €.

192 **Eigennutzung nach vollentgeltlichem Erwerb (Fall d):** Mit dem vollentgeltlichen Erwerb des Einfamilienhauses beginnt für S zunächst ein neuer Zehnjahreszeitraum. Damit ist die Veräußerung zum 1.1.15 dem Grunde nach gem. § 23 EStG steuerpflichtig. Der Veräußerungsgewinn bleibt jedoch steuerfrei, weil die Eigennutzung des S im maßgebenden Dreijahreszeitraum 12 bis 14 stattfand (= Veräußerungsjahr + zwei vorangegangene Kalenderjahre). Unbeachtlich ist,

---

536 BStBl. I 2000, 1383.
537 GlA Risthaus, DB 2000 Beilage Nr. 13/2000 zu Heft 47 vom 24.11.2000 S. 13.

Vorbehaltsnießbrauch aus einkommensteuerlicher/schenkungsteuerlicher Sicht

dass S das Haus nicht während des gesamten Kalenderjahres 12, sondern erst seit dem 1.7.12 bewohnt hat.[538] Es ist nach allem gerade beim Erwerb nießbrauchbelasteter Immobilien von besonderer Bedeutung, die Voraussetzungen steuerfreier Veräußerung kritisch zu prüfen.

2.3. Zur Ermittlung des Veräußerungsgewinnes

2.3.1. Behandlung von Schuldzinsen als Werbungskosten dem Grunde nach

In Zusammenhang mit der Veräußerung nießbrauchbelasteter Immobilien können über die obigen Problembereiche hinaus auch Fragen zum Zinsabzug entstehen.

193

Beispiel 40

Käufer K erwirbt zum 1.1.01 ein nießbrauchbelastetes Mietwohngrundstück für 1 Mio. € (Verkehrswert 2 Mio. € abzüglich Kapitalwert Nießbrauch 1 Mio. €). K finanziert den Kaufpreis zu 6 % Zinsen über seine Hausbank (Zinsen jährlich 60.000 €). Nach dem frühen Tod des Nießbrauchers Ende 05 veräußert K das Grundstück zum 1.1.06 für 2 Mio. €.

Fraglich ist, ob die nachstehende Gewinnermittlung zutrifft:

Veräußerungserlös		2.000.000 €
- Anschaffungskosten	1.000.000 €	
- Schuldzinsen 01 bis 05	300.000 €	1.300.000 €
Veräußerungsgewinn		700.000 €

Gem. § 23 Abs. 3 EStG ist der Ermittlung des Veräußerungsgewinnes folgende Formel zugrunde zu legen:

Veräußerungspreis
- Anschaffungs-/Herstellungskosten
- Werbungskosten
= Veräußerungsgewinn

Verwaltungsauffassung: Unter Werbungskosten versteht die Finanzverwaltung im BMF-Schreiben vom 5.10.2000[539] Aufwendungen, „die im Zusammenhang mit der Veräußerung stehen, die nicht zu den Anschaffungs- oder Herstellungs-

---

538 Vgl. BMF-Schreiben vom 5.10.2000, BStBl. I 2000, 1383 Rz. 25.
539 BStBl. I 2000, 1383 Rz. 29.

kosten des veräußerten Wirtschaftsguts gehören, nicht vorrangig einer anderen Einkunftsart zuzuordnen sind und nicht wegen der Nutzung zu eigenen Wohnzwecken unter das Abzugsverbot des § 12 EStG fallen.[540] Die Behandlung von Schuldzinsen bleibt zwar unerwähnt. Jedoch wird der Ratsuchende über den Verweis auf H 23 „Werbungskosten" EStH fündig:

„Werbungskosten sind grundsätzlich alle durch ein Veräußerungsgeschäft im Sinne des § 23 EStG veranlassten Aufwendungen (z.B. Schuldzinsen), die weder zu den (nachträglichen) Anschaffungs- oder Herstellungskosten des veräußerten Wirtschaftsgutes gehören, einer vorrangigen Einkunftsart zuzuordnen sind noch wegen privater Nutzung unter das Abzugsverbot des § 12 EStG fallen."

Demzufolge scheitert ein Zinsabzug, wenn die Zinsen
– vorrangig einer anderen Einkunftsart zuzuordnen sind oder
– wegen privater Nutzung des betreffenden Wirtschaftsgutes unter das Abzugsverbot des § 12 EStG fallen.

Legt man im obigen Beispiel diesen Maßstab, kann Käufer K seine gesamten Schuldzinsen als Werbungskosten im Rahmen der Gewinnermittlung gem. § 23 Abs. 3 EStG abziehen, weil die Zinsen weder als Werbungskosten im Rahmen einer anderen Einkunftsart (z.B. Vermietung) abzugsfähig noch Kosten der privaten Lebensführung im Sinne des § 12 EStG sind. Sie sind in seiner Person vielmehr neutrale Aufwendungen der privaten Vermögenssphäre. Ihr Abzug scheitert nicht an § 12 EStG, sondern daran, dass mangels Einkunftserzielungsabsicht dem Grunde nach keine Werbungskosten vorliegen.[541]

194 **Nutzungswechsel:** Wird ein Gebäude, das zu eigenen Wohnzwecken genutzt werden sollte, vor dem Selbstbezug und innerhalb der Veräußerungsfrist wieder veräußert, mindern nach Verwaltungsauffassung[542] nur solche Grundstücksaufwendungen den Veräußerungsgewinn, die auf die Zeit entfallen, in der der Steuerpflichtige bereits zum Verkauf des Objekts entschlossen war.[543] Damit ist also auch nach Verwaltungsauffassung ein Schuldzinsenabzug durchaus möglich.

Schrifttum: Das Schrifttum tut sich mit einem Abzug von Zinsen als Werbungskosten gelegentlich schwer. So etwa meint *Risthaus*,[544] Finanzierungskosten würden den Veräußerungserlös im Regelfall nicht mindern. Der auch von ihr für

---

540 Vgl. H 169 „Werbungskosten" EStH, jetzt H 23 „Werbungskosten" EStH.
541 Vgl. dazu BMF-Schreiben vom 24.7.1998, BStBl. I 1998, 914 Rz. 45.
542 H 23 „Werbungskosten" EStH.
543 BFH vom 16.6.2004, BStBl. II 2006, 91.
544 DB 2000, Beilage Nr. 13/2000 zu Heft 47 vom 24.11.2000 S. 16.

Vorbehaltsnießbrauch aus einkommensteuerlicher/schenkungsteuerlicher Sicht

möglich gehaltene Ausnahmefall bleibt unerwähnt. *Weber-Grellet*[545] fordert unter Hinweis auf die Rechtsprechung des BFH[546] einen wirtschaftlichen Zusammenhang zum Spekulationsgeschäft mit der Folge eines Abzugs erst ab Verkaufsentschluss. Bezogen auf das obige Beispiel gehen damit die betreffenden Zinsen steuerlich weitgehend verloren. *Musil*[547] nimmt – wiederum bezugnehmend auf die BFH-Rechtsprechung[548] – eine ähnliche Differenzierung vor:

a) *Zulässiger Zinsabzug:* Ein Zinsabzug ist ohne weiteres möglich, wenn die fremdfinanzierte Immobilie in der kurzen Zeitspanne zwischen Anschaffung und Veräußerung nicht zwischenvermietet war;

b) *Unzulässiger Zinsabzug:* Ein Zinsabzug entfällt, wenn die Immobilie zur Eigennutzung bestimmt war, diese jedoch scheiterte mit der Folge anschließender Veräußerung. Der Zinsabzug kommt hier erst ab Verkaufsentschluss in Betracht.

Nach *Kube*[549] entfällt ein Zinsabzug nur, wenn die Zinsen einer anderen Einkunftsart zuzurechnen sind oder gem. § 12 EStG (etwa durch Eigennutzung) privat veranlasst sind.

Stellungnahme: U.E. kann an einem Zinsabzug bei fremdfinanzierten Immobilien im Sinne der Auffassung von *Kube* kein Zweifel bestehen. Schuldzinsen generieren ihre Eigenschaft als Werbungskosten im Sinne des § 23 Abs. 3 EStG allein aus der Tatsache der Fremdfinanzierung von Anschaffungs-/Herstellungskosten. Diese Eigenschaft kann ihnen nur im Falle überlagerter Verursachung durch eine andere Einkunftsart bzw. aufgrund privater Motive im Sinne des § 12 Nr. 2 EStG genommen werden. Völlig unmaßgeblich ist, ob die betreffende Immobilie von Anfang an veräußert werden sollte oder nicht, d.h. die Veräußerung ungeplant innerhalb der 10-Jahresfrist erfolgte.

Es wäre schließlich kaum nachvollziehbar, warum durch Finanzierung von Anschaffungs-/Herstellungskosten veranlasste Schuldzinsen neben dieser Eigenschaft als weitere Hürde die eines wirtschaftlichen Zusammenhangs zum Veräußerungsgeschäft nehmen müssten. Wenn schon § 21 Abs. 1 Nr. 1 EStG jegliche Veräußerung innerhalb der 10-jährigen Veräußerungsfrist der Besteuerung unterwirft, kann hinsichtlich der Werbungskosten kein strengerer Maßstab angelegt werden. Ein wegen Fremdfinanzierung der Immobilie entstandener wirtschaftlicher Zusammenhang bleibt bis zu ihrer Veräußerung bestehen und wird allenfalls durch

195

---

545 Vgl. Schmidt/Weber-Grellet 29. Aufl. § 23 EStG Rz. 82.
546 BFH vom 15.12.1987, BStBl. II 1989, 16; vom 16.6.2004, BStBl. II 2005, 91.
547 Musil in Herrmann/Heuer/Raupach, § 23 EStG Anm. 289 „Schuldzinsen".
548 BFH vom 12.12.1996, BStBl. II 1997, 603; vom 15.2.2005, BFH/NV 2005, 1262 und vom 16.6.2004, BStBl. II 2005, 91.
549 Kube in Kirchhof, Kommentar zum EStG, 9. Aufl. 2010, § 23 Rz. 19.

eine zwischenzeitliche Vermietung oder Eigennutzung der Immobilie zeitweise überlagert. Er kann sich nicht durch Zeitablauf verflüchtigen. Zu bedenken ist auch, dass das in § 23 Abs. 3 EStG verwendete Tatbestandsmerkmal „*Werbungskosten*" eine gegenüber dem Begriff „*Veräußerungskosten*" größere Reichweite hat.[550]

Schließlich lässt sich ein wirtschaftlicher Zusammenhang von Schuldzinsen und Spekulationsgeschäft nicht in der Weise verschärfen, ein Werbungskostenabzug trete erst mit beginnender Veräußerungsabsicht ein. Ein solches Besteuerungsmerkmal ist der gesamten Regelung des § 23 EStG fremd, wie bereits die gegenüber früheren Gesetzesfassungen geänderte Überschrift („Private Veräußerungsgeschäfte", bisher „Spekulationsgeschäfte") dokumentiert. Es kann nicht isoliert zum Nachteil der Steuerpflichtigen für einzelne Tatbestandsmerkmale eingeführt werden. Anlässlich der Finanzierung von Anschaffungs-/Herstellungskosten anfallende Schuldzinsen werden nach allem allein durch eine Immobilienveräußerung innerhalb der Zehnjahresfrist zu Werbungskosten. Letztlich harmoniert diese Einschätzung trotz gelegentlich restriktiver Auslegung mit der höchstrichterlichen Rechtsprechung[551], die einen Werbungskostenabzug für innerhalb der Spekulationsfrist anfallende Schuldzinsen bei fremdfinanzierter Anschaffung des Spekulationsgegenstandes nur verneint, soweit eine Nutzung des Spekulationsgegenstandes im Rahmen einer vorrangigen Einkunftsart[552] oder eine private Nutzung gegeben ist. Im Übrigen aber lässt sie keinen Zweifel an einer steuerlichen Abzugsfähigkeit.

Ergebnis: Bezogen auf das obige Beispiel 40 ist festzustellen, dass die Zinsen in vollem Umfang als Werbungskosten im Rahmen der gem. § 23 Abs. 3 EStG vorzunehmenden Ermittlung des Veräußerungsgewinnes abzugsfähig sind. Denn eine nießbrauchbelastete Immobilie dient aus der – hier allein entscheidenden – Sicht des Eigentümers und Veräußerers – weder der Erzielung von Einkünften aus Vermietung und Verpachtung noch ist sie einer von § 12 Nr. 2 EStG erfassten Eigennutzung zugänglich. Die Immobilie stellt vielmehr beim nießbrauchbelasteten Eigentümer unstreitig neutrales Privatvermögen dar, vergleichbar einem unbebauten, keiner Nutzung gewidmeten Grundstück.

---

550 Auf diesen Unterschied weist auch das BFH-Urt. vom 12.12.1996, BStBl. 1997 II S. 603 hin: „...... denn aus § 16 Abs. 2 Satz 1, § 17 Abs. 2 Satz 1 EStG kann nichts Gegenteiliges hergeleitet werden, zumal dort – anders als in § 23 Abs. 4 Satz 1 EStG 1990 – ausdrücklich von „Veräußerungskosten" die Rede ist."
551 BFH-Urt. vom 12.12.1996, BStBl. II 1997, 603.
552 Vgl. dazu BFH-Urt. vom 19.2.1965, BStBl. III 1965, 194.

Vorbehaltsnießbrauch aus einkommensteuerlicher/schenkungsteuerlicher Sicht

2.3.2. Zum Abzugszeitpunkt von Werbungskosten

Bejaht man einen Zinsabzug dem Grunde nach, stellt sich anschließend die Frage des Abzugsjahres. Die vor 1999 ergangene BFH-Rechtsprechung[553] gestattete eine Verrechnung der betreffenden Aufwendungen im Veranlagungszeitraum des später zufließenden Veräußerungserlöses. Nach Meinung des BFH[554] ist § 23 Abs. 4 EStG (jetzt § 23 Abs. 3 EStG) eine eigenständige, das Abflussprinzip des § 11 Abs. 2 EStG durchbrechende Vorschrift. Sie hat zur Folge, dass vor dem Veranlagungszeitraum der Veräußerung angefallene, mit dem Spekulationsgeschäft wirtschaftlich zusammenhängende Aufwendungen – ebenso wie die Anschaffungs- oder Herstellungskosten – erst in dem Veranlagungszeitraum abziehbar sind, in dem der Veräußerungserlös aus dem Spekulationsgeschäft zufließt. Die Finanzverwaltung folgt dem bis heute.[555]

196

2.3.3. Kürzung der Anschaffungs-/Herstellungskosten durch die Gebäude-AfA

Hat der Steuerpflichtige das Wirtschaftsgut nach dem 31.7.1995 angeschafft oder in das Privatvermögen überführt und innerhalb der 10-Jahresfrist des § 23 Abs. 1 Nr. 1 EStG veräußert, mindern sich die Anschaffungs- oder Herstellungskosten um Absetzungen für Abnutzung, erhöhte Absetzungen und Sonderabschreibungen. Die Minderung greift jedoch nur in Fällen, in denen die betreffenden Aufwendungen bei der Ermittlung der Einkünfte im Sinne des § 2 Abs. 1 Nr. 4 bis 6 EStG *abgezogen* worden sind.[556] Entscheidend ist also nicht die rechtliche Zulässigkeit des Abzugs von AfA, sondern ihr tatsächlicher Abzug.

197

Im Schrifttum wird von *Musil*[557] darüber hinausgehend sogar die Auffassung vertreten, dass sich die AfA außerdem steuerlich (ggf. durch Verlustrück- oder -vortrag) ausgewirkt haben muss. Dem kann leider, auch aus Beratersicht, nicht gefolgt werden. § 23 Abs. 3 Satz 4 EStG spricht nur vom Abzug der Gebäude-AfA bei „*Ermittlung der Einkünfte*". Dies schließt ihre steuerliche Auswirkung auf die Höhe der Einkommensteuerschuld nicht ein. Folgte man *Musil* aaO, kämen praktische Probleme bei der Umsetzung seiner Auffassung hinzu, da jede Änderung des Steuerbescheides Einfluss auf die Höhe des Veräußerungsgewinnes hätte und beim Verlustvortrag gänzlich unklar bliebe, ob und wann eine steuerliche Auswirkung eintritt.

---

553 BFH-Urteile vom 17.7.1991, BStBl. II 1991, 916 sowie vom 3.6.1992, BStBl. 1992, 1017 (betr. § 22 Nr. 3 EStG).
554 BFH-Urteil vom 17.7.1991, BStBl. II 1991, 916.
555 Siehe H 23 „Werbungskosten" EStH 2009.
556 BMF-Schreiben vom 5.10.2000, BStBl. I 2000, 1383 Rz. 38.
557 Musil in Herrmann/Heuer/Raupach, § 23 EStG Anm. 306 S. E 113 (Stand: März 2009).

Grundstücksübertragungen unter Nießbrauchsvorbehalt

Bei vermieteten Immobilien ist der Vorbehaltsnießbraucher wie bisher als Eigentümer berechtigt, die Gebäude-AfA abzuziehen.[558] Der veräußernde Eigentümer hingegen erhält – für die Dauer des Nießbrauchs – mangels Einkunftserzielung keinen AfA-Abzug. Soweit nun § 23 Abs. 3 Satz 4 EStG eine Minderung der Anschaffungs-/Herstellungskosten um die bei der Einkunftsermittlung (§ 2 Abs. 1 Satz 1 Nr. 4 bis 6 EStG) abgezogene AfA verlangt, kann damit u.E. nicht die immobilienbezogene objektive Gebäude-AfA gemeint sein. Abzustellen ist auf die Person des Eigentümers als Veräußerer und Steuersubjekt. Die Regelung des § 23 Abs. 3 Satz 4 EStG läuft damit beim Vorbehaltsnießbrauch leer. Denn einerseits verwirklicht der Nießbraucher keinen unter § 23 EStG fallenden Veräußerungstatbestand, andererseits ist der Eigentümer nicht zur Inanspruchnahme der Gebäude-AfA berechtigt.[559]

3. Vorbehaltsnießbrauch an Immobilien des Betriebsvermögens

3.1. Vorbehaltsnießbrauch am Grundbesitz unentgeltlich übertragener Einzelunternehmen

198 Anlässlich der Übertragung von Betriebsvermögen im Rahmen vorweggenommener Erbfolge kann dem Versorgungsbedürfnis des Schenkers und bisherigen Betriebsinhabers unter anderem in der Weise Rechnung getragen werden, dass er sich am betrieblichen Grundbesitz ein lebenslängliches Nießbrauchsrecht zurückbehält.

Beispiel 41

Vater V überträgt sein Einzelunternehmen unentgeltlich auf Sohn S. Zum Betriebsvermögen gehört eine Immobilie mit einem Buchwert von 100.000 € und einem Verkehrswert von 500.000 €. Vater V behält sich (nur) an der Immobilie einen lebenslänglichen Nießbrauch zurück (Kapitalwert 200.000 €), die er fortan an S für betriebliche Zwecke vermietet.

Aufgrund der Betriebsübertragung ergeben sich in Beispiel 41 die nachstehenden Rechtsfolgen:
  a) Fortführung der Buchwerte des Einzelunternehmens durch S gem. § 6 Abs. 3 EStG und zwar auch hinsichtlich der nießbrauchbelasteten Immobilie. Eine Teilrealisierung der (auf den Wert des Nießbrauchsrechtes

---

558 BMF-Schreiben vom 24.7.1998, BStBl. I 1998, 914 Rz. 42.
559 Ebenso Musil in Herrmann/Heuer/Raupach, § 23 EStG Anm. 306 S. E 114 (Stand: März 2009).

entfallenden) stillen Reserven entfällt. Das Nießbrauchsrecht stellt kein schädliches Zurückbehalten einer wesentlichen Betriebsgrundlage dar. Die Immobilie ist fortan beim neuen Eigentümer S allerdings nur noch gewillkürtes Betriebsvermögen.[560] Eine alternativ mögliche Entnahme ins Privatvermögen des S sollte wegen der damit verbundenen Besteuerung eines Entnahmegewinnes unterbleiben (u.E. Wahlrecht). Die Passivierung des Nießbrauchs in der Bilanz entfällt.[561] Dies folgt schon daraus, dass seine Bestellung nicht betrieblich veranlasst ist.[562]

b) Vater V erzielt als Vorbehaltsnießbraucher Einkünfte aus Vermietung und Verpachtung gem. § 21 Abs. 1 Nr. 1 EStG.

c) Die Gebäude-AfA kann für die Dauer des Nießbrauchs nur vom Nießbraucher in Anspruch genommen werden.[563] Bei S wiederum ist die Gebäude-AfA als Nutzungsentnahme zu neutralisieren. Dadurch entstehende stille Reserven sind von ihm im Zeitpunkt späterer Veräußerung oder Entnahme der Immobilie zu versteuern.

d) Der mit dem Tod des V verbundene spätere Wegfall des Nießbrauchs ist steuerlich neutral, weil sich dieser Vorgang auf der privaten Vermögensebene der Beteiligten ereignet. Dies korrespondiert mit der früheren steuerneutralen Nießbrauchsbestellung (siehe oben unter a).

Der Vorbehaltsnießbrauch ist damit geeignet, im Zuge steuerneutraler Betriebsübertragung gem. § 6 Abs. 3 EStG den Lebensunterhalt des Schenkers sicherzustellen. Er stellt eine sinnvolle Alternative zur lebenslänglichen Versorgung in Form einer Leibrente bzw. dauernden Last dar.[564]

3.2. Nießbrauchsvorbehalt bei Übertragung von Mitunternehmeranteilen

Wird lediglich eine mitunternehmerische Beteiligung unter Vorbehalt des Nießbrauchs an einzelnen Wirtschaftsgütern übertragen, treten grundsätzlich dieselben Rechtsfolgen ein wie im Falle der Übertragung eines Einzelunternehmens (siehe Rz. 198). Einige Besonderheiten verdienen jedoch Beachtung.

199

---

560 BFH vom 1.3.1994, BStBl. 1995 II 1994, 241; siehe auch BFH vom 24.6.1976, BStBl. II 1976, 537: Keine Zwangsentnahme des Grundstücks. Ebenso Ludwig Schmidt, FR 1988, 133 m.w.N.
561 Siehe Jansen/Jansen, Der Nießbrauch im Zivil- und Steuerrecht, 8. Aufl. 2009 S. 144.
562 Vgl. dazu auch BFH vom 26.2.1976, BStBl. II 1976, 378 betr. den Fall der Begründung eines Nießbrauchs am Betriebsgrundstück zugunsten der von der Erbfolge ausgeschlossenen Mutter anlässlich der Betriebsübertragung auf die Tochter.
563 BFH vom 16.12.1988, BStBl. II 1989, 763.
564 Interessant, aber hier nicht näher zu untersuchen ist die Frage wie zu verfahren ist, wenn Sohn S die Immobilie später aus dem Betriebsvermögen heraus veräußert und in diesem Zusammenhang Vater V auf sein Nießbrauchsrecht unentgeltlich verzichtet (Fall a), eine Abfindung von S erhält (Fall b) oder die Abfindung vom Käufer K entrichtet wird (Fall c).

Grundstücksübertragungen unter Nießbrauchsvorbehalt

3.2.1. Nießbrauchsvorbehalt am Sonderbetriebsvermögen

Die Steuerneutralität schenkweiser Übertragung eines Mitunternehmeranteiles ist gem. § 6 Abs. 3 Satz 2 EStG mit einer fünfjährigen Sperrfrist belegt, sollte der Schenker Wirtschaftsgüter in seinem Eigentum zurückbehalten. Veräußert der Beschenkte den übertragenen Anteil innerhalb dieser Sperrfrist, muss der Schenker rückwirkend (!) einen Entnahmegewinn versteuern. Soll dieses Besteuerungsrisiko vermieden werden, kann die Übertragung wesentlicher Betriebsgrundlagen in das Sonderbetriebsvermögen des Beschenkten unter Vorbehaltsnießbrauch eine sinnvolle Alternative sein. Dann entfällt mangels zurückbehaltenem Sonderbetriebsvermögen eine Anwendung des § 6 Abs. 3 Satz 2 EStG[565] und folglich die Gefahr rückwirkender Besteuerung eines Entnahmegewinnes beim Schenker.

Beispiel 42

A ist Alleingesellschafter der A-GmbH & Co. KG sowie einer Immobilie, die er als wesentliche Betriebsgrundlage an die KG vermietet. Zum 1.1.07 überträgt er 90 % des KG-Anteils (einschließlich der gesamten Anteile an der Komplementär-GmbH) auf Sohn S. Die Immobilie wird ebenfalls vollständig auf S übertragen, jedoch unter Vorbehalt eines Nießbrauchs. A setzt die Vermietung gegenüber der KG als Nießbraucher unverändert fort.

Abwandlung: *A überträgt den gesamten KG-Anteil auf Sohn S.*

Wegen der im Einzelnen eintretenden Rechtsfolgen wird auf die nachfolgenden Ausführungen verwiesen.

3.2.2. Rechtsfolgen des Vorbehaltsnießbrauchs am Sonderbetriebsvermögen

3.2.2.1. Buchwertübertragung ohne Anwendung der Sperrfrist des § 6 Abs. 3 Satz 2 EStG

200 Die Übertragung des 90 %-igen KG-Anteils einschließlich des vorhandenen Sonderbetriebsvermögens (GmbH-Anteile sowie Immobilie) auf Sohn S erfolgt gem. § 6 Abs. 3 EStG zum Buchwert. A hat kein Sonderbetriebsvermögen in schädlicher Weise zurückbehalten und damit eine Anwendung der fünfjährigen Sperrfrist des § 6 Abs. 3 Satz 2 EStG verhindert. Er kann alternativ auch den gesamten Mitunternehmeranteil auf S übertragen (Abwandlung). Der Vorbehaltsnießbrauch steht der Buchwertfortführung des gesamten Mitunternehmeranteiles gem. § 6 Abs. 3 Satz 1 EStG nicht entgegen.

---

565 Gratz in Herrmann/Heuer/Raupach § 6 EStG Anm. 1346.

Vorbehaltsnießbrauch aus einkommensteuerlicher/schenkungsteuerlicher Sicht

Wegen der Rechtsfolgen für Nießbraucher und Eigentümer wird auf Rz. 101 f. verwiesen.

3.2.2.2. Behandlung der Immobilie beim Beschenkten im Falle vollständiger Übertragung des Mitunternehmeranteiles

Bei vollständiger Übertragung des Mitunternehmeranteiles im Rahmen vorweggenommener Erbfolge auf Sohn S (siehe obige Abwandlung zu Beispiel 42) gilt folgendes:

201

Keine Entnahme: Das mit dem Nießbrauch belastete und weiterhin der GmbH & Co. KG zur Nutzung überlassene Grundstück wird im Zeitpunkt der Anteilsübertragung auf den Sohn **gewillkürtes Sonderbetriebsvermögen** der KG. Damit entfällt eine gewinnrealisierende Entnahme[566] und die stillen Reserven verbleiben – wie bisher – im Betriebsvermögen der Gesellschaft. Die Buchwertfortführung ist durch § 6 Abs. 3 EStG gesichert. Es findet auch keine Entnahme nur des Nießbrauchsrechtes statt. Die Rechtsprechung[567] hat in solchen Fällen bislang einer Besteuerung (durch Grundstücksentnahme) widerstanden. Sie verzichtet darauf, weil das Wirtschaftsgut unverändert im selben Funktionszusammenhang zum Betrieb steht und außerdem eine Besteuerung der stillen Reserven sichergestellt bleibt.[568] Im Nießbrauchsrecht selbst können daher keine stillen Reserven entstehen, denn es berechtigt nur zur laufenden Fruchtziehung (künftig im privaten Bereich des Schenkers) und verkörpert keinen Substanzwert. Damit scheitert die Annahme einer gewinnrealisierenden Entnahme. Auch die Finanzverwaltung sieht unter Hinweis auf den insoweit grundlegenden Beschluss des Großen Senats des BFH vom 26.10.1987[569] das unentgeltlich erlangte Nutzungsrecht nicht als selbständiges Wirtschaftsgut an und verneint dessen Einlagefähigkeit.[570]

Neutrale Ausbuchung: Ist ein Nutzungsvorteil nicht einlagefähig, muss spiegelbildlich im Falle der Aufgabe des Mitunternehmeranteiles Entsprechendes gelten und die (gewinnrealisierende) Entnahme unterbleiben. Die Entnahme des Nießbrauchs wird schließlich vom BFH selbst verneint. Nach dem Urteil vom 16.12.1988[571] gilt:

202

---

566 Schmidt/Heinicke 29. Aufl. § 4 EStG Anm. 360 „Nießbrauch": Eine Entnahme liegt nur vor, wenn der Nießbraucher wirtschaftlicher Eigentümer wird oder wenn der betriebliche Zusammenhang endgültig unterbrochen wird.
567 Siehe BFH vom 26.11.1998, BStBl. II 1999, 263.
568 BFH vom 24.3.1992, BStBl. II 1993, 93.
569 BStBl. II 1988, 348.
570 Vgl. H 4.2. Abs. 1 „Nutzungsrechte/Nutzungsvorteile" EStH.
571 BStBl. II 1989, 673.

Grundstücksübertragungen unter Nießbrauchsvorbehalt

„*Das Erlöschen des Nießbrauchsrechts durch den Tod des Nießbrauchers führt zu keiner erfolgswirksamen Ausbuchung eines etwaigen Restbuchwerts.*"

Die vom Kläger begehrte gewinnmindernde Ausbuchung des Restbuchwerts des Nießbrauchsrechts scheiterte im Streitfall daran, dass unentgeltlich erworbene Nutzungsrechte bei der Gewinnermittlung nur insoweit berücksichtigt werden können, als dem Nutzungsberechtigten eigene betrieblich veranlasste Aufwendungen entstehen. Das durch den Tod des Rechtsinhabers bedingte Erlöschen des Nießbrauchsrechts steht jedoch ersichtlich in keinem Zusammenhang mit Aufwendungen des Nießbrauchers, die dieser als Betriebsausgaben geltend machen kann.

4. Schenkungsteuerliche Behandlung des Vorbehaltsnießbrauchs

203   Die Immobilienübertragung unter Vorbehalt des Nießbrauchs zugunsten des Schenkers bzw. seines Ehegatten wurde bis zum 31.12.2008 gem. § 25 ErbStG in der Weise schenkungsteuerlich gewürdigt, dass die Nießbrauchslast vom Steuerwert des übertragenen Vermögens nicht abgezogen werden durfte. Allerdings erfolgte eine zinslose Stundung der auf den Kapitalwert des Nießbrauchs entfallenden Schenkungsteuer bis zum Erlöschen des Nießbrauchs. Wahlweise konnte diese Steuerschuld auch mit ihrem Barwert (§ 12 Abs. 3 BewG) abgelöst werden. Die schenkungsteuerliche Behandlung des Nießbrauchs hat sich mit Streichung des § 25 ErbStG durch das Erbschaftsteuerreformgesetzes vom 24.12.2008[572] zum 1.1.2009 grundlegend geändert. Sie mindert nunmehr den Wert der schenkungsteuerpflichtigen Bereicherung unter Beachtung der Abzugsbeschränkungen des § 10 Abs. 6 ErbStG. Das nachfolgende Beispiel macht die unterschiedliche Behandlung nach altem und neuem Recht deutlich.

Beispiel 43

Vater V (64 Jahre) überträgt seinem Sohn S zum 1.1.2010 sein eigengenutztes Einfamilienhaus (Steuerwert lt. Gutachten 1 Mio. €). Er behält sich den lebenslangen Nießbrauch daran zurück (Jahreswert der Nutzungen 40.000 €[573]*). Die Schenkung stellt sich im Vergleich zur bisherigen Rechtslage wie folgt dar, wobei ein Verbrauch des persönlichen Freibetrags (§ 16*

---

572   BGBl. 2008 S. 3018.
573   Der Jahreswert liegt unter dem Grenzwert des § 16 BewG (1 Mio. € : 18,6 = 53.763 €).

Vorbehaltsnießbrauch aus einkommensteuerlicher/schenkungsteuerlicher Sicht

ErbStG)[574] durch anderweitige Zuwendungen innerhalb des maßgebenden 10-Jahreszeitraumes (§ 14 Abs. 1 ErbStG) unterstellt wird:

	Kapitalwert	Bisheriges Recht	Neues Recht
Steuerwert der Immobilie[583]		1.000.000 €	1.000.000 €
Kapitalwert Nießbrauch Bisher: 40.000 € x 9,313 Davon abzugsfähig	372.530 €	0 €	
Kapitalwert Nießbrauch Neu: 40.000 € x 11,502[584] Davon abzugsfähig	460.080 €		460.080 €
Steuerpflichtige Zuwendung		1.000.000 €	539.920 €
Schenkungsteuer 19 % **Barwert bei Ablösung**		**190.000 €** **146.886 €**	
Schenkungsteuer 15 %			**80.988 €**

Die Steuerentlastung von rund 66.000 € gegenüber der bisherigen Rechtslage ist durchaus attraktiv und motiviert, Vermögensübertragungen unter Nießbrauchsvorbehalt vorzunehmen. Natürlich ist zu beachten, dass seit dem 1.1.2009 eine weitgehend verkehrswertnahe Bewertung des Grundbesitzes erfolgt. Jeder Einzelfall ist daher sorgfältig durchzurechnen.

Nachversteuerungsrisiko bei vorzeitigem Tod des Nießbrauchsberechtigten: 204
Der Wegfall des Nießbrauchs durch Tod des Berechtigten bewirkt eine Wertsteigerung der nießbrauchbelasteten Immobilie. Sie stellt zwar einerseits keine steuerpflichtige Zuwendung gem. § 7 Abs. 1 Nr. 1 ErbStG dar (bloßer Rechtsreflex). Dennoch bleibt andererseits der Vorgang schenkungsteuerlich nicht völlig irrelevant, weil nach § 14 Abs. 2 BewG der Kapitalwert einer Nutzung zwingend neu zu berechnen ist nach Maßgabe der tatsächlichen Laufzeit des Nutzungsrechtes.[577] Die Nachversteuerung erfolgt jedoch nur, wenn der Nießbrauch in Abhängigkeit vom Alter des Berechtigten innerhalb bestimmter Fristen entfällt. Bei einem 64-jährigen Schenker etwa beträgt diese Frist 7 Jahre. Würde also im

---

574 Bis einschließlich 31.12.2008 beträgt der Freibetrag 205.000 €, ab 1.1.2009 400.000 €.
575 Der nach § 13c ErbStG zu gewährende 10 %-ige Abschlag kommt hier nicht in Betracht, weil die Immobilie nicht iSd. § 13c Abs. 3 Nr. 1 ErbStG zu Wohn-zwecken vermietet ist.
576 Vervielfältiger ab 1.1.2010 siehe BMF-Schreiben vom 1.10.2009, BStBl. I 2009, 1168.
577 Siehe dazu auch Götz, Die Bedeutung des § 14 Abs. 2 BewG bei Zuwendungen unter Nießbrauchsvorbehalt, DStR 2009, 2233.

obigen Beispiel Schenker V Ende 2011 versterben, wäre die Steuerberechnung wie folgt zu korrigieren:

Steuerwert Immobilie	1.000.000 €
Kapitalwert Nießbrauch: 40.000 € x 11,502	- 460.080 €
Minderung Kapitalwert gem. § 14 Abs. 2 BewG	+ 378.880 €
Steuerpflichtige Zuwendung (korrigiert)	918.800 €
Schenkungsteuer 19%	174.572 €
Schenkungsteuer bisher	81.408 €
Nachsteuer wegen Wegfall Nießbrauch	**93.164 €**

Natürlich ist die im zeitlichen Geltungsbereich des § 14 Abs. 2 BewG anfallende Nachsteuer keine durch den Vorbehaltsnießbrauch selbst verursachte Mehrbelastung, also nicht Folge fehlerhafter Disposition. Denn durch den Tod des V wäre auch ohne vorangegangene Schenkung ein erbschaftsteuerlicher Tatbestand verwirklicht worden. Jedoch müssen die Beteiligten trotz vollzogener Schenkung beachten, dass zunächst keine definitive Schenkungsteuerbelastung eintritt, sondern im Rahmen des § 14 Abs. 2 BewG ggf. erhebliche Nachbelastungen entstehen können, die finanziell einzukalkulieren sind.[578]

205 **Vermeidung einer Nachsteuer durch Versorgungsleistungen:** § 14 Abs. 2 BewG findet keine Anwendung, wenn Vater V im obigen Beispiel seine Immobilie in der Weise auf Sohn S überträgt, dass ihm anstatt eines Vorbehaltsnießbrauchs Versorgungsleistungen (Leistungsauflage) zustehen. Diese führen im Gegensatz zum Vorbehaltsnießbrauch zu einer gemischten Schenkung. Damit entfällt im Umfange teilentgeltlichen Erwerbs der Immobilie eine steuerpflichtige Zuwendung gem. § 7 Abs. 1 Nr. 1 ErbStG, selbst dann, wenn V innerhalb der Fristen des § 14 Abs. 2 BewG verstirbt. § 14 BewG findet auf Leistungsauflagen keine Anwendung.[579] Wegen des seit dem 1.1.2008 bestehenden Abzugsverbots solcher Versorgungsleistungen als Sonderausgaben (§ 10 Abs. 1 Nr. 1a EStG) ist allerdings sorgfältig abzuwägen, ob Versorgungsleistungen allein zwecks Vermeidung des mit § 14 Abs. 2 BewG verbundenen Risikos gegenüber einem Vorbehaltsnießbrauch vorzuziehen sind.

---

578 Die Besteuerung nach bisherigem Recht wäre ausnahmsweise für den Fall vorteilhafter, dass der Schenker kurze Zeit nach der Schenkung verstirbt und der Beschenkte zuvor die Möglichkeit einer Barwertablösung gem. § 25 Abs. 1 Satz 3 ErbStG genutzt hat. Sie bleibt auch bei vorzeitigem Tod des Berechtigten bestehen.
579 Vgl. BFH vom 17.10.2001, BStBl. II 2002, 25.

Vorbehaltsnießbrauch aus einkommensteuerlicher/schenkungsteuerlicher Sicht

5. Schuldzinsenabzug beim Vorbehaltsnießbrauch

Die Finanzverwaltung hat sich schon mehrfach mit der Behandlung des Vorbehaltsnießbrauchs an Immobilien beschäftigt, die zum steuerlichen Privatvermögen gehören. Der Schuldzinsenabzug beim Nießbraucher bzw. Eigentümer findet in den einschlägigen Verwaltungsanweisungen nur unzureichende Beachtung. Damit ist nicht für jede im Privatbereich gängige oder zumindest gelegentlich vorkommende Gestaltung klar, wie im Einzelnen zu verfahren ist. Eine nähere Betrachtung lohnt sich.

5.1. Behandlung des Eigentümers während der Dauer des Vorbehaltsnießbrauchs

Wird am übertragenen Grundstück ein Nießbrauch vorbehalten, gehört der Kapitalwert dieses Nutzungsrechts nicht zu den Anschaffungskosten des neuen Eigentümers.[580] Ihm entstehen insoweit keine eigenen Aufwendungen, um das fremde Vermögen zu erwerben. Vielmehr geht es – wirtschaftlich betrachtet – bereits wertgemindert auf ihn über.[581] Das gilt unabhängig davon, ob das Grundstück selbst entgeltlich oder unentgeltlich übertragen wird.[582]

206

Der Umstand einer stets unentgeltlichen Bestellung des Vorbehaltsnießbrauchs bewirkt zwangsläufig, dass der Eigentümer für die Dauer des Nießbrauchs ertragloses Vermögen besitzt. Folgerichtig entfällt jeglicher Werbungskostenabzug.[583] Auch die Tatsache späterer Einkunftserzielung nach Wegfall des Nießbrauchs durch Tod des Nutzungsberechtigten begründet noch keine für den Abzug relevante Beziehung der laufenden Aufwendungen zu späteren Einnahmen.[584] Mit einer Lockerung dieses Abzugsverbots ist auch unter dem Aspekt vorweggenommener Werbungskosten nicht zu rechnen.[585]

Dem ertraglosen Eigentümer ist es schließlich verwehrt, dem Schenker des Grundstücks gewährte Versorgungsleistungen gem. § 10 Abs. 1 Nr. 1a EStG als Sonderausgaben abzuziehen.[586] Seine Zahlungen sind wirtschaftlich gesehen keine zurückbehaltenen Vermögenserträge des Schenkers. Sie verbleiben durch den Vorbehaltsnießbrauch gerade beim Schenker. Für den Eigentümer entsteht

---

580 BMF-Schreiben vom 24.7.1998, BStBl. I 1998, 914 (geändert durch BMF-Schreiben vom 9.2.2001, BStBl. I 2001, 171 sowie vom 29.5.2006, BStBl. I 2006, 392) Rz. 47.
581 BMF-Schreiben vom 13.1.1993, BStBl. I 1993, 80 Rz. 10; BFH vom 7.6.1994, BStBl II 1994, 927.
582 BMF-Schreiben vom 24.7.1998, BStBl. I 1998, 914 Rz. 40.
583 BMF-Schreiben vom 24.7.1998 aaO Rz. 45.
584 Siehe BFH vom 7.12.1982, BStBl. II 1983, 660; vom 22.2.1994, BFH/NV 1994, 709.
585 BFH vom 25.2.1992, BFH/NV 1992, 591.
586 BFH vom 14.7.1993, BStBl. II 1994, 19; BMF-Schreiben vom 23.12.1996, BStBl. I 1996, 1508 Rz. 10.

damit eine insgesamt unerfreuliche ertragsteuerliche Situation, die sich erst mit Beendigung des Nutzungsrechts entspannt.

Bei Grundstücksübertragungen nach dem 31.12.2007 ist ein Abzug der Versorgungsleistungen gem. § 10 Abs. 1 Nr. 1a EStG ohnehin ausgeschlossen (siehe Rz. 144).[587]

5.2. Behandlung des Vorbehaltsnießbrauchers

Im Gegensatz zur Behandlung des Eigentümers ist es u.E. für den Nießbraucher von Bedeutung, ob er das Grundstück unentgeltlich oder entgeltlich auf den neuen Eigentümer überträgt.

5.2.1. Fortbestehender Zinsabzug bei unentgeltlicher Grundstücksübertragung

207 Der Vorbehaltsnießbraucher erzielt grundsätzlich wie zuvor als Eigentümer aus eigenem Recht Einkünfte aus Vermietung und Verpachtung.[588] Es ist folglich aus steuerlichen Gründen sinnvoll, möglichst alle Grundstückskosten beim Nutzungsberechtigten zu konzentrieren. Dazu muss sich der Nießbraucher über die gesetzliche Lastenverteilung der §§ 1041, 1045, 1047 BGB hinaus zur Übernahme aller Grundstücksaufwendungen schuldrechtlich verpflichten.[589] Infolgedessen wird er auch seine zur Finanzierung der Anschaffungs- oder Herstellungskosten des übertragenen Grundstücks entstandenen Verbindlichkeiten zurückbehalten und weiterhin als Darlehensschuldner Zins und Tilgung leisten. Vorstellbar wäre auch, die Schulden auf den neuen Eigentümer zu übertragen und die Zinsen lediglich im Innenverhältnis dem Nießbraucher zuzuordnen.[590]

Damit stellt sich die Frage, ob mit der Eigentumsübertragung der bisherige Veranlassungszusammenhang der Verbindlichkeiten (= Finanzierung von Anschaffungs- bzw. Herstellungskosten) evtl. ganz oder teilweise endet mit der Folge einer Kürzung des Schuldzinsenabzuges. Immerhin wurde das fremdfinanzierte Grundstück schenkweise auf einen Dritten übertragen. Das Schrifttum[591] bejaht einen unveränderten Werbungskostenabzug, weil die Darlehensvaluta weiterhin der Grundstücksfinanzierung und das Grundstück wiederum der Einkunftserzielung dient. Der wirtschaftliche Zusammenhang zwischen

---
587 BMF-Schreiben vom 11.3.2010, BStBl. I 2010, 227 Rz. 81.
588 BMF-Schreiben vom 24.7.1998, BStBl. I 1998, 914 Rz. 41 – 44.
589 BMF-Schreiben vom 24.7.1998 aaO Rz. 43 iVm Rz. 21.
590 Söffing/Söffing, DStR 1993, 1694.
591 Streck/Schwedhelm, DStR 1994, 1144 (dortiger Fall 6) sowie Söffing/Söffing aaO S. 1690, 1692 Rz. 3.1. unter Hinweis auf BFH vom 30.1.1990, BFH/NV 1990, 560, dessen Rechtsausführungen im Umkehrschluss für einen Werbungskostenabzug sprechen; Jansen/Jansen, Der Nießbrauch in Zivil- und Steuerrecht, 7. Aufl. S. 136.

Vorbehaltsnießbrauch aus einkommensteuerlicher/schenkungsteuerlicher Sicht

Zinsen und Einkünften bestehe fort.[592] Dem ist zuzustimmen. Es wäre kaum nachvollziehbar, beim Vorbehaltsnießbraucher als früheren Eigentümer einen Zinsabzug allein deshalb zu streichen, weil sich seine rechtliche Stellung zur Einkunftsquelle geändert hat. Maßgebend bleibt der Einsatz von Fremdkapital zur Finanzierung eines Grundstückes, dessen Erträge unverändert dem früheren Eigentümer als Nutzungsberechtigten zufließen. Dieser Verwendungszweck hat durch den bloßen Verlust der Eigentumshülle keine Korrektur erfahren. Der Nutzungsberechtigte hat daher allein aufgrund dieses Schenkungsvorganges über die betreffenden Darlehensmittel nicht neu disponiert. Die Finanzverwaltung sieht das im BMF-Schreiben vom 24.7.1998[593] ebenso. Erforderlich ist danach lediglich eine vertragliche Übernahme der entsprechenden Aufwendungen im Rahmen der Nießbrauchbestellung bzw. ihre Tragung nach Maßgabe der gesetzlichen Lastenverteilung (§ 1047 BGB).

Ergebnis: Der Vorbehaltsnießbraucher ist ungeachtet der unentgeltlichen Grundstücksübertragung berechtigt, die von ihm weiterhin getragenen Zinsen als Werbungskosten im Rahmen der Einkünfte aus Vermietung und Verpachtung abzuziehen.

5.2.2. Exkurs: Grundstücksfinanzierung beim Zuwendungsnießbrauch

Der BFH[594] legt in Fällen des hier nicht gegebenen Zuwendungsnießbrauchs strengere Maßstäbe an. So versagt er einen Schuldzinsenabzug beispielsweise dann, wenn Eltern etwa dem Sohn ihrerseits fremdfinanzierte Geldbeträge zur Errichtung von Eigentumswohnungen zinslos überlassen, sich sodann einen Nießbrauch daran zuwenden lassen und die Wohnungen schließlich selbst vermieten. Die Darlehensaufnahme bewegt sich hier nach Ansicht des BFH im privaten Vermögensbereich, weil sie der Beschaffung anschließend zinslos überlassenen Kapitals diene. Die Eltern erzielten damit zwar Einkünfte aus einem letztlich von ihnen selbst finanzierten Objekt. Grundlage der Einkunftserzielung ist aber nicht unmittelbar das mit Hilfe ihrer Geldmittel entstandene Gebäude, sondern erst der vom Sohn zugewendete Nießbrauch. Die Eltern haben mithin keine Einkunftsquelle, sondern eine Schenkung fremdfinanziert. U.E hätte man die dem Sohn nicht weiterberechneten Zinsen auch als Entgelt für die Einräumung des (jetzt entgeltlichen) Zuwendungsnießbrauchs ansehen und auf diesem Wege einen Werbungskostenabzug des Nießbrauchers generieren können.[595]

208

---

592 Söffing/Söffing aaO S. 1692 Rz. 3.1.
593 AaO Rz. 43 iVm. Rz. 21.
594 Urt. vom 24.4.1990, BStBl. II 1990, 888.
595 BMF-Schreiben vom 24.7.1998, BStBl. I 1998, 914 Rz. 26.

Grundstücksübertragungen unter Nießbrauchsvorbehalt

Ob diese strenge Wertung auch gilt, wenn die Geldbeträge den Kindern durch mittelbare Grundstücksschenkung[596] zugewendet werden und anschließend zugunsten des Schenkers ein Nießbrauch bestellt wird, muss bezweifelt werden. Der BFH[597] jedenfalls vertritt hier in ständiger Rechtsprechung die Auffassung, der Schenker sei einem Vorbehaltsnießbraucher gleichzustellen und daher zur Inanspruchnahme der Gebäude-AfA berechtigt. Dann aber sind die Aufwendungen zur Fremdfinanzierung der mittelbaren Grundstücksschenkung Werbungskosten bei seinen Einkünften aus Vermietung und Verpachtung.

5.2.3. Zinsabzug bei entgeltlicher bzw. teilentgeltlicher Grundstücksübertragung

209 Die Grundstücksübertragung kann auch in der Weise erfolgen, dass neben der Bestellung eines Vorbehaltsnießbrauchs vom neuen Eigentümer ein Kaufpreis zu entrichten ist. Dies kann durch Schuldübernahme oder Ausgleichszahlungen geschehen. Welchen Einfluss hat dieser Umstand auf den Zinsabzug?

Beispiel 44

Vater V überträgt zum 1.1.05 sein vermietetes Einfamilienhaus (Verkehrswert 800.000 €) auf seinen Sohn S unter Vorbehalt eines Nießbrauchs (Kapitalwert 200.000 €) und Zahlung eines Barbetrages von 200.000 €, den V für private Zwecke verwendet. Das auf dem Grundstück ruhende und seinerzeit zur Finanzierung der Anschaffungskosten aufgenommene Darlehen valutiert noch in Höhe von 600.000 € und wird von S übernommen. Vereinbarungsgemäß trägt jedoch V weiterhin die Darlehenszinsen.

Abwandlung 1: *Die von S übernommenen Verbindlichkeiten sind privaten Ursprungs und haben mit der Immobilienfinanzierung nichts zu tun.*

Abwandlung 2: *Die Darlehensverbindlichkeiten verbleiben bei V und gehen unter der aufschiebenden Bedingung des Vorversterbens von V auf S über.*

Kommt im obigen Beispiel (Grundfall) ein Abzug der Gebäude-AfA sowie der Zinsen in unveränderter Höhe in Betracht oder ist die Kaufpreiszahlung von 200.000 € beim Zinsabzug gegenzurechnen, weil V die Mittel nicht zur Tilgung verwendet hat?

---

596 Sie liegt vor, wenn Geldbeträge mit der Auflage zugewendet werden, dafür ein ganz bestimmtes Grundstück zu erwerben; vgl. im Einzelnen BMF-Schreiben vom 2.11.1989, BStBl. I 1989, 443.
597 Urt. vom 15.5.1990, BStBl. II 1992, 67.

Vorbehaltsnießbrauch aus einkommensteuerlicher/schenkungsteuerlicher Sicht

Behandlung der Gebäude-AfA: Ein Blick auf die Behandlung der Gebäude-AfA im BMF-Schreiben vom 24.7.1998[598] ergibt folgendes:
"Ist das Grundstück unter Vorbehalt des Nießbrauchs entgeltlich übertragen worden, ist die Bemessungsgrundlage für die AfA nicht um die Gegenleistung des Erwerbers zu kürzen."

Obwohl der Nießbraucher einen Teil der früher von ihm getragenen Anschaffungs- oder Herstellungskosten des Gebäudes über den Veräußerungserlös von 200.000 € zurückerhält, kann er gleichwohl die Gebäude-AfA wie bisher in vollem Umfang als Werbungskosten geltend machen. Das Ergebnis erscheint vertretbar. Würde man die AfA-Bemessungsgrundlage in Höhe der Gegenleistung kürzen, ginge Gebäude-AfA teilweise steuerlich verloren, obwohl die Grundstückserträge selbst in unveränderter Höhe besteuert würden.

Behandlung des Zinsabzugs: Schlägt die Behandlung der Gebäude-AfA auf den Zinsabzug durch? Dies zu bejahen, begegnet Zweifeln. Die Darlehensmittel dienten bis zur teilentgeltlichen Veräußerung der Finanzierung von Anschaffungskosten des Grundstücks. In Höhe des Veräußerungspreises von 200.000 € wird dieser ursprüngliche Veranlassungszusammenhang gelöst. Das Kapital steht insoweit erneut zur Disposition. Infolgedessen sind auch die Zinsen anteilig diesem neuen Verwendungszweck zuzurechnen und danach ggf. als Betriebsausgabe oder Werbungskosten abzugsfähig. Dem kann nicht entgegnet werden, die Anschaffungskosten dienten unverändert der Einkunftserzielung und infolgedessen seien sie wie bisher in vollem Umfang fremdfinanziert. Tatsächlich erfolgt im Umfange teilentgeltlicher Veräußerung eine anteilige Umwidmung des Darlehens. Entscheidend für den weiteren Zinsabzug ist die künftige Mittelverwendung.

210

Zu derartigen Veräußerungsfällen hat der BFH[599] entschieden:
"Wird anstelle der ursprünglichen fremdfinanzierten eine andere Kapitalanlage erworben, können die für das fortgeführte Darlehen angefallenen Zinsen als Werbungskosten bei der neuen Kapitalanlage zu berücksichtigen sein, so etwa, wenn ein Hausgrundstück veräußert und mit Hilfe des Veräußerungserlöses eine andere Kapitalanlage erworben wird."

Es kann für die Entstehung eines neuen Finanzierungszusammenhangs keinen Unterschied machen, ob die fremdfinanzierte Kapitalanlage unbelastet oder unter Nießbrauchsvorbehalt übertragen wird. Finanzierungszusammenhänge werden nicht mit Hilfe der Einkunftserzielung begründet oder beendet, sondern allein

---
598 AaO Rz. 44.
599 Urt. vom 24.4.1997, BStBl. II 1997, 682. Daran hält der BFH bis heute fest; vgl. Urt. vom 28.3.2007, BStBl. II 2007, 642.

durch die tatsächliche Mittelverwendung.[600] Die im obigen Beispiel vom Vater zurückbehaltenen Verbindlichkeiten von 600.000 € stehen damit nur noch in Höhe von 400.000 € mit den Einkünften aus Vermietung und Verpachtung in Zusammenhang. Im Übrigen hat er über die Darlehensmittel zugunsten seiner privaten Lebensführung neu disponiert. Insoweit entfällt ein Zinsabzug.

Die Umwidmung der Darlehensmittel betrifft allerdings nicht das gesamte Entgelt von 200.000 €, sondern nur einen der Fremdfinanzierungsquote des Grundstücks entsprechenden Teilbetrag. Dieser beträgt zum 1.1.05 75% (600.000 € : 800.000 €). Damit sind auch nur die anteilig einer Schuld von 150.000 € (= 75% von 200.000 €) entsprechenden Zinsen künftig keine Werbungskosten bei den Einkünften aus Vermietung u. Verpachtung mehr. Der restliche Betrag von 50.000 € ist zurückgezahltes Eigenkapital, über das der Veräußerer (Vater V) beliebig verfügen kann.

211 **Übernahme privater Schulden (Abwandlung 1):** Die Behandlung der übernommenen Schulden als Teil des Kaufpreises von S erfolgt unabhängig davon, ob diese auch bei V in einem Finanzierungszusammenhang zum Grundstücks stehen. Handelt es sich bei V um private Schulden, wird der zum Werbungskostenabzug bei S berechtigende Finanzierungszusammenhang in seiner Person allein durch die Schuldübernahme anlässlich der Immobilienübertragung selbst begründet. Darin unterscheidet sich dieser Sachverhalt von demjenigen der Gesamtrechtsnachfolge. Denn wird ein Grundstück unentgeltlich im Wege der Gesamtrechtsnachfolge erworben, führt die Übernahme von Verbindlichkeiten des Erblassers jedenfalls dann nicht zu Anschaffungskosten des Erben, wenn es sich um rein privat veranlasste Verbindlichkeiten des Erblassers handelt.[601]

Aufschiebend bedingter Schuldenübergang (Abwandlung 2): Gehen die Verbindlichkeiten unter der aufschiebenden Bedingung des Vorversterbens des Schenkers (Vater V) auf Sohn S über, entstehen mit späterem Bedingungseintritt nachträgliche (fremdfinanzierte) Anschaffungskosten der Immobilie.[602] Unklar ist, ob nunmehr der ehemals unentgeltliche Erwerbsvorgang, verbunden mit voller AfA-Übernahme vom Rechtsvorgänger (§ 11d EStDV), künftig[603] als teilentgelt-

---

600 Vgl. den Beschluss des GrS vom 8.12.1997, BStBl. II 1998, 193.
601 BFH vom 17.12.2008, BFH/NV 2009, 1100.
602 Vgl. BFH vom 2.3.2005, BFH/NV 2005 S. 1067; FG München vom 21.10.1994 Az.: 7 K 2942/93 juris; Hess. FG vom 28.3.1994, EFG 1994 S. 748.
603 Die rückwirkende Annahme eines teilentgeltlichen Erwerbs ist ertragsteuerlich ausgeschlossen, da mit dem Anschaffungskostenprinzip unvereinbar.

Vorbehaltsnießbrauch aus einkommensteuerlicher/schenkungsteuerlicher Sicht

licher Erwerb zu qualifizieren ist (zu den Rechtsfolgen teilentgeltlichen Erwerbs siehe Rz. 214).[604]

5.3. Zinsabzug nach Wegfall des Vorbehaltsnießbrauchs durch Tod des Berechtigten

Mit dem Tode des Nießbrauchers erlischt sein Nutzungsrecht. Das Eigentumsrecht erstarkt nunmehr zum Vollrecht, d.h. der Eigentümer hat künftig unbelastetes Eigentum und bezieht fortan Einkünfte aus Vermietung und Verpachtung.[605] Wie steht es mit den vom Nutzungsberechtigten übernommenen Schulden? Sind sie kausal mit der Einkunftsquelle verknüpft und ist ein Zinsabzug beim Eigentümer[606] erreichbar?

5.3.1. Behandlung beim Nießbraucher verbliebener Verbindlichkeiten

Verbleiben die Verbindlichkeiten im Rahmen der Grundstücksübertragung auf den neuen Eigentümer beim Nießbraucher und gehen diese erst mit Wegfall des Nießbrauchs durch Tod des Berechtigten über, könnte ein anschließender Abzug der Zinsen beim Eigentümer und Erben fraglich sein. Das spärlich vorhandene Schrifttum[607] bejaht einen kausalen Zusammenhang zur Einkunftserzielung. Äußerer Anlass der Schuldübernahme sei zwar ein privater Vermögensanfall. Letztendlich erhalte aber der Eigentümer Grundstück und Schuld vom Erblasser (Nießbraucher), ohne dass der wirtschaftliche Zusammenhang zur Einkunftserzielung zerstört werde.

212

Beispiel 45

Vater V ist Eigentümer eines Mietwohngrundstücks (Verkehrswert 1 Mio €). Die darauf lastende Hypothek valutiert noch in Höhe von 0,5 Mio €. V überträgt im Rahmen vorweggenommener Erbfolge zum 1.1.05 das Grundstückeigentum unter Vorbehalt des Nießbrauchs auf seinen Sohn S. Vereinba-

---

604 Erbschaftsteuerlich führt die aufschiebend bedingte Schuldübernahme nachträglich zur Annahme einer gemischten Schenkung; vgl. Kapp/Ebeling, Kommentar zum Erbschaftsteuer- und Schenkungsteuergesetz, § 7 ErbStG Rz. 80.19 Beispiel 9 (Stand November 2009); Halaczinsky, ZEV 2004 S. 261, 265. In diesem Fall sind die bei Beendigung des Nießbrauchs vorhandenen Verbindlichkeiten gem. § 12 Abs. 3 BewG rückwirkend auf den Schenkungszeitpunkt abzuzinsen; vgl. BFH vom 27.6.2006, BFH/NV 2006 S. 1845.
605 BMF-Schreiben vom 24.7.1998, BStBl. I 1998, 914 Rz. 45 – 48. Söffing/Söffing aaO S. 1693 sprechen anschaulich davon, dass mit dem Tode des Nießbrauchers die Einkunftsart Vermietung u. Verpachtung „ins Leben gerufen" wird.
606 So die berechtigte Frage von Streck/Schwedhelm aaO S. 1144 (Fall 6).
607 Söffing/Söffing aaO S. 1690; Jansen/Jansen, Der Nießbrauch im Zivil- und Steuerrecht, 7. Aufl. S. 139.

rungsgemäß werden die Grundstücksschulden nicht von S übernommen. Dies soll erst mit dem Tode des V geschehen. Am 30.6.05 stirbt V. Die Restschuld des V beträgt zu diesem Zeitpunkt noch 0,4 Mio €. Weiterer Nachlass ist nicht vorhanden.

S erzielt im obigen Beispiel ab 1.7.05 Einkünfte aus Vermietung und Verpachtung. Gleichzeitig gehen die Schulden des V auf ihn über. Anlass der Schuldübernahme ist die frühere Grundstücksschenkung, mit der S unter einer aufschiebend bedingten Zahlungsverpflichtung ertragloses Eigentum erwarb. Mit Eintritt der Bedingung durch den Tod des V gehen die Schulden auf S über, ohne dass sie jemals den Vermietungsbereich verlassen hätten. Der Sachverhalt entspricht damit entweder dem Erwerb eines belasteten Grundstücks durch Gesamtrechtsnachfolge oder aber durch Einzelrechtsnachfolge. Möglicherweise liegt auch eine Kombination beider Formen der Rechtsnachfolge vor, weil S das Grundstück durch Schenkung (= Einzelrechtsnachfolge), die Schulden hingegen durch Erbfolge (= Gesamtrechtsnachfolge) übernahm. Für den Zinsabzug ist hier u.E. eine genaue Differenzierung entbehrlich, da beide Erwerbsformen den Finanzierungszusammenhang zwischen Grundstück und Schuld auch in der Person des S als Rechtsnachfolger wahren. Ein Werbungskostenabzug ist daher u.E. zulässig.

5.3.2. Späterer Schuldenübergang in Fällen des Mischnachlasses

213 Die Frage der Zuordnung durch Erbfall übernommener Verbindlichkeiten stellt sich auch, wenn mit dem Tode des Nutzungsberechtigten neben Schulden noch weiteres Vermögen übergeht.

Beispiel 46

Sachverhalt wie in Beispiel 45. Zur Erbmasse gehört jedoch neben der in Höhe von 0,6 Mio € valutierenden Darlehensverbindlichkeit ein schuldenfreies Einfamilienhaus des V (Verkehrswert 0,5 Mio €).

Wird mit dem Tode des V der bisherige Finanzierungszusammenhang zwischen Darlehen und Mietwohngrundstück (vermietet von V als Vorbehaltsnießbraucher) ganz oder wenigstens teilweise gelöst, weil die Schuld von 0,6 Mio € aus Sicht von S mit dem Erwerb von Einfamilienhaus und Mietwohngrundstück zusammenhängt? Davon wäre u.E. nur auszugehen, wenn sowohl die beiden Grundstücke als auch die Schuld in einem Rechtsvorgang im Wege vorweggenommener Erbfolge auf S übergegangen wären, was hier jedoch nicht der Fall ist. Im Falle der Gesamtrechtsnachfolge bleibt der Finanzierungszusammenhang von Schuld und Mietwohngrundstück bestehen. Der Erbe tritt hier in vollem Umfang in die

Rechtsstellung des Erblassers ein. Für die Entstehung eines neuen Finanzierungszusammenhangs ist kein Raum.

Im obigen Beispiel erhält S die beiden Immobilien nicht ausschließlich durch Einzelrechtsnachfolge. Vielmehr geht das Einfamilienhaus allein im Wege der Erbfolge auf ihn über. Damit entfällt die Möglichkeit gleichzeitigen teilentgeltlichen Erwerbs beider Grundstücke. Die Behandlung des ebenfalls übernommenen Darlehens als Anschaffungskosten des einkunftsneutralen Einfamilienhauses ist damit ausgeschlossen. Infolgedessen kommt ein ungeschmälerter Abzug der Zinsen im Rahmen der Einkünfte aus Vermietung und Verpachtung in Betracht.

Die Übertragung von Vermögen anlässlich vorweggenommener Erbfolge unter Vorbehalt des Nießbrauchs verschlechtert also nicht die steuerliche Situation des Rechtsnachfolgers.

5.3.3. Schuldübernahme anlässlich früherer Immobilienübertragung

Ein Zinsabzug kommt beim neuen Eigentümer mit Wegfall des Nießbrauchs erst recht in Betracht, wenn er seinerzeit im Zuge der Immobilienübertragung zugleich die vorhandenen grundstücksbezogenen Verbindlichkeiten übernommen hatte, deren Zinsen vom Nießbraucher absprachegemäß weiterhin getragen wurden.

214

Beispiel 47

Sohn S übernimmt zum 1.1.05 von Vater V das Mietwohngrundstück (Verkehrswert 1 Mio €) und die noch in Höhe von 0,5 Mio € valutierenden grundstücksbezogenen Darlehensverbindlichkeiten. V behält sich am Grundstück ein Nießbrauchsrecht (Kapitalwert 100.000 €) zurück. Er trägt vereinbarungsgemäß die Darlehenszinsen. V stirbt am 30.6.05. S ist Alleinerbe.

Abwandlung: *V trägt vereinbarungsgemäß nicht nur die Zinsen, sondern auch die Tilgung des auf S übergegangenen Darlehens.*

Dem Nießbraucher steht für die Dauer des Nießbrauchs ein Abzug seiner Zinsen zu, obwohl er nicht mehr Schuldner des Darlehens ist. Die Zahlungsverpflichtung ergibt sich nun aus dem Innenverhältnis zum neuen Eigentümer (§ 1047 BGB).[608]

Teilentgeltlicher Erwerb: Der neue Eigentümer S erwirbt das Mietwohngrundstück im Wege vorweggenommener Erbfolge zu 55,55 % teilentgeltlich.[609] Seine Anschaffungskosten bestehen in der Übernahme der Verbindlichkeiten von

---

608 So wohl auch BMF-Schreiben vom 24.7.1998 aaO Rz. 43 iVm. Rz. 21; ebenso Söffing/Söffing aaO S. 1694.
609 Maßgebend ist das Verhältnis zwischen dem Verkehrswert des Grundstücks (nach Abzug des Kapitalwerts des Nießbrauchs) zur übernommenen Schuld (= 0,9 Mio. € : 0,5 Mio. €).

Grundstücksübertragungen unter Nießbrauchsvorbehalt

500.000 €, nicht aber im Kapitalwert des Nießbrauchs.[610] Infolgedessen steht die Schuld mit dem Erwerb des Grundstücks in einem unmittelbaren wirtschaftlichen Zusammenhang. Freilich stellt sich das Grundstück für den Eigentümer zunächst als ertragloser Vermögensgegenstand bis zum Tode des Nießbrauchers dar. Erst danach ist ein Zinsabzug zulässig. Die Schuldübernahme durch den Eigentümer mit anschließender Zinszahlung des Nießbrauchers im Innenverhältnis gem. § 1047 BGB ist damit aus Sicht des künftigen Zinsabzugs beim Eigentümer eine sichere Gestaltung,[611] weil Grundstück und Schuld durch einheitlichen Rechtsakt auf den Erwerber übergehen. Mithin entfällt die Gefahr späterer Zerstörung einkunftsrelevanter Finanzierungszusammenhänge verbunden mit dem Verlust des Zinsabzugs.

Hinweis: Der im obigen Beispiel gegebene (zu 55,55 %) teilentgeltliche Immobilienerwerb durch S kann im Einzelfall mit erheblichen steuerlichen Nachteilen verbunden sein. Das gilt vor allem im Bereich der Gebäude-AfA (siehe Rz. 181) sowie in Verbindung mit privaten Veräußerungsgewinnen im Sinne des § 23 Abs. 1 Nr. 1 EStG (Rz. 183). Im Einzelnen wird auf die dortigen Ausführungen Bezug genommen.

215 **Schenkungsteuer:** Im Fall der Abwandlung zum obigen Beispiel ist ungeachtet des ggf. nachteiligen teilentgeltlichen Erwerbs (siehe oben) noch ein schenkungsteuerlicher Aspekt zu beachten. Trägt nämlich der Nießbraucher als Schenker weiterhin Zinsen und Tilgung, liegt ein aufschiebend bedingter Schuldenübergang. Daraus folgt eine Minderung der schenkungsteuerlichen Bemessungsgrundlage erst mit Wegfall des Nießbrauchs.[612] Dieser schenkungsteuerliche Nachteil ist gegenüber einkommensteuerlichen Vorteilen abzuwägen. Sie bestehen insbesondere darin, dass hier ein Zinsabzug beim Eigentümer mit Wegfall des Nießbrauchs unstreitig in Betracht kommt.

5.3.4. Aufschiebend befristete Kaufpreiszahlungen

216 Werden im Zuge der Immobilienübertragung vom Erwerber unverzinsliche Verpflichtungen übernommen, die nach mehr als einem Jahr zu einem bestimmten Zeitpunkt fällig sind, ergeben sich für die Beteiligten bemerkenswerte steuerliche Folgen, die nicht spontan erkannt werden.

---

610 BMF-Schreiben vom 24.7.1998 aaO Rz. 47.
611 Ebenso, jedoch mit anderer Begründung Söffing/Söffing aaO S. 1694. Sie sehen allerdings die Gefahr einer abzugsschädlichen Umwidmung des Darlehens. Diese Einschätzung teilen wir nicht.
612 BFH vom 17.10.2001, BStBl. II 2002, 165.

Vorbehaltsnießbrauch aus einkommensteuerlicher/schenkungsteuerlicher Sicht

Beispiel 48

Vater V (60 Jahre) überträgt sein Mietwohngrundstück auf Sohn S 1 unter Vorbehalt des lebenslänglichen Nießbrauchs. Er ist verpflichtet, seinem Bruder S 2 mit dem Tode des Vaters 200.000 € als Gleichstellungsgeld zu zahlen. Der Verkehrswert der Immobilie beträgt (ohne Nießbrauch) 800.000 €.

S 1 erwirbt die Immobilie von seinem Vater V teilentgeltlich, weil er 200.000 € an seinen Bruder S 2 zu zahlen hat. Die Teil-Anschaffungskosten entsprechen vorliegend allerdings nicht dem Nennwert des Gleichstellungsgeldes, sondern nur dem abgezinsten Gegenwartswert. Infolgedessen kann S 1 den Unterschiedsbetrag zwischen Nennwert und Barwert der Verpflichtung im Zeitpunkt der Zahlung im Rahmen seiner Einkünfte aus Vermietung und Verpachtung als Werbungskosten gem. § 9 Abs. 1 Nr. 1 EStG abziehen. S 2 wieder erzielt zu diesem Zeitpunkt Einkünfte aus Kapitalvermögen im Sinne des § 20 Abs. 1 Nr. 7 EStG.[613]

Die obigen Rechtsfolgen sind nicht uneingeschränkt erwünscht. Mit unverzinslichen Zahlungsverpflichtungen ist daher sorgfältig umzugehen.

5.4. Ablösung des Vorbehaltsnießbrauchs durch Abstandszahlung

5.4.1. Bedeutung der Ablösung für die Gebäude-AfA

Zahlungen zur Ablösung des Nießbrauchs gehören nach gefestigter Rechtsprechung[614] zu den nachträglichen Anschaffungskosten des Grundstücks.[615] Ein Sofortabzug als Werbungskosten ist damit ausgeschlossen, obwohl einzuräumen ist, dass erst die Ablösung des Nießbrauchs die Möglichkeit der Einkunftserzielung für den Eigentümer eröffnet. Dieser Aspekt wird aber von der Vermögenssphäre überlagert.

217

---

613 BMF-Schreiben vom 13.1.1993, BStBl. I 1993, 80 Rz. 11; Langenfeld/Günther, Grundstückszuwendungen zur lebzeitigen Vermögensnachfolge, 6 Aufl. 2010 S. 55.
   Siehe aber FG Münster vom 6.4.2009, EFG 2009, 1220 (Beschwerde VIII B 70/09): Es ist ernstlich zweifelhaft, ob eine mehr als ein Jahr nach dem Zeitpunkt der Vereinbarung fällig werdende Ausgleichsforderung (hier wegen Aufhebung des gesetzlichen Güterstandes der Zugewinngemeinschaft) nach § 12 Abs. 3 BewG abzuzinsen ist und der Zinsanteil bei Zahlung der Ausgleichsforderung zu Einkünften aus Kapitalvermögen.
614 Vgl. BFH vom 21.7.1992, BStBl. II 1993, 484; vom 21.7.1992, BStBl. II 1993, 486; vom 15.12.1992, BStBl. II 1993, 488.
615 In Fällen der Ablösung eines unentgeltlich eingeräumten Zuwendungsnießbrauchs gilt das nach dem BFH-Urteil vom 6.7.1993, BStBl. II 1998, 429 nur, wenn die Verträge über die Vereinbarung und Ablösung des Nießbrauchs steuerlich anzuerkennen sind. Insbesondere darf kein Gestaltungsmissbrauch gem. § 42 AO vorliegen.

Grundstücksübertragungen unter Nießbrauchsvorbehalt

Keine neutralen Zuwendungen: Überholt ist die bisherige Verwaltungsauffassung,[616] wonach die genannten Zahlungen nicht abzugsfähige Zuwendungen gem. § 12 Nr. 2 EStG und damit steuerlich gänzlich irrelevant seien. Das BMF-Schreiben vom 24.7.1998[617] übernimmt die BFH-Rechtsprechung in Rz. 57. Auf die Motive der ursprünglichen Nießbrauchsbestellung kommt es dabei nicht an. Im Gegensatz zum unentgeltlichen Zuwendungsnießbrauch[618] fehlt Rechtsprechung zum Problem evtl. missbräuchlicher Ablösung eines Vorbehaltsnießbrauchs. U.E. entzieht sich dieser Sachverhalt einem möglichen Gestaltungsmissbrauch.[619] Es ist Sache des Übergebers zu entscheiden, ob er sich am übertragenen Vermögen ein Nießbrauchsrecht vorbehalten will oder nicht. Die Ablösung ist in jedem Fall letzter Akt der Vermögensübertragung und damit Teil der Anschaffungskosten des Erwerbers.

Zulässigkeit der Fremdfinanzierung: Die Ablösezahlung kann in ihrer Eigenschaft als nachträglicher Anschaffungsaufwand ohne weiteres fremdfinanziert werden. Die Zinsen sind Werbungskosten. Zu unterscheiden ist aber, ob die Grundstücksübertragung entgeltlich oder unentgeltlich erfolgte.

Beispiel 49

Vater V überträgt zum 1.1.05 sein vermietetes Einfamilienhaus (Verkehrswert 800.000 €) auf Sohn S unter Vorbehalt eines Nießbrauchs (Kapitalwert 200.000 €) und Zahlung eines Barbetrages von 600.000 €. S löst den Nießbrauch zum 1.1.07 für 150.000 € ab. Die Ablösung finanziert er fremd. S tritt in den bestehenden Mietvertrag ein.

S erwarb das nießbrauchsbelastete Einfamilienhaus zum 1.1.05 vollentgeltlich zum Kaufpreis von 600.000 €. Wegen des Vorbehaltsnießbrauchs handelte es sich zunächst für den Eigentümer um ertragloses Vermögen. Die Ertraglosigkeit entfällt mit der entgeltlichen Ablösung des Nießbrauchs. Die Anschaffungskosten des Grundstücks betragen nunmehr insgesamt 750.000 € (600.000 € Kaufpreis Grundstück + 150.000 € Ablösung Nießbrauch). S kann den Gesamtbetrag fremdfinanzieren und die entsprechenden Zinsen als Werbungskosten absetzen. Außerdem erhält er eine 2%-ige Gebäude-AfA gem. § 7 Abs. 4 EStG.

Wie aber ist die unentgeltliche Vermögensübertragung zu beurteilen?

---

616 BMF-Schreiben vom 15.11.1984, BStBl. I 1984, 561 Rz. 25, 46 u. 51.
617 BStBl. I 1998, 914.
618 BFH vom 6.7.1993, BStBl. II 1998, 429.
619 Wohl ebenso Strahl, KÖSDI 2009, 16514, 16518.

Vorbehaltsnießbrauch aus einkommensteuerlicher/schenkungsteuerlicher Sicht

Beispiel 50

Sachverhalt wie in Beispiel 49. Vater V hat das Einfamilienhaus im Jahr 02 für 600.000 € hergestellt (Verkehrswert einschl. Grund u. Boden 800.000 €). Er überträgt es zum 1.1.03 unentgeltlich auf Sohn S unter Vorbehalt des Nießbrauchs (Kapitalwert 200.000 €). Das Grundstück ist schuldenfrei. Zum 1.1.05 löst S das Nießbrauchsrecht für 170.000 € unter Inanspruchnahme eines Kredits ab.

Abwandlung: *S übernimmt zum 1.1.03 die noch in voller Höhe valutierende Grundschuld von 800.000 € (die Zinsen zahlt vereinbarungsgemäß V als Nießbraucher)*

Entstehung nachträglicher Anschaffungskosten: Natürlich entstehen S auch in diesem Fall wegen der Nießbrauchsablösung nachträgliche Anschaffungskosten, hier in Höhe von 170.000 €. Die Tatsache des vorangegangenen unentgeltlichen Erwerbs ist unbeachtlich.[620] Die künftige Gebäude-AfA entwickelt sich bemerkenswert:

218

Herstellungskosten des V	600.000 €[621]
+ Ablösezahlung des S	127.500 €[622]
neue AfA-Basis	727.500 €
AfA 2 %	14.550 €.

Die lineare Gebäude-AfA erfährt hier eine Steigerung von 12.000 € auf 14.550 €, da V als Rechtsvorgänger selbst nur von 600.000 € abschreiben konnte. Ein bemerkenswertes Ergebnis, das letztlich durch die Rechtsprechung des BFH[623] selbst ausgelöst wird. Soweit diese die Entstehung nachträglicher Anschaffungskosten als einzig denkbare steuerliche Behandlung von Ablösezahlungen ansieht, müssen evtl. als unerwünscht empfundene Nebenwirkungen hingenommen werden.

Hätte S seinem Vater anstelle des Nießbrauchs sofort einen Barbetrag von 200.000 € gezahlt, entstünde ein völlig anderes Bild. Der Vorgang wäre dann als **teilentgeltlicher Erwerb** (25 % Kauf, 75 % Schenkung)[624] zu behandeln ohne

---

620 BMF-Schreiben vom 24.7.1998 aaO Rz. 55.
621 S hat als unentgeltlicher Einzelrechtsnachfolger gem. § 11d EStDV die Herstellungskosten zu übernehmen.
622 Berechnung: 170.000 € abzgl. 25 % Anteil Grund u. Boden = 127.500 €. Im Gegensatz zur Behandlung zur Ablösung eines Wohnrechts (vgl. BFH vom 7.6.1994, BStBl. II 1994, 927) entfällt die Ablösezahlung beim Nießbrauch auch anteilig auf den Grund u. Boden; vgl. BFH vom 21.7.1992, BStBl. II 1993, 486.
623 Urt. vom 21.7.1992, BStBl. II 1993, 484.
624 Entsprechend dem Verhältnis zwischen Grundstücksverkehrswert (800.000 €) und tatsächlich gezahltem Kaufpreis (200.000 €).

Grundstücksübertragungen unter Nießbrauchsvorbehalt

Steigerung der Gebäude-AfA. So gesehen lohnt die „Zwischenschaltung" des Vorbehaltsnießbrauchs. Vorsorglich sollte aber dem Verdacht des Gestaltungsmissbrauchs (§ 42 AO) begegnet und begründet werden, welche etwaigen außersteuerlichen Gründe diesen Weg rechtfertigen.

Dem BMF-Schreiben vom 24.7.1998 lassen sich dazu keine einschränkenden Anweisungen entnehmen. Im Gegenteil. Rz. 55 betont ausdrücklich, dass es für die steuerliche Beurteilung der Ablösung eines Vorbehaltsnießbrauchs keinen Unterschied macht, ob das Grundstück entgeltlich oder unentgeltlich übertragen wurde.

219 **Stellungnahme:** U.E. bestehen hiergegen gleichwohl materiell-rechtliche Bedenken. Setzt sich die AfA-Bemessungsgrundlage des ablösenden Eigentümers tatsächlich stets aus den Komponenten AfA-Basis des Rechtsvorgängers (Nießbraucher) und Ablösezahlung zusammenzusetzen? Immerhin bezieht sich die Bemessungsgrundlage des Rechtsvorgängers (in Beispiel 50: 600.000 €) auf ein unbelastetes Grundstück. Wird das Grundstück belastet mit einem Nießbrauch übertragen, muss dies in der AfA-Bemessungsgrundlage des neuen Eigentümers seinen Niederschlag finden. Bedeutung hat das allerdings erst für die nach Wegfall des Nießbrauchs beginnende Einkunftserzielung. Dabei ist zu unterscheiden: Stirbt der Nießbraucher, geht die AfA ungekürzt auf den Eigentümer über. Rechtsgrundlage ist § 11d EStDV, u.E. auch für den Wertanteil des Grundstücks, den das untergegangene Nießbrauchsrecht verkörpert hat. Für Zwecke der AfA kann es keinen Unterschied machen, ob der Rechtsvorgänger sofort Volleigentum oder zunächst belastetes Eigentum zuwendet. Endet der Nießbrauch aber durch eine Ablösezahlung des Eigentümers, kann dem rechtslogisch keine Vollschenkung vorangegangen sein. Die bislang durch den Nießbrauch verursachte Wertminderung des Grundstücks zwingt daher u.E. in Beispiel 50, die AfA-Basis beim ablösenden Eigentümer wie folgt zu ermitteln:

Herstellungskosten des V		600.000 €
- Wertminderung Nießbrauch 170/800		127.500 €[625]
(auf Schenkung entfallene HK)		472.500 €
+ Ablösezahlung	170.000 €	
- 25 % Grund u. Boden	42.500 €	127.500 €
AfA-Bemessungsgrundlage		600.000 €
AfA 2 %		12.000 €.

---

[625] 170.000 € (Ablösung Nießbrauch) : 800.000 € (Verkehrswert Grundstück).

Vorbehaltsnießbrauch aus einkommensteuerlicher/schenkungsteuerlicher Sicht

Die Gebäude-AfA bleibt hier zwar erhalten, weil der Eigentümer durch die Ablösung des Nießbrauchs weder ein Gebäude noch einen Gebäudeanteil erwirbt. Jedoch scheitert die u.E. überhöhte AfA von 14.550 € (siehe die obige Berechnung). Eine restriktive AfA-Berechnung ist allerdings weder der BFH-Rechtsprechung noch dem BMF-Schreiben vom 24.7.1998[626] zu entnehmen. Es erscheint daher legitim, die AfA nach obiger Berechnung mit 14.550 € anzusetzen.

5.4.2. Bedeutung der Ablösung für den weiteren Zinsabzug

Die AfA-Problematik berührt freilich auch die Frage des Zinsabzuges. Ihr ist die Abwandlung zu Beispiel 50 gewidmet. S hat hier nach Ablösung des Nießbrauchs Gesamtverbindlichkeiten in Höhe von 970.000 €. 800.000 € davon übernahm er von seinem Vater, ein Betrag, der bereits dem Verkehrswert des Grundstücks entspricht. S erhielt im Ergebnis also nichts geschenkt. Die Übernahme der Schulden begründet vielmehr einen vollentgeltlichen Erwerb. Hinzu kommt die Ablösezahlung von 170.000 €. Ist auch diese Zahlung durch die anschließende Erzielung von Einkünften aus Vermietung u. Verpachtung veranlasst, so dass ebenso bedenkenlos fremdfinanziert werden kann? Dann entstünden steuerlich relevante Schulden von insgesamt 970.000 €, obwohl das Grundstück nur einen Verkehrswert von 800.000 € hat. Wir halten das nicht für zutreffend.

Ordnet man im Sinne der BFH-Rechtsprechung[627] die Ablösezahlung den Anschaffungskosten des Grundstücks zu, ist ihre Fremdfinanzierung allerdings wohl unstrittig zulässig. Erst mit Beendigung des Nießbrauchs ist der Eigentümer in der Lage, Einkünfte zu erwirtschaften. Die vollständige Übernahme der bereits beim Nießbraucher begründeten Hypothekenschulden von 800.000 € hingegen kann nur in Höhe des Grundstücksverkehrswertes abzüglich Kapitalwert Nießbrauch berücksichtigt werden. Ausgehend vom obigen Beispiel 50 hat der neue Eigentümer (Sohn) im Erwerbszeitpunkt Anschaffungskosten in Höhe von 600.000 €, nicht 800.000 €, weil er ein belastetes Grundstück erwirbt. Auch ein fremder Käufer hätte nicht mehr gezahlt. Eine weitere Schuldübernahme allerdings hat familiäre Beweggründe. Die steuerlich relevanten Verbindlichkeiten des Sohnes belaufen sich damit im Zeitpunkt der Ablösung des Nießbrauchs auf insgesamt 770.000 €.[628] Die restlichen Schulden von 200.000 € gehören zur neutralen privaten Vermögenssphäre. Es entsteht also eine Wechselbeziehung zwischen AfA und Zinsabzug, d.h. die vom Sohn fremdfinanzierten Aufwendungen müssen sich in den Anschaffungskosten des Grundstücks niederschlagen, um einen Zinsabzug zu bewirken.

---

626 BStBl. I 1998, 914.
627 Vgl. BFH vom 21.7.1992, BStBl. II 1993, 484.
628 600.000 € Übernahme vom Vater + 170.000 € Ablösung Darlehen.

Ergebnis: Die von Sohn S in Beispiel 50 übernommene Verbindlichkeit von 800.000 € ist somit aus den genannten Gründen zu 25 % privat veranlasst. Seine Zinsen sind entsprechend zu kürzen.

II. Umsatzsteuerliche Behandlung des Nießbrauchsvorbehalts

1. Keine Grundstückslieferung mangels Verschaffung der Verfügungsmacht

221 Die mit der Immobilienübertragung unter Nießbrauchsvorbehalt einhergehenden Fragestellungen haben auch umsatzsteuerliche Relevanz. Entscheidend ist hier vor allem, ob sich die Übertragung als gem. § 4 Nr. 9a UStG steuerfreie Grundstückslieferung darstellt mit der Folge einer Vorsteuerkorrektur gem. § 15a Abs.1 UStG. Rechtsprechung und Finanzverwaltung gehen teilweise argumentativ unterschiedliche Wege, kommen jedoch mit Blick auf § 15a UStG zum selben materiell-rechtlichen Ergebnis.

Nach **Auffassung des BFH**[629] entfällt bei einer Grundstücksübertragung unter Nießbrauchsvorbehalt die Vorsteuerberichtigung gem. § 15a Abs. 8 UStG. Die Immobilie ist noch nicht im Sinne des § 3 Abs. 1 UStG geliefert, so dass auch § 4 Nr. 9a UStG nicht verwirklicht sein kann.[630] Es fehlt an der Verschaffung der Verfügungsmacht, weil der bisherige Eigentümer das Grundstück unverändert besitzt und den Ertrag durch Fortsetzung der bestehenden Mietverhältnisse zieht. Folgerichtig kann aufgrund des Nießbrauchsvorbehalts keine Änderung der für den Vorsteuerabzug maßgebenden Verhältnisse im Sinne des § 15a Abs. 1 UStG eintreten.

222 **Die Verwaltungsauffassung** ist in ihrer Wertung des obigen Sachverhaltes nicht einheitlich. Die OFD Karlsruhe[631] bejaht eine Lieferung im Zeitpunkt der Grundstücksübertragung. Gleichwohl teilt sie die obige Auffassung des BFH, wonach keine Änderung der Verhältnisse im Sinne des § 15a Abs. 8 UStG vorliegt, wenn der Schenker die übertragene Immobilie in gleicher Weise nutzt wie bisher. Die OFD Koblenz[632] wiederum verneint in Übereinstimmung mit der obigen BFH-Rechtsprechung eine Lieferung für die Dauer des Vorbehaltsnießbrauchs. Bei der Übertragung eines Grundstücks unter gleichzeitiger Bestellung eines Vorbehaltsnießbrauchs erhält der Erwerber von vornherein nur das mit dem Nießbrauch

---

629 Urt. vom 26.4.1995, BStBl. II 1996, 248.
630 BFH vom 13.11.1997, DStR 1998, 166.
631 Vfg. vom 25.3.2002, StEK § 15a UStG Nr. 66.
632 Vfg. vom 5.10.2005, StEK § 3 Abs. 1b UStG Nr. 20.

Umsatzsteuerliche Behandlung des Nießbrauchsvorbehalts

belastete Grundstück. Der Übertragende behält sich mit dem Nießbrauch die Nutzungsmöglichkeit zurück, die ihm zuvor aufgrund seines Eigentums zustand. In diesen Fällen wird dem Erwerber keine Verfügungsmacht im Sinne des § 3 Abs. 1 UStG verschafft.

Da der Erwerber keine Verfügungsmacht erlangt, entfällt die Annahme einer Lieferung gem. § 3 Abs. 1 UStG bzw. in Fällen unentgeltlicher Übertragung die Annahme einer gleichgestellten Lieferung im Sinne des § 3 Abs. 1b Nr. 1 UStG und somit ein steuerbarer Umsatz gem. § 1 Abs. 1 Nr. 1 UStG. Die Voraussetzungen einer Vorsteuerberichtigung gem. § 15a Abs. 8 UStG sind mithin nicht erfüllt. Diese Auffassung wird von der OFD Hannover[633] geteilt.

Die Grundstücksübertragung unter Nießbrauchsvorbehalt stellt nach allem keine Lieferung im Sinne des § 3 Abs. 1 UStG bzw. eine gleichgestellte Lieferung gem. § 3 Abs. 1b Nr. 1 UStG dar. Damit entfällt eine Vorsteuerkorrektur nach § 15a Abs. 8 UStG, so dass erwünschte Immobilienschenkungen nicht an umsatzsteuerlichen Hürden scheitern.

2. Späterer Wegfall des Vorbehaltsnießbrauchs

Unter Berücksichtigung der obigen Ausführungen (siehe Rz. 221) ist je nach Sachverhalt mit Beendigung des Vorbehaltsnießbrauchs
- eine Lieferung (§ 3 Abs. 1 UStG),
- eine der Lieferung gleichgestellte unentgeltliche Wertabgabe durch Entnahme (§ 3 Abs. 1b Nr. 1 UStG) oder
- eine nicht steuerbare Geschäftsveräußerung (§ 1 Abs. 1a UStG) gegeben.[634]

223

Im Falle einer gem. § 4 Nr. 9a UStG steuerfreien Lieferung ist innerhalb der zeitlichen Grenzen des § 15a Abs. 1 UStG der Vorsteuerabzug zu berichtigen (§ 15a Abs. 8 UStG), wobei u.E. vom Nießbraucher getragene Vorsteuerbeträge einzubeziehen sind, also keine Festschreibung des zu Beginn des Nießbrauchs vorhandenen Korrekturpotentials erfolgt. Um eine solche Korrektur zu vermeiden, können die Beteiligten nach § 9 Abs. 3 UStG zur Steuerpflicht optieren. Dazu bedarf es uE regelmäßig einer entsprechenden Verzichtserklärung bereits im Schenkungsvertrag, weil der Wegfall des Nießbrauchs (= Lieferzeitpunkt), abgesehen vom vertraglichen Verzicht, selbst nicht notariell beurkundet wird.

---

633 Vfg. vom 11.6.2008, DStR 2008, 1484 Beispiel 6.
634 So auch OFD Hannover vom 11.6.2008, DStR 2008, 1484.

Grundstücksübertragungen unter Nießbrauchsvorbehalt

Überführung der Immobilie in das Nichtunternehmensvermögen (Entnahme): Bei einer unentgeltlichen Wertabgabe durch Entnahme ist nach Verwaltungsauffassung[635] zu differenzieren, ob das betreffende Gebäude
a) bis zum 30.6.2004 oder
b) erst nach dem 30.6.2004 angeschafft bzw. hergestellt wurde.[636]

Werden Grundstücke/Gebäude ins Nichtunternehmensvermögen überführt (Entnahme), die bis zum 30.6.2004 angeschafft/hergestellt wurden (Fall a), steht dies gem. § 3 Abs. 1b Nr. 1 UStG einer nach § 4 Nr. 9a UStG steuerfreien Lieferung gleich. Sie löst daher beim Schenker ggf. eine Vorsteuerberichtigung gem. § 15a Abs. 8 UStG aus. Nach dem 30.6.2004 angeschaffte/hergestellte Grundstücke/ Gebäude (Fall b) werden nach Verwaltungsauffassung unter der Voraussetzung, dass sie zum vollen oder teilweisen Vorsteuerabzug berechtigt haben, als steuerpflichtige Lieferung im Sinne des § 3 Abs. 1b Nr. 1 UStG behandelt.[637]

Die Verwaltungsauffassung geht also im Zeitpunkt der Beendigung des Vorbehaltsnießbrauches von einer gem. § 3 Abs. 1b Nr. 1 UStG steuerpflichtigen Wertabgabe aus, wenn einerseits das Gebäude nach dem 30.6.2004 angeschafft oder hergestellt wurde und andererseits die Gebäudeanschaffung oder -herstellung ganz oder teilweise zum Vorsteuerabzug berechtigte. Dies ist eine gegenüber der bloßen Vorsteuerkorrektur nach § 15a UStG gravierende Verschärfung.

224 **Änderung der Verwaltungsauffassung:** Die Finanzverwaltung hat ihre obige Rechtsauffassung auf Druck der Europäischen Kommission[638] inzwischen aufgegeben.[639] Nunmehr gilt im Einzelnen:

Nach § 3 Abs. 1b Satz 1 Nr. 1 und Satz 2 UStG ist die Entnahme eines Gegenstands aus dem Unternehmen steuerbar, wenn er oder seine Bestandteile zum vollen oder teilweisen Vorsteuerabzug berechtigt haben. § 3 Abs. 1b UStG setzt Artikel 16 MwStSystRL um. Artikel 16 MwStSystRL stellt u. a. die Entnahme eines Gegenstands durch einen Steuerpflichtigen aus seinem Unternehmen für seinen privaten Bedarf einer Lieferung gegen Entgelt gleich.

---

635 Vgl. dazu OFD Koblenz vom 5.10.2005, StEK § 3 Abs. 1b UStG Nr. 20; ebenso OFD Hannover vom 11.6.2008, DStR 2008, 1484.
636 Siehe dazu auch BMF-Schreiben vom 13.4.2004, BStBl. I S. 469 sowie vom 1.12.2006 – IV A 5 - S 7300 - 90/06; Paukstadt/Matheis, Abwehrmaßnahmen der Finanzverwaltung gegen Steuergestaltungen nach dem „Seeling"-Modell, UR 2005, 83; Zugmaier, Umsatzsteuerpflicht der Grundstücksentnahme? NWB Fach 7 S. 6413; Lohse, Vorsteuerabzug bei gemischt genutzten Wohngebäuden – und was dann? BB 2005, 1935.
637 OFD Koblenz vom 5.10.2005, StEK § 3 Abs. 1b UStG Nr. 20 unter Hinweis auf BMF-Schreiben vom 13.4.2004, BStBl. I, 2004, 469.
638 Vgl. Hinweise in DStR 2008, 1965.
639 BMF-Schreiben vom 22.9.2008, DStR 2008, 1965.

Aufgrund der Gleichstellungsfiktion des Artikels 16 MwStSystRL sind auch die Steuerbefreiungsvorschriften auf Entnahmen anwendbar, sofern im Einzelfall die tatbestandlichen Voraussetzungen erfüllt sind, an die das Gesetz die Anwendung der Steuerbefreiung knüpft. Für den Fall einer nach § 3 Abs. 1b Satz 1 Nr. 1 und Satz 2 UStG steuerbaren Entnahme eines Grundstücks aus dem Unternehmen bedeutet dies, dass die Steuerbefreiung des § 4 Nr. 9a UStG unabhängig davon Anwendung findet, ob mit der Entnahme ein Rechtsträgerwechsel am Grundstück verbunden ist. Eine Option gem. § 9 Abs. 3 UStG ist in Fällen unentgeltlicher Wertabgabe ausgeschlossen, so dass stets eine Vorsteuerkorrektur nach § 15a Abs. 8 UStG vorzunehmen ist.

Zeitlicher Anwendungsbereich und Übergangsregelung: Die vorstehenden Grundsätze sind in allen noch offenen Fällen anzuwenden. Für vor dem 1.10.2008 bewirkte Entnahmen von Grundstücken aus dem Unternehmen wird es nicht beanstandet, wenn sich ein Unternehmer auf die entgegenstehenden Aussagen des Abschnitts 71 Abs. 1 Satz 1 UStR 2008 beruft (Hinweis: Das kann im Einzelfall gegenüber der Behandlung als steuerfreie Wertabgabe dann günstiger sein, wenn der Verkehrswert gegenüber den Herstellungskosten erheblich gesunken ist).

Geschäftsveräußerung: In Fällen der Geschäftsveräußerung (§ 1 Abs. 1a UStG) unterbleibt eine Vorsteuerkorrektur.[640] Sie ist insbesondere dann gegeben, wenn eine vermietete Immobilie unter Fortsetzung der bestehenden Mietverhältnisse entgeltlich oder unentgeltlich übertragen wird.[641]

III. Exkurs – Vorbehaltsnießbrauch und Grunderwerbsteuer

Die schenkweise Übertragung von Immobilien unterliegt gem. § 3 Nr. 2 GrEStG nicht der Grunderwerbsteuer. Insoweit erfolgt vorrangig eine Belastung des Vorganges mit Schenkungsteuer. Allerdings werden Schenkungen unter einer Auflage hinsichtlich des Werts solcher Auflagen besteuert, die bei der Schenkungsteuer abziehbar sind. Ein derartiger Abzug war beim Vorbehaltsnießbrauch zugunsten des Schenkers oder seines Ehegatten bislang wegen § 25 ErbStG ausgeschlossen. Der Nießbrauch konnte nicht steuermindernd geltend gemacht werden.

Diese Rechtslage hat sich nunmehr zum 1.1.2009 geändert (siehe Rz. 170). Die Nießbrauchslast ist fortan schenkungsteuerlich abzugsfähig. Ihr Wert unterliegt

225

---

640 Vgl. § 15a Abs. 10 UStG.
641 Ausführlich zur Abgrenzung von Grundstückslieferung und Geschäftsveräußerung siehe Meyer/Ball, Grundstücksübertragungen im Grenzbereich umsatzsteuerlicher Geschäftsveräußerung, StBp 2008, 249.

Grundstücksübertragungen unter Nießbrauchsvorbehalt

damit der Grunderwerbsteuer,[642] sollten die übrigen Steuerbefreiungen des § 3 GrEStG nicht greifen.[643]

Beispiel 51

A überträgt sein bislang eigengenutztes Einfamilienhaus (Grundbesitzwert 1 Mio. € = Verkehrswert) auf Bruder B unter Vorbehalt des lebenslänglichen Nießbrauchs (Kapitalwert 400.000 €).

Aufgrund der Übertragung entsteht folgende Steuerbelastung:

Schenkungsteuer	
Grundbesitzwert	1.000.000 €
- Kapitalwert Nießbrauch	- 400.000 €
Bereicherung B	600.000 €
- Freibetrag § 16 Abs. 1 Nr. 5 ErbStG	- 20.000 €
Steuerpflichtiger Erwerb	580.000 €
Schenkungsteuer Steuerklasse II 30 %	174.000 €
Grunderwerbsteuer	
3,5 % von 400.000 €	14.000 €
Gesamtsteuerbelastung	**188.000 €**

---

642 Vgl. OFD Münster vom 11.2.2009, DB 2009, 368.
643 Befreit sind danach etwa Übertragungen auf den Ehegatten, Kinder, Enkelkinder und Eltern, nicht jedoch solche auf Geschwister oder Neffen und Nichten.

C. Die Immobilie als Gegenstand privater Veräußerungsgeschäfte im Sinne des § 23 Abs. 1 Nr. 1 EStG

I. Steuerliche Privilegierung ganz oder teilweise eigengenutzter Immobilien

Seit dem 1.1.1999 sind gem. § 23 Abs. 1 Nr. 1 Satz 3 EStG Wirtschaftsgüter von der Besteuerung ausgenommen, die 226
- entweder im Zeitraum zwischen Anschaffung oder Fertigstellung und Veräußerung ausschließlich zu eigenen Wohnzwecken
- oder im Jahr der Veräußerung und in den beiden vorangegangenen Jahren zu eigenen Wohnzwecken genutzt wurden.

Folgt man der Gesetzesbegründung,[644] soll damit die berufliche Mobilität erhalten bleiben bzw. eine wegen Familienzuwachses notwendige Veräußerung steuerlich geschont werden. Ungeachtet dieser gesetzgeberischen Beweggründe besteht ein nicht unerheblicher Auslegungsbedarf.

1. Nutzung zu „eigenen Wohnzwecken"

Unter welchen Voraussetzungen ein Wirtschaftsgut zu „eigenen Wohnzwecken" genutzt wird, ist zwar nicht § 23 EStG selbst, jedoch den einschlägigen Verwaltungsanweisungen[645] sowie dem Schrifttum[646] zu § 10e Abs. 1 Satz 2 EStG hinreichend zu entnehmen. Insoweit ist eine grundlegende Vertiefung des Begriffes entbehrlich. Jedoch sei jedoch erwähnt, dass eine Wohnung nur dann Wohnzwecken dient, wenn darin ein selbständiger Haushalt geführt wird.[647] Zudem muss die Wohnung zu Wohnzwecken „genutzt" werden. Das erfordert tatsächliche Ingebrauchnahme. Leerstehende (auch vollständig eingerichtete) Wohnungen erfüllen dieses Merkmal nicht.

---

644 Bundestags-Drucksache 14/23.
645 BMF-Schreiben vom 31.12.1994, BStBl. I 1994, 887 Rz. 11 betreffend die Förderung nach § 10e EStG.
646 Ausführlich dazu B. Meyer in Herrmann/Heuer/Raupach § 10e EStG Anm. 98 u. 99.
647 Einzelheiten siehe Herrmann/Heuer/Raupach § 7b EStG Anm. 65 „Wohnzwecke" sowie BFH vom 7.4.1987, BStBl. II S. 565 zur Nutzungswertbesteuerung gem. § 21 Abs. 2 EStG.

Eigennutzung wiederum verlangt eine Nutzung durch den Eigentümer selbst. Freilich muss er die Wohnung nicht allein bewohnen. Eine gemeinsame Nutzung durch ihn und seine Familie ist ebenfalls eine Form der Eigennutzung.[648] Sogar die ausschließliche Nutzung der Wohnung durch ein gem. § 32 Abs. 1 bis 5 EStG zu berücksichtigendes Kind ist nach der zu § 10e EStG ergangenen Rechtsprechung[649] eine Variante möglicher Eigennutzung des Eigentümers. Es gibt wegen des insoweit übereinstimmenden Gesetzeswortlauts keinen Grund, § 23 Abs. 1 Nr. 1 Satz 3 EStG anders auszulegen.[650] Nicht begünstigt ist allerdings die Nutzungsüberlassung an Angehörige. Soweit § 4 Satz 2 EigZulG seinerzeit auch für solche Wohnungen die Eigenheimzulage gewährte, beruhte dies auf einer bewussten gesetzgeberischen Gleichstellung von Eigennutzung und Nutzungsüberlassung. Sie ist auf § 23 EStG nicht übertragbar.

Erwähnenswert ist die Behandlung von Ferienwohnungen. Sie fallen unter § 23 Abs. 1 Nr. 1 Satz 3 EStG, wenn sie zur jederzeitigen Eigennutzung zur Verfügung stehen.[651] Die frühere mangelnde § 10e-Förderung ist in diesem Zusammenhang unbeachtlich. § 10e Abs. 1 Satz 2 EStG enthielt dazu ein ausdrückliches Förderverbot, das § 23 Abs. 1 Nr. 1 Satz 3 EStG gerade nicht aufgreift.

Das Privileg steuerneutraler Veräußerung findet im Übrigen nicht nur einmal, sondern bei entsprechender Tatbestandsverwirklichung beliebig oft Anwendung. Eine Art „Objektverbrauch" sieht § 21 Abs. 1 Nr. 1 Satz 3 EStG („eigengenutzte Wirtschaftsgüter") nicht vor, denn der Gesetzgeber hat hier die Pluralform gewählt. Der Steuerpflichtige kann also beliebig viele eigengenutzte Wirtschaftsgüter sowohl gleichzeitig als auch nacheinander steuerfrei veräußern. Eine Begrenzung wird nur dort erfolgen, wo die Anzahl der betreffenden Objekte Zweifel an einer notwendig gebotenen Eigennutzung begründen. Andere Hemmnisse fehlen.

2. Bedeutung des Begriffs „Wirtschaftsgut" für die Steuerbefreiung des Grund u. Bodens

227 Wirtschaftsgut im Sinne des § 23 Abs. 1 Nr. 1 Satz 3 EStG ist neben dem Gebäude oder Gebäudeteil auch der dazugehörige Grund u. Boden. In welchem Umfang Grund u. Boden zur Wohnung gehört, kann den einschlägigen § 10e-Kommentierungen[652] entnommen werden. Es ist nicht anzunehmen, dass der Gesetzgeber

---

648 Vgl. BFH vom 31.10.1991, BStBl. II 1992, 241 zu § 10e EStG.
649 Siehe BFH vom 26.1.1994, II BStBl. 1994, 544 und dem folgend BMF-Schreiben vom 31.12.1994, BStBl. I 1994, 887 Rz. 11.
650 So auch BFH vom 18.1.2006, BFH/NV 2006, 936. So auch BMF vom 5.10.2000, BStBl. I 2000, 1383 Rz. 23.
651 BMF vom 5.10.2000, BStBl. I 2000, 1383 Rz. 22.
652 Vgl. B. Meyer in Herrmann/Heuer/Raupach, § 10e EStG Anm. 74 m.w.N.

Steuerliche Privilegierung eigengenutzter Immobilien

hier andere Grundsätze angewendet wissen wollte. Die einheitliche Begünstigung von Gebäude und Grund u. Boden ist allerdings nicht ganz unproblematisch.

Beispiel 52

A ist Eigentümer eines 04 erworbenen eigengenutzten Einfamilienhauses, das sich auf einem 1.000 qm großen Grundstück befindet. Das Grundstück wird in zwei gleich große Flächen geteilt und die unbebaute Teilfläche zum 1.7.09 veräußert.

Hätte A das gesamte Grundstück veräußert, käme wohl die Steuerbefreiung in Betracht.

Die Finanzverwaltung[653] formuliert allerdings den Umfang potentieller Steuerbefreiung eher restriktiv. Diese umfasst nach ihrer Auffassung nur die für eine entsprechende Gebäudenutzung erforderlichen und üblichen Flächen, wobei auch deren künftige Nutzung zu berücksichtigen ist. Die steuerfreie Veräußerung weiterer Flächen ist selbst dann ausgeschlossen, wenn diese im Veräußerungszeitpunkt als Hausgarten genutzt werden.[654]

Was aber geschieht im obigen Beispiel 52 wenn lediglich Teile der gem. § 23 Abs. 1 Nr. 1 Satz 3 EStG begünstigten Wirtschaftsgüter veräußert werden? Im Hinblick auf eine steuerfreie Veräußerung nur eigengenutzter Wirtschaftsgüter könnte man eine Steuerpflicht bejahen. Grund u. Boden selbst kann nicht eigenen Wohnzwecken dienen. Dieses Tatbestandsmerkmal erfüllt er nur in Verbindung mit dem darauf befindlichen Gebäude. Grund u. Boden ist u.E. also nicht originär, sondern lediglich in Verbindung mit einem entsprechenden Gebäudeteil begünstigt.[655] Das gilt insbesondere dann, wenn Teilflächen parzelliert werden und dadurch ein verkehrsfähiges Grundstück entsteht, das einer anderen Nutzung zugeführt oder veräußert wird.[656]

Damit ist auch die Behandlung der Veräußerung unbebauten Grund u. Bodens klar. Wer Bauland erwirbt und dieses unbebaut weiterveräußert, kann ungeachtet der Glaubwürdigkeit einer angestrebten Bebauung mit einem zur Eigennutzung bestimmten Einfamilienhaus nicht steuerfrei verkaufen. Er scheitert an der fehlenden originären Eigennutzung dieses Wirtschaftsguts.[657]

Davon zu trennen ist die Frage einer evtl. gebotenen gesonderten Prüfung der nutzungsmäßigen Voraussetzungen in zeitlicher Hinsicht.

---

653 BMF-Schreiben vom 5.10.2000, BStBl. I 2000, 1383 Rz. 17.
654 Hinweis auf BFH vom 24.10.1996 BStBl. II 1997, 50.
655 GlA Kohlrust-Schulz, NWB Fach 3 S. 10778.
656 Siehe BMF-Schreiben vom 5.10.2000, BStBl. I 2000, 1383 Rz. 17.
657 BMF-Schreiben vom 5.10.2000, BStBl. I 2000, 1383 Rz. 20.

Die Immobilie als Gegenstand privater Veräußerungsgeschäfte

Beispiel 53

A erwarb 03 ein Baugrundstück, das er bis zur Bebauung mit einem eigengenutzten Einfamilienhaus Ende 08 an eine Firma als Lagerplatz verpachtete. Aus beruflichen Gründen muss A das Einfamilienhaus zum 1.7.09 veräußern.

Nach Urban[658] ist fraglich, ob die bisherige Verpachtung des Grund u. Bodens einer Steuerbefreiung entgegensteht, weil das Grundstück zwischen Anschaffung und Veräußerung weder ausschließlich noch im Veräußerungsjahr sowie den beiden vorangegangenen Jahren wenigstens auch eigenen Wohnzwecken diente. U.E. hat die Verpachtung des nackten Grund u. Bodens keine schädliche Wirkung[659]. Da Grund u. Boden im unbebauten Zustand ohnehin nicht eigenen Wohnzwecken dienen kann, muss ebenso eine anderweitige Nutzung unschädlich sein. Das Tatbestandsmerkmal Eigennutzung kann sich nur auf das Gebäude selbst beziehen und allein nach dessen Nutzungsverhältnissen beurteilt werden.

Dies lässt sich u.E. mittelbar sogar dem Gesetzeswortlaut selbst entnehmen. Dieser fordert Eigennutzung „im Zeitraum zwischen Anschaffung oder Fertigstellung und Veräußerung" (des Wirtschaftsgutes). Grund u. Boden kann nicht hergestellt werden. Satz 3 wurde also offenbar allein mit Blick auf das einer Eigennutzung zugängliche Wirtschaftsgut Gebäude (oder Gebäudeteil) formuliert. Andernfalls hätte die Formulierung in Satz 3 „im Zeitraum zwischen Anschaffung bzw. Fertigstellung ....." lauten müssen.

3. Behandlung gemischt-genutzter Grundstücke

3.1. Quotale Begünstigung des eigenen Wohnzwecken dienenden Gebäudeteiles

228 Dienen lediglich Teile des Gebäudes eigenen Wohnzwecken, tritt die Steuerfreiheit nur anteilig ein. Weder infiziert eine im Gebäude vorhandene eigengenutzte Wohnung das gesamte Grundstück zum begünstigten Veräußerungsobjekt noch scheitert umgekehrt die partielle Steuerbefreiung an dessen teilweiser Eigennutzung. Dies folgt zwingend daraus, dass § 23 Abs. 1 Nr. 1 Satz 3 EStG ausdrücklich den für diese Vorschrift neuen Begriff „Wirtschaftsgut" einführt. Infolgedessen ist bei einem teils eigenen und teils fremden Wohnzwecken dienenden Gebäude allein die eigengenutzte Wohnung das unter die Befreiung fallende Wirtschaftsgut,[660] weil hier verschiedene Nutzungs- und Funktionszusammenhänge bestehen und

---

658 Inf. 1999 S. 392.
659 Ebenso Kohlrust-Schulz, NWB Fach 3 S. 10778.
660 GlA Risthaus, DB 1999, 1034.

Steuerliche Privilegierung eigengenutzter Immobilien

damit auch jeweils eigenständig zu beurteilende Wirtschaftsgüter vorliegen.[661] Maximal sind somit vier unterschiedliche Wirtschaftsgüter denkbar.[662] Eine weitere Aufteilung ist bei Miteigentum am Grundstück vorzunehmen. Hier zerfällt der Gebäudeteil in so viele Wirtschaftsgüter, wie Gebäudeeigentümer vorhanden sind.[663] Die nutzungsbezogene Entstehung von Wirtschaftsgütern hat auch für § 23 Abs. 1 Nr. 1 Satz 3 EStG Konsequenzen.

Beispiel 54

A errichtet 07 auf einem 05 angeschafften Grundstück ein Zweifamilienhaus. Wohnung 1 ist eigengenutzt, Wohnung 2 vermietet.

Abwandlung 1: *A veräußert das Zweifamilienhaus zum 1.10.09*

Abwandlung 2: *Nach Auszug des Mieters zum 1.1.09 nutzt A auch Wohnung 2 zu eigenen Wohnzwecken. Er veräußert das Zweifamilienhaus zum 1.10.09.*

In Abwandlung 1 dürfte unstreitig eine Steuerbefreiung für Wohnung 1 in Betracht kommen. A hat diese zwischen Fertigstellung und Veräußerung ausschließlich zu eigenen Wohnzwecken genutzt. Wohnung 2 erfüllt diese Voraussetzungen eindeutig nicht, weil sie von A durchgehend vermietet wurde. Damit ist der Veräußerungserlös steuerpflichtig, soweit er auf Wohnung 2 entfällt. Aufteilungsmaßstab ist wohl das Nutzflächenverhältnis, auf das schon im Rahmen des § 10e EStG zur Ermittlung der Bemessungsgrundlage des Abzugsbetrags zurückgegriffen wurde.[664] Hier dürfte in der Praxis wegen der evtl. gravierenden steuerlichen Auswirkungen im Einzelfall viel Detailarbeit zu leisten sein.[665]

3.2. Nachträgliche Erweiterung des eigenen Wohnzwecken dienenden Gebäudeteiles

Abwandlung 2 im obigen Beispiel 54 ist deutlich komplexer. Zwar ist auch hier der auf Wohnung 2 entfallende Veräußerungsgewinn u.E. in jedem Fall steuerpflichtig, weil A diese zwischen Fertigstellung und Veräußerung nicht ausschließlich selbst bewohnte, sondern zeitweise steuerschädlich vermietet hatte. Fatale

---

661 Vgl. R 4.2. Abs. 4 EStR.
662 Vgl. R 4.2. Abs. 4 Satz 1 EStR: Jeweils besondere und damit eigenständige Wirtschaftsgüter bilden Gebäudeteile, die eigenbetrieblich bzw. fremdbetrieblich genutzt werden sowie eigenen oder fremden Wohnzwecken dienen.
663 Vgl. H 4.2 Abs. 7 „Miteigentum" EStH sowie BFH vom 9.7.1992, BStBl. II 1992, 948.
664 Vgl. BMF-Schreiben vom 31.12.1994, BStBl. I 1994, 887 Rz. 54.
665 Zu denken ist beispielsweise daran, dass bestimmte Grundstücksflächen ausschließlich Wohnzwecken des Eigentümers dienten, wie z.B. die Terrasse seiner Erdgeschoßwohnung, ein mit Gemüse bepflanzter und allein von ihm bewirtschafteter Nutzgarten oder der Sandkasten seiner Kinder.

Die Immobilie als Gegenstand privater Veräußerungsgeschäfte

Folgen aber könnte der Umstand haben, dass mit beginnender Eigennutzung des gesamten Zweifamilienhauses beide Wohnungen zwingend zu einem einzigen Wirtschaftsgut verschmelzen und in ihrer Gesamtheit das für die Steuerfreiheit maßgebende Objekt darstellen, weil zwischen beiden Wohnungen nunmehr ein einheitlicher Nutzungs- und Funktionszusammenhang besteht. Dieses „neue" Wirtschaftsgut aber wurde von A im maßgebenden Zeitraum zwischen Fertigstellung und Veräußerung nicht ausschließlich zu eigenen Wohnzwecken genutzt. Damit droht die Steuerfreiheit gänzlich verloren zu gehen. Die im Grunde begünstigte eigengenutzte Wohnung 1 wird von Wohnung 2 in schädlicher Weise infiziert. Eine vollständige Besteuerung mag zwar dem Gesetzeszweck widersprechen. Der bloße Gesetzeswortlaut jedoch begünstigt dieses Ergebnis. Unter Wirtschaftsgut ist eben nicht die einzelne Wohnung zu verstehen. Der Gesetzgeber hätte wohl besser wie in § 10e EStG die eigengenutzte Wohnung als das für die Steuerbefreiung maßgebende Objekt angesehen. So aber ist eine wohnungsbezogene Prüfung der Nutzungskriterien ausgeschlossen. Maßgebend sind allein die Verhältnisse des gesamten Wirtschaftsgutes.

In der Praxis werden derartige Sachverhalte wohl nur gelegentlich vorkommen. Bis zum Ergehen einer evtl. klärenden und die gesetzliche „Härte" aus sachlichen Billigkeitsgründen entschärfenden Verwaltungsanweisung sollte daher in einschlägigen Einzelfällen auf eine Eigennutzung der zweiten Wohnung verzichtet werden.[666] Dabei mag dahin stehen, zu welcher Kategorie Wirtschaftsgut die bislang vermietete, nunmehr aber bis zur Veräußerung leerstehende Wohnung gehört. Jedenfalls ist sie nicht (schädlicher) Bestandteil der eigengenutzten Wohnung und damit auch nicht Teil des Wirtschaftsguts „eigenen Wohnzwecken dienender Gebäudeteil".

3.3. Nutzung von Gebäudeteilen durch Angehörige

230 Häufiger wird der Steuerpflichtige damit konfrontiert, dass Teile der Wohnung oder eine Zweitwohnung von Angehörigen genutzt wird.

Beispiel 55

A überlässt die Dachgeschoßwohnung seines am 1.1.08 angeschafften Zweifamilienhauses[667] den Eltern zur unentgeltlichen Nutzung. Das Haus wird am 1.8.09 veräußert.

---

666 Gerade umgekehrt ist zu gestalten, sollte sich der Steuerpflichtige im Anwendungsbereich des § 23 Abs. 1 Nr. 1 Satz 3 zweite Alternative EStG befinden.
667 Die nachfolgenden Ausführungen gelten sinngemäß auch für den Fall eines Einfamilienhauses mit nicht abgeschlossener Dachgeschoßwohnung.

Steuerliche Privilegierung eigengenutzter Immobilien

Die steuerliche Behandlung ist hier entscheidend davon abhängig, ob der unentgeltlich zu Wohnzwecken überlassene Gebäudeteil ein eigenständiges Wirtschaftsgut bildet (Variante a) oder Bestandteil der eigengenutzten Wohnung ist (Variante b). Greift Variante b), ist der Veräußerungsgewinn insgesamt steuerpflichtig. A veräußert dann ein Wirtschaftsgut, das er im maßgebenden Zeitraum zwischen Anschaffung und Veräußerung nicht ausschließlich zu eigenen Wohnzwecken nutzte. Liegen zwei verschiedene Wirtschaftsgüter vor (Variante a), ist nur der auf die unentgeltlich überlasssene Wohnung entfallende Gewinn steuerpflichtig. Eine Infizierung der eigengenutzten Wohnung unterbleibt. Für Variante a) spricht, dass auch eine unentgeltlich zu Wohnzwecken überlassene Wohnung aus der Sicht des Eigentümers fremden Wohnzwecken dient und die Entgeltlichkeit der Überlassung wohl kein für den Begriff Wirtschaftsgut entscheidendes Kriterium darstellt. Für Variante b) hingegen kann angeführt werden, dass sich Eigennutzung und unentgeltliche Überlassung in nutzungsmäßiger Hinsicht nahestehen, wie dies auch in § 10h EStG sowie § 4 Abs. 2 EigZulG zum Ausdruck kommt. Bislang war die Frage, ob ein oder zwei Wirtschaftsgüter vorliegen, irrelevant. Daher fehlen Rechtsprechung und Verwaltungsanweisungen. Vorsichtshalber sollte daher A in Beispiel 55 mit einer Veräußerung bis zum Jahr 10 warten. Dann genügt zur Inanspruchnahme der Steuerfreiheit eine – nicht zwingend ausschließliche – Eigennutzung im Veräußerungsjahr 10 sowie in den beiden vorangegangenen Kalenderjahren 08 und 09.

Zu klären wäre noch, ob der auf den unentgeltlich überlassenen Gebäudeteil (Dachgeschoss) entfallende Gewinn ebenfalls steuerfrei bleibt. Davon wäre nur unter der Annahme eines einheitlichen Wirtschaftsgutes auszugehen (Variante b). Es ist zu vermuten, dass sich die Rechtsprechung mit dieser Problematik noch wird befassen müssen.

Die bestehenden Unsicherheiten lassen sich durch die Bildung von Wohnungseigentum vermeiden, weil die verschiedenen Eigentumswohnungen auch bei identischer Nutzung jeweils eigenständige Wirtschaftsgüter darstellen.

4. Behandlung im Miteigentum befindlicher Grundstücke

Unter dem Aspekt „Wirtschaftsgut" ist schließlich zu prüfen, welche Folgen bei im Miteigentum befindlicher Grundstücke eintreten.

Beispiel 56

A und B sind zu je ½ Miteigentümer eines Einfamilienhauses, das ausschließlich von A zu Wohnzwecken genutzt wird. A zahlt dafür an B die Hälfte der ortsüblichen Gesamtmiete des Hauses.

Die Immobilie als Gegenstand privater Veräußerungsgeschäfte

Abwandlung: *B überlässt A den Wohnungsanteil unentgeltlich.*

Unstreitig erfüllt zunächst die Grundstücksveräußerung aus der Sicht des Miteigentümers B den Befreiungstatbestand nicht. B nutzt das Grundstück zur Vermietung und damit für fremde Wohnzwecke. Das gilt auch im Falle unentgeltlicher Überlassung (Abwandlung), da sie jedenfalls keine Nutzung zu eigenen Wohnzwecken darstellt (siehe Rz. 226).

Bei A wiederum könnte fraglich sein, ob er evtl. ebenfalls am Kriterium der Eigennutzung scheitert, weil der ideelle Grundstücksanteil schlechterdings ungeeignet erscheint, darin einen eigenen Haushalt zu führen. Dazu bedarf es schon eines ganzen Hauses. So spitzfindig ist § 23 Abs. 1 Nr. 1 Satz 3 EStG wohl nicht zu lesen. Bereits im Rahmen des § 10e EStG war anerkannt, dass die Fördervoraussetzungen auch vom Miteigentümer erfüllt werden konnten. Freilich kam hier gem. § 10e Abs. 1 Satz 6 EStG nur eine der Miteigentumsquote entsprechende anteilige Förderung in Betracht[668]. Eine § 10e Abs. 1 Satz 6 EStG vergleichbare Regelung fehlt allerdings in § 23 Abs. 1 Nr. 1 Satz 3 EStG. Daraus folgt u.E. nicht zwingend, dass die Befreiungsregelung Volleigentum am Grundstück voraussetzt. Es genügt ein eigengenutztes Wirtschaftsgut. Wirtschaftsgut aber ist auch der Anteil an einem selbständigen Gebäudeteil.[669] Die Verwendung des Tatbestandsmerkmals Wirtschaftsgut (anstelle des Begriffs Wohnung in § 10e EStG) macht also die eigenständige Erwähnung des Miteigentums in § 23 Abs. 1 Nr. 1 Satz 3 EStG entbehrlich. Miteigentum steht daher einer Steuerbefreiung nicht entgegen.

Beispiel 57

Ein Zweifamilienhaus befindet sich im hälftigen Miteigentum von A und B. A nutzt die Erdgeschoßwohnung, B die Obergeschoßwohnung zu eigenen Wohnzwecken. Beide Wohnungen haben identische Wohn- und Nutzflächen.

Abwandlung: *Die Obergeschoßwohnung ist vermietet.*

Es stellt sich die Frage, ob A und B ein insgesamt steuerbefreites Grundstück veräußern, oder aufgrund des Miteigentums anderes gilt. Im Rahmen des § 10e EStG wurde hier jedem Miteigentümer eine uneingeschränkte Förderung gewährt, weil eine Nutzung beider Wohnungen aufgrund eigener Rechtszuständigkeit vorliegt.[670] Der Tatbestand der Nutzung einer Wohnung im eigenen Haus zu eigenen Wohnzwecken wird in der Person jedes Miteigentümers erfüllt. Es ist zur Inan-

---

668 Vgl. BMF-Schreiben vom 31.12.1994, BStBl. I 1994, 887 Rz. 60.
669 Vgl. BFH vom 9.7.1992, BStBl. II 1992, 948 sowie H 4.2 Abs. 7 „Miteigentum" EStH.
670 Vgl. dazu BMF-Schreiben vom 31.12.1994, BStBl. I 1994, 887 Rz. 62 f.

spruchnahme des Abzugsbetrags nach § 10e EStG unerheblich, ob zwei Personen ein Zweifamilienhaus in Miteigentum erwerben oder jeder von ihnen jeweils eine Eigentumswohnung in Volleigentum. Eine vom Ergebnis her gesehen vernünftige Auslegung.

§ 23 Abs. 1 Nr. 1 Satz 3 EStG kennt den Begriff der eigengenutzten Wohnung nicht, sondern spricht von dem zu eigenen Wohnzwecken genutzten Wirtschaftsgut. Wirtschaftsgut aber ist in Beispiel 57 der Miteigentumsanteil am Zweifamilienhaus und damit der ideelle Anteil an beiden Wohnungen. Nutzt der betreffende Miteigentümer jedoch nur eine der beiden Wohnungen zu Wohnzwecken, kann dieser Sachverhalt nicht kumulativ bei der anderen Wohnung verwirklicht sein. Bei dieser Interpretation bleibt in Beispiel 57 aus der Sicht jedes Miteigentümers lediglich die Hälfte des Veräußerungserlöses unbesteuert, weil beide zwangsläufig auch eine dem jeweils anderen Miteigentümer gehörende Wohnungshälfte nutzen. Die Nutzung fremden Eigentums aber ist keine begünstigte Eigennutzung.

232

Fraglich ist, ob § 23 Abs. 1 Nr. 1 Satz 3 EStG diese Rechtsfolgen bewusst in Kauf genommen hat mit der Folge einer unangemessenen Benachteiligung von Miteigentümern gegenüber Alleineigentümern. Allerdings könnte die Gleichbehandlung des Miteigentums im Rahmen des § 10e EStG als Spezialität der Wohneigentumsförderung angesehen werden[671], die folglich nicht ohne weiteres auf § 23 EStG übertragbar ist. Dann bliebe den Miteigentümern als Ausweichgestaltung – soweit dies bautechnisch möglich ist – nur eine vorherige Teilung des Zweifamilienhauses gem. § 3 WEG in Wohnungseigentum, verbunden mit der Bildung von Alleineigentum.[672] Die Finanzverwaltung[673] orientiert sich im Falle der Nutzung der Wohnung durch Miteigentümer an folgendem Grundsatz:

„ Bewohnt ein Miteigentümer eines Zwei- oder Mehrfamilienhauses eine Wohnung allein, liegt eine Nutzung zu eigenen Wohnzwecken vor, soweit er die Wohnung aufgrund eigenen Rechts nutzt (vgl. R 164 Abs. 2 Satz 1 EStR 1999 und H 164 „Beispiele zur Überlassung an Miteigentümer" EStH 1999."

---

671 So etwa BFH-Urt. vom 26.1.1999, BStBl. II 1999, 360 zur Frage, ob aus der vollen § 10e-Förderung eines Miteigentümers (der eine Wohnung ausschließlich zu eigenen Wohnzwecken nutzt) Folgerungen für die Zurechnung der Einkünfte aus der Vermietung des restlichen Gebäudes zugunsten des anderen Miteigentümers zu ziehen sind. Die Frage wurde vom BFH verneint: „Erzielen Miteigentümer eines Wohnhauses und Geschäftshauses aus der gemeinsamen Vermietung einer Wohnung gemeinschaftlich Einkünfte aus Vermietung und Verpachtung, so sind diese unabhängig davon, ob und in welchem Umfang die Miteigentümer die übrigen Räumlichkeiten des Hauses jeweils selbst nutzen, den Miteigentümern grundsätzlich entsprechend ihren Miteigentumsanteilen zuzurechnen und gesondert und einheitlich festzustellen."
672 Eine solche Teilung nach § 3 WEG erfüllt selbst nicht den Veräußerungstatbestand des § 23 Abs. 1 Nr. 1 EStG; vgl. dazu auch BFH-Urt. vom 22.9.1987, BStBl. II 1988, 250 .
673 BMF vom 5.10.2000, BStBl. I 2000, 1383 Rz. 24.

Die Immobilie als Gegenstand privater Veräußerungsgeschäfte

Infolgedessen steht im obigen Beispiel 57 jedem Miteigentümer die Steuerbefreiung nach § 23 Abs. 1 Nr. 1 Satz 3 EStG in vollem Umfang zu. Somit ist eine Teilung des Zweifamilienhauses in Wohnungseigentum entbehrlich. Die Steuerbefreiung entfällt nur insoweit, als ein Miteigentümer über seinen Eigentumsanteil hinaus eine Wohnung zu eigenen Wohnzwecken nutzt (z.B. A nutzt die 150 qm große Wohnung 1, B nutzt die 100 qm große Wohnung 2; A nutzt dann 25 qm nicht aufgrund eigenen Rechts).[674]

5. Zur Intensität der gebotenen Eigennutzung

233   Die Steuerbefreiung setzt nach § 23 Abs. 1 Nr. 1 Satz 3 EStG voraus, dass der Steuerpflichtige das betreffende Wirtschaftsgut
   a) im Zeitraum zwischen Anschaffung oder Fertigstellung und Veräußerung ausschließlich zu eigenen Wohnzwecken (Alternative 1) oder
   b) im Jahr der Veräußerung und in den beiden vorangegangenen Jahren zu eigenen Wohnzwecken genutzt hat (Alternative 2).

Die Regelungen gelten alternativ. Es genügt, wenn der Steuerpflichtige eine davon erfüllt.

5.1. „Ausschließliche" Eigennutzung zwischen Anschaffung/ Fertigstellung und Veräußerung

5.1.1. Durchgehende Eigennutzung bis zur Veräußerung (bzw. ab Anschaffung/Fertigstellung)?

Die erste Alternative in § 23 Abs. 1 Nr. 1 Satz 3 EStG stellt hohe Anforderungen an die Steuerfreiheit. Der Steuerpflichtige muss hier das gesamte Wirtschaftsgut durchgehend bis zur Veräußerung vollständig zu eigenen Wohnzwecken nutzen. Versteht man unter Veräußerung den Übergang des wirtschaftlichen Eigentums[675], ist dieser Tatbestand praktisch kaum erfüllbar.

Beispiel 58

A veräußert sein 08 angeschafftes und eigengenutztes Einfamilienhaus mit Kaufvertrag vom 10.5.09 zum 1.8.09 (= Übergang von Nutzen und Lasten).

---

674   Vgl. Musil in Herrmann/Heuer/Raupach § 23 EStG Anm. 130; Hartmann/Meyer, FR 1999, 1089, 1093 f.
675   Nach Wendt, EStB 1999 S. 58, bleibt nach dem Gesetzeswortlaut unklar, ob auf den Zeitpunkt des Vertragsabschlusses oder des wirtschaftlichen Übergangs abzustellen ist.

Steuerliche Privilegierung eigengenutzter Immobilien

Abwandlung: *Die Veräußerung scheitert. Ein erneuter Veräußerungsversuch gelingt erst zum 1.10.09 (= Übergang von Nutzen und Lasten). A ist bereits zum 1.7.09 in eine neue Wohnung gezogen.*

Es ist nicht eindeutig, was der Gesetzgeber mit Eigennutzung bis zur Veräußerung konkret meint. Klar dürfte sein, dass der Käufer des Einfamilienhauses grundsätzlich ein leerstehendes Haus übernehmen will. Dies erfordert seine rechtzeitige Räumung. In Beispiel 58 muss A demnach schon vor dem 1.8.09 ausziehen. Vernünftigerweise wird man darin keine schädliche vorzeitige Beendigung der Eigennutzung zu sehen haben. Andernfalls ginge die Regelung völlig ins Leere, was nicht gewollt sein kann. Der enge Wortlaut ist daher im Wege teleologischer Reduktion so zu lesen, dass ein mit der Veräußerung wirtschaftlich zusammenhängender vorzeitiger Auszug unschädlich bleibt. Dann allerdings drängt sich die weitere Frage auf, welcher Zeitraum vorzeitigen Auszuges toleriert wird und ob im Falle der obigen Abwandlung diese Toleranzschwelle schon überschritten ist? Nach dem Gesetzeszweck stellen u.E. Auszug und anschließendes Leerstehen der Wohnung für Zwecke der Veräußerung noch einen Teil der gem. § 23 Abs. 1 Nr. 1 Satz 3 EStG relevanten steuerbegünstigten Eigennutzung dar.[676] Schädlich wäre nur eine evtl. Zwischenvermietung. Jedenfalls wäre es zur Rettung der Steuerbefreiung im obigen Beispiel absurd zu verlangen, dass der Steuerpflichtige bis zur endgültigen Veräußerung die Eigennutzung seines Hauses erneut aufnimmt.

In diesem Zusammenhang lässt sich noch ein weiterer Aspekt anführen: Nach dem Gesetzeswortlaut ist Eigennutzung im Zeitraum zwischen Anschaffung/Fertigstellung und Veräußerung erforderlich. Streng genommen verlangt das Gesetz keine Eigennutzung „ab dem Zeitpunkt" der Anschaffung/Fertigstellung „bis zum Zeitpunkt" der Veräußerung. Vielmehr genügt ausschließliche Eigennutzung „im" genannten Zeitraum. Damit ist auch folgender Sachverhalt begünstigt: A erwirbt zum 1.11.07 ein Einfamilienhaus und veräußert es zum 1.7.09. Das Haus diente in der Zeit vom 1.1.08 bis zum 31.12.08 eigenen Wohnzwecken. Im Übrigen stand das Haus leer. „Im" Zeitraum zwischen Anschaffung und Veräußerung diente das Haus ausschließlich eigenen Wohnzwecken. Eine andere Nutzung unterblieb. § 23 Abs. 1 Nr. 1 Satz 3 erste Alternative EStG ist u.E. erfüllt, weil im

234

---

676 Siehe aber BMF vom 5.10.2000, BStBl. I 2000, 1383 Rz. 25: „Ein Leerstand zwischen Beendigung der Selbstnutzung und Veräußerung ist unschädlich, wenn das Wirtschaftsgut im Jahr der Beendigung der Nutzung zu eigenen Wohnzwecken und in den beiden vorangegangenen Jahren zu eigenen Wohnzwecken genutzt wurde." Das kann – auch mit Blick auf das anschließend in Rz. 25 gebildete Beispiel – geschlossen werden, dass im Veräußerungsjahr eine, wenn auch geringfügige, Eigennutzung stattgefunden haben muss.

Die Immobilie als Gegenstand privater Veräußerungsgeschäfte

genannten Zeitraum keine anderweitige Nutzung stattfand. Selbst die fehlende Eigennutzung im Veräußerungsjahr ist nach dem Gesetzeswortlaut unschädlich.[677] Demzufolge spielt es auch keine Rolle, wann der Steuerpflichtige die von ihm erworbenen Immobilie bezieht. Er ist insbesondere nicht zum sofortigen Einzug gezwungen.[678] Entscheidend muss allein sein, ob neben der Eigennutzung evtl. noch eine anderweitige Nutzung erfolgt. Allein diese wäre schädlich. Eine völlig andere Frage ist freilich, ob der Steuerpflichtige bereits mit Hilfe einer extrem kurzen Eigennutzung eine Steuerbefreiung erreichen kann. Hier wird die Finanzverwaltung evtl. versuchen, eine Steuerpflicht über § 42 AO zu begründen.

5.1.2. Zur Schädlichkeit des häuslichen Arbeitszimmers

235 Ein weiteres Problem bildet das häusliche Arbeitszimmer. Es drohen zwei Risiken:
a) Der Veräußerungsgewinn unterliegt insgesamt einer Besteuerung, weil insoweit keine Nutzung zu eigenen Wohnzwecken vorliegt und der Steuerpflichtige damit am Merkmal „ausschließlicher" Eigennutzung im Sinne des § 23 Abs. 1 Nr. 1 Satz 3 erste Alternative EStG scheitert (Variante 1).
b) Wertet man das Arbeitszimmer als selbständiges Wirtschaftsgut, ist der Veräußerungsgewinn nur steuerpflichtig, soweit er darauf entfällt. Im Übrigen bleibt die Veräußerung der (restlichen) Wohnung als begünstigtes Wirtschaftsgut steuerfrei (Variante 2).

Die Finanzverwaltung[679] hat sich für eine Lösung nach Variante 2 entscheiden. Ein häusliches Arbeitszimmer dient danach nicht Wohnzwecken, auch dann nicht, wenn die betreffenden Aufwendungen weder als Betriebsausgaben noch Werbungskosten abzugsfähig sind. Dem kann man inzwischen die Neufassung des § 4 Abs. 5 Satz 1 Nr. 6b EStG entgegenhalten. Nach *Musil*[680] ist dieses nunmehr grundsätzlich dem Bereich privater Nutzung zuzuordnen, womit eine Steuerbefreiung gerechtfertigt wäre.[681]

5.2. Eigennutzung im Jahr der Veräußerung sowie in den beiden vorangegangen Jahren

236 § 23 Abs. 1 Nr. 1 Satz 3 zweite Alternative EStG entschärft die nutzungsmäßigen Voraussetzungen. Sie fordert nur eine Nutzung zu eigenen Wohnzwecken so-

---

677 Anders verhält es sich in § 23 Abs. 1 Nr. 1 Satz 3 zweite Alternative EStG. Sie fordert ausdrücklich Eigennutzung auch im Veräußerungsjahr; siehe Rz. 238.
678 So wohl BMF vom 5.10.2000, BStBl. I 2000, 1383 Rz. 25.
679 BMF vom 5.10.2000, BStBl. I 2000, 1383 Rz. 21. Ebenso FG Münster vom 28.8.2003, EFG 2004, 45.
680 Herrmann/Heuer/Raupach, § 23 EStG Anm. 130.
681 AA Schmidt/Weber-Grellet 29. Aufl. § 23 EStG Rz. 18; ebenso Kube in Kirchhof, 9. Aufl. § 23 EStG Rz. 6.

wohl im Veräußerungsjahr (Abschnitt 1) als auch in den beiden vorangegangenen Jahren (Abschnitt 2), ohne Anspruch auf eine ausschließliche Eigennutzung.

5.2.1. Eigennutzung in den beiden vorangegangenen Jahren

§ 23 Abs. 1 Nr. 1 Satz 3 zweiter Alternative EStG ist tatbestandlich nur erfüllt, wenn die Wohnung auch in den beiden vorangegangenen Jahren eigenen Wohnzwecken diente. Die Eigennutzung muss zwar einen zusammenhängenden Zeitraum umfassen und nach dem insoweit eindeutigen Gesetzeswortlaut drei aufeinanderfolgende Kalenderjahre berühren. Er muss sich jedoch nicht auf drei volle Kalenderjahre erstrecken.[682]

Beginn der Eigennutzung: Spannend ist in diesem Zusammenhang die Frage, wann die Eigennutzung im Sinne des § 23 Abs. 1 Satz 1 Nr. 1 Satz 3 EStG tatsächlich beginnt. Nach Auffassung des BFH im Urteil vom 18.1.2006[683] dient eine Wohnung eigenen Wohnzwecken, wenn sie vom Steuerpflichtigen selbst tatsächlich und auf Dauer angelegt bewohnt wird.

Beginn des Einzugs maßgebend: Die Nutzung beginnt nach Meinung des BFH aaO mit dem Einzug in eine im Wesentlichen bezugsfertige Wohnung.[684] „Einzug" bedeutet Beziehen einer Wohnung. Dies ist kein festes Moment, sondern ein dynamischer Prozess. Deshalb kommt es nicht auf den Zeitpunkt an, in dem es der Steuerpflichtige endgültig erreicht hat, seinen Hausstand zu verlagern. Die Aufgabe des bisherigen Hausstandes ist Endpunkt eines Umzugs und muss nicht notwendigerweise mit der Verlagerung des Hausstandes von der bisherigen Wohnung in die neue Wohnung korrespondieren. Das Beziehen der Wohnung kann vielmehr schon früher einsetzen, und zwar mit der Folge, dass der Steuerpflichtige für eine Übergangszeit über zwei Wohnsitze verfügt. Dem entspricht es, wenn die Rechtsprechung den Begriff der Selbstnutzung stets weit gefasst und seine Voraussetzungen schon dann bejaht hat, wenn eine hinreichend ausgestattete Wohnung vorhanden ist, die dem Eigentümer jederzeit zur selbständigen Nutzung zur Verfügung steht. Der BFH konnte im obigen Urteil vom 18.1.2006 offen lassen, ob es dem Zweck des Gesetzes widerspräche, wenn die Veräußerung einer vom Steuerpflichtigen nur zeitweise, auch kurzfristig eigengenutzten Zweitwohnung freigestellt würde.

Im Streitfall war nicht über eine Zweitwohnung zu entscheiden. Der Steuerpflichtige unterhielt nur in der Umzugsphase zwei Wohnungen (Wohnsitze). Tatsächlich aber wollte er lediglich die (erworbene) Wohnung auf Dauer zu eigenen

237

---

682 BMF vom 5.10.2000, BStBl. I 2000, 1383 Rz. 25.
683 BFH/NV 2006, 936.
684 BFH vom 29.11.1988, BStBl II 1989, 322 und vom 29.1.2003, BStBl II 2003, 565.

Die Immobilie als Gegenstand privater Veräußerungsgeschäfte

Wohnzwecken nutzen. Auch in diesem Fall wäre die Besteuerung eines Veräußerungsgewinns bei Aufgabe dieses Wohnsitzes ungerechtfertigt, was der Gesetzgeber mit der in § 23 Abs. 1 Satz 1 Nr. 1 Satz 3 EStG angeordneten Freistellung gerade zu vermeiden suchte.

Gescheiterter vollständiger Einzug: Im Streitfall des obigen BFH-Urteils scheiterte der bereits begonnene Einzug wegen Erkrankung des Steuerpflichtigen. Er hatte die betreffende Wohnung jedoch bereits mit Einrichtungsgegenständen ausgestattet und auch dort sporadisch übernachtet. Dies genügt nach Ansicht des BFH den Anforderungen der Steuerbefreiung, weil die Eigennutzung auf Dauer angelegt war. Unzureichend wäre lediglich eine gelegentliche Nutzung während der Durchführung von Baumaßnahmen und sonstigen Renovierungsarbeiten. Diese stellen noch keine Form der Eigennutzung durch Bewohnen der Wohnung dar.[685]

5.2.2. Eigennutzung im Veräußerungsjahr

238 Zwingend erforderlich ist die Eigennutzung im Veräußerungsjahr.[686] Unterbleibt sie, scheitert die Steuerbegünstigung. Damit kann ebenso wie bereits zu § 10e EStG die sog. „Neujahrsfalle" zuschnappen.

Beispiel 59

A veräußert sein 04 angeschafftes und durchgehend eigengenutztes Einfamilienhaus zum 1.1.10 (Übergang von Nutzen und Lasten).

Abwandlung: *A veräußert zum 1.2.10 und räumt das Haus bereits zum 1.12.09.*

Veräußerungsjahr ist das Jahr 10.[687] A beendet demnach seine Eigennutzung vor dem 1.1.10, weil das wirtschaftliche Eigentum am 1.1.10 auf den Erwerber übergeht. Freilich sollte auch und gerade dieser Fall begünstigt sein. Erreichbar ist dieses sicherlich gewollte Ergebnis über eine Fiktion der Eigennutzung bis zum Übergang wirtschaftlichen Eigentums. Andernfalls hinge die Steuerbegünstigung vom zufällig gewählten Veräußerungszeitpunkt ab. Das kann nicht sein. Daher

---

685 Vgl. BFH in BStBl II 1989, 322, 323.
686 Im Gegensatz zu § 23 Abs. 1 Nr. 1 Satz 3 erste Alternative EStG; siehe Rz. 234.
687 Vgl. dazu auch das zu § 15 EStG ergangene BFH-Urt. vom 10.3.1998, BStBl. II 1999, 269: Bei der Veräußerung eines Anteils an einer Personengesellschaft „mit Wirkung vom 1. Januar" eines Jahres ist nicht allein auf den Wortlaut des Vertrages abzustellen, sondern unter Würdigung aller Umstände zu entscheiden, welchem Feststellungszeitraum der Veräußerungsgewinn zuzurechnen ist. Dies gilt auch bei einer unentgeltlichen Übertragung des Gesellschaftsanteils. Im allgemeinen kann jedoch angenommen werden, dass der Anteil erst in dem Jahr und nicht schon zum 31. Dezember des Vorjahres übertragen wurde.

Steuerliche Privilegierung eigengenutzter Immobilien

ist u.E. auch die Abwandlung begünstigt (siehe dazu bereits Rz. 234). Zur nicht notwendig ausschließlichen Eigennutzung im Veräußerungsjahr siehe die nachfolgende Rz. 239).

5.2.3. Entbehrlichkeit „ausschließlicher" Eigennutzung

§ 23 Abs. 1 Nr. 1 Satz 3 zweite Alternative EStG fordert im Gegensatz zur ersten Alternative keine ausschließliche Eigennutzung. Offenbar ist dies kein redaktionelles Versehen, sondern eine bewusste gesetzgeberische Entscheidung. Dem Gesetzeswortlaut läßt sich allerdings nicht eindeutig entnehmen, wie intensiv die Eigennutzung im Veräußerungsjahr und in den beiden vorangegangenen Jahren gewesen sein muß. Klärungsbedürftig ist insbesondere, ob die unschädliche Nutzung zu anderen als eigenen Wohnzwecken sowohl in räumlicher als auch zeitlicher Hinsicht greift.

239

Beispiel 60

A vermietet Teile seines 04 angeschafften und im Übrigen eigengenutzten Einfamilienhauses an einen Studenten. Er veräußert das Haus zum 1.10.09.

Abwandlung: *A hatte das Haus bis zum 30.6.07 vollständig vermietet und ab 1.7.07 ausschließlich zu eigenen Wohnzwecken genutzt.*

Die teilweise Vermietung des Einfamilienhauses ist unschädlich und steht im Grundfall der steuerfreien Veräußerung nicht im Wege. Das folgt bereits aus dem Wortlaut des § 23 Abs. 1 Nr. 1 Satz 3 zweite Alternative EStG, der gerade keine ausschließliche Eigennutzung verlangt. Teilweise Nutzung zu anderen Zwecken ist mithin unschädlich. Voraussetzung ist allerdings, dass der eigengenutzte Teil des Einfamilienhauses nicht die Qualität eines selbständigen Wirtschaftsgutes erlangt hat. Dann nämlich hätte A den eigengenutzten Teil seines Hauses als selbständiges Wirtschaftsgut ausschließlich zu eigenen Wohnzwecken genutzt und insoweit bereits § 23 Abs. 1 Nr. 1 Satz 3 erste Alternative EStG verwirklicht. Folge dieser Betrachtung wäre bezogen auf das Gesamtgrundstück eine nur partielle Steuerbefreiung im Umfang des eigengenutzten Wirtschaftsguts. So gesehen gäbe es den Fall eines gleichermaßen eigenen wie fremden Wohnzwecken dienenden Wirtschaftsgutes überhaupt nicht. Die vollständige Befreiung gelingt also nur, wenn in Beispiel 60 von einem einzigen Wirtschaftsgut auszugehen ist. Nach der Theorie vom sog. einheitlichen Nutzungs- und Funktionszusammenhang als Kriterium der Qualifizierung eines Gebäudeteils zum selbständigen Wirtschaftsgut sind solche gemischt-genutzten Wirtschaftsgüter ausgeschlossen. Der Gesetzgeber hätte folglich in § 23 Abs. 1 Nr. 1 Satz 3 EStG bei der Beschreibung möglicher Nutzungen eine Differenzierung vorgenommen, die es tatsächlich nicht gibt. Die vollständige Steuerbefreiung gelingt also nur, wenn vorliegend die Existenz zweier Wirtschaftsgüter geleugnet wird.[688] A könnte freilich diese Schwierigkeiten vermeiden, indem er die Vermietung rechtzeitig beendet und bis zur Veräußerung das gesamte Haus selbst nutzt. Der Vorgang wäre in vollem Umfang steuerfrei, weil jetzt nur noch ein Wirtschaftsgut vorläge.

240 Ausgehend von der Annahme getrennter Wirtschaftsgüter ist auch die Abwandlung zu Beispiel 60 eindeutig lösbar und eine steuerfreie Veräußerung zu bejahen. A nutzt hier das Haus ab 1.7.07 zu eigenen Wohnzwecken. Dadurch entsteht das in § 23 Abs. 1 Nr. 1 Satz 3 EStG steuerbefreite Wirtschaftsgut. Es wird fortan bis in das Veräußerungsjahr hinein (ausschließlich) zu eigenen Wohnzwecken genutzt. Die Steuerfreiheit ist damit bereits gem. § 23 Abs. 1 Nr. 1 Satz 3 erste Alternative EStG erreichbar.

Unterstellt man allerdings ein einziges und damit gemischt-genutztes Wirtschaftsgut, ist fraglich, ob sich A die zeitweise ausschließliche Vermietung als schädlich vorhalten lassen muss.[689] Nach *Kohlrust-Schulz*[690] ist Eigennutzung über volle drei Jahre entbehrlich. *Risthaus*[691] wiederum bezweifelt am Beispiel des wechselweise eigen- und fremdgenutzten Ferienhauses die Unschädlichkeit zeitweiser ausschließlicher Fremdnutzung. Beide Sachverhalte sind jedoch von unterschiedlicher Qualität. Die steuerfreie Veräußerung des gelegentlich eigengenutzten Ferienhauses wird schon daran scheitern, dass es gerade nicht eigenen Wohnzwecken im Sinne des von der Rechtsprechung[692] zu § 10e EStG geprägten Tatbestandsmerkmals dient. Eine zeitweise (nicht wechselweise) vollständige Vermietung hingegen muss nicht unbedingt schädlich sein. Es darf für die steuerliche Behandlung keinen Unterschied machen, ob der Steuerpflichtige das betreffende Objekt im Jahr 02 anschafft und im Jahr 04 veräußert oder ob er im Jahr 02 mit der Eigennutzung nach vorheriger Vermietung erstmals beginnt. In beiden Fällen tangiert die Eigennutzung den im Gesetz geforderten Dreijahreszeitraum. § 23 Abs. 1 Nr. 1 Satz 3 EStG spricht nicht davon, dass sie volle drei Jahre umfassen muss. Es reicht, wenn der Steuerpflichtige die Immobilie ein einziges Kalender-

---

688 Dann muss allerdings begründet werden, warum für den vermieteten Teil eine Gebäude-AfA nach § 7 Abs. 5a EStG vorzunehmen ist.
689 Vgl. Wendt, EStB 1999 S. 58, der hier Klärungsbedarf sieht.
690 NWB Fach 3 S. 10779.
691 DB 1999, 1034.
692 Siehe dazu auch FG Münster vom 25.9.1998, StE 1999 S. 19: Grundsätzliche Voraussetzung für eine Eigennutzung gem. § 10 e EStG ist daher, dass die Wohnung dem Steuerpflichtigen oder seinen Familienangehörigen grundsätzlich zur jederzeitigen Nutzung ständig zur Verfügung steht (BFH vom 23.7.1997, BFH/NV 1998, 160, 161 f.).

jahr und weitere zwei Tage (in jeweils verschiedenen Kalenderjahren) als Eigentümer nutzt. Dem Gesetz ist nichts anderes zu entnehmen.

Folgt man *Kohlrust-Schulz*, ist allerdings auch die Variante begünstigt, dass A im obigen Beispiel 60 die Wohnung ab 2.1.09 bis zur Veräußerung (z.b. an den späteren Käufer) vermietet. § 23 Abs. 1 Nr. 1 Satz 3 EStG verlangt keine durchgehende Eigennutzung bis zur Veräußerung selbst. Es genügt Eigennutzung „im" Veräußerungsjahr, also ggf. nur am 1. Januar des Veräußerungsjahres.

5.3. Räumliche Verlagerung eigengenutzer Flächen innerhalb desselben Gebäudes

Vorsicht ist im Rahmen des § 23 Abs. 1 Nr. 1 Satz 3 EStG bei einer räumlichen Verlagerung eigengenutzter Wohnflächen angezeigt.

241

Beispiel 61

A erwarb 03 ein Zweifamilienhaus. Die Erdgeschoßwohnung ist vermietet, die gleich große Obergeschoßwohnung wird unmittelbar nach Anschaffung von A zu eigenen Wohnzwecken genutzt. Nach Auszug des Mieters zum 31.12.07 zieht A im Januar 08 in die Erdgeschoßwohnung und vermietet die Wohnung im Obergeschoß.

Sieht man in der seit Januar 08 eigengenutzten Erdgeschoßwohnung das steuerbefreite Wirtschaftsgut im Sinne des § 23 Abs. 1 Nr. 1 Satz 3 EStG, wäre die geforderte Eigennutzung im Veräußerungsjahr (= 09) und in den beiden vorangegangenen Kalenderjahren 07 und 08 im Grunde zu verneinen. Tatsächlich aber wurde stets eine Wohnung im Zweifamilienhaus eigengenutzt, so dass nach Sinn und Zweck der gesetzlichen Neuregelung die Steuerfreiheit greifen müsste. Damit stellt sich die Frage, ob
a) der Gebäudeteil im Sinne des durch den einheitlichen Nutzungszusammenhang und Funktionszusammenhang begründeten selbständigen Wirtschaftsguts identisch ist mit den realen, einer bestimmten Nutzung unterliegenden Räumlichkeiten oder
b) ob sich dieser in einem ideellen (quotalen) Anteil am Gebäude ausdrückt.

Nach Auffassung des FG Karlsruhe[693] führt die räumliche Verlagerung von Betriebsteilen („Raumtausch") innerhalb eines Gebäudes nicht zu einer Entnahme, wenn die betrieblich genutzte Fläche per Saldo unverändert bleibt und folglich

---

693 Urt. vom 6.9.1994, EFG 1995, 107. Anschluss an FG München vom 16.5.1990, EFG 1991, 64. GlA FG Düsseldorf vom 19.10.1993, EFG 1994, 346.

Die Immobilie als Gegenstand privater Veräußerungsgeschäfte

der ideelle (quotale) Anteil der betrieblichen Nutzung des Gebäudes nicht sinkt. Demzufolge wäre es in Beispiel 61 unerheblich, welche der beiden gleich großen Wohnungen im Zeitpunkt der Veräußerung (zufällig) noch eigenen Wohnzwecken diente. Höchstrichterlich ist das u.E. allerdings noch ungeklärt.[694]

II. Einbringung von Grundstücken in ein Betriebsvermögen mit späterer Veräußerung aus dem Betriebsvermögen heraus

242   In § 23 Abs. 1 EStG wurde durch das Steuerbereinigungsgesetz 1999[695] der folgende bemerkenswerte Satz 5 eingefügt:

„Als Veräußerung im Sinne des Satzes 1 Nr. 1 gilt auch
- die Einlage eines Wirtschaftsguts in das Betriebsvermögen, wenn die Veräußerung aus dem Betriebsvermögen innerhalb eines Zeitraums von zehn Jahren seit Anschaffung des Wirtschaftsguts erfolgt und
- die verdeckte Einlage in eine Kapitalgesellschaft.

Der Gesetzgeber hat damit eine Gesetzeslücke geschlossen, weil nach der bisherigen Gesetzesfassung der Wechsel vom Privat- ins Betriebsvermögen ein steuerneutraler Vorgang war. Eine § 17 Abs. 1 Satz 2 EStG entsprechende Veräußerungsfiktion[696] fehlte in § 23 bislang. Sie konnte auch nicht durch Auslegung hineininterpretiert werden. Andernfalls ergäbe die ausdrückliche Erwähnung der verdeckten Einlage in § 17 Abs. 1 Satz 2 EStG als bewusste Reaktion auf die unerwünschte frühere BFH-Rechtsprechung keinen Sinn.

Zeitliche Anwendung der Regelung: Die Veräußerungsfiktion des § 23 Abs. 1 Satz 5 EStG gilt gem. § 52 Abs. 39 Satz 3 EStG erstmals für Einlagen und verdeckte Einlagen, die nach dem 31.12.1999 vorgenommen werden.

---

694 Nach Schmidt/Heinicke 29. Aufl. § 4 EStG Rz. 302 ist inzwischen durch BFH vom 6.11.1991, II BStBl. 1991, 391 – wenn auch mit nach seiner Meinung unzutreffender Begründung – geklärt, dass die Verlagerung betrieblich genutzter Gebäudeteile innerhalb desselben Gebäudes gewinnneutral möglich ist.
695 BStBl. I 2000, 15.
696 Danach gilt die verdeckte Einlage der Beteiligung an einer Kapitalgesellschaft in eine andere Kapitalgesellschaft als Veräußerung im Sinne des § 17 EStG.

Einbringung von Grundstücken in ein BV mit späterer Veräußerung

1. Einlage eines Wirtschaftsgutes in das Betriebsvermögen

1.1. Bedeutung des Einlagezeitpunktes

Die Einlage eines Grundstücks ins Betriebsvermögen gilt nur mit der Maßgabe als Veräußerung, dass der Verkauf aus dem Betriebsvermögen innerhalb eines Zeitraums von zehn Jahren seit seiner Anschaffung erfolgt.[697] Damit ist die Einlage nicht schlechthin als Veräußerung anzusehen, so wie umgekehrt die Entnahme gem. § 23 Abs. 1 Satz 2 EStG stets als Anschaffung gilt und die 10-Jahresfrist auslöst.

243

Beispiel 62

A legt am 1.4.10 ein zum 1.1.05 angeschafftes Grundstück in das Betriebsvermögen seines Gewerbebetriebes ein. Das Grundstück wird zum 1.1.13 veräußert.

Abwandlung: *Die Veräußerung erfolgt zum 1.1.18.*

Im Ausgangsfall gilt die Einlage als Veräußerung im Sinne des § 23 Abs. 1 Satz 5 EStG, weil der Zeitraum zwischen Anschaffung des Grundstücks (im Privatvermögen) und Veräußerung (aus dem Betriebsvermögen) nicht mehr als 10 Jahre beträgt. Es liegt somit zum 1.1.13 nicht nur ein betrieblicher Geschäftsvorfall, sondern kumulativ ein steuerpflichtiges privates Veräußerungsgeschäft vor. Bei erst späterer Veräußerung zum 1.1.18 (**Abwandlung**) ist zwar die 10-Jahresfrist ab Einlage ebenfalls erfüllt. Darauf aber kommt es nach dem insoweit eindeutigen Gesetzeswortlaut nicht an. Der Gesetzgeber wollte mit der Regelung in § 23 Abs. 1 Satz 5 EStG die Besteuerung nicht im Sinne einer Ausdehnung der 10-Jahresfrist verschärfen. Es sollte lediglich eine Minderung des steuerpflichtigen Veräußerungsgewinnes durch Teilwerteinlagen innerhalb der 10-Jahresfrist verhindert werden. Dieser Zielsetzung entspricht es, Veräußerungen außerhalb der 10-Jahresfrist seit Anschaffung des Grundstücks nicht in die Neuregelung einzubeziehen. Ein steuerpflichtiges privates Veräußerungsgeschäft liegt dann nicht mehr vor. Der Steuerpflichtige muss also mit geplanten Grundstückseinlagen nicht bis zum Ablauf der 10-Jahresfrist warten, um einer Besteuerung gem. § 23 EStG zu entgehen.

---

[697] BMF vom 5.10.2000, BStBl. I 2000, 1383 Rz. 3.

1.2. Einlage ins Betriebsvermögen

244 Entscheidend ist gem. § 23 Abs. 1 Satz 5 EStG die Einlage eines Wirtschaftsguts in das Betriebsvermögen. Als Betriebsvermögen kommen in Betracht:
- das Betriebsvermögen eines Betriebes des Steuerpflichtigen
- das zu einer mitunternehmerischen Beteiligung des Steuerpflichtigen gehörende Sonderbetriebsvermögen
- das Betriebsvermögen oder Sonderbetriebsvermögen eines Dritten
- das Gesamthandsvermögen einer Personengesellschaft, an der der Steuerpflichtige beteiligt ist.[698]

Der Steuerpflichtige muss die Einlage mithin nicht zwingend in das eigene Betriebsvermögen vornehmen, um den Tatbestand des § 23 Abs. 1 Satz 5 EStG zu verwirklichen. Natürlich erfolgt dann ein Wechsel des Besteuerungssubjektes.

Beispiel 63

Vater V schenkt ein zum 1.1.05 angeschafftes Grundstück am 1.5.10 seinem Sohn S zur betrieblichen Nutzung. S veräußert das Grundstück zum 1.1.12.

Die unentgeltliche Übertragung des Grundstücks auf S ist aus der Sicht des V steuerlich neutral, denn es findet eine Schenkung aus dem Privatvermögen des V zunächst in das Privatvermögen des S statt. Eine Einlage gem. § 23 Abs. 1 Satz 5 EStG wird erst anschließend in der Person des S verwirklicht. Ihm ist als Einzelrechtsnachfolger gem. § 23 Abs. 1 Satz 3 EStG die Anschaffung des Grundstücks durch V steuerlich zuzurechnen. Damit erfüllt allein S im Zeitpunkt der Grundstücksveräußerung zum 1.1.12 den Besteuerungstatbestand gem. § 23 Abs. 1 Nr. 1 Satz 1 und Satz 5 EStG, weil er innerhalb von 10 Jahren nach Anschaffung des Grundstücks (durch V) dieses aus dem Betriebsvermögen veräußerte.

Der Einlagetatbestand wird ebenso im Falle der Grundstücksübertragung in das Gesamthandseigentum einer mitunternehmerischen Personengesellschaft (§ 15 Abs. 1 Nr. 2 EStG) erfüllt. Voraussetzung ist allerdings, dass die Einbringung nicht gegen Gewährung von Gesellschaftsrechten erfolgt.[699] Sie ist steuerpflichtiger Tausch[700] und daher unmittelbar gem. § 23 Abs. 1 Nr. 1 Satz 1 EStG in eine Besteuerung einzubeziehen. Die Finanzverwaltung[701] sah das früher anders und

---

698 BMF vom 5.10.2000, BStBl. I 2000, 1383 Rz. 2.
699 BMF vom 5.10.2000, BStBl. I 2000, 1383 Rz. 2.
700 Vgl. dazu BFH vom 19.10.1998, BFH/NV 1999, 849.
701 BMF-Schreiben vom 20.12.1977, BStBl. I 1978, 8 Rz. 49.

Einbringung von Grundstücken in ein BV mit späterer Veräußerung

unterstellte gem. § 6 Abs. 1 Nr. 5 EStG mit dem Teilwert zu bewertende Einlagen.[702] Inzwischen ist klar, dass hier keine Veräußerung vorliegt.[703] Eine Übertragung gegen Gewährung von Gesellschaftsrechten liegt vor, wenn die bei der Gesellschaft eingetretene Erhöhung ihres Vermögens demjenigen Kapitalkonto des einbringenden Gesellschafters gutgeschrieben wird, das für seine Beteiligung am Gesellschaftsvermögen maßgebend ist.[704]

Beispiel 64

A überträgt ein 06 angeschafftes Grundstück zum 1.1.11 auf die A/B-OHG. Der Teilwert wird seinem (nicht gesamthänderisch) gebundenen Kapitalkonto II gutgeschrieben, das nicht für die Beteiligung am Gesellschaftsvermögen maßgebend ist. Die OHG veräußert das Grundstück zum 1.1.13.

Abwandlung: *Der Teilwert wird einem gesamthänderisch gebundenen Rücklagenkonto gutgeschrieben.*

Im Grundfall erzielt A im Veräußerungsjahr 13 einen Veräußerungsgewinn gem. § 23 Abs. 1 Nr. 1 Satz 1 und Satz 5 EStG. Erfolgt eine Erhöhung der gesamthänderisch gebundenen Rücklagen (Abwandlung), ist der private Veräußerungsgewinn A und B anteilig zuzurechnen.

Zu beachten sind in diesem Zusammenhang auch teilentgeltliche Übertragungen.

Beispiel 65

A überträgt ein 06 für 800.000 € angeschafftes Grundstück zum 1.1.11 auf die A/B-OHG (Verkehrswert 1 Mio. DM). Die OHG zahlt ihm dafür 0,5 Mio. €M, die restlichen 0,5 Mio. € werden dem gesamthänderisch gebundenen Kapitalkonto II gutgeschrieben, das nicht für die Gewinnverteilung maßgebend ist. Die OHG veräußert das Grundstück zum 1.1.13 für 1,2 Mio. €.

Es liegt hier eine teilentgeltliche Übertragung auf die OHG vor. A realisiert daher im Umfang entgeltlicher Übertragung bereits im Einbringungszeitpunkt zum 1.1.11 den Veräußerungstatbestand des § 23 Abs. 1 Nr. 1 Satz 1 EStG mit folgendem Veräußerungsgewinn:

245

---

702 Vgl. dazu auch Risthaus, FR 2000, 131 unter Hinweis darauf, dass die Reaktion der Finanzverwaltung auf BFH vom 19.10.1998 aaO abzuwarten ist.
703 BMF vom 5.10.2000, BStBl. I 2000, 1383 Rz. 2.
704 BMF-Schreiben vom 20.12.1977, BStBl. I 1978, 8 Rz. 24. Siehe dazu ausführlich Rz. 19f.

Die Immobilie als Gegenstand privater Veräußerungsgeschäfte

Erlös	500.000 €
- 50 % der Anschaffungskosten	400.000 €
Veräußerungsgewinn	100.000 €.

Im Übrigen ist hinsichtlich der unentgeltlichen Übertragung eine mit dem Teilwert anzusetzende Einlage gegeben. Nur insoweit wird bei späterer Veräußerung aus dem Betriebsvermögen der OHG heraus § 23 Abs. 1 Satz 5 EStG verwirklicht, so dass A im Jahr 13 den restlichen Gewinn von ebenfalls 100.000 € (Einlagewert 500.000 € - 50 % der Anschaffungskosten 400.000 €) versteuern muss.[705]

1.3. Einlage von „Wirtschaftsgütern"

246 Die Neuregelung des § 23 Abs. 1 Satz 5 EStG gilt nur für die Einlage von Wirtschaftsgütern. Sie sind mit dem Gegenstand des späteren Veräußerungsgeschäftes nicht zwingend identisch.

Beispiel 66

A ist Eigentümer eines 06 angeschafften gemischt-genutzten Grundstücks. Das Erdgeschoss dient seit dem 1.1.10 eigenen gewerblichen Zwecken (stille Reserven 100.000 €), das Obergeschoss vermietet er zu Wohnzwecken. A veräußert das Grundstück zum 1.12.

Das Erdgeschoss wird mit Beginn der eigengewerblichen Nutzung zum 1.1.10 ein selbständiges unbewegliches Wirtschaftsgut und ist mit dem Teilwert in das Betriebsvermögen einzulegen. Die vermietete Wohnung im Obergeschoss bleibt Privatvermögen. Mit der Veräußerung des gesamten Grundstücks verwirklicht A daher einerseits unmittelbar § 23 Abs. 1 Nr. 1 Satz 1 EStG (Obergeschoss) und andererseits § 23 Abs. 1 Satz 5 EStG (Erdgeschoss). Die bis zur Einlage entstandenen stillen Reserven werden also der Besteuerung nicht entzogen. Die gesetzliche Neuregelung trifft also nur das ins Betriebsvermögen eingelegte Wirtschaftsgut „Erdgeschoss". Hätte der Gesetzgeber in § 23 Abs. 1 Satz 5 EStG auf die Einlage des gesamten Grundstückes und nicht auf den insoweit engeren Begriff „Wirtschaftsgut" abgestellt, blieben die stillen Reserven von 100.000 € unbesteuert.

---

705 Ebenso Risthaus, FR 2000, 133. Zur Rechtsentwicklung siehe aber Rz. 19 f.

Einbringung von Grundstücken in ein BV mit späterer Veräußerung

2. Ermittlung und Besteuerungszeitpunkt des Veräußerungsgewinnes

2.1 Teilwert als Ersatzbemessungslage

Bei der Veräußerung ins Betriebsvermögen eingelegter Wirtschaftsgüter tritt gem. § 23 Abs. 3 Satz 2 EStG an die Stelle des Veräußerungspreises der für den Zeitpunkt der Einlage nach § 6 Abs. 1 Nr. 5 EStG angesetzte Wert. Damit ist eine zutreffende Abgrenzung des gewerblichen vom privaten Veräußerungsgewinn gewährleistet.

247

Beispiel 67

Unternehmer U legt ein Grundstück in das Betriebsvermögen seines Gewerbebetriebes ein. Einlage und Veräußerung aus dem Betriebsvermögen erfolgen in allen nachstehenden Fällen innerhalb von 10 Jahren seit der Grundstücksanschaffung.

Fall	Anschaffung im Privatvermögen	Einlage zum Teilwert von	Veräußerung für
1	500.000 €	700.000 €	900.000 €
2	500.000 €	700.000 €	700.000 €
3	500.000 €	700.000 €	600.000 €
4	500.000 €	400.000 €	500.000 €

Maßgebend für die Besteuerung des privaten Veräußerungsgewinns sind allein die im Einlagezeitpunkt durch Teilwertansatz festgeschriebenen Wertverhältnisse. Die Höhe des im Betriebsvermögen entstehenden Gewinnes oder Verlustes hingegen bleibt von § 23 Abs. 1 Satz 5 EStG unberührt. Daher ergeben sich die nachstehenden Veräußerungsgewinne bzw. –verluste:

Fall	Gewinn § 23 EStG	Gewinn § 15 EStG
1	200.000 €	200.000 €
2	200.000 €	0 €
3	200.000 €	- 100.000 €
4	- 100.000 €	100.000 €

Das Ergebnis zu Fall 1 und 2 ist wohl aus sich heraus verständlich und bedarf keiner weiteren Kommentierung. An Fall 3 ist jedoch bemerkenswert, dass auf der Grundlage eines „Erlöses" (= Teilwert im Einlagezeitpunkt) von 700.000 € ein

267

Die Immobilie als Gegenstand privater Veräußerungsgeschäfte

Veräußerungsgewinn gem. § 23 EStG in Höhe von 200.000 € entsteht (700.000 € – 500.000 € Anschaffungskosten), obwohl tatsächlich nur 600.000 DM zufließen. Verstößt dies nicht gegen das in § 11 Abs. 1 EStG verankerte und auch zur Ermittlung privater Veräußerungsgewinne maßgebende Zuflussprinzip? Ein solcher Verstoß liegt hier nicht vor. Bei Veräußerung zuvor ins Betriebsvermögen eingelegter Wirtschaftsgüter wird der Veräußerungserlös gem. § 23 Abs. 3 Satz 2 EStG zwingend durch den im Zeitpunkt der Einlage anzusetzenden Wert im Sinne des § 6 Abs. 1 Nr. 5 EStG ersetzt. Er tritt mit der späteren Grundstücksveräußerung an die Stelle des vereinbarten und zufließenden Veräußerungserlöses. Auf den tatsächlich vereinnahmten Betrag kommt es also nicht mehr an.

In Anwendung des Surrogationsprinzips ist auch Fall 3 eindeutig lösbar. U hat hier das Grundstück zu einem unter den Anschaffungskosten liegenden Teilwert in das Betriebsvermögen eingelegt. Zutreffend realisiert er daher mit der späteren Veräußerung einen gewerblichen Veräußerungsgewinn in Höhe von 100.000 €. Gleichzeitig entsteht ein privater Veräußerungsverlust nach § 23 EStG von 100.000 €. Maßgebend bleibt auch bei einem gegenüber den Anschaffungskosten gesunkenem Teilwert die Regelung des § 23 Abs. 3 Satz 2 EStG. Der Teilwert tritt selbst dann an die Stelle des tatsächlichen Veräußerungserlöses, wenn dadurch ein Verlust entsteht. Der grundsätzlich der Steuervermeidung dienende § 23 Abs. 1 Satz 5 EStG wirkt folglich auch zugunsten des Steuerpflichtigen. Hätte U in Beispiel 67 das Grundstück vor dem 1.1.10 eingelegt, wäre der Unterschiedsbetrag zwischen Anschaffungskosten und Teilwert steuerlich endgültig verloren gewesen.

2.2. Besteuerungszeitpunkt

248 Gem. § 23 Abs. 3 Satz 7 EStG sind die jeweiligen Gewinne oder Verluste für das Kalenderjahr anzusetzen, in dem der Preis für die Veräußerung des Grundstücks aus dem Betriebsvermögen zugeflossen ist. Damit gelten auch im Rahmen des neuen Besteuerungstatbestandes grundsätzlich die Spielregeln des § 11 EStG, obwohl der Veräußerungserlös als solcher hier nicht besteuert wird. Besteuert wird ausschließlich – im Zeitpunkt des Zuflusses des Veräußerungserlöses – der Teilwert des Grundstücks. Das schafft Probleme.

Beispiel 68

Ein 07 für 500.000 € angeschafftes Grundstück wird zum 1.1.10 in ein Betriebsvermögen des Steuerpflichtigen eingelegt (Teilwert 700.000 €). Die Veräußerung aus dem Betriebsvermögen erfolgt am 1.12.12 – also innerhalb der 10-Jahresfrist seit Anschaffung im Privatvermögen – zum Kaufpreis von

Einbringung von Grundstücken in ein BV mit späterer Veräußerung

900.000 €. Dieser fließt in zwei Raten von je 450.000 € am 1.12.12 sowie am 10.1.13 zu.

Abwandlung: *Der Teilwert beträgt 400.000 €, der Veräußerungspreis 600.000 €. Er fließt in den Jahren 12 (= 400.000 €) und 13 (= 200.000 €) zu.*

Im Ausgangsfall entsteht zunächst zweifelsfrei für das Wirtschaftsjahr 12 ein gewerblicher Gewinn in Höhe von 200.000 € (Erlös 900.000 € – 700.000 € Einlagewert). Auf den ratenweisen Zufluss des Erlöses kommt es bei Gewinnermittlung durch Bestandsvergleich nicht an. Der private Veräußerungsgewinn gem. § 23 beträgt ebenfalls 200.000 € (Teilwert 700.000 € – Anschaffungskosten 500.000 €). Er ist gem. § 23 Abs. 3 Satz 7 EStG in dem Kalenderjahr anzusetzen, in dem der Kaufpreis zufließt. Der Zufluss erstreckt sich hier allerdings auf zwei Kalenderjahre, ein Sachverhalt, der vom Gesetz so nicht berücksichtigt wird. Es ist daher nach den allgemeinen Grundsätzen zur Ermittlung privater Veräußerungsgewinne zu verfahren. Danach ist der Veräußerungsgewinn bei ratenweisem Zufluss des Erlöses in dem Kalenderjahr zu berücksichtigen, in dem die Raten die Anschaffungskosten des veräußerten Grundstücks übersteigen. Dies bedeutet eine Besteuerung des Veräußerungsgewinnes erst im Jahr 13:

	Gewinn 12	**Gewinn 13**
Zufluss Erlös	450.000 €	250.000 €
Anschaffungskosten	- 450.000 €	- 50.000 €
Gewinn § 23 EStG	0 €	200.000 €

Es ließe sich freilich auch die Meinung vertreten, dass im Jahr 12 nicht 450.000 € mit den Anschaffungskosten zu verrechnen sind, sondern lediglich 350.000 €. Grundlage dieser Berechnung wäre die Überlegung, der Veräußerungserlös von insgesamt 900.000 € enthalte einen im Rahmen des § 23 EStG nicht steuerbaren Erlösbestandteil von 200.000 € (= Erlös – Teilwert), der im Proporz der zufließenden Raten (12 = 50 % und 13 = 50 %) aufzuteilen sei. Am obigen Ergebnis einer steuerlichen Erfassung des Gewinnes erst im Jahr 13 würde dies allerdings nichts ändern.

Lösung Abwandlung: Der gewerbliche Gewinn beträgt 200.000 € (Erlös 600.000 € – Teilwert 400.000 €). Im privaten Vermögensbereich wiederum entsteht ein Veräußerungsverlust von 100.000 € (Teilwert 400.000 € – Anschaffungskosten 500.000 €). Hinsichtlich der zeitlichen Zuordnung des Verlustes lassen sich verschiedene Lösungen vertreten:

Die Immobilie als Gegenstand privater Veräußerungsgeschäfte

Variante a):

	Gewinn 12	Gewinn 13
Zufluss Erlös	400.000 €	0 €
Anschaffungskosten	- 500.000 €	0 €
Gewinn § 23 EStG	- 100.000 €	0 €

Variante b):

	Gewinn 12	Gewinn 13
Zufluss Erlös	400.000 €	0 €
Anschaffungskosten	- 400.000 €	- 100.000 €
Gewinn § 23 EStG	€	- 100.000 €

Variante c):

	Gewinn 12	Gewinn 13
Zufluss Erlös	266.666 €	133.334 €
Anschaffungskosten	- 266.666 €	- 233.334 €
Gewinn § 23 EStG	0 €	- 100.000 €

Für Variante a) spricht, dass bereits im Jahr 12 der gesamte im Rahmen des § 23 EStG erfassbare Veräußerungserlös (= Teilwert von 400.000 €) zugeflossen ist und den Rest des Veräußerungserlöses von 200.000 € die Höhe des Veräußerungsverlustes unberührt lässt. Zugunsten von Variante b) wiederum ließe sich anführen, dass mit Zufluss der letzten Rate der Verlust endgültig realisiert werde und außerdem der Gesetzeswortlaut die zeitliche Zurechnung des Verlustes eindeutig an den Zufluss des Veräußerungserlöses knüpft. Damit bliebe grundsätzlich jede Rate zur Bestimmung der zeitlichen Zuordnung des Verlustes von Bedeutung. Einen ähnlichen Anknüpfungspunkt hat Variante c). Hier wird der gem. § 23 EStG steuerlich relevante Teil des gesamten Veräußerungserlöses von insgesamt 400.000 € (= Einlagewert) im Proporz der tatsächlich zufließenden Raten berücksichtigt. U.E. begünstigt der Gesetzeswortlaut die Lösung nach Variante c).

2.3. Sonderfälle der Gewinnermittlung

250 Die Sonderregelung des § 23 Abs. 1 Satz 5 EStG darf nicht darüber hinwegtäuschen, dass abgesehen von der Behandlung des Einlagewertes als Erlössurrogat die allgemeinen Grundsätze der Gewinn- und Verlustermittlung anwendbar bleiben. Die damit verbundenen Auswirkungen sollen kurz angesprochen werden.

Einbringung von Grundstücken in ein BV mit späterer Veräußerung

2.3.1. Abzug von Werbungskosten

Entstehen bis zur Einlage als Werbungskosten abzugsfähige Aufwendungen, behalten diese ihre Abzugsfähigkeit ungeachtet der Überführung des Grundstücks ins Betriebsvermögen bei.

Beispiel 69

A legt ein 04 unter Inanspruchnahme eines Darlehens für 200.000 € angeschafftes unbebautes Grundstück zum 1.1.10 in das Betriebsvermögen ein (Teilwert 300.000 €), das bislang keiner Einkunftserzielung diente. Die bis zur Einlage entstandenen Zinsen belaufen sich auf insgesamt 60.000 €. Das Grundstück wird zum 1.1.12 für 400.000 € veräußert.

Der private Veräußerungsgewinn beträgt

Erlös (Einlagewert)	300.000 €
- Anschaffungskosten	200.000 €
- Werbungskosten (Zinsen)	60.000 €
Veräußerungsgewinn	40.000 €.

2.3.2. Behandlung von Veräußerungskosten

Soweit unter Rz. 250 die unveränderte Abzugsfähigkeit bis zur Grundstückseinlage entstandener Schuldzinsen bejaht wird, bedeutet dies nicht zwangsläufig, dass hinsichtlich der anschließend entstehenden Aufwendungen ebenso verfahren werden muss. Fallen daher in Zusammenhang mit der Grundstücksveräußerung Veräußerungskosten an (z.B. Maklercourtage, Grunderwerbsteuer, Beratungskosten, Kosten für Wertgutachten), mag zwar ein erster Eindruck die Versuchung begünstigen, solche Aufwendungen im Proporz des betrieblichen und privaten Veräußerungsgewinnes aufzuteilen. Derartigen Versuchungen ist jedoch zu widerstehen. Die Bemühungen ein Grundstück zu veräußern, das im Zeitpunkt der Veräußerung zum Betriebsvermögen gehört, sind ausschließlich betrieblich veranlasst. Sie dienen nicht zugleich der Erzielung privater Veräußerungsgewinne. Das gilt selbst dann, wenn der Verkauf aufgrund hoher Teilwerteinlage einerseits zu einem betrieblichen Verlust und andererseits zu einem privaten Veräußerungsgewinn führt. Die Erfassung eines Gewinnes gem. § 23 Abs. 1 Satz 5 EStG erfolgt nur gelegentlich der betrieblichen Veräußerung. Auch wenn im Einlagezeitpunkt der Besteuerungstatbestand zunächst unvollständig verwirklicht ist (es mangelt noch am Erfordernis der Veräußerung innerhalb der 10-Jahresfrist), so steht doch

Die Immobilie als Gegenstand privater Veräußerungsgeschäfte

die Höhe des potentiell steuerpflichtigen Gewinnes oder Verlustes bereits fest. Offen sind nur die Besteuerung dem Grunde nach sowie der Besteuerungszeitpunkt.

2.3.3. Behandlung des Forderungsausfalls

252 In konsequenter Anwendung dieser Überlegungen beeinflusst der Ausfall der Kaufpreisforderung allein den betrieblichen Bereich.

Beispiel 70

Der Käufer des in Beispiel 69 zum 1.1.12 für 400.000 € veräußerten Grundstücks wird zahlungsunfähig. Die Kaufpreisforderung fällt in Höhe von 200.000 € aus.

Es entsteht zunächst ein betrieblicher Veräußerungsgewinn in Höhe von 100.000 € (Erlös 400.000 € – Einlagewert 300.000 €). Der anschließende Ausfall der zum Betriebsvermögen gehörenden Kaufpreisforderung wiederum bewirkt einen betrieblichen Verlust von 200.000 €. Der Forderungsausfall schlägt weder auf den Einlagewert des Grundstücks zurück noch hat eine anteilige Reduzierung des privaten Veräußerungsgewinnes zu erfolgen.

3. Verdeckte Einlage in eine Kapitalgesellschaft

253 Ebenso wie die Einlage von Grundstücken in ein Betriebsvermögen (siehe Rz. 246) gilt als Veräußerung im Sinne des § 23 Abs.1 Satz 1 Nr. 1 EStG gem. § 23 Abs. 1 Satz 5 Nr. 2 EStG auch dessen verdeckte Einlage in eine Kapitalgesellschaft. An die Stelle des Einlagewertes tritt hier gem. § 23 Abs. 3 Satz 2 EStG der gemeine Wert des Grundstücks.

Abgesehen von diesen Parallelen zur Grundstückseinlage im Sinne des § 23 Abs. 1 Satz 5 Nr. 1 EStG gibt es jedoch einen gewichtigen Unterschied: Der Gewinn oder Verlust aus dem privaten Veräußerungsgeschäft ist gem. § 23 Abs. 3 Satz 7 EStG bereits für das Kalenderjahr der verdeckten Einlage anzusetzen. Nicht erforderlich ist also eine Veräußerung – durch die empfangende Kapitalgesellschaft – innerhalb der 10-Jahresfrist. Es genügt zur Annahme eines privaten Veräußerungsgeschäftes bereits die Grundstückseinlage innerhalb von 10 Jahren seit Grundstücksanschaffung.

Beispiel 71

A überträgt ein Grundstück (Anschaffung am 10.1.05 für 500.000 €) am 10.1.10 ohne Gegenleistung (Einstellung in die Kapitalrücklage) auf seine

Einbringung von Grundstücken in ein BV mit späterer Veräußerung

GmbH. Der gemeine Wert beträgt 700.000 €. Die GmbH veräußert das Grundstück am 10.1.12 (Abwandlung: am 10.1.18).

In beiden Fällen entsteht bereits im Veranlagungszeitraum 10 ein privater Veräußerungsgewinn in Höhe von 200.000 €. Besonders unangenehm ist die Tatsache, dass mangels Liquidität die Steuerbelastung nicht aus dem Gewinn selbst finanziert werden kann.

4. Entnahme zuvor eingelegter Wirtschaftsgüter – Gesetzeslücke?

Es ist im Grunde verwegen, in einer vom Gesetzgeber bereits selbst bereinigten Vorschrift nach weiteren Lücken zu forschen und ggf. unverändert fortbestehende Mängel aufzuspüren. Eine solche Lücke ist tatsächlich vorhanden. Das abschließende Beispiel mag dies verdeutlichen.

254

Beispiel 72

A legt ein zum 1.1.05 für 100.000 € angeschafftes Grundstück am 1.1.10 zum Teilwert in Höhe von 150.000 € in ein Betriebsvermögen ein. Zum 31.12.12 wird der Betrieb aufgegeben und das Grundstück wieder ins Privatvermögen überführt (Teilwert 170.000 €). Später veräußert A es zum 1.1.13 für 180.000 €.

A hat im vorliegenden Beispiel selbstverständlich den Entnahmegewinn von 20.000 € (Entnahmewert 170.000 € – Einlagewert 150.000 €) als gewerblichen Gewinn zu versteuern. Außerdem ist die Grundstücksentnahme gem. § 23 Abs. 1 Satz 2 EStG als Anschaffung anzusehen. Damit beginnt einerseits die 10-Jahresfrist erneut. Andererseits tritt an die Stelle der Anschaffungskosten des Grundstücks sein Entnahmewert von 170.000 € (§ 23 Abs. 3 Satz 2 EStG). Die Veräußerung des nunmehr (wieder) zum Privatvermögen gehörenden Wirtschaftsguts führt daher zu einem privaten Veräußerungsgewinn in Höhe von lediglich 10.000 € (Erlös 180.000 € – Entnahmewert 170.000 €). Die anlässlich der früheren Einlage zum 1.1.10 aufgedeckten stillen Reserven entziehen sich damit einer Besteuerung. Insbesondere greift die Neuregelung des § 23 Abs. 1 Satz 5 EStG nicht. Sie fordert ausdrücklich eine Veräußerung des eingelegten Wirtschaftsgutes „aus dem Betriebsvermögen". Eine solche Veräußerung findet hier gerade nicht statt. A veräußert aus dem Privatvermögen heraus und muss – insoweit zu seinem Nachteil – auch den erneuten Beginn der 10-Jahresfrist in Kauf nehmen. Der Gesetzgeber hielt es hier offenbar nicht für geboten, auch diesen Sachverhalt steuerverschärfend zu regeln. Einer allzu häufigen Ausnutzung dieser Gesetzes-

Die Immobilie als Gegenstand privater Veräußerungsgeschäfte

lücke dürfte allerdings § 42 AO einen Riegel vorschieben. Insbesondere wer in engem zeitlichen Zusammenhang einlegt, entnimmt und dann veräußert, wird die außersteuerlichen Motive eines solchen Tuns darlegen müssen.

5. Zusammenfassung der Ergebnisse

255
- § 23 Abs. 1 Satz 5 EStG schließt eine Gesetzeslücke und besteuert nunmehr auch die Einlage von Grundstücken in ein Betriebsvermögen, wenn die Veräußerung aus dem Betriebsvermögen heraus innerhalb einer Frist von 10 Jahren seit der Grundstücksanschaffung erfolgt (Rz. 242).
- Die steuerlich erfassbare Einlage kann in jedwedes Betriebsvermögen des Steuerpflichtigen erfolgen (Einzelunternehmen, Sonderbetriebsvermögen oder Gesamthandsvermögen). Insbesondere bei Einlagen in ein Gesamthandsvermögen ist dabei auf teilentgeltliche Übertragungen zu achten (Rz. 245).
- Gegenstand der steuerverhafteten Einlage sind Wirtschaftsgüter. Nicht erforderlich ist daher, dass die Einlage das gesamte Grundstück umfasst. Bedeutung hat dies für gemischt-genutzte Grundstücke (Rz. 246).
- Der Einlagewert tritt an die Stelle des tatsächlichen Veräußerungserlöses. Damit kann bei späterer Veräußerung aus dem Betriebsvermögen heraus auch dann ein privater Veräußerungsgewinn entstehen, wenn der Verkauf im betrieblichen Bereich zu einem Veräußerungsverlust führt (Rz. 247).
- Die Besteuerung des privaten Veräußerungsgeschäftes erfolgt im Zeitpunkt des Zuflusses des Veräußerungserlöses. Dies führt zu Unsicherheiten bei Kaufpreisen, die in Teilbeträgen gezahlt werden (Rz. 248 u. 249).
- Die Veräußerungsfiktion des § 23 Abs. 1 Satz 5 EStG wirft weitere Fragen zur Behandlung von Werbungskosten, Veräußerungskosten und Forderungsausfällen auf (Rz. 250).
- Die verdeckte Einlage von Grundstücken in eine Kapitalgesellschaft innerhalb der 10-Jahresfrist führt – im Gegensatz zur Einlage in ein Betriebsvermögen – zur sofortigen Entstehung eines privaten Veräußerungsgewinnes (Rz. 253). Das kann zu Liquiditätsengpässen führen.
- Die bereinigte Fassung des § 23 EStG enthält eine Gesetzeslücke in den Fällen, in denen der Steuerpflichtige das eingelegte Grundstück wieder entnimmt und erst anschließend veräußert. Hier bleiben die im Zeitpunkt der Einlage aufgedeckten stillen Reserven unbesteuert.

III. Die Einbeziehung von Neubauten in die Besteuerung privater Veräußerungsgeschäfte gem. § 23 EStG

§ 23 EStG wurde durch das Steuerentlastungsgesetz 1999/2000/2002 vom 24.3.1999[706] gravierend umstrukturiert. Eine der Korrekturen betrifft die Einbeziehung hergestellter Gebäude in die Besteuerung privater Veräußerungsgeschäfte. § 23 Abs. 1 Nr. 1 Satz 1 EStG erwähnt zwar unverändert als Grundtatbestand der Besteuerung die Anschaffung und Veräußerung von Grundstücken (sowie grundstücksgleichen Rechten) und dehnt lediglich den Zeitraum steuerrelevanter Erfassung von bisher zwei auf jetzt zehn (!) Jahre aus. Ergänzend dazu aber regelt § 23 Abs. 1 Nr. 1 Satz 2 EStG: „Ein innerhalb dieses Zeitraums fertiggestelltes Gebäude ist einzubeziehen." Daraus entstehen eine Reihe von Fragen, die erheblichen Kommentierungsbedarf auslösen. Einige davon werden hier behandelt. Bemerkenswert ist übrigens die sprachliche Neuorientierung in § 23 EStG. Künftig ist nicht mehr von „Spekulations"geschäften, sondern lapidar von privaten Veräußerungsgeschäften die Rede. Spekulativ bleibt gleichwohl die Einschätzung zahlreicher Rechtsfolgen.

256

1. Gebäudefertigstellung „innerhalb" der 10-Jahresfrist

Im Schrifttum[707] wurde bereits ausgiebig darüber nachgedacht, ob mit der Gebäudefertigstellung eine neue 10-Jahresfrist beginnt oder weiterhin allein auf die Anschaffung des Grund u. Bodens abzustellen ist. Nach der letztgenannten Auffassung unterbleibt eine Besteuerung hergestellter Gebäude, sollte das Grundstück erst zehn Jahre nach seiner Anschaffung (= Abschluss des obligatorischen Kaufvertrags) veräußert werden. Ein auf das Gebäude entfallender Veräußerungsgewinn bliebe damit selbst dann unbesteuert, wenn es kurz zuvor errichtet wurde. Das Schrifttum verneint nahezu einhellig den Beginn einer für den Steuerpflichtigen nachteiligen zweiten 10-Jahresfrist. U.E. zu Recht. Das Gesetz gestattet keine andere Auslegung.[708] Es erübrigt sich, näher darauf einzugehen.[709]

Hiervon abzugrenzen sind allerdings Fälle, in denen der Steuerpflichtige einen Rohbau erwirbt und diesen anschließend fertigstellt. Schon nach bisherigem Recht war die Weiterveräußerung des Grundstücks mit fertiggestelltem Gebäude

---

706 BStBl. I, 1999, 304, 312.
707 Herzig/Lutterbach, DStR 1999, 522; Korn/Strahl, KÖSDI 1999, 11829 Rz. 25 f.; Kohlrust-Schulz, NWB F. 3 S. 10777; Risthaus, DB 1999, 1033; Wendt, EStB 1999, 58; Urban, Inf. 1999, 392; Musil in Herrmann/Heuer/Raupach § 23 EStG Anm. 122.
708 Vgl. insoweit auch die Gesetzesbegründung in BT-Drucks. 14/443 S. 28.
709 Die Forderung von Urban, Inf. 1999, 392, das Gesetz sei insoweit nachzubessern, wird von uns nicht geteilt. Es gibt gravierenderen Nachbesserungsbedarf an anderer Stelle.

Die Immobilie als Gegenstand privater Veräußerungsgeschäfte

wegen der Nämlichkeit von angeschafftem und veräußertem Wirtschaftsgut ein insgesamt steuerpflichtiges Veräußerungsgeschäft.[710] Freilich greift eine solche Besteuerung auch im Rahmen neuen Rechts unmittelbar gem. § 23 Abs. 1 Nr. 1 Satz 1 EStG. Satz 2 hat insoweit keine Bedeutung. Das gilt ebenso, wenn das Gebäude wiederum im unfertigen Zustand veräußert wird. Dem Tatbestandsmerkmal „Fertigstellung" kommt nur gem. § 23 Abs. 1 Nr. 1 Satz 2 EStG, nicht aber nach Satz 1 Bedeutung zu.

2. Einbeziehung „fertiggestellter Gebäude" in die Besteuerung

2.1. Zum Begriff des Gebäudes

257 § 23 Abs. 1 Nr. 1 Satz 2 EStG spricht von der Einbeziehung des fertiggestellten (siehe Rz. 259) Gebäudes. Was im einzelnen unter Gebäude verstanden werden soll, ist § 23 EStG nicht zu entnehmen. Es gelten daher die allgemeinen, d.h. die bewertungsrechtlichen Grundsätze.[711] Gebäude ist danach ein Bauwerk auf eigenem oder fremdem Grund u. Boden, das Menschen oder Sachen durch räumliche Umschließung Schutz gegen äußere Einflüsse gewährt, den Aufenthalt von Menschen gestattet, fest mit dem Grund und Boden verbunden, von einiger Beständigkeit und standfest ist. Der Begriff des Gebäudes ist daher umfassender als der in § 23 Abs. 1 Nr. 1 Satz 3 EStG verwendete Begriff „Wirtschaftsgut". Dies hat, wie sich nachfolgend zeigen wird, weitreichende Konsequenzen (siehe Rz. 258).

Der Gebäudebegriff umfasst nach der obigen Definition keine Betriebsvorrichtungen, Scheinbestandteile, Ladeneinbauten, Außenanlagen (mit Ausnahme von Umzäunungen bei Wohngebäuden), Hof- und Platzbefestigungen.[712] Ein darauf entfallender Veräußerungserlös bleibt – abweichend zur Behandlung angeschaffter bebauter Grundstücke[713] – unbesteuert und muß ggf. herausgeschätzt werden.

---

710 Vgl. BFH vom 29.3.1989, BStBl. II 1989, 652.
711 Siehe R 7.1 Abs. 5 EStR.
712 Siehe dazu im einzelnen H 7.1 „Unbewegliche Wirtschaftsgüter, die keine Gebäude oder Gebäudeteile sind" EStH 2008.
713 Eine Besteuerung kann hier im Übrigen allenfalls gem. § 23 Abs. 1 Nr. 2 EStG innerhalb der dort genannten Jahresfrist erfolgen.

Die Einbeziehung von Neubauten in die Besteuerung

2.2. Veräußerung des fertiggestellten Gebäudes

2.2.1. Teilfertigstellung gemischt-genutzter Gebäude

Wegen der bewussten Verwendung des Begriffs „Gebäude" in § 23 Abs. 1 Nr. 1 Satz 2 EStG ist die steuerliche Behandlung fraglich, sollte das Gebäude im teilfertigen Zustand veräußert werden.

258

Beispiel 73

A beginnt 06 auf seinem 05 für 100.000 € angeschafften Grund u. Boden mit der Errichtung eines Gebäudes, das zu 50 % zu Wohnzwecken vermietet und im Übrigen fremden gewerblichen Zwecken dienen soll. Nach Fertigstellung der Wohnung (Herstellungskosten 300.000 €) Ende 08 wird das Grundstück zum 1.8.09 für insgesamt 800.000 € (Anteil Grund u. Boden 200.000 €) veräußert. Die Herstellungskosten der teilfertigen Gewerbefläche betragen bis dahin 200.000 €.

Unstreitig unterliegt der auf den Grund u. Boden entfallende Veräußerungsgewinn in Höhe von 100.000 €[714] einer Besteuerung gem. § 23 Abs. 1 Nr. 1 Satz 1 EStG, weil dieser innerhalb von 10 Jahren angeschafft und veräußert wurde. Das Gebäude selbst aber wäre nur dann in eine Besteuerung einzubeziehen, wenn es im Zeitpunkt der Veräußerung bereits fertig gestellt gewesen wäre. Fertig gestellt ist jedoch allein die Wohnung, die lediglich einen Teil des Gebäudes darstellt. Damit bleibt u.E. nach dem insoweit eindeutigen Gesetzeswortlaut der gesamte auf das teilfertige Gebäude entfallende Veräußerungserlös unbesteuert. Käme es hingegen auf die Fertigstellung eines Wirtschaftsguts an, wäre die Wohnungsveräußerung für sich gesehen steuerpflichtig, weil der Wohnzwecken und fremden gewerblichen Zwecken dienende Gebäudeteil ertragsteuerlich aufgrund unterschiedlichen Nutzungs- und Funktionszusammenhangs zwei verschiedene Wirtschaftsgüter bildet.[715] Eine solche Auslegung gestattet § 23 Abs. 1 Nr. 1 Satz 2 EStG u.E. nicht. Keine Bedeutung hat in diesem Zusammenhang der Umstand, dass für den fertiggestellten selbständigen Gebäudeteil bereits die Gebäude-AfA beginnt und nach der höchstrichterlichen Rechtsprechung[716] außerdem die Teilherstellungskosten des unfertigen Gebäudeteils die AfA-Bemessungsgrundlage erhöhen.

Sollte im obigen Beispiel ein ausschließlich fremden Wohnzwecken dienendes Zweifamilienhaus Gegenstand der Baumaßnahme sein, entfällt die Möglichkeit

---

714 Veräußerungserlös 200.000 € – Anschaffungskosten 100.000 €.
715 Beschluss des Großen Senats des BFH vom 26.11.1973, BStBl. II 1974, 132; R 4.2. Abs. 3 EStR.
716 Vgl. BFH vom 9.8.1989, BStBl. II 1991, 132 und H 7.3 „Fertigstellung von Teilen eines Gebäudes zu verschiedenen Zeitpunkten" EStH.

Die Immobilie als Gegenstand privater Veräußerungsgeschäfte

steuerpflichtiger Veräußerung von Gebäudeteilen als selbständige Wirtschaftsgüter schon dem Grunde nach. Wegen des einheitlichen Nutzungs- und Funktionszusammenhangs liegt ertragsteuerlich ein einziges und daher ohnehin nur teilfertiges Wirtschaftsgut vor. Gebäude und Wirtschaftsgut sind hier in ihrer räumlichen Ausdehnung identisch. Damit scheitert eine Besteuerung gem. § 23 Abs. 1 Nr. 1 Satz 2 EStG.

2.2.2. Zum Begriff „Fertigstellung"

259 Im Hinblick auf eine Besteuerung lediglich fertiggestellter Gebäude gewinnt die Frage an Bedeutung, unter welchen Voraussetzungen konkret von einer Fertigstellung des Gebäudes auszugehen ist. Sie ist auch in anderen Bereichen des Einkommensteuergesetzes relevant, etwa für den Beginn des achtjährigen Förderzeitraums gem. § 10e Abs. 1 Satz 1 EStG. Die hier einschlägige Verwaltungsauffassung[717] legt den Begriff Fertigstellung in Anlehnung an die zu § 7b EStG ergangene Rechtsprechung aus. Ein Gebäude ist danach fertig gestellt, wenn es bezugsfertig ist. Anschauliche Erläuterungen zur Bezugsfertigkeit enthält das zu § 7b EStG ergangene BFH-Urteil vom 26.6.1970.[718]

Beispiel 74

A errichtet 08 mit viel Eigenleistung auf seinem 05 angeschafften Grund u. Boden ein zur Vermietung bestimmtes Einfamilienhaus. Er veräußert es zum 1.4.09. Im Veräußerungszeitpunkt fehlen die Außenanlagen sowie der Hausanstrich und einige Innentüren. Ebenso befinden sich die im Dachgeschoss geplanten Kinderzimmer noch in unfertigem Zustand. Ist der auf das Gebäude entfallende Veräußerungsgewinn steuerpflichtig?

Im Allgemeinen kann nach der obigen Rechtsprechung[719] ein Haus als bezugsfertig angesehen werden, wenn die Türen und Fenster eingebaut, die Anschlüsse für Strom- und Wasserversorgung sowie die sanitären Einrichtungen vorhanden sind und die Möglichkeit des Kochens und Heizens besteht.[720] Die wesentlichen Maler-, ggf. auch Tapezierarbeiten sollen ausgeführt sein.

Ausstehende Restarbeiten stehen einer Bezugsfertigkeit nicht entgegen, und zwar ungeachtet ihres wertmäßigen Umfangs, soweit sie für die Bewohnbarkeit entbehrlich sind. So etwa mussten zur Anwendung der früheren Nutzungswertbesteuerung gem. § 21 Abs. 2 EStG nicht alle Räume einer Wohnung bezugsfertig

---

717 BMF-Schreiben vom 31.12.1994, BStBl. I 1994, 887 Rz. 16.
718 BStBl. II 1970, 769.
719 BFH vom 26.6.1970, BStBl. II 1970, 769.
720 So auch BFH vom 29.3.1988, BFH/NV 1989, 159.

Die Einbeziehung von Neubauten in die Besteuerung

gewesen sein.[721] Für § 7b EStG galt nach dem BFH-Urteil vom 8.4.1954[722] Entsprechendes: „Der Umstand, dass noch kleinere Arbeiten nachzuholen sind, steht der Annahme der Fertigstellung nicht entgegen, wenn diese der Bewohnbarkeit nicht hinderlich im Wege stehen." Als ebenso unbedeutend wird man es ansehen müssen, wenn noch Herd und Spüle anzuschließen oder Teile des Teppichbodens zu verlegen sind.[723] Unbeachtlich bleiben weiterhin ausstehende Fliesenarbeiten im Keller, die Montage der Antennenanlage, die Isolierung der Rollädenkästen, die Außenisolierung des Gebäudes sowie der Einbau einiger Innentüren.[724]

In Beispiel 74 veräußert A daher auf der Grundlage der obigen Rechtsprechung ein fertiggestelltes Gebäude im Sinne des § 23 Abs. 1 Nr. 1 Satz 2 EStG, ein in vollem Umfang steuerpflichtiger Vorgang. Fehlende Außenanlagen, Außenputz sowie Innentüren und fehlender vollständiger Wohnungsausbau im Dachgeschoss sind unbeachtlich. Es macht also Sinn, die frühere § 7b-Rechtsprechung zur Bezugsfertigkeit eines Gebäudes auch im Rahmen des § 23 EStG zu respektieren. Gewiss wird der BFH künftig ausreichend Gelegenheit haben, diese Rechtsprechung angemessen zu verfeinern. Dabei dürfte der betroffene Personenkreis eine allzu großzügig unterstellte Bezugsfertigkeit des Gebäudes – im Gegensatz zum vorzeitigen Beginn erhöhter § 7b-AfA – wohl als nachteilig empfinden.

2.2.3. Bedeutung der Gebäudeerrichtung in Bauabschnitten

Dem Steuerpflichtigen ist nach den obigen Ausführungen zu empfehlen, die auf dem Tatbestandsmerkmal „Fertigstellung" beruhenden Besteuerungslücken zu nutzen. Natürlich entstehen damit neue Probleme, wie etwa die Behandlung der Gebäudeerrichtung in einem Zuge (Variante a) oder in Bauabschnitten (Variante b).

260

Beispiel 75

A beginnt Mitte 06 auf seinem 05 angeschafften Grund u. Boden mit der Errichtung eines Zweifamilienhauses. Nachdem Wohnung 1 Ende 06 fertig gestellt und vermietet ist, werden die Baumaßnahmen an Wohnung 2 eingestellt und das Grundstück zum 1.3.09 veräußert.

U.E. hat die Frage, ob hier eine Baumaßnahme nach Variante a) oder b) vorliegt, auch im Rahmen des § 23 Abs. 1 Nr. 1 Satz 2 EStG erhebliche Bedeutung. Nur bei einer Gebäudeerrichtung in Bauabschnitten (Variante b) bewirkt bereits die

---

721 Vgl. BFH vom 29.3.1988, BFH/NV 1989, 159.
722 BStBl. III 1954, 175.
723 So Stuhrmann in Hartmann/Böttcher/Nissen/Bordewin, § 10e EStG Rz. 70.
724 FG Köln vom 18.3.1992, EFG 1993, 130 rkr.

Fertigstellung des ersten Gebäudeabschnitts eine Gebäudefertigstellung im Sinne des § 23 Abs. 1 Nr. 1 Satz 2 EStG. Insoweit wird kein teilfertiges Gebäude veräußert, sondern ein den Umständen nach fertiggestelltes.

Eine Errichtung in Bauabschnitten liegt vor, wenn die baurechtlich genehmigte Baumaßnahme nicht in zusammenhängender Bauentwicklung, also nicht in einem Zuge, im planmäßig vorgesehenen Umfang bezugsfertig erstellt wird.[725] Unerheblich ist das Motiv der Unterbrechung der Bautätigkeit, es sei denn, sie erfolgt nur vorübergehend oder hat bautechnische Gründe (z.B. Frostperiode). Von der Gebäudeerrichtung in einem Zuge ist noch auszugehen, wenn bei einem als Zweifamilienhaus geplanten und genehmigten Gebäude die zweite Wohnung innerhalb von zwei Jahren seit Bezugsfertigkeit der ersten Wohnung fertig wird.[726] Andernfalls entfällt die Vermutung des Baus in einem Zuge.[727]

A hat in Beispiel 75 die zweite Wohnung nicht innerhalb der erwähnten Zweijahresfrist erstellt. Es ist daher von einem Bau in Bauabschnitten auszugehen mit der Folge steuerpflichtiger Veräußerung des im ersten Bauabschnitt fertiggestellten Gebäudes gem. § 23 Abs. 1 Nr. 1 Satz 2 EStG.

2.2.4. Nachträgliche Erweiterung fertiggestellter Bauabschnitte

261 Offen geblieben ist in Beispiel 75, wie hinsichtlich der teilfertigen Wohnung 2 zu verfahren ist. Hätte der Steuerpflichtige das Gebäude als Einfamilienhaus angeschafft und vor endgültiger Fertigstellung der zweiten Wohnung veräußert, läge bereits nach bisherigem Recht (siehe Rz. 256) eine insgesamt steuerpflichtige Maßnahme vor. Einfamilienhaus und teilfertiges Zweifamilienhaus sind identische Wirtschaftsgüter im Sinne des § 23 Abs. 1 Nr. 1 Satz 1 EStG. Satz 2 aber kennt keine Identitätstheorie, mit nachstehender Konsequenz.

Beispiel 76

A errichtet auf dem 05 angeschafften Grund u. Boden 06 ein vermietetes Einfamilienhaus (Fertigstellung Ende 06). Mitte 08 beginnt er mit dem Anbau einer zweiten Wohnung. Noch vor ihrer endgültigen Fertigstellung veräußert A das Grundstück zum 1.5.09.

Zweifelsfrei ist das von A 06 errichtete und fertiggestellte Einfamilienhaus gem. § 23 Abs. 1 Nr. 1 Satz 2 EStG in die Ermittlung des steuerpflichtigen Veräußerungsgewinnes einzubeziehen. Es stellt im Sinne dieser Vorschrift ein fertigge-

---

725 So BFH vom 29.4.1987, BStBl. II 1987, 594 zur bewertungsrechtlichen Behandlung eines in Bauabschnitten errichteten Zweifamilienhauses.
726 FG München vom 8.7.1982, EFG 1983, 106 rkr.
727 Vgl. auch FG Baden-Württemberg vom 29.9.1983, EFG 1984, 333 rkr.

Die Einbeziehung von Neubauten in die Besteuerung

stelltes Gebäude dar (10-Jahresfrist ist erfüllt). Aufgrund des späteren Anbaues kann diese Eigenschaft nicht nachträglich wieder verlorengehen. Wie ist jedoch hinsichtlich des teilfertigen Anbaues zu verfahren? Die Erweiterung angeschaffter Gebäude ist, wie bereits oben erwähnt, stets in die Ermittlung des Veräußerungsgewinnes einzubeziehen. Einschlägig für die steuerliche Erfassung ist unmittelbar § 23 Abs. 1 Nr. 1 Satz 1 EStG. Die Erweiterung hergestellter Gebäude jedoch unterliegt u.e. ausschließlich der Regelung des neuen § 23 Abs. 1 Nr. 1 Satz 2 EStG. Satz 2 wiederum besteuert nur fertiggestellte Gebäude. Teilfertige Baumaßnahmen gehören – abweichend von der Behandlung angeschaffter Gebäude – nicht dazu. Diese gesetzgeberische Besonderheit dürfte in der Praxis allerdings nur Bedeutung haben, wenn der Steuerpflichtige ins Gewicht fallende Eigenleistungen erbringt und im Kaufpreis realisiert. Diese Lesart des Gesetzes kann auch nachteilig sein, sollte sich der steckengebliebene Anbau nur mit Verlust verkaufen lassen. Er bleibt dann ebenso wie ein evtl. Gewinn steuerneutral.

3. Behandlung im Miteigentum befindlicher Grundstücke

Es ist vorstellbar, dass der Steuerpflichtige ein Gebäude auf sukzessive erworbenem Grund u. Boden errichtet.

262

Beispiel 77

A wurde im Jahr 16 durch Erbfall zu 50 % Miteigentümer eines unbebauten Grundstücks, das sich bereits seit 05 im Eigentum des Erblassers befand. Im Zuge der Erbauseinandersetzung erwarb er den restlichen Grundstücksanteil von den Miterben entgeltlich hinzu und errichtete auf dem Grundstück im Jahr 18 ein zur Vermietung bestimmtes Einfamilienhaus. Aus finanziellen Gründen ist A gezwungen, das Grundstück bereits zum 1.7.19 zu veräußern.

Betrachten wir zunächst die Veräußerung des Grund u. Bodens. A erwirbt diesen zur Hälfte durch Gesamtrechtsnachfolge und damit unentgeltlich. Zwar muss er sich seit dem 1.1.19 gem. § 23 Abs. 1 Satz 3 EStG[728] bei unentgeltlichem Erwerb (= Gesamtrechtsnachfolge oder unentgeltliche Einzelrechtsnachfolge) die Anschaffung durch den Rechtsnachfolger zurechnen lassen. Da jedoch der Erblasser das Grundstück bereits 05 erwarb, kann ungeachtet dieser Neuregelung bei A keine Besteuerung mehr eintreten (10-Jahreszeitraum eindeutig überschritten). Denn nicht allein die Anschaffung ist dem Rechtsnachfolger zuzurechnen (= Nachteil), sondern auch der Beginn der 10-Jahresfrist beim Rechtsvorgänger

---

728 Das gilt wohl auch dann, wenn der unentgeltliche Erwerb selbst bereits vor dem 1.1.1999 erfolgte.

(= Vorteil). Die Veräußerung dieser Grundstückshälfte ist damit nicht steuerbar. Dass insoweit kein Miteigentum mehr besteht, ist unerheblich. Anders aber verhält es sich mit der hinzu erworbenen Grundstückshälfte. Insoweit ist der 10-Jahreszeitraum erfüllt und eine steuerpflichtige Veräußerung gem. § 23 Abs. 1 Nr. 1 Satz 1 EStG gegeben.

Welchen Einfluss hat die partielle Besteuerung für das auf diesem einheitlichen Grundstück fertiggestellte Gebäude? U.E. kommt nur eine anteilige Steuerbarkeit in Betracht. Die „Einbeziehung" des Gebäudes in die Besteuerung gem. § 23 Abs. 1 Nr. 1 Satz 2 EStG erfordert eine nach Satz 1 steuerbare Grundstücksveräußerung. Satz 2 ergänzt insoweit Satz 1 und schafft keinen eigenständigen Besteuerungstatbestand. Da ein Gebäude jedoch stets wesentlicher Bestandteil des gesamten Grund u. Bodens ist (§ 94 BGB), muss auch dessen steuerliche Erfassung anteilig unterbleiben, sollte die Veräußerung des Grund u. Bodens selbst nur teilweise besteuert werden.

Beispiel 78

Der 05 für 200.000 € angeschaffte Grund u. Boden befindet sich im Miteigentum zu je ½ von Vater V und Sohn S. S errichtet mit Zustimmung des V auf seine Kosten 07 ein vermietetes Zweifamilienhaus (Herstellungskosten 500.000 €). V und S veräußern das Grundstück zum 1.7.09 für 1 Mio. € (Anteil Grund u. Boden 300.000 €).

Der anteilig auf den veräußerten Grund u. Boden entfallende Veräußerungsgewinn von 100.000 € ist zunächst unstreitig von V und S je zur Hälfte mit jeweils 50.000 € gem. § 23 Abs. 1 Nr. 1 Satz 1 EStG zu versteuern. Der Veräußerungsgewinn des Gebäudes von 200.000 € hingegen entfällt u.E. ausschließlich auf den Bauherrn S, der es zur Hälfte auf fremdem Grund u. Boden errichtet hat. U.E. ist insoweit nicht § 23 Abs. 1 Nr. 1 EStG, sondern ausschließlich Nr. 2 einschlägig. Damit wäre nur die Hälfte des Gewinnes (= 100.000 €) steuerpflichtig und im Übrigen kein steuerbarer Vorgang gegeben (Jahresfrist der Nr. 2 überschritten).

4. Besonderheiten bei teilentgeltlich erworbenen Grundstücken

263 Schließlich sind solche Vorgänge zu beurteilen, bei denen der Steuerpflichtige den Grund u. Boden teilentgeltlich erworben hat.

Die Einbeziehung von Neubauten in die Besteuerung

Beispiel 79

A errichtete auf seinem vom Vater V 23 für 100.000 € erworbenen Grundstück (Verkehrswert 200.000 €) 24 ein vermietetes Zweifamilienhaus, das er zum 1.7.09 veräußert. V hatte das Grundstück seinerzeit 05 erworben.

Der teilentgeltliche Grundstückskauf stellt im Rahmen des § 23 EStG nach der sog. Trennungstheorie[729] einerseits einen unentgeltlichen Erwerb dar; insoweit tritt der Rechtsnachfolger gem. § 23 Abs. 1 Satz 3 EStG in die Rechtsstellung des Rechtsvorgängers. Andererseits liegt eine klassische Anschaffung im Sinne des § 23 Abs. 1 Nr. 1 Satz 1 EStG vor. Maßgebend für den Umfang entgeltlichen Erwerbs ist das Verhältnis von Kaufpreis (= 100.000 €) und Verkehrswert (= 200.000 €). A hat folglich das Grundstück zu 50 % entgeltlich erworben und insoweit eine neue 10-Jahresfrist in Gang gesetzt. Hinsichtlich des unentgeltlich erworbenen Teils ist die 10-Jahresfrist überschritten. Damit unterliegt nur die Hälfte des auf den Grund u. Boden entfallenden Veräußerungsgewinns der Besteuerung gem. § 23 Abs. 1 Nr. 1 Satz 1 EStG. Wie aber ist hinsichtlich des Gebäudes zu verfahren? U.E. kann hier nichts anderes wie bei sukzessivem Erwerb des Grund u. Bodens (siehe Rz. 262) gelten mit der Folge einer ebenfalls nur anteiligen Besteuerung des Veräußerungsgewinnes. Es darf für die Besteuerung keinen Unterschied machen, ob der Grund u. Boden wegen sukzessiven Erwerbs partiell zu 100 % (= Miteigentums-Variante; siehe Rz. 262) oder ob der gesamte Grund u. Boden wegen teilentgeltlicher Übertragung insgesamt quotal unbesteuert bleibt. In beiden Fällen ist § 23 Abs. 1 Nr. 1 Satz 1 EStG nur anteilig verwirklicht. Die teilweise Nichtsteuerbarkeit schlägt aufgrund der gegebenen Akzessorietät des Satzes 2 gegenüber Satz 1 unmittelbar auf das Gebäude durch.

---

[729] Vgl. dazu Musil in Herrmann/Heuer/Raupach, § 23 EStG Anm. 236.

D. Schenkungsteuerliche Gestaltungen mit Immobilien

I. Übertragung des selbstgenutzten Familienheims unter Ehegatten

1. Lebzeitige schenkweise Übertragung

Die Übertragung eines Grundstücks auf den Ehegatten ist gem. § 13 Abs. 1 Nr. 4a ErbStG schenkungsteuerfrei, wenn sich darin eine Wohnung befindet und diese zu eigenen Wohnzwecken genutzt wird (sog. Familienheim). Eine Anrechnung auf den persönlichen Freibetrag (bei Ehegatten 500.000 €) entfällt. Er steht daher für anderweitige Schenkungen zur Verfügung. Die Zuwendung des Familienheimes stellt folgerichtig auch keine sog. Vorschenkung (§ 14 ErbStG) dar, die bei späteren weiteren Schenkungen zu Steuerbelastungen führen könnte.

264

Erforderlich für die Inanspruchnahme der Steuerbefreiung ist, dass sich in der Wohnung der **Lebensmittelpunkt** der Ehegatten befindet.[730] Ferien- und Wochenendhäuser sind mithin von der Vergünstigung ausgenommen. Ebenso nicht begünstigt ist eine im Grundstück evtl. vorhandene zweite Wohnung[731] der Ehegatten sowie vermietete Räumlichkeiten. Maßgebend sind die Nutzungsverhältnisse im Zeitpunkt der Schenkung. Die **gewerbliche oder freiberufliche Mitbenutzung** der Immobilie steht der Begünstigung nicht entgegen, wenn sie von untergeordneter Bedeutung ist wie etwa im Falle der Nutzung als Arbeitszimmer.[732] Entscheidend ist hier das Überwiegen der Wohnungsnutzung.[733] Lediglich bei einer entgeltlichen Mitbenutzung zu gewerblichen oder freiberuflichen Zwecken wird die Begünstigung auf die selbst genutzte Wohnung begrenzt.

Unbeachtlich ist der **Wert** des Familienheims. Eine betragsmäßige Begrenzung für die Inanspruchnahme der Vergünstigung sieht das Gesetz weder in Form einer Freigrenze noch eines Freibetrages vor. Die von den Ehegatten eigengenutzte Immobilie kann folglich schenkungsteuerneutral übertragen werden.

Kein Objektverbrauch und keine Behaltefrist: Von der Befreiungsmöglichkeit des § 13 Abs. 1 Nr. 4a ErbStG können die Ehegatten beliebig oft in ihrem Leben

---

[730] Ländererlasse vom 25.6.2009, BStBl. I 2009, 713 Abschn. 3 Abs. 2 Satz 4.
[731] Zu empfehlen ist daher, eine Umbewertung zum Einfamilienhaus zu veranlassen, um die Begünstigung für die gesamte Immobilie in Anspruch nehmen zu lassen.
[732] Ländererlasse aaO Abschn. 3 Abs. 2 Satz 8.
[733] Ländererlasse aaO Abschn. 3 Abs. 2 Satz 9.

Gebrauch machen. Einen sog. „Objektverbrauch" wie etwa bei Inanspruchnahme des früheren § 10e EStG gibt es nicht. Lediglich das Erfordernis des Lebensmittelpunktes bewirkt eine gewisse zahlenmäßige Begrenzung der Förderung. Insbesondere ist es nicht möglich, gleichzeitig zwei Familienheime steuerneutral zu übertragen.

Dem beschenkten Ehegatten steht es schließlich frei, die erworbene Immobilie anschließend zu veräußern. Eine Sperre in Form einer Behaltefrist enthält das Gesetz nicht. Die Steuerbefreiung fällt also nachträglich nicht weg. Dass in der zeitnahen Veräußerung ein Gestaltungsmissbrauch gem. § 42 AO gesehen werden könnte, ist bislang nicht nachgewiesen.[734] Dennoch sollte vorsorglich eine Schamfrist abgewartet werden.[735]

Umfang der Steuerbefreiung: Die Steuerbefreiung erstreckt sich keinesfalls allein auf die Zuwendung des gesamten Familienheimes. Sie greift vielmehr auch in den nachstehenden Fällen:[736]
– Übertragung nur des Miteigentums auf den anderen Ehegatten,
– Grundstückserwerb durch den anderen Ehegatten im Rahmen sog. mittelbarer Grundstücksschenkung,
– Tilgung von Krediten durch einen Ehegatten, die in Zusammenhang mit dem Familienheim des anderen Ehegatten stehen und
– Begleichung von nachträglichen Herstellungskosten oder Erhaltungsaufwendungen am Familienheim des anderen Ehegatten.

Alles in allem stellt § 13 Abs. 1 Nr. 4a ErbStG eine Steuerbefreiung dar, die in besonderem Maße die Interessen der Ehegatten respektiert und jedwede Dispositionen in Zusammenhang mit dem selbst genutzten Familienheim steuerneutral gestattet. Dieses Wohlwollen ist dem Gesetzgeber in anderen Lebensbereichen der Steuerpflichtigen eher fremd.

2. Übergang des Familienheimes durch Erbfall

265 Durch das Erbschaftsteuerreformgesetz kommt seit dem 1.1.2009 eine Anwendung der Steuerbefreiung ebenso in Betracht, wenn die selbstgenutzte Immobilie durch Erbfolge auf den Ehegatten übergeht (§ 13 Abs. 1 Nr. 4b ErbStG). Damit

---

734 Steiner, ErbStB 2010, 179, 180. Siehe aber FG Rheinland-Pfalz vom 18.2.1999, EFG 1999, 619: Im Zeitpunkt der Schenkung muss eine auf Selbstnutzung gerichtete Nutzungsabsicht vorgelegen haben. Diese Restriktion hat jedoch keinen Eingang in § 13 Abs. 1 Nr. 4a ErbStG gefunden; vgl. auch Griesel in Praxiskommentar ErbStG und BewG, 1. Aufl. 2010 § 13 ErbStG Rz. 41.
735 Vgl. auch Ländererlasse aaO Abschn. 3 Abs. 5 Satz 6: Die spätere Veräußerung oder Nutzungsänderung ist unbeachtlich, sofern kein Missbrauch von Gestaltungsmöglichkeiten nach § 42 AO vorliegt.
736 Ländererlasse aaO Abschn. 3 Abs. 4.

wäre es eigentlich überflüssig darüber nachzudenken, ob solche Immobilien bereits zu Lebzeiten aus steuerlichen Gründen auf den anderen Ehegatten übertragen werden sollten.

Sperrfristverletzung: Die Steuerbefreiung fällt allerdings mit Wirkung für die Vergangenheit vollständig weg, wenn der überlebende Ehegatte das Familienheim innerhalb von 10 Jahren nach dem Erbfall nicht mehr zu Wohnzwecken selbst nutzt, es sei denn, er ist aus zwingenden Gründen an einer Selbstnutzung zu eigenen Wohnzwecken gehindert. Objektiv zwingende Gründe liegen nach Verwaltungsauffassung[737] vor, wenn

– im Fall einer Pflegebedürftigkeit die Selbstnutzung scheitert
– oder der überlebende Ehegatte während der 10-jährigen Sperrfrist verstirbt.

Entsprechendes gilt, wenn der Erblasser wegen **Pflegebedürftigkeit** an der Selbstnutzung gehindert war und der überlebende Ehegatte unverzüglich in das (durch den Erblasser vermietete) Familienheim einzieht, es sei denn, auch er ist aus eben diesem Grund gehindert, einzuziehen. Mit anderen Worten, leben beide Ehegatten im Pflegeheim, kann das vermietete Familienheim steuerneutral vererbt werden. Ein erstaunliches Privileg. Schädlich ist dagegen eine **berufliche Versetzung** des überlebenden Ehegatten. Eine damit einhergehende Aufgabe der Selbstnutzung führt zum rückwirkenden Wegfall des Steuervorteils.

Vorbehaltsnießbrauch: Vorstellbar ist nach Eintritt des Erbfalls, dass der überlebende Ehegatte das Familienheim schenkweise auf seine Kinder überträgt und zwar unter Vorbehalt des lebenslänglichen Nießbrauchs. *Jülicher*[738] sieht darin keine schädliche Verfügung, solange die Selbstnutzung des überlebenden Ehegatten fortdauert. Das ist uE bedenklich, weil die Nutzung des Vorbehaltsnießbrauchers keine Nutzung zu eigenen Wohnzwecken darstellt. Er bewohnt gerade fremdes Wohneigentum, auch wenn es ihm früher einmal gehörte. In diesem Sinne ist auch die Verwaltungsauffassung zu verstehen, die eine 10-jährige Selbstnutzung als „Eigentümer" verlangt.[739] Folgerichtig ist auch der Fall nicht begünstigt, dass das Familienheim durch Erbfall auf die Kinder übergeht bei gleichzeitiger Nießbrauchbestellung zugunsten des überlebenden Ehegatten.[740]

---

737 Ländererlasse aaO Abschn. 4 Abs. 2.
738 Zerb, 2009, 222, 224 ebenso Steiner, ErbStB 2010, 179, 181; Geck, ZEV 2008, 556, 559 N. Mayer, ZEV 2009, 439, 443.
739 Ländererlasse aaO Abschn. 4 Abs. 6 Satz 2.
740 Siehe Reimann, ZEV 2010, 174, 178.

Schenkungsteuerliche Gestaltungen mit Immobilien

3. Soll das Familienheim verschenkt oder vererbt werden?

266 Ehegatten steht es im Grunde frei zu entscheiden, ob das selbstgenutzte Familienheim bereits zu Lebzeiten oder erst im Todesfall auf den jeweils anderen Ehegatten übergehen soll. Beide Fälle sind privilegiert, jedoch nicht gleichwertig. Maßgebender Unterschied ist, dass beim Übergang durch Erbfall eine langfristige, nämlich 10-jährige Eigennutzung in der Person des überlebenden Ehegatten erfolgen muss, um die steuerlichen Privilegien letztendlich zu behalten. Die Vergünstigung fällt selbst dann vollständig[741] weg, wenn das Familienheim beispielsweise im 10. Jahr nach dem Erbfall veräußert oder vermietet wird, gleich, aus welchen Gründen (siehe aber oben Rz. 265). Das kann je nach Verkehrswert des Familienheimes zu einer erheblichen Nachversteuerung führen.

Aufgrund dieser gravierenden Unterschiede dürfte die lebzeitige Übertragung des Familienheimes in zahlreichen Einzelfällen sinnvoll sein, um Vermögen auf den anderen Ehegatten zu transferieren.

4. Überkreuzschenkung als Gestaltungsalternative

267 Ausgehend von der Tatsache, dass sich das eigengenutzte Familienwohnheim häufig im jeweils hälftigen Miteigentum der Ehegatten befindet und nicht feststeht, welcher Ehegatte zuerst verstirbt, bietet sich folgende Vorgehensweise an:

Schritt 1: Schenkweise Übertragung des hälftigen Miteigentums vom Ehemann auf die Ehefrau (oder umgekehrt), so dass einer der Ehegatten Volleigentümer des Familienheimes wird.

Schritt 2: Nach Schritt 1 und Wahrung der Eigentumsänderung im Grundbuch Übertragung wiederum des hälftigen Miteigentums auf den Ehegatten, nunmehr jedoch in umgekehrter Richtung.

Nach Vollzug der wechselseitigen Übertragungen befindet sich das Familienheim wie zuvor im hälftigen Miteigentum der Ehegatten. Im Grunde hat sich durch die Überkreuzschenkung (fast) nichts geändert. Allerdings hat jeder Ehegatte fortan den Miteigentumsanteil des jeweils anderen Ehegatten. Die wechselseitigen Schenkungen sind unter den Voraussetzungen des § 13 Abs. 1 Nr. 4a ErbStG schenkungsteuerfrei (siehe Rz. 264).

---

741 Eine schonende Abschmelzung der Vergünstigung nach Maßgabe tatsächlicher Selbstnutzung des Familienheims innerhalb der Sperrfrist sieht das Gesetz nicht vor.

Übertragung des selbstgenutzten Familienheims unter Ehegatten

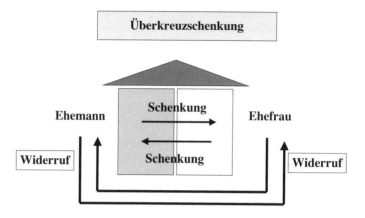

Schenkung unter wechselseitigem Widerrufsvorbehalt: Die Übertragung des hälftigen Miteigentums vom Ehemann auf die Ehefrau und anschließend umgekehrt von der Ehefrau auf den Ehemann erfolgt zwingend, und darin liegt der eigentliche Sinn der obigen Disposition, unter Widerruf der Schenkung insbesondere für den Fall des Vorversterbens des Beschenkten. Damit wird erreicht, dass der überlebende Ehegatte stets Volleigentümer des Familienheims wird. Sein Volleigentum setzt sich anschließend gedanklich aus zwei Miteigentumsanteilen zusammen, nämlich

- einem Miteigentumsanteil, der ihm schenkweise steuerfrei zugewendet wurde und der aufgrund Vorversterbens des anderen Ehegatten bei ihm verbleibt sowie
- einem zweiten Miteigentumsanteil, den er durch Widerruf der früheren Schenkung aufgrund Vorversterbens seines Ehegatten zurückerlangt und in seiner Person Alleineigentum begründet. Dieser Anteil wird daher nicht Teil der Erbmasse des verstorbenen Ehegatten.

Die obige Gestaltung könnte problematisch sein, falls der widerrufsberechtigte (überlebende) Ehegatte Alleinerbe seines verstorbenen Ehegatten wird. Fraglich wäre dann, ob der Rückforderungsanspruch im Hinblick auf den ohnehin wegen Gesamtrechtsnachfolge eintretenden Eigentumserwerb durch Konfusion untergeht und folgerichtig nicht mehr ausgeübt werden kann. Im einschlägigen Schrifttum[742] wird daher empfohlen, bereits im Übertragungsvertrag das Rückforderungsrecht aufschiebend bedingt auszuüben. Damit entfiele die Problematik eines durch Konfusion untergehenden und folglich nicht mehr existenten Rückforderungsrechtes.

---

742 Vgl. Hardt, ZEV 2004, 408, 411 f.

Freilich entfällt damit die Möglichkeit, den betreffenden Immobilienanteil durch Verzicht auf das Widerrufsrecht in der Erbmasse zu belassen.

II. Wertreduzierte Immobilienübertragung mit Hilfe eines KG-Nießbrauchs

1. Errichtung einer „Nießbrauchs-KG" als Gestaltungsalternative

268 Immobilien können im Rechtsmantel der gewerblich geprägten GmbH & Co. KG nicht mehr per se steuerbegünstigt auf die nachfolgende Generation übertragen werden. Die Privilegierung des § 13a ErbStG scheitert zwar nicht schon daran, dass solche Gesellschaften ausdrücklich von der Förderung ausgenommen werden. Im Gegenteil. Die gewerbliche geprägte Personengesellschaft wird in § 13b Abs. 1 Nr. 2 ErbStG ausdrücklich als begünstigtes Vermögen bezeichnet. Derartige Gesellschaften verfügen jedoch regelmäßig über schädliches Verwaltungsvermögen und zwar in Form fremdvermieteter Immobilien (§ 13b Abs. 2 Nr. 1 ErbStG; siehe auch Rz. 156). Gleichwohl kann eine schenkungsteuerlich schonende Übertragung in bestimmten Einzelfällen durch prägnante Gestaltungsvarianten realisiert werden.

Beispiel 80

*Vater A (65 Jahre bzw. alternativ 75 Jahre) ist Eigentümer einer Immobilie mit einem Grundbesitzwert von 5 Mio. €. Er beabsichtigt, diese auf Sohn B und C zu übertragen. Die jährlichen Mieterträge betragen 250.000 €. Nach Abzug der Werbungskosten (einschließlich Gebäude-AfA) verbleiben Einkünfte in Höhe von 200.000 € (****Grundfall****).*

Abwandlung 1: *A überträgt die Immobilie unter Vorbehalt des lebenslänglichen Nießbrauchs.*

Abwandlung 2: *A bringt die Immobilie in eine ihm gehörende A-GmbH & Co. KG ein mit anschließender Übertragung aus dem Gesamthandsvermögen der KG heraus auf die Söhne B und C. Zugunsten der KG wird ein Nießbrauch mit einer Laufzeit von 20 bzw. 30 Jahren zurückbehalten.*

Wertreduzierte Übertragung mit Hilfe eines KG-Nießbrauchs

Ermittlung der Schenkungsteuer	für Sohn B bzw. C
Grundbesitzwert	2.500.000 €
- Freibetrag § 16 Abs. 1 Nr. 2 ErbStG	- 400.000 €
Steuerpflichtiger Erwerb	2.100.000 €
Schenkungsteuer Steuerklasse I 19 %	**399.000 €**

Die Schenkungsteuerbelastung bei B und C von zusammen ca. 0,8 Mo. € im Falle unbelasteter Immobilienübertragung (**Grundfall**) kann sich sehen lassen und verschlingt glatt den Immobilienertrag der kommenden acht Jahre bei einer aus Vereinfachungsgründen unterstellten Ertragsteuerbelastung von ca. 50 %. Dies kann den Schenkungswillen des Vaters nachhaltig beeinflussen.

Klassische Ausweichgestaltung zur Senkung der Schenkungsteuer ist hier, den ertragreichen Grundbesitz unter Nießbrauchsvorbehalt auf die Söhne zu übertragen (**Abwandlung 1**). Die Steuerbelastung entwickelt sich damit wie folgt, wobei dem Alter des Schenkers nunmehr große Bedeutung zukommt:

Ermittlung der Schenkungsteuer	für Sohn B bzw. C	für Sohn B bzw. C
Vater A – Alter im Schenkungszeitpunkt	65 Jahre	75 Jahre
Grundbesitzwert	2.500.000 €	2.500.000 €
- Kapitalwert Nießbrauch	- 1.120.800 €	- 794.200 €
- Freibetrag § 16 Abs. 1 Nr. 2 ErbStG	- 400.000 €	- 400.000 €
Steuerpflichtiger Erwerb	979.200 €	1.305.800 €
Schenkungsteuer Steuerklasse I 19 %	**186.048 €**	**248.102 €**

Die Minderung der Schenkungsteuerbelastung gegenüber einer unbelasteten Immobilienübertragung in Höhe von ca. 213.000 € (Alter Vater = 65 Jahre) bzw. 151.000 € (Alter Vater = 75 Jahre) ist attraktiv. Freilich muss bedacht werden, dass

– die Mieterträge weiterhin Vater A zuzurechnen sind und folglich in seiner Person neues (später erbschaftsteuerpflichtiges) Vermögen entsteht bzw.
– bei vorzeitigem Wegfall des Nießbrauchs (durch Tod des Berechtigten) innerhalb der in § 14 Abs. 2 BewG genannten Fristen von 7 bzw. 5 Jahren (Alter im Schenkungszeitpunkt 65 bzw. 75 Jahre) ein Nachversteuerungsrisiko entsteht (siehe Rz. 204).

A könnte daher im obigen Beispiel 80 (**Abwandlung 2**) zur Vermeidung eines Nachversteuerungsrisikos alternativ wie folgt vorgehen:

Schenkungsteuerliche Gestaltungen mit Immobilien

Schritt 1: Einbringung der Immobilie in eine gewerblich geprägte GmbH & Co. KG (im Folgenden „KG").[743]

Schritt 2: Schenkung aus dem Betriebsvermögen der KG heraus in das steuerliche Privatvermögen von B und C und Vorbehalt eines Nießbrauchs zugunsten der KG für die Dauer von beispielsweise 20 bzw. 25 Jahren.

269 Später gehen in einem dritten Schritt mit Ableben des A die Anteile an der Nießbrauchs-KG auf die Söhne B und C über. Dies ist freilich nicht zwingend. A kann über die KG-Anteile ebenso anderweitig verfügen und beispielsweise seine Enkelkinder ganz oder teilweise mit KG-Anteilen ausstatten, entweder durch Erbfolge oder Vermächtnis. Vater A ist also in seiner Verfügung über die Mieterträge in Form von KG-Anteilen vollkommen frei, eine Dispositionsfreiheit, die einer Standardübertragung unter Vorbehaltsnießbrauch (bezogen auf die natürliche Person A) völlig fremd ist. Denn ein personenbezogenem Nießbrauch geht zwingend mit dem Tod des Berechtigten unter. Ebensowenig kann über einen solchen Nießbrauch durch Schenkung verfügt werden. Das Nießbrauchsrecht ist höchstpersönlich.

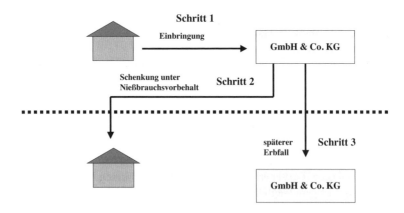

Die schenkweise Übertragung der nießbrauchbelasteten Immobilie führt je nach Laufzeit des Nießbrauchs nunmehr zu folgender Schenkungsteuerbelastung:

---

743 Zur schenkungsteuerlichen Behandlung der Einbringung siehe Rz. 84.

Wertreduzierte Übertragung mit Hilfe eines KG-Nießbrauchs

Ermittlung der Schenkungsteuer	für Sohn B bzw. C	für Sohn B bzw. C
Laufzeit Nießbrauch KG	20 Jahre	25 Jahre
Grundbesitzwert	2.500.000 €	2.500.000 €
- Kapitalwert Nießbrauch	- 1.227.900 €	- 1.493.300 €
- Freibetrag § 16 Abs. 1 Nr. 2 ErbStG	- 400.000 €	- 400.000 €
Steuerpflichtiger Erwerb	872.100 €	606.700 €
Schenkungsteuer Steuerklasse I 19 %	**165.699 €**	**115.273 €**

Vater A hat folglich mit Hilfe der Nießbrauchs-KG auch dann die Möglichkeit, seine Schenkungsteuerbelastung für jeden seiner Söhne auf ca. 115.000 € zu senken, wenn er im Zeitpunkt der Schenkung bereits 75 Jahre oder sogar älter ist. Ausreichend ist, die KG als solche mit einem 25-jährigen Nießbrauch auszustatten. Auf das Alter des Schenkers selbst kommt es hier nicht mehr an.

Fraglich ist allerdings, wie sich die Übertragung der KG-Anteile im Zeitpunkt späteren Erbfalls darstellt, insbesondere, ob die erbschaftsteuerlichen Privilegien des § 13a ErbStG Anwendung finden. Diese Frage wird nachfolgend untersucht.

2. Bewertung der Anteile an der Nießbrauchs-KG

Die Beteiligung an der Nießbrauchs-KG stellt Betriebsvermögen dar (§ 97 Abs. 1 Nr. 5 BewG). Darunter fallen unter anderem Gesellschaften gem. § 15 Abs. 1 Nr. 2 und Abs. 3 EStG, also auch sog. gewerblich geprägte Personengesellschaften. Die Nießbrauchs-KG ist eine Gesellschaft im Sinne des § 15 Abs. 3 EStG.

2.1. Anwendung des vereinfachten Ertragswertverfahrens

Die grundsätzliche Einordnung der Nießbrauchs-KG als Vermögen gem. § 97 BewG stellt die Weiche für eine Bewertung nach § 109 BewG. § 109 BewG wiederum fordert eine Ermittlung des gemeinen Werts der Kommanditbeteiligung nach § 11 Abs. 2 BewG. § 11 Abs. 2 BewG orientiert die Wertbestimmung an den Ertragsaussichten der Gesellschaft, sollte ihr Wert nicht ausnahmsweise aus aktuellen Verkäufen ableitbar sein (§ 11 Abs. 2 Satz 2 BewG). Die Untergrenze des gemeinen Werts bildet die Summe der gemeinen Werte der zum Betriebsvermögen gehörenden **Wirtschaftsgüter und sonstigen aktiven Ansätze** mit dem Liquidationswert als niedrigsten vorstellbaren Wert.

Bei ertragsstarken Unternehmen kommt dem Substanzwert regelmäßig keine Bedeutung zu. Dessen Ermittlung erfolgt nach der Gesetzesbegründung zu § 11

270

Abs. 2 BewG[744] entsprechend den bisherigen Regelungen in §§ 98a (aufgehoben zum 1.1.2009) und 103 BewG. Für Zwecke der Auslegung können daher die hierzu vorliegenden früheren Kommentierungen herangezogen werden (siehe nachfolgend).

Auslegung der Begriffe „Wirtschaftsgüter und sonstige aktive Ansätze": Der für § 98a BewG einschlägigen Kommentierung von *Rössler/Troll* (Kommentar zum BewG) kann nicht explizit entnommen werden, ob und mit welchem Wert ein Nießbrauchsrecht anzusetzen ist bzw. ob es sich überhaupt im Substanzwert des Betriebsvermögens, etwa als kapitalisierter Ertrag, niederschlägt. Der genannten Kommentierung ist jedoch zu entnehmen, dass im Rahmen des Substanzwertverfahrens nur der Ansatz eines derivativen Firmenwertes zulässig ist, nicht hingegen der Ansatz eines originären Firmenwertes. Für diesen besteht in der Steuerbilanz ein Aktivierungsverbot, was offenbar auch auf § 98a BewG durchschlägt. Für die Behandlung des Nießbrauchsrechts folgt daraus u.E. ebenfalls ein Aktivierungsverbot. Mit anderen Worten, ein langfristig laufendes Nießbrauchsrecht zugunsten der Nießbrauchs-KG ist nicht Teil des Substanzwertes dieser Gesellschaft. Der Nießbrauch spiegelt sich ausschließlich im Ertrag des Unternehmens wieder. Folgerichtig ist es anlässlich der Betriebs- und Anteilsbewertung nicht als Wirtschaftsgut oder sonstige Aktiva auszuweisen. Vielmehr erhöht sich durch das Nießbrauchsrecht allein der Ertragswert des Unternehmens mit hier positiven Auswirkungen auf den sog. Verwaltungsvermögenstest (siehe dazu Rz. 157 f.).

Die Rechtsentwicklung zur obigen Fragestellung ist allerdings noch nicht abgeschlossen. Das Schrifttum[745] hält auch einen Ansatz nicht bilanzierter bzw. nicht bilanzierbarer Wirtschaftsgüter im Rahmen des Substanzwertverfahrens für möglich oder sogar geboten.[746] Letztendlich kommt jedoch einem solchen Ausweis für die definitive Erbschaftsteuerbelastung keine entscheidende Bedeutung zu (siehe Rz. 167).

Vereinfachtes Ertragswertverfahren: Im Rahmen der Wertfindung nach § 11 Abs. 2 BewG gestattet § 199 BewG die Anwendung eines vereinfachten Ertragswertverfahrens. Anderes gilt nur, wenn dieses Verfahren zu offensichtlich unzutreffenden Ergebnissen führt und zwar in beide Richtungen. Wann ein offensichtlich unzutreffendes Ergebnis vorliegt, ist nicht abschließend geklärt.

---

744 Vgl. Hübner, Erbschaftsteuerreform 2009, S. 245.
745 Vgl. Creutzmann, DB 2008, 2784, 2791; Pauli/Maßbaum, Erbschaftsteuerreform 2009 1. Aufl. S. 355, 356.
746 Nach Pauli/Maßbaum jedoch nur, wenn der Ertragswert bestimmte Mindestwerte (z.B. steuerliches Kapitalkonto) unterschreitet.

Wertreduzierte Übertragung mit Hilfe eines KG-Nießbrauchs

2.2. Bedeutung der Anwendung des vereinfachten Ertragswertverfahrens für die Nießbrauchs-KG

Die Anwendung des vereinfachten Ertragswertverfahrens ist gerade für eine Nießbrauchs-KG von Vorteil. Denn es erspart eine Unternehmensbewertung und ebnet bei hohen Unternehmenserträgen den Weg zur Anwendung des § 13a ErbStG. Dem Abzug eines angemessenen Unternehmerlohnes (§ 202 Abs. 1 Nr. 2 BewG) kommt in diesem Zusammenhang erhebliche Bedeutung zu. Die nachfolgenden Berechnungen unterstellen alternativ
- im Fall a) einen Unternehmerlohn von 0 € und
- im Fall b) einen Unternehmerlohn von 50.000 €.

271

Fall a): Ermittlung des Ertragswerts gem. § 200 Abs. 1 BewG bei einem Unternehmerlohn von 0 €

Ermittlung des Jahresertrags (§ 201 und § 202 BewG)

Wirtschaftsjahr	01	02	03
Gewinn / Verlust i. S. des § 4 Abs. 1 EStG (Ausgangswert)	200.000	200.000	200.000
Betriebsergebnis (vor Ertragsteueraufwand)	200.000	200.000	200.000
- Ertragsteueraufwand 30 % (§ 202 Abs. 3 BewG)	60.000	60.000	60.000
Betriebsergebnis	140.000	140.000	140.000

Anzusetzender Jahresertrag (§ 201 BewG)

Summe der Betriebsergebnisse		420.000
Durchschnittsertrag (= Summe Betriebsergebnisse geteilt durch 3)		140.000
Anzusetzender Jahresertrag		**140.000**

Kapitalisierungsfaktor (§ 203 Abs. 3 BewG)

Basiszins	3,61 %	
+ Zuschlag	4,50 %	
Kapitalisierungszinssatz	8,11 %	
Kapitalisierungsfaktor	1 / 8,11 %	**12,33**

Schenkungsteuerliche Gestaltungen mit Immobilien

Ertragswert (§ 200 Abs. 1 BewG)

Jahresertrag	140.000
x Kapitalisierungsfaktor	12,33
Ertragswert (Gemeiner Wert)	**1.726.200**

Fall b): Ermittlung des Ertragswerts gem. § 200 Abs. 1 BewG bei einem Unternehmerlohn von 50.000 €

Ermittlung des Jahresertrags (§ 201 und § 202 BewG)

Wirtschaftsjahr	01	02	03
Gewinn / Verlust i. S. des § 4 Abs. 1 EStG (Ausgangswert)	200.000	200.000	200.000
Abzüge (§ 202 Abs. 1 Nr. 2 BewG)			
- Angemessener Unternehmerlohn (soweit in der Ergebnisrechnung noch nicht berücksichtigt)	50.000	50.000	50.000
Betriebsergebnis (vor Ertragsteueraufwand)	**150.000**	**150.000**	**150.000**
- Ertragsteueraufwand 30 % (§ 202 Abs. 3 BewG)	45.000	45.000	45.000
Betriebsergebnis	**105.000**	**105.000**	**105.000**

Anzusetzender Jahresertrag (§ 201 BewG)

Summe der Betriebsergebnisse		315.000
Durchschnittsertrag (= Summe Betriebsergebnisse geteilt durch 3)		105.000
Anzusetzender Jahresertrag		**105.000**

Kapitalisierungsfaktor (§ 203 Abs. 3 BewG)

Basiszins	3,61 %	
+ Zuschlag	4,50 %	
Kapitalisierungszinssatz	8,11 %	
Kapitalisierungsfaktor *)	1 / 8,11 %	**12,33**

Wertreduzierte Übertragung mit Hilfe eines KG-Nießbrauchs

Ertragswert (§ 200 Abs. 1 BewG)

Jahresertrag	105.000
x Kapitalisierungsfaktor	12,33
Ertragswert	**1.294.650**

Gemeiner Wert nach dem vereinfachten Ertragswertverfahren (§ 200 BewG)

Ertragswert	1.294.650
Gemeiner Wert des Betriebsvermögens der Gesellschaft (Gesamthandsvermögen)	**1.294.650**

Der jährliche Unternehmerlohn von 50.000 € bewirkt mithin eine Wertminderung von ca. 430.000 €, ein beachtlicher Effekt des vereinfachten Ertragswertverfahrens. Vorbehaltlich einer Privilegierung nach § 13a ErbStG entsteht im Erbfall folgende Steuerbelastung:[747]

Ermittlung der Schenkungsteuer	für Sohn B bzw. C Unternehmerlohn 50.000 €	für Sohn B bzw. C Unternehmerlohn 0 €
Wert KG-Anteil (50%)	647.325 €	863.100 €
- Freibetrag § 16 Abs. 1 Nr. 2 ErbStG	- 400.000 €	- 400.000 €
Steuerpflichtiger Erwerb	247.325 €	463.100 €
Schenkungsteuer Steuerklasse I 11%/15%	27.205 €	69.465 €

Diese Steuerbelastung lässt sich zusätzlich senken, falls § 13a ErbStG Anwendung findet (siehe nachfolgend).

3. Der „Verwaltungsvermögenstest" bei der Nießbrauchs-KG

Entscheidend ist im obigen Beispiel 80 (Rz. 268) der Ausgang des Verwaltungsvermögenstestes bei der Nießbrauchs-KG. Dabei ist schon dem Grunde nach fraglich, ob eine KG, deren einziger Vermögenswert ein Nießbrauchsrecht ist,

---

[747] Vorausgesetzt, der persönliche Freibetrag von 400.000 € steht noch uneingeschränkt zur Verfügung. Dies wäre nicht der Fall, wenn sich Schenkung Immobilie und Erbfolge KG-Anteile innerhalb von 10 Jahren ereignen.

Schenkungsteuerliche Gestaltungen mit Immobilien

überhaupt Verwaltungsvermögen hat, so dass sie per se am Verwaltungsvermögenstest nicht scheitern kann.

Es ist anzunehmen, dass § 13b Abs. 2 ErbStG eine abschließende Aufzählung enthält, obwohl dies streng juristisch betrachtet nach dem reinen Gesetzeswortlaut („...zum Verwaltungsvermögen *gehören*..."; nicht: „sind") angezweifelt werden könnte. Zusammenhang und Zweckrichtung der Regelung sprechen jedoch gegen eine nur beispielhafte, nicht abschließende Auszählung.[748]

Wird an einer Immobilie ein Nießbrauch bestellt, liegt nach dem Wortlaut des § 13b Abs. 2 ErbStG kein Verwaltungsvermögen vor. Die Immobilie als solche wird zwar trotz Nießbrauchsbestellung weiterhin Dritten im Sinne des § 13b Abs. 2 Nr. 1 ErbStG zur Nutzung überlassen. Sie befindet sich jedoch nach ihrer Übertragung aus dem Gesamthandsvermögen der KG heraus auf die Söhne B und C eben nicht mehr im KG-Vermögen. Die KG behält lediglich den Nießbrauch daran zurück. Das Nießbrauchsrecht stellt auch kein grundstücksgleiches Recht im Sinne des § 13b Abs. 2 Nr. 1 ErbStG dar. Darunter fallen Bergbauberechtigungen (einschl. Mineralgewinnungsrechte), Erbbaurechte, Fischereirechte im Sinne von Art. 69 EGBGB sowie bestimmte dingliche Nutzungsrechte in den neuen Bundesländern (Art. 233 § 4 EGBGB). Entsprechendes gilt für Rechte nach dem Wohneigentumsgesetz.

Eine erschöpfende Aufzählung grundstücksgleicher Rechte ist der Kommentierung von *Viskorf*[749] zu entnehmen. Das Nießbrauchsrecht fällt nicht darunter. Es ist davon auszugehen, dass sich der Gesetzgeber mit seiner in § 13b Abs. 2 Nr.1 ErbStG gewählten Formulierung an diesem gängigen und allgemeinen Verständnis des Begriffes orientiert. Zudem kann der Katalog grundstücksgleicher Rechte nicht beliebig im Wege bloßer Auslegung erweitert werden. Dazu bedarf es einer – hier nicht gegebenen – gesetzlichen Grundlage.

273 **Nießbrauch keine dem Wertpapier „vergleichbare Forderung":** Das Nießbrauchsrecht ist auch nicht als Wertpapier oder als eine dem Wertpapier „vergleichbare Forderung" anzusehen. Was genau der Gesetzgeber unter einer „vergleichbaren Forderung" verstanden wissen will, ist nicht abschließend geklärt. Eine Definition jedenfalls ist weder dem ErbStG noch einem anderen Steuergesetz bzw. sonstigen gesetzlichen Vorschriften zu entnehmen. Im Schrifttum wird daher die Auffassung vertreten, dass es sich hierbei um solche unverbrieften Forderungen handelt, die mit den durch Wertpapier verbrieften Forderungen eine Ähnlich-

---

[748] So auch die Einschätzung von Piltz, DStR 2009, 229, 231.
[749] Viskorf in Boruttau, Kommentar zum Grunderwerbsteuergesetz, 16. Aufl. § 2 Rz. 97-98.

keit haben.[750] Auch der Verwaltungsauffassung[751] lässt sich mit Blick auf den Nießbrauch nichts Gegenteiliges entnehmen. Danach fallen unter Wertpapiere und vergleichbare Forderungen Pfandbriefe, Schuldbuchforderungen, Geldmarktfonds sowie Festgeldfonds. Mit einem Nießbrauchsrecht sind diese Vermögensgegenstände nicht vergleichbar.

4. Anwendung der Verschonungsregelung auf die Nießbrauchs-KG

Für die schenkung- und erbschaftsteuerliche Behandlung einer gewerblich geprägten GmbH & Co. KG folgt nach allem:

Der Gesetzgeber war grundsätzlich bemüht, die vermögensverwaltende Personengesellschaften ungeachtet einer gewerblichen Prägung von einer steuerlichen Verschonung gem. §§ 13a, b ErbStG auszuschließen. Er hat dies allerdings nicht in der Weise getan, dass gewerblich geprägte Gesellschaften im Sinne des § 15 Abs. 3 Nr. 2 EStG per se vom Verschonungsprivileg ausgeschlossen sind. Die Förderung wird vielmehr erst und ausschließlich unter dem Aspekt schädlichen Verwaltungsvermögens beseitigt. Über solches Verwaltungsvermögen verfügen vermögensverwaltende Gesellschaften typischerweise in besonderem Maße, so dass die Intention des Gesetzgebers grundsätzlich zielführend ist. Sie scheitert jedoch in Fällen einer Nießbrauchs-KG. Dies gestattet folgende Zusammenfassung: 274

a) Die vermögensverwaltende GmbH & Co. KG stellt wegen ihrer gewerblichen Prägung (§ 15 Abs. 3 Nr. 2 EStG) dem Grunde nach begünstigtes Vermögen im Sinne der §§ 13a, b ErbStG dar,
b) die Begünstigung scheitert jedoch ggf. an der Höhe vorhandenen Verwaltungsvermögens. Zum schädlichen Verwaltungsvermögen gehört jedoch nicht das Nießbrauchsrecht der KG,
c) mit Blick auf das Nießbrauchsrecht ergeben sich daraus zwei positive Wirkungen: Zum einen erhöhen die Nießbrauchserträge den im Ertragswertverfahren (siehe Rz. 271) ermittelten gemeinen Wert des Betriebs mit positiven Folgen für den Verwaltungsvermögenstest. Zum anderen stellt das Nießbrauchsrecht selbst kein schädliches Verwaltungsvermögen dar. Die von einer Immobilie typischerweise ausgehenden negativen erbschaftsteuerlichen Wirkungen verkehren sich hier also ins Gegenteil,

---

750 So Piltz, DStR 2009, 229, 231. Weitere Stimmen im Schrifttum folgen dem. Vgl. Pauli/Maßbaum, Erbschaftsteuerreform 2009, 1. Aufl. S. 272; Hannes/Onderka, ZEV, 2008, 16, 21.
751 Vgl. Ländererlasse vom 25.6.2009, BStBl. I 2009, 713 Abschn. 32.

Schenkungsteuerliche Gestaltungen mit Immobilien

d) die aufgrund des Vorbehaltsnießbrauchs bei der KG weiterhin zulässige Gebäude-AfA mindert zusätzlich den Ertragswert des Betriebes mit der Folge weiterer Absenkung des gemeinen Werts.

Damit entwickelt sich die Erbschaftsteuerbelastung im obigen Beispiel 80 (Rz. 268) abschließend wie folgt:

Ermittlung der Schenkungsteuer	für Sohn B bzw. C Unternehmerlohn 50.000 €	für Sohn B bzw. C Unternehmerlohn 0 €
Wert KG-Anteil (50 %)	647.325 €	863.100 €
Abschlag 85 %	- 550.226 €	- 733.635 €
Freibetrag (max. 150.000 €)	- 97.099 €	- 129.465 €
verbleibender Wert	0 €	0 €
- Freibetrag § 16 Abs. 1 Nr. 2 ErbStG	- 0 €	- 0 €
Steuerpflichtiger Erwerb	0 €	0 €
Schenkungsteuer Steuerklasse I 7 %	0 €	0 €

Die Erbschaftsteuer beträgt mithin aufgrund der Privilegien der §§ 13a, b ErbStG 0 €. Der persönliche Freibetrag von 400.000 € wird zur Steuerfreistellung nicht benötigt und steht für anderweitigen Nachlass zur Verfügung, falls er nicht bereits durch die Vorschenkung – siehe obigen Grundfall (Rz. 268) – verbraucht wurde.

E. Die Immobilie im Umsatz- und Grunderwerbsteuerrecht

I. Die Umsatzsteuerliche Behandlung der Immobilie

Immobilien haben vielschichtige Berührungspunkte zu umsatzsteuerlichen Fragestellungen, gleich, ob sie zum ertragsteuerlichen Betriebs- oder Privatvermögen gehören. Schwerpunkt der nachfolgenden umsatzsteuerlichen Behandlung von Immobilien ist die Zulässigkeit vollständiger bzw. teilweiser Option der an sich gem. § 4 Nr. 12a UStG steuerfreien Umsätze zur Steuerpflicht nach § 9 UStG, verbunden mit einem dadurch möglichen (ggf. nur anteiligen) Vorsteuerabzug. Ändern sich später während eines 10-jährigen Korrekturzeitraumes die für den Vorsteuerabzug maßgeblichen Verhältnisse, ist der Vorsteuerabzug für die unter § 15a UStG fallenden Leistungen (z. B. Herstellungs- bzw. Anschaffungskosten und Erhaltungsaufwendungen) zeitanteilig zu korrigieren (§ 15a Abs. 1 UStG).

275

Weitere Fragen entstehen mit Blick auf die Anschaffung oder Veräußerung von Immobilien. Solche Vorgänge sind zwar ebenso wie die laufende Vermietung grundsätzlich steuerfrei (vgl. § 4 Nr. 9a UStG). Jedoch kann auch hier zur Steuerpflicht optiert werden (§ 9 Abs. 3 UStG) mit der Folge eines Übergangs der Steuerschuld auf den Erwerber gem. § 13b Abs. 1 Nr. 3 UStG. Von steuerfreien, optionsfähigen Grundstückslieferungen wiederum abzugrenzen sind solche Veräußerungsvorgänge, die den Tatbestand der Geschäftsveräußerung im Sinne des § 1 Abs. 1a UStG erfüllen. Eine fehlerhafte Beurteilung solcher Sachverhalte kann für Veräußerer und Erwerber mit äußerst unangenehmen Folgen verbunden sein.

1. Übertragung von Immobilien im Umsatzsteuerrecht

Die Übertragung von Immobilien kann umsatzsteuerlich eine Lieferung im Sinne des § 3 Abs. 1 UStG oder Geschäftsveräußerung gem. § 1 Abs. 1a UStG sein. Beide Sachverhalte sind mit völlig unterschiedlichen Rechtsfolgen verbunden. Es ist unverzichtbar, in der Praxis auf eine genaue Identifizierung zu achten. Die nachstehende Übersicht erleichtert den Einstieg.

276

Die Immobilie im Umsatz- und Grunderwerbsteuerrecht

Überblick

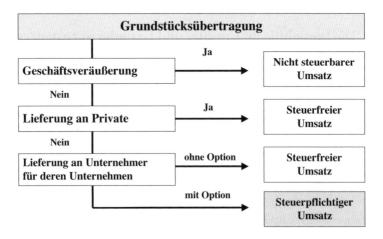

1.1. Die Grundstückslieferung

276 Nach § 4 Nr. 9a UStG sind die unter das Grunderwerbsteuergesetz fallenden Umsätze steuerfrei. Gem. § 9 Abs. 1 UStG kann jedoch der Veräußerer auf die Steuerfreiheit verzichten, wenn der Umsatz
– an einen anderen Unternehmer
– für dessen Unternehmen ausgeführt wird.

Nicht erforderlich ist abweichend zur Behandlung von Vermietungsleistungen, dass der Leistungsempfänger das Grundstück in seinem Unternehmen für Umsätze verwendet, die zum Vorsteuerabzug berechtigen. Der Veräußerer muss die (nicht zwingend zum Vorsteuerabzug berechtigende) unternehmerische Verwendungsabsicht des Leistungsempfängers objektiv belegen und in gutem Glauben erklären.[752] Dazu gehört im Falle einer Mischnutzung die Zuordnung der Immobilie zum Unternehmensvermögen.[753] Bei nur teilweiser Zuordnung ist auch eine Option beim Veräußerer nur anteilig zulässig.[754]

Verzicht im Notarvertrag: Die Ausübung des Verzichts auf die Steuerbefreiung ist im gem. § 311 b BGB notariell zu beurkundenden Vertrag zu erklären (§ 9

---

752 Abschn. 148 Abs. 5 Satz 2 UStR 2008 (= UStAE Abschn. 9.1. Abs. 5 Satz 2).
753 Abschn. 148 Abs.5 Satz 3 UStR 2008 (= UStAE Abschn. 9.1. Abs. 5 Satz 3).
754 BFH vom 20.7.1988, BStBl. II 1988, 915.

Umsatzsteuerliche Behandlung der Immobilie

Abs. 3 Satz 2 UStG). Infolgedessen kann auch ein Widerruf der Option allein im Notarvertrag erfolgen.

Hinweise zur Vertragsgestaltung: Die Steuerpflicht der Grundstückslieferung kommt dem Veräußerer zugute, weil er dadurch eine Vorsteuerkorrektur nach § 15a Abs. 1 UStG vermeidet. Sein Bemühen wird also dahin gehen, den Erwerber für eine Option gem. § 9 Abs. 3 UStG zu gewinnen. Der Erwerber hingegen hat umsatzsteuerlich gesehen aufgrund der Option **ausschließlich Nachteile**, weil
- einerseits sein Vorsteuerabzug nach § 15 Abs. 1 Nr. 4 UStG durch die gleichzeitig in seiner Person entstehende Umsatzsteuerschuld gem. § 13b Abs. 1 Nr. 3 UStG kompensiert wird und
- andererseits allein ihn die potenzielle Vorsteuerkorrektur nach § 15a Abs. 1 UStG während des 10-jährigen Berichtigungszeitraumes trifft.

Der Erwerber dürfte sich daher regelmäßig seine Bereitschaft zur Option im Rahmen der Kaufpreisgestaltung angemessen vergüten lassen, selbst dann, wenn eine steuerfreie Nutzung (mit Vorsteuerberichtigung) der Immobilie nahezu ausgeschlossen ist. Denn im Falle einer – nie völlig auszuschließenden – steuerfreien Veräußerung der Immobilie innerhalb des 10-jährigen Korrekturzeitraumes droht eine Vorsteuerrückzahlung gem. § 15a Abs. 8 UStG.

§ 13b-Risiken für Kleinunternehmer: Der Leistungsempfänger ist gem. § 13b Abs. 1 Nr. 3 UStG Steuerschuldner für Umsätze, die unter das Grunderwerbsteuergesetz fallen. Erforderlich und ausreichend für die Entstehung der Steuerschuld ist, dass der Leistungsempfänger
- Unternehmer ist (§ 13b Abs. 2 Satz 1 UStG),
- die Lieferung von einem Unternehmer ausgeführt wurde, der nicht unter § 19 UStG fällt (§ 13b Ab. 2 Satz 4 UStG) und
- die Lieferung für sein Unternehmen ausgeführt wurde (§ 9 Abs. 1 UStG).

§ 13b Abs. 1 Nr. 3 UStG tritt insoweit gegenüber § 9 UStG zurück, d.h. ohne Option keine Steuerschuldnerschaft des Leistungsempfängers. § 13b Abs. 2 Satz 3 UStG läuft daher insoweit für Grundstückslieferungen leer, als er das Reverse Charge Verfahren auch auf Leistungen für den nichtunternehmerischen Bereich angewendet wissen will.

Empfängt nun ein Kleinunternehmer eine Grundstückslieferung für sein Unternehmen, ist er einerseits Schuldner der Umsatzsteuer dieses Umsatzes. Andererseits steht ihm jedoch kein Vorsteuerabzug nach § 15 Abs. 1 Nr. 4 UStG zu (§ 19 Abs. 1 Satz 4 UStG). Er bleibt also definitiv mit Umsatzsteuer belastet. Für ihn macht die Option nach § 9 Abs. 1 UStG folglich keinen Sinn.

277

Die Immobilie im Umsatz- und Grunderwerbsteuerrecht

Hinweis: Sollte in einschlägigen Fällen der Verkäufer nicht zum Widerruf der Option bereit sein, muss der Kleinunternehmer zur Schadensbegrenzung seinen Status als Kleinunternehmer aufgeben und gem. § 19 Abs. 2 UStG zur Regelbesteuerung optieren. Voraussetzung dafür ist freilich, dass er die erworbene Immobilie steuerpflichtig vermietet. Dies wird nicht immer der Fall sein.

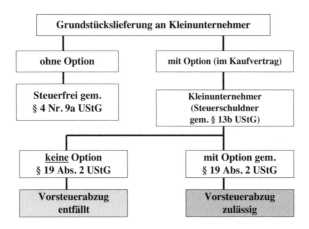

Beispiel 81

Kleinunternehmer K ist Eigentümer einer Immobilie, die er an Privatpersonen zu Wohnzwecken vermietet. Eine Option zur Steuerpflicht ist nach § 9 Abs. 2 UStG ausgeschlossen. K erwirbt zum 1.1.11 eine weitere Immobilie vom Unternehmer U für 500.000 €, der diese bislang zu eigenen gewerblichen Zwecken nutzte.[755] Im Notarvertrag wird gem. § 9 Abs. 1 UStG zur Steuerpflicht optiert, damit U eine Vorsteuerkorrektur nach § 15a Abs. 1 UStG erspart bleibt. K baut das Gebäude zu Wohnraum um und vermietet auch diese Immobilie an Privatpersonen.

K schuldet im obigen Beispiel gem. § 13b Abs. 1 Nr. 3 UStG Umsatzsteuer in Höhe von 95.000 €. Einen entsprechenden Vorsteuerabzug kann er nicht geltend machen, weil die Immobilie zwingend umsatzsteuerfrei gem. § 4 Nr. 12a UStG ohne Optionsmöglichkeit nach § 9 Abs. 2 UStG vermietet wird. Auch eine Option nach § 19 Abs. 2 UStG zur Regelbesteuerung läuft hier leer. K hat mithin einen definitiven Schaden in Höhe von 95.000 € realisiert.

---

755 Der Tatbestand der Geschäftsveräußerung ist damit nicht erfüllt.

Umsatzsteuerliche Behandlung der Immobilie

1.2. Die Übertragung von Grundstücken als Geschäftsveräußerung (§ 1 Abs. 1a UStG)

1.2.1. Tatbestandsvoraussetzungen der Geschäftsveräußerung

Eine Geschäftsveräußerung im Sinne des § 1 Abs. 1a UStG liegt vor, wenn ein Unternehmen oder ein in der Gliederung eines Unternehmens gesondert geführter Betrieb im Ganzen **entgeltlich oder unentgeltlich** übereignet oder in eine Gesellschaft eingebracht wird. Die Regelung setzt Art. 5 Abs. 8 der 6. EG-Richtlinie[756] in nationales Recht um. Die Frage, ob ein Unternehmen oder ein in der Gliederung gesondert geführter Betrieb „im Ganzen" übereignet wird, kann deshalb nicht nach nationalen ertragssteuerrechtlichen Kriterien, sondern nur unter Berücksichtigung der Regelung der 6. EG-Richtlinie (ab 1.1.2007: MwStSystRL) entschieden werden.

278

Für die Übertragung eines Unternehmens oder eines in der Gliederung des Unternehmens gesonderten Teils „im Ganzen" bedeutet dies, dass
- eine organische Zusammenfassung von Sachen und Rechten[757] übertragen wird,[758]
- die dem Erwerber die Fortführung des Unternehmens oder des in der Gliederung des Unternehmens gesondert geführten Teils
- ohne großen finanziellen Aufwand[759] ermöglicht.

Zuständigkeit: Ob die Voraussetzungen einer Betriebsveräußerung im Sinne des § 1 Abs. 1a UStG vorliegen, ist nach Auffassung der OFD Frankfurt[760] vom Finanzamt des Veräußerers zu beurteilen.

Keine Übereinstimmung mit dem ertragssteuerlichen sowie abgabenrechtlichen Begriff der Betriebsveräußerung: Der Begriff der Geschäftsveräußerung im Sinne des § 1 Abs. 1a UStG stimmt nicht mit der ertragssteuerlichen Betriebsveräußerung gem. §§ 16, 34 EStG überein. Zwar wird eine die Voraussetzungen der §§ 16, 34 EStG erfüllende Betriebsveräußerung regelmäßig auch den umsatzsteuerlichen Tatbestand des § 1 Abs. 1a UStG verwirklichen. Jedoch geht § 1 Abs. 1a UStG wesentlich weiter und erfasst insbesondere auch die Veräußerung zum ertragssteuerlichen Privatvermögen gehörender Immobilien. Die Auslegung des § 1 Abs. 1a UStG hat sich an Art. 5 Abs. 8 der 6. EG-Richtlinie[761] zu orien-

279

---
756 Art. 19 Abs. 1 sowie Art. 29 MwStSystRL.
757 Wesentliche Grundlagen; siehe Abschn. 5 Abs. 2 UStR 2008 (= UStAE Abschn. 1.5. Abs. 4).
758 Fortführbarkeit als Unternehmen; BFH vom 1.4.2004, BStBl. II 2004, 802.
759 Abschn. 5 Abs. 1 Satz 2 UStR 2008 (siehe aber UStAE Abschn. 1.5. Abs. 1: Merkmal des finanziellen Aufwandes nicht mehr enthalten).
760 Vfg. vom 12.8.2008 S 7100b A – 1 – St 1.10 Rz. 1.
761 Ab 1.1.2007: Art. 19 Abs. 1, Art. 29 MwStSystRL betr. Ausführungen zum Begriff Übertragung des Gesamtvermögens oder eines Teilvermögens und zur Verwendung durch den Begünstigten.

tieren. § 75 Abs. 1 AO ist insoweit unmaßgebend, obwohl sich die in beiden Vorschriften verwendeten Begriffe im Wesentlichen entsprechen.[762] Danach haftet der Betriebsübernehmer für bestimmte Betriebssteuern sowie Steuerabzugsbeträge in Fällen der Übereignung eines Unternehmens oder eines in der Gliederung eines Unternehmens gesonderten geführten Betriebes.

1.2.2. Fortführung des Unternehmens durch den Erwerber

280 Eine nicht steuerbare Geschäftsveräußerung im Ganzen setzt voraus, dass der
– bislang nicht zwingend unternehmerisch tätige[763] – Erwerber die wirtschaftliche Tätigkeit des Veräußerers fortführen kann.[764] Dabei muss der Erwerber des Unternehmens zwar nicht vor dem Erwerb die gleiche wirtschaftliche Tätigkeit wie der Veräußerer ausüben. Es ist jedoch eine Ähnlichkeit zwischen den vor und nach der Übertragung ausgeübten Tätigkeiten erforderlich.[765] Zudem muss die Fortführung der Tätigkeit ohne großen finanziellen Aufwand möglich sein.[766]

Überträgt beispielsweise ein Vater sein Bauunternehmen auf den Sohn und behält er das Betriebsgrundstück zum Zwecke anschließender Verpachtung an den Sohn zurück, liegt eine Geschäftsveräußerung gem. § 1 Abs. 1a UStG vor. Sie ist auch gegeben, wenn einzelne wesentliche Betriebsgrundlagen nicht mitübereignet worden sind, sofern sie dem Übernehmer langfristig zur Nutzung überlassen werden und eine dauerhafte Fortführung des Unternehmens oder des gesondert geführten Betriebes durch den Übernehmer gewährleistet ist. Gegen eine Geschäftsveräußerung spricht jedoch die Absicht, das Unternehmen nach Erwerb stillzulegen. Davon zu trennen ist die Stilllegung nach gescheitertem Fortführungsversuch.

EuGH-Vorlage zur Geschäftsveräußerung: Der XI. Senat des BFH hat mit Beschluss vom 14.7.2010[767] dem EuGH inzwischen allerdings folgende Fragen zur Vorabentscheidung vorgelegt:

„*1. Liegt eine „Übertragung" eines Gesamtvermögens i.S. von Art. 5 Abs. 8 der Richtlinie 77/388/EWG vor, wenn ein Unternehmer den Warenbestand und die Geschäftsausstattung seines Einzelhandelsgeschäfts an einen Erwerber übereignet und ihm das in seinem Eigentum stehende Ladenlokal lediglich vermietet?*

---

762 BFH vom 18.1.2005, BFH/NV 2005, 810.
763 Abschn. 5 Abs. 1 Satz 3 UStR 2008 (= UStAE Abschn. 1.5. Abs. 1 Satz 1).
764 BFH vom 24.2.2005, BStBl. II 2007, 61; Abschn. 5 Abs. 1 Satz 5 UStR 2008 (= UStAE Abschn. 1.5. Abs. 1 Satz 1).
765 Vgl. Büchter-Hole, EFG 2007, 459 (Anmerkung zum FG Köln vom 12.12.2006, EFG 2007, 456) unter Hinweis auf BFH vom 28.11.2002, BStBl. II 2004, 665.
766 Abschn. 5 Abs. 1 Satz 2 UStR 2008 (siehe aber UStAE Abschn. 1.5. Abs. 1: Merkmal des finanziellen Aufwandes nicht mehr enthalten).
767 DStR 2010, 1937.

Umsatzsteuerliche Behandlung der Immobilie

2. Kommt es dabei darauf an, ob das Ladenlokal durch einen auf lange Dauer abgeschlossenen Mietvertrag zur Nutzung überlassen wurde oder ob der Mietvertrag auf unbestimmte Zeit läuft und von beiden Parteien kurzfristig kündbar ist?"

Die Rechtsentwicklung zu dieser Problematik ist also noch nicht abgeschlossen.

Bedeutung der Absicht des Erwerbers: Der Veräußerer wird regelmäßig die Absicht des Erwerbers, das Unternehmen fortzuführen, nicht kennen. Gleichwohl kommt dieser Absicht für den Veräußerer erhebliche Bedeutung zu, weil ihn bei fehlender Fortführung des Unternehmens[768] ggf. eine Vorsteuerkorrektur nach § 15a UStG trifft. Herbert[769] empfiehlt daher, die Absichten des Erwerbers im Kaufvertrag verpflichtend festzuschreiben und Steuernachzahlungen bei abweichendem Verhalten zivilrechtlich auf den Erwerber abzuwälzen.[770]

Erfolglose Unternehmensfortführung: Der Geschäftsveräußerung steht nicht entgegen, wenn der Erwerber das übernommene Unternehmen einstellt, weil sich dessen Erwerb als Fehlmaßnahme erwiesen hat.[771]

Unschädlichkeit der Unternehmensfortführung in veränderter Form: Die Geschäftsveräußerung setzt nicht voraus, dass eine Fortführung des Unternehmens in völlig unveränderter Form stattfindet. Dazu hat der BFH[772] entschieden:
„Die nichtsteuerbare Geschäftsveräußerung nach § 1 Abs. 1a UStG setzt voraus, dass die übertragenen Vermögensgegenstände die Fortsetzung einer bisher durch den Veräußerer ausgeübten Tätigkeit ermöglichen. Eine Geschäftsveräußerung liegt auch dann vor, wenn der Erwerber den von ihm erworbenen Geschäftsbetrieb in seinem Zuschnitt ändert oder modernisiert."

Erwerber tritt an die Stelle des Veräußerers: Nach § 1 Abs. 1a Satz 3 UStG tritt der erwerbende Unternehmer an die Stelle des Veräußerers. Abgesehen von der Vorsteuerberichtigungspflicht nach § 15a UStG ist umstritten, wie weit diese Rechtsnachfolge im Übrigen geht, insbesondere mit Blick auf eine Änderung der Bemessungsgrundlage nach § 17 UStG sowie der Ausübung von Wahlrechten.[773]

281

---

768 Abschn. 5 Abs. 1 Satz 3 UStR 2008: Der Erwerber darf nicht beabsichtigen, die übernommene Geschäftstätigkeit sofort abzuwickeln (= UStAE Abschn. 1.5. Abs. 1 Satz 5); siehe dazu auch EuGH vom 27.11.2003, HFR 2004, 402 .
769 UR 2004, 506, 508.
770 Welche Sicherungsmechanismen im Einzelfall zum Einsatz kommen (z.B. Bankbürgschaft, Grundpfandrecht) muss der Entscheidung im Einzelfall vorbehalten bleiben.
771 So unter Bezugnahme auf die EuGH-Rechtsprechung Husmann in Rau/Dürrwächter § 1 UStG Rz. 1103.2.
772 Urteil vom 23.8.2007 – V R 14/05 juris.
773 Zur Vertiefung wird auf FG Rheinland-Pfalz vom 27.11.2008, DStRE 2009, 949 sowie den Beitrag von Wagner/Gallert, DStR 2010, 2017 verwiesen.

Die Immobilie im Umsatz- und Grunderwerbsteuerrecht

1.2.3. Geschäftsveräußerung bei Immobilien

Bezogen auf Immobilien ist unter Anwendung der obigen Grundsätze zu unterscheiden, ob die Immobilie das gesamte Unternehmen des Veräußerers bildet bzw. ob zum Unternehmen mehrere Immobilien gehören, von denen lediglich eine veräußert wird.

1.2.3.1. Veräußerung der einzigen Immobilie des Verkäufers

282 Befindet sich nur eine einzige Immobilie im Eigentum des Unternehmers, veräußert er mit dem Grundstück zugleich alle wesentlichen Grundlagen seines Unternehmens. Mit Erfüllung der weiteren Voraussetzungen des § 1 Abs. 1 a UStG liegt eine nichtsteuerbare Geschäftsveräußerung im Ganzen vor.[774] Dazu gehört insbesondere bei einem Mietgrundstück der gleichzeitige Übergang der jeweiligen Mietverträge. Betroffen kann selbst die Übertragung einer einzigen Eigentumswohnung sein.[775] Dies ist auch im Schrifttum[776] unbestritten.

1.2.3.2. Veräußerung einer von mehreren Immobilien des Verkäufers

Verfügt der Veräußerer über mehrere Immobilien und veräußert er lediglich eine davon, liegt eine nichtsteuerbare Geschäftsveräußerung im Ganzen nur vor, wenn das verkaufte Grundstück einen in der Gliederung des Unternehmens gesondert geführten Betrieb darstellt (Teilbetrieb). Davon ist bei vermieteten Grundstücken regelmäßig auszugehen.[777] Der besonderen Einrichtung einer betrieblichen Organisation bedarf es dazu nicht. Die Immobilie stellt einen wirtschaftlich selbständigen Teilbetrieb dar.[778] Tritt der Erwerber in die jeweiligen Mietverträge ein, kann er grundsätzlich die unternehmerische Tätigkeit ohne nennenswerte finanzielle Aufwendungen fortsetzen.

1.2.3.3. Veräußertes Grundstück hat den Charakter von Vorratsvermögen

Ein Grundstück ist allerdings kein gesondert geführter Betrieb, wenn ein Unternehmer ein unbebautes Grundstück mit dem Ziel erwirbt, ein Gebäude zu errichten, Mieter zu beschaffen und anschließend das nun bebaute Grundstück zu

---

774 OFD München vom 1.8.2000, StEK § 1 Abs. 1a UStG Nr. 14. Vgl. ebenso Abschn. 5 Abs. 2 Satz 2 UStR 2008: Auch ein einzelnes Grundstück kann wesentliche Betriebsgrundlage sein (= UStAE Abschn. 1.5. Abs. 4 Satz 3).
775 BFH vom 8.3.2001, BStBl. II 2003, 430; OFD Karlsruhe vom 28.4.2000, StEK § 1 Abs. 1a UStG Nr. 12.
776 Vgl. z.B. von Streit, Die nicht steuerbare Übertragung eines Gesamt- oder Teilvermögens am Beispiel der Veräußerung von Immobilien, BB 2003, 2657, 2659.
777 OFD Karlsruhe vom 3.8.2009, StEK § 1 Abs. 1a UStG Nr. 23 Rz. 4. Ebenso Hättich/Renz, NWB 2010, 2614, 2620.
778 OFD Karlsruhe vom 3.8.2009, StEK § 1 Abs. 1a UStG Nr. 23 Rz. 4.

Umsatzsteuerliche Behandlung der Immobilie

veräußern. Für die Annahme einer Geschäftsveräußerung im Ganzen gem. § 1 Abs. 1a UStG fehlt es in diesen Fällen an der Übertragung wesentlicher Betriebsgrundlagen. Das Grundstück dient nicht dem Unternehmen, um als Anlagevermögen für längere Zeit zur Verfügung zu stehen, beispielsweise zur nachhaltigen Erzielung von Mieteinnahmen. Es dient nur dazu, um darauf ein Gebäude errichten zu können. Geplant ist hier von Anfang an, das Grundstück unmittelbar nach Fertigstellung des Gebäudes zu veräußern. Es wird also zum Zwecke alsbaldiger Veräußerung erworben und hat somit den Charakter von Vorratsvermögen. In diesem Fall ist von einer umsatzsteuerbaren Lieferung auszugehen.[779] Nach anderer Auffassung im Schrifttum[780] unterscheidet das Umsatzsteuerrecht nicht zwischen Anlage- und Umlaufvermögen, so dass eine Anwendung des § 1 Abs. 1a UStG nicht verweigert werden kann.

1.2.3.4. Vollständige oder nur teilweise zu eigenen Wohnzwecken genutzte Immobilie

Werden eigengenutzte Immobilien übertragen, sind folgende Nutzungsvarianten zu unterscheiden:
- Vollständige Nutzung zu eigenen Wohnzwecken (Fall a),
- teilweise Nutzung zu eigenen Wohnzwecken sowie durch Vermietung (keine Zuordnung des eigengenutzten Teils zum Unternehmen[781]; Fall b),
- gemischte Nutzung wie im Fall b), jedoch Zuordnung des eigengenutzten Teils zum Unternehmen (Fall c).

283

Im **Fall a)** handelt es sich um die Veräußerung einer nicht zum Unternehmensvermögen gehörenden Immobilie. Der Vorgang ist nicht steuerbar. Eine Anwendung der Grundsätze zur Geschäftsveräußerung gem. § 1 Abs. 1a UStG scheidet damit von vornherein aus.

Wird die Immobilie hingegen teilweise eigengenutzt sowie vermietet (**Fall b**), kann hinsichtlich des vermieteten Teils der Immobilie eine Geschäftsveräußerung unter den oben beschriebenen Voraussetzungen gegeben sein. Die teilweise Nutzung zu eigenen Wohnzwecken steht also einer Anwendung des § 1 Abs. 1a UStG nicht grundsätzlich entgegen.[782] Im Übrigen ist wie im Fall a) zu verfahren.

Im **Fall c)** hingegen stellt sich die Frage der Unternehmensfortführung auch hinsichtlich des Gebäudeteils, der bislang vom Veräußerer zu eigenen Wohn-

---

779 OFD München vom 1.8.2000, StEK § 1 Abs. 1a UStG Nr. 14.
780 Siehe von Streit, Die nicht steuerbare Übertragung eines Gesamt- oder Teilvermögens am Beispiel der Veräußerung von Immobilien, BB 2003, 2657, 2661.
781 Zu den formellen und materiellen Voraussetzungen der Zuordnung siehe Meyer/Ball, Umsatzsteuer und Immobilien, 2007 S. 161 f.
782 Wohl ebenso Klein, Umsatzsteuerliche Risiken beim Immobilienerwerb, DStR 2005, 1961, 1965; siehe auch Hättich/Renz, NWB 2010, 2614, 2620.

Die Immobilie im Umsatz- und Grunderwerbsteuerrecht

zwecken genutzt wurde. UE ist hier mit Blick auf das BFH-Urteil vom 22. November 2007[783] (siehe auch Rz. 287) die Immobilie nicht zwingend einheitlich zu beurteilen und die Geschäftsveräußerung partiell nur auf den vermieteten Gebäudeteil zu beziehen. Fraglich erscheint allerdings der Fall, dass auch die Nutzung zu eigenen Wohnzwecken vom Käufer fortgeführt wird, nunmehr freilich in seiner Person. Hier wäre eine vollumfängliche Geschäftsveräuerung vorstellbar. Soweit ersichtlich, hat sich die Rechtsprechung bislang noch nicht mit einem vergleichbaren Sachverhalt beschäftigt.[784]

1.2.4. Identität zwischen bisheriger und künftiger Immobiliennutzung

284 Eine Fortführung des Unternehmens ist bei Immobilien gegeben, wenn die Art ihrer Nutzung vom Erwerber fortgesetzt wird. Im Einzelnen ist zu unterscheiden:

1. **Unschädliche Nutzungsidentität:** Veräußerer V überträgt eine Immobilie auf Erwerber E, der sie wie bisher an Mieter M vermietet. Es liegt eine Geschäftsveräußerung vor.[785]
2. **Schädliche Nutzungsidentität:** Eigengewerbliche Nutzung des Veräußerers V wird in Form eigengewerblicher Nutzung durch den Erwerber E fortgesetzt. UE liegt keine Geschäftsveräußerung vor, weil eigengewerblich genutzte Immobilien des Veräußerers keinen Betrieb oder Teilbetrieb darstellen, sondern lediglich unselbständiger Teil eines – gerade nicht veräußerten – Betriebs/Teilbetriebs sind.
3. **Schädlicher Nutzungswechsel:** Veräußerer V überträgt eine Immobilie auf Mieter M, der sie wie bisher zu eigengewerblichen Zwecken nutzt. Es liegt keine Geschäftsveräußerung vor, weil die eigengewerbliche Nutzung der Immobilie durch den Mieter keine Fortsetzung der Vermietungstätigkeit (= fremdgewerbliche Nutzung) des V ist.[786] M ist nicht als Vermieter der Immobilie tätig.
4. **Schädlicher Nutzungswechsel:** Mieter M veräußert die vom Veräußerer V erworbene Immobilie entsprechend seiner vorgefassten Absicht am gleichen Tag an Erwerber E. Wiederum liegt keine Geschäftsveräußerung vor, weil die Weiterveräußerung nicht als Fortsetzung der Vermietungstätigkeit des V angesehen werden kann.[787]

---

783 BStBl. II 2008, 448.
784 Für eine vollumfängliche Geschäftsveräußerung auch Hättich/Renz, NWB, 2010, 2614, 2620 und zwar auch für den Fall, dass der Erwerber den eigengenutzten Teil der Immobilie nicht seinem Unternehmensvermögen zuordnet.
785 Herbert, Geschäftsveräußerung und Immobilien, UR 2004, 508, 509.
786 OFD Karlsruhe vom 3.8.2009, StEK § 1 Abs. 1a UStG Nr. 23 Rz. 5 unter Hinweis auf BFH vom 4.9.2008, BFH/NV 2009, 426.
787 Herbert, Geschäftsveräußerung und Immobilien, UR 2004, 506, 509; ebenso Hättich/Renz, NWB 2010, 2614, 2620.

1.2.4.1. Schädlichkeit fehlender Übernahme bestehender Pachtverträge

Nach Auffassung des BFH im Urteil vom 11.10.2007[788] ist die Lieferung eines weder vermieteten noch verpachteten Grundstücks im Regelfall keine Geschäftsveräußerung gem. § 1 Abs. 1a UStG. Im Hinblick auf die nach der EuGH-Rechtsprechung[789] erforderliche Absicht des Erwerbers, den übertragenen Geschäftsbetrieb oder Unternehmensteil zu betreiben, kommt es maßgeblich darauf an, ob das übertragene Vermögen die Fortsetzung einer bisher durch den Veräußerer ausgeübten Tätigkeit ermöglicht. Dabei ist im Rahmen einer Gesamtwürdigung die Art des übertragenen Vermögens/Teilvermögens und der Grad der Übereinstimmung oder Ähnlichkeit zwischen den vor und nach der Übertragung ausgeübten Tätigkeiten zu berücksichtigen.[790]

Fehlende Übernahme der Mietverträge: Entsprechend diesen Grundsätzen ist die Veräußerung eines Gebäudes ohne Übergang der Mietverträge keine Geschäftsveräußerung. Der Vorgang stellt sich nur als Übertragung eines einzelnen Vermögensgegenstandes dar und ist schlichte steuerbare Grundstückslieferung. Sie qualifiziert sich erst durch Übernahme bestehender Mietverträge zur Übertragung eines „Geschäftsbetriebes".

Neuer Pachtvertrag: Unschädlich ist allerdings nach Ansicht des FG Düsseldorf im Urteil vom 29.4.2009,[791] wenn der Erwerber nicht in den bestehenden Pachtvertrag eintritt, sondern mit demselben Pächter einen **neuen Pachtvertrag** abschließt.[792] Als entscheidend sah das FG an, dass die rechtlichen und tatsächlichen Voraussetzungen, unter denen Veräußerer und Erwerber die Pachtleistungen erbracht haben bzw. erbringen, im Wesentlichen übereinstimmen bzw. sich hinreichend ähneln. Relevant ist diese Entscheidung allerdings nur für solche Fälle, in denen nur ein Pächter vorhanden ist.[793]

Übernahme von Wartungs-, Verwaltungs- und sonstigen Dienstleistungsverträgen entbehrlich: Der Käufer ist mit Blick auf die BFH-Rechtsprechung[794] nicht gehindert, den übertragenen Geschäftsbetrieb oder Unternehmensteil aus z.B. betriebswirtschaftlichen oder kaufmännischen Gründen in seinem Zuschnitt zu ändern oder zu modernisieren. Solche Änderungen können darin bestehen,

---

788 V R 57/06.
789 Siehe Urteil vom 27.11.2003 C – 497/01 Zita Modes, BFH/NV Beilage 2004 S. 128.
790 Siehe auch BFH vom 28.11.2002, BStBl. II 2004 S. 665.
791 EFG 2009, 1599 Rev.: V R 22/09.
792 Ebenso BFH vom 6.5.2010 – V R 25/09 juris: Kündigung und Neuabschluss des Mietvertrages in engem zeitlichen Zusammenhang steht Geschäftsveräußerung nicht entgegen.
793 Zur Frage der Geschäftsveräußerung bei nur teilweiser Übernahme der bestehenden Pachtverträge siehe BFH vom 30.4.2009, BStBl. II 2009, 863.
794 Urteil vom 29.8.2007 V R 14/05.

dass der Käufer die vom Veräußerer abgeschlossenen Wartungs-, Verwaltungs- und sonstigen Dienstleistungsverträge nicht übernimmt, sondern ggf. mit anderen Anbietern neu verhandelt und entsprechend neue Verträge abschließt. Auch bei Nichtübernahme der vom Veräußerer abgeschlossenen obigen Verträge stellt die Immobilie samt der Mietverträge ein hinreichendes Ganzes dar, das dem Käufer die Fortführung der wirtschaftlichen Tätigkeit des Veräußerers ermöglicht.[795]

1.2.4.2. Übertragung von Rohbauten sowie (teilweise) leerstehenden Immobilien

286   Die Veräußerung eines **Rohbaues** mit anschließender Fertigstellung durch den Erwerber und planmäßiger Aufnahme der Vermietungstätigkeit ist mit Blick auf das obige BFH-Urteil vom 11.10.2007[796] wegen der dort geforderten Übernahme von Mietverträgen keinesfalls Geschäftsveräußerung. Zwar ist der Veräußerer schon aufgrund seiner Vorbereitungsmaßnahmen Unternehmer im Sinne des § 2 Abs. 1 UStG,[797] jedoch bedarf es hier regelmäßig eines erheblichen finanziellen Aufwandes, um die Vermietungstätigkeit aufzunehmen.[798]

Bei (teilweise) **leerstehenden Immobilien** ist zu unterscheiden:
 a) vollständiger Leerstand der Immobilie im Veräußerungszeitpunkt mit anschließender Vermietung durch den Erwerber,
 b) teilweiser Leerstand mit anschließender Vollvermietung durch den Erwerber,
 c) vollständiger Leerstand, jedoch mit vom Veräußerer initiierter, aber erst nach Lastenübergang auf den Erwerber beginnender Teilvermietung.

Variante a) ist nach Auffassung von Herbert[799] keine Geschäftsveräußerung, weil bei erst anschließender Vermietung durch den Erwerber nicht von einer Fortführung der bisherigen wirtschaftlichen Tätigkeit des Veräußerers gesprochen werden kann.[800] Die Beseitigung des Leerstandes ist ein mitunter kostenträchtiger Vorgang, der eine erhebliche Zäsur bedeutet zwischen etwaigen früheren Vermietungen und einer Neuvermietung. Eine andere Auffassung lässt sich im Übrigen schon mit Blick auf das BFH-Urteil vom 11.10.2007 aaO kaum durchsetzen, wonach die Übernahme bestehender Mietverträge zwingendes Kriterium der Geschäftsveräußerung ist.

---

795 Siehe dazu Behrens/Schmitt, UVR 2008 S. 220.
796 BStBl. II 2008, 447.
797 EuGH vom 21.3.2002, BStBl. II 2002, 559; BFH vom 8.3.2001, BStBl. II 2003, 430.
798 So Herbert, Geschäftsveräußerung und Immobilien, UR 2004, 506, 510.
799 UR 2004, 506, 510.
800 Ebenso Hättich/Renz, NWB 2010, 2614, 2622.

Umsatzsteuerliche Behandlung der Immobilie

Zu Variante b) tritt Herbert aaO für eine pragmatische Lösung ein und bejaht eine Geschäftsveräußerung, wenn, bezogen auf die Nutzfläche bzw. den Verkehrswert der Immobilie, mindestens 10 % vermietet sind.

Entsprechend ist **Variante c)** zu lösen. Danach macht es keinen Unterschied, ob die Immobilie tatsächlich (zu mindestens 10 %) vermietet ist oder ob lediglich die Mietverträge noch vom Veräußerer abgeschlossen wurden. Auch in diesem Fall kann der Erwerber die Vermietungstätigkeit ohne weiteren Aufwand fortführen.[801] Offen ist freilich, ob angesichts des BFH-Urteils vom 11.10.2007 auch dieser Sachverhalt künftig als Grundstückslieferung behandelt werden muss.

Zur aktuellen BFH-Rechtsprechung: Mit der Übernahme teilweise leerstehender Immobilien hat sich inzwischen der BFH im Urteil vom 30.4.2009[802] beschäftigt. Eine Geschäftsveräußerung gem. § 1 Abs. 1a UStG durch Übertragung eines vermieteten oder verpachteten Grundstücks liegt danach auch dann vor, wenn dieses nur teilweise vermietet oder verpachtet ist, die nicht genutzten Flächen aber zur Vermietung oder Verpachtung bestimmt sind, da hinsichtlich dieser Flächen auf die Fortführung der bisherigen Vermietungs- oder Verpachtungsabsicht abzustellen ist.[803] Im Streitfall betrug die Vermietungsquote 37 %.

Unbeachtlich ist, wenn der Erwerber das **Büroinventar** nicht übernimmt. Der Erwerber darf das Unternehmen in seinem Zuschnitt ändern bzw. modernisieren.[804]

Partielle Geschäftsveräußerung: Mit Blick auf das BFH-Urteil vom 22.11.2007[805] könnte im Falle der Veräußerung einer teilweise leerstehenden Immobilie auch eine partielle Geschäftsveräußerung anzunehmen sein. Im Streitfall wurde die betreffende Immobilie teilweise fremdvermietet und teilweise zu eigengewerblichen Zwecken des Veräußerers genutzt. Nach Auffassung des BFH beschränkt sich hier die Geschäftsveräußerung auf den vermieteten Grundstücksteil.

287

1.2.5. Sonderfall Betriebsaufspaltung

Die Veräußerung einer Immobilie, die im Rahmen einer umsatzsteuerrechtlichen **Organschaft** vom Besitzunternehmen an das Betriebsunternehmen vermietet wurde (z.B. eine Lagerhalle), ist keine Geschäftsveräußerung.[806] Zwar kann bei der Veräußerung verpachteter/vermieteter (Gewerbe-)Immobilien unter

288

---

801 Herbert, Geschäftsveräußerung und Immobilien, UR 2004, 506, 511 oben.
802 BStBl. II 2009, 863; zustimmend Demuth/Kaiser, BB 2010, 168 (Urteilsanmerkung).
803 Ebenso Hättich/Renz, NWB 2010, 2614, 2622.
804 BFH-Urteil in BStBl II 2008, 165.
805 BStBl. II 2008, 448.
806 BFH vom 18.1.2005, BFH/NV 2005, 810.

Fortführung des Pacht-/Mietvertrages durch den Erwerber eine nichtsteuerbare Geschäftsveräußerung gem. § 1 Abs. 1 a UStG vorliegen.[807] Wird aber vom Besitzunternehmen eine bislang an die (organschaftlich verbundene) Betriebsgesellschaft verpachtete Lagerhalle veräußert, ist der Erwerber keineswegs in der Lage, die von § 1 Abs. 1a UStG geforderte selbständige wirtschaftliche Tätigkeit des Veräußerers „fortzuführen". Die Vermietungstätigkeit geht nicht mit der Veräußerung des Grundstücks auf den Erwerber über. Die Grundstücksübertragung ist damit nicht anders zu beurteilen als die Übertragung anderer (einzelner) Unternehmensgegenstände, z.B. Produktionsanlagen oder Maschinen, die wie anderes Anlagevermögen oder Warenbestände weder ein selbständiges Unternehmen noch einen selbständigen Unternehmensteil darstellen. Die organschaftlich strukturierte Betriebsaufspaltung wird als ein einheitliches Unternehmen im Sinne des § 1 Abs. 1a UStG angesehen.

Offen bleibt wie zu entscheiden ist, wenn der Erwerber das Mietverhältnis zur (ehemaligen) Betriebsgesellschaft fortsetzt bzw. Besitz- und Betriebsgesellschaft gleichzeitig an einen Erwerber veräußert werden. Insbesondere bei der letztgenannten Variante liegt die Annahme einer Geschäftsveräußerung nahe.

Nach allem entstehen für den Erwerber Unsicherheiten, weil er die steuerliche Situation des Verkäufers nicht immer einzuschätzen vermag. Der Verkäufer wiederum dürfte wenig geneigt sein, dem Erwerber eine existierende Betriebsaufspaltung zu offenbaren. Möglicherweise ist die Betriebsaufspaltung auch unentdeckt geblieben. Die damit verbundenen Risiken treffen im allgemeinen jedoch allein den Verkäufer, weil die irrtümlich unterstellte Geschäftsveräußerung mit Entdeckung des Rechtsirrtums in eine – mangels Option gem. § 9 Abs. 3 UStG – steuerfreie Grundstückslieferung im Sinne des § 4 Nr. 9a UStG umschlägt. Der Verkäufer hat die daraus resultierenden potentiellen nachteiligen Rechtsfolgen des § 15a Abs. 1 UStG durch Rückzahlung von Vorsteuerbeträgen zu tragen.

Rechtsentwicklung zur Organschaft: Erwähnenswert ist in diesem Zusammenhang, dass der BFH mit Urteil vom 22.4.2010[808] seine bisherige Rechtsprechung aufgegeben hat. Verfügen danach mehrere Gesellschafter nur gemeinsam über die Anteilsmehrheit an einer GmbH und einer Personengesellschaft, ist die GmbH nicht finanziell in die Personengesellschaft eingegliedert.

1.2.6. Geschäftsveräußerungen bei Immobilien im Überblick

289 Die für die Praxis relevanten Sachverhalte lassen sich wie folgt zusammenfassen:

---

807 Vgl. BFH vom 1.4.2004, BFH/NV 2004, 1198.
808 BFH/NV 2010, 1581

Umsatzsteuerliche Behandlung der Immobilie

Sachverhalt	Tatbestand der Geschäftsveräußerung erfüllt?
Immobilienübertragung auf einen Nichtunternehmer mit Fortsetzung der Vermietungstätigkeit durch den Erwerber.	**Ja,** Unternehmereigenschaft bereits im Zeitpunkt des Erwerbs nicht erforderlich.
Immobilienübertragung nach gescheitertem Vermietungsversuch des Veräußerers.	**Ja,** Übertragung eines „lebenden Unternehmens" nicht erforderlich.
Immobilienübertragung mit gescheitertem Vermietungsversuch des Erwerbers und anschließender Veräußerung.	**Ja,** erfolgreiche Unternehmensfortführung durch den Erwerber kein Tatbestandsmerkmal der Geschäftsveräußerung.
Übertragung nur einer vermieteten Immobilie und Fortsetzung bestehender Mietverträge.	**Ja,** weil auch eine einzige Immobilie Betrieb oder Teilbetrieb sein kann
Übertragung einer von mehreren Immobilien des Veräußerers.	**Ja,** da bereits eine Immobilie als Teilbetrieb anzusehen ist.
Die übertragene Immobilie gehörte beim Veräußerer zum Umlaufvermögen und wird vom Erwerber durch dauerhafte Vermietung genutzt.	**Nein,** es mangelt an der nachhaltigen Erzielung von Mieteinnahmen beim Veräußerer; fehlende Identität bisheriger und neuer Nutzung.
Immobilie wurde vom Veräußerer eigengewerblich genutzt.	**Nein,** keine Betriebsfortführung mangels Nutzungsidentität, selbst dann, wenn der Erwerber die Immobilie ebenfalls eigengewerblich nutzt.
Immobilie wurde vom Veräußerer teilweise an Dritte vermietet sowie teilweise eigengewerblich genutzt.	**Ja/Nein,** Geschäftsveräußerung liegt nur insoweit vor, als die Immobilie fremdvermietet ist[817]
Immobilie wurde vom Veräußerer teilweise zu eigenen Wohnzwecken genutzt.	**Ja/Nein,** soweit die Immobilie vermietet ist. Hinsichtlich des eigengenutzten Wohnteils ist eine Geschäftsveräußerung wohl ausgeschlossen.[818]
Übertragung von Miteigentumsanteilen.	**Ja/Nein,** Geschäftsveräußerung je nach Sachverhalt möglich.

---

809 BFH vom 22.11.2007, BStBl. II 2008 S. 448.
810 BFH vom 22.11.2007, BStBl. II 2008 S. 448 sinngemäß.

Die Immobilie im Umsatz- und Grunderwerbsteuerrecht

Immobilie wurde vom Veräußerer fremdgewerblich genutzt (z. B. zu Bürozwecken).	**Ja,** wenn diese Nutzung vom Erwerber fortgeführt wird.
Immobilienübertragung mit von Anfang an geplanter Veräußerung durch den Erwerber.	**Nein,** es mangelt an der Unternehmensfortführung durch den Erwerber
Übertragung einer Immobilie ohne Übernahme der bestehenden Miet-/Pachtverträge durch den Erwerber.	**Nein,** die Übernahme bestehender Miet-/Pachtverträge ist zwingender Bestandteil des „Geschäftsbetriebes".
Übertragung einer teilweise leerstehenden Immobilie.	**Ja,** teilweiser Leerstand ist bei Vermietungsabsicht unschädlich.[811]
Übertragung eines Rohbaues.	**Nein,** weil die Aufnahme der Vermietungstätigkeit nur unter erheblichem finanziellen Aufwand möglich ist.
Möbliert vermietetes Bürogebäude wird vom Erwerber unmöbliert vermietet.	**Ja,** weil bisherige und neue Vermietung nicht wesensverschieden ist
Immobilienübertragung unmittelbar nach Gebäudefertigstellung durch Veräußerer.	**Ja,** wenn Veräußerung durch unvorhersehbare Umstände veranlasst ist (z. B. Finanzierungsprobleme).
Immobilienerwerb vom Bauträger	**Nein,** weil die wirtschaftliche Tätigkeit des Veräußerers nicht fortgesetzt wird.
Erwerb einer Immobilie, die beim Veräußerer Teil einer Betriebsaufspaltung ist.	**Nein,** keine Fortsetzung der wirtschaftlichen Tätigkeit des Veräußerers.
Immobilienübertragung unter Nießbrauchsvorbehalt.[812]	**Nein,** Geschäftsveräußerung kann erst mit Wegfall des Nießbrauchs (Tod oder Verzicht) erfüllt sein
Unentgeltliche Immobilienübertragung im Rahmen vorweggenommener Erbfolge.	**Ja,** Entgeltlichkeit ist kein Merkmal der Geschäftsveräußerung.

---

811 BFH vom 30.4.2009, BStBl. II 2009, 863.
812 Zur Behandlung des Vorbehaltsnießbrauchs siehe Rz. 221 f.

Umsatzsteuerliche Behandlung der Immobilie

1.2.7. Auskunftspflicht des Veräußerers und Überwachung durch die Finanzverwaltung

Liegt eine Geschäftsveräußerung im Sinne des § 1 Abs. 1a UStG vor, trifft den Erwerber je nach bisheriger Nutzung durch den Veräußerer und künftiger Nutzung durch den Erwerber die Verpflichtung zur Vorsteuerkorrektur nach § 15a Abs. 10 UStG. Damit der Erwerber dieser Verpflichtung nachkommen kann, hat der Veräußerer gem. § 15a Abs. 10 Satz 2 UStG die hierzu erforderlichen Angaben zu machen. Dazu gehören nach Auffassung der OFD Karlsruhe:[813]

- die insgesamt für die Anschaffung oder Herstellung angefallene Vorsteuer,
- der Beginn der erstmaligen Verwendung des Gegenstandes,
- der Prozentsatz der vorsteuerunschädlichen Nutzung im Kalenderjahr der erstmaligen Verwendung und
- die zu Grunde gelegte Nutzungsdauer.

290

Das Finanzamt des Veräußerers hat eine Kopie des Überwachungsblattes (USt 1 UE) an das Finanzamt des Erwerbers zu schicken, damit eine Überwachung des restlichen Berichtigungszeitraums erfolgen kann.

2. Fehlerhafte Beurteilung von Veräußerungsvorgängen

2.1. Irrtümliche Behandlung der Geschäftsveräußerung als Grundstückslieferung

Angesichts der vielschichtigen Kriterien zur Abgrenzung einer steuerfreien (optionsfähigen) Grundstückslieferung von der nicht steuerbaren Geschäftsveräußerung sind potentielle Risiken in Augenschein zu nehmen, die bei rechtsirrtümlicher Behandlung der Grundstücksübertragung auftreten können. Die nachstehenden Einzelfälle wurden praktischen Sachverhalten nachempfunden und repräsentieren nur einen Ausschnitt der Problematik. Dabei ist zu unterscheiden, ob die bisherige Nutzung durch den Veräußerer umsatzsteuerpflichtig oder -frei war.

291

2.1.1. Umsatzsteuerpflichtige Nutzung durch den Veräußerer

Die umsatzsteuerlichen Konsequenzen irrtümlicher Annahme einer Grundstückslieferung sind entscheidend davon abhängig, ob der Erwerber die Immobilie umsatzsteuerpflichtig oder -frei weiterveräußert.

---

813 Vfg. vom 3.8.2009, StEK § 1 Abs. 1a UStG Nr. 23 Rz. 6.

Die Immobilie im Umsatz- und Grunderwerbsteuerrecht

Beispiel 82

V ist Eigentümer einer nach Abschluss der Bauphase (01) zum 1.1.02 umsatzsteuerpflichtig vermieteten Immobilie. Er veräußert diese zum 1.1.04 an Käufer K zum Nettokaufpreis von 1 Mio. €. Im Notarvertrag wird gem. § 9 Abs. 3 UStG zur Umsatzsteuerpflicht optiert. V machte in 01 aus der Herstellung des Gebäudes einen Vorsteuerabzug in Höhe von 120.000 € geltend. Die Vertragsparteien übersehen, dass eine Geschäftsveräußerung im Sinne des § 1 Abs. 1a UStG vorliegt. Die umsatzsteuerpflichtige Vermietung des V wird von K fortgesetzt.

K veräußert die Immobilie zum 01.01.07
a) wiederum umsatzsteuerpflichtig aufgrund Option gem. § 9 Abs. 1 und 3 UStG bzw.
b) umsatzsteuerfrei nach § 4 Nr. 9a UStG.

2.1.1.1. Umsatzsteuerpflichtige Weiterveräußerung durch den Käufer

Im obigen Beispiel 82 befindet sich Käufer K bei Variante a) gem. § 13b Abs. 1 Nr. 3 UStG in der Position des Steuerschuldners mit einer Umsatzsteuersteuerbelastung von 190.000 € (19 % von 1 Mio. €). Gleichzeitig erlangt er gem. § 15 Abs. 1 Nr. 4 UStG einen Vorsteuerabzug von ebenfalls 190.000 €, weil er die Immobilie zur Ausführung steuerpflichtiger Umsätze zu verwenden beabsichtigt und diese Nutzung auch tatsächlich verwirklicht. Einer Rechnung im Sinne der §§ 14, 14a UStG bedarf es für Zwecke des Vorsteuerabzugs nicht. Diese ist nur für solche Vorsteuern erforderlich, die nach § 15 Abs. 1 Nr. 1 UStG geltend gemacht werden. Verkäufer V wiederum wähnt sich mit Blick auf eine drohende Vorsteuerkorrektur gem. § 15a Abs. 1 UStG sicher, da er vermeintlich umsatzsteuerpflichtig veräußerte und folglich keine gegenüber dem Vorsteuerabzug in 01 geänderten Verhältnisse meint befürchten zu müssen.

Tatsächlich liegen jedoch im obigen Beispiel 82 die Voraussetzungen einer Geschäftsveräußerung gem. § 1 Abs. 1a UStG vor, so dass die genannten Rechtsfolgen gerade nicht eintreten. Was bedeutet dies für die Vertragsparteien, insbesondere vor dem Hintergrund evtl. bestandskräftiger Steuerfestsetzungen?

Behandlung Verkäufer V: Betrachten wir zunächst V. Er kann sich entspannt zurücklegen. Wegen einer als steuerpflichtig empfundenen Grundstückslieferung hat er – subjektiv zutreffend – keine Vorsteuerkorrektur gem. § 15a Abs. 1 UStG vorgenommen. Denn die für den Vorsteuerabzug maßgebenden Verhältnisse haben sich bei ihm nicht geändert (Wechsel von steuerpflichtiger Vermietung zur steuerpflichtigen Veräußerung). Wird nun dieser Vorgang richtigerweise unter § 1

Umsatzsteuerliche Behandlung der Immobilie

Abs. 1a UStG subsumiert, tritt an die Stelle einer steuerpflichtigen Grundstückslieferung die nicht steuerbare Geschäftsveräußerung. Beide Vorgänge aber sind aus der Sicht des V mit Blick auf den Vorsteuerabzug gleich zu behandeln. Der Vorsteuerabzug aus den Baukosten in 01 verbleibt somit definitiv bei V.

Behandlung Käufer K: Aus der Sicht von K ändert sich zum 1.1.04 zunächst ebenfalls nichts. Die Geschäftsveräußerung gem. § 1 Abs. 1a UStG lässt keine anderen rechtlichen Folgen eintreten als die (zunächst irrtümlich unterstellte) steuerpflichtige Grundstückslieferung.

Einer ausdrücklichen Korrektur der betreffenden Umsatzsteuer-Voranmeldung 04 bzw. der Umsatzsteuer-Jahreserklärung 04 des K sowie einer Rechnungsberichtigung gem. § 14c Abs. 1 UStG[814] (bei V) bedarf es nicht, weil keine Rechnung mit gesondertem Steuerausweis ausgestellt wurde. Der Hinweis im Notarvertrag, wonach der Erwerber als Leistungsempfänger die Umsatzsteuer gem. § 13b Abs. 1 Nr. 3 UStG schuldet,[815] ist kein gesonderter Steuerausweis in diesem Sinne. Somit treten die Rechtsfolgen der Geschäftsveräußerung durch bloße Tatbestandsverwirklichung ein.[816]

Die inzwischen evtl. vorliegende **formelle sowie materielle Bestandskraft**[817] des Umsatzsteuerbescheides 04 steht dem nicht entgegen. Denn Besteuerungsgrundlagen erwachsen gem. § 157 Abs. 2 AO nicht in Bestandskraft,[818] sondern nur die Steuerfestsetzung.[819] Die Bestandskraft eines Umsatzsteuerbescheides erstreckt sich lediglich auf die Höhe der Umsatzsteuerschuld. Diese aber wird von der Qualifizierung des Vorganges als Geschäftsveräußerung oder Grundstückslieferung nicht tangiert. Damit ist ungeachtet abweichender Deklaration des Vorganges in der Umsatzsteuererklärung[820] 04 eine Geschäftsveräußerung

293

---

814 Die Vorschrift gestattet die Rechnungskorrektur in Fällen unrichtigen Steuerausweises. Die formellen Anforderungen an eine Berichtigung sind hier gegenüber einer Korrektur in Fällen unberechtigten Steuerausweises im Sinne des § 14c Abs. 2 UStG deutlich niedriger. Daher kommt einer Unterscheidung zwischen beiden Regelungen erhebliche Bedeutung zu.
815 Ausreichend ist freilich der schlichte Hinweis im Notarvertrag (oder in einer gesonderten Rechnung), dass der Leistungsempfänger die Umsatzsteuer schuldet. Eine Rechtsgrundlage muss nicht ausdrücklich genannt werden. Umgangssprachliche Formulierungen genügen. Andererseits schadet natürlich ein detaillierter Hinweis nicht.
816 Vgl. § 38 AO: Ansprüche aus dem Steuerschuldverhältnis entstehen, sobald der Tatbestand verwirklicht ist, an den das Gesetz die Leistungspflicht knüpft.
817 Die formelle Bestandskraft tritt mit Ablauf der einmonatigen Einspruchsfrist und die materielle Bestandskraft nach Eintritt der Festsetzungsverjährung ein.
818 BFH vom 29.9.1995, BFH/NV 1996, 277.
819 § 157 Abs. 1 AO.
820 Zeilen 95 (Umsatzsteuererklärung) und 27 (Anlage UR) betreffend die Umsatzsteuer sowie Zeile 66 (Umsatzsteuererklärung) betreffend den Vorsteuerabzug.

Die Immobilie im Umsatz- und Grunderwerbsteuerrecht

gegeben. Sie wird nicht mit Bestandskraft der Umsatzsteuerfestsetzung für 04 materiell-rechtlich verdrängt. Daraus wiederum folgt in Beispiel 82 die grundsätzliche Anwendbarkeit des § 15a Abs. 10 UStG. Er sieht vor, dass der zehnjährige **Korrekturzeitraum** des § 15a Abs. 1 UStG auf den Erwerber übergeht. Ihn trifft mithin die Pflicht, die vom Veräußerer geltend gemachten Vorsteuerbeträge unter den Voraussetzungen des § 15a Abs. 1 UStG (= Änderung der für den Vorsteuerabzug maßgebenden Verhältnisse) zu korrigieren und an das Finanzamt abzuführen. K hat demzufolge keine umsatzsteuerlichen Nachteile im Falle umsatzsteuerpflichtiger Veräußerung zu befürchten (Beispiel 82, Variante a).

2.1.1.2. Umsatzsteuerfreie Weiterveräußerung durch den Käufer

294 Sollte Käufer K die Immobilie steuerfrei veräußern (obiges Beispiel 82, Variante b), ist bei ihm der gem. § 15a Abs. 10 UStG übergehende Vorsteuerabzug des V wie folgt zu berichtigen:

Vorsteuerabzug 01 (bei V)	120.000 €
Kürzung des Vorsteuerabzuges (bei K) in 04 für 07 -11 (5/10)	60.000 €.[821]

Die Rückzahlung der Vorsteuer in Höhe von 60.000 € reduziert im Übrigen nicht rückwirkend die Anschaffungskosten der Immobilie. Der Betrag ist vielmehr sofort als Werbungskosten (oder Betriebsausgaben) steuerlich abziehbar (§ 9b Abs. 1 EStG). Dies mindert die Umsatzsteuerbelastung des K durch eine gegenläufige Einkommensteuererstattung.

2.1.2. Umsatzsteuerfreie Nutzung durch den Verkäufer

295 **Beispiel 83**

Sachverhalt wie in Beispiel 82, jedoch wurde die Immobilie vom Verkäufer V umsatzsteuerfrei vermietet und erst zum 1.1.07 an Käufer K veräußert. V hat folglich aus den Baukosten keinen Vorsteuerabzug in Anspruch genommen. K hingegen vermietet die Immobilie unmittelbar nach Übertragung ab 1.1.07 ausschließlich umsatzsteuerpflichtig.

---

821 Der 10-jährige Korrekturzeitraum beginnt im Zeitpunkt erstmaliger Verwendung (= 1.1.02) und endet grundsätzlich zum 31.12.11. Hier fingiert § 15a Abs. 7 und 8 UStG im Falle umsatzsteuerfreier Veräußerung eine steuerschädliche Verwendung bis zum Ende des Korrekturzeitraumes. Danach sind 5 Jahre kumuliert im Veranlagungszeitraum 04 zu berichten.

Umsatzsteuerliche Behandlung der Immobilie

Die Veräußerung wird von V
a) irrtümlich als umsatzsteuerfreie (gem. § 4 Nr. 9a UStG) bzw.
b) aufgrund Option (gem. § 9 Abs. 1 und 3 UStG) umsatzsteuerpflichtige Grundstückslieferung behandelt.
c) Der Rechtsirrtum wird im Fall a) erst nach Bestandskraft des Umsatzsteuerbescheides 07 des V bzw. nach Eintritt der Festsetzungsverjährung für den Veranlagungszeitraum 07 entdeckt.

2.1.2.1. Rechtsirrtümliche Behandlung als umsatzsteuerfreie Veräußerung

Sollte die Veräußerung im obigen Beispiel 83 irrtümlich umsatzsteuerfrei behandelt worden sein Variante a), ergeben sich für Verkäufer V keine umsatzsteuerlichen Konsequenzen. Ihm stand aufgrund umsatzsteuerfreier Vermietung in 01 kein Vorsteuerabzug zu. Damit stellt auch die steuerfreie Veräußerung keinen Umsatz dar, der für Zwecke des Vorsteuerabzuges im Sinne des § 15a Abs. 1 UStG anders zu beurteilen wäre. Tatsächlich aber ist eine **Geschäftsveräußerung** gem. § 1 Abs. 1a UStG gegeben. Sie führt gleichwohl zu keinem anderen Ergebnis. Die Geschäftsveräußerung ist zwar nicht umsatzsteuerfrei, sondern nicht steuerbar.

Aus Sicht des § 15a Abs. 1 UStG werden beide Tatbestände allerdings gleich behandelt. Denn § 15a Abs. 10 UStG ordnet an, dass der – hier zehnjährige – Berichtigungszeitraum nicht unterbrochen, sondern vom Erwerber fortgeführt wird. V kann also wegen der gegebenen Geschäftsveräußerung keinen Vorsteuervergütungsanspruch über § 15a Abs. 1 UStG erreichen. Dieser steht allein Käufer K zu, weil er einerseits den Korrekturzeitraum des Veräußerers fortführt und andererseits aufgrund eigener – nunmehr steuerpflichtiger – Vermietung zum 1.1.07 eine Änderung der für den Vorsteuerabzug maßgebenden Verhältnisse herbeiführt. Damit erhält K – fortgesetzte steuerpflichtige Vermietung unterstellt – im Zeitraum 07 bis einschließlich 11 eine jährliche Vorsteuervergütung in Höhe von 1/10 von 120.000 € = 12.000 €. Jedoch muss sich K gem. § 15a Abs. 10 Satz 2 UStG von V die zur Durchführung der Berichtigung des Vorsteuerabzuges erforderlichen Angaben (und wohl auch Unterlagen) beschaffen. Außerdem sind die Vorsteuererstattungen von jährlich 12.000 € gem. § 9b EStG als Einnahmen/Betriebseinnahmen zu versteuern.

2.1.2.2. Rechtsirrtümliche Behandlung als umsatzsteuerpflichtige Veräußerung

Sollten die Vertragsparteien die Immobilienveräußerung (irrtümlich) als umsatzsteuerpflichtig behandelt haben (Beispiel 83, Variante b), verbleibt es bei den oben genannten Rechtsfolgen. Käufer K erhält also auch hier eine jährliche Vorsteuervergütung von 12.000 € bis einschließlich Veranlagungszeitraum 11. Die zunächst angemeldete Umsatzsteuer nach § 13b Abs. 1 Nr. 3 UStG und der gem.

§ 15 Abs. 1 Nr. 4 UStG gleichzeitig geltend gemachte Vorsteuerabzug neutralisieren sich aufgrund steuerpflichtiger Vermietung durch K. Entsprechendes gilt für die nachträgliche Beseitigung der Rechtsfolgen irrtümlich unterstellter umsatzsteuerpflichtiger Grundstückslieferung (§ 9 Abs. 3 UStG). Die Beseitigung der Rechtsfolgen steuerpflichtiger Grundstückslieferung erfolgt spiegelbildlich umgekehrt zu ihrer ursprünglichen umsatzsteuerlichen Erfassung.

Anders gestalten sich die Verhältnisse beim Verkäufer V. Er generierte aufgrund steuerpflichtiger Veräußerung zum 1.1.07 einen Vorsteuerabzug gem. § 15a Abs. 1 UStG in Höhe von 60.000 € (5/10 von 120.000 €). Dieser wird mit Fehlerentdeckung wieder vollständig zum Nachteil des V beseitigt, weil die Geschäftsveräußerung im Anschluss an eine steuerfreie Vermietung keine für den Vorsteuerabzug relevante Änderung der Verhältnisse im Sinne des § 15a Abs. 1 UStG darstellt. Allerdings muss der Umsatzsteuerbescheid 07 verfahrensrechtlich noch zum Nachteil des V änderbar sein. Das ist er, solange der Vorbehalt der Nachprüfung (§ 164 Abs. 1 AO) wirkt (siehe dazu auch Rz. 293).

2.1.2.3. Entdeckung des Rechtsirrtums erst nach Verjährungseintritt

297 Fraglich ist aus Sicht des Käufers K wie zu verfahren ist, wenn die rechtsfehlerhafte Behandlung als steuerfreie oder steuerpflichtige Veräußerung (anstatt nicht steuerbarer Geschäftsveräußerung) erst verspätet, also nach Verjährungseintritt entdeckt wird (Beispiel 83, Variante c)? Hier treten neben materiell-rechtlichen ergänzend verfahrensrechtliche Aspekte hinzu. Sollten danach die Umsatzsteuer-Jahreserklärungen des K fristgerecht im jeweiligen Folgejahr abgegeben worden sein (also 07 in 08 usw.), verjährt die Umsatzsteuer 07 zum 31.12.12[822] und zwar ungeachtet der Tatsache einer Steuerfestsetzung unter Vorbehalt der Nachprüfung gem. § 164 Abs. 1 AO.[823] Infolgedessen kann K im Jahr 13 keine Änderung der Steuerfestsetzung 07 gem. § 164 Abs. 2 AO mit dem Ziel erreichen, ihm die anteilig auf 07 entfallenden Vorsteuerbeträge gem. § 15a Abs. 1 UStG in Höhe von 12.000 €[824] zu vergüten. Der Vorsteuerabzug geht insoweit endgültig verloren.

Grundsatz der Abschnittsbesteuerung: Damit ist K nicht gehindert, entsprechende Vergütungen für die nachfolgenden Jahre 08 bis 11 über § 164 Abs. 2 AO geltend zu machen. Eine Anwendung des § 15a Abs. 1 UStG setzt nicht voraus, dass im potentiellen Erstjahr der Korrektur (hier 07) eine solche auch tatsächlich vorgenommen wurde. Nach dem Grundsatz der Abschnittsbesteuerung muss das Finanzamt in jedem Veranlagungszeitraum die einschlägigen Besteue-

---

822 §§ 169 ff. AO.
823 Zur gesetzlich angeordneten Vorbehaltsfestsetzung bei Steueranmeldungen vgl. § 168 AO. Zum Wegfall des Vorbehalts mit Eintritt der Festsetzungsverjährung siehe § 164 Abs. 4 AO.
824 1/10 von 120.000 €.

Umsatzsteuerliche Behandlung der Immobilie

rungsgrundlagen erneut prüfen, rechtlich würdigen und eine als falsch erkannte Rechtsauffassung zum frühestmöglichen Zeitpunkt aufgeben.[825] Das gilt zugunsten wie zuungunsten des Steuerpflichtigen, selbst dann, wenn er auf die bislang günstige Rechtsauffassung vertraut haben sollte.

Keine korrespondierende Besteuerung: Es kann auch die Konstellation eintreten, dass Verkäufer V aufgrund Festsetzungsverjährung für 07 seinen – unberechtigt erlangten – Vorsteuerabzug von 60.000 € behält, während Käufer K die für ihn günstige Geschäftsveräußerung geltend macht. So gesehen lässt sich ein Vorsteuerabzug personenübergreifend auch mehrfach generieren. Das Finanzamt wird aber im Rahmen der Umsatzsteuerveranlagung des V für das Jahr 07 sein Augenmerk im besonderen Maße auf die gem. § 15a Abs. 1 UStG in Höhe von 60.000 € (5/10 von 120.000 €) begehrte Vorsteuervergütung richten und sinnvollerweise die vorgetragene steuerpflichtige Grundstückslieferung als das maßgebende Tatbestandsmerkmal kritisch prüfen.

Wenn jedoch das Finanzamt die gebotene Prüfung nicht mit der nötigen Sorgfalt vornimmt oder sich ebenso wie die Vertragsparteien in der umsatzsteuerlichen Behandlung schlichtweg irrt, dann ist K in späteren Jahren nicht gehindert, eine materiell-rechtlich zutreffende Steuerfestsetzung zu fordern. Dazu gehört die jährliche Vorsteuerkorrektur zu seinen Gunsten gem. § 15a Abs. 1 UStG in Höhe von 12.000 € wegen Änderung der für den Vorsteuerabzug maßgebenden Verhältnisse (steuerfreie Nutzung durch V – steuerpflichtige Nutzung durch K). Das umsatzsteuerliche Korrekturpotential wird durch eine rechtsfehlerhafte Vorsteuervergütung an V aufgrund fehlerhafter Anwendung des § 15a Abs. 1 UStG im Veräußerungsjahr 07 der Immobilie nicht geschmälert. Jedenfalls treten die Rechtsfolgen des § 15a Abs. 1 in Verbindung mit Abs. 10 UStG unabhängig von der Behandlung des Veräußerers ein. Der Gesetzgeber hat hier offenbar eine leichte Anwendung des § 1 Abs. 1a UStG unterstellt und eine gesetzlich angeordnete korrespondierende Besteuerung für entbehrlich gehalten.

Widerstreitende Steuerfestsetzung: Die Finanzverwaltung kann die übereinstimmende Besteuerung von Veräußerer und Käufer auch nicht unter dem Aspekt widerstreitender Steuerfestsetzung im Sinne des § 174 AO erreichen. § 174 AO ist vorliegend nicht einschlägig, weil es nach höchstrichterlicher Rechtsprechung[826] nicht seine Aufgabe ist, die übereinstimmende Besteuerung bei wechselseitiger Leistungsbeziehung herbeizuführen. Auch die Absätze 3 und 4 des § 174 AO

298

---

825 BFH vom 4.5.2005, BFH/NV 2005, 1483.
826 Vgl. BFH vom 26.1.1994, BStBl. II, 597 zur (nicht zwingend) übereinstimmenden Behandlung von Renten/dauernden Lasten als Sonderausgaben (§ 10 Abs. 1 Nr. 1a EStG) einerseits und wiederkehrenden Bezügen (§ 22 Nr. 1 EStG) andererseits.

Die Immobilie im Umsatz- und Grunderwerbsteuerrecht

greifen nicht. Absatz 3 nicht, weil – bezogen auf Verkäufer V – das Finanzamt keinen bestimmten Sachverhalt im Umsatzsteuerbescheid erkennbar in der Annahme unberücksichtigt lässt, diesen in einem anderen Steuerbescheid zu berücksichtigen.[827] Absatz 4 findet keine Anwendung, weil K den Vorsteuervorteil entweder unmittelbar im Besteuerungsverfahren durch erklärungsgemäße Veranlagung erlangt und damit das korrekturauslösende Ereignis eines erfolgreichen Rechtsbehelfes entfällt. Oder es mangelt – falls K erst im Einspruchsverfahren § 15a Abs. 1 UStG durchsetzen kann – an einer Hinzuziehung des V zum Rechtsbehelfsverfahren des K (§ 174 Abs. 5 AO). Abgesehen davon dürfen gem. § 174 Abs. 4 AO nur die „richtigen" steuerlichen Folgen in einem anderen Steuerbescheid gezogen werden.

Bedeutung einer Hinzuziehung: Allerdings könnte das Finanzamt einen unter § 174 Abs. 4 AO fallenden Sachverhalt ggf. bewusst herbeiführen.

Beispiel 84

Sachverhalt wie in den Beispielen 82 und 83 (Variante b). Verkäufer V hat im Rahmen seiner Umsatzsteuerveranlagung 07 gem. § 15a Abs. 1 UStG (aufgrund rechtsfehlerhaft unterstellter) steuerpflichtiger Grundstückslieferung einen Vorsteuervergütungsanspruch gem. § 15a Abs. 1 UStG von 60.000 €[828] realisiert. Käufer K wiederum begehrt im Rahmen seiner Umsatzsteuerveranlagung 07 ebenfalls einen Vorsteuerabzug gem. § 15a Abs. 1 UStG in Höhe von 12.000 €[829], der ihm jedoch vom Finanzamt (rechtsfehlerhaft!) versagt wird. Dem daraufhin von K eingelegten Einspruch gibt das Finanzamt statt.

Sollte das Finanzamt hier Verkäufer V gem. § 174 Abs. 5 AO zum Einspruchsverfahren des K hinzuziehen, kann es gem. § 174 Abs. 4 AO nach dessen erfolgreicher Beendigung (d.h. Stattgabe) aus dem betreffenden Sachverhalt (= nicht steuerbare Geschäftsveräußerung) *„nachträglich durch Erlass oder Änderung eines Steuerbescheides die richtigen steuerlichen Folgerungen"* ziehen und zwar – wegen der Hinzuziehung – auch und gerade gegenüber V. Demzufolge würde der von V für 07 zu Unrecht erlangte Vorsteuerabzug nachträglich wieder entfallen. Voraussetzung dafür ist lediglich die Aufhebung oder Änderung eines aufgrund irriger Beurteilung eines bestimmten Sachverhaltes ergangenen Steuerbescheides. Dies geschieht vorliegend durch Änderung des gegenüber K

---

827 Zu einem Ausnahmefall siehe FG des Saarlandes vom 3.12.2003, EFG 2004, 389 betreffend den Fall, dass Vorsteuerbeträge in der Annahme des Abzuges bei einem Dritten nicht berücksichtigt wurden.
828 1/10 von 120.000 € x 5 Jahre (07 – 11).
829 1/10 von 120.000 €.

Umsatzsteuerliche Behandlung der Immobilie

ergangenen (fehlerhaften) Umsatzsteuerbescheides 07. Unbeachtlich ist, ob das Finanzamt diesen Bescheid gegenüber K bewusst fehlerhaft in die Welt gesetzt hat, um einen Einspruch zu provozieren.[830]
Dafür spricht nach Auffassung des BFH[831] vor allem der Sinn des § 174 Abs. 4 AO. Die Vorschrift bietet den Finanzbehörden im Falle der Aufhebung oder Änderung einer unrichtigen Steuerfestsetzung auf Betreiben des Steuerpflichtigen eine Ermächtigungsgrundlage dahingehend, den nunmehr unberücksichtigten Sachverhalt im richtigen Steuerbescheid zu erfassen.[832] Der Steuerpflichtige soll im Falle seines Obsiegens mit einem gewissen Rechtsstandpunkt an seiner Auffassung festgehalten werden, soweit derselbe Sachverhalt zu beurteilen ist. Hat er erfolgreich für seine Rechtsansicht gestritten, muss er die damit verbundenen Nachteile hinnehmen,[833] auch dann, wenn das Finanzamt vorsätzlich gehandelt hat. Das gilt vorliegend ebenso für den zum Einspruchsverfahren des K hinzugezogenen Dritten V. Man sieht, das Verfahrensrecht ist immer wieder gut für bemerkenswerte Spielereien.

2.2. Irrtümlich unterstellte Geschäftsveräußerung anstelle einer Grundstückslieferung

Probleme entstehen ebenfalls, wenn abweichend von den obigen Ausführungen (Rz. 291 f.) anstatt einer Grundstückslieferung umgekehrt eine Geschäftsveräußerung irrtümlich unterstellt wurde. In diesem Fall gewinnt die Möglichkeit nachträglicher Option zur Steuerpflicht gem. § 9 Abs. 3 UStG deutlich an Gewicht.

299

2.2.1. Umsatzsteuerpflichtige Nutzung durch den Verkäufer

Beispiel 85

Veräußerer V überträgt zum 1.1.07 eine bis dahin ab 1.1.02 eigengewerblich im Rahmen seines Gewerbebetriebes (steuerpflichtige Ausgangsumsätze) genutzte Immobilie auf Käufer K zum Kaufpreis von 1 Mio. €. V machte seinerzeit in 01 aus der Herstellung des Gebäudes einen Vorsteuerabzug in Höhe von 120.000 € geltend. Die Vertragsparteien übersehen, dass keine Geschäftsveräußerung im Sinne des § 1 Abs. 1a UStG vorliegt, sondern eine

---
830 AA Ax/Große/Melchior, Lehrbuch zur Abgabenordnung und Finanzgerichtsordnung, 19. Aufl. 2007 S. 522.
831 Urt. vom 21.5.2004, BFH/NV 2004, 1497.
832 Siehe auch BFH vom 10.7.2003, BFH/NV 2003, 1535.
833 BFH vom 27.7.2001, BFH/NV 2001, 1534.

Die Immobilie im Umsatz- und Grunderwerbsteuerrecht

unter § 4 Nr. 9a UStG fallende Grundstückslieferung. K nutzt die Immobilie fortan für Zwecke
a) umsatzsteuerfreier bzw.
b) aufgrund Option gem. § 9 Abs. 2 UStG umsatzsteuerpflichtiger Vermietung.

Beurteilung Verkäufer V: In Beispiel 85 liegen die Voraussetzungen der Geschäftsveräußerung nicht vor. Folglich muss V sowohl im Fall a) als auch b) die in 01 in Anspruch genommene Vorsteuer zum 1.1.07 gem. § 15a Abs. 1 UStG korrigieren. Die Korrektur ist notwendig, weil V aufgrund irriger Annahme einer Geschäftsveräußerung die Option der Grundstückslieferung gem. 9 Abs. 3 UStG unterließ (zur Nachholung siehe unten). Damit ist eine steuerfreie Lieferung im Sinne des § 4 Nr. 9a UStG gegeben. Sie bewirkt eine Änderung der für den Vorsteuerabzug maßgebenden Verhältnisse. Demzufolge hat V für den Veranlagungszeitraum 07 Vorsteuerbeträge in Höhe von 60.000 € (5/10 von 120.000 €) an das Finanzamt zurückzuzahlen. Je nach dem Zeitpunkt der Fehlerentdeckung kann sich die Rückzahlung durch Nachzahlungszinsen gem. § 233a AO sichtbar erhöhen. Allerdings stellt der Korrekturbetrag eine abzugsfähige Betriebsausgabe gem. § 9b EStG[834] dar.

300 *Bestandskräftiger Umsatzsteuerbescheid des V für 07:* Eine Rückforderung der Vorsteuerbeträge gem. § 15a Abs. 1 UStG (hier 60.000 €) kann das Finanzamt nicht mehr durchsetzen, wenn der Umsatzsteuerbescheid 07 materiell bestandskräftig ist.[835] Davon gibt es Ausnahmen.

Beispiel 86

Sachverhalt wie in Beispiel 85 wegen der (rechtsirrtümlich) unterstellten und auch gegenüber dem Finanzamt erklärten Geschäftsveräußerung fordert das Finanzamt mit Umsatzsteuerbescheid 07 aufgrund umsatzsteuerfreier Vermietung von K 12.000 € Vorsteuer gem. § 15a Abs. 1 UStG zurück.[836] K legt dagegen Einspruch ein und macht nunmehr geltend, es liege eine steuerfreie Grundstückslieferung und kein Fall des § 15a Abs. 10 UStG vor.

Wird V vom Finanzamt gem. § 174 Abs. 5 AO zum Einspruchsverfahren des K hinzugezogen, kann es bei erfolgreichem Ausgang des Einspruchs auch für V aus

---

834 Vgl. z.B. BFH vom 19.11.2003, BFH/NV 2004, 766.
835 Materielle Bestandskraft entsteht mit Aufhebung des Vorbehalts der Nachprüfung oder durch Eintritt der Festsetzungsverjährung.
836 1/10 der von V in 01 geltend gemachten Vorsteuer von 120.000 €.

Umsatzsteuerliche Behandlung der Immobilie

dem betreffenden Sachverhalt die richtigen umsatzsteuerlichen Folgen ziehen. Mit anderen Worten, liegt zutreffend mangels Geschäftsveräußerung und Option zur Steuerpflicht (§ 9 Abs. 3 UStG; siehe unten) eine steuerfreie Grundstückslieferung vor, muss V trotz Bestandskraft des (fehlerhaften) Umsatzsteuerbescheides 07 eine Vorsteuerkorrektur gem. § 15a Abs. 1 UStG in Höhe von 60.000 € in Kauf nehmen.

Hinweis: Vergisst das Finanzamt eine Hinzuziehung des V für den Veranlagungszeitraum 07 (siehe oben) als potentielles Erstjahr einer Fehlerbeseitigung, kann es diese in jedem nachfolgenden Jahr des laufenden verbleibenden 10-jährigen Korrekturzeitraums des § 15a Abs. 1 UStG (08 bis 11) nachholen und für V einen materiell-rechtlich zutreffenden geänderten Umsatzsteuerbescheid 07 erlassen. Dazu bedarf es lediglich eines gegenüber K bewusst fehlerhaft erlassenen Umsatzsteuerbescheides.

Beurteilung Käufer K: K hat mit Blick auf den Vorsteuerabzug des V in 01 keinen eigenen umsatzsteuerlichen Vorteil. Denn entweder scheitert ein Vorsteuerabzug an der Geschäftsveräußerung oder – wie hier – am steuerfreien Immobilienerwerb.

2.2.2. Nachträgliche Option als Ausweichgestaltung

V und K können natürlich einvernehmlich unter Beachtung der Formvorschrift des § 9 Abs. 3 UStG nachträglich zur Steuerpflicht optieren.[837] Dann vermeidet V die für ihn nachteilige Vorsteuerkorrektur gem. § 15a Abs. 1 UStG. Erwerber K allerdings erlangt hier keinen Liquiditätsvorteil, da er einerseits gem. § 13b Abs. 1 Nr. 3 UStG Steuerschuldner wird (= 190.000 €) und andererseits gem. § 15 Abs. 1 Nr. 4 UStG einen gleichhohen Vorsteuerabzug erlangt. Sollte er jedoch die Immobilie später innerhalb des bei ihm neu beginnenden zehnjährigen Korrekturzeitraumes des § 15a Abs. 1 UStG steuerfrei veräußern oder zur steuerfreien Nutzung wechseln, trifft ihn das Risiko einer Vorsteuerkorrektur (§ 15a Abs. 1 UStG). Dieses Risiko sollte er sich im Rahmen der Preisgestaltung mit V entsprechend honorieren lassen.

Das gilt umso mehr für die obige Variante a) in Beispiel 85. Wird nämlich die Immobilie durch K von Anfang an steuerfrei genutzt, trifft ihn im Falle steuerpflichtiger Grundstückslieferung sofort die gesamte Umsatzsteuerschuld in Höhe von 190.000 € (§ 13b UStG) ohne adäquaten Vorsteuerabzug (§ 15 Abs. 2 UStG). Dieser ist erst mit späterem Wechsel zur steuerpflichtigen Vermietung über § 15a Abs. 1 UStG sukzessive erreichbar und obendrein mit dem Nachteil einer Besteue-

---

[837] Siehe dazu im Einzelnen Meyer/Ball, Umsatzsteuer und Immobilien, 2007 S. 137 f.

rung der Vergütungsbeträge als Betriebseinnahme oder Einnahme aus Vermietung und Verpachtung verbunden (§ 9b Abs. 1 EStG). Eine Option zur steuerpflichtigen Grundstückslieferung macht also bei dieser Sachverhaltskonstellation für K keinen Sinn und wäre mit einem hohen finanziellen Schaden verbunden.

2.2.3. Verfahrensrechtliche Hinweise zur Option gem. § 9 Abs. 3 UStG

302 Verfahrensrechtlich ist in Zusammenhang mit einer Option nach § 9 Abs. 1 UStG zu beachten,[838] dass die Ausübung des Verzichts dem Formerfordernis des § 9 Abs. 3 UStG genügen muss, d.h. der Verzicht ist in dem gem. § 311b BGB notariell zu beurkundenden Vertrag zu erklären.

Wird der Verzicht nachträglich widerrufen, wirkt der Widerruf in das Jahr der betreffenden Leistung zurück.[839] Die Umsatzsteuerfestsetzung im Jahr tatsächlicher Rückgängigmachung bleibt davon unberührt. Widerrum sind die Formerfordernisse des § 9 Abs. 3 UStG zu beachten. Ein einseitiger Widerruf des leistenden Unternehmers ist zum Schutze des Leistungsempfängers mithin ausgeschlossen.

Rechtsauffassung des BFH: Der Verzicht auf die Steuerbefreiung eines Umsatzes gemäß § 9 Abs. 1 UStG kann nach Auffassung des BFH[840] bis zur Unanfechtbarkeit der Steuerfestsetzung rückgängig gemacht werden. Hat ein Unternehmer den betreffenden Umsatz zunächst als steuerfrei behandelt, kann er dies nach Eintritt der sog. *formellen Bestandskraft* (= Ablauf der einmonatigen Einspruchsfrist) der Steuerfestsetzung für das betreffende Jahr nicht mehr korrigieren.[841] Dieser Rechtsauffassung folgt auch das Schrifttum.[842]

Rechtsauffasung der Finanzverwaltung: Die Finanzverwaltung[843] vertritt eine gegenüber der BFH-Rechtsprechung großzügigere Rechtsauffassung, weil sie dem Unternehmer eine Korrektur des steuerfreien oder steuerpflichtigen Umsatz solange gestattet, wie die entsprechende Steuerfestsetzung noch geändert werden kann. Dies hat im Hinblick auf die regelmäßig unter dem Vorbehalt der Nachprüfung gem. § 164 Abs. 1 AO ergehenden Umsatzsteuerbescheide[844] erhebliche praktische Bedeutung, weil bei diesen zwar eine formelle Bestandskraft (siehe oben) eintritt, jedoch keine materielle Bestandskraft, wie sie von der Finanz-

---

838 Abschnitt 148 Abs. 3 UStR 2008.
839 BFH vom 1.2.2001, BStBl. II 2003, 673.
840 Vgl. Urteile vom 1.2.2001, BStBl. II 2003, 673 und vom 6.10.2005, BFH/NV 2006, 835.
841 BFH vom 6.8.1998, BFH/NV 1999, 223.
842 Vgl. Birkenfeld, Umsatzsteuerhandbuch, § 113 Rz. 137.
843 Abschn. 148 Abs. 3 UStR 2008; aufgehoben durch BMF-Schreiben vom 1.10.2010, BStBl. I 2010, 768.
844 Vgl. § 168 AO, wonach Steueranmeldungen stets unter dem Vorbehalt der Nachprüfung gem. § 164 Abs. 1 AO stehen.

Umsatzsteuerliche Behandlung der Immobilie

verwaltung als ausreichend empfunden wird. Damit kann praktisch bis zum Eintritt der Festsetzungsverjährung optiert bzw. widerrufen werden.

Empfehlung: Im Hinblick auf die einschlägige BFH-Rechtsprechung ist ungeachtet der großzügigeren Verwaltungsauffassung zu empfehlen, den Verzicht auf Steuerbefreiung, wenn möglich, innerhalb der einmonaten Einspruchsfrist, also vor Eintritt der formellen Bestandskraft zu erklären.

2.3. Behandlung unentgeltlicher Geschäftsveräußerungen

Die obigen Überlegungen greifen nicht, wenn Immobilien im Grenzbereich zur Geschäftsveräußerung unentgeltlich übertragen werden. Gleichwohl ist auch hier die zutreffende rechtliche Einordnung von großer Bedeutung.

303

Beispiel 87

Unternehmer U überträgt eine Immobilie (Vorsteuerabzug in 01 aus den Gebäudeherstellungskosten 200.000 €) zum 1.1.07 unentgeltlich auf Sohn S. Die Immobile (Verkehrswert 2 Mio. €) wurde bis zur Schenkung
a) seit dem 1.1.02 zu eigenbetrieblichen Zwecken im Rahmen eines Gewerbebetriebes des U genutzt bzw.
b) steuerpflichtig an andere Unternehmer vermietet.

Im Fall a) wird die Immobilie von S an U vermietet, im Fall b) setzt S die Fremdvermietung von U fort.

Wurde die Immobilie bislang vom Übergeber U eigenbetrieblich genutzt (**Fall a**), liegt keine Geschäftsveräußerung im Sinne des § 1 Abs. 1a UStG vor. Es mangelt an einer Fortführung der wirtschaftlichen Tätigkeit des Schenkers (siehe Rz. 280). Folge davon ist die Behandlung des Vorganges als steuerbare Wertabgabe gem. § 3 Abs. 1b UStG, die allerdings nach § 4 Nr. 9a UStG steuerfrei bleibt.[845] Damit ändern sich bei U die für den Vorsteuerabzug maßgebenden Verhältnisse, so dass eine Vorsteuerkorrektur gem. § 15a Abs. 1 UStG stattfindet. U hat demnach Vorsteuern in Höhe von 100.000 € (5/10 von 200.000 €) an das Finanzamt zurückzuzahlen. Der Rückzahlungsbetrag ist gem. § 9b EStG als Betriebsausgabe abzugsfähig.[846] U hat hier keine Möglichkeit, hinsichtlich der unentgeltlichen Wertabgabe zur Steuerpflicht zu optieren.[847] Damit geht der Vorsteuerabzug in Bezug auf den Rückzahlungsbetrag umsatzsteuerlich endgültig verloren. Im Rahmen

---

845 Ausführlich dazu Rz. 344 f.
846 So jedenfalls der Wortlaut des § 9b Abs. 2 EStG, der nicht nach dem Motiv einer Vorsteuerkorrektur fragt. Auch § 12 Nr. 2 EStG ist uE insoweit nicht einschlägig.
847 Abschn. 148 Abs. 2 Satz 3 UStR 2008.

unentgeltlicher Immobilienübertragungen ist daher eingehend zu prüfen, ob die Voraussetzungen einer Geschäftsveräußerung vorliegen bzw. ein Vorsteuerverlust hingenommen werden kann.

Unproblematisch ist hingegen die Übertragung im **Fall b**), weil S hier die wirtschaftliche Tätigkeit des Schenkers fortführt. Damit trägt S allerdings das Risiko evtl. Vorsteuerrückzahlung für den Fall, dass bei künftig geänderter Nutzung (z.B. Wechsel zur steuerfreien Vermietung) eine Vorsteuerkorrektur gem. § 15a Abs. 1 UStG erfolgt.

2.4. Bedeutung einer Verkäufergarantie

304 Gelegentlich wird im Schrifttum[848] empfohlen, der Veräußerer möge im Kaufvertrag garantieren, dass keine Geschäftsveräußerung vorliegt. Solche „Garantien" sind kritisch zu sehen. Denn einerseits kann der Veräußerer nicht die Garantie für den gesamten relevanten Sachverhalt übernehmen, weil es zur Tatbestandsverwirklichung auch und gerade auf die Verhältnisse des Erwerbers ankommt. Andererseits binden vertragliche Regelungen die Finanzverwaltung ohnehin nicht. Allerdings sollten dem Veräußerer verbindliche Erklärungen insoweit abverlangt werden, als diese für die Beurteilung der Geschäftsveräußerung von Bedeutung sind. Dazu gehört etwa die verbindliche Bestätigung der bisherigen Immobiliennutzung (z.B. eigengewerbliche bzw. fremdgewerbliche Nutzung oder Vermietung zu Wohnzwecken). Es ist schon viel gewonnen, wenn sich die Vertragsparteien überhaupt der Abgrenzungsproblematik der Geschäftsveräußerung/Lieferung bewusst sind.

2.5. Empfehlungen zu Grundstückslieferungen im Grenzbereich zur Geschäftsveräußerung

305 Angesichts der Komplexität der Geschäftsveräußerung mit ihren vielschichtigen Tatbestandsmerkmalen wird es im Einzelfall nicht immer möglich sein, den konkreten Lebenssachverhalt mit der gebotenen Sicherheit als Geschäftsveräußerung zu identifizieren. Auch eine verbindliche Auskunft (§ 204 AO) wird nur ausnahmsweise helfen, bestehende Rechtsunsicherheiten zu beseitigen, da sie korrespondierend vom Veräußerer und Erwerber eingeholt werden muss. Die nur gegenüber einem Vertragspartner erteilte verbindliche Auskunft wirkt jedoch nicht gegenüber dem anderen Vertragspartner. Dann aber haben die Beteiligten nichts gewonnen. Als Ausweg bietet sich an, den Vorgang bei entgeltlicher Übertragung

---

848 Hipler, Umsatzsteueroption im Grundstücksvertrag, Stbg. 2004, 358, 365.

regelmäßig als steuerpflichtige Veräußerung mit entsprechender Option im Notarvertrag (§ 9 Abs. 3 UStG) zu behandeln.

Weicht das Finanzamt später von der Annahme steuerpflichtiger Lieferung zugunsten einer Geschäftsveräußerung ab, hat dies mangels Rechnungsstellung mit gesondertem Steuerausweis grundsätzlich für beide Vertragsbeteiligten keine nachteiligen Folgen. Im Gegenteil. Aufgrund nachträglich erkannter Geschäftsveräußerung reduziert sich für den Erwerber der 10-jährige Korrekturzeitraum des § 15a Abs. 1 UStG.[849] Nachteile entstehen nur, wenn die Immobilie aufgrund Wertverfalls unter ihren Herstellungskosten veräußert wurde (Notverkauf) und damit das Korrekturpotential des Veräußerers auf den Erwerber verlagert wird.

Sollte die Veräußerung hingegen irrtümlich als Geschäftsveräußerung behandelt werden, obwohl eine steuerbare (und mangels Option steuerfreie) Lieferung vorliegt, müssen nach Fehlerentdeckung die Vertragsparteien wieder an den Tisch. Denn eine Option ist nur im – hier zu ändernden – Notarvertrag möglich (§ 9 Abs. 3 UStG). Das kann bei langjährig zurückliegenden Veräußerungen mit erheblichen tatsächlichen Schwierigkeiten verbunden sein.

Es ist nach allem festzustellen, dass sich die Risiken irrtümlich unterstellter Geschäftsveräußerung beim Veräußerer durch eine vorsorglich steuerpflichtige Grundstücksveräußerung verhindern lassen. Beim Erwerber wiederum ist die vorsorgliche Option mit dem ggf. gravierenden Nachteil einer Vorsteuerkorrektur gem. § 15a Abs. 1 UStG innerhalb eines 10-jährigen Korrekturzeitraums für den Fall verbunden, dass tatsächlich keine Geschäftsveräußerung vorliegt und eine künftig steuerfreie Nutzung bzw. erneute steuerfreie Veräußerung stattfindet. Der Erwerber muss sich dieses steuerliche Risiko durch eine entsprechende zivilrechtliche Kaufpreisgestaltung ausreichend vergüten lassen.

Hinweis: Auf jeden Fall abzulehnen ist der Verzicht nach § 9 Abs. 3 UStG, wenn den Verkäufer kein oder nur ein geringes § 15a-Korrekturrisiko trifft. Dann ist die Option zur Steuerpflicht, verbunden mit einer Steuerschuldnerschaft des Käufers gem. § 13b Abs. 1 Nr. 3 UStG, unnötig und für ihn stets nachteilig.

---

849 Vgl. § 15a Abs. 10 UStG; der Erwerber tritt in den 10-jährigen Korrekturzeitraum ein.

2.6. Zusammenfassung der Rechtsfolgen und Risiken rechtsirrtümlicher Behandlung als Lieferung oder Geschäftsveräußerung

Rechtsirrtümliche Behandlung der Grundstückslieferung als Geschäftsveräußerung

Sachverhalt	Behandlung beim Veräußerer	Behandlung beim Erwerber
Steuerfreie Vermietung beim Veräußerer, steuerpflichtige Vermietung beim Erwerber. Es liegt eine **steuerfreie Grundstückslieferung** vor.	Keine Auswirkung, da ein Vorsteuerabzug nicht in Anspruch genommen wurde.	Keine Vorsteuerkorrektur gem. § 15a Abs. 1 UStG zugunsten des Erwerbers mangels Geschäftsveräußerung.
Steuerpflichtige Vermietung beim Veräußerer sowie beim Erwerber. Es liegt eine **steuerfreie Grundstückslieferung** vor.	Vorsteuerkorrektur gem. § 15a Abs. 1 und 10 UStG wegen nachträglicher steuerfreier Veräußerung gem. § 4 Nr. 9a UStG.	Keine Vorsteuerkorrektur gem. § 15a Abs. 1 UStG zugunsten des Erwerbers mangels Geschäftsveräußerung.
Steuerpflichtige Vermietung beim Veräußerer sowie beim Erwerber. Es wurde **irrtümlich eine Geschäftsveräußerung unterstellt**. Nach Entdeckung des Irrtums erfolgt eine Option gem. § 9 Abs. 1 und 3 UStG.	Keine Vorsteuerkorrektur gem. § 15a Abs. 1 UStG wegen steuerpflichtiger Veräußerung.	Steuerschuldnerschaft gem. § 13b Abs. 1 Nr. 4 UStG, gleichzeitiger Vorsteuerabzug gem. § 15 Abs. 1 Nr. 4 UStG. Risiko späterer Vorsteuerkorrektur gem. § 15a Abs. 1 UStG bei Nutzungsänderung innerhalb 10-Jahreszeitraum.
Steuerfreie Vermietung beim Veräußerer und steuerpflichtige Vermietung beim Erwerber. Es wurde **irrtümlich eine Geschäftsveräußerung unterstellt**. Nach Entdeckung des Irrtums erfolgt eine Option gem. § 9 Abs. 1 und 3 UStG.	Vorsteuerkorrektur gem. § 15a Abs. 1 und Abs. 10 UStG zum Vorteil des Veräußerers wegen steuerpflichtiger Veräußerung.	Steuerschuldnerschaft gem. § 13b Abs. 1 Nr. 4 UStG, gleichzeitiger Vorsteuerabzug gem. § 15 Abs. 1 Nr. 4 UStG. Risiko späterer Vorsteuerkorrektur gem. § 15a Abs. 1 UStG bei Nutzungsänderung innerhalb 10-Jahreszeitraum.

Umsatzsteuerliche Behandlung der Immobilie

Sachverhalt	Behandlung beim Veräußerer	Behandlung beim Erwerber
Unentgeltliche Übertragung: Steuerfreie Vermietung beim Veräußerer, steuerpflichtige Vermietung beim Erwerber. **Option** gem. § 9 Abs. 1 und 3 UStG wegen Lieferung im Sinne des § 3 Abs. 1b UStG **nicht möglich.**	Keine Auswirkung, da ein Vorsteuerabzug nicht in Anspruch genommen wurde.	Keine Vorsteuerkorrektur gem. § 15a Abs. 1 UStG zugunsten des Erwerbers mangels Geschäftsveräußerung.
Unentgeltliche Übertragung: Steuerpflichtige Nutzung beim Veräußerer, steuerpflichtige Vermietung beim Erwerber. **Option** gem. § 9 Abs. 1 und 3 UStG wegen Lieferung im Sinne des § 3 Abs. 1b UStG **nicht möglich.**	Vorsteuerkorrektur gem. § 15a Abs. 1 und 10 UStG zum Nachteil des Schenkers. Keine Option nach § 9 Abs. 1 und 3 UStG wegen Lieferung im Sinne des § 3 Abs. 1b UStG.	Keine Vorsteuerkorrektur gem. § 15a Abs. 1 UStG zugunsten des Erwerbers mangels Geschäftsveräußerung.

Rechtsirrtümliche Behandlung der Geschäftsveräußerung als Grundstückslieferung

Sachverhalt	Behandlung beim Veräußerer	Behandlung beim Erwerber
Steuerfreie Vermietung beim Veräußerer, steuerpflichtige Vermietung beim Erwerber. Irrtümlich unterstellte **steuerfreie** Veräußerung gem. § 4 Nr. 9a UStG.	Keine Auswirkung, da ein Vorsteuerabzug nicht in Anspruch genommen wurde.	Vorsteuerkorrektur gem. § 15a Abs. 1 UStG zugunsten des Erwerbers. Fortführung des 10-jährigen Korrekturzeitraums des Veräußerers.
Steuerfreie Vermietung beim Veräußerer, steuerpflichtige Vermietung beim Erwerber. Irrtümlich unterstellte **steuerpflichtige** Veräußerung gem. § 9 Abs. 1 und 3 UStG.	Keine Vorsteuerkorrektur gem. § 15a Abs. 1 UStG wegen Geschäftsveräußerung. Rechnungsberichtigung entfällt mangels gesondertem Steuerausweis.	Vorsteuerkorrektur gem. § 15a Abs. 1 UStG zugunsten des Erwerbers (§ 15 Abs. 10 UStG). Fortsetzung der steuerpflichtigen Vermietung. Fortführung des 10-jährigen Korrekturzeitraums des Veräußerers.

Steuerpflichtige Vermietung beim Veräußerer sowie beim Erwerber. Irrtümliche Behandlung als **steuerfreie oder steuerpflichtige** Veräußerung.	Keine Vorsteuerkorrektur gem. § 15a Abs. 1 UStG wegen Geschäftsveräußerung. Rechnungsberichtigung entfällt mangels gesondertem Steuerausweis.	Keine Vorsteuerkorrektur gem. § 15a Abs. 1 UStG wegen Fortsetzung der steuerpflichtigen Vermietung. Fortführung des 10-jährigen Korrekturzeitraums des Veräußerers.
Unentgeltliche Übertragung: Steuerfreie Vermietung beim Veräußerer, steuerpflichtige Vermietung beim Erwerber.	Keine Auswirkung, da ein Vorsteuerabzug nicht in Anspruch genommen wurde.	Vorsteuerkorrektur gem. § 15a Abs. 1 UStG zugunsten des Erwerbers. Fortführung des 10-jährigen Korrekturzeitraums des Veräußerers.
Unentgeltliche Übertragung: Steuerpflichtige Vermietung beim Veräußerer, steuerpflichtige Vermietung beim Erwerber.	Keine Vorsteuerkorrektur gem. § 15a Abs. 1 UStG wegen Geschäftsveräußerung.	Keine Vorsteuerkorrektur gem. § 15a Abs. 1 UStG wegen Fortsetzung der steuerpflichtigen Vermietung. Fortführung des 10-jährigen Korrekturzeitraums des Veräußerers.
Unentgeltliche Übertragung: Steuerpflichtige Vermietung beim Veräußerer, steuerfreie Vermietung beim Erwerber.	Keine Vorsteuerkorrektur gem. § 15a Abs. 1 UStG wegen Geschäftsveräußerung.	Vorsteuerkorrektur gem. § 15a Abs. 1 UStG wegen Nutzungsänderung beim Erwerber. Fortführung des 10-jährigen Korrekturzeitraums des Veräußerers.

3. Vorsteuerabzug bei der Herstellung und Anschaffung von Immobilien

3.1. Allgemeine Voraussetzungen des Vorsteuerabzugs

308 Gem. § 15 Abs. 1 UStG erlangt der Unternehmer (Leistungsempfänger) einen Vorsteuerabzug, wenn die nachstehenden Voraussetzungen erfüllt sind:
- Die Umsatzsteuer muss vom leistenden Unternehmer gesetzlich geschuldet werden;
- Lieferungen oder sonstige Leistungen werden von einem anderen Unternehmer für das Unternehmen des Leistungsempfängers ausgeführt;
- der Leistungsempfänger befindet sich im Besitz einer nach §§ 14, 14a UStG ausgestellten Rechnung.

Umsatzsteuerliche Behandlung der Immobilie

Die oben genannten Voraussetzungen müssen insgesamt erfüllt sein.[850] Fallen daher Leistungserbringung und Eingang einer ordnungsgemäßen Rechnung auseinander, kommt ein Vorsteuerabzug erst in dem Voranmeldungszeitraum in Betracht, in dem erstmals beide Voraussetzungen erfüllt sind.[851]

Ein Vorsteuerabzug entfällt,
- beim Erwerb eines Gegenstandes, den der Unternehmer zu weniger als 10 % für sein Unternehmen nutzt;
- beim Erwerb eines Gegenstandes, den der Unternehmer zu mindestens 10 % für sein Unternehmen nutzt, soweit er ihn nicht seinem Unternehmen zugeordnet hat;
- für die Lieferung (oder Einfuhr) von Gegenständen sowie für sonstige Leistungen zur Ausführung von
  1. steuerfreien Umsätzen;
  2. Umsätzen im Ausland, die steuerfrei wären, wenn sie im Inland ausgeführt würden;
  3. unentgeltlichen Lieferungen und sonstigen Leistungen, die steuerfrei wären, wenn sie gegen Entgelt ausgeführt würden;
- in Fällen einer Anzahlungsrechnung, wenn der betreffende Umsatz später tatsächlich ausgeführt wird (§ 17 Abs. 2 Nr. 2 UStG).

3.2. Vorsteuerabzug bei gescheiterter Unternehmensgründung

Die unternehmerische Tätigkeit beginnt bereits mit Vorbereitungshandlungen, die auf die Erzielung von Einnahmen gerichtet sind.[852] Darunter fallen insbesondere Leistungsbezüge, die nach der Gründung des Unternehmens vorgenommen werden, um die Ausführung entgeltlicher Umsätze vorzubereiten. Das gilt auch dann, wenn die Unternehmensgründung letztlich erfolglos bleibt.[853] Die während der Vorbereitungsphase gegebene Unternehmereigenschaft fällt durch das Scheitern der Betätigung nicht rückwirkend weg. Allerdings muss die Absicht, als Unternehmer umsatzsteuerpflichtige Umsätze ausführen zu wollen, durch objektive Anhaltspunkte belegt sein.

Plant daher ein Steuerpflichtiger die Errichtung einer zur umsatzsteuerpflichtigen Vermietung bestimmten Immobilie, erlangt er als Unternehmer einen Vorsteuerabzug auch dann, wenn die Herstellungsmaßnahmen nicht vollendet oder

309

---

850 Abschn. 192 Abs. 2 Satz 2 UStR 2008 (= UStAE Abschn. 15.2. Abs. 2 Satz 2).
851 Abschn. 192 Abs. 2 Satz 4 UStR 2008 (= UStAE Abschn. 15.2. Abs. 2 Satz 7).
852 Abschn. 19 UStR 2008 (= UStAE Abschn. 2.6.).
853 BFH vom 23.5.2002, BFH/NV 2002, 1351.

Die Immobilie im Umsatz- und Grunderwerbsteuerrecht

nach Einschaltung eines Architekten erst gar nicht begonnen werden (Vorsteuerabzug nur für Planungskosten).

3.3. Die Zuordnungsentscheidung des Unternehmers bei gemischtgenutzten einheitlichen Gegenständen

3.3.1. Das Zuordnungswahlrecht des Unternehmers

3.3.1.1. Inhalt und Grenzen des Zuordnungswahlrechtes

310 Ein Vorsteuerabzug kommt nur für solche Immobilien in Betracht, die für das Unternehmen des Unternehmers (Leistungsempfängers) hergestellt oder geliefert werden. Verwendet der Unternehmer die betreffende Immobilie sowohl für unternehmerische als auch nichtunternehmerische Zwecke, muss er eine Zuordnungsentscheidung treffen.

Die Zuordnungsentscheidung

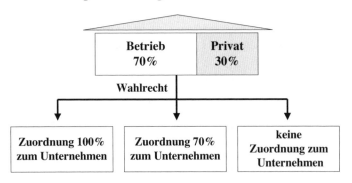

Der Unternehmer hat im Einzelnen folgendes Wahlrecht:[854]
- Vollständige Zuordnung der Immobilie zum Unternehmen;
- vollständige Zuordnung der Immobilie zum nichtunternehmerischen Bereich;
- Quotale Zuordnung nur des Teils der Immobilie zum Unternehmen, der unternehmerischen Zwecken dient bzw. dienen soll.[855]

Grund und Boden: Gebäude oder Gebäudeteile sowie der dazugehörige Grund und Boden können für Zwecke der Umsatzsteuer nicht getrennt voneinander be-

---

854 Abschn. 192 Abs. 21 Nr. 2 UStR 2008 (= UStAE Abschn. 15.2. Abs. 21 Nr. 2).
855 EuGH vom 4.10.1995, BStBl. II 1996, 392.

handelt werden.[856] Dies gilt sowohl für Zwecke steuerfreier oder steuerpflichtiger Lieferung von Immobilien, als auch für die Ausübung von Optionsrechten nach § 9 Abs. 2 UStG.

3.3.1.1.1. Unzulässigkeit einer Zuordnungsentscheidung

Die Notwendigkeit bzw. Zulässigkeit einer Zuordnung entfällt, wenn
- der einheitliche Gegenstand **ausschließlich** unternehmerischen Zwecken (Fall 1) dient;[857]
- die unternehmerische Nutzung von Anfang[858] an **10 % unterschreitet** (Fall 2) bzw.
- der Unternehmer die Immobilie zu eigenen Wohnzwecken nutzt und daneben ausschließlich **steuerfreie Ausgangsumsätze** erbringt (Fall 3).[859]

Im **Fall 1** erfolgt die Leistung zwingend in das Unternehmen, im **Fall 2** hingegen ausschließlich in den nichtunternehmerischen Bereich. Entscheidend sind im Fall 2 die Nutzungsverhältnisse im Jahr des Erwerbs des Gegenstandes.[860] Im **Fall 3** schließlich wird aufgeteilt: Soweit die Immobilie steuerfrei vermietet wird, erfolgt bei entsprechender Zuordnungsentscheidung des Unternehmers die Leistung in den unternehmerischen Bereich, im Übrigen zwingend in den nichtunternehmerischen Bereich. Wollte man hier einen Vorsteuerabzug gewähren und für diesen mit Hinweis auf die nichtunternehmerische Nutzung rechtfertigen wollen, ergäbe sich die widersprüchliche Situation, dass die Abzugsberechtigung sowohl Voraussetzung als auch Rechtsfolge der Besteuerung als unentgeltliche Wertabgabe im Sinne des § 3 Abs. 9a Nr. 1 UStG wäre. Die Rechtslage ist inzwischen geklärt. Nach Auffassung des BFH[861] hat der Unternehmer hier keine Möglichkeit, den privat genutzten Gebäudeteil seinem Unternehmen zuzuordnen.[862] Daraus können sich gerade bei späterem Nutzungswechsels weitreichende umsatzsteuerliche Nachteile ergeben (siehe Rz. 319).

3.3.1.1.2. Bedeutung der 10 %-Grenze für die Zuordnungsentscheidung

Bei der Herstellung eines Gebäudes kommt es für die Anwendung der 10 %-Grenze des § 15 Abs. 1 Satz 2 UStG auf den Umfang erstmaliger Nutzung an.

311

---

856 Abschn. 192 Abs. 21 Nr. 2 Satz 2 UStR 2008 (= UStAE Abschn. 15.2. Abs. 21 Nr. 2 Satz 2).
857 BMF-Schreiben vom 30.3.2004, StEK § 15 Abs. 1 UStG Nr. 302.
858 Zum Fall eines erst späteren Unterschreitens der 10 %-Grenze siehe Rz. 311.
859 BFH vom 11.3.2009, UR 2009, 421.
860 Lange, UR 2008, 25.
861 Urt. vom 11.3.2009, UR 2009, 421.
862 Vgl. BFH vom 8.10.2008, BStBl. II 2009, 394; vom 11.3.2009, BStBl. II 2009, 496.

Die Immobilie im Umsatz- und Grunderwerbsteuerrecht

Beispiel 88

Unternehmer U hat ein Zweifamilienhaus erstellt, das im Januar 03 bezugsfertig wurde. Das Gebäude dient überwiegend eigenen Wohnzwecken. Zwei Räume verwendet U in seinem Unternehmen für Bürozwecke. Die Wohnfläche beträgt 180qm, die unternehmerisch genutzte Fläche 25qm (= 12,2 %). U hat das gesamte Gebäude seinem Unternehmensvermögen zugeordnet und die Vorsteuer aus den Herstellungskosten in voller Höhe abgezogen. Seit Januar 04 wird ein Büroraum als Kinderzimmer genutzt. Dadurch verringert sich der unternehmerisch genutzte Teil des Gebäudes auf 7,3 %.

Ein Gegenstand kann dem Unternehmen zugeordnet werden, wenn er wenigstens zu 10 % für unternehmerische Zwecke verwendet wird (§ 15 Abs. 1 Satz 2 UStG). Da im obigen Beispiel zum Zeitpunkt erstmaliger Verwendung dieser Grenzwert erreicht war, konnte U das Gebäude insgesamt seinem Unternehmen zuordnen. Durch die Nutzung eines Raumes als Kinderzimmer, der bislang Bürozwecken diente, sinkt die unternehmerische Nutzung unter 10 %. Da jedoch der Gegenstand weiterhin teilweise für unternehmerische Zwecke verwendet wird, kann U nicht gezwungen werden, das Gebäude aus einem Unternehmensvermögen zu entnehmen.[863] Daraus folgt mit Eintritt der Nutzungsänderung lediglich eine höhere Bemessungsgrundlage für die Besteuerung der unentgeltlichen Wertabgabe.

3.3.1.1.3. Eigenständige Zuordnung von Anbauten und Umbauten

312 Die Zuordnung eines Anbaus ist unabhängig von der Zuordnung des Altgebäudes zu beurteilen.[864] Wird der Anbau ausschließlich nichtunternehmerisch genutzt, ist eine Zuordnung (und demzufolge auch ein Vorsteuerabzug) ausgeschlossen.[865] Wird der Anbau sowohl unternehmerisch als auch nichtunternehmerisch genutzt (gemischt genutzter Leistungsbezug), ist eine Zuordnung nach den allgemeinen Kriterien zulässig. Diese Beurteilung ist für Umbaumaßnahmen entsprechend anzuwenden, da hier die Zuordnungsentscheidung ebenfalls für jeden Leistungsbezug separat getroffen werden muss.

Beispiel 89

Unternehmer U plante im Jahre 02 die Errichtung eines Einfamilienhauses mit Werkstattanbau. Der Anbau ist mit dem Einfamilienhaus nur durch

---

863 OFD Karlsruhe vom 28.1.2009, StEK § 15 Abs. 1 UStG Nr. 328 Beispiel 6.
864 Zur eigenständigen Behandlung von Ausbauten und Erweiterungen siehe auch Kußmaul/Türk, BB 2010, 1187 Rz. III.1.
865 BFH vom 23.9.2009, DStRE 2010, 298.

Umsatzsteuerliche Behandlung der Immobilie

eine Tür verbunden. Er besitzt eigene Fundamente tragende Wände und ein eigenes Dach. Auch ohne das Einfamilienhaus kann der Anbau selbstständig bestehen. Das Einfamilienhaus wurde im Juni 03 bezugsfertig und der Werkstattanbau im August 04. U beantragt für das ganze Bauvorhaben einen Vorsteuerabzug, da es sich nur um ein Gebäude handeln und durch den Anbau der unternehmerisch genutzte Teil 30 % des gesamten Gebäudes betragen würde.

Der Anbau ist ein selbstständiger Gebäudeteil, der für sich gesehen auch ohne das Einfamilienhaus standfest ist. Er dient zu 100 % dem Unternehmen. Beide Gebäudeteile sind für sich selbstständig und getrennt nutzbar. Somit liegt eine klare Trennung zwischen Werkstatt und Einfamilienhaus vor. Deshalb kann U das Einfamilienhaus nicht seinem Unternehmensvermögen zurechnen. Ein Vorsteuerabzug ist somit allein für die Werkstatt statthaft.

Beispiel 90

Unternehmer U errichtete in 08 ein Wohn- und Geschäftshaus. Das Erdgeschoss wird gewerblich genutzt, das Obergeschoss dient eigenen Wohnungszwecken. Für den unternehmerisch genutzten Teil des Gebäudes (50 %) hat U die Vorsteuer aus den Herstellungskosten geltend gemacht. Im Dezember 13 beantragte er eine Baugenehmigung zum Umbau und Erweiterung seiner Wohnung. Im Februar 14 beginnt U mit der Baumaßnahme, nach deren Durchführung das Gebäude zu 40 % unternehmerischen Zwecken und zu 60 % Wohnzwecken dient. Der unternehmerisch genutzte Teil bleibt unverändert. Die Umbaukosten betragen 200.000 €. U beantragt für die Umbaukosten den vollen Vorsteuerabzug.

Nach § 15 Abs. 1 Satz 2 UStG gilt die Lieferung eines Gegenstands, den der Unternehmer zu weniger als 10 % für sein Unternehmen nutzt, als nicht für das Unternehmen ausgeführt. Umbau und Erweiterung der Wohnung sind ein eigenständiger Leistungsbezug im Sinne des § 15 Abs. 1 Satz 2 UStG, der für die Frage des Vorsteuerabzugs getrennt vom übrigen Gebäude zu beurteilen ist. Da dieser Leistungsbezug ausschließlich für außerunternehmerische Zwecke verwendet wird, können die damit zusammenhängenden Vorsteuerbeträge nach Auffassung der OFD Karlsruhe[866] nicht abgezogen werden. Die früher geltend gemachten Vorsteuerbeträge aus der ursprünglichen Errichtung des Wohnteils bleiben davon unberührt.

---

866 Vfg. vom 28.1.2009, StEK § 15 Abs. 1 UStG Nr. 328 Beispiel 8.

313 **Ausnahme vom Gebot eigenständiger Zuordnung:** Die eigenständige Zuordnung des Ausbaues zum Unternehmensvermögen setzt voraus, dass es sich um einen selbständigen Gegenstand im umsatzsteuerlichen Sinne handelt. Nur dann ist das Zuordnungswahlrecht unabhängig von den übrigen auf dem Grundstück befindlichen Gebäuden auszuüben.[867] Ein Anbau ist ein selbständiges Wirtschaftsgut, wenn er vom bereits bestehenden Gebäude abgrenzbar ist und zwischen den Bauten kein einheitlicher Nutzungs- und Funktionszusammenhang besteht.

Eine hinreichende Abgrenzung vom Altbau liegt nicht vor, wenn die Gebäudeteile aneinandergrenzen, bautechnisch ineinander verzahnt sind und auf jeder Etage unmittelbare Verbindungen zwischen den Gebäudeteilen bestehen. In einem solchen Fall muss der Unternehmer nach Auffassung des Niedersächsischen FG[868] seine frühere, auf den vorhandenen Altbau bezogene Zuordnungsentscheidung auch mit Blick auf den späteren Anbau gegen sich gelten lassen. Wer mit anderen Worten den gemischt-genutzten Altbau in Bezug auf die eigengenutzte Wohnung im Nichtunternehmensvermögen belässt, dem steht für die spätere horizontale Erweiterung dieser Wohnung kein neues Wahlrecht zu.

3.3.1.2. Zuordnung bei fehlendem Vorsteuerabzug im Erwerbsjahr

314 Ist bei der Anschaffung oder Herstellung eines Gebäudes ein Vorsteuerabzug ausgeschlossen,[869] muss der Unternehmer gegenüber dem Finanzamt durch eine **schriftliche Erklärung** spätestens bis zur Abgabe der Umsatzsteuer-Jahreserklärung des Leistungsbezugs dokumentieren, in welchem Umfang er das Gebäude dem Unternehmen zugeordnet hat.[870] Entsprechendes gilt, wenn ein Vorsteuerabzug nur teilweise möglich ist und sich aus dem Umfang des geltend gemachten Vorsteuerabzugs nicht ergibt, mit welchem Anteil das Gebäude dem Unternehmen zugeordnet wurde.[871] Unterlässt der Unternehmer dies und gibt es keine Beweisanzeichen für eine Zuordnung zum Unternehmen, kann diese nicht unterstellt werden.[872] Sein Schweigen bewirkt einen Verbleib des Gebäudes insgesamt im Nichtunternehmensvermögen. Liegt die betreffende Umsatzsteuererklärung erst einmal dem Finanzamt vor, ist eine nachträgliche Korrektur seiner Entscheidung bzw. die erstmalige bewusste Ausübung des Zuordnungswahlrechtes

---

867 BFH vom 23.9.2009, BStBl. II 2010, 313.
868 Urt. vom 10.5.2010 – 16 K 11384/08, StE 2010, 470.
869 Z.B. aufgrund steuerfreier Ausgangsumsätze oder wegen Kleinunternehmerschaft im Sinne des § 19 UStG.
870 Abschn. 192 Abs. 21 Nr. 2a Satz 5 UStR 2008 (= UStAE Abschn. 15.2. Abs. 21 Nr. 2a Satz 5). Siehe auch OFD Koblenz Vfg. vom 4.11.2008, StEK § 10 Abs. 4, 5 Nr. 60 Rz. 1.2.
871 Abschn. 192 Abs. 21 Nr. 2b Satz 2 UStR 2008 (= UStAE Abschn. 15.2. Abs. 21 Nr. 2b Satz 2).
872 Abschn. 192 Abs. 21 Nr. 2 Satz 8 UStR 2008 (= UStAE Abschn. 15.2. Abs. 21 Satz 10); BFH vom 28.2.2002, BStBl. II 2003, 815.

Umsatzsteuerliche Behandlung der Immobilie

durch Abgabe einer berichtigten Umsatzsteuererklärung (z.B. nach § 164 Abs. 2 AO) unzulässig.[873]

3.3.2. Form der Zuordnungsentscheidung

Die Zuordnungsentscheidung des Unternehmers kommt regelmäßig durch einen Vorsteuerabzug in der Umsatzsteuer-Voranmeldung oder in der Umsatzsteuer-Jahreserklärung zum Ausdruck. Der Vorsteuerabzug ist gewichtiges Indiz der Zuordnung.[874] Wird die Jahreserklärung allerdings erst mit erheblicher zeitlicher Verspätung eingereicht, kommt ihr keine Bedeutung mehr für die Zuordnungsentscheidung zu (siehe unten Rz. 317). Davon war im Streitfall der Entscheidung des BFH vom 17.12.2008[875] auszugehen, weil der Kläger die Umsatzsteuererklärung 2000 erst am 4.2.2003 beim Finanzamt einreichte.

315

Andere Beweisanzeichen für eine Zuordnung: Mangelt es bei fehlendem Vorsteuerabzug in den jeweiligen Umsatzsteuer-Voranmeldungen an einer zeitnahen Abgabe der darauffolgenden Jahreserklärung, müssen gewichtige anderweitige Umstände vorliegen, die gleichwohl den Schluss auf die Tatsache rechtfertigen, der Unternehmer habe seine Immobilie bereits zum Zeitpunkt der jeweiligen Leistungsbezüge seinem Unternehmen zugeordnet.[876] Sonstige Umstände im obigen Sinne liegen allerdings nicht schon dann vor, wenn der Unternehmer einen Vorsteuerabzug lediglich aus den laufenden Unterhaltskosten geltend macht.[877] Eine Zuordnung kann sich jedoch aus den Bauakten ergeben.[878] Auch bleibt dem Unternehmer unbenommen plausibel zu erklären, warum er trotz fehlenden Vorsteuerabzugs das betreffende Wirtschaftsgut seinem Unternehmen zugeordnet hat.[879]

Private Nutzung von untergeordneter Bedeutung: Die dominierende Indizwirkung des Vorsteuerabzugs bei der Zuordnung von Immobilien zum Unternehmensvermögen kann uE nicht durchgehend schematisch nach der Regel erfolgen, dass bei verspätetem Vorsteuerabzug die Zuordnung gänzlich entfällt.

Beispiel 91

Unternehmer U errichtet eine Immobilie, die nach den vorliegenden Bauplänen zu 80 % gewerblich genutzt werden soll. 20 % der Nutzfläche nutzt

---

873 OFD Karlsruhe Vfg. vom 28.1.2009, StEK § 15 Abs. 1 UStG Nr. 328 Rz.
874 BFH in BStBl. II 2003, 813 und II 2003, 815.
875 BFH/NV 2009, 798.
876 BFH vom 17.12.2008, BFH/NV 2009, 798.
877 BFH in BStBl. II 2003, 815 unter Rz. II.2.b.
878 BFH vom 17.12.2008, BFH/NV 798, 801. Zu anderen objektiven Anhaltspunkten für eine Zuordnung siehe BFH in BStBl. II 2003, 813 unter Rz. II.2.b.
879 BFH vom 17.9.1998, BFH/NV 1999, 832.

U zu eigenen Wohnzwecken. Die während der Bauphase in den Jahren 01 und 02 entfallenden Vorsteuerbeträge macht U erst in den zum 1.5.04 beim Finanzamt eingehenden Umsatzsteuererklärungen 01 und 02 geltend.

Abwandlung: *Die eigengenutzte Wohnung des U beträgt lediglich 9% der gesamten Nutzfläche des Gebäude.*

Das von U errichtete Gebäude ist zweifelsfrei ein gemischt-genutzter Gegenstand, der ganz oder teilweise (80%) dem Unternehmen mit der Folge eines Vorsteuerabzuges zugeordnet werden kann. Eine Zuordnung ist im obigen Beispiel bis zum Eingang der Umsatzsteuererklärungen am 1.5.04 nicht durch Inanspruchnahme des Vorsteuerabzuges erfolgt. Mit Blick auf die völlig untergeordnete eigengenutzte Wohnung und den Ausweis der gewerblichen Nutzung in den Bauplänen ist eine Zuordnung der Immobilie jedenfalls zu 80% zum Unternehmensvermögen aufgrund „sonstiger Umstände" anzunehmen. Andernfalls ergäben sich gravierende Abweichungen gegenüber der Beurteilung solcher Fälle (**Abwandlung**), in denen die eigengenutzte Wohnung die 10%-Grenze unterschreitet. Hier bedarf es keiner Zuordnungsentscheidung, d.h. die Immobilie ist per se Unternehmensvermögen (siehe Rz. 311) und zwar einschließlich der eigengenutzten Wohnung. Im Grundfall kommt allerdings ein Vorsteuerabzug für die eigengenutzte Wohnung nicht in Betracht. Insoweit hätte U handeln und den Vorsteuerabzug rechtzeitig geltend machen müssen.

Hinweis: Diesem Problem kann der Unternehmer ohne weiteres dadurch entgehen, dass er die eigengenutzte Wohnung erst zeitversetzt als eigenständige Baumaßnahme (Fall a) errichtet oder zunächst eine Nutzung zu fremden Wohnzwecken (Fall b) plant. Dann ist die Immobilie im Umfange unternehmerischer Nutzung auch ohne Zuordnungsentscheidung Unternehmensvermögen. Allerdings kommt im Fall a) ein Vorsteuerabzug für die eigengenutzte Wohnung als eigenständiger Gebäudeteil nicht in Betracht (siehe Rz. 312).

316 **Gemischt-genutzte Immobilie mit steuerfreien Ausgangsumsätzen:** Entfällt ein Vorsteuerabzug wegen steuerfreier Vermietung der Immobilie bereits aus materiell-rechtlichen Gründen, ist die Zuordnungsentscheidung wohl nur durch schriftliche Erklärung gegenüber dem Finanzamt möglich.[880]

Hinweis: Der Unternehmer sollte sich den Eingang der schriftlichen Zuordnungsentscheidung vom Finanzamt **schriftlich bestätigen** lassen[881] und die Bestätigung

---

880 OFD Koblenz Vfg. vom 4.11.2008, StEK § 10 Abs. 4, 5 UStG Nr. 51 Rz. 1.2.
881 Dabei sollte sich der Unternehmer nicht mit einer schlichten Eingangsbestätigung seines Schreibens begnügen. Sinnvoll ist vielmehr auch die Bestätigung, in welchem Umfang die Immobilie dem Unternehmen zugeordnet wurde.

Umsatzsteuerliche Behandlung der Immobilie

gut aufbewahren. Andernfalls könnte er später in Beweisnot geraten, falls Zweifel aufkommen, ob und in welchem Umfang die gemischt-genutzte Immobilie zum Unternehmensvermögen gehört. Dem Umsatzsteuerbescheid jedenfalls lässt sich das Ergebnis seiner Entscheidung nicht entnehmen.

3.3.3. Zeitpunkt der Zuordnungsentscheidung

Der Unternehmer hat die Zuordnungsentscheidung grundsätzlich durch Geltendmachung des Vorsteuerabzugs in der Umsatzsteuer-Voranmeldung des jeweiligen einzelnen Leistungsbezugs zu treffen, wenn er zur Abgabe von Voranmeldungen verpflichtet ist.[882] Die Finanzverwaltung[883] gestattet jedoch ebenso, die Zuordnungsentscheidung erst bei Abgabe der entsprechenden Umsatzsteuer-Jahreserklärung zu treffen. Eine spätere Zuordnung entfällt, etwa durch Abgabe einer berichtigten Umsatzsteuer-Jahreserklärung. Versäumt der Unternehmer diese Fristen, hat er auch den unternehmerisch genutzten Teil der Immobilie dem nichtunternehmerischen Bereich zugeordnet.[884]

317

Zuordnungsentscheidung erst bei Fertigstellung der Immobilie?: Der Unternehmer ist u.E. nicht gezwungen, die Zuordnungsentscheidung bereits zu Beginn oder während der Bauphase eines Gebäudes zu treffen.[885] Auch die Finanzverwaltung[886] fordert nur eine durch objektive Beweisanzeichen gestützte Zuordnungsentscheidung *„bei Anschaffung, Herstellung oder Einlage des Gegenstandes."* Dies sollte uE im Grunde die Möglichkeit einschließen, in Herstellungsfällen die Fertigstellung des Gebäudes vor einer definitiven Zuordnungsentscheidung abwarten zu dürfen.[887] Gleichwohl ist nicht auf die Gebäudefertigstellung, sondern auf den jeweiligen einzelnen Leistungsbezug abzustellen.

Auffassung des BFH: Die Rechtsprechung des BFH[888] harmoniert grundsätzlich mit der obigen Verwaltungsauffassung. Sie gestattet eine Zuordnungsentscheidung des Unternehmers spätestens (mit endgültiger Wirkung) in der zeitnah erstellten Umsatzsteuererklärung für das Jahr, in das der Leistungsbezug fällt. Allerdings wird dem Unternehmer nicht zugebilligt, mit seiner Zuordnungsentscheidung bis zur endgültigen Fertigstellung des Gebäudes zu warten.

---

882 Nieders. FG vom 12.5.2006, DStRE 2006 S. 283 Rev.: V R 45/05, inzwischen rkr.; Nieders. FG vom 3.1.2008, EFG 2008, 809 rkr. betreffend den Fall einer teilweise eigenen Wohnzwecken dienenden Immobilie. Vgl. auch FG Rheinland-Pfalz vom 29.1.2009, EFG 2009, 796 rkr.
883 OFD Karlsruhe vom 29.4.2005, StEK § 15 Abs. 1 Nr. 312 Rz. 1.
884 Siehe auch FG Rheinland-Pfalz vom 5.8.2008, EFG 2008 S. 1921 rkr.
885 So auch Lippross, Umsatzsteuer 22. Aufl. S. 401.
886 Abschnitt 192 Abs. 21 Nr. 2 Satz 5 UStR 2008 (= UStAE Abschn. 15.2. Abs. 21 Satz 7).
887 einschränkend Lange, UR 2008, 26: Zuordnungswahlrecht ist bei Beginn der Herstellung auszuüben.
888 Siehe insbes. BFH-Urteile vom 11.4.2008, BFH/NV 2008, 1773 sowie vom 8.10.2008, BStBl. II 2009, 394; vgl. auch Beschl. vom 26.6.2009, BFH/NV 2009, 2011.

Verspätete Abgabe der Umsatzsteuererklärung: Gibt der Unternehmer die Umsatzsteuererklärung, aus der die Zuordnung des Gebäudeteils zum Unternehmen erkennbar wird, allerdings erst mit einer erheblichen Verspätung ab, dann müssen gewichtige sonstige Umstände vorliegen, die gleichwohl den Schluss auf die Tatsache rechtfertigen, der Steuerpflichtige habe den neu errichteten Gebäudeteil bereits zum Zeitpunkt der jeweiligen Leistungsbezüge seinem Unternehmen zugeordnet.[889]

Die finanzgerichtliche Rechtsprechung: Abweichend zur obigen BFH-Rechtsprechung ist es nach einer Entscheidung des Niedersächsischen FG[890] dem Unternehmer nicht gestattet, mit seiner Zuordnungsentscheidung bis zur Abgabe der Umsatzsteuer-Jahreserklärung zu warten. Vielmehr ist die Zuordnungsentscheidung durch Vorsteuerabzug in der Umsatzsteuer-Voranmeldung desjenigen Zeitraums vorzunehmen, in den der Leistungsbezug fällt.

318 **Bedeutung der Zuordnungsentscheidung während der Bauphase:** Ist der Unternehmer zur zeitnahen Ausübung des Zuordnungswahlrechtes gehalten, bleibt auch bei längerer Bauzeit bereits die erste Umsatzsteuer-Voranmeldung bzw. erste Jahreserklärung für die Zuordnung der Immobilie zum Unternehmen maßgebend. Fraglich ist dann aber wie zu verfahren ist, wenn ein Vorsteuerabzug in späteren Steuererklärungen ganz oder teilweise unterbleibt bzw. vom bisherigen Abzugsvolumen abweicht. UE ist die bereits erfolgte Zuordnungsentscheidung unverändert maßgebend, so dass ein unterlassener Vorsteuerabzug im Rahmen der verfahrensrechtlichen Regelungen nachgeholt werden kann, auch durch Änderung der jeweiligen Steuererklärungen gem. § 164 Abs. 2 AO bzw. im Einspruchsverfahren.

Empfehlung: Der Vorsteuerabzug sollte ungeachtet der großzügigeren Auffassung von Finanzverwaltung und BFH vom Unternehmer möglichst zeitnah in der jeweiligen Umsatzsteuer-Voranmeldung vorgenommen werden.[891]

3.3.4. Rechtsfolge der Zuordnungsentscheidung im Falle späterer Veräußerung bzw. Nutzungswechsels

319 Die Rechtsfolge der Zuordnungsentscheidung ist davon abhängig, wie der Unternehmer sein Wahlrecht ausgeübt hat. In der nachfolgenden Übersicht wird die Herstellung eines Gebäudes unterstellt, das zu 50 % unternehmerischen und zu 50 % nicht unternehmerischen Zwecken (z.B. Nutzung zu eigenen Wohnzwecken) dient und später **veräußert** wird.

---

889 BFH vom 17.12.2008, BFH/NV 2009, 798.
890 Urt. vom 13.8.2009, EFG 2009, 2058 Rev.: V R 42/09.
891 So auch die Empfehlung von Büchter-Hole, Anm. in EFG 2009, 2064.

Umsatzsteuerliche Behandlung der Immobilie

Zuordnung	Behandlung der laufenden Nutzung	Behandlung der Veräußerung
Fall 1 100% Unternehmensvermögen	Voller Vorsteuerabzug, Besteuerung der privaten Nutzung als unentgeltliche Wertabgabe gem. § 3 Abs. 9a Nr. 1 UStG	Steuerbarer, aber gem. § 4 Nr. 9a UStG steuerfreier Umsatz; Vorsteuerberichtigung gem. § 15a UStG. Option nach § 9 Abs. 1 und 3 UStG zulässig
Fall 2 100% Nichtunternehmensvermögen	Kein Vorsteuerabzug, die Besteuerung der privaten Nutzung als unentgeltliche Wertabgabe gem. § 3 Abs. 9a Nr. 1 UStG entfällt	Nicht steuerbarer Vorgang (Veräußerung von Nichtunternehmensvermögen)
Fall 3 Teilweise Unternehmensvermögen, teilweise Nichtunternehmensvermögen	Anteiliger Vorsteuerabzug für den unternehmerischen Bereich; Besteuerung der privaten Nutzung als unentgeltliche Wertabgabe gem. § 3 Abs. 9a Nr. 1 UStG entfällt	**Soweit dem Unternehmen zugeordnet:** Steuerfreier Umsatz nach § 4 Nr. 9a UStG; **soweit dem nichtunternehmerischen Bereich zugeordnet:** Nicht steuerbarer Vorgang

Bei teilweiser Zuordnung der Immobilie zum nichtunternehmerischen Bereich (Fall 3), wird dieser Gebäudeteil als separater Gegenstand angesehen, der nicht für das Unternehmen im Sinne des § 15 Abs. 1 Satz 1 Nr. 1 UStG bezogen wurde. Das kann mit gravierenden steuerlichen Nachteilen verbunden sein, sollte ein künftiger **Nutzungswechsel** eintreten.

Beispiel 92

Unternehmer U errichtet in 01 für eigengewerbliche Zwecke ein Bürogebäude für 3 Mio. € + 19% Umsatzsteuer (570.000 €). 20% der Fläche werden von U zu eigenen Wohnzwecken genutzt. U ordnet die Immobilie nur im Umfange der gewerblichen Verwendung zu 80% seinem Unternehmen, im Übrigen dem nichtunternehmerischen Bereich zu. Er macht daher in 01 einen Vorsteuerabzug in Höhe von 456.000 € geltend. Aufgrund der günstigen Geschäftsentwicklung muss U zum 1.1.03 die gesamte Immobilie für seine eigenbetrieblichen Zwecke nutzen und die private Eigennutzung beenden.

Abwandlung: *U ordnet die gesamte Immobilie seinem Unternehmen zu.*

Die Immobilie im Umsatz- und Grunderwerbsteuerrecht

Unternehmer U kann im obigen **Grundfall** aufgrund Wechsels zur unternehmerischen Nutzung wegen seiner Zuordnungsentscheidung für den zunächst privat genutzten Grundstücksteil
- weder rückwirkend für 01 den gesamten Vorsteuerabzug für die Immobilie beanspruchen (mit Besteuerung der eigengenutzten Wohnung als unentgeltliche Wertabgabe),
- noch kommt eine Korrektur des Vorsteuerabzugs nach § 15a Abs. 1 UStG für die Zeiträume ab 03 in Betracht.[892]

U verliert hier aufgrund seiner in 01 getroffenen Zuordnungsentscheidung einen Vorsteuerabzug in Höhe von 91.200 € (= 80% von 20% von 570.000 €). Seine Entscheidung ist auch mit Blick auf § 15a UStG unumkehrbar.[893]

Ordnet U hingegen im Jahr des Leistungsbezugs die gesamte Immobile seinem Unternehmen zu (mit Besteuerung der eigengenutzten Wohnung als steuerpflichtige Wertabgabe gem. § 3 Abs. 9a Nr. 1 UStG), entfällt eine Vorsteuerkorrektur nach § 15a UStG (**Abwandlung**). Die künftig gewerbliche Nutzung anstatt einer (steuerpflichtigen) Nutzung zu eigenen Wohnzwecken stellt aus Sicht des § 15a Abs. 1 UStG keine Änderung der Verhältnisse dar. Jedoch entfällt hier fortan die steuerpflichtige unentgeltliche Wertabgabe der Wohnung.

320 **Keine Zuordnung bei kumulativer steuerfreier Nutzung:** Bei gemischtgenutzten Immobilien kommt nach der inzwischen vorliegenden Rechtsprechung des BFH[894] die Zuordnung des privat genutzten Gebäudeteils nicht in Betracht, wenn die übrigen Gebäudeteile zur Ausführung steuerfreier Umsätze verwendet werden. Dies kann zu gravierenden Nachteilen führen.

Beispiel 93

Unternehmer U errichtet in 01 ein Gebäude für 1 Mio. € + 19% Umsatzsteuer (190.000 €). 20% der Fläche werden von U zu eigenen Wohnzwecken genutzt, 80% werden steuerfrei vermietet. Mangels Vorsteuerabzug reicht U weder dem Finanzamt eine Steuererklärung ein noch nimmt er eine Zuordnung zum Unternehmensvermögen vor. Die Immobilie wird nach Auszug des U zum 1.1.06 insgesamt umsatzsteuerpflichtig vermietet.

Abwandlung: *U hat die Immobilie von Anfang an zu 100% steuerfrei vermietet.*

---

892 Abschn. 192 Abs. 21 Nr. 2b Satz 5 in Verbindung mit Abschn. 214 Abs. 7 UStR 2008.
893 Kußmaul/Türk, BB 2010, 1187 Rz. IV.1.
894 Urt. vom 11.3.2009, UR 2009, 421.

Umsatzsteuerliche Behandlung der Immobilie

U hat im **Grundfall** die mögliche 80 %-ige Zuordnung der Immobilie zum Unternehmensvermögen versäumt. Sie gehört daher insgesamt zum Nichtunternehmensvermögen mit der Folge einer Überführung ins Unternehmensvermögen zum 1.1.06 aufgrund ausschließlicher unternehmerischer Nutzung. Gleichwohl hat U keine Möglichkeit, über § 15a Abs. 1 UStG noch einen Vorsteuerabzug in Höhe von 95.000 € zu generieren.[895] Der Vorsteuerabzug geht daher vollständig verloren. U hat hier hinsichtlich der Zuordnung des steuerfrei genutzten Gebäudeteiles Abschnitt 192 Abs. 21 Satz 11 Buchstabe b UStR 2008 (UStAE Abschn. 15.2. Abs. 21) Satz 13 Buchstabe b) nicht beachtet. Danach muss der Unternehmer gegenüber dem Finanzamt durch **schriftliche Erklärung** spätestens bis zur Abgabe der Umsatzsteuererklärung des Jahres des Leistungsbezugs dokumentieren, in welchem Umfang er das Gebäude dem Unternehmen zugeordnet hat.

Wird die Immobilie hingegen von Anfang an ausschließlich umsatzsteuerfrei vermietet (**Abwandlung**), stellt sie per se Unternehmensvermögen dar. Einer ausdrücklichen Zuordnung bedarf es hier nicht. Die zum 1.1.06 beginnende steuerpflichtige Vermietung ist nunmehr eine zum nachträglichen Vorsteuerabzug gem. § 15a Abs. 1 UStG berechtigende Änderung der für den Vorsteuerabzug maßgebenden Verhältnisse. U kann hier im verbleibenden 5-jährigen Korrekturzeitraum einen Vorsteuerabzug von jährlich immerhin 19.000 € geltend machen. Hätte er im Grundfall wiederum eine Zuordnung des steuerfrei vermieteten Gebäudeteils (= 80 %) zum Unternehmen durch ausdrückliche schriftliche Erklärung gegenüber dem Finanzamt vorgenommen, könnte er zum 1.1.06 über § 15a Abs. 1 UStG einen jährlichen Vorsteuerbetrag von immerhin 15.200 €[896] erlangen.

Besonders unangenehm ist, wenn eine zunächst ausschließlich eigenen Wohnzwecken dienende Immobilie später umsatzsteuerpflichtig genutzt wird, sei es durch eigengewerbliche Nutzung oder Vermietung. Hier geht der Vorsteuerabzug vollständig verloren.

---

[895] Abschn. 214 Abs. 6 Nr. 2 UStR 2008 (= UStAE Abschn. 15a.1. Abs. 6 Nr. 2).
[896] 80 % von 1/10 von 190.000 €.

321 Zusammenfassend gilt daher für den Vorsteuerabzug beim **Nutzungswechsel** folgendes:

Bisherige Nutzung	Künftige Nutzung	Rechtsfolge nach Nutzungswechsel
Fall 1 20 % private Nutzung 80 % steuerfreie Vermietung **Keine Zuordnung** zum Unternehmensvermögen	100 % steuerpflichtige Vermietung	Vorsteuerabzug entfällt. Keine Korrektur gem. § 15a Abs. 1 UStG
Fall 2 20 % private Nutzung 80 % steuerfreie Vermietung **80 %-ige Zuordnung** zum Unternehmensvermögen	100 % steuerpflichtige Vermietung	80 %-iger Vorsteuerabzug gem. § 15a Abs. 1 UStG innerhalb des 10-jährigen Korrekturzeitraums
Fall 3 100 % private Nutzung **Zuordnung nicht möglich**	100 % steuerpflichtige Vermietung	Überführung ins Unternehmensvermögen. § 15a Abs. 1 UStG findet keine Anwendung
Fall 4 100 % steuerfreie Vermietung	100 % steuerpflichtige Vermietung	Vollständiger Vorsteuerabzug gem. § 15a Abs. 1 UStG innerhalb des verbleibenden 10-jährigen Korrekturzeitraums ab Nutzungswechsel
Fall 5 100 % steuerpflichtige Vermietung **Zuordnung nicht erforderlich**	100 % private Nutzung	Nach § 3 Abs. 1b Nr. 1 UStG steuerfreie Überführung ins Nichtunternehmensvermögen. Vollständige Vorsteuerkorrektur gem. § 15a Abs. 1 UStG für den verbleibenden 10-jährigen Korrekturzeitraum im Jahr des Nutzungswechsels (§ 15a Abs. 9 UStG).

Umsatzsteuerliche Behandlung der Immobilie

3.3.5. Änderung der Zuordnungsentscheidung

Der Unternehmer ist nicht gehindert, die einmal getroffene Zuordnungsentscheidung in späteren Jahren wieder zurückzunehmen mit der Folge einer Überführung derjenigen Gebäudeteile in das Nichtunternehmensvermögen, die zu diesem Zeitpunkt nichtunternehmerischen Zwecken dienen. Keine Rolle spielt dabei, ob sich die nichtunternehmerische Nutzung seit der früheren Zuordnungsentscheidung vergrößert oder verringert hat bzw. gleichgeblieben ist.

322

Die Überführung („Entnahme") steht gem. § 3 Abs. 1b Nr. 1 UStG einer steuerbaren Lieferung gleich. Sie ist jedoch gem. § 4 Nr. 9a UStG steuerfrei[897] (siehe Rz. 344 f.), so dass eine Vorsteuerkorrektur gem. § 15a Abs. 1 UStG erfolgen muss. Dient die Immobilie aufgrund geänderter Nutzung ausschließlich privaten Zwecken,[898] findet ein zwingender Übergang ins Nichtunternehmensvermögen statt, ohne dass es hier einer ausdrücklichen Zuordnungsentscheidung bedarf. Ob dies auch bei einer lediglich **vorübergehenden Privatnutzung** gilt, ist bislang ungeklärt. UE ist das zu verneinen. Nur eine dauerhafte private Verwendung der Immobilie zwingt zur Überführung.

3.4. Bedeutung der Verwendungsabsicht für den Vorsteuerabzug

Das Recht auf Vorsteuerabzug des Unternehmers entsteht dem Grunde und der Höhe nach bereits im Zeitpunkt des Leistungsbezuges.[899] Für den Vorsteuerausschluss nach § 15 Abs. 2 und 3 UStG kommt es entscheidend darauf an, ob der Unternehmer im Zeitpunkt des Leistungsbezuges die Absicht hat, die erhaltenen Leistungen (Eingangsumsätze) für solche Leistungen (Ausgangsumsätze) zu verwenden, die den Vorsteuerabzug nicht ausschließen. Fehlt es allerdings an objektiven Anhaltspunkten für eine solche Verwendung, entfällt ein Vorsteuerabzug.[900]

3.4.1. Maßgeblichkeit der geplanten Nutzung im Jahr erstmaliger Verwendung

Bei jedem Leistungsbezug muss der Unternehmer über die beabsichtigte Verwendung der Leistung sofort entscheiden und je nach Verwendungsabsicht einen Vorsteuerabzug in Anspruch nehmen. Das gilt auch für Leistungsbezüge im Zeitraum der Herstellung eines Wirtschaftsgutes. Maßgeblich ist regelmäßig die **erste Leistung oder die erste unentgeltliche Wertabgabe**, in die die bezogene Leis-

323

---

897 OFD Koblenz vom 4.11.2008, StEK § 10 Abs. 4, 5 UStG Nr.60 Rz. 4.
898 Keine Zwangsentnahme, wenn die unternehmerische Nutzung unter 10% sinkt; vgl. OFD Karlsruhe vom 28.1.2009, StEK § 15 Abs. 1 UStG Nr. 328 Rz. 2.
899 Abschn. 192 Abs. 17 Satz 4 UStR 2008 (= UStAE Abschn. 15.2. Abs. 17 Satz 4).
900 BFH vom 25.11.2004, BStBl. II 2005, 414.

tung Eingang finden soll. Bei der Zurechnung sind grundsätzlich nur Umsätze zu berücksichtigen, die nach Inanspruchnahme der vorsteuerbelasteten Leistungen ausgeführt werden sollen.

Beispiel 94

Unternehmer U plant die Errichtung eines Bürogebäudes. Er beabsichtigt glaubwürdig, dass zunächst eine steuerpflichtige Vermietung an vorsteuerabzugsberechtigte Unternehmer erfolgen soll. Nach Abschluss der Bauphase ist absehbar, dass nur eine steuerfreie Vermietung der Immobilie zu Wohnzwecken in Betracht kommt.

Für den Vorsteuerabzug ist die zunächst geplante – hier steuerpflichtige – Leistung maßgebend. Infolgedessen erhält U zunächst während der Bauphase den vollen Vorsteuerabzug mit erst späterer Korrektur gem. § 15a Abs. 1 UStG wegen tatsächlicher umsatzsteuerfreier Vermietung. Unzulässig wäre, die Steuerfestsetzungen der Bauphase wegen der noch offenen tatsächlichen Verwendung gem. § 165 Abs. 1 AO vorläufig durchzuführen.[901]

3.4.2. Sonderfall – Maßgeblichkeit tatsächlicher Verwendung für Leistungsbezüge im Jahr des Beginns der Verwendung

324 Von Bedeutung ist nicht nur die während der Herstellungsphase geplante Verwendung der Immobilie. In besonderer Weise relevant ist auch die **tatsächliche Verwendung im Jahr erstmaliger Verwendung**. Denn sie überlagert die Abhängigkeit des Vorsteuerabzugs vom Kriterium der Nutzungsabsicht. Davon betroffen sind nach der Rechtsprechung des BFH[902] Vorsteuerbeträge aus Leistungsbezügen im Jahr beginnender erstmaliger Verwendung.

Für die Entstehung des Rechts auf Vorsteuerabzug aus Rechnungen über Eingangsleistungen ist bei richtlinienkonformer Auslegung von § 15 Abs. 1 und 2 UStG maßgebend, ob der Unternehmer die Leistungen für sein Unternehmen bezogen hat und
- entweder im Jahr des Leistungsbezuges mit den Investitionsausgaben tatsächlich Umsätze ausführt, für die der Vorsteuerabzug zugelassen ist,
- oder, wenn die tatsächliche Verwendung noch aussteht, die durch objektive Anhaltspunkte belegte Absicht hatte, mit den Investitionsausgaben Umsätze auszuführen, für die der Vorsteuerabzug zugelassen ist.[903]

---

901 OFD Frankfurt vom 28.10.2003, StEK § 15 UStG Nr. 299 Rz. 1.2.
902 Vgl. Urteil vom 2.3.2006, BStBl. II 2006, 729 und vom 16.5.2002, BStBl. II 2006, 725.
903 EuGH vom 8.6.2000, UR 2000, 329.

Umsatzsteuerliche Behandlung der Immobilie

Folglich ist auf eine künftige Verwendung der Eingangsleistung nur dann abzustellen, wenn nicht bereits im Erwerbsjahr mit der Verwendung begonnen wurde. Dem folgt auch das FG Hamburg.[904] Denn es entspricht dem Veranlagungsjahrprinzip, die Verhältnisse des gesamten Veranlagungszeitraumes in die steuerliche Beurteilung einzubeziehen. Dies kann im Einzelfall zu recht eigenwilligen Ergebnissen führen.

Beispiel 95

Unternehmer U errichtet in den Jahren 01 (Vorsteueranteil 60.000 €) und 02 (Vorsteueranteil 120.000 €) ein Bürogebäude, das nach seiner Fertigstellung nachweislich steuerpflichtig vermietet werden soll. Aufgrund Insolvenz des potenziellen Mieters im Juni 02 (Vorsteuerbeträge bis dahin 100.000 €) ist U gezwungen, die Räumlichkeiten zum 1.11.02 an eine nicht vorsteuerabzugsberechtigte Versicherungsgesellschaft zu vermieten.

Folgt man der obigen Rechtsprechung des BFH, so orientiert sich hier der Vorsteuerabzug trotz Errichtung eines einheitlichen Gegenstandes „Gebäude" während der Bauphase einerseits an der Verwendungsabsicht (= Bauphase 01) und andererseits an der tatsächlichen Verwendung (= Bauphase 02), obwohl sich die Verwendungsabsicht bis zur endgültigen Fertigstellung des Gebäudes während der gesamten Bauphase nicht geändert hat. Damit entfällt aufgrund der von Anfang an steuerfreien Vermietung ein Abzug solcher Vorsteuerbeträge, die auf Leistungsbezügen im Jahr 02 als dem Jahr des Beginns der Verwendung beruhen (hier: 120.000 €). Hingegen verbleibt es aufgrund unveränderter Maßgeblichkeit der Verwendungsabsicht bei einem Vorsteuerabzug im Jahr 01 von 60.000 €. Diese Vorsteuerbeträge unterliegen allerdings ab 1.11.02 einer Korrektur gem. § 15a Abs. 1 UStG, weil sich nunmehr die für den ursprünglichen Vorsteuerabzug (100 %-Abzug in 01) maßgebenden Verhältnisse geändert haben (0 % Vorsteuerabzug). Daraus resultiert folgende Vorsteuerminderung:

Jahr 02: 1/10 von 60.000 € x 2/12 = 1.000 €
ab Jahr 03 1/10 von 60.000 € = 6.000 €.

Hinweis: Würde U im obigen Beispiel mit der steuerfreien Vermietung tatsächlich erst Anfang 03 beginnen, bliebe der Vorsteuerabzug hinsichtlich solcher Leistungsbezüge erhalten, die bis zur Aufgabe steuerpflichtiger Vermietung entstanden sind (= Juni 02). Damit erhielte U einen weiteren Vorsteuerabzug von 100.000 € in 02 mit sukzessiver Rückzahlung gem. § 15a Abs. 1 UStG ab 03. Außerdem könnte

---
904 Urteil vom 11.12.2006 2 K 269/04.

Die Immobilie im Umsatz- und Grunderwerbsteuerrecht

U die Rückzahlungen gem. § 9b EStG als Werbungskosten geltend machen. So gesehen lohnt es, die steuerfreie Vermietung in das Jahr 03 zu verschieben.

Bedeutung der Verwendungsabsicht

Geplante Verwendung	tatsächliche Verwendung	Rechtsfolge
steuerpflichtige Nutzung	steuerpflichtige Nutzung	Vorsteuerabzug
steuerpflichtige Nutzung	steuerfreie Nutzung	Vorsteuerkorrektur nach § 15a UStG (Rückzahlung)
steuerfreie Nutzung	steuerpflichtige Nutzung	Vorsteuerkorrektur nach § 15a UStG (Vergütung)

3.4.3. Verwendungsabsicht und Geschäftsveräußerung

325 Errichtet der Unternehmer ein Gebäude in der Absicht anschließender umsatzsteuerfreier Vermietung nach § 4 Nr. 12a UStG und wird das von ihm errichtete Gebäude nach Fertigstellung im Rahmen einer Geschäftsveräußerung nach § 1 Abs. 1a UStG veräußert, verbleibt es ungeachtet der Geschäftsveräußerung beim Verbot des Vorsteuerabzuges.[905]

Beispiel 96

Unternehmer U errichtet ein Wohngebäude für netto 2 Mio. € (Vorsteuer 380.000 €). Vor Beginn der erstmaligen umsatzsteuerfreien Vermietung (keine Optionsmöglichkeit nach § 9 Abs. 2 UStG) wird es im Rahmen einer Geschäftsveräußerung gem. § 1 Abs. 1a UStG veräußert. Der vorsteuerabzugsberechtigte Käufer K vermietet es zunächst für zwei Jahre – wie von U geplant – zu Wohnzwecken und anschließend für eigene gewerbliche Zwecke, die zum Vorsteuerabzug berechtigen.

U erhält hier zunächst aufgrund der geplanten umsatzsteuerfreien Vermietung keinen Vorsteuerabzug. Auch die anschließende Grundstücksveräußerung im

---

905 BFH vom 8.3.2001, BFH/NV 2001, 876.

Umsatzsteuerliche Behandlung der Immobilie

Rahmen einer Geschäftsveräußerung nach § 1 Abs. 1a UStG ist ungeeignet, den Vorsteuerabzug zu generieren. Geschäftsveräußerungen unterliegen nicht der Umsatzsteuer, sodass die Möglichkeit einer Option zur Steuerpflicht nach § 9 Abs. 1 und 3 UStG entfällt.

Hinweis: Käufer K erhält aufgrund der ab 03 geänderten Verwendung der Immobilie für eigengewerbliche Zwecke nach § 15a UStG in den Jahren 03 bis 10 einen jährlichen Vorsteuerabzug von 38.000 €, insgesamt also 304.000 €. Natürlich ist der Vorsteuerabzug bei K davon abhängig, dass Verkäufer U für die Baukosten ordnungsgemäße Rechnungen im Sinne des § 14 UStG erhalten hat. K sollte daher bereits im Zeitpunkt des Erwerbs ungeachtet seiner künftigen Planungen eine Herausgabe der Originalrechnungen fordern. Hinzuweisen ist dabei auf § 15a Abs. 10 Satz 2 UStG. Danach ist der Veräußerer verpflichtet, dem Erwerber die für die Durchführung der Berichtigung erforderlichen Angaben zu machen.

3.4.4. Änderung der Verwendungsabsicht

Kommt es nach einer geplanten steuerpflichtigen Verwendung z. B. eines Gebäudes später tatsächlich zur steuerfreien Verwendung, ist für den Vorsteuerabzug maßgebend, wann sich die Verwendungsabsicht geändert hat. Absichtsänderungen wirken nicht in das Jahr des Leistungsbezugs zurück. Das gilt sowohl beim Wechsel zwischen steuerpflichtiger und steuerfreier Vermietung als auch im umgekehrten Fall künftig steuerpflichtiger Vermietung.[906]

Änderungen in der Verwendungsabsicht wirken sich nur auf nachfolgende Leistungsbezüge oder Anzahlungen und den sich daraus ergebenden Vorsteuerabzug aus. Eine Änderung der Verwendungsabsicht ist regelmäßig nur dann anzunehmen, wenn die geänderte Absicht tatsächlich umgesetzt wird. In diesem Fall kann davon ausgegangen werden, dass die ursprüngliche Absicht vollständig aufgegeben oder durch die neue überlagert wurde. Vor einer erstmaligen Verwendung ist eine Vorsteuerberichtigung nach § 15a UStG nicht vorzunehmen.

Im Jahr des Leistungsbeginns anfallende Vorsteuerbeträge: Die Behandlung im Jahr des Leistungsbeginns anfallender Vorsteuerbeträge richtet sich allein nach der tatsächlichen Verwendung der Immobilie. Eine im laufenden Jahr beginnende steuerfreie oder steuerpflichtige Verwendung der Immobilie wirkt also auf den Beginn des betreffenden Besteuerungszeitraums zurück (siehe auch Rz. 324).

Gebäudeleerstand: Solange der Bauherr eines Gebäudes eine insgesamt steuerpflichtige Vermietung durch objektive Anhaltspunkte darlegen kann, steht ihm ein Vorsteuerabzug aus allen Eingangsrechnungen für das Bauvorhaben in

---

906 BFH vom 25.11.2004, BStBl. II 2005, 414.

voller Höhe zu. Wird später ganz oder teilweise entgegen den ursprünglichen Planungen steuerfrei vermietet, ist der Vorsteuerabzug nach § 15a UStG zu korrigieren. Dabei führt der Gebäudeleerstand selbst nicht zu einer Änderung der Verhältnisse im Sinne des § 15a UStG.[907] In diesen Fällen beginnt allerdings der 10-jährige Korrekturzeitraum des § 15a Abs. 1 UStG erst mit Beginn der erstmaligen tatsächlichen Verwendung.[908] Davon zu trennen ist freilich der Fall, dass der Unternehmer während des Leerstandes seine Verwendungsabsicht ändert.[909]

Abweichung der tatsächlichen von der behaupteten Verwendung: Entspricht die tatsächliche Verwendung nicht der behaupteten Absicht, muss der Unternehmer jedenfalls bei zeitlich engem Zusammenhang zwischen Absichtsbekundung und Absichtsverwirklichung diejenigen Umstände darlegen und plausibel machen, die zu der geänderten tatsächlichen Verwendung geführt haben.[910] Gelingt dies dem Unternehmer nicht, kann regelmäßig vermutet werden, dass die tatsächliche Verwendung auch der Verwendungsabsicht entspricht.[911]

3.4.5. Nachweis der Verwendungsabsicht

327 Die Inanspruchnahme des Vorsteuerabzuges während der Bauphase ist entscheidend davon abhängig, dass die Verwendungsabsicht *objektiv belegt und in gutem Glauben erklärt* werden kann. Gelingt dies, bleibt der Anspruch auf Vorsteuerabzug auch dann bestehen, wenn später keine steuerpflichtigen Vermietungsleistungen erbracht werden.

Die objektiven Anhaltspunkte der Verwendungsabsicht können einzelfallbezogen belegt werden durch z. B.[912]

- Mietverträge,
- Zeitungsinserate,
- Baugenehmigung gestattet keine Nutzung zu Wohnzwecken,[913]
- Beauftragung eines Maklers mit der Suche nach vorsteuerabzugsberechtigten Mieter,
- Schriftwechsel mit Interessenten,

---

907 BFH vom 25.4.2002, BStBl. II 2003, 435.
908 BMF-Schreiben vom 6.12.2005, StEK § 15a UStG Nr. 71 Rz. 17.
909 OFD Koblenz vom 20.12.2006, StEK § 15 UStG Nr. 76 Rz. 1.2.
910 Vgl. BFH Beschluss vom 18.10.2007, BFH/NV 2008, 254, 255.
911 Siehe dazu auch die BFH-Urteile vom 19.2.2002, BFH/NV 2002, 956 und vom 26.1.2006, BFH/NV 2006, 1164.
912 Eingehend zur dieser Problematik OFD Frankfurt vom 28.10.2003, StEK § 15 UStG Nr. 299.
913 Nach Auffassung der OFD Frankfurt (Vgl. vom 28.10.2003, StEK § 15 UStG Nr. 299 Rz. 2.3.) ist außerdem glaubhaft zu machen, dass eine Nutzung zu nichtunternehmerischen Zwecken (zB Vermietung an eine Behörde zur Erfüllung hoheitlicher Aufgaben) nicht vorgesehen bzw. anhand anderer Umstände (zB Belegenheit des Grundstücks in bevorzugter Geschäftslage, so dass hohe gewerbliche Mieten zu erzielen sind) ausgeschlossen ist. Damit schießt sie uE deutlich über das Ziel hinaus.

Umsatzsteuerliche Behandlung der Immobilie

- Ausschluss nichtunternehmerischer Nutzung
- Vertriebskonzepte oder
- Kalkulationsunterlagen.

Dabei ist das Gesamtbild der Verhältnisse entscheidend. Behauptungen reichen nicht aus. Es sind vielmehr konkrete Nachweise erforderlich, die einem **strengen Prüfungsmaßstab** unterliegen.[914] Dabei gehen **Unklarheiten zu Lasten des Unternehmers**. Sind Leistungen bezogen worden, deren tatsächliche Verwendung ungewiss ist, weil die Verwendungsabsicht nicht durch objektive Anhaltspunkte belegt wird, scheidet der Vorsteuerabzug aus. Für den Vorsteuerabzug sind ausschließlich die Erkenntnisse im Zeitpunkt des Leistungsbezuges zugrunde zu legen. Dabei dürfte den obigen Unterlagen richtigerweise unterschiedliches Gewicht beizumessen sein. Während der Existenz von Mietverträgen (mit vorsteuerabzugsberechtigten Mietern) oder eines Maklerauftrages sicherlich starke Bedeutung zukommt, dürfte bei Zeitungsinseraten die Indizwirkung für eine steuerpflichtige Vermietung eher schwächer ausgeprägt sein. Denn regelmäßig wird dort nicht gezielt nach vorsteuerabzugsberechtigten Mietern gesucht.

Vermietungsabsicht bei Bürogebäuden: Nach Auffassung des Hessischen Finanzgerichts[915] reicht es zwar für den Vorsteuerabzug nicht aus, dass der Unternehmer noch unentschieden ist, ob er steuerpflichtige oder steuerfreie Umsätze ausführen will. Ausreichend ist jedoch, dass er eindeutig präferiert, steuerpflichtige Verwendungsumsätze ausführen zu wollen, selbst wenn beim Scheitern einer steuerpflichtigen Vermietung zur Vermeidung eines Leerstands auch eine steuerfreie Vermietung in Betracht gezogen wird. Eine andere Rechtsauffassung würde praktisch zum Ausschluss des Sofortabzugs der Umsatzsteuer führen und die Anforderungen überspannen. Damit kommt im Normalfall bei der Errichtung von Bürogebäuden regelmäßig ein Vorsteuerabzug in Betracht (ggf. mit späterer Kürzung bei tatsächlicher steuerfreier Vermietung nach § 15a Abs. 1 UStG).

Wird allerdings nach der insoweit einschränkenden Entscheidung des FG München[916] ein Bürogebäude von Anfang an ebenso möglichen Mietinteressenten angeboten, die nicht zum Vorsteuerabzug berechtigt sind, ist die Absicht einer ausschließlich steuerpflichtigen Vermietung nicht belegt.

Geplante Option nach § 9 Abs. 2 UStG: Im Zeitpunkt des jeweiligen Leistungsbezugs muss nachweisbar die Absicht bestanden haben, zum Vorsteuerabzug geeignete Ausgangsumsätze auszuführen. Hängt der Vorsteuerabzug von

328

---

914 BMF-Schreiben vom 24.4.2003, StEK § 15 Abs. 1 UStG Nr. 295 Rz. 1.2.
915 Urteil in EFG 2004, 1095 rkr.
916 Urt. vom 18.8.2004, EFG 2005, 244 rkr.

der Wirksamkeit eines Verzichts auf die Steuerbefreiung des beabsichtigten Ausgangsumsatzes ab, muss die belegte Absicht des Unternehmers auch diese Voraussetzungen einschließen. Eine solche Absicht ist nicht deshalb unbeachtlich (und infolgedessen nicht nachzuweisen), weil ein solcher Verzicht ohne tatsächliche Vermietung leer läuft.[917]

Option nicht schon bei Leistungsbezug: Der Unternehmer ist nicht gehalten, bereits bei Leistungsbezug gem. § 9 Abs. 2 UStG zur Steuerpflicht zu optieren. Vielmehr kann ein während der Bauphase entstehender potentieller Vorsteuerabzug auch durch nachträgliche Option rückwirkend in Anspruch genommen werden.[918]

Davon zu trennen ist die Frage, ob bei gemischt-genutzten Immobilien bereits im Zeitpunkt des Leistungsbezugs eine Zuordnung zum Unternehmen durch Vorsteuerabzug vorzunehmen ist (siehe Rz. 315).

3.4.6. Zusammenfassende Übersicht zur Bedeutung der Verwendungsabsicht

329 Die Bedeutung der Verwendungsabsicht für den Vorsteuerabzug kann wie folgt zusammengefasst werden:

Geplante Verwendung bei Leistungsbezug	Tatsächliche Verwendung ab Fertigstellung	Rechtsfolge
Fall 1 Ausführung steuerpflichtiger Umsätze	Ausführung steuerpflichtiger Umsätze	Vorsteuerabzug bei Leistungsbezug
Fall 2 Ausführung steuerfreier Umsätze	Ausführung steuerpflichtiger Umsätze	Kein Vorsteuerabzug bei Leistungsbezug; Vorsteuerkorrektur nach § 15a Abs. 1 UStG mit Beginn der steuerpflichtigen Verwendung **Ausnahme:** Vollabzug solcher Vorsteuerbeträge, die im Jahr beginnender steuerpflichtiger Verwendung anfallen

---

917 BFH vom 8.3.2001, BFH/NV 2001, 876.
918 FG Rheinland-Pfalz vom 25.6.2009, EFG 2009, 1685 Rev.: XI R 17/09.

Umsatzsteuerliche Behandlung der Immobilie

Fall 3 Ausführung steuerpflichtiger und steuerfreier Umsätze	Ausführung steuerpflichtiger und steuerpflichtiger Umsätze entsprechend der Verwendungsabsicht	Aufteilung der Vorsteuerbeträge bei Leistungsbezug im Umfange geplanter steuerfreier und steuerpflichtiger Verwendung
Fall 4 Ausführung steuerpflichtiger Umsätze	Ausführung steuerfreier Umsätze	Voller Vorsteuerabzug bei Leistungsbezug; Vorsteuerkorrektur nach § 15a Abs. 1 UStG mit Beginn der steuerfreien Verwendung **Ausnahme:** Abzugsverbot solcher Vorsteuerbeträge, die im Jahr beginnender steuerfreier Verwendung anfallen
Fall 5 Ausführung steuerpflichtiger Umsätze	Leerstand im Jahr der Fertigstellung	Vorsteuerabzug bei Leistungsbezug; § 15a Abs. 1 UStG erst mit Beendigung des Leerstandes und steuerfreier Verwendung anwendbar
Fall 6 Ausführung steuerpflichtiger Umsätze	Leerstand nach zwischenzeitlicher steuerfreier oder steuerpflichtiger Verwendung	§ 15a Abs. 1 UStG auch in Leerstandszeiten anwendbar; Vorsteuerkorrektur richtet sich nach künftiger Verwendungsabsicht

Die obigen Fälle 2 und 4 verdienen besondere Aufmerksamkeit. Im Fall 2 werden nach vorheriger steuerfreier Verwendungsabsicht tatsächlich steuerpflichtige Umsätze mit Vorsteuerabzug ausgeführt, im Fall 4 ist es genau umbekehrt. Die damit verbundenen steuerlichen Auswirkungen sind erheblich, wie die nachfolgenden Übersichten zeigen. Dabei wird ein potentieller Vorsteuerabzug im Jahr 01 von 100.000 € unterstellt.

Die Immobilie im Umsatz- und Grunderwerbsteuerrecht

330

Zu Fall 2: Umsatzsteuerpflichtige Verwendung nach geplanter steuerfreier Verwendung			
Jahr	Vorsteuerabzug	Gewinn-erhöhung	Behandlung bei von Anfang an geplanter steuerpflichtiger Verwendung
01	0 €	0 €	Vorsteuer 100.000 €
02	10.0000 €	10.000 €	0 €
03	10.0000 €	10.000 €	0 €
04	10.0000 €	10.000 €	0 €
05	10.0000 €	10.000 €	0 €
06	10.0000 €	10.000 €	0 €
07	10.0000 €	10.000 €	0 €
08	10.0000 €	10.000 €	0 €
09	10.0000 €	10.000 €	0 €
10	10.0000 €	10.000 €	0 €
11	10.0000 €	10.000 €	0 €
Summe	**100.0000 €**	**100.000 €**	**Vorsteuer 100.000 €**

Im Falle geplanter steuerfreier Verwendung der Immobilie mit anschließender tatsächlicher steuerpflichtiger Verwendung entstehen mithin zwei Nachteile:
- einerseits wird der Vorsteuerabzug nicht sofort, sondern linear verteilt über 10 Jahre generiert und
- andererseits unterliegt dieser ratierliche Zuflus der Vorsteuerbeträge obendrein als ertragsteuerlicher Gewinn der Einkommensteuer (§ 9b Abs. 2 EStG).

Es ist also geradezu eine Katastrophe, wenn trotz tatsächlicher steuerpflichtiger Verwendung der Immobilie ein Abzugsverbot der Vorsteuerbeträge bei Leistungsbezug wegen zunächst geplanter steuerfreier Verwendung hingenommen werden muss.

Im umgekehrten Fall treten naturgemäß gegenläufige Effekte ein.

Umsatzsteuerliche Behandlung der Immobilie

\multicolumn{4}{c}{Zu Fall 4: Umsatzsteuerfreie Verwendung nach geplanter steuerpflichtiger Verwendung}
Jahr	Vorsteuerabzug	Gewinn-minderung	Behandlung bei von Anfang geplanter steuerfreier Verwendung
01	100.000 €	0 €	Vorsteuer 0 €
02	- 10.000 €	10.000 €	0 €
03	- 10.000 €	10.000 €	0 €
04	- 10.000 €	10.000 €	0 €
05	- 10.000 €	10.000 €	0 €
06	- 10.000 €	10.000 €	0 €
07	- 10.000 €	10.000 €	0 €
08	- 10.000 €	10.000 €	0 €
09	- 10.000 €	10.000 €	0 €
10	- 10.000 €	10.000 €	0 €
11	- 10.000 €	10.000 €	0 €
Summe	**0 €**	**100.000 €**	**Vorsteuer 0 €**

Bei dieser Variante entsteht aufgrund der jährlich in Höhe von 10.000 € an das Finanzamt zurückfließenden Vorsteuerbeträge gem. § 9b Abs. 2 EStG eine Gewinnminderung, die zu einer jährlichen Einkommensteuerersparnis von nahezu 50 % der Vorsteuerbeträge führt. Zwar mindern die im Jahr 01 abzugsfähigen Vorsteuerbeträge von 100.000 € die AfA-Basis des Gebäudes. Der damit einhergehende AfA-Verlust beträgt jedoch lediglich 2 %, also 2.000 € jährlich und dürfte vom Mandant kaum als Nachteil wahrgenommen werden. Es lohnt nach allem, die Voraussetzungen eines zunächst vollständigen Vorsteuerabzugs zu erfüllen.

4. Vorsteuerabzug bei gemischt-genutzten Gebäuden

4.1. Grundzüge der Aufteilung von Vorsteuerbeträgen

Nach § 15 Abs. 4 UStG gelten für Gegenstände, die sowohl zur Ausführung steuerpflichtiger wie steuerfreier Umsätze dienen, die nachstehenden Grundsätze:
– Verwendet der Unternehmer den erworbenen Gegenstand nur teilweise zur Ausführung steuerpflichtiger Umsätze, kann er nur den Teil der Vorsteuerbeträge abziehen, der den steuerpflichtigen Umsätzen wirtschaftlich zuzurechnen ist.
– Der Unternehmer kann den nicht abziehbaren Vorsteuerbetrag im Wege einer sachgerechten Schätzung ermitteln.

331

Die Immobilie im Umsatz- und Grunderwerbsteuerrecht

– Eine Ermittlung des nicht abziehbaren Vorsteuerbetrags nach dem Verhältnis der Umsätze, die den Vorsteuerabzug ausschließen, zu den Umsätzen, die zum Vorsteuerabzug berechtigen, ist nur zulässig, wenn keine andere wirtschaftliche Zurechnung möglich ist.

4.2. Rechtsentwicklung zur Vorsteuersteueraufteilung bei gemischtgenutzten Immobilien

Es dient dem Verständnis der Aufteilung von Vorsteuerbeträgen bei Immobilien, wenn man die jüngere Rechtsentwicklung kurz nachvollzieht.

4.2.1. Die bisherige Rechtsauffassung der Finanzverwaltung

Für eine Vorsteuraufteilung nach § 15 Abs. 4 UStG kamen nach früherer und jüngerer Auffassung der Finanzverwaltung nur solche Vorsteuern in Betracht, die sowohl mit Umsätzen in wirtschaftlichem Zusammenhang standen, die den Vorsteuerabzug gestatteten als auch ausschlossen. Die Immobilie war dabei nach Verwaltungsauffassung[919] keine unteilbare Einheit, sondern entsprechend ihrer Verwendung aufzuteilen. Danach gilt:

– Vorsteuern, die Räumlichkeiten des Gebäudes zuzuordnen sind, welche ausschließlich unmittelbar für steuerpflichtige oder steuerfreie Umsätze verwendet werden, kommen für eine Aufteilung nach § 15 Abs. 4 UStG nicht in Betracht (Fallgruppe 1).

– Vorsteuern, die auf solche Gebäudeteile entfallen, welche tatsächlich unmittelbar gemischt genutzt werden, sind nach § 15 Abs. 4 UStG aufzuteilen (Fallgruppe 2).

– Vorsteuern, die auf solche Gebäude oder Gebäudeteile entfallen, welche mittelbar sowohl der Ausführung steuerpflichtiger wie auch steuerfreier Umsätze dienen, sind ebenfalls nach § 15 Abs. 4 UStG aufzuteilen (Fallgruppe 3).

Zur Fallgruppe 1 gehören etwa auf Fenster sowie Ausbaukosten entfallende Vorsteuern, die sich den betreffenden (steuerpflichtig oder steuerfrei genutzten) Räumlichkeiten direkt zuordnen lassen. Hingegen gehören etwa das Treppenhaus, Heizungskeller, Dach, Außenanlagen sowie der Fernwärmeanschluss zur Fallgruppe 2. Der Fallgruppe 3 zuzuordnen sind schließlich solche Gebäude oder Gebäudeteile, die ganz oder teilweise einem Unternehmen dienen, das seinerseits steuerfreie sowie steuerpflichtige Ausgangsumsätze tätigt, wie etwa ein Verwaltungsgebäude.[920]

---

919 BMF-Schreiben vom 24.11.2004, BStBl. I 2004 S. 1125 Rz. 7.
920 Abschn. 208 Abs. 2 Satz 1 UStR 2008 (= UStAE Abschn. 15.17. Abs. 2 Satz 1).

Umsatzsteuerliche Behandlung der Immobilie

Konkret kam danach eine Aufteilung der Vorsteuerbeträge nach § 15 Abs. 4 UStG nur bei solchen Gebäudeteilen in Betracht, die tatsächlich gemischt genutzt wurden wie z. B. Treppenhaus, Heizungskeller, Dach, Außenanlagen, Fernwärmeanschluss, während die Fenster sowie sämtliche Ausbaukosten den betreffenden Räumlichkeiten direkt zuzuordnen waren[921]

332

Beispiel 97

Unternehmer U errichtet in 01 ein Gebäude, das folgenden Zwecken dient:
a) eigengewerbliche Zwecke 600 qm (60%)
b) steuerfreie Vermietung 400 qm (40%).
c) Gemeinschaftsflächen (Treppenhaus, Flure, Heizungskeller) 100 qm.

Die unmittelbar den einzelnen Gebäudeteilen zurechenbaren Vorsteuerbeträge (z. B. Innenausbau) betragen wegen unterschiedlicher Ausstattung bei a) 70.000 €, b) 30.000 € und c) 10.000 €. Außerdem entfallen auf die nicht direkt zurechenbaren Baukosten (z. B. Rohbau) Vorsteuern in Höhe von 90.000 €. Die Ausgangsumsätze des U sind zu 80% steuerpflichtig und zu 20% steuerfrei (ohne Vorsteuerabzug).

Im obigen Beispiel war nach bisheriger Verwaltungsauffassung in Anwendung des Nutzflächenverhältnisses als Aufteilungsmaßstab wie folgt aufzuteilen:[922]

Vorsteuer betrifft:	Vorsteuer abzugsfähig	Vorsteuer nicht abzugsfähig
Eigenbetriebliche Zwecke		
direkt zurechenbar	70.000 €	
Steuerfreie Vermietung		
direkt zurechenbar		30.000 €
Gemeinschaftsflächen (einschl. Rohbau usw.)		
auf eigenbetriebliche Zwecke entfallen (60%)	60.000 €	
auf die Vermietung entfallen (40%)		40.000 €
Summe	**130.000 €**	**70.000 €**

Unternehmer U hatte hier von der grundsätzlich individuellen Zuordnung der Vorsteuerbeträge profitiert. Denn im Falle ausschließlich flächenorientierter Zu-

---

921 BMF-Schreiben vom 24.11.2004, BStBl. I 2004, 1125 Rz. 7.
922 Hinweis: Fraglich ist natürlich, wie eine Zuordnung von Leistungsbezügen (z.B. für den Innenausbau) zu den einzelnen Gebäudeteilen praktisch erfolgen soll, insbesondere bei einheitlicher Rechnungstellung. Die Praxis wird hier nicht umhin können, wiederum nach Fläche zuzuordnen. Das gilt jedenfalls dann, wenn keine Ausstattungsunterschiede vorliegen.

ordnung stünde ihm ein Vorsteuerabzug in Höhe von lediglich 120.000 € (60 % von 200.000 €) zu.

4.2.2. Die abweichende Rechtsprechung des Bundesfinanzhofes

333 Nach Auffassung des BFH[923] ist für Zwecke des Vorsteuerabzuges gem. § 15 Abs. 4 UStG zu unterscheiden, ob die betreffenden Vorsteuerbeträge entfallen
a) auf die Anschaffung oder Herstellung der Immobilie bzw.
b) auf Leistungsbezüge, welche die Nutzung, Gebrauch oder Erhaltung der Immobilie betreffen.

- **(Nachträgliche) Anschaffungs-/Herstellungskosten (Kategorie 1):** Wird ein Gebäude (als Gegenstand) angeschafft oder hergestellt, das „gemischt" für steuerfreie und steuerpflichtige Umsätze verwendet werden soll, kann nicht darauf abgestellt werden, welche Aufwendungen in bestimmte Teile des Gebäudes eingehen (z. B. Wohnungsteil oder Gewerbeteil). Die Zurechnung der Vorsteuerbeträge ist weder nach einem sog. „Investitionsschlüssel" noch nach einer räumlichen (sog. „geographischen") Anbindung zulässig. Maßgebend ist vielmehr die „prozentuale" Aufteilung der Verwendung des gesamten Gebäudes zu steuerfreien und steuerpflichtigen Umsätzen. Daraus folgt regelmäßig eine Ermittlung der gesamten nicht abziehbaren Vorsteuerbeträge gemäß § 15 Abs. 4 UStG im Wege einer sachgerechten Schätzung. Sachgerechte Aufteilungsmaßstäbe können der Umsatzschlüssel oder der Flächenschlüssel sein. Dies entspricht auch der Rechtsprechung des EuGH sowie der bisherigen Rechtsprechung des BFH.[924]
- **Der Nutzung, Erhaltung oder Unterhaltung dienende Leistungsbezüge (Kategorie 2):** Aufwendungen zur Nutzung, Erhaltung oder Unterhaltung des Gegenstands gehören nicht zu den Anschaffungs- oder Herstellungskosten für das Wirtschaftsgut. Vorsteuerbeträge auf derartige Aufwendungen sind sofort – nach Maßgabe der Besonderheiten der Verwendung – abziehbar. Hier sind die Besonderheiten der Verwendungsumsätze maßgebend, denen sie dienen. Betreffen z. B. Erhaltungsaufwendungen nur den zur steuerfreien Vermietung vorgesehenen Wohnteil, scheidet der Vorsteuerabzug in vollem Umfang gemäß § 15 Abs. 2 UStG aus.
- **Anschaffungsnahe Aufwendungen (Kategorie 3):** Nach der neueren BFH-Rechtsprechung zu Anschaffungs- und Herstellungskosten von Wirtschaftsgütern i.S. von § 255 Abs. 2 Satz 1 HGB[925] kann bei anschaf-

---

923 Urteil vom 28.9.2006, BStBl. II 2007, 417; bestätigt durch Urteil 22.11.2007 V R 43/06.
924 Urteil vom 1.7.2004, BStBl. II 2004, 1022. Zur eingeschränkten Anwendung des Umsatzschlüssels als Aufteilungsmaßstab ab 1.1.2004 durch § 15 Abs. 4 Satz 3 UStG siehe oben.
925 BFH vom 12.12.2001, BStBl. II 2003, 569.

Umsatzsteuerliche Behandlung der Immobilie

fungsnahen Erhaltungsmaßnahmen sog. anschaffungsnaher Aufwand zur Anschaffung eines Gebäudes oder auch Herstellung als neues Gebäude angenommen werden. Maßgebend ist im Wesentlichen, dass das erworbene (bei Anschaffung nicht verwendete) Gebäude erst durch Aufwendungen zur Erweiterung und wesentlichen Verbesserung ein anschließend für den Erwerber verwendbares Gebäude wird. Entscheidend ist die Zweckbestimmung durch den Erwerber. Diese zum Ertragssteuerrecht entwickelten Grundsätze können auch für die umsatzsteuerrechtliche Abgrenzung der Anschaffung oder Herstellung eines Wirtschaftsguts von den Erhaltungsmaßnahmen an dem Wirtschaftsgut herangezogen werden. Liegt danach Erhaltungsaufwand vor, ist der Vorsteuerabzug nach Kategorie 2 (Individuelle Zuordnung) vorzunehmen, andernfalls (Herstellungsaufwand) nach Kategorie 1 (Verhältnisrechnung; Flächenschlüssel).

– **Herstellung eines eigenständigen Anbaues (Kategorie 4):** Eine vom Hauptgebäude zu trennende individuelle Zuordnung von Vorsteuern ist – abgesehen von Erhaltungsaufwendungen (siehe obige Kategorie 2) – nur möglich, wenn es sich bei den betreffenden Maßnahmen um eigenständige nachträgliche Herstellungskosten handelt, wie etwa bei einem Anbau.

Der BFH hat auch in späteren Entscheidungen die obige Rechtsauffassung bestätigt.[926] Es kann also von einer gefestigten Rechtsprechung ausgegangen werden.

Maßgeblichkeit der ertragsteuerlichen Abgrenzungskriterien: Die obige BFH-Rechtsprechung enthält die für Umsatzsteuerrechtler als unangenehm empfundene Besonderheit, dass nunmehr die ertragsteuerlichen Kriterien zur Abgrenzung des Herstellungs- vom Erhaltungsaufwand in das Umsatzsteuerrecht hineingetragen werden.

4.2.3. Übernahme der BFH-Rechtsprechung durch die Finanzverwaltung

Die Finanzverwaltung hat sich im BMF-Schreiben vom 30.9.2008[927] der BFH-Rechtsprechung zur Vorsteueraufteilung bei gemischt-genutzten Immobilien nach langem Zögern gebeugt.

334

Wird ein Gebäude durch einen Unternehmer angeschafft oder hergestellt und soll dieses Gebäude sowohl für vorsteuerunschädliche als auch für vorsteuerschädliche Ausgangsumsätze verwendet werden, sind fortan die gesamten auf die Anschaffungs- oder Herstellungskosten des Gebäudes entfallenden Vorsteuerbeträge nach § 15 Abs. 4 UStG aufzuteilen. Für die Zurechnung dieser Vorsteuer-

---

926 Vgl. Urteile vom 13.8.2008, BFH/NV 2009, 228 sowie vom 10.12.2009, BFH/NV 2010, 960.
927 BStBl. I 2008, 896.

beträge ist die *„prozentuale"* Aufteilung der Verwendung des gesamten Gebäudes zu vorsteuerunschädlichen bzw. vorsteuerschädlichen Umsätzen maßgebend.[928]

Aufteilungsmaßstab: Aufgeteilt wird im Wege einer sachgerechten Schätzung. Als sachgerechter Aufteilungsmaßstab kommt bei Gebäuden in der Regel die Aufteilung nach dem Verhältnis der *Nutzflächen* in Betracht.

Aufteilung nach Umsätzen: Die Ermittlung des nicht abziehbaren Teils der Vorsteuerbeträge nach dem Verhältnis der vorsteuerschädlichen Umsätze zu den vorsteuerunschädlichen Umsätzen ist nach § 15 Abs. 4 Satz 3 UStG nur zulässig, wenn keine andere wirtschaftliche Zurechnung möglich ist.

Kein anderer Aufteilungsmaßstab: Eine Zurechnung der Aufwendungen zu bestimmten Gebäudeteilen nach einer räumlichen (sog. „geografischen") oder zeitlichen Anbindung oder nach einem Investitionsschlüssel ist unzulässig.

335 **Nachträgliche Baumaßnahmen:** Maßgeblich für die Vorsteueraufteilung ist bei nachträglichen Baumaßnahmen die geplante Verwendung des Gegenstands, der durch die nachträglichen Anschaffungs- oder Herstellungskosten entstanden ist. Abgrenzbare Gebäudeteile sind dabei gesondert zu beurteilen. In diesen Fällen können recht komplexe Aufteilungssituationen entstehen, wie das nachfolgende Beispiel aus dem BMF-Schreiben vom 30.9.2008 aaO zeigt.

Beispiel 98[929]

U errichtet ein Gebäude, bestehend aus einer vorsteuerunschädlich gewerblich genutzten (EG; Anteil 50%) und einer vorsteuerschädlich zu Wohnzwecken vermieteten Einheit (1. OG; Anteil 50%). Das Dachgeschoss ist noch nicht ausgebaut. U ordnet das Gebäude vollständig seinem Unternehmen zu.[930]

Ein Jahr nach Errichtung des Gebäudes baut U das Dachgeschoss aus. Es entstehen dabei drei separat zugängliche gleich große Einheiten, von denen zwei als Wohnungen und eine als Büroteil genutzt werden (sollen). Eine Wohnung wird zu eigenen Wohnzwecken (umsatzsteuerpflichtig) genutzt, die zweite Wohnung wird

---

928 Vgl. BFH vom 28.9.2006, BStBl. II 2007, 417.
929 Entspricht Beispiel 2 des BMF-Schreibens vom 30.9.2008.
930 Nicht nachvollziehbar ist, warum nach Auffassung des BMF eine Immobilie dem Unternehmen zugeordnet werden kann, wenn diese ohnehin vollständig unternehmerischen Zwecken dient. Solche Immobilien sind per se Unternehmensvermögen. Eine Willensentscheidung des Unternehmers ist überflüssig.

umsatzsteuerfrei und der Büroteil wird umsatzsteuerpflichtig vermietet. Gleichzeitig lässt U das Treppenhaus zum Dachgeschoss erweitern.

Des Weiteren lässt U eine Alarmanlage installieren, die das gesamte Gebäude sichert. Zudem lässt U einen Aufzug anbauen, mit dem jede Etage erreicht werden kann. Mit dem Zugewinn an Nutzfläche erhöht sich der Anteil der vorsteuerunschädlich genutzten zum vorsteuerschädlich genutzten Teil an der Gesamtfläche des ausgebauten Gebäudes von 50 % auf 60 %.

Das neu ausgebaute Gebäude ist vollständig dem Unternehmen des U zugeordnet. Die Aufwendungen für den Ausbau des Dachgeschosses, die Erweiterung des Treppenhauses, den Einbau der Alarmanlage und den Einbau des Aufzugs sind jeweils (nachträgliche) Herstellungskosten.

Lösung nach Verwaltungsauffassung:
- Das **Dachgeschoss** ist umsatzsteuerrechtlich ein abgrenzbarer Teil, dessen Verwendungsverhältnisse gesondert zu ermitteln sind. Entsprechend der vorsteuerunschädlichen Verwendung des Dachgeschosses i. H. v. 2/3 sind die Vorsteuern aus dem Dachausbau zu 2/3 abziehbar.
- Die Aufwendungen für die **Erweiterung des Treppenhauses** sind dem Dachgeschoss zuzuordnen, da sie ausschließlich durch den Ausbau des Dachgeschosses verursacht sind. Die Vorsteuern sind daher nach den Nutzungsverhältnissen des Dachgeschosses aufzuteilen.
- Die Aufwendungen für den Einbau der **Alarmanlage** sind dem gesamten Gebäude in seinen neuen Nutzungsverhältnissen zuzuordnen, da sie das gesamte Gebäude sichert. Folglich sind die Vorsteuern zu 60 % abziehbar.
- Die Aufwendungen für den Einbau des Aufzugs sind dem gesamten Gebäude mit seinen neuen Nutzungsverhältnissen und nicht ausschließlich dem Dachgeschoss zuzuordnen, da mit dem Aufzug jede Etage erreicht werden kann. Die Vorsteuern sind daher zu 60 % abziehbar.
- **Eigenständiges Berichtigungsobjekt:** Die jeweiligen (nachträglichen) Herstellungskosten stellen gesonderte Berichtigungsobjekte i. S. v. § 15a Abs. 6 UStG dar.

Die Immobilie im Umsatz- und Grunderwerbsteuerrecht

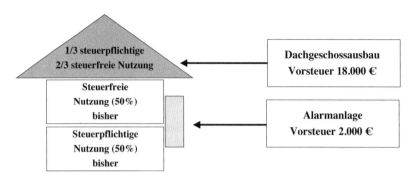

Künftige Nutzung: steuerfrei 60%; steuerpflichtig 40%

336 **Erhaltungsaufwand:** Handelt es sich bei den bezogenen Leistungen nach ertragsteuerlichen Grundsätzen um Erhaltungsaufwand oder um solche Aufwendungen, die mit dem Gebrauch oder der Nutzung des Gebäudes zusammenhängen, ist vorrangig zu prüfen, ob die bezogenen Leistungen vorsteuerunschädlich oder vorsteuerschädlich sind. Ist eine direkte Zurechnung des Erhaltungsaufwands oder der Aufwendungen im Zusammenhang mit dem Gebrauch zu bestimmten Gebäudeteilen nicht möglich, ist die Aufteilung der Vorsteuerbeträge nach § 15 Abs. 4 UStG vorzunehmen. Davon ist etwa auszugehen, wenn die Fassade eines gemischt-genutzten Gebäudes neu angestrichen wird.

Zeitlicher Anwendungsbereich: Die Grundsätze des obigen BMF-Schreibens sind in allen noch offenen Fällen anzuwenden. Soweit diesem Schreiben die Regelungen der Randziffern 7 und 8 des BMF-Schreibens vom 24. November 2004[931] und des Abschnitts 208 Abs. 2 Sätze 12 bis 14 UStR 2008 entgegenstehen, sind diese nicht mehr anzuwenden. Das BMF-Schreiben vom 22. Mai 2007[932] wird aufgehoben (so inzwischen UStAE Abschn. 15.17 Abs. 5 bis 8).

Übergangsregelung: Hat der Unternehmer die abziehbare Vorsteuer für ein sowohl vorsteuerunschädlich als auch vorsteuerschädlich verwendetes Gebäude nach den Grundsätzen der Randziffer 7 des BMF-Schreibens vom 24.11.2004,[933] ermittelt, wird es nicht beanstandet, wenn die Grundsätze dieses Schreibens für dieses Gebäude erst ab 1.1.2009 angewendet werden.

---

931 BStBl. I 1994, 1125.
932 BStBl. I 2007, 482.
933 BStBl. I 2004, 1125.

Umsatzsteuerliche Behandlung der Immobilie

Anwendung des § 15a UStG: Wurde die abziehbare Vorsteuer für ein sowohl vorsteuerunschädlich als auch vorsteuerschädlich verwendetes Gebäude für das Jahr der Anschaffung oder Herstellung nach den Grundsätzen der Randziffer 7 des BMF-Schreibens vom 24. November 2004 aaO ermittelt, liegt in der Anwendung der Grundsätze dieses Schreibens für einen späteren Besteuerungszeitraum eine Änderung der Verhältnisse i. S. d. § 15a UStG.

Praktische Bedeutung der geänderten Verwaltungsauffassung: In Anwendung der BFH-Rechtsprechung sowie der obigen Verwaltungsauffassung ist Beispiel 97 (Rz. 332) nunmehr wie folgt zu lösen:

Vorsteuer betrifft:	Vorsteuer abzugsfähig	Vorsteuer nicht abzugsfähig
Eigenbetriebliche Zwecke		
direkt zurechenbar	60.000 €	
Steuerfreie Vermietung		
direkt zurechenbar		40.000 €
Gemeinschaftsflächen (einschl. Rohbau usw.)		
auf eigenbetriebliche Zwecke entfallen (60 %)	60.000 €	
auf die Vermietung entfallen (40 %)		40.000 €
Summe	**120.000 €**	**80.000 €**

Damit reduziert sich der abzugsfähige Vorsteueraufwand von 130.000 € auf 120.000 €.

4.2.4. Bedeutung grundsätzlich flächenbezogenen Vorsteuerabzugs für die Praxis

Der Aufteilungsmethode des BFH (und inzwischen auch der Finanzverwaltung; siehe Rz. 334) ist grundsätzlich zu bescheinigen, dass sie gegenüber einer individuellen, investitionsbezogenen Zuordnung einfacher zu handhaben ist. Gleichwohl steckt auch hier, wie so oft, der Teufel im Detail. Denn der umsatzsteuerliche Vorsteuerabzug steht unter dem Diktat ertragsteuerlicher Zuordnung von Aufwendungen. Damit werden die ertragsteuerlichen, äußerst detailreichen Abgrenzungskriterien des Herstellungs- vom Erhaltungsaufwand in das Umsatzsteuerrecht hineingetragen mit nicht immer befriedigendem Ergebnis. 337

Beispiel 99

Unternehmer U erwirbt eine bebaute Immobilie, die zu 50 % fremdgewerblichen Zwecken aufgrund Option nach § 9 Abs. 2 UStG steuerpflichtig und

Die Immobilie im Umsatz- und Grunderwerbsteuerrecht

im Übrigen steuerfrei zu Wohnzwecken vermietet wird. Im Anschluss an den Erwerb werden die steuerfrei vermieteten Wohnungen im Jahr 01 für 100.000 € zuzüglich 19.000 € Umsatzsteuer saniert.

Variante 1: *Die Sanierungsmaßnahmen stellen unter Beachtung der ertragssteuerlichen Rechtsprechung sowie § 255 Abs. 2 Satz 1 HGB Herstellungskosten dar.*

Variante 2: *Bei den Sanierungsmaßnahmen handelt es sich um Erhaltungsaufwendungen.*

Stellen die Sanierungsmaßnahmen (nachträgliche) Herstellungskosten dar, ist mit Blick auf die obige BFH-Rechtsprechung (siehe Rz. 333) sowie der inzwischen geänderten Verwaltungsauffassung (siehe Rz. 334) **nach Nutzflächen aufzuteilen** und ein Vorsteuerabzug in Höhe von 9.500 € (50 % von 19.000 €) zu gewähren (Variante 1). Stellen die Aufwendungen hingegen Erhaltungsaufwendungen dar, hat eine individuelle Zuordnung zu erfolgen. Demnach ist ein Vorsteuerabzug bei Variante 2 gänzlich zu versagen, weil die betreffenden Räumlichkeiten ausschließlich steuerfreien Zwecken dienen. Diesem Ergebnis haftet etwas Willkürliches und Zufälliges an. Die schematische Aufteilung kann dem Unternehmer freilich auch zum Nachteil gereichen, wenn er etwa die Sanierungsmaßnahmen ausschließlich im fremdgewerblich genutzten und steuerpflichtig vermieteten Gebäudeteil vornimmt.

Hinweis: Die im Rahmen von Außenprüfungen beliebte Aktivierung von vermeintlichen (sofort abzugsfähigen) Erhaltungsaufwendungen hat künftig neben einer empfindlichen Gewinnerhöhung bei gemischt-genutzten Gebäuden ggf. zusätzlich den unangenehmen Effekt einer Kürzung abzugsfähiger Vorsteuerbeträge. Das gilt jedenfalls dann, wenn im steuerpflichtig genutzten Gebäudeteil Erhaltungsaufwendungen enstanden sind, die nach Auffassung des Finanzamtes Herstellungskosten darstellen, wie die nachstehende Übersicht zeigt.

Umsatzsteuerliche Behandlung der Immobilie

Gemischt-genutztes Gebäude	Steuerliche Behandlung vor Bp	Steuerliche Behandlung nach Bp
Sanierungsmaßnahmen 100.000 € netto im eigengewerblich genutzten Gebäudeteil (steuerfrei vermietete Fläche 50 %)		
Minderung Einkommensteuer (45 % Steuerbelastung)	45.000 €	1.350 €[942]
Vorsteuerabzug	19.000 €	9.500 €[943]
Erhöhung AfA-Basis durch nicht abzugsfähige Vorsteuer = 9.500 € Minderung der Einkommensteuer (45 % Steuerbelastung)	0 €	85 €[944]
Steuerentlastungen	**64.000 €**	**10.935 €**

Nach allem hat die Qualifizierung der betreffenden Aufwendungen als Erhaltungsaufwand eineseits oder (nachträgliche) Herstellungskosten anderseits erhebliche steuerliche Auswirkungen, denen in der Praxis besondere Aufmerksamkeit zu schenken ist.

4.2.5. Bedeutung getrennter Bauabschnitte für den Vorsteuerabzug

4.2.5.1. Behandlung des Vorsteuerabzugs für den betreffenden Bauabschnitt

Ausbauten und Erweiterungen an einem bereits bestehenden Gebäude stellen umsatzsteuerlich ein für Zwecke des Vorsteuerabzugs eigenständiges Aufteilungsobjekt dar, wenn die neu entstandenen Flächen eigenständig genutzt werden können.[937] Für Zwecke des Vorsteuerabzugs ist maßgebend, ob
a) die Ausbauflächen eigenständig genutzt werden oder
b) eine Verwendung nur in Zusammenhang mit vorhandenen Altflächen erfolgt.

338

Beispiel 100

Unternehmer U errichtete in 01 ein Gebäude mit 400 qm Bürofläche, die er ab 1.1.02 umsatzsteuerpflichtig vermietete. Die Baukosten betrugen 1 Mio. € netto (Vorsteuerabzug 190.000 €). In 06 baut U das Dachgeschoss

---

934 100.000 € x 3 % x 45 % = 1.350 €.
935 Nicht abzugsfähiger Anteil Vorsteuer. 50 % von 19.000 €.
936 9.500 € Erhöhung AfA-Basis x 2 % (private Vermietung) x 45 %.
937 Eine eigenständige Nutzung in diesem Sinne wäre etwa nicht im Falle des Anbaues eines Treppenhauses gegeben.

Die Immobilie im Umsatz- und Grunderwerbsteuerrecht

zu Wohnraum (100 qm) aus, der zum 1.1.06 steuerfrei vermietet wird (darauf entfallende Vorsteuer 20.000 €).

Abwandlung 1: *300 qm des vorhandenen Gebäudes werden steuerpflichtig, 100 qm steuerfrei vermietet. Der Dachgeschossausbau wiederum dient ausschließlich eigengewerblichen Zwecken des U, die zum Vorsteuerabzug berechtigen.*

Abwandlung 2: *Abweichend vom Grundfall dient die „Alt"-Substanz im Rahmen der eigengewerblichen Tätigkeit des U zu 70% steuerpflichtigen und zu 30% steuerfreien Umsätzen. Der Dachgeschossausbau wiederum dient zu 50% eigengewerblichen und zu 50% fremden Wohnzwecken.*

Aufgrund der eigenständigen Nutzung des zur Wohnung ausgebauten Dachgeschosses richtet sich der Vorsteuerabzug im Grundfall ausschließlich nach der Nutzung des Dachgeschosses selbst. Damit entfällt ein Vorsteuerabzug in Höhe von 20.000 €, weil die Vermietung zu Wohnzwecken gem. § 4 Nr. 12a UStG zwingend steuerfrei ist ohne Optionsmöglichkeit nach § 9 Abs. 2 UStG.

Im Fall der **Abwandlung 1** kommt wegen ausschließlicher eigenständiger Nutzung des Ausbaus zu steuerpflichtigen Zwecken ein Vorsteuerabzug in vollem Umfang in Höhe von 20.000 € in Betracht. Die übrige Nutzung des Gebäudes spielt in diesem Zusammenhang keine Rolle.

Abwandlung 2 wiederum berechtigt zu folgendem Vorsteuerabzug:

eigengewerblich genutzte Fläche: 50%
darauf entfallender Vorsteuerbetrag: 20.000 € x 50%   =   10.000 €
davon abzugsfähig 7/10   =   7.000 €.

4.2.5.2. Behandlung des Vorsteuerabzugs für die vorhandene „Alt"-Substanz

339 Nicht völlig geklärt scheint wie zu verfahren ist, wenn der Unternehmer zunächst steuerpflichtig genutzte Gebäudeflächen erstellt und zeitlich versetzt steuerfrei verwendete Flächen durch eigenständigen Bauabschnitt schafft, etwa in Form eines Dachgeschossausbaus.

Beispiel 101

Unternehmer U errichtet in 01 ein Gebäude mit 400 qm Bürofläche, die ab 1.1.02 umsatzsteuerpflichtig vermietet wird. Die Baukosten betragen 1 Mio. € netto (Vorsteuerabzug 190.000 €). In 06 baut U das Dachgeschoss

Umsatzsteuerliche Behandlung der Immobilie

zu Wohnraum (100 qm) aus, der zum 1.1.06 steuerfrei vermietet wird (auf Baukosten entfallende Vorsteuer = 20.000 €).

Abwandlung: Das Gebäude wird einschließlich der steuerfrei vermieteten Dachgeschosswohnung in einem Zuge errichtet.

Im Grundfall sind folgende Lösungen theoretisch vorstellbar:
a) Abzugsverbot für die auf den Dachgeschossausbau entfallenden Vorsteuerbeträge von 20.000 €. Der bereits in 01 in Anspruch genommene Vorsteuerabzug von 190.000 € bleibt vom Dachgeschossausbau unberührt.
b) Wie a), jedoch sind 1/5 (100 qm/500 qm) der auf die Bürofläche entfallenden Vorsteuerbeträge von 190.000 € ab 06 (= Beginn teilweiser steuerfreier Vermietung) gem. § 15a Abs. 1 UStG zu korrigieren.
c) Wie b), jedoch ist der Teil der bislang geltend gemachten Vorsteuerbeträge von 190.000 € ab 06 gem. § 15a Abs. 1 UStG zu korrigieren, der individuell dem Dachgeschoss zuzurechnen ist (z. B. Außenwände, Fenster, Dach).
d) Die gesamten Vorsteuerbeträge (190.000 € + 20.000 €) werden ab 06 nach Nutzflächen aufgeteilt mit der Folge, dass U im Jahr 06 einerseits 80 % von 19.000 € (= 13.600 €) als Vorsteuer abziehen kann und andererseits gem. § 15a Abs. 1 UStG für die Jahre 06 bis 10 eine Vorsteuerkürzung von 20 % von 19.000 € (1/10 von 190.000 €), also 3.800 € hinnehmen muss.

Folgt man der Lösung zu Beispiel 2 im BMF-Schreiben vom 30.9.2008 (siehe Rz. 335), entsteht der Eindruck, dass die nachträgliche Herstellung einer Dachgeschosswohnung im Rahmen einer selbständigen Baumaßnahme („Ausbau") den Vorsteuerabzug der Altbau-Substanz unberührt lässt. Dann käme im obigen Beispiel allein Lösung a) zur Anwendung, so dass Unternehmer U lediglich den konkret auf den mit der nachträglichen Herstellung der Dachgeschosswohnung unmittelbar verbundenen Vorsteuerabzug in Höhe von 20.000 € verliert. Auf die Altbausubstanz entfallende Vorsteuern hingegen blieben von einer nachträglichen Kürzung nach § 15a Abs. 1 UStG verschont. Das Kürzungsvolumen steigt hingegen im Fall der **Abwandlung** deutlich an, weil nunmehr wie folgt gerechnet wird: 340

Summe Vorsteuerbeträge 210.000 €
- davon entfallen auf steuerfrei vermietete Flächen 20 % 42.000 €
verbleibender Vorsteuerabzug 168.000 €.

Unternehmer U kann mithin nur empfohlen werden, die steuerfrei verwendeten Gebäudeteile (hier: Dachgeschosswohnung) im Rahmen einer eigenständigen Baumaßnahme (eigener Bauantrag, eigenständiger Bauabschnitt) zu errichten. Ob sich freilich diese Interpretation des BMF-Schreibens vom 30.9.2008 aaO durchsetzen wird, bleibt abzuwarten. Gegenteilige Erkenntnisse jedenfalls liegen bislang nicht vor.

5. Vorsteuerabzug für eigengenutzten Wohnraum

5.1. Zur Rechtsentwicklung

Mit Urteil vom 08.05.2003[938] hat der **EuGH** im Fall **Seeling** entschieden, dass die private Nutzung einer Wohnung in einem gemischt genutzten Betriebsgebäude, das insgesamt zum Unternehmensvermögen gehört, ein den sonstigen Leistungen gleichgestellter Umsatz ist. Die Nutzung einer Wohnung zu eigenen Wohnzwecken ist entgegen der bisherigen deutschen Rechtsauffassung ein steuerpflichtiger Umsatz, da eine Steuerbefreiung im Gemeinschaftsrecht nicht existiert.[939] Damit ist der Vorsteuerabzug für eigengenutzte Wohnungen eröffnet, weil die Eigennutzung einen nach § 3 Abs. 9a Satz 1 Nr. 1 UStG steuerpflichtigen Umsatz darstellt.

341 Voraussetzung des Vorsteuerabzugs nach Maßgabe der EuGH-Rechtsprechung ist
- eine **mindestens 10 %-ige unternehmerische Nutzung des Grundstücks**, damit das gesamte Grundstück dem Unternehmen zugeordnet werden kann;
- eine **Zuordnung auch des nichtunternehmerisch genutzten Grundstücksteils** zum Unternehmen (siehe Rz. 311 u. 314);
- das Grundstück muss **ganz oder teilweise zum Vorsteuerabzug** berechtigen.

Ausschließlich steuerfreie Umsätze: Die Zuordnung der Wohnung zum Unternehmensvermögen und demzufolge auch ein Vorsteuerabzug ist ausgeschlossen, wenn der Unternehmer im Übrigen nur steuerfreie Ausgangsumsätze tätigt. Damit ist es beispielsweise einem Arzt mit ausschließlich steuerfreien Leistungen verwehrt, einen Vorsteuerabzug für das gemischt-genutzte Einfamilienhaus zu generieren (ausführlich dazu siehe Rz. 310).

Reaktion der Finanzverwaltung: Die Finanzverwaltung hat mit insgesamt drei BMF-Schreiben auf die obige Rechtsprechung des EuGH reagiert:
- BMF-Schreiben vom 30.03.2004[940] betreffend die Behandlung der Zuordnung von gemischt genutzten Gebäuden zum unternehmerischen Bereich;

---

938 UR 2003, 288; siehe dazu auch das EuGH-Urteil vom 14.07.2005 – C – 434/03 betreffend eine dem Unternehmen insgesamt zugeordnete – teilweise fremdvermietete – Ferienwohnung.
939 BFH vom 30.10.2007, BFH/NV 2008, 626.
940 StEK § 15 Abs. 1 UStG Nr. 302.

Umsatzsteuerliche Behandlung der Immobilie

- BMF-Schreiben vom 30.03.2004[941] betreffend die Steuerpflicht der unentgeltlichen Wertabgabe eines dem Unternehmen zugeordneten Grundstücks, wenn der Erwerb des Grundstücks ganz oder teilweise zum Vorsteuerabzug berechtigte;
- BMF-Schreiben vom 13.04.2004[942] betreffend die Ermittlung der Kosten im Sinne des § 10 Abs. 4 Satz 1 Nr. 2 und 3 UStG.

Die Finanzverwaltung folgt darin der obigen Rechtsprechung des EuGH, allerdings mit zwei Besonderheiten:
a) Die unentgeltliche Wertabgabe wird mit 10 % der Anschaffungs- oder Herstellungskosten der eigengenutzten Wohnung bewertet und
b) die Überführung der eigengenutzten Wohnung in das Nichtunternehmensvermögen fällt nicht unter die Steuerbefreiung des § 4 Nr. 9a UStG.

Während Fall a) lediglich den Zeitraum zinsloser Stundung der im Ergebnis zurückzuzahlenden Vorsteuerbeträge definiert und auf 10 Jahre begrenzt, bedeutet die Behandlung des Vorganges unter b) eine definitive umsatzsteuerliche Mehrbelastung des Unternehmers. Diese Auffassung ist inzwischen überholt (siehe Rz. 345).

5.2. Hinweise zur Behandlung eigengenutzter Wohnungen

5.2.1. Die Bewertung der unentgeltlichen Wertabgabe bei laufender Nutzung

Die Auffassung der Finanzverwaltung zur Bewertung der unentgeltlichen Wertabgabe (Verteilung auf einen 10-Jahreszeitraum) fand in der finanzgerichtlichen Rechtsprechung keine ungeteilte Zustimmung. So lehnte das Niedersächsische FG im Urteil vom 28.10.2004[943] die Verteilung der Anschaffungs- oder Herstellungskosten über einen 10-Jahreszeitraum ab und gestattet eine 50-jährige Verteilung nach Maßgabe der 2 %-igen linearen Gebäude-AfA des § 7 Abs. 4 EStG.

342

Reaktion des Gesetzgebers: Der Gesetzgeber hat die Ermittlung der Bemessungsgrundlage für die unentgeltliche Wertabgabe in § 10 Abs. 4 Satz 1 Nr. 2 UStG 1999 durch das EURLUmsG vom 9.12.2004[944] geändert. Danach sind die Anschaffungs- oder Herstellungskosten des Gebäudes mit Wirkung zum 1.7.2004 gleichmäßig auf 10 Jahe zu verteilen. Der EuGH hat mit Urteil vom 14.9.2006[945] die Rechtsauffassung der deutschen Finanzverwaltung bestätigt.

---

941 StEK § 15 Abs. 1 UStG Nr. 303.
942 StEK § 10 Abs. 4, 5 UStG Nr. 51.
943 EFG 2005, 72. Zweifelnd auch FG München vom 26.10.2004, DStRE 2005, 347.
944 BGBl. I 2004, 3310.
945 BStBl. II 2007, 32.

Keine rückwirkende Anwendung auf Zeiträume vor dem 1.7.2004: Nicht entschieden war bislang, ob die Finanzverwaltung im BMF-Schreiben vom 13.4.2004[946] ohne weiteres ihre bisherige Auffassung zum Ansatz der ertragsteuerlich maßgeblichen linearen AfA (bei Gebäuden also 2 %) mit Rückwirkung aufgeben und damit auf Zeiträume vor dem 1.7.2004 anwenden durfte. Diese Frage hat inzwischen der BFH mit Urteil vom 19.4.2007[947] beantwortet. Danach findet die geänderte Regelung des § 10 Abs. 4 Satz 2 Nr. 2 UStG auf Zeiträume vor dem 1.7.2004 keine Anwendung. Es handelt sich um eine materielle Änderung der Bemessungsgrundlage unentgeltlicher Wertabgabe. Da der Gesetzgeber eine rückwirkende Anwendung nur bis zum 1.7.2004 anordnet, kann dieser zeitliche Anwendungsbereich durch die Finanzverwaltung nicht rückwirkend ausgedehnt werden.

Reaktion der Finanzverwaltung: Inzwischen hat sich die Finanzverwaltung im BMF-Schreiben vom 10.8.2007[948] zur Problematik geäußert. Danach ist die Bemessungsgrundlage gem. § 10 Abs. 4 UStG ab 1.7.2004 nur noch für die Restlaufzeit des Berichtigungszeitraumes gem. § 15a UStG anzusetzen. Folglich entsteht eine „Besteuerungslücke" für den Fall, dass der Vorsteuerabzug für die eigengenutzte Wohnung bereits für Zeiträume vor dem 1.7.2004 in Anspruch genommen wurde.[949]

Keine Steuerfreiheit der Wertabgabe: Ist die unentgeltliche Wertabgabe nach den obigen Ausführungen dem Grunde nach steuerbar, kommt die Anwendung der Steuerfreiheit nach § 4 Nr. 12a UStG nicht in Betracht.[950]

343 **Hinweis:** Ob ein Vorsteuerabzug für die eigengenutzte Wohnung ungeachtet der obigen Rechtsentwicklung in Anspruch genommen werden soll oder nicht, muss nach den konkreten Verhältnissen im jeweiligen Einzelfall entschieden werden. Dabei wird auch zu berücksichtigen sein, dass die Kalkulation im Falle künftiger Erhöhung des Umsatzsteuersatzes, wie zum 1.1.2007 durch Anhebung von 16 % auf 19 % geschehen, nachteilig beeinflusst wird. Anders hingegen verhält es sich, wenn mit einer späteren Ausdehnung der originär steuerpflichtigen unternehmerischen Nutzung zu rechnen ist. Unterbleibt hier ein Vorsteuerabzug, verbunden mit einer entsprechenden Zuordnung dieses Gebäudeteiles zum Unternehmensvermögens (siehe Rz. 319), ist der Vorsteuerabzug endgültig verloren. Das deutsche Umsatzsteuerrecht behandelt die Einlage von Wirtschaftsgüter in das Unterneh-

---
946 BStBl. I 2004, 458.
947 DStR 2007, 1079.
948 UR 2007, 672.
949 Kritisch dazu aber letztlich die Rechtsentwicklung hinnehmend Widmann, UR 2007, 654.
950 Abschn. 24c Abs. 7 Satz 3 UStR 2008.

Umsatzsteuerliche Behandlung der Immobilie

mensvermögen nicht als Änderung der für den Vorsteuerabzug maßgebenden Verhältnisse im Sinne des § 15a Abs. 1 UStG (siehe Rz. 354).

5.2.2. Sind Grundstücksentnahmen umsatzsteuerpflichtig?

Wird eine Immobilie nach vorangegangener steuerpflichtiger Nutzung durch Dritte oder den Eigentümer selbst (zu eigenen Wohnzwecken; siehe Rz. 342) in das umsatzsteuerliche Nichtunternehmensvermögen überführt, liegt eine gem. § 3 Abs. 1b Satz 1 Nr. 1 UStG der Lieferung gleichgestellte Leistung vor. Voraussetzung ist gem. § 3 Abs. 1b Satz 2 UStG, dass die Immobilie oder ihre Bestandteile zum vollen oder teilweisen Vorsteuerabzug berechtigt haben. Auf die Höhe des Vorsteuerabzuges kommt es in Fällen lediglich teilweisen Vorsteuerabzugs allerdings nicht an. Strittig war lange Zeit, ob die Entnahme (insbesondere durch schenkweise Übertragung) der Immobilie auch umsatzsteuerpflichtig ist.   *344*

Nach früherer Verwaltungsauffassung[951] war zu differenzieren, ob das betreffende Gebäude
a) bis zum 30.6.2004 oder
b) erst nach dem 30.6.2004 angeschafft bzw. hergestellt wurde.[952]

Erfolgte danach eine Entnahme von Grundstücken/Grundstücksteilen, die bis zum 30. Juni 2004 angeschafft/hergestellt wurden (Fall a), stand dies gem. § 3 Abs. 1b Nr. 1 UStG einer nach § 4 Nr. 9a UStG steuerfreien Lieferung gleich. Sie löste folgerichtig beim Schenker eine Vorsteuerberichtigung gem. § 15a Abs. 8 UStG aus. Bei nach dem 30. Juni 2004 angeschafften/hergestellten Grundstücken/ Grundstücksteilen (Fall b) hingegen wurde eine steuerpflichtige Lieferung gem. § 3 Abs. 1b Nr. 1 UStG unterstellt.[953]

Änderung der Verwaltungsauffassung: Die Finanzverwaltung hat ihre obige Rechtsauffassung auf Druck der Europäischen Kommission[954] inzwischen aufgegeben.[955] Nunmehr gilt: *345*

Steuerbare Entnahme: Nach § 3 Abs. 1b Satz 1 Nr. 1 und Satz 2 UStG ist die Entnahme eines Gegenstands aus dem Unternehmen steuerbar, wenn er oder seine Bestandteile zum vollen oder teilweisen Vorsteuerabzug berechtigt haben. § 3 Abs. 1b UStG setzt Artikel 16 MwStSystRL um. Artikel 16 MwStSystRL stellt

---
951 OFD Hannover vom 11.6.2008, DStR 2008, 1484.
952 Siehe auch BMF-Schreiben vom 13.4.2004, BStBl. I 2004, 469.
953 OFD Koblenz vom 13. April 2005, StEK § 3 Abs. 1b UStG Nr. 20.
954 Siehe Hinweise in DStR 2008, 1965.
955 BMF-Schreiben vom 22. September 2008, DStR 2008, 1965.

Die Immobilie im Umsatz- und Grunderwerbsteuerrecht

u. a. die Entnahme eines Gegenstands durch einen Steuerpflichtigen aus seinem Unternehmen für seinen privaten Bedarf einer Lieferung gegen Entgelt gleich.

Steuerfreiheit der Entnahme: Aufgrund der Gleichstellungsfiktion des Artikels 16 MwStSystRL sind auch die Steuerbefreiungsvorschriften auf Entnahmen anwendbar, sofern im Einzelfall die tatbestandlichen Voraussetzungen erfüllt sind, an die das Gesetz die Anwendung der Steuerbefreiung knüpft. Für den Fall einer nach § 3 Abs. 1b Satz 1 Nr. 1 und Satz 2 UStG steuerbaren Entnahme eines Grundstücks aus dem Unternehmen bedeutet dies, dass die Steuerbefreiung des § 4 Nr. 9a UStG unabhängig davon Anwendung findet, ob mit der Entnahme ein Rechtsträgerwechsel am Grundstück verbunden ist (so inzwischen wieder UStAE Abschn. 4.9.1. Abs. 1 Satz 1).

Keine Option zur Steuerpflicht: Eine Option gem. § 9 Abs. 3 UStG ist in Fällen unentgeltlicher Wertabgabe ausgeschlossen, so dass stets eine Vorsteuerkorrektur nach § 15a Abs. 8 UStG vorzunehmen ist.

346 **Zeitlicher Anwendungsbereich und Übergangsregelung:** Die geänderte Verwaltungsauffassung ist in allen noch offenen Fällen anzuwenden. Für vor dem 1. Oktober 2008 bewirkte Entnahmen von Grundstücken aus dem Unternehmen wird es nicht beanstandet, wenn sich ein Unternehmer auf die entgegenstehenden Aussagen des Abschnitts 71 Abs. 1 Satz 1 UStR 2008 beruft.

Hinweis: Die Anwendung der bisherigen Verwaltungsauffassung kann im Einzelfall dann günstiger sein, wenn der Verkehrswert der Immobilie gegenüber den Herstellungskosten erheblich gesunken ist.

Einkommensteuerliche Behandlung: Müssen Vorsteuerbeträge aufgrund von Grundstücksentnahmen gem. § 15a Abs. 8 UStG an das Finanzamt zurückgezahlt werden, können diese ungeachtet des Wortlauts des § 9b EStG nicht als Betriebsausgaben bzw. Werbungskosten geltend gemacht werden. Vielmehr handelt es sich gem. § 12 Nr. 3 EStG um nicht abziehbare Aufwendungen der privaten Lebensführung.

Stellungnahme: Die steuerfreie Entnahme von Immobilien in den Nichtunternehmensbereich kann für den betroffenen Personenkreis nur als Segen empfungen werden. Denn sie betrifft nicht nur bislang teilweise zu eigenen Wohnzwecken genutzte Immobilien, sondern jedwede Art von Vermögensüberführung. Zu denken ist etwa an den Fall, dass eine Gewerbeimmobilie nach langjähriger gewerblicher Nutzung mit Beginn des Ruhestandes in ein eigengenutztes Wohnobjekt umgebaut wird. Nach bisheriger Lesart der Finanzverwaltung hätte der Unternehmer hier den Wert seiner Immobilie einer 19%-igen Umsatzsteuer unterwerfen müssen,

Umsatzsteuerliche Behandlung der Immobilie

wenn sie in der Vergangenheit irgendwann ganz oder teilweise (selbst geringfügig) zum Vorsteuerabzug berechtigte. Dieses Damoklesschwert ist zerbrochen.

5.3. Geplante Neuregelung der Besteuerung eigengenutzten Wohnraums durch das Jahressteuergesetz 2010

Der Entwurf des Jahressteuergesetzes 2010[956] regelt die umsatzsteuerliche Behandlung des eigengenutzten Wohnraums vollständig neu. Nunmehr gilt im Einzelnen:

Kein Vorsteuerabzug: Verwendet der Unternehmer ein Grundstück
- sowohl für Zwecke seines Unternehmens
- als auch für Zwecke, die außerhalb des Unternehmens liegen,

ist die Steuer gem. § 15 Abs. 1b UStG-Entwurf für die Lieferungen, die Einfuhr und den innergemeinschaftlichen Erwerb sowie für die sonstigen Leistungen im Zusammenhang mit diesem Grundstück vom Vorsteuerabzug ausgeschlossen, soweit sie nicht auf die Verwendung des Grundstücks für Zwecke des Unternehmens entfällt. Die Aufteilung der Vorsteuerbeträge richtet sich nach den allgemeinen Regeln des § 15 Abs. 4 Sätze 1 bis 3 UStG (§ 15 Abs. 4 Satz 4 UStG-Entwurf).

Spätere Änderung der Verhältnisse: Wird nach anfänglicher Nutzung des Gebäudes zu eigenen Wohnzwecken (= außerhalb des Unternehmens) der betreffende Gebäudeteil später unternehmerischen Zwecken gewidmet, die zum Vorsteuerabzug berechtigen, liegt eine Änderung der für den Vorsteuerabzug maßgebenden Verhältnisse vor (§ 15a Abs. 6a UStG-Entwurf). Diese Regelung gewährleistet, dass der Unternehmer einen Vorsteuerabzug für den verbleibenden 10-jährigen Korrekturzeitraum erlangt. Wird hingegen nach vorangegangener steuerpflichtiger Nutzung für Zwecke des Unternehmens der betreffende Gebäudeteil zu eigenen Wohnwecken genutzt, ist umgekehrt eine entsprechende Vorsteuerkorrektur zu Lasten des Unternehmers vorzunehmen.

Veräußerung eines gemischt-genutzten Grundstücks: Wird eine Immobilie veräußert, die sowohl eigenen Wohnzwecken als auch unternehmerischen Zwecken diente, kommt ebenso für den eigenen Wohnzwecken dienenden Immobilienteil eine Vorsteuerkorrektur nach § 15a Abs. 8 UStG in Betracht (vgl. § 15a Abs. 8 Satz 2 UStG-Entwurf). Voraussetzung ist freilich, dass der Unternehmer hinsichtlich der Grundstückslieferung nach § 4 Nr. 9a UStG in Verbindung

---

[956] Bundestags-Drucksache vom 22.6.2010 17/2249 S. 24 f.

Die Immobilie im Umsatz- und Grunderwerbsteuerrecht

mit § 9 Abs. 1 UStG zur Steuerpflicht optiert. Die Neuregelung vermeidet eine Steuerkumulation.[957]

Wegfall der steuerpflichtigen Wertabgabe: Verwendet der Unternehmer einen dem Unternehmen zugeordneten Gegenstand für Zwecke außerhalb des Unternehmens, steht dies gem. § 3 Abs. 9a Nr. 1 UStG einer Leistung gegen Entgelt gleich, wenn der Gegenstand zum vollen oder teilweisen Vorsteuerabzug berechtigt hat. Im Hinblick auf den Wegfall des Vorsteuerabzugs gem. § 15 Abs. 1b UStG-Entwurf kommt fortan auch eine Besteuerung der Wertabgabe nach § 3 Abs. 9a Nr. 1 UStG nicht mehr in Betracht (§ 3 Abs. 9a Nr. 1 zweiter Halbs. UStG-Entwurf).

348 **Zeitliche Anwendung der Neuregelung:** Die Neuregelungen sind gem. § 27 Abs. 16 UStG-Entwurf nicht anzuwenden auf Wirtschaftsgüter, die
- auf Grund eines vor dem 1.1.2011 rechtswirksam abgeschlossenen obligatorischen Vertrags oder gleichstehenden Rechtsakts angeschafft wurden
- oder mit deren Herstellung vor dem 1.1.2011 begonnen worden ist.

Als Beginn der Herstellung gilt bei Gebäuden, für die eine Baugenehmigung erforderlich ist, die Bauantragstellung. Bei baugenehmigungsfreien Gebäuden, für die Bauunterlagen einzureichen sind, der Zeitpunkt, in dem die Bauunterlagen eingereicht werden.

Erfordernis der Zuordnung zum Unternehmen: Dem Unternehmer bleibt wie bisher nicht erspart, die Immobilie seinem Unternehmen zuzuordnen. Wegen der Zuordnung von Immobilien zum Unternehmensvermögen kann auf Rz. 310 f. verwiesen werden. Der Zuordnungsentscheidung kommt danach weiterhin große Bedeutung zu.

Beispiel 102

Unternehmer U errichtet aufgrund eines am 1.2.2011 gestellten Bauantrags ein Gebäude, das er zu 60% für Zwecke seines Unternehmens zur Ausführung steuerpflichtiger Umsätze verwendet und im Übrigen zu eigenen Wohnzwecken (Fertigstellung Ende 2011; in Rechnung gestellte Vorsteuer 120.000 €). U ordnet das Gebäude in vollem Umfang seinem Unternehmensvermögen zu. Ab 1.1.2013 verwendet er es in vollem Umfang für Zwecke seines Unternehmens.

Abwandlung: *Das Gebäude wird lediglich zu 60% (durch tatsächliche Inanspruchnahme des Vorsteuerabzugs) dem Unternehmen zugeordnet.*

---

957 Zur Gesetzesbegründung siehe Bundestags-Drucksache vom 22.6.2010 aaO S. 130.

Umsatzsteuerliche Behandlung der Immobilie

Die 2011 in Rechnung gestellten Vorsteuerbeträge in Höhe von 120.000 € kann U in Höhe von 72.000 € gem. § 15 Abs. 1 UStG abziehen. Die verbleibenden, auf die eigengenutzte Wohnung entfallenden Vorsteuerbeträge in Höhe von 48.000 € sind gem. § 15 Abs. 1b UStG-Entwurf nicht abzugsfähig. Mit Beginn der vollständigen Nutzung für Zwecke des Unternehmens ändern sich die für den Vorsteuerabzug maßgebenden Verhältnisse gem. § 15a Abs. 6a UStG-Entwurf nunmehr in der Weise, dass U ab 2013 den vollständigen Vorsteuerabzug erhält

Jahr	Vorgang	Vorsteuer	steuerpflichtige Verwendung	Abzug	Berichtigung
2011	Herstellung	120.000 €	60 %	72.000 €	
2012	Nutzung		60 %		0 €
2013	Nutzung		100 %		4.800 €
2014	Nutzung		100 %		4.800 €
2015	Nutzung		100 %		4.800 €
2016	Nutzung		100 %		4.800 €
2017	Nutzung		100 %		4.800 €
2018	Nutzung		100 %		4.800 €
2019	Nutzung		100 %		4.800 €
2020	Nutzung		100 %		4.800 €
				72.000 €	38.400 €

Im Fall der **Abwandlung** (keine vollständige Zuordnung zum Unternehmen) ist ein Vorsteuerabzug gem. § 15a Abs. 6a UStG-Entwurf nicht möglich. Die Vorschrift findet nur Anwendung, wenn für das Gebäude ein Vorsteuerabzug gem. § 15 Abs. 1b UStG-Entwurf entfällt. Dies aber setzt eine – trotz fehlenden Vorsteuerabzugs – Zuordnung zum Unternehmen voraus. Ohne Zuordnung scheitert ein Vorsteuerabzug bereits an § 15 Abs. 1 UStG, weil die jeweilige Bauleistung dann nicht für das Unternehmen ausgeführt wird. Folge davon wäre im obigen Beispiel der Verlust eines Vorsteuerabzugs in Höhe von 38.400 €.

Keine Zuordnung bei ausschließlich nichtunternehmerisch genutzten Immobilien: Dient eine Immobilie ausschließlich nichtunternehmerischen Zwecken ist ihre Zuordnung zum Unternehmen ausgeschlossen. Insoweit hat sich die Rechtslage nicht geändert. In solchen Fällen ist weder § 15 Abs. 1b UStG noch § 15a Abs. 6a bzw. Abs. 8 UStG anzuwenden.

Hinweis: Die bereits unter Rz. 310 f. ausführlich beschriebene Zuordnungsentscheidung des Unternehmers gewinnt mit dem Jahressteuergesetz 2010 erheblich an Bedeutung. Zwar gestattet die vollumfängliche Zuordnung eines Gebäudes zum Unternehmen bei anteiliger privater Verwendung abweichend zum bisherigen Recht keinen vollumfänglichen Vorsteuerabzug mehr. Sie rettet jedoch den Vorsteuerabzug für den Fall, dass sich während des 10-jährigen Korrekturzeitraumes des § 15a Abs. 1 UStG

– die Nutzung der Immobilie für Zwecke des Unternehmens erhöht
– oder eine steuerpflichtige Veräußerung der Immobilie erfolgt.

In beiden Fällen kann ein weiterer Vorsteuerabzug generiert werden.

6. Die Grundstücksschenkung unter Nießbrauchsvorbehalt

Grundstücksübertragungen unter Nießbrauchsvorbehalt erfreuen sich nicht nur vielschichtigen ertragsteuerlichen Fragestellungen (siehe Rz. 350). Auch das Umsatzsteuerrecht hält hier einige Überraschungen bereit, die im Rahmen der Gestaltungsberatung von erheblicher praktischer Bedeutung sind. Sie werden ausführlich in Rz. 221 f. behandelt.

7. Behandlung von Immobilien im Erbfall

351 Die Unternehmereigenschaft ist im Umsatzsteuerrecht an die Person des Unternehmers geknüpft. Sie endet daher mit seinem Tod und kann nicht im Erbgang durch Gesamtrechtsnachfolge auf den Erben übergehen.[958] Der Erbe wird also nur Unternehmer, wenn in seiner Person die Voraussetzungen verwirklicht werden, an die das Umsatzsteuerrecht die Unternehmereigenschaft knüpft.[959] Er muss folglich selbständig, nachhaltig und mit Einnahmeerzielungsabsicht tätig werden und z.B. das Gewerbe des Erblassers fortführen oder in bestehende Dauerschuldverhältnisse wie Miet-, Pacht- oder Lizenzverträge eintreten. Was bedeutet dies für den nachstehenden Sachverhalt?

Beispiel 103

Der am 30.6.06 verstorbene Erblasser E war Alleineigentümer einer steuerpflichtig vermieteten Immobilie (Fertigstellung Juni 04; Vorsteuerabzug 100.000 €). Sohn S (Erbe) veräußert die Immobilie ohne Fortsetzung des Mietverhältnisses bereits im Juli 06 an den Dritten D. Eine Option zur Steuerpflicht erfolgt nicht.

---

958 BFH vom 19.11.1970, BStBl. II 1971, 121.
959 Abschn. 19 Abs. 5 UStR 2008 (= UStAE Abschn. 2.6. Abs. 5).

Umsatzsteuerliche Behandlung der Immobilie

Finanzverwaltung und Bundesfinanzhof gehen hier möglicherweise unterschiedliche Wege.

Auffassung der Finanzverwaltung: Werden vom Erben Unternehmensgegenstände des Erblassers veräußert, die längerfristig unternehmerisch genutzt werden (z.b. Betriebsgebäude), fehlt nach Auffassung der OFD Frankfurt[960] in der Regel eine nachhaltige Tätigkeit des Erben selbst dann, wenn sich der Verkauf dieser Gegenstände in Einzelakten vollzieht. Der Erbe tritt nicht „wie ein Händler am Markt" auf. Anderes gilt hingegen, wenn der Erbe bei der Veräußerung des Nachlasses auf die regelmäßig noch bestehende Betriebsorganisation zurückgreifen muss, wie dies regelmäßig beim Verkauf eines größeren Warenbestandes an Handelsware der Fall ist.

Vorsteuerberichtigung gem. § 15a UStG: Der Übergang des Vermögens auf den Erben ist mangels Leistungsaustausch nicht steuerbar. Es handelt sich lediglich um einen erbrechtlichen Vorgang, der in die private Sphäre fällt. Damit scheidet zwischen Erblasser und Erbe insbesondere eine Geschäftsveräußerung gem. § 1 Abs. 1a UStG aus. Der Erbe erwirbt den Nachlass kraft Gesetzes.

Eine Vorsteuerberichtigung beim Erben kommt nur in Betracht, wenn dieser selbst Unternehmer ist. Diese Eigenschaft muss er durch eine eigene Tätigkeit begründen. Nur in diesem Fall ist der Berichtigungszeitraum des Erblassers für eine Vorsteuerberichtigung beim Erben maßgebend.[961].

Wird der Erbe dagegen (hinsichtlich der Erbmasse) nicht unternehmerisch tätig, kann er die auf ihn durch Gesamtrechtsnachfolge übergegangenen Wirtschaftsgüter des Unternehmens, für die der Erblasser den Vorsteuerabzug in Anspruch genommen hat, unbelastet seinem Privatbereich zuführen oder veräußern. Gleiches gilt für Bestandteile im Sinne des § 15a Abs. 3 und Abs. 4 UStG. Eine Vorsteuerkorrektur nach § 15a Abs. 1 UStG kommt in diesen Fällen nicht in Betracht.

Keine unentgeltliche Wertabgabe: Der Vorgang kann auch nicht als (steuerfreie) Wertabgabe im Sinne des § 3 Abs. 1b Nr. 1 UStG angesehen werden. Es fehlt an einer willentlichen Entnahmehandlung des Erblassers. Damit liegen die Voraussetzungen einer Vorsteuerberichtigung nach § 15a Abs. 1 UStG nicht vor.

Lösung Beispiel 103 nach Verwaltungsauffassung: Im obigen Beispiel liegt keine steuerbare Veräußerung aus dem Nichtunternehmensvermögen des Erben S vor. Die Unternehmereigenschaft des E ist nicht durch Erbfolge auf S übergegangen. Auch hat S nicht durch eigenes Handeln originär die Unternehmereigenschaft

---

960 Vfg. vom 1.6.2007 – S 7104A – 43 – St 11; Umsatzsteuer-Kartei § 2 S 7104 Karte 13.
961 BMF-Schreiben vom 6.12.2005, BStBl. I S. 1068 Rz. 57.

begründet. Eine Vorsteuerkorrektur gem. § 15a UStG entfällt. Beim Erblasser wiederum mangelt es an einer für den Vorsteuerabzug abweichenden Verwendung im Sinne des § 15a Abs. 1 UStG. Der Vorsteuerabzug von 100.000 € bleibt von der späteren nicht steuerbaren Veräußerung der Immobilie durch den Erben unberührt.

Auffassung des BFH: Der BFH hat im Urteil vom 13.1.2010[962] die obige Rechtsauffassung der Finanzverwaltung letztlich nicht bestätigt. Zwar endet mit dem Tod des Unternehmers dessen Unternehmereigenschaft, so dass der Erbe nur durch eigene Tätigkeit selbst Unternehmer werden kann. Davon zu unterscheiden ist jedoch nach Auffassung des BFH aaO, ob und welche umsatzsteuerrechtlichen Rechtspositionen aus der unternehmerischen Tätigkeit des Erblassers, insbesondere auch dessen Zuordnung von Gegenständen (Wirtschaftsgütern) zum Unternehmensvermögen beim Erben als Gesamtrechtsnachfolger nachwirken und bei diesem zu berücksichtigen sind. Denn nach § 1922 BGB und § 45 AO muss sich der Gesamtrechtsnachfolger steuerschuldbegründende Verhältnisse aus der Person des Rechtsvorgängers entgegenhalten lassen. Er tritt daher in die umsatzsteuerrechtlich noch nicht abgewickelten unternehmerischen Rechtsverhältnisse seines Rechtsvorgängers ein.

Lösung Beispiel 103 nach BFH-Auffassung: Die in der Person des Erblassers begründete Eigenschaft der Immobilie als Unternehmensvermögen geht auf den Erben als steuerschuldbegründetes Verhältnis über. Der Erbe wird folglich in Bezug auf diese Immobilie umsatzsteuerlich so gestellt, als sei sie vom Erblasser selbst veräußert worden. Es findet mithin bei Sohn S eine Berichtigung des Vorsteuerabzuges gem. § 15a Abs. 1 UStG in Höhe von 80.000 €[963] statt. Der Rückzahlungsbetrag ist einkommensteuerlich gem. § 9b EStG als Werbungskosten abziehbar.

Hinweis: Es ist wohl davon auszugehen, dass die Finanzverwaltung dieses Urteil allgemein anwenden wird.

8. Die Berichtigung des Vorsteuerabzuges gem. § 15a UStG

352 Zum 01.01.2005 wurde die Berichtigung des Vorsteuerabzuges gem. § 15a UStG erheblich ausgedehnt, wie die nachstehende Übersicht veranschaulicht.

---

962 BFH/NV 2010, 1373.
963 1/10 von 100.000 € x 8 Jahre.

Umsatzsteuerliche Behandlung der Immobilie

Berichtigungsobjekt	Rechtsgrundlage
Nicht nur einmalig zur Ausführung von Umsätzen verwendete Wirtschaftsgüter (insbesondere ertragssteuerliches Anlagevermögen)	§ 15a Abs. 1 UStG
Wirtschaftsgüter, die nur einmalig zur Ausführung von Umsätzen verwendet werden (insbesondere ertragssteuerliches – zur Veräußerung bestimmtes – Umlaufvermögen)	§ 15a Abs. 2 UStG
Nachträglich in ein Wirtschaftsgut eingehende Gegenstände mit endgültigem Verlust der wirtschaftlichen und körperlichen Eigenart (einheitlicher Nutzungs- und Funktionszusammenhang zum Wirtschaftsgut)	§ 15a Abs. 3 UStG
Sonstige Leistungen, die an einem Wirtschaftsgut erbracht werden	§ 15a Abs. 3 UStG
Sonstige Leistungen, die nicht an einem Wirtschaftsgut erbracht werden	§ 15a Abs. 4 UStG
Nachträgliche Anschaffungs- oder Herstellungskosten (Abgrenzung nach ertragssteuerlichen Grundsätzen) bei Wirtschaftsgütern des Anlage- und Umlaufvermögens	§ 15a Abs. 6 UStG

Die Neuregelung des § 15a UStG findet Anwendung auf
- **Wirtschaftsgüter**, die nach dem 31.12.2004 angeschafft oder hergestellt wurden;
- **sonstige Leistungen**, die nach diesem Zeitpunkt bezogen wurden;.
- **nachträgliche Anschaffungs- oder Herstellungskosten**, die nach dem 31.12.2004 getätigt wurden;
- **Voraus- oder Anzahlungen** für eine nach dem 31.12.2004 ausgeführte Leistung.

8.1. Änderung der für den Vorsteuerabzug maßgebenden Verhältnisse

Eine Änderung der für den Vorsteuerabzug maßgebenden Verhältnisse nach § 15a UStG ist insbesondere in den nachstehenden Fällen gegeben. *353*
- Der Unternehmer nutzt ein Berichtigungsobjekt innerhalb des Unternehmens für Ausgangsumsätze, welche den Vorsteuerabzug anders als ursprünglich ausschließen oder zulassen;
- der Unternehmer führt einen ursprünglich ausgeübten Verzicht auf eine Steuerbefreiung (§ 9 UStG) später nicht fort;
- es ändert sich das prozentuale Verhältnis, nach dem die abziehbaren Vorsteuern ursprünglich gemäß § 15 Abs. 4 UStG aufgeteilt worden sind;

- das Wirtschaftsgut wird veräußert oder entnommen und dieser Umsatz ist hinsichtlich des Vorsteuerabzugs anders zu beurteilen als der ursprüngliche Vorsteuerabzug (§ 15a Abs. 8 UStG);
- der Unternehmer geht von der allgemeinen Besteuerung zur Nichterhebung der Steuer nach § 19 Abs. 1 UStG oder umgekehrt über, ohne dass sich die Nutzung der Wirtschaftsgüter oder sonstigen Leistungen selbst ändert;
- der Unternehmer geht von der allgemeinen Besteuerung zur Durchschnittssatzbesteuerung nach den §§ 23, 23a und 24 UStG oder umgekehrt über, ohne dass sich die Nutzung der Wirtschaftsgüter oder sonstigen Leistungen selbst ändert;
- wenn sich eine Rechtsänderung nach dem Leistungsbezug auf die Beurteilung des Vorsteuerabzugs auswirkt, z. B. bei Wegfall oder Einführung einer den Vorsteuerabzug ausschließenden Steuerbefreiung;[964]
- die rechtliche Beurteilung des ursprünglichen Vorsteuerabzugs erweist sich später als unzutreffend und die Steuerfestsetzung für das Jahr des Leistungsbezugs ist bestandskräftig und unabänderbar.[965]

354 **Bei bebauten Grundstücken kommt eine Änderung der Verhältnisse** im Sinne des § 15a UStG insbesondere in Betracht:
- Übergang von einer durch Option nach § 9 UStG steuerpflichtigen Vermietung zu einer nach § 4 Nr. 12a UStG steuerfreien Vermietung oder umgekehrt,
- Übergang von der Verwendung eigengewerblich genutzter Räume, die zur Erzielung zum Vorsteuerabzug berechtigender Umsätze verwendet werden, zu einer nach § 4 Nr. 12a UStG steuerfreien Vermietung oder umgekehrt,
- Übergang von einer steuerfreien Vermietung nach Art. 67 Abs. 3 NATO-ZAbk zu einer nach § 4 Nr. 12a UStG steuerfreien Vermietung oder umgekehrt,
- Änderung des Vorsteueraufteilungsschlüssels bei Grundstücken, die sowohl zur Ausführung von Umsätzen, die zum Vorsteuerabzug berechtigen, als auch für Umsätze, die den Vorsteuerabzug ausschließen, verwendet werden;[966]
- Veräußerungen, die nicht als Geschäftsveräußerungen im Sinne des § 1 Abs. 1a UStG anzusehen sind, insbesondere nach § 4 Nr. 9a UStG steuerfreie Veräußerung ganz oder teilweise eigengewerblich und vorsteuer-

---

964 Vgl. BFH-Urt. V R 79/87 vom 14.5.1992, BStBl. II 1992, 983.
965 BFH vom 31.8.2007, BFH/NV 2007 S. 2366.
966 Abschnitte 207 und 208 UStR 2008, BMF-Schreiben IV A 5 – S 7306 – 4/04 vom 24.11.2004, BStBl. I 2004, 1125 = StEK UStG 1980 § 15 Abs. 4 Nr. 13.

Umsatzsteuerliche Behandlung der Immobilie

unschädlich genutzter, ursprünglich steuerpflichtig vermieteter oder aufgrund des Art. 67 Abs. 3 NATO-ZAbk steuerfrei vermieteter Grundstücke,
- durch wirksame Option nach § 9 UStG steuerpflichtige Veräußerung ursprünglich ganz oder teilweise nach § 4 Nr. 12a UStG steuerfrei vermieteter Grundstücke,
- die entgeltliche Übertragung eines Miteigentumsanteils an einem ursprünglich teilweise steuerfrei vermieteten Grundstück auf einen Familienangehörigen, wenn die Teiloption beim Verkauf nicht in dem Verhältnis der bisherigen Nutzung ausgeübt wird.[967]

Keine Änderung der Verhältnisse: In folgenden Fällen ist keine Vorsteuerberichtigung zugunsten wie zuungunsten des Unternehmers vorzunehmen:[968]
- Die von einem **Nichtunternehmer bezogene Leistung** wird später für das Unternehmen verwendet (anteiliger Vorsteuerabzug kann nicht über § 15a UStG generiert werden);
- der Unternehmer hat die empfangene Leistung dem **nichtunternehmerischen Bereich zugeordnet**;
- nicht unternehmerisch genutzte Gebäudeteile als separater Gegenstand beim Leistungsbezug werden dem nichtunternehmerischen Bereich zugeordnet und später unternehmerisch verwendet (z. B. **Umwandlung** von Wohnraum in Büroräume);
- ein vom Unternehmer als Privatperson bezogener Gegenstand wird **später zu mindestens 10 %** oder mehr unternehmerisch genutzt.

8.2. Beginn des Korrekturzeitraumes ab dem Zeitpunkt erstmaliger Verwendung

Der fünf- oder zehnjährige Korrekturzeitraum beginnt nach dem insoweit eindeutigen Wortlaut des § 15a Abs. 1 Satz 1 UStG ab dem Zeitpunkt erstmaliger Verwendung.[969] Das gilt auch und gerade im Falle unterjährigen Beginns der Verwendung. Insoweit findet eine zeitanteilige Berichtigung des Vorsteuerabzuges statt.

Verwendung nach Baufortschritt: Wird ein Gebäude bereits entsprechend dem Baufortschritt verwendet, noch bevor es insgesamt fertig gestellt ist, ist für jeden gesondert in Verwendung genommenen Teil dieses Wirtschaftsguts ein besonderer Berichtigungszeitraum anzunehmen.[970] Diese Berichtigungszeiträume beginnen jeweils zu dem Zeitpunkt, zu dem der einzelne Teil des Wirtschaftsguts erstmalig

355

---
967 Siehe Abschnitt 148 Abs. 6 UStR 2008.
968 BMF aaO Rz. 6.
969 Abschn. 216 Abs. 1 UStR 2008 (= UStAE Abschn. 15a.3. Abs. 1).
970 Abschn. 216 Abs. 2 UStR 2008 (= UStAE Abschn. 15a.3. Abs. 2).

verwendet wird. Der einzelnen Berichtigung sind jeweils die Vorsteuerbeträge zugrunde zu legen, die auf den entsprechenden Teil des Wirtschaftsguts entfallen.[971]

Bedeutung von Mietereinbauten: Ungeklärt ist die Behandlung der Fertigstellung eines Gebäudeteiles für Fälle, in denen z.b. Mietereinbauten erst nach den genauen Wünschen eines potenziellen Mieters hergestellt werden, ohne die jedoch eine bestimmungsgemäße Nutzung durch einen solchen Mieter nicht möglich ist.[972]

Teilnutzung nach Fertigstellung: Wird dagegen ein fertiges Wirtschaftsgut nur teilweise gebraucht oder gemessen an seiner Einsatzmöglichkeit nicht voll genutzt, besteht ein einheitlicher Berichtigungszeitraum für das ganze Wirtschaftsgut, der mit dessen erstmaliger teilweiser Verwendung beginnt. Dabei ist für die nicht genutzten Teile des Wirtschaftsguts, z. B. eines Gebäudes, die Verwendungsabsicht maßgebend.[973]

356 **Leerstand nach Fertigstellung:** Steht ein Gebäude vor der erstmaligen Verwendung leer, beginnt der Berichtigungszeitraum nach § 15a Abs. 1 UStG später mit der erstmaligen tatsächlichen Verwendung.[974]

Beispiel 104

Unternehmer U errichtet ein Bürogebäude. Auf die in 01 entstandenen Herstellungskosten entfällt eine Vorsteuer in Höhe von 300.000 €. U plant objektiv nachweisbar, die Immobilie steuerpflichtig zu vermieten. Das Mietverhältnis kann jedoch nicht realisiert werden. Erst zum 1.1.03 gelingt U die steuerfreie Vermietung an eine Versicherungsgesellschaft. Die Vertragsverhandlungen begannen bereits im Juli 02.

U steht mit Blick auf die zunächst geplante ausschließlich steuerpflichtige Immobiliennutzung in 01 ein vollumfänglicher Vorsteuerabzug in Höhe von 300.000 € zu.[975] Dieser Abzug bleibt ihm trotz Leerstandes der Immobilie auch im Kalenderjahr 02 ungeschmälert erhalten, weil die erstmalige Verwendung im Sinne des § 15a Abs. 1 Satz 1 UStG noch nicht begonnen hat. Unbeachtlich ist, dass U bereits ab Juli 02 um eine steuerfreie Vermietung bemüht war. Damit

---

971 BMF-Schreiben vom 6.12.2005, StEK § 15a UStG Nr. 71 Rz. 16 Zur Darstellung praktischer Probleme in Zusammenhang mit der sukzessiven Gebäudeherstellung siehe im Übrigen Ahrens/Hammler, UStB 2007, 173.
972 Fleckenstein, DStR 2008, 1568, 1570; ausführlich dazu auch Ahrens/Hammler, UStB 2007, 173.
973 BMF aaO Rz. 16.
974 Abschn. 216 Abs. 3 UStR 2008 (= UStAE Abschn. 15a.3. Abs. 3).
975 Abschn. 216 Abs. 3 Satz 2 UStR 2008 (= UStAE Abschn. 15a.3. Abs. 3 Satz 2).

Umsatzsteuerliche Behandlung der Immobilie

beginnt der 10-jährige Korrekturzeitraum des § 15a Abs. 1 UStG am 1.1.03 und dauert bis zum 31.12.12. In jedem Jahr ist eine Berichtigung des Vorsteuerabzuges in Höhe von 10 % von 300.000 € (= 30.000 €) vorzunehmen.

Leerstand nach erstmaliger Verwendung: Steht ein Gebäude im Anschluss an seine erstmalige Verwendung für eine bestimmte Zeit ganz oder teilweise leer, ist bis zur tatsächlichen erneuten Verwendung des Wirtschaftsguts anhand der Verwendungsabsicht[976] zu entscheiden, ob sich die für den ursprünglichen Vorsteuerabzug maßgebenden Verhältnisse ändern. Keine Änderung der Verhältnisse liegt dabei vor, wenn im Anschluss an eine zum Vorsteuerabzug berechtigende Verwendung auch künftig derartige Umsätze ausgeführt werden sollen. Der Leerstand als solcher führt mithin noch nicht zu einer Korrektur des Vorsteuerabzuges. Dagegen kann die Änderung der Verwendungsabsicht oder die spätere tatsächlich davon abweichende Verwendung zur Vorsteuerberichtigung führen.[977]

Vorzeitiges Ende durch Veräußerung: Wird die Immobilie vor Ablauf des 10-jährigen Berichtigungszeitraums veräußert oder nach § 3 Abs. 1b UStG geliefert, verkürzt sich hierdurch der Berichtigungszeitraum nicht. Veräußerung und unentgeltliche Wertabgabe nach § 3 Abs. 1b UStG sind vielmehr so zu behandeln, als ob das Wirtschaftsgut bis zum Ablauf des maßgeblichen Berichtigungszeitraums entsprechend der umsatzsteuerrechtlichen Behandlung dieser Umsätze weiterhin innerhalb des Unternehmens verwendet worden wäre (§ 15a Abs. 8 und 9 UStG). Die Berichtigung ist bereits für den Voranmeldungszeitraum durchzuführen, in dem die Veräußerung oder unentgeltliche Wertabgabe stattgefunden hat.[978]

357

Beispiel 105

Eine vom 1.1.02 bis 31.12.05 umsatzsteuerpflichtig genutzte Immobilie wird von Unternehmer U zum 1.1.06 gem. § 4 Nr. 9a UStG steuerfrei veräußert (kein Fall des § 1 Abs. 1a UStG). Die aus den Herstellungskosten (im Jahr 01) in Anspruch genommene Vorsteuer beträgt 100.000 €.

Für die Berichtigung des Vorsteuerabzugs ist die Veräußerung so zu behandeln, als wäre das Grundstück ab dem Zeitpunkt der Veräußerung bis zum Ablauf des Berichtigungszeitraums nur noch zur Ausführung von Umsätzen verwendet worden, die den Vorsteuerabzug ausschließen. Infolgedessen hat U im Voranmeldungszeitraum Januar 06 Vorsteuerbeträge in Höhe von 6/10 von 100.000 € = 60.000 € in

---

976 Abschn. 203 Abs. 1 UStR 2008 (= UStAE Abschn. 15.12. Abs. 1).
977 BMF aaO Rz. 14.
978 BMF aaO Rz. 62.

einem Betrag an das Finanzamt zurückzuzahlen. Diese Rückzahlung stellt gem. § 9b Abs. 1 EStG sofort abzugsfähige Werbungskosten bzw. Betriebsausgaben dar. Der sachliche und zeitliche Zusammenhang zur – im Bereich der Einkünfte aus Vermietung und Verpachtung – ansich steuerneutralen privaten Vermögenssphäre hindert den Abzug nicht.

8.3. Das Berichtigungsverfahren des § 15a Abs. 1 UStG bei nicht nur einmalig zur Ausführung von Umsätzen verwendeten Wirtschaftsgütern

358   Die Berichtigung des Vorsteuerabzugs ist jeweils für den Voranmeldungszeitraum bzw. das Kalenderjahr vorzunehmen, in dem sich die für den ursprünglichen Vorsteuerabzug maßgebenden Verhältnisse geändert haben.[979] Weicht die tatsächliche Verwendung von den für den ursprünglichen Vorsteuerabzug maßgebenden Verhältnissen ab, wird die Berichtigung des Vorsteuerabzugs nicht durch eine Änderung der Steuerfestsetzung des Jahres der Inanspruchnahme des Vorsteuerabzugs nach den Vorschriften der Abgabenordnung, sondern verteilt auf den Berichtigungszeitraum von fünf bzw. zehn Jahren „pro rata temporis" vorgenommen. Dabei ist für jedes Kalenderjahr des Berichtigungszeitraums von den in § 15a Abs. 5 UStG bezeichneten Anteilen der Vorsteuerbeträge auszugehen.

Unterjähriger Beginn des Berichtigungszeitraumes: Beginnt oder endet der Berichtigungszeitraum innerhalb eines Kalenderjahres, ist für diese Kalenderjahre jeweils nicht der volle Jahresanteil der Vorsteuerbeträge, sondern nur der Anteil anzusetzen, der den jeweiligen Kalendermonaten entspricht.

Beispiel 106

Auf ein Gebäude mit einem 10-jährigen Berichtigungszeitraum entfällt eine Vorsteuer von insgesamt 60.000 €. Der Berichtigungszeitraum beginnt am 1.11.01 und endet am 31.10.11.

Lösung: Bei der Berichtigung ist für die einzelnen Jahre jeweils von einem Zehntel der gesamten Vorsteuer (= 6.000 €) auszugehen. Der Berichtigung des Jahres 01 sind zwei Zwölftel dieses Betrags (= 1.000 €) und der des Jahres 11 zehn Zwölftel dieses Betrags (= 5.000 €) zugrunde zu legen.

---

[979] Abschn. 217 Abs. 1 UStR 2008 (= UStAE Abschn. 15a.3. Abs. 1).

Umsatzsteuerliche Behandlung der Immobilie

8.4. Die Technik des Berichtigungsverfahrens

Grundlage der Berichtigung ist stets die gesamte Vorsteuer, über die beim Erstabzug zu entscheiden war. Diese wiederum kann im Zeitpunkt des Leistungsbezugs voll, teilweise oder nicht abzugsfähig sein. Entsprechendes gilt beim Änderungsvolumen im jeweiligen Jahr tatsächlicher Nutzung.

Beispiel 107

Unternehmer U errichtet in 01 ein Bürogebäude, das zum 1.1.02 zu 50% steuerpflichtig und zu 50% steuerfrei vermietet werden soll (Vorsteuerabzug 01 100.000 €). Die in 02 beginnende Vermietung entspricht dieser Verwendungsabsicht, sie ändert sich jedoch später wie folgt:
– ab dem Jahr 04: 70%-ige steuerpflichtige Vermietung;
– ab dem Jahr 10: 20%-ige steuerpflichtige Vermietung.

Abwandlung: *Die Gebäudeherstellung erstreckt sich auf die Jahre 01 (Vorsteuer 70.000 €) und 02 (30.000 €). In 01 war zunächst eine – objektiv belegte – 100%-ige steuerpflichtige Vermietung geplant. Tatsächlich aber findet zum 1.7.02 eine 50%-ige steuerpflichtige sowie 50%-ige steuerfreie Vermietung statt. In den Folgejahren ändert sich dieses Nutzungsverhältnis wie folgt:*
– ab dem Jahr 05: 70%-ige steuerpflichtige Vermietung;
– ab dem Jahr 11: 20%-ige steuerpflichtige Vermietung.

Lösung: *Die Vorsteuerkorrektur stellt sich im Einzelnen wie folgt dar:*

Grundfall

Jahr	Vorgang	Vorsteuer	steuerpflichtige Verwendung	Abzug	Berichtigung
1	Herstellung	100.000 €	50%	50.000 €	
2	Vermietung		50%		
3	Vermietung		50%		
4	Vermietung		70%		2.000 €
5	Vermietung		70%		2.000 €
6	Vermietung		70%		2.000 €
7	Vermietung		70%		2.000 €
8	Vermietung		70%		2.000 €

Die Immobilie im Umsatz- und Grunderwerbsteuerrecht

9	Vermietung	70 %		2.000 €
10	Vermietung	20 %		-3.000 €
11	Vermietung	20 %		-3.000 €
			50.000 €	6.000 €

Unternehmer U kann also im Laufe des im Jahr 02 beginnenden 10-jährigen Berichtigungszeitraumes in den Jahren 04 bis 09 einen zusätzlichen Vorsteuerabzug in Höhe von 12.000 € generieren, der dann allerdings in den Jahren 10 und 11 aufgrund insgesamt verringerter steuerpflichtiger Nutzung wieder in Höhe von 6.000 € zurückzuführen ist.

Abwandlung

Jahr	Vorgang	Vorsteuer	steuerpflichtige Verwendung	Abzug	Berichtigung
1	Herstellung	70.000 €	100 %	70.000 €	
2	Herstellung Vermietung	30.000 €	50 %	15.000 €	-3.500 €
3	Vermietung		50 %		-3.500 €
4	Vermietung		70 %		-2.100 € 600 €
5	Vermietung		70 %		-2.100 € 600 €
6	Vermietung		70 %		-2.100 € 600 €
7	Vermietung		70 %		-2.100 € 600 €
8	Vermietung		70 %		-2.100 € 600 €
9	Vermietung		70 %		-2.100 € 600 €
10	Vermietung		20 %		-5.600 € -900 €
11	Vermietung		20 %		-5.600 € -900 €
				85.000 €	-25.500 €

Die Immobilie im Grunderwerbsteuerrecht

Im Fall der Abwandlung richtet sich der Vorsteuerabzug während der Bauphase sowohl nach den Verhältnissen des Jahres 01 als auch denen des Jahres 02. Die Verhältnisse des Jahres 01 berechtigen zum vollen Vorsteuerabzug, weil eine vollumfängliche steuerpflichtige Vermietung geplant und auch objektiv belegt war. Die Vorsteuerbeträge des Jahres 02 hingegen richten sich nicht nach den geplanten, sondern den tatsächlich in 02 ausgeführten Umsätzen. Aufgrund dieser Teilung des Vorsteuerabzuges ergeben sich daher aus Sicht des § 15a Abs. 1 UStG zwei unterschiedliche Korrekturreihen. Infolgedessen ist die tatsächliche Nutzung der Immobilie im 10-jährigen Berichtigungszeitraum einerseits mit den Abzugsverhältnissen des Jahres 01 (voller Vorsteuerabzug) und andererseits mit denen des Jahres 02 (50 %-iger Vorsteuerabzug) zu vergleichen. Daraus ergeben sich jeweils unterschiedliche Korrekturbeträge.

II. Die Immobilie im Grunderwerbsteuerrecht

1. Immobilienübertragung auf eine Gesamthand mit späterem Gesellschafterwechsel

Die gewerblich geprägte GmbH & Co. KG ist, wie jede andere Gesamthand auch, ideal geeignet, Immobilien grunderwerbsteuerneutral (mittelbar) auf andere Personen zu übertragen.

360

Beispiel 108

Vater A ist Alleineigentümer einer Immobilie. Er veräußert[980] diese zum 1.1.2011 an die ihm gehörende A-GmbH & Co. KG. Zum 1.1.2012 veräußert er 90 % der KG-Anteile an B (Grundfall).

Abwandlung 1: *A veräußert den 90 %-igen KG-Anteil erst zum 10.2.2016 an B.*

Abwandlung 2: *B erwirbt zum 1.1.2018 den bei A verbliebenen KG-Anteil von 10 % hinzu.*

---

[980] Die Veräußerung kann z.B. gegen Gewährung von Gesellschaftsrechten erfolgen; siehe Rz. 20.

Die Immobilie im Umsatz- und Grunderwerbsteuerrecht

Verletzung der Fünfjahresfrist des § 5 Abs. 3 GrEStG

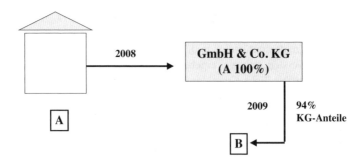

Im Falle einer Immobilienübertragung vom Alleineigentum des A in das Gesamthandsvermögen der KG wird gem. § 5 Abs. 2 GrEStG Grunderwerbsteuer in Höhe des Anteils nicht erhoben, zu dem der Veräußerer (hier: A) am Vermögen der Gesamthand beteiligt ist. Aufgrund der 100%-igen Beteiligung des A an der KG entfällt die Grunderwerbsteuer vollständig. Werden nun zum 1.1.2012 90% der KG-Anteile an B veräußert, ist fraglich, welche grunderwerbsteuerlichen Folgen mit diesem Gesellschafterwechsel verbunden sind.

Die Bedeutung einer Änderung des Gesellschafterbestandes regelt § 1 Abs. 2a GrEStG. Gehört danach zum Vermögen einer Personengesellschaft ein inländisches Grundstück und ändert sich innerhalb von fünf Jahren der Gesellschafterbestand unmittelbar oder mittelbar dergestalt, dass mindestens 95% der Anteile am Gesellschaftsvermögen auf neue Gesellschafter übergehen, gilt dies als ein auf die Übereignung eines Grundstücks auf eine neue Personengesellschaft gerichtetes Rechtsgeschäfts. Mit anderen Worten, der Gesellschafterwechsel steht einer Immobilienveräußerung gleich. § 1 Abs. 2a GrEStG ist im obigen Beispiel jedoch nicht verwirklicht. Denn es gehen lediglich 90% der Anteile am Gesellschaftsvermögens auf einen neuen Gesellschafter über.

Allerdings ist im obigen Beispiel § 5 Abs. 3 GrEStG einschlägig. Danach entfällt die Steuerbefreiung des § 5 Abs. 2 GrEStG nachträglich, wenn sich der Anteil des Veräußerers am Vermögen der Gesamthand innerhalb von fünf Jahren nach dem Übergang des Grundstücks auf die Gesamthand vermindert. Dieser Tatbestand ist im obigen Grundfall verwirklicht. A hat zum 1.1.2011 seine Immobilie in das Gesamthandsvermögen der ausschließlich ihm gehörenden KG übertragen und bereits zum 1.1.2012 – also innerhalb der Fünfjahresfrist des § 5 Abs. 3 GrEStG – 94% seiner Anteile am Vermögen der KG auf B übertragen. Infolgedessen fällt die frühere Steuerbefreiung nachträglich im Umfange von

Die Immobilie im Grunderwerbsteuerrecht

94% weg.[981] Es handelt sich um ein rückwirkendes Ereignis im Sinne des § 175 Abs. 1 Nr. 2 AO.

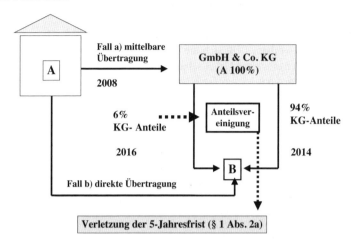

Wartet A mit der Übertragung des 94%-igen KG-Anteiles bis zum 10.2.2016 (**Abwandlung**), ist § 5 Abs. 3 GrEStG nicht verletzt. Damit bleiben beide Vorgänge steuerneutral:
- die Übertragung der Immobilie in das Gesamthandsvermögen der KG nach § 5 Abs. 2 GrEStG (keine Verletzung der 5-Jahresfrist gem. § 5 Abs. 3 GrEStG) und
- die spätere Übertragung der KG-Anteile gem. § 1 Abs. 2a GrEStG (keine Anteilsübertragung von mindestens 95%).

Sollte jedoch B zum 1.1.2018 den bei A verbliebenen KG-Anteil von 6% hinzuerwerben und daher Alleineigentümer der KG werden, liegt eine schädliche Anteilsvereinigung im Sinne des § 1 Abs. 3 Nr. 1 GrEStG vor. Dieser Vorgang unterliegt der Grunderwerbsteuer. B kann daher nur empfohlen werden, die Anteilsvereinigung dadurch zu vermeiden, dass er beispielsweise Ehefrau oder Kinder an der KG beteiligt.

---

981 BFH vom 7.10.2009, BStBl. II 2010, 302.

Die Immobilie im Umsatz- und Grunderwerbsteuerrecht

2. Behandlung der Anwachsung von Gesellschaftsanteilen beim verbleibenden Gesellschafter

361 Werden Immobilien unmittelbar von einer Personengesellschaft (Gesamthandsgemeinschaft) erworben, stellt sich die Frage grunderwerbsteuerlicher Behandlung, sollte später einer der Gesellschafter die Gesellschaft verlassen oder die Gesellschaft sogar vom letzten Gesellschafter als Alleineigentümer fortgeführt werden.

Beispiel 109

Vater A ist Alleineigentümer der A-GmbH. Die A-GmbH erwirbt in der Rechtsform einer GbR (ABC-GbR) zusammen mit den Söhnen (des A) B und C zum 1.1.2011 eine Immobilie vom Dritten D. A ist mit 94%, B und C mit jeweils 3% an der GbR beteiligt. Zum 1.1.2013 scheiden B und C gegen eine am Verkehrswert der Immobilie orientierte Abfindung aus der GbR aus.

Abwandlung: *Nicht die A-GmbH ist zu 94% an der GbR beteiligt, sondern Vater A.*

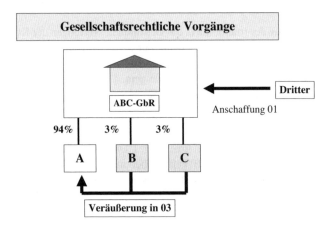

Die Beendigung einer grundbesitzenden dreigliedrigen GbR durch Ausscheiden zweier Gesellschafter bewirkt, dass der verbleibende (dritte) Gesellschafter die GbR-Anteile der ausscheidenden Gesellschafter durch Anwachsung gem. § 738 Abs. 1 Satz 1 BGB erwirbt. Infolgedessen ist hinsichtlich der zum Gesamthandsvermögen der GbR gehörenden Immobilie der Tatbestand des § 1 Abs. 1 Nr. 3 GrEStG verwirklicht mit der Folge eines vollumfänglich der Grunderwerbsteuer unterliegenden Grundstückserwerbs.

Geht ein Grundstück von einer Gesamthand (hier GbR) in das Alleineigentum einer an der Gesamthand beteiligten Person (hier: A-GmbH) über, so wird die Steuer in Höhe des Anteils **nicht erhoben**, zu dem der Erwerber am Vermögen der Gesamthand beteiligt ist. Die Anwachsung durch Ausscheiden von Gesellschaftern ist ebenfalls ein Eigentumsübergang im obigen Sinne. Das gilt nach Satz 2 der Vorschrift auch, wenn ein Grundstück bei der Auflösung der Gesamthand in das Alleineigentum eines Gesamthänders übergeht. Bezogen auf das obige Beispiel (Grundfall) bedeutet dies, dass gem. **§ 6 Abs. 2 GrEStG** Grunderwerbsteuer in Höhe von 94 % des Immobilienwertes nicht erhoben wird, weil die A-GmbH mit dieser Quote an der GbR beteiligt war.

§ 6 Abs. 2 GrEStG ist allerdings gem. **§ 6 Abs. 4 GrEStG** insoweit nicht anzuwenden, als ein Gesamthänder (hier: A-GmbH) innerhalb von fünf Jahren vor dem Erwerbsvorgang (hier: Anwachsung) seinen Anteil an der Gesamthand durch Rechtsgeschäft unter Lebenden erworben hat. Nach dem Wortlaut des Absatz 4 könnte damit eine Anwendung der 94 %-igen Steuerbefreiung („Nichterhebung" der Grunderwerbsteuer) gefährdet sein, weil die ABC-GbR im Zeitpunkt der Anwachsung noch keine fünf Jahre bestanden hat.

362

Einschränkende Gesetzesauslegung: Nach Sinn und Zweck des § 6 Abs. 4 GrEStG soll eine gestaltungsmissbräuchliche Umgehung der Grunderwerbsteuer vermieden werden. Die Regelung findet daher Anwendung, wenn die abstrakte Möglichkeit der Steuervermeidung besteht. Im obigen Beispiel aber scheidet die abstrakte Möglichkeit der Steuervermeidung schon deshalb aus, weil bereits der Erwerb der Immobilie durch die ABC-GbR der Grunderwerbsteuer unterlag. Damit gelangt die Immobilie nicht steuerfrei in den grunderwerbsteuerrechtlichen Zuordnungsbereich der A-GmbH. In einem solchen Fall schließt § 6 Abs. 4 GrEStG die Anwendung der Absätze 1 bis 3 nach Auffassung des Schrifttums nicht aus.[982]

Rechtsprechung des BFH: Die obige Rechtsauffassung spiegelt sich auch in der höchstrichterlichen Rechtsprechung wieder, wie die Entscheidung des BFH vom 25.2.1969[983] belegt. Im Streitfall ging ein Grundstück bei Auflösung einer zweigliedrigen OHG auf einen der bisherigen Gesellschafter über. Zwar unterlag dieser

---

982 Vgl. Viskorf in Boruttau, Kommentar zur Grunderwerbsteuer 16. Aufl., § 6 Anm. 41/1; Pahlke/Franz, Grunderwerbsteuergesetz, § 6 Anm. 33; Fleischer, Stbg. 2010, 395, 409.
983 BStBl. II 1969, 400.

Die Immobilie im Umsatz- und Grunderwerbsteuerrecht

Vorgang gemäß § 1 Abs. 1 Nr. 3 GrEStG der Grunderwerbsteuer. Jedoch stellte der BFH mit Blick auf § 6 Abs. 4 GrEStG fest:

„Soweit der Anteil des das Grundstück erwerbenden Gesellschafters im Zeitpunkt des Erwerbs unverändert seinem Anteil in dem Zeitpunkt entspricht, in dem die Gesellschaft das Grundstück erworben hat, ist die Steuervergünstigung des § 6 Abs. 2 GrEStG trotz § 6 Abs. 4 GrEStG nicht schon deshalb zu versagen, weil die Gesellschaft im Zeitpunkt des Erwerbsvorgangs noch keine fünf Jahre bestanden hat (Abweichung von der bisherigen Rechtsprechung)."

Der BFH verkennt dabei nicht, dass der Wortlaut des § 6 Abs. 4 GrEStG anscheinend etwas anderes regelt. Jedoch muss der Wortlaut einer Gesetzesvorschrift zurücktreten, wenn er im Zusammenhang des Gesetzes zu einem systemfremden und sinnwidrigen Ergebnis führen würde, und wenn die dadurch erzeugte Spannung zwischen dem scheinbaren Sinn der Einzelvorschrift und dem Gesetzeszweck ein solches Ausmaß erreicht, dass das Ergebnis nicht mehr als Wille des – objektiviert denkenden – Gesetzgebers angesehen werden darf.

Aus diesen Gründen darf § 6 Abs. 4 Satz 1 GrEStG die Anwendung des § 6 Abs. 1 bis 3 GrEStG nur dann hindern, wenn und soweit der das Grundstück von der Gesamthand erwerbende Gesamthänder seit dem Erwerb des Grundstücks durch die Gesamthand einen Anteil erlangt (oder nach Aufgabe wiedererlangt) hat, der über seinen Anteil im Zeitpunkt des Erwerbs des Grundstücks durch die Gesamthand hinausreicht. Denn im Übrigen hat der Übergang des Grundstücks in den grunderwerbsteuerrechtlichen Zurechnungsbereich des Gesellschafters schon beim Erwerb des Grundstücks durch die Gesellschaft der Grunderwerbsteuer unterlegen.

Eine einengende Auslegung des § 6 Abs. 4 GrEStG ist daher nach Auffassung des BFH aaO im Hinblick auf die sinnwidrigen Folgen buchstäblicher Auslegung zwingend geboten. Dem Sinn und Zweck der Grunderwerbsteuer wird hier bereits dadurch Rechnung getragen, dass schon der Erwerb des Grundstücks durch die Gesellschaft der Grunderwerbsteuer unterlag und dass sich durch die Auflösung der Gesamthand nur die Qualität, nicht aber das Quantum der Beteiligung an dem Grundstück geändert hat. Die wortlautgemäße Anwendung des § 6 Abs. 4 GrEStG auf solche Fälle könnte nur dazu führen, dass die Gesellschaft der Form nach künstlich aufrechterhalten wird. *Die Finanzverwaltung* folgt der obigen Rechtsprechung des BFH.[984]

Ergebnis: Scheiden im obigen Beispiel die Söhne B und C aus der ABC-GbR aus und wachsen damit deren Anteile (6%) der A-GmbH mit der Folge einer Beendigung der GbR an, unterliegt dieser Vorgang gem. § 6 Ab. 2 GrEStG nur

---

[984] Vgl. Erlass Niedersachsen vom 29.3.1999, StEK § 6 GrEStG Nr. 7.

im Umfang von 6% der Grunderwerbsteuer. Soweit der Wortlaut des § 6 Abs. 4 GrEStG dem entgegensteht, wird dieser durch teleologische Reduktion zurückgedrängt, wie nachfolgendes Prüfungsschema zeigt.

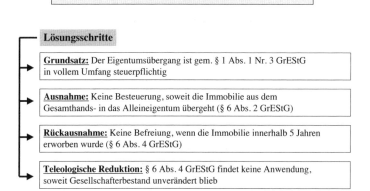

Sollte nicht die A-GmbH an der ABC-GbR beteiligt sein, sondern unmittelbar Vater A (**Abwandlung**), führt die Anwachsung durch Ausscheiden der Söhne B und C aus der GbR im Umfang von 94% (= Anteil A) aus den bereits oben genannten Gründen zu keiner Grunderwerbsteuer. Soweit die GbR-Anteile der Söhne auf A übergehen (= 6%), greift die Steuerbefreiung des § 3 Nr. 6 GrEStG.

3. Formwechsel als Instrument steuerneutralen Immobilientransfers

Befindet sich eine Immobilie im Eigentum einer Kapitalgesellschaft, unterliegt die Eigentumsübertragung auf den Gesellschafter in jedem Fall der Grunderwerbsteuer. Die Besteuerung entfällt
- weder gem. § 6 Abs. 2 GrEStG, weil die Kapitalgesellschaft keine Gesamthand im Sinne dieser Vorschrift ist
- noch gem. § 3 GrEStG, weil die dort genannten Befreiungstatbestände im Verhältnis Kapitalgesellschaft und Gesellschafter nicht verwirklicht werden können.

Die Immobilie kann jedoch mit Hilfe des Formwechsels in der Weise aus dem Gesellschaftsvermögen herausgelöst werden, dass

Die Immobilie im Umsatz- und Grunderwerbsteuerrecht

a) in einem ersten Schritt die GmbH in eine GmbH & Co. KG **formgewechselt** und
b) in einem zweiten Schritt die nunmehr im Gesamthandsvermögen der durch Formwechsel entstandenen KG befindlichen Immobilie in das Eigentum des Gesellschafters übertragen wird (Fall des § 6 Abs. 2 GrEStG).

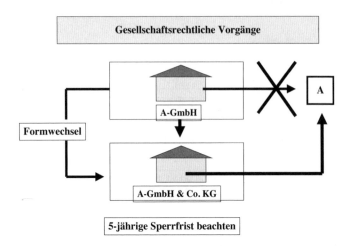

Die formwechselnde Umwandlung einer GmbH in eine KG ist kein grunderwerbsteuerbarer Vorgang. Die Steuerbarkeit scheitert am erforderlichen Rechtsträgerwechsel. Der bloße Formwechsel erfüllt nach inzwischen allgemeiner Rechtsauffassung diesen Tatbestand nicht.[985]

Nach vollzogenem Formwechsel der GmbH zur GmbH & Co. KG können im Gesamthandseigentum der KG befindliche Immobilien grundsätzlich gem. § 6 Abs. 1 und 2 GrEStG in das Mit- oder Alleineigentum der Gesellschafter übertragen werden. Entsprechendes gilt für Übertragungen in das Gesamthandseigentum einer anderen Personengesellschaft (§ 6 Abs. 3 GrEStG).

364 **Sperrfrist aufgrund Formwechsels:** Die steuerneutrale Übertragung nach den genannten Vorschriften ist jedoch gem. § 6 Abs. 4 GrEStG zur Vermeidung missbräuchlicher Gestaltungen insoweit ausgeschlossen,

„als ein Gesamthänder innerhalb von fünf Jahren vor dem Erwerbsvorgang seinen Anteil an der Gesamthand durch Rechtsgeschäft unter Lebenden erworben hat."

---

[985] vgl. BFH-Urteil v. 4.12.1996, BStBl. 1997 II S. 661 sowie die Nachweise in Boruttau, Kommentar zur Grunderwerbsteuer 16. Aufl. , § 1 Anm. 550.

Fraglich ist, ob ein solcher Sachverhalt auch vorliegt, wenn die betreffende, ihre Immobilie übertragende Personengesellschaft innerhalb von fünf Jahren vor einer Übertragung auf den oder die Gesellschafter durch Formwechsel entstanden ist. Der Bundesfinanzhof hat in seiner Entscheidung vom 19.3.2003[986] diese Frage bejaht und entschieden:

„*Die Steuervergünstigung nach § 6 Abs. 2 GrEStG beim Übergang eines Grundstücks von einer Gesamthand auf einen Gesamthänder ist nicht zu gewähren, wenn der Gesamthänder seine gesamthänderische Mitberechtigung an dem Grundstück innerhalb von fünf Jahren vor dem Erwerb als Folge eines Formwechsels der Gesamthand aus einer GmbH erworben hat. Die Zeit der Beteiligung an der GmbH kann dem Gesamthänder nicht fiktiv als Beteiligung an der späteren Gesamthand angerechnet werden, die Fünf-Jahres-Frist beginnt erst mit Eintragung des Formwechsels in das Handelsregister.*"

Der Formwechsel bewirkt also nach Ansicht des BFH aaO, dass der GmbH-Gesellschafter den anschließend entstehenden KG-Anteil im Sinne der Regelung des § 6 Abs. 4 GrEStG durch Rechtsgeschäft unter Lebenden erwirbt. Es reicht, wenn rechtsgeschäftliches Handeln bewirkt, dass ein Rechtsübergang (Anteilserwerb) eintritt bzw. der Rechtsübergang als solcher ein rechtsgeschäftliches Fundament hat.

Nach den Regeln des Formwechsels (vgl. §§ 228 ff. UmwG) ist rechtsgeschäftliche Grundlage der Umwandlung der Umwandlungsbeschluss der Gesellschafterversammlung. Der Beschluss führt als rechtsgeschäftliches Handeln der Gesellschafter der GmbH dazu, dass mit der Eintragung der Umwandlung ins Handelsregister die Anteilsinhaber der GmbH nunmehr an der KG beteiligt sind (§ 202 Abs. 1 Nr. 2 Satz 1 UmwG). Der Umwandlungsbeschluss bewirkt somit den (rechtsgeschäftlichen) Erwerb der KG-Anteile.

Beginn einer fünfjährigen Sperrfrist: Aufgrund der Regelung des § 6 Abs. 4 GrEStG beginnt unter Berücksichtigung der obigen Rechtsprechung des BFH mit dem Formwechsel eine fünfjährige Sperrfrist. Werden danach die betreffenden Immobilien innerhalb dieser Frist aus dem Gesamthandsvermögen der durch Formwechsel entstandenen KG unmittelbar auf deren Gesellschafter oder in ein anderes Gesamthandsvermögen dieser Gesellschafter übertragen, findet § 6 Abs. 2 und 3 GrEStG keine Anwendung. Folge davon ist eine Besteuerung des Übertragungsvorganges nach den allgemeinen Regelungen des § 1 GrEStG auf der Grundlage der Grundbesitzwerte.

365

---

986 BFH/NV 2003, 1090.

Die Immobilie im Umsatz- und Grunderwerbsteuerrecht

4. Übertragung von Gesellschaftsanteilen nach vorheriger Umschichtung von Immobilien

366 Gelegentlich ist über Fragestellungen nachzudenken, wie sie im nachfolgenden Beispiel zum Ausdruck kommen.

Beispiel 110

Die A-GmbH ist Eigentümerin eines Grundstücks im Wert von 10 Mio. €. Außerdem ist die A-GmbH zu 90% als Kommanditistin am Vermögen der „Objekt GmbH & KG" beteiligt. Weitere Kommanditisten sind D und A. Die Gesellschafter der A-GmbH (A und B) beabsichtigen, die A-GmbH an die X-GmbH zu veräußern und zwar mit der Maßgabe, dass keine Grunderwerbsteuer entsteht.

Struktur vor Auslagerung

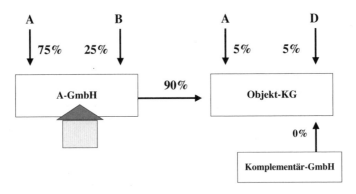

Würde die A-GmbH von A und B ohne weitere Dispositionen an die X-GmbH veräußert, entstünde eine Grunderwerbsteuer in Höhe von 350.000 €. Es lohnt daher, über Ausweichgestaltungen nachzudenken. Zielführend könnte in diesem Zusammenhang sein, die Immobilie zum Verkehrswert auf die Objekt GmbH & Co. KG zu übertragen.

Die Immobilie im Grunderwerbsteuerrecht

Zwischenschritt: Auslagerung Immobilie

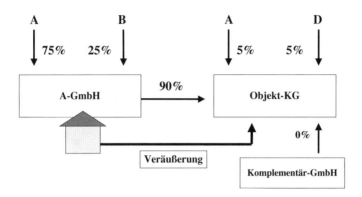

Die Übertragung der Immobilie aus dem Eigentum der A-GmbH in das Gesamthandsvermögen der Objekt KG ist grundsätzlich gem. § 1 Abs. 1 Nr. 1 GrEStG steuerbar. Allerdings findet keine uneingeschränkte Besteuerung statt, weil hier § 5 Abs. 2 GrEStG zu beachten ist. Geht danach ein Grundstück vom Alleineigentümer auf eine Gesamthand über, so wird die Steuer in Höhe des Anteiles nicht erhoben, zu dem der Veräußerer am Vermögen der Gesamthand beteiligt ist (siehe dazu bereits Rz. 360). Dies ist im obigen Beispiel aufgrund der Beteiligung der A-GmbH am KG-Vermögen zu 90 % der Fall. Mithin wird die Grunderwerbsteuer zu 90 % nicht erhoben.

Anschließend können in einem letzten Schritt die Anteile an der A-GmbH von A und B an die X-GmbH veräußert werden.

Endstruktur: Anteilsveräußerung

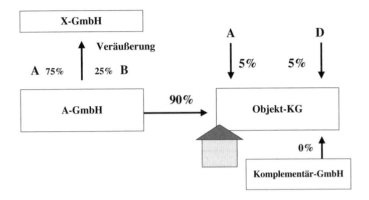

Der vollständige Gesellschafterwechsel auf Ebene der A-GmbH führt zu einem mittelbaren Gesellschafterwechsel bei der KG in Höhe von 90 %.[987] Damit ist § 1 Abs. 2a GrEStG zu beachten. Die Vorschrift besteuert den Fall, dass
- zum Gesamthandsvermögen einer Personengesellschaft ein inländisches Grundstück gehört und
- innerhalb von fünf Jahren mindestens 95 % der Gesellschaftsanteile auf neue Gesellschafter übergehen.

Die Fünfjahresfrist beginnt nicht mit dem Immobilienerwerb durch die Gesamthand, sondern mit dem ersten Übergang eines (Teil-)Anteiles am Gesamthandsvermögen der bereits Grundvermögen besitzenden Gesellschaft. Danach werden sämtliche Anteilsübertragungen innerhalb einer Fünfjahresfrist zusammengerechnet. Wird der Grenzwert von 95 % erreicht, stellt sich der Vorgang als (fiktive) Veräußerung der Immobilie an eine neue Personengesellschaft dar. Soweit allerdings bezogen auf den obigen Ausgangsfall die KG-Gesellschafter A und D ihren Anteil innerhalb der nächsten 5 Jahre nicht veräußern, liegt kein Fall des § 1 Abs. 2 a GrEStG vor, da die relevante Quote von 95 % nicht erreicht wird.[988]

Der Tatbestand des § 1 Abs. 2a GrEStG wird auch nicht dadurch verwirklicht, dass ein vollständiger Gesellschafterwechsel auf Ebene der A-GmbH stattfindet. Denn infolge des Erwerbs der gesamten Anteile an der A-GmbH durch die X-GmbH verändert sich der Gesellschafterbestand der KG mittelbar nur zu 90 %.

---

987 Vgl. Erlass vom 26.02.2003, BStBl I 2003, 271 Rz. 4.2.3.
988 Vgl. Fischer in Boruttau, GrEStG, 16. Aufl., § 1 Rz 848 b.

Die Immobilie im Grunderwerbsteuerrecht

Damit bewegt sich auch der mittelbare Gesellschafterwechsel noch unterhalb der 95 %-Marke des § 1 Abs. 2 a GrEStG. Die Veräußerung sämtlicher Geschäftsanteile bei der A-GmbH ist auch kein Anwendungsfall des § 1 Abs. 3 GrEStG. Die Vorschrift besteuert die Anteilsvereinigung im Umfange von mindestens 95 % in der Person eines Gesellschafters oder von diesen abhängigen Personen. Der Einhaltung einer bestimmten Frist bedarf es hier, anders als gem. § 1 Abs. 2 a GrEStG, nicht. Zwar findet eine Anteilsvereinigung in der Person der X-GmbH statt. Gleichwohl entfällt eine Besteuerung nach § 1 Abs. 3 GrEStG, weil der GmbH im Zeitpunkt vollständigen Gesellschafterwechsels keine Immobilie gehört hat.

Gestaltungsmissbrauch?: Eine grunderwerbsteuerliche Erfassung des Vorganges wäre damit allenfalls unter Annahme des Gestaltungsmissbrauchs gem. § 42 AO erreichbar. Gegenstand steuerlicher Umgehung könnte hier § 5 Abs. 3 GrEStG sein. Die Vorschrift verhindert eine Anwendung der Befreiungsregelungen des § 5 Abs. 1 und 2 GrEStG insoweit, als sich der Anteil des Veräußerers am Vermögen der aufnehmenden Gesamthand innerhalb von fünf Jahren nach dem Grundstücksübergang vermindert. Mit anderen Worten, hätte die A-GmbH ihre Beteiligung an der Objekt KG innerhalb von fünf Jahren nach der Immobilienveräußerung an die KG verringert bzw. wäre sie aus der KG gänzlich ausgeschieden, müsste die zunächst in Höhe von 85 % gewährte Steuerbefreiung nachträglich versagt werden. Eine Umgehung des § 5 Abs. 3 GrEStG entfällt, wenn die X-GmbH als neuer Gesellschafter bei der A-GmbH einrückt, weil die A-GmbH unverändert an der KG beteiligt ist. Denn abzustellen ist auf den Kreis derjenigen Gesellschafter der KG, die im Zeitpunkt des Grundstückserwerbs beteiligt waren. Dieser Kreis aber ändert sich nicht. Der Gesellschafterwechsel auf Ebene der A-GmbH ist bei § 5 Abs. 3 GrEStG – im Unterschied zu § 1 Abs. 2 a GrEStG – unschädlich. Denn § 5 Abs. 3 GrEStG erfasst nur **unmittelbare** Änderungen hinsichtlich des Anteils der A-GmbH am Gesamthandsvermögen der KG.

Ergebnis: Die Immobilie der A-GmbH kann dadurch steuerneutral (mittelbar) auf die X-GmbH übertragen werden, dass
- zunächst eine Veräußerung an die Objekt KG erfolgt (Schritt 1) und
- erst anschließend die Anteile an der A-GmbH auf die X-GmbH übergehen (Schritt 2).

Die Vermeidung der (steuerpflichtigen) umgekehrten Reihenfolge (erst Anteilsübertragung auf die X-GmbH und anschließend Immobilienübertragung auf die Objekt-KG) kann u.E. nicht als Gestaltungsmissbrauch angesehen werden. Ein Steuerpflichtiger kann bei mehreren Übertragungswegen nicht daran gehindert werden, den für ihn steuerlich vorteilhaftesten Weg zu wählen.

Literaturverzeichnis

Altendorf, Übertragung einzelner WG zwischen Schwesterpersonengesellschaften, GmbH-StB 2010, 233

Behrens/Schmitt, Zur Anwendung von § 1 Abs. 1a UStG bei Immobilientransaktionen, UVR 2008, 220

Brandenberg, Ausgliederungsmodell, Schwestergesellschaften und Gesamtplan, NWB 2010, 2699

Brinkmann, (Behalte-)Fristen bei der teilentgeltlichen Übertragung betrieblicher Einheiten im Wege der vorweggenommenen Erbfolge, Stbp, 2005, 200

Creutzmann, Unternehmensbewertung im Steuerrecht - Neuregelungen des Bewertungsgesetzes ab 1.1.2009, DB 2008, 2784

Crezelius, Überlegungen zu § 13a Abs 4 und 5 ErbStG 1997, DB 1997, 1584

Demuth/Kaiser, Geschäftsveräußerung im Ganzen bei der Veräußerung eines nur teilweise vermieteten Vermietungsobjekts, BB 2010, 168

Dieterlen/Käshammer, Erweiterte Gewerbesteuerkürzung nach § 9 Nr. 1 S. 2 GewStG bei Beteiligung an einer gewerblichen Personengesellschaft, BB 2006, 1935

Eisele, Erbschaftsteuerliche Immobilienbewertung: Verkehrswertnachweis nach dem ErbStRG, ZEV 2009, 451

Ettinger/Schmitz, Einbringungen ins Sonderbetriebsvermögen - Anwendbarkeit des § 24 UmwStG nach dem SEStEG, DStR 2009, 1248

Fleckenstein, Umsatzsteuer im Immobilienbereich, DStR 2008, 1568

Frank/Wittmann, Die Änderung des § 5 Abs. 1 EStG im Zuge des BilMoG, Stbg. 2010, 362

Götz, Die Bedeutung des § 14 Abs. 2 BewG bei Zuwendungen unter Nießbrauchsvorbehalt, DStR 2009, 2233

Hättich/Renz, Vermietung von Grundstücken im Umsatzsteuerrecht, NWB 2010, 2614

Halaczinsky, Die erbschaft- und schenkungsteuerliche Behandlung von Darlehen im Privatvermögen, ZEV 2004, 261

Hannes/Onderka, Erbschaftsteuerreform: Die Besteuerung des Erwerbs von Betriebsvermögen - keine Sternstunde der Steuervereinfachung, ZEV 2008, 16

Hardt, Ungelöste Probleme bei der Zuwendung des Familienwohnheims, ZEV 2004, 408

Hartmann/Meyer, Korrektur des § 23 EStG durch das Steuerbereinigungsgesetz 1999, StBp. 2000, 214

Dies., Personengesellschaften: Umstrukturierung fremdfinanzierten Sonderbetriebsvermögens, Inf. 2003, 870

Dies., Bedeutung des Vorbehaltsnießbrauchs für private Veräußerungsgeschäfte im Sinne des § 23 EStG, FR 2010, 757

Hecht/von Cölln, Fallstricke des vereinfachten Ertragswertverfahrens nach dem BewG i.d.F. des ErbStRG, DB 2010, 1084

Literaturverzeichnis

Hierl, Keine ausschließliche Grundstücksverwaltung i.S. von § 9 Nr. 1 Satz 2 GewStG bei Mitvermietung von Betriebsvorrichtungen, BB 2006, 1723

Hipler, Die Umsatzsteueroption beim Grundstückskaufvertrag, Stbg. 2004, 358

Hochheim/Wagenbach, Einheitlichkeit der Beteiligung an einer Mitunternehmerschaft, DStR 2010, 1707

Dies., Der Vorbehaltsnießbrauch am Kommanditanteil und die Mitunternehmerschaft, ZEV 2010, 109

Hofmann, Grunderwerbsteuervergünstigungen bei Übergang eines Grundstücks von Gesamthänder auf Gesamthand, BB 2000, 2605

Jebens, Müssen die Gesamtplan-Tatbestandsmerkmale wegen divergierender Auffassungen im BFH gesetzlich fixiert werden?, BB 2010, 2025

Jülicher, Neue Gestaltungen rund um das eigengenutzte Familienheim (§ 13 Abs. 1 Nrn. 4 a bis c ErbStG), Zerb 2009, 222

Kai, Zweifelsfragen zu § 6 Abs. 3 EStG i.d.F. des UntStFG, DB 2005, 794

Kempermann, Gewerblicher Grundstückshandel: Indizien für von Anfang an bestehende Veräußerungsabsicht, DStR 2009, 1725

Klein, Umsatzsteuerliche Risiken beim Immobilienerwerb, DStR 2005, 1961

Kussmaul/Türk, Die umsatzsteuerliche Behandlung eines gemischt genutzten Gegenstandes, BB 2010, 1187

Lange, Vorsteuerabzug - das Zuordnungswahlrecht des Unternehmers, UR 2008, 25

Levedag, Vorweggenommene Erbfolge in Personengesellschaften am Beispiel der GmbH & Co. KG, GmbHR 2010, 855

Lohse, Vorsteuerabzug bei gemischt genutzten Wohngebäuden – und was dann? BB 2005, 1935

Mayer, Neuregelung der Steuerbefreiung für das Familienheim durch die Erbschaftsteuerreform - Auswirkungen auf die Vertragsgestaltung, ZEV 2009, 439

Meyer/Ball, Steueroptimale Schuldengestaltung im Vorfeld der Veräußerung, Aufgabe oder Schenkung eines Betriebes, Inf. 1998, 557

Dies., Grundstücksübertragungen im Grenzbereich umsatzsteuerlicher Geschäftsveräußerung, StBp 2008, 249

Mies/Behrends/Schumacher, Inanspruchnahme der erweiterten Kürzung gemäß § 9 Nr. 1 Satz 2ff. GewStG im Falle der Mitvermietung von Betriebsvorrichtungen, BB 2007, 810

Neufang, Bewertung des Betriebsvermögens und von Anteilen an Kapitalgesellschaften, BB 2009, 2004

Neu/Stamm, Aktuelles Beratungs-Know-How Personengesellschaftsbesteuerung, DStR 2005, 141

Paukstadt/Matheis, Abwehrmaßnahmen der Finanzverwaltung gegen Steuergestaltungen nach dem „Seeling"-Modell, Umsatzsteuer-Rundschau 2005, 83

Pauli, Fallstricke bei Errichtung einer gewerblich geprägten Immobilien GmbH & Co. KG, DB 2005, 1022

Paus, Übertragen einer wesentlichen Beteiligung unter Nießbrauchsvorbehalt und spätere Ablösung, DStZ 2009, 112

Piltz, Erbschaftsteuer-Bewertungserlass: Allgemeines und Teil A (Anteile an Kapitalgesellschaften), DStR 2009, 229

Literaturverzeichnis

Prinz, Aktuelle Praxisschwerpunkte bei der Besteuerung von Personengesellschaften, Stbg. 2006, 49

Reimann, 15 Ratschläge zum Umgang mit dem Familienheim, ZEV 2010, 174
Reiß, Die Revitalisierung des Mitunternehmererlasses - keine gesetzestechnische Meisterleistung, BB 2000, 1965
Ders., Einbringung von Wirtschaftsgütern des Privatvermögens in das Betriebsvermögen einer Mitunternehmerschaft, DB 2005, 358
Risthaus, Begünstigte Vermögensübergaben gegen Versorgungsleistungen, DB 2010, 744

Schiffers, Bewertung von Unternehmensvermögen nach der Erbschaftsteuerreform, DStZ 2009, 548
Schulze zur Wiesche, Zur wesentlichen Betriebsgrundlage eines Mitunternehmeranteils, DB 2010, 638
Siegmund/Ungemach, Gesamtplanerische Gestaltungen bei Übertragung von Einzelwirtschaftsgütern des Privatvermögens in das betriebliche Gesamthandsvermögen einer Personengesellschaft?, DStZ 2008, 762
Dies., Übertragungen von Einzelwirtschaftsgütern zwischen Schwesterpersonengesellschaften, NWB 2010, 3100
Spiegelberger, Ausweichgestaltungen aufgrund des IV. Rentenerlasses: Die Übertragung von Unternehmensvermögen und Gesellschaftsanteilen, DStR 2010, 1822
Strahl, Neues zur Kapitalkontenstruktur bei Personengesellschaften, KÖSDI 2009, 16531
Ders., Gestaltungserwägungen zu Mitunternehmerschaften auf Grund der jüngeren Rechtsprechung, FR 2010, 756
Ders., Die Bedeutung der Gesamtplanrechtsprechung bei der Umstrukturierung von Personengesellschaften unter steuerneutraler Ausgliederung einzelner Wirtschaftsgüter, FR 2004, 929

Tolksdorf, Schenkungsteuer bei disquotalen Einlagen und Gewinnausschüttungen, DStR 2010, 423

Ulrich/Teiche, Die Aufnahme von Gesellschaftern in eine (Publikums-) Personengesellschaft und ihre umsatzsteuerlichen Konsequenzen, DStR 2005, 92

Wälzholz, Aktuelle Gestaltungsprobleme des Nießbrauchs am Anteil an einer Personengesellschaft, DStR 2010, 1786
Ders., Aktuelle Gestaltungsprobleme mit Versorgungsleistungen nach § 10 Abs. 1 Nr. 1a EStG, DStR 2010, 850
Ders., Versorgungsleistungen nach dem Jahressteuergesetz 2008, DStR 2008, 273
Wendt, Unentgeltliche Übertragung von Mitunternehmeranteilen nach § 6 Abs. 3 EStG, FR 2005, 468
Widmann, Höhe der Bemessungsgrundlage für die Besteuerung der unentgeltlichen privaten Nutzung eines dem Unternehmen zugeordneten Gebäudes, UR 2007, 654
Winkeljohann/Stegemann, Verbleibende Zweifel nach dem BMF-Schreiben vom 3.3.2005 zu Zweifelsfragen der ertragsteuerlichen Buchwertfortführung bei der Unternehmensnachfolge, BB 2005, 1416

Zipfel/Lahme, Erreichen der Begünstigungen für Unternehmensvermögen unter Berücksichtigung der Auffassung der FinVerw, DStZ 2009, 559
Zugmaier, Umsatzsteuerpflicht der Grundstücksentnahme? NWB Fach 7 S. 6413

Stichwortverzeichnis

(Die Zahlen verweisen auf die Randziffern.)

A

Abfindung
- Veräußerungsrente 140

Ablösung
- Fremdfinanzierung 217
- Vorbehaltsnießbrauch
  - Bedeutung für Gebäude-AfA 216
  - Bedeutung für den Zinsabzug 220
  - Privates Veräußerungsgeschäft 186

Abschirmwirkung 30

Abschnittsbesteuerung 297

Absicht
- Änderung der Verwendungsabsicht 326
- Geschäftsveräußerung
  - Bedeutung der Verwendungsabsicht des Erwerbers 325
- Vermietungsabsicht, siehe dort
- Vorsteuerabzug, Maßgeblichkeit geplanter Nutzung 323

Abzinsung
- Aufschiebend befristete Kaufpreiszahlungen 216

Abzugszeitpunkt der Vorsteuer, siehe Vorsteuerabzug

AfA
- Gebäude-AfA, siehe dort

AfA-Vernichtung durch Vorbehaltsnießbrauch 181

Alterseinkünftegesetz 142

Anbau
- Vorsteuerabzug 333

Änderung der Verhältnisse
- Vorsteuerkorrektur 353

Angehörige
- Privates Veräußerungsgeschäft, siehe dort

Anrechnung
- Gewerbesteueranrechnung, siehe Gewerbesteuer
- Schenkungsteueranrechnung, siehe Schenkungsteuer

Anschaffung
- Teilentgeltliche Anschaffung 59

Anschaffungskosten
- Nachträgliche 188

Anschaffungsnahe Aufwendungen
- Vorsteuerabzug, siehe dort

Anschaffungsjahr, nichtunternehmerische Nutzung 310

Anschaffung
- teilentgeltliche 59

Anschaffungskosten
- Nachträgliche bei Ablösung Nießbrauch 217 f.

Anwachsung
- Grunderwerbsteuer, siehe dort

Arbeitszimmer
- Privates Veräußerungsgeschäft, siehe dort

Aufschiebend bedingte Kaufpreiszahlungen 216

Aufschiebend bedingter Nießbrauch 178

Aufteilungsmaßstab
- Bindung an gewählten Aufteilungsmaßstab, siehe Vorsteuer
- Vorsteuerabzug, siehe Vorsteuer

Aufzug 335

Ausbaukosten 332

Ausgangsumsatz, siehe Vorsteuer

Ausgliederungsmodell 111
- Übertragung auf Schwester-Personengesellschaft 111

Auskunft
- Verbindliche Auskunft, siehe dort

409

Stichwortverzeichnis

Auskunftspflicht, Geschäftsveräußerung 290
Auslagerung von Betriebsvermögen 96, 111 f.
- Zeitraum schädlicher Auslagerung 97
Ausland
- Veräußerungsrente, ausländischer Leistungsempfänger 141
Auslagerung
- Gesamtplanrechtsprechung, schädliche Verfügung 97
- Doppelstöckige Personengesellschaft, Unschädlichkeit der Auslagerung 98
Außenanlage 332
Ausweichgestaltungen
- Geschäftsveräußerung
  - Nachträgliche Option bei irrtümlich unterstellter Geschäftsveräußerung 301
- Vertragsgestaltung, siehe dort

B

Bauabschnitt
- Privates Veräußerungsgeschäft 260
Baufortschritt
- Gebäudenutzung nach Baufortschritt 355
Baugenehmigung 327
Baumaßnahmen
- Anwendung der 4.000 €-Grenze bei Erhaltungsaufwand 57
Behaltefrist, Familienheim 264
Berichtigung
- Geschäftsführerleistung, nachträgliche Entdeckung der Umsatzsteuerpflicht 77
- Vorsteuerabzug als Betriebsausgaben/ Werbungskosten, unterlassener 74
Besitzpersonengesellschaft 115
Besitzunternehmen, siehe Betriebsaufspaltung
Bestandskraft, siehe formelle Bestandskraft
Besteuerungswahlrecht
- Veräußerungsrente, siehe dort
Besteuerungszeitpunkt, § 23 EStG 248

Beteiligungen 160
Betrieb
- Überschuldung 120
Betriebsaufgabe
- Betriebsaufspaltung, siehe dort
Betriebsaufspaltung
- Beendigung 32
  - Unentdeckte Beendigung 33
- Besitzeinzelunternehmer 46
- Besteuerungsrisiko 32
- Betriebsaufgabe des Besitzunternehmens 35
- Betriebsgesellschaft, Übertragung auf KG 39 f.
- Geschäftsveräußerung 288
- Grundstücke als Betriebsvermögen des Besitzunternehmens 45
- Miteigentum, Betriebsvermögen des Besitzunternehmens 46
- Mittelbare Beteiligung, Fortbestand Betriebsaufspaltung 42
- Mitunternehmerische Betriebsaufspaltung 80, 113
  - Behandlung im Erbfall 116
  - Nachgelagerte Entstehung 114
  - Sperrfrist, Verletzung 115
  - Vor- und Nachteile 116
- Personelle Verflechtung 32
- Sachliche Verflechtung, mittelbare 35
- Übertragung Besitzunternehmen auf KG keine Betriebsaufgabe 42
- Umstrukturierung, Bedeutung der Betriebsaufspaltung 33
- Verbindlichkeiten des Besitzunternehmens 43 f.
- Verwaltungsgebäude 32 (Fußnote)
- Weitervermietung durch Besitzunternehmen 46
Betriebseinnahmen
- Vorsteuerkorrektur 73
- Nachträgliche Betriebseinnahmen, siehe dort
Betriebseröffnung
- Eintragung der GmbH & Co. KG ins Handelsregister 4
Betriebsgesellschaft, siehe Betriebsaufspaltung

Stichwortverzeichnis

Betriebsgrundlagen 32
- Sonderbetriebsvermögen, siehe dort
- Wesentliche Betriebsgrundlagen, siehe dort

Betriebsveräußerung
- Veräußerungsrente, siehe dort

Betriebsvermögen
- Einbringung von Immobilien, siehe „Einbringung"
- Schenkungsteuerliche Privilegierung; siehe Schenkungsteuer
- Vorbehaltsnießbrauch an Immobilien 198

Betriebsvorrichtung
- Gewerbesteuer, Schädlichkeit für Kürzung 81

Bilanz
- Bilanzrechtsmodernisierungsgesetz 53
- Ergänzungsbilanz, siehe dort
- Handelsbilanz, siehe dort
- Maßgeblichkeit, umgekehrte 50
- Rücklage § 6b, Darstellung 50 f.

Billigkeitsregelung
- Sachliche Billigkeit, siehe dort

Buchwerteinbringung 92
Buchwertfortführung 200
- Besitzunternehmen, Übertragung 34, 40

Bürogebäude, siehe „Gebäude"

D

Dachgeschossausbau, Vorsteuerabzug 338
Dauernde Last 143
- Abgrenzung zur Rente 151
- Risiken gegenüber Leibrente 151
- Zivilrechtliche Risiken 151
Dispositionsfreiheit 25
Doppelgesellschaft, siehe mitunternehmerische Betriebsaufspaltung
Dreijahresfrist 61
- Einlagen 15, 16
- Erhaltungsaufwand, siehe dort
Dreiobjektgrenze 30
Doppelstöckige Personengesellschaft

- Auslagerung wesentlicher Betriebsgrundlagen, Unschädlichkeit 98
- Schädlichkeit für Gewerbesteuerkürzung 82

E

Ehegatten
- Nießbrauchsvorbehalt, Gebäude-AfA 178
- Nießbrauchsvorbehalt, Schenkungsteuer 179
Eigengenutzter Wohnraum 152
- Privates Veräußerungsgeschäft 226
- Rechtsentwicklung, Umsatzsteuer 341
- Umsatzsteuerliche Behandlung nach dem Jahressteuergesetz 2010 347
- Änderung der Verhältnisse 347
- Kein Vorsteuerabzug 347
- Veräußerung 347
- Wegfall steuerpflichtiger Wertabgabe 347
- Zeitliche Anwendung 348
- Zuordnung zum Unternehmen 348, 349
Einbringung
- Buchwerteinbringung, siehe dort
- Schenkungsteuerliche Behandlung der Einbringung in KG 84
- Überblick zur Vorteilhaftigkeit entgeltlicher oder unentgeltlicher Immobilieneinbringung 68
- Umsatzsteuerliche Behandlung der Einbringung in KG 69 f.
- Behandlung der aufnehmenden KG 72
- Einbringung steuerfrei vermieteter Immobilien 69
- Einbringung steuerpflichtig vermieteter Immobilien 69
- Fiktive Lieferung 71
- Geschäftsveräußerung, siehe dort
- Umsatzsteuerbare Lieferung 71
- Vorsteuerkorrektur nach § 15a UStG 70
Einheitstheorie 123

411

Stichwortverzeichnis

- Veräußerungsgewinn 95
- Trennungstheorie, siehe dort
Einkommensteuerpflicht 150
Einkunftserzielungsabsicht 55
Einlage ins Betriebsvermögen
- Abgrenzung zur Veräußerung 19 f.
- Bewertung 15
- Dreijahresfrist 16
- Einbringung, siehe dort
- Gesamthandsvermögen einer KG
  - Einlage vor dem 1.7.2009 14
  - Einlage nach dem 30.6.2009 19
- Gewährung von Gesellschaftsrechten 20
- Privates Veräußerungsgeschäft, siehe dort
- Steuerneutrale Einlage 14
- Überführung ins Betriebsvermögen, siehe dort
- Veräußerung nach Einlage 18
- Verbindlichkeiten, siehe Finanzierungszusammenhang
- Verdeckte Einlage, siehe dort
- Zusammenhang mit KG-Gründung oder Kapitalerhöhung 25
Einmann-GmbH & Co. KG 24
Einmalig verwendete Wirtschaftsgüter
- Vorsteuerkorrektur 352, 358
Empfehlungen
- Geschäftsveräußerung 305
Entnahmen
- Gleichstellung mit Lieferung 344 f.
- Grundstücksentnahme; siehe Grundstück
- Sonderbetriebsvermögen, Entnahme im Erbfall 109
- Vermeidung Entnahmegewinn, Sonderbetriebsvermögen 110,
- Vorbehaltsnießbrauch 103
- Vorbehaltsnießbrauch am Sonderbetriebsvermögen, keine Entnahme 201, 202
- Zwangsentnahme 109
Erbauseinandersetzung
- Sperrfristverletzung 162
Erbengemeinschaft 109
Erbfall

- Nachfolgeklausel, siehe dort
- Qualifizierte Nachfolge, siehe dort
- Schuldzinsenabzug bei Mischnachlass 213
- Sonderbetriebsvermögen, Risiko im Erbfall 109
- Umsatzsteuer 351
- Weichende Erben 110
Ergänzungsbilanz
- Negative Ergänzungsbilanz, siehe dort 36, 50, 54 f.
Erhaltungsaufwand
- Bagatellgrenze von 4.000 € 57
- Dreijahersfrist 56
- Entstehung vor Einbringung in KG 55
- Entstehung nach Einbringung in KG 56
- Jährlich üblicherweise entstehender Aufwand 56
- Nichtaufgriffsgrenze (Fußnote) 56
- Teilentgeltliche Veräußerung 61
- Umsatzsteuer 56, 57
Ertragsanteil einer Rente 136
Ertragsanteilstabelle 137
Ertragsnießbrauch, keine Mitunternehmerschaft 130
Ertragsteuer
- Vorsteuer
  - Korrektur gem. § 15a UStG 346
Ertragswert
- Schenkungsteuer, siehe dort

F

Familienheim, siehe Schenkungsteuer
Fehlerkorrektur, siehe Berichtigung
Fertigstellung
- Leerstand 327, 329
- Privates Veräußerungsgeschäft 259
- Zuordnungsentscheidung, siehe Zuordnung zum Unternehmensvermögen
Festsetzungsverjährung 23 (Fußnote)
Finanzamt
- Überwachung Vorsteuerberichtigung 290
Finanzierungszusammenhang zur eingelegten Immobilie

Stichwortverzeichnis

- Bestehender
  Finanzierungszusammenhang 8
- Erbfall 213
- Fehlender
  Finanzierungszusammenhang 8, 63
Finanzmathematische Grundsätze 137
Forderungsausfall 252
Formelle Bestandskraft 293, 300
Formwechsel
- Grunderwerbsteuer, siehe dort
Fruchtziehungsrecht 126
Funktionale Betrachtung, Sonderbetriebsvermögen 90
Funktionszusammenhang, Vorsteuerkorrektur 352

G

Garantie
- Verkäufergarantie bei
  Geschäftsveräußerung 304
Gebäude
- Anbau, siehe dort
- Arbeitszimmer, siehe dort
- Aufzug, siehe dort
- Bauabschnitt, getrennter, siehe dort
- Bürogebäude 328
- Dachgeschossausbau, siehe dort
- Erhaltungsaufwand, siehe dort
- Fertigstellung, siehe dort
- Gebäude-AfA, siehe dort
- Gebäudeleerstand 329
- Herstellungskosten, siehe dort
- Rohbau, siehe dort
Gebäude-AfA
- Eigentümer, Nießbrauch am
  Betriebsvermögen 198
- Innerhalb und außerhalb
  Dreijahresfrist 16
- Hinzurechnungsgebot bei § 23
  EStG 13
- Nach Einlage ins
  Betriebsvermögen 16
- Nießbrauch, Bedeutung
  für Gewinnverteilung mit
  Kommanditist 128
- Nießbrauchbelastete Immobilie 66

- Nießbraucher als
  Gesamtberechtigte 104, 178
- Privates Veräußerungsgeschäft, siehe dort
- Realisierte stille Reserven als
  Bemessungsgrundlage 17
- Schöpfung neuen AfA-Potentials 28
- Teilentgeltliche
  Immobilienübertragung 176
- Vorbehaltsnießbrauch
  - Nachträgliche AK bei
    Ablösung 188, 217 f.
  - Nießbrauchsvorbehalt zugunsten von
    Ehegatten 178
  - Steigerung von Gebäude-AfA 177
  - Veräußerung, keine AfA-Minderung
    in Höhe des Entgelts 208
  - Vernichtung von AfA-Potential 181
- Wahlrecht, siehe dort
- Wechsel AfA-Methode 29
- Wegfall der Gebäude-AfA 104
Gebäudeerrichtung in Bauabschnitten 260
Gebäudeteil 239
Geldbestand 161
Gemeiner Wert 155
Gemischt-genutztes Grundstück
- Mehrere Leistungen als ein
  Berichtigungsobjekt 335
- Vorsteuerabzug, siehe Vorsteuer
Geplante Nutzung, Vorsteuerabzug 323
Gesamtberechtigte als Nießbraucher 104, 178
Gesamthand
- Grunderwerbsteuer, siehe dort
Gesamthänderisch gebundene Rücklage 21, 23
Gesamtplanrechtsprechung 25
- Ausgliederung von
  Wirtschaftsgütern 112
- Doppelstöckige Personengesellschaft, Unschädlichkeit
  der Auslagerung 98
- Sonderbetriebsvermögen,
  zurückbehaltenes 96
- Sonderbetriebsvermögen, Überführung
  in anderes Betriebsvermögen 96

413

Stichwortverzeichnis

Gesamtrechtsnachfolger, Umsatzsteuer 351
Geschäftsführer
– Haftungsvergütung 77
– Leistung an Gesellschaft, umsatzsteuerliche Behandlung 77
Geschäftsgrundstück 166
Geschäftsveräußerung, Umsatzsteuer
– Abgabenrechtlicher Begriff, keine Übereinstimmung 279
– Absicht des Erwerbers zur Fortführung 280
– Auskunftspflicht des Veräußerers 290
– Betriebsaufspaltung 288
– Betriebsveräußerung, Begriff
  - Abgrenzung zum Ertragsteuerrecht 278
  - Abgrenzung zur abgabenrechtlichen Betriebsveräußerung 278
– Büroinventar 286
– Einbringung von Immobilien in KG 71
– Empfehlung bei unklaren Sachverhalten 305
– EuGH-Vorlage zur Geschäftsveräußerung 280
– Fortführung durch den Erwerber 280
  - Absicht des Erwerbers zur Fortführung 280
  - Erfolglose Fortführung 280
  - Veränderte Fortführung, Unschädlichkeit 280
– Gescheiterte Vermietung durch Veräußerer 280
– Irrtümliche Behandlung 291 f.
  - Geschäftsveräußerung anstatt Grundstückslieferung 299 f.
  - Grundstückslieferung anstatt Geschäftsveräußerung 291 f.
– Immobilien als Gegenstand der Geschäftsveräußerung 282 f.
  - Eigengenutzte Immobilie 283
  - Gemischt-genutzte Immobilie 283
  - Identität der Immobiliennutzung 284
  · Fehlende Übernahme bestehender Mietverträge 285

· Fehlende Übernahme von Büroinventar 286
· Fehlende Übernahme von Wartungsverträgen 285
· Leerstehende Immobilie 286
· Neuer Pachtvertrag 285
· Nutzungswechsel 284
· Rohbau 286
· Teilweiser Leerstand 286
- Veräußerung der einzigen Immobilie 282
- Veräußerung einer von mehreren Immobilien 282
- Veräußerung von Umlaufvermögen 282
– Irrtum
  - Irrtümlich unterstellte Geschäftsveräußerung 299
  · Nachträgliche Option 301
  · Umsatzsteuerpflichtige Nutzung durch den Veräußerer 299
  · Verfahrensrechtliche Hinweise zur Option 301
  - Irrtümlich unterstellte Grundstückslieferung 291
  · Umsatzsteuerpflichtige Nutzung durch Veräußerer 291
  · Umsatzsteuerfreie Nutzung durch Veräußerer 295
  · Überblick 306
– Leerstand 286
  - Teilweiser Leerstand 286
– Nutzungsidentität 284
– Nutzungswechsel 284
– Organschaft 288
– Partielle Geschäftsveräußerung 287
– Pachtvertrag
  - Fehlende Übernahme 285
  - Neuer Pachtvertrag 285
– Rechtsstellung des Erwerbers 281
– Rohbau 286
– Stilllegung 280
– Überblick zu Einzelfällen 289
– Unentgeltliche Geschäftsveräußerung 303
– Überwachung durch Finanzverwaltung 290

Stichwortverzeichnis

- Verkäufergarantie 304
- Vorratsvermögen 282
- Zurückbehaltene Wirtschaftsgüter 280
- Zuständige Finanzbehörde 278
Gescheiterte Unternehmensgründung, siehe Vorsteuerabzug
Gesellschafterwechsel
- Grunderwerbsteuer, siehe dort
Gesellschaftsrechte
- Gewährung gegen Immobilieneinbringung 5, 20 f.
- Gewährung, umsatzsteuerliche Behandlung 76
- Privates Veräußerungsgeschäft 244
Gesetzeslücke 254
Gestaltungshinweis
- Gestaltungswahlrecht, siehe dort
- Grundstückslieferung im Grenzbereich zur Geschäftsveräußerung 305
- Nießbrauch, Ablösung 189
- Nießbrauch und Verbindlichkeiten 184
- Nießbrauchs-KG, Schenkungsteuer 268
- Teilentgeltlicher Erwerb 184
- Überkreuzschenkung, Familienheim 267
Gestaltungsmissbrauch
- Familienheim, Schenkungsteuer 264
- Grunderwerbsteuer, siehe dort
- Vorbehaltsnießbrauch 177, 189
Gestaltungswahlrecht
- Verbindlichkeiten der GmbH & Co. KG 59
Gewerbesteuer
- Anrechnung auf die Einkommensteuer des Nießbrauchers 128
- „Ausschließliche" Verwaltung und Nutzung eigenen Grundbesitzes 81
- Doppelstöckige Personengesellschaft 82
- Erweiterte Kürzung bei KG 79, 80
- GmbH & Co. KG 79 f.
- Hinzurechnungen 137
- Kürzung von Gewinnausschüttungen 43
- Nebentätigkeit, schädliche 81

- Betriebsvorrichtungen 81
- Veräußerungsrente, Hinzurechnung 137
- Zebra-Gesellschaft, Beteiligung an 83
Gewerbliche Prägung
- Besitzpersonengesellschaft 117
- GmbH & Co. KG, siehe dort
Gewerblicher Grundstückshandel 30
- Dreiobjektgrenze, siehe dort
- Marktteilnahme, siehe dort
- Zählobjekt 31
Gewillkürtes Betriebsvermögen 160
Gewinnausschüttung
- Gewerbesteuerliche Kürzung 43
Gewinnverteilungsschlüssel 159
Gewinnverteilung zwischen Nießbraucher und Kommanditist 126
Gleichstellungsgeld 123
GmbH & Co. KG
- AfA bei nießbrauchbelasteten Immobilien 66
- Einmann GmbH & Co. KG 24
- Eintragung ins Handelsregister, Bedeutung 2
- Gewerbesteuer, siehe dort
- Gewerbliche Prägung, Kriterien 2
- Immobilieneinbringung, vor und nach Eintragung ins Handelsregister 4
- Immobilieneinbringung, Einbringungsvarianten 5
- Komplementär-GmbH, siehe dort
- Nicht gewerblich geprägte GmbH & Co. KG 5
- Nießbrauchbelastete Immobilien, Bilanzierung 66
- Sonderbetriebsvermögen 58
- Umsatzsteuerliche Behandlung der Einbringung, siehe Einbringung
- Veräußerung an die GmbH & Co. KG 28
- Verbindlichkeiten, Gestaltungswahlrecht 59
- Vorbehaltsnießbrauch, Vermietung an KG 64
- Weitervermietung von Immobilien 58
Grundbesitzwert, Ermittlung 166
Grunderwerbsteuer 276

415

Stichwortverzeichnis

– Anwachsung 361
– Einbringung in KG 78
– Formwechsel 363
- Sperrfrist 364
– Fünfjahresfrist 78
– Gesamthand 360
– Gesellschafterwechsel 360, 366
- Nach Einbringung der Immobilie 366
– Gestaltungsmissbrauch 367
– Übertragung von KG-Anteilen 152
– Verringerung der gesamthänderischen Beteiligung 78
– Vorbehaltsnießbrauch 225
Grundstück
– Entnahme, Umsatzsteuer 344 f.
- Keine Option 345
- Umsatzsteuerkorrektur, einkommensteuerliche Behandlung 346
– Erbfall 351
– Geschäftsveräußerung, siehe dort
– Grundstücksentnahme 344
– Grundstückssanierung 337
– Grundstücksschenkung, siehe dort
– Grundstücksteil 344, 321
– Grundstücksveräußerung 321, 347
– Unentgeltliche Übertragung 278, 289
Grundstückslieferung 276 f.
– Irrtümlicher Steuerausweis 292
– Kleinunternehmer 277
– Notarvertrag, Verzicht im 276
– Option, siehe dort
– Steuerschuldnerschaft, Leistungsempfänger 277
– Vertragsgestaltung 276
– Vorbehaltsnießbrauch, keine Lieferung 221
Grundstücksschenkung
– Vorbehaltsnießbrauch, Umsatzsteuer 350 f.
Grundstücksteil, siehe Grundstück
Grund und Boden 310
– Grundstückslieferung 310
Guter Glaube 327

H

Handelsbilanz, Rücklagenbildung 51
Herstellungskosten 333
Hinzuziehung, Geschäftsveräußerung 298

I

Immobilie
– Leerstehende Immobilie 356
Investitionsschlüssel, siehe Vorsteuer
Irrtum
– Steuerausweis bei Grundstückslieferung 292

J

Junges Verwaltungsvermögen 158, 165
Juristische Sekunde 109

K

Kalkulationsunterlagen
– Bedeutung für Vermietungsabsicht 327
Kapitalerhöhung
– Zusammenhang mit Immobilieneinbringung 25
Kapitalgesellschaft
– Rücklage nach § 6b EStG 51
– Verdeckte Einlage, siehe Privates Veräußerungsgeschäft
Kapitalisierungsfaktor 165, 166
Kapitalkonto
– Kapitalrücklagenkonto 14, 26
– Negatives Kapitalkonto, siehe dort
Kaufpreis
– Aufschiebend befristete Kaufpreiszahlungen 216
KG-Gründung 25
Kleinunternehmer
– Option bei Grundstückslieferungen 277
– Widerruf der Option 277
Kommanditanteil
– Erwerb schenkungsteuerlich nicht privilegierter Anteile 132

Stichwortverzeichnis

- Mitunternehmeranteil, siehe dort
- Schenkungsteuerliche Begünstigung, siehe Schenkungsteuer
- Sukzessive Anteilsübertragung 117
- Übertragung auf nachfolgende Generation 85 f.
  - Übertragungsvarianten 85
  - Zurückbehaltenes Sonderbetriebsvermögen 88
- Umsatzsteuerliche Behandlung der Übertragung 152
- Vorbehaltsnießbrauch 124 f.

Kommanditgesellschaft
- Nießbrauch zugunsten Kommanditgesellschaft 268 f.

Komplementär-GmbH
- Beteiligung am KG-Vermögen 6, 84
- Sonderbetriebsvermögen, wesentliches 90

Korrespondierende Besteuerung 297
Kosten der Lebensführung 346
Kunstgegenstände 160

L

Ladeneinbauten 257
Lebensmittelpunkt, Familienheim 264
Leerstand
- Immobilie 286, 289, 326
- Nach Fertigstellung 326

Leibrente
- Wechsel zur dauernden Last 151

Leistungsbezug vor und im VZ tatsächlicher Verwendung 323, 324
Liebhaberei (Fußnote) 59
Lieferung
- Abgrenzung zur Geschäftsveräußerung 278 f.
- Fiktive Lieferung 71
- Grundstückslieferung, siehe dort
- Vorbehaltsnießbrauch 350 f.

Liquidation 40
Liquidationswert 160

M

Maklerauftrag

- Bedeutung für Vermietungsabsicht 327

Marktteilnahme 31
Maschinen, Geschäftsveräußerung 288
Materielle Bestandskraft 293
Mischnachlass, Zinsabzug 213
Miteigentum
- Betriebsvermögen des Besitzunternehmens 46
- Miteigentumsanteil, siehe dort
- Privates Veräußerungsgeschäft, siehe dort
- Vorsteuerabzug, siehe Vorsteuer

Miteigentumsanteil
- Privates Veräußerungsgeschäft 262
- Übertragung, § 15a UStG 354

Mittelbare Grundstücksschenkung 264

Mitunternehmer
- Ertragsnießbrauch, keine Mitunternehmerschaft 130
- Fehlende Mitunternehmerschaft 131
- Kommanditist als Mitunternehmer bei Nießbrauchsbelastung 125
- Mitunternehmerinitiative 125
- Mitunternehmerrisiko 125
- Nießbraucher und Kommanditist, laufende Besteuerung 126
- Unteilbarkeit der Mitunternehmerstellung 132
- Vollrechtsnießbraucher als Mitunternehmer 130
- Vorbehaltsnießbraucher als Mitunternehmer 129

Mitunternehmeranteil
- Mitunternehmeranteil iSd. § 6 Abs. 3 EStG 86 f.
- Sonderbetriebsvermögen als Bestandteil 87
- Negatives Kapitalkonto 120
- Sperrfrist bei Übertragung 91
- Sukzessive Übertragung 117 f.
- Teilentgeltliche Übertragung 119
- Unteilbarkeit der Mitunternehmerstellung 132
- Veräußerung 119

Mitunternehmerinitiative 125
Mitunternehmerrisiko 125

417

Stichwortverzeichnis

Mitunternehmerische Betriebsaufspaltung 80, 111, 113 f.
– Erbfall 116
– Nachgelagerte Entstehung 114
– Vor- und Nachteile 116
Mietwohngrundstück 166

N

Nachfolge
– Erbfolge, siehe dort
Nachfolgeklausel
– Sonderbetriebsvermögen 99
Nachholung
– Keine Nachholung unterlassenen Vorsteuerabzugs als Werbungskosten/Betriebsausgabe 73
Nachsteuer
– Sperrfristverletzung bei Schenkungsteuer 163
– Vorzeitiger Wegfall des Nießbrauchs 170
Nachträgliche Anschaffungskosten/Herstellungskosten
– Ablösung Vorbehaltsnießbrauch 177, 188
– Vorsteuer, Aufteilung 333
Nachträgliche Baumaßnahmen 333
– Anbau, siehe dort
Nachträgliche Betriebseinnahmen, siehe Veräußerungsrente
Nachzahlungszinsen 299
Negative Ergänzungsbilanz 36
– Rücklage nach § 6b EStG 54
Negatives Kapitalkonto 120
– Teilentgeltlicher Erwerb 120
– Überschuldung 120
Neubau 256
Nichtanwendungserlass
– Investitionsschlüssel 334
Nicht betriebsnotwendiges Vermögen 160, 165
– Immobilie 168
Nichtunternehmensvermögen
– Überführung durch Wegfall Nießbrauch 223
Nießbrauch

– Ablösung, entgeltlich 186
– Aufschiebend bedingter Nießbrauch 178, 180
– Ertragsnießbrauch 130
– Gebäude-AfA, Bedeutung für Gewinnbeteiligung 128
– Gesamtberechtigte als Nießbraucher 104
– Gewinnverteilung zwischen Nießbraucher und Kommanditist 126
– Nutzungsrecht, siehe dort
– Privates Veräußerungsgeschäft, siehe dort
– Vermächtnisnießbrauch, siehe dort
– Vollrechtsnießbrauch, siehe dort
– Vorbehaltsnießbrauch, siehe dort
– Zuwendungsnießbrauch, siehe dort
Notarvertrag 276
Nutzfläche
– Kriterium wirtschaftlicher Zuordnung 334, 337
Nutzflächenverhältnis
– Vorsteuerabzug siehe dort
Nutzung
– Fertigstellung, siehe dort
– Nichtunternehmerische Nutzung 310
Nutzungsänderung 306, 311
Nutzungsidentität 284
Nutzungsrecht
– Sperrfristverletzung 162
Nutzungs- und Funktionszusammenhang 239, 258
Nutzungswertbesteuerung 259

O

Objektverbrauch
– Familienheim, Schenkungsteuer 264
Option zur Umsatzsteuerpflicht
– Ertragsteuerliche Auswirkung 301
– Geplante Option, Bedeutung 328
– Geschäftsveräußerung, nachträgliche Option 301
– Grundstückslieferung 276 f.
  - Abgrenzung zur Geschäftsveräußerung 278 f.
  · Option zur Steuerpflicht und

Stichwortverzeichnis

Widerruf 302
· Nachteile für den Erwerber 276
– Kleinunternehmer
 · Risiken der Option 277
– Nachträgliche Option
 - Grundstückslieferung 301
– Teiloption, siehe dort
– Widerruf der Option
 - Widerruf im Notarvertrag 276, 302
– Zeitliche Begrenzung der Option 302
Organschaft 288

P

Pachtvertrag
– Fehlende Übernahme bei Geschäftsveräußerung 285
Personengesellschaft
– Doppelstöckige Personengesellschaft, siehe dort
– Gesellschafterwechsel, siehe dort
– Kommanditanteil, siehe dort
– Mitunternehmerische Betriebsaufspaltung, siehe dort
– Schwester-Personengesellschaft 111
Pflegebedürftigkeit, Familienheim 265
Privates Veräußerungsgeschäft
– Abfindung Nießbrauch 186
– Angehörige, Nutzung durch 230
– Anwendungsbereich des § 23 EStG 9
– Arbeitszimmer, Schädlichkeit 235
– Bauabschnitt 260
 - Nachträgliche Erweiterung fertiger Bauabschnitte 261
– Besteuerungszeitpunkt 248
– Eigengenutzte Immobilien 10, 190, 226 f.
 - Arbeitszimmer, Schädlichkeit 235
 - Eigennutzung bis zur Veräußerung 233, 236
 - Eigennutzung im Dreijahreszeitraum 191
 - Entbehrlichkeit ausschließlicher Eigennutzung 239
 - Intensität der Eigennutzung 233
 - Nachträgliche Erweiterung des eigengenutzten Wohnteils 229

 - Nutzung durch Angehörige 230
 - Verlagerung eigengenutzter Flächen 241
 - Vorbehaltsnießbrauch, Bedeutung 190
– Einlage ins Betriebsvermögen 242 f.
– Entnahme zuvor eingelegter Immobilien 254
– Fertigstellung 259
– Gebäude-AfA 12, 13, 185, 197
– Gebäudeerrichtung
 - Einbeziehung fertiggestellter Gebäude 257
 - Errichtung in Bauabschnitten 260
 - Errichtung innerhalb 10-Jahresfrist 256
– Gemischt-genutzte Immobilie 10, 228 f.
 - Teilfertigstellung 258
– Hinzurechnung Gebäude-AfA 185
– Kapitalgesellschaft, verdeckte Einlage 253
– Miteigentum 231, 262
– Nachträgliche Erweiterung fertiggestellter Bauabschnitte 261
– Neubauten, Einbeziehung 256 f.
– Nießbrauch, Wegfall 183
– Nutzungswechsel 194
– Schuldzinsen als Werbungskosten 193 f.
– Teilentgeltlich erworbene Immobilie 11, 263
– Teilentgeltliche Veräußerung 245
– Teilfertiggestellte gemischt-genutzte Gebäude 258
– Verdeckte Einlage 242, 253
– Veräußerung nach Einlage ins Betriebsvermögen 18, 242 f.
– Veräußerungsgewinn, Ermittlung und Besteuerungszeitpunkt 247 f.
– Veräußerungsgewinn, Ermittlung 12, 13, 14, 193 f.
 - Veräußerungskosten 251
 - Forderungsausfall 252
– Vorbehaltsnießbrauch 183
 - Entgeltliche Ablösung 186
 - Keine begünstigte

419

Stichwortverzeichnis

Selbstnutzung 190 f.
- Werbungskosten 250
  - Abzugszeitpunkt 196
  - Veräußerungskosten 251
- Wertschöpfung durch Wegfall Nießbrauch 183
- Wohnungsausstattung 12

Q

Qualifizierte Nachfolge 110
Quotennießbrauch 133
- Vorbehaltsnießbrauch, siehe dort

R

Ratenzahlung
- Betriebsveräußerung, Besteuerungswahlrecht 140

Rechtsentwicklung
- Eigengenutzter Wohnraum, Vorsteuerabzug 341
- Geschäftsveräußerung, Fortführung 280
- Grundstücksentnahme, Umsatzsteuer 344 f.
- Organschaft 288
- Vorsteueraufteilung 331 f.

Rechtsirrtum
- Entdeckung nach Verjährungseintritt 297
- Irrtümlich nicht erkannte Geschäftsveräußerung 291 f.
- Irrtümlich unterstellte Geschäftsveräußerung 299

Rechtsprechung, Entwicklung
- Ablösung Nießbrauch 187
- Vorsteuerabzug, Aufteilungsmaßstab 331

Rechtsvorgänger 181
Renten
- Dauernde Lasten, siehe dort
- Unterhaltsleistungen, siehe dort
- Versorgungsleistungen, siehe dort

Rentenabfindung 140
Rentenbarwert 137

Rentenberechtigter
- Tod 139

Risiko
- Dauernde Last, zivilrechtliche Risiken 151
- Nachversteuerungsrisiko bei Wegfall Nießbrauch 171

Rohbau 332
Rückgängigmachung
- Verzicht auf Steuerbefreiung 301

Rücklage
- Gesamthänderisch gebundene Rücklage, siehe dort

Rücklagen nach § 6b EStG
- Änderungen durch das Jahressteuergesetz 2010 49
- Anlagevermögen 48
- Betriebsveräußerung 48
- Bilanzielle Darstellung
  - Verwaltungsauffassung bis zum 31.3.2008 50
  - Verwaltungsauffassung nach dem 31.3.2008 51
  - Verwaltungsauffassung nach BilMoG 52
- Identität zwischen veräußertem und angeschafftem Wirtschaftsgut 54
- Jahressteuergesetz 2010, Änderungen 49
- Nachträgliche Einkünfte 48
- Reinvestition 48
- Veräußerungsgewinn 48
- Voraussetzungen der Bildung 48

Rücklagenkonto
- Einlage gegen Gutschrift auf Rücklagenkonto 23
- Gesamthänderisch gebundenes Rücklagenkonto 21, 27
- Gesellschafterbezogenes Rücklagenkonto 27
- Gutschrift bei mehreren Gesellschaftern 27
- Gewinnrealisierung durch Sperrfristverletzung 91

S

Sachliche Billigkeit
- Erbfall 351

Sachwertverfahren, Grundstücksbewertung 166

Sanierung, Grundstück 337

Schädliche Auslagerung 97

Schenkung
- Immobilieneinbringung in GmbH & Co. KG 84
- Negatives Kapitalkonto 120
- Unentgeltliche Geschäftsveräußerung 289
- Zuwendung an eigene GmbH 84

Schenkungsteuer
- Anrechnung auf Einkommensteuer 189
- Aufschiebend bedingter Nießbrauch 104
- Betriebsvermögen, Bewertung 164 f.
  - Substanzwert als Wertuntergrenze 164
  - Unternehmerlohn 165
  - Vereinfachtes Ertragswertverfahren 164, 270 f.
- Bewertungsabschlag 154
- Ehegattennießbrauch 179
- Ertragswert
  - Kumulativer Ansatz des nicht betriebsnotwendigen Vermögens 161
- Familienheim 264 f.
  - Schenkungsteuerfreie Übertragung 264
    · Gewerbliche Mitbenutzung 264
    · Keine Behaltefrist 264
    · Umfang der Steuerbefreiung 264
  - Überkreuzschenkung 267
  - Übertragung durch Erbfolge 265
  - Verschenken oder Vererben 266
  - Vorbehaltsnießbrauch 265
- Grundbesitz, Bewertung 166
  - Nachweis niedrigerer Wert 166
- Immobilieneinbringung in KG 84
- Junges Verwaltungsvermögen 158
- KG-Anteile, Übertragung 153 f.
- Lohnsumme 154
- Mitunternehmerstellung
  - Teilbarkeit der Mitunternehmerstellung 133
  - Unteilbarkeit der Mitunternehmerstellung 132
- Nießbrauchs-KG 269 f.
  - Ertragswertverfahren, Anwendung 270 f.
  - Verschonungsregelung 274
  - Verwaltungsvermögenstest 272
- Nicht betriebsnotwendiges Vermögen 160
  - Immobilien 168
  - Junges Verwaltungsvermögen, Verhältnis 161
- Kommanditanteil, Erwerb nicht privilegierter Anteile 132
- Kommanditanteil, getrennte Beurteilung geschenkter und vorhandener Anteile 133
- Kommanditanteil, schenkungssteuerliche Begünstigung 153 f.
  - Sonderbetriebsvermögen
    · Bildung im Zuge der Übertragung 169
    · Vorbehaltsnießbrauch 169
  - Sukzessive Anteilsübertragung 173
  - Verschonungsabschlag und Abzugsbetrag 154
  - Verwaltungsvermögenstest 157, 272
  - Verwaltungsvermögen, schädliches 155,156
    · Junges Verwaltungsvermögen, siehe dort
  - Verwaltungsvermögenstest 157 f.
    · Sonderbetriebsvermögen 159
  - Vollverschonung 154, 274
  - Vorbehaltsnießbrauch am Sonderbetriebsvermögen 170, 203
- Nachsteuer
  - Keine Anwendung des Ertragswertverfahrens 170
  - Versorgungsleistung, keine Nachsteuer bei Wegfall 205

Stichwortverzeichnis

- Wegfall Vorbehaltsnießbrauch 171
- Nachversteuerungsrisiko bei vorzeitigem Wegfall des Nießbrauchs 171
- Nicht betriebsnotwendiges Vermögen 165
- Nießbrauch
  - Aufschiebend bedingter Nießbrauch 180
  - Tod des Nießbrauchers als Besteuerungsrisiko 204
  - Zugunsten Ehegatten als Gesamtberechtigte 179
  - Zugunsten einer KG 268 f.
- Schuldübernahme, kein Abzug bei fortlaufender Tilgung durch Schenker 215
- Sonderbetriebsvermögen 159
  - Verwaltungsvermögenstest 159
- Sperrfrist, Verletzung 162
  - Nachsteuer bei Verletzung 163
- Vereinfachtes Ertragswertverfahren 164
- Verschonungsabschlag 154
- Versorgungsleistungen, keine Nachsteuer bei Tod des Berechtigten 205
- Verwaltungsvermögen 155
  - Schädliches Verwaltungsvermögen 155
- Vorbehaltsnießbrauch 203
- Widerrufsvorbehalt bei Schenkung 267
- Zuwendung an eigene GmbH; siehe Schenkung

Schuldübernahme 181
Schuldzinsen
- Abzug nach Wegfall des Nießbrauchs 212
- Aufschiebend bedingter Schuldenübergang 211
- Entgeltliche bzw. teilentgeltliche Grundstücksübertragung 209
- Erbfall und Mischnachlass 212
- Private Schulden, Übernahme 211
- Privates Veräußerungsgeschäft, siehe dort

- Teilentgeltliche Übertragung 209
- Vorbehaltsnießbrauch 206 f.
  - Ablösung des Nießbrauchs 220
  - Abzug beim Nießbraucher 207
  - Kein Abzug beim Eigentümer 206
  - Tod des Nießbrauchers 212
  - Zurückbehaltene Schulden 212
- Zuwendungsnießbrauch, kein Abzug 208
Selbstnutzung
- Familienheim 264 f.
Sonderbetriebsvermögen
- Betriebsaufspaltung 35
- Erbfall, Risiko eines Entnahmegewinnes 109
- Funktionale Betrachtung 90
- Gesamtplanrechtsprechung, siehe dort
- Gesonderte Übertragung als Einzelwirtschaftsgut 170
- Mitunternehmeranteil 87
- Nachfolgeklausel, siehe dort
- Notwendiges 36
- Qualifizierte Nachfolge 99
- Schenkungsteuer, siehe dort
- Sukzessive Anteilsübertragung 117
- Übertragung, überquotal und quotenidentisch 93, 94
- Verbindlichkeiten, siehe dort
  - Zurückbehaltene Verbindlichkeiten im Sonderbetriebsvermögen 107
- Vermeidung entgeltlicher Übertragung 23
- Verwaltungsvermögenstest 159
- Vorbehaltsnießbrauch 169, 199
- Wesentliche Betriebsgrundlage 90
- Wesentliches Sonderbetriebsvermögen 89
- Zurückbehaltenes Sonderbetriebsvermögen, quotal oder überquotal 88
Sperrfrist
- Siebenjährige Sperrfrist 34
- Sonderbetriebsvermögen, dreijährige Sperrfrist 94
- Übertragung nach § 6 Abs. 3 EStG 91, 200
- Übertragung nach § 6 Abs. 5 EStG 41

Stichwortverzeichnis

- Verletzung, mitunternehmerische Betriebsaufspaltung 115
- Verletzung, Familienheim 265
- Vorbehaltsnießbrauch, Vermeidung Sperrfrist 100

Steuerfreiheit
- Grundstückslieferung 276 f.
- Grundstücksschenkung 322
- Wertabgabe, eigengenutzte Wohnung 324, 342

Steuerschuldner
- Grundstückslieferung 276, 301
- Risiken beim Kleinunternehmer 277

Stille Reserven
- Teilrealisierung 121
- Vorbehaltsnießbrauch, keine 118

Substanzwert, siehe Schenkungsteuer
Sukzessive Anteilsübertragung 117

T

Tausch 34, 244
Technik, Vorsteuerberichtigung 359
Teilbarkeit der Mitunternehmerstellung, siehe Schenkungsteuer
Teilentgeltlicher Erwerb
- Behandlung des Erwerbers 123, 218
- Gestaltungshinweis 184
- Privates Veräußerungsgeschäft, siehe dort
- Schuldzinsenabzug 214
- Vorbehaltsnießbrauch 176

Teilentgeltliche Veräußerung
- Buchwert, Entgelt bis zur Höhe des Buchwerts 122
- Einheitstheorie, siehe dort
- Erhaltungsaufwand iSd. § 6 Abs. 1 Nr. 1a EStG 61
- Mitunternehmeranteil 119
- Negatives Kapitalkonto 120
- Trennungstheorie, siehe dort

Teilfertigstellung 258
Teiloption 353
Teleologische Reduktion 117
Tilgungsanteil 138

Tod
- Nießbraucher 102, 171, 198, 202
- Rentenberechtigter 139, 148
- Unternehmer 351
- Verschaffung der Verfügungsmacht (USt) 223

Trennungstheorie, Ermittlung Veräußerungsgewinn 95
- Einheitstheorie, siehe dort
- „Verschärfte" Trennungstheorie 95

U

Überführung ins Betriebsvermögen
- Gesellschaftsrechte 7
- Kapitalrücklage 7
- Kaufpreis 7
- Verbindlichkeiten 7, 8

Übergangsregelung
- Einlage gegen Gewährung von Gesellschaftsrechten 22
- Vorsteueraufteilung 336

Überschuldeter Betrieb 120

Übersichten
- Geschäftsveräußerung (USt) 289
- Rechtsirrtümliche Behandlung (USt) 306
- Mitunternehmeranteil, Sonderbetriebsvermögen 87
- Mitunternehmeranteil, Übertragungsvarianten 86
- Versorgungsleistungen, ausländischer Empfänger bzw. Verpflichteter 150
- Verwendungsabsicht, Bedeutung für Vorsteuerabzug 329
- Vorteilhaftigkeit unentgeltlicher bzw. entgeltlicher Einbringung von Immobilien 65
- Zuordnungsentscheidung (USt)
- Nutzungswechsel 321
- Rechtsfolgen 319

Übertragung
- Kommanditanteil, siehe dort
- Sonderbetriebsvermögen, siehe dort
- Sperrfrist, siehe dort
- Sukzessive Übertragung 117

Stichwortverzeichnis

- Wirtschaftsgüter, neutrale
  Übertragung 34
Überwachung, Vorsteuer 290
Umbaumaßnahmen 312
Umgekehrte Maßgeblichkeit 50
Umlaufvermögen
- Vorsteuerkorrektur 352
Umsatzsteuer
- Erbfall 351
- Geschäftsveräußerung, siehe dort
- Grundstücksschenkung, sehe dort
- Kleinunternehmer, siehe dort
- Nichtunternehmensvermögen
  - Überführung der Immobilie ins Nichtunternehmensvermögen 223
- Option, siehe dort
- Übertragung von KG-Anteilen 152 f.
- Umsatzsteuerpflicht, siehe dort
- Vorbehaltsnießbrauch 221 f.
  - keine Grundstückslieferung 221
  - Wegfall des Nießbrauchs als Lieferung 223
Umsatzsteuerpflicht
- Option, siehe dort
Umsatzsteuer-Voranmeldung
- Vorsteuerkorrektur bei Veräußerung 357
- Zuordnungsentscheidung 294
Umstrukturierung
- Bei bestehender Betriebsaufspaltung 33 f.
Umwandlung
- Besitzunternehmen, Einbringung nach § 24 UmwStG 36
- Bilanzielle Darstellung der Einbringung nach § 24 UmwStG 37 f.
  - Bruttomethode 38
  · Nettomethode 38
- Umwandlung nach § 24 UmwStG
  - Gegenstand der Einbringung 36
Umzäunung 257
Unanfechtbarkeit der Steuerfestsetzung 302
Unentgeltliche Geschäftsveräußerung 303
Unterhaltsleistungen 135
Unterlassener Abzug

- Berichtigung gem. § 129 AO 74
- Gezahlte Vorsteuer 73, 74
Unternehmer
- Tod des Unternehmers 351
  - Vorsteuerberichtigung 351
- Unternehmerlohn 165

V

Veräußerung
- Abgrenzung zur Einlage 19 f.
- Beendigung des Korrekturzeitraumes 297
- Teilentgeltliche Veräußerung, siehe dort
- Veräußerung an sich selbst 54
Veräußerungsgeschäft
- siehe Privates Veräußerungsgeschäft
- Vorsteuerkorrektur als Werbungskosten 75
Veräußerungsgewinn
- Steuerermäßigung 121
- Teilentgeltliche Veräußerung, siehe dort
- Trennungstheorie, siehe dort
Veräußerungskosten 251
Veräußerungsrente 136
- Abfindung des Rentenberechtigten 140
- Ausländischer Leistungsempfänger 141 f.
- Nachträgliche Betriebseinnahmen 136
- Tod des Rentenberechtigten 139
- Wahlrecht
  - Anwendungsbereich 140
  - Risiken der Wahlrechtsausübung 139
  - Sofortbesteuerung oder laufende Besteuerung 136 f.
Verbindliche Auskunft 26, 115
Verbindlichkeiten
- Grundstücksbezogene Verbindlichkeiten 30
- Sonderbetriebsvermögen, Risiken bei überquotaler Übertragung 93
- Übernahme ins Gesamthands- oder Sonderbetriebsvermögen 44, 59
- Zurückbehaltene Verbindlichkeiten des Gesellschafters 60, 107

Stichwortverzeichnis

- Zurückbehaltene Verbindlichkeiten ohne Finanzierungszusammenhang 63
Verdeckte Einlage 55
Vereinfachtes Ertragswertverfahren, siehe Schenkungsteuer
Verfahrensrecht
- Ertragsteuerliche Behandlung unwirksamer Option 329
- Formelle Bestandskraft, siehe dort
- Materielle Bestandskraft, siehe dort
- Verjährung, siehe dort
- Vorbehaltsfestsetzung 297
Vergleichbare Forderung 156
Vergleichswertverfahren 166
Verjährung
- Entdeckung Geschäftsveräußerung nach Verjährungseintritt 297
Verkäufergarantie 304
Verlust
- Abzugsbegrenzung nach § 15a EStG 62
Vermächtnis
- Vorausvermächtnis, siehe dort
Vermächtnisnießbrauch 105
Vermietungsabsicht
- Bürogebäude 328
Vermögen
- Nichtunternehmensvermögen, siehe dort
- Unternehmensvermögen, siehe dort
Vermögensübertragung
- Vesorgungsleistungen, siehe dort
Verschaffung der Verfügungsmacht
- Tod des Vorbehaltsnießbrauchers 223
- Vorbehaltsnießbrauch, keine 221, 350 f.
Versorgungsleistungen
- Ablösung der Zahlungsverpflichtung 149
- Ausländischer Empfänger oder Verpflichteter 150
- Begünstigte Vermögensumschichtung 147
- Behandlung beim Versorgungsberechtigten 146
- Behandlung beim Versorgungsverpflichteten 146

- Ertragbringende Wirtschaftseinheit 144
- Nachsteuer, keine bei Wegfall 205
- Merkmale der Versorgungsleistung 144
- Schenkungsteuer, keine Nachsteuer bei Tod des Berechtigten 205
- Überblick 134 f.
- Umqualifizierung in Kaufpreisrenten 145
- Umwandlung 147
- Unterbrechung der Zahlungen 149
- Unterhaltsleistungen, siehe dort
- Wegfall unbeschränkte Steuerpflicht 150
- Wiederkehrende Leistungen, siehe dort
Verschaffung der Verfügungsmacht
- Nießbrauchsvorbehalt 221 f.
Vertragsgestaltung
- Grundstückslieferung 276
Vertriebskonzept
- Bedeutung für Vermietungsabsicht 327
Verwaltungsgebäude (Fußnote) 32
Verwaltungsvermögen
- Schenkungsteuer, siehe dort
- Sonderbetriebsvermögen 159
Verwendungsabsicht, siehe Vorsteuer
Verzicht
- Nießbrauch 223
Verzicht auf Steuerbefreiung
- Grundstückslieferung 276
- Notarvertrag 276
- Widerruf 276
Vollrechtsnießbrauch, Mitunternehmerschaft 130
- Ertragsnießbrauch, siehe dort
Vorausvermächtnis 110
Vorbehaltsnießbrauch 64 f., 100 f., 175 f.
- Ablösung, siehe dort
- Aktivierung 101
- Bewertung in Höhe kumulierter AfA 102
- Aufschiebend bedingter Nießbrauch 104

425

Stichwortverzeichnis

- Beendigung des Vorbehaltsnießbrauchs, Umsatzsteuer 223
- Berichtigung des Vorsteuerabzugs 223
- Betriebsvermögen
  - Immobiliennießbrauch bei Übertragung Einzelunternehmen 198
  - Immobiliennießbrauch am Sonderbetriebsvermögen 199 f.
- Eigentümer, Behandlung während des Nießbrauchs 175, 206
- Entnahme, Bewertung 103
- Ertragsnießbrauch, siehe dort
- Ertragsteuerliche Behandlung 64,
  - Betriebsvermögen 101 f.
- Familienheim, schenkungsteuerliche Behandlung 265
- Gebäude-AfA
  - Gesamtberechtigung iSd. § 428 BGB 104, 178
  - Nießbrauchsvorbehalt zugunsten von Ehegatten 178
  - Steigerung der Gebäude-AfA 177
  - Vernichtung von AfA-Potential 181
- Grunderwerbsteuer 225
- Grundstückslieferung, keine 221
- Kommanditanteil 124 f.
- Lastenverteilung, gesetzliche 207
- Laufende Aufwendungen 106
- Mitunternehmer, Vorbehaltsnießbraucher 130
- Nachsteuer bei vorzeitigem Wegfall 170
- Nachträgliche AK bei Ablösung 188
- Privates Veräußerungsgeschäft 183
- Schenkungsteuer, siehe dort
- Schuldzinsenabzug beim Nießbraucher 206
  - Nach Wegfall des Nießbrauchs 212
  - Zuwendungsnießbrauch 208
- Sonderbetriebsvermögen 169, 199 f.
- Sperrfrist, Vermeidung 100
- Stille Reserven, keine im Vorbehaltsnießbrauch 118
- Tod des Nießbrauchers 101 f.

- Neutrale Entnahme in Höhe kumulierter AfA 103
- Schenkungsteuer, siehe dort
- Umsatzsteuerliche Behandlung 65, 350 f.
- Vertragliche Ausgestaltung 106
- Vollrechtsnießbrauch, siehe dort
- Zurückbehaltener Vorbehaltsnießbrauch nach vollständiger Anteilsübertragung 118
Vorläufige Steuerfestsetzung
- Verwendungsabsicht beim Vorsteuerabzug 323
Vorratsgesellschaft 25
Vorratsvermögen 161
Vorsteuerabzug
- Altsubstanz 339
- Anbau, eigenständiger 333
- Anschaffungsnahe Aufwendungen 333
- Aufteilungsmaßstab
  - Anbau, eigenständiger 333
  - Ausgangsumsatz 334
  - Dachgeschossausbau 334
  - Erhaltungsaufwand 333
  - Flächenbezogene Aufteilung 334, 337
    · Praktische Bedeutung 337
  - Getrennte Bauabschnitte 335, 338
  - Herstellungskosten 333
  - Investitionsschlüssel 334
    · Nutzflächenverhältnis 333
- Berichtigung des Vorsteuerabzugs
  - Änderung der maßgebenden Verhältnisse 353
    · Immobilieneinbringung in KG 70
  - Beginn und Verlauf des Korrekturzeitraumes 355 f.
    · Leerstand nach erstmaliger Verwendung 356
    · Leerstand nach Fertigstellung 356
    · Teilnutzung nach Fertigstellung 355
    · Verwendung nach Baufortschritt 355
    · Vorzeitiges Ende durch Veräußerung 357

426

Stichwortverzeichnis

- Berichtigungsobjekt 336
- Berichtigungsverfahren 359
  · Unterjähriger Beginn des Berichtigungszeitraumes 355
- Einmalig verwendete Wirtschaftsgüter 358
- Ertragsteuerliche Behandlung 73 f.
- Korrekturzeitraum bei Einbringung in KG 72
- Technik des Berichtigungsverfahrens 359
- Überwachung durch Finanzverwaltung 290
– Dachgeschossausbau 335, 338
– Dachgeschosswohnung 340
– Eigengenutzter Wohnraum 341 f.
  - Grundstücksentnahmen 344
    · Verwaltungsauffassung, Entwicklung 344 f.
  - Seeling, EuGH-Urteil 340
  - Jahressteuergesetz 2010, Änderungen siehe Eigengenutzter Wohnraum
  - Steuerfreie Vermietung neben Eigennutzung 341
    · Unentgeltliche Wertabgabe 341, 342
    · Keine Steuerfreiheit der Wertabgabe 342
    · Verwaltungsauffassung, Entwicklung 342
    · Zuordnung der Wohnung 341
– Eigenständiger Bauabschnitt 339
– Erhaltungsaufwendungen 333, 336
– Ertragsteuerliche Behandlung der Vorsteuerkorrektur 73
– Gemischt-genutztes Grundstück 331
  - Alarmanlage 335
  - Altsubstanz 339
  - Anschaffungsnaher Aufwand 333
  - Aufteilung, Grundzüge 331
  - Aufteilungsmaßstab 334
    · Rechtsentwicklung 331
  - Dachgeschossausbau 335, 340
  - Direkte Zuordnung 332
  - Eigenständiger Gebäudeteil 334
  - Erhaltungsaufwand 333, 336
  - Gemeinschaftsflächen 332
  - Getrennte Bauabschnitte 338
  - Heizungskeller 331
  - Individuelle Zuordnung 332
  - Investitionsschlüssel 333
  - Korrektur nach § 15a UStG 336
  - Nachträgliche Baumaßnahmen 335
  - Nachträgliche Herstellungskosten 333
  - Nutzungsflächenverhältnis 334, 337
  - Rechtsentwicklung zur Aufteilung 331
  - Treppenhaus 331, 335
– Geplante Nutzung 323
– Getrennter Bauabschnitt 338
– Gescheiterte Unternehmensgründung 309
– Investitionsschlüssel 333
– Korrektur, siehe Vorsteuerkorrektur
– Maßgeblichkeit ertragsteuerlicher Abgrenzungskriterien 333
– Nachholung unterlassenen Abzugs, siehe Nachholung
- Nachträglicher Vorsteuerabzug 74
– Nachträgliche Anschaffungs-/Herstellungskosten 333
– Nachträgliche Baumaßnahmen 335
– Nutzung, geplante 323
– Sanierungsmaßnahmen 337
– Verwendungsabsicht 323 f.
  - Abweichung geplante und tatsächliche Verwendungsabsicht 326
  - Änderung der Verwendungsabsicht 326
  - Bürogebäude 328
  - Gebäudeleerstand 326
  - Geplante Nutzung im gesamten Jahr erstmaliger Verwendung 323
  - Geplante Option zur Steuerpflicht 328
  - Geschäftsveräußerung 325
  - Glaubhaftmachung 328 (Fußnote)
  - Leistungsbezüge vor dem VZ tatsächlicher Verwendung 323
  - Leistungsbezüge im VZ tatsächlicher Verwendung 324, 326

427

Stichwortverzeichnis

- Nachweis der Verwendungsabsicht 327
- Nutzungswechsel 330
- Übersicht zu Fallgestaltungen 329
- Ungewissheit über tatsächliche Verwendung 327
- Zeitungsinserat 327
– Verwendungsabsicht 323
- Absicht im Zeitpunkt des Leistungsbezugs 323
- Änderung der Verwendungsabsicht 326
- Im Jahr erstmaliger Verwendung 323
- Leerstand 326
- Geschäftsveräußerung 325
- Sonderfall: Leistungsbezug im Jahr des Nutzungsbeginns 324, 326
– Vorsteuerkorrektur, siehe dort
– Zuordnungsentscheidung 310 f.
- Anschaffung/Herstellung vor dem 1.7.2004 341
- Einheitliche Zuordnung 310
- Form und Zeitpunkt 315
- Grenzen des Wahlrechts 310
- Grund und Boden 310
- Jahressteuergesetz 2010, Bedeutung 348
- Nichtunternehmerische Verwendung, keine Zuordnung 348, 349
- Rechtsfolge (Überblick) 319, 321
- Steuerfreie Ausgangsumsätze 310
- Unzulässigkeit 310
- Wahlrecht 310
- Zehnprozentgrenze 310, 311
  · Späteres Unterschreiten der Grenze 311
– Zuordnung zum Unternehmensvermögen, siehe dort
Vorsteuerkorrektur 352 f.
– Änderung der Verhältnisse 353, 354
– Erbfall 351
– Ertragsteuerliche Behandlung 73
– Korrekturzeitraum, Beginn 355
  - Erstmalige Verwendung 355
  - Leerstand nach Fertigstellung 356
- Leerstand nach erstmaliger Verwendung 356
- Teilnutzung nach Fertigstellung 355
- Unterjähriger Beginn 359
- Verwendung nach Baufortschritt 355
- Vorzeitige Beendigung durch Veräußerung 357
– Technik der Berichtigung 359
– Umlaufvermögen 358

W

Wahlrecht
– AfA-Ermittlung bei teilentgeltlichem Erwerb 123
– Betriebsveräußerung gegen Ratenzahlung 136 f.
– Veräußerungsrente, Sofortbesteuerung oder laufende Besteuerung 131, 136
- Spätere Rentenabfindung 140
- Zeitpunkt der Wahlrechtsausübung 140
– Zuordnungsentscheidung 310 f.
Wechsel
– Leibrente – dauernde Last 151
Wechselseitiger Widerrufsvorbehalt 267
Wegfall
– Gebäude-AfA 104
– Nießbrauch 182
– Unbeschränkte Einkommensteuerpflicht 150
Weichende Erben 110
Werbungskosten 73, 357
Wertabgabe
– Eigengenutzte Wohnung 341 f.
- Bemessungsgrundlage 341, 342
- Keine Steuerbefreiung 345
– Grundstücksentnahme 344 f.
- Änderung der Verwaltungsauffassung 345
- Einkommensteuerliche Behandlung Vorsteuerkorrektur 346
– Neuregelung durch Jahressteuergesetz 2010 347
– Rechtsentwicklung 341 f.

Stichwortverzeichnis

- Zuordnungsentscheidung, Bedeutung für Wertabgabe 348
  - Zuordnung zum Unternehmensvermögen, siehe dort
- Werbungskosten
- Veräußerungsbedingte Vorsteuerkorrektur 75
- Zinsen bei privatem Veräußerungsgeschäft 193
- Wertpapiere 156
- Wesentliche Betriebsgrundlagen
  - Auslagerung, schädliche 97
  - Gesamtplanrechtsprechung, siehe dort
  - Mitunternehmeranteil 87
  - Sonderbetriebsvermögen 89, 90
  - Wiederbeschaffbarkeit unbeachtlich 90
- Widerruf
  - Option gem. § 9 Abs. 3 im Notarvertrag 276
- Widerrufsvorbehalt, wechselseitiger 267
- Widerstreitende Steuerfestsetzung 298
- Wiederkehrende Leistungen
  - Austausch mit Gegenleistung 135
  - Überblick 134 f.
  - Unterhaltsleistungen, siehe dort
  - Veräußerungsrente, siehe dort
- Wirtschaftseinheit, siehe Versorgungsleistungen
- Wirtschaftliche Zuordnung, siehe Vorsteuer
- Wohnraum
  - eigengenutzter Wohnraum, siehe dort
- Wohnung
  - Zuordnung zum Unternehmensvermögen, siehe dort
- Wohnungsausstattung
  - Privates Veräußerungsgeschäft, siehe dort

Z

- Zählobjekt 31
- Zebra-Gesellschaft
  - Gewerbesteuer 83
- Zeitungsinserat 327
- Zinsanteil, Ermittlung bei Veräußerungsrenten 137, 138
- Zinsen
  - Behandlung im Betriebsvermögen beim ertraglosen Eigentümer 108
  - Schuldzinsen, siehe dort
  - Zurückbehaltene Verbindlichkeiten des Gesellschafters 60, 106 f.
- Zivilprozessordnung 151
- Zuflussprinzip 18
- Zuordnungsentscheidung, siehe Zuordnung zum Unternehmensvermögen
- Zuordnung zum Unternehmensvermögen 310 f.
  - Änderung der Zuordnungsentscheidung 322
  - Anbauten und Umbauten, eigenständige Zuordnung 312, 313
  - Bauwerke, nicht mit dem Gebäude zusammenhängend 313
  - Beweisanzeichen der Zuordnung 315
  - Fehlender Vorsteuerabzug im Erwerbsjahr 314
  - Form der Zuordnung 315
  - Gemischt-genutztes Gebäude 315
  - Steuerfreie Ausgangsumsätze 316
  - Keine nachträgliche Korrektur 314
  - Nutzungswechsel 319
  - Spätere Veräußerung oder Nutzungswechsel 319
  - Steuerfreie Ausgangsumsätze 310, 316, 320
  - Vorsteuerabzug, siehe dort
  - Wertabgabe 310
  - Zeitpunkt der Zuordnung 317
    - Verspätete Abgabe der Umsatzsteuererklärung 317
    - Zuordnung mit Fertigstellung der Immobilie? 317
    - Zuordnung während der Bauphase 318
  - Zehnprozentgrenze 310, 311
  - Zuordnung der Wohnung, siehe Wertabgabe
    - Keine Zuordnung bei im Übrigen steuerfreier Nutzung 320

- Zuordnung durch schriftliche
  Erklärung 314
Zuständige Finanzbehörde,
  Geschäftsveräußerung 278
Zuwendungsnießbrauch
- Gebäude-AfA bei
  Gesamtberechtigung 104, 105

- Zinsen, siehe Schuldzinsen
Zuzahlungen als teilentgeltlicher Erwerb 120
Zwangsentnahme
- Sonderbetriebsvermögen, Erbfall 109